D1722561

Bibliothek Exilliteratur
Herausgegeben von Hans-Albert Walter
Büchergilde Gutenberg

Lion Feuchtwanger
Waffen für Amerika
Ausgabe in zwei Bänden

Band 1

LION FEUCHTWANGER
WAFFEN FÜR AMERIKA

Roman
Ausgabe in zwei Bänden
Band 1
Waffen für Amerika

Büchergilde Gutenberg
Frankfurt am Main

Bibliothek Exilliteratur
Herausgegeben von Hans-Albert Walter
Bearbeiter dieses Bandes der Herausgeber Hans-Albert Walter

Alle Rechte vorbehalten. Büchergilde Gutenberg, Frankfurt am Main, 1986. Mit freundlicher Genehmigung des Aufbau Verlages, Berlin und Weimar. Diese Ausgabe folgt der Originalausgabe, die 1948 im Querido Verlag N.V. Amsterdam erschienen ist. Ausstattung Juergen Seuss, Niddatal bei Frankfurt am Main. Satz und Druck Richard Wenzel, Goldbach bei Aschaffenburg. Bindearbeiten G. Lachenmaier, Reutlingen. Schrift Borgis Garamond auf Lichtsatzsystem berthold acs 3200. Printed in Germany 1986. ISBN 3 7632 3291 5

WAFFEN FÜR AMERIKA

Vorspruch

Hier beginnt der Roman, ›Waffen für Amerika‹, auch genannt ›Der Amerikanische Emissär‹.

Es wird darin erzählt von der witzigen Torheit, der schlauen Dummheit und der übergesitteten Verderbtheit einer untergehenden Gesellschaft.

Sie werden darin finden liebenswürdige Frauen und brillante, windige Männer und Geist, verbunden mit leeren Herzen, und volle Herzen, verbunden mit ungeschickter Hand,

Und einen großen Mann inmitten von Laffen

Und Theater und Politik und Feindschaft und Geilheit und Freundschaft und Liebelei und Geschäft und Liebe

Und das ewig Gleiche im ewig wechselnden Ablauf.

Auch finden Sie in diesem Buch Männer, welche an die Möglichkeit glauben, immer mehr zu erkennen von den Gesetzen des Werdens,

Und an die Möglichkeit, sich diesen Gesetzen anzupassen und so zu errichten eine immer beseeltere Welt.

Des Weiteren sagt der Roman von dem Kampf der Männer, der Worte und der Ideen rings um eine ökonomische Umwälzung.

Und nicht vergißt dieses Buch zu berichten von der Blindheit der Menschen vor dem Fortschreiten der Geschichte

Und von der unlöslichen, doch von wenigen erkannten Verbundenheit aller mit allen

Und von dem Glauben an ein langsames, langsames, doch sicheres Wachsen menschlicher Vernunft zwischen der letzten Eiszeit und der kommenden.

Erster Teil _____Waffen für Amerika

1. Kapitel —————————————— Beaumarchais

Der Weg von Versailles nach Paris führte durch anmutige, grüne Landschaft. Vormittags hatte es geregnet, doch jetzt hatten sich die Wolken zerteilt, Sonne kam durch, und Pierre genoß die feuchte Frische des schönen Maitages.

Noch gestern, von London zurückkommend, war er voll von Zweifeln gewesen, ob nicht durch den Wechsel im Kabinett sein ganzes, sorgsam ausgeklügeltes und mit soviel Mühe gefördertes Geschäft für immer gescheitert sei. Er hatte solches Mißgeschick öfter erlebt. Aber diesmal fügten sich die Dinge. In der langen, freimütigen Aussprache mit dem Minister hatte sich gezeigt, daß Versailles auf seine Vorschläge angebissen hatte. Graf Vergennes hatte seinen Plänen viel tieferes Interesse entgegengebracht, als seine vorsichtigen Schreiben hatten vermuten lassen. Die Zusagen, die ihm die Regierung heute gemacht hatte, übertrafen weit seine Hoffnung; das große Geschäft war so gut wie unter Dach.

Pierres Wagen war an dem Kreuzweg angelangt, wo die Straße nach Clamart abbog. Pierre wies den Kutscher an, langsamer zu fahren. Er lehnte sich zurück, ein kleines Lächeln um die Lippen, und überdachte, was alles er erreicht hatte.

Pierre Caron de Beaumarchais hatte seine letzte Zeit in London zugebracht als Geheimagent der französischen Regierung. Die Geschäfte, für die man den schnellen, gewandten Herrn gebraucht hatte, waren dunkel, etwas schmutzig, nicht sehr bedeutend. Sie hatten nur einen kleinen Teil seiner Zeit in Anspruch genommen und ihm Muße gelassen, ein wichtigeres Projekt auszuarbeiten.

Seitdem der große Streit ausgebrochen war zwischen dem König Georg dem Dritten von England und seinen amerikanischen Kolonien, hatte Pierre Caron de Beaumarchais leidenschaftlich Partei ergriffen für die Amerikaner, für die Aufständischen. Gleich vielen andern Intellektuellen in Paris und selbst in London hatte er die ›Boston-Leute‹, die ›Insurgenten‹, begrüßt als Männer, welche darum kämpften, die großen Ideen der französischen und englischen Philosophen in die Wirklichkeit umzusetzen. Sie waren entschlossen, diese Männer, ein einfaches, naturnahes Leben zu führen anstelle des durch Konvention, Vorurteil und despotische Willkür verkrüppelten Daseins, wie man es in London und Paris lebte. Die Männer der Neuen Welt wollten ihre staatliche Ordnung aufbauen auf Freiheit, Vernunft, Natur. Und diese Männer wollte der König von England mit Feuer und Schwert zwingen, von ihrem edlen Vorhaben abzustehen.

Pierre trat für die Amerikaner nicht nur mit Herz und Mund ein, er förderte ihre Sache durch die Tat. Er war in allen Kreisen der Londoner Gesellschaft wohlgelitten, er war befreundet mit Führern der Konservativen und der Liberalen, er hatte Gelegenheit, sich Kenntnis zu verschaffen über mannigfache Einzelheiten des Konflikts mit den Kolonien. Er trug reiches Material zusammen, ordnete es, zog Folgerungen, und ohne daß ihn jemand dazu beauftragt hätte, sandte er Louis dem Sechzehnten und seinen Ministern Berichte, die sich auszeichneten durch Sachkenntnis, Klarheit, Weitblick. Wenn Pierre heute diese seine Berichte und Denkschriften überdachte, dann durfte er sich schmeicheln, er, der Geheimagent ohne Auftrag, habe das Wesen des englischamerikanischen Konflikts von Anfang an besser durchschaut als der beamtete Botschafter des Königs. Seine Voraussagen waren durch die Ereignisse bestätigt worden.

Die Schlußfolgerung aber, die er am Ende all seiner Berichte an das Kabinett von Versailles gezogen hatte, war die dringliche Aufforderung gewesen, durch Unterstützung der Aufständischen England zu schwächen. Der Konflikt der Engländer mit den Kolonien bot Frankreich eine einzigartige Gelegenheit, den elenden Frieden aus der Welt zu schaffen, den ihm England vor zwölf Jahren aufgezwungen hatte.

Es war Pierre natürlich bekannt gewesen, daß die französische Regierung nicht offen für die amerikanischen Rebellen Partei ergreifen konnte. Das hätte Krieg mit England bedeutet, und dazu waren Flotte und Heer noch nicht stark genug, ganz abgesehen von dem kläglichen Zustand der Finanzen. Doch Pierre hatte einen Ausweg aus dieser Schwierigkeit gewußt.

Er lächelte zufrieden. Er hatte seine Berichte abgefaßt und seine Ratschläge gegeben in der ehrlichen Absicht, den Amerikanern zu helfen, die Sache der Freiheit und der Vernunft zu fördern. Aber manchmal geschah es, daß ideale Bestrebungen auch materiellen Gewinn abwarfen. Die Leute, die es anrüchig fanden, mit einer guten Sache Geschäfte zu machen, waren Narren. Er, Pierre, war kein Narr. Mit dem Spürsinn des gewitzten Geschäftsmannes und des an Intrigen gewöhnten politischen Agenten hatte er von Anfang an gewittert, daß sachgemäßes Schüren des Freiheitskampfes nicht nur ideellen, sondern auch materiellen Nutzen bringen werde.

Bedenkend also, daß es sich Frankreich noch nicht leisten konnte, einen kriegerischen Konflikt mit England heraufzubeschwören, hatte Pierre angeregt, die französische Regierung möge die Amerikaner zunächst nur heimlich unterstützen, ohne sich selber zu kompromittieren. Private Geschäftsleute sollten den Insurgenten Waffen und andern Bedarf liefern, nach außenhin auf eigene Rechnung und Gefahr, im Geheimen aber von der französischen Regierung subventioniert und von ihr auf jede Art gefördert.

Nach vielem Hin und Her, nachdem Pierre schon geglaubt hatte, er werde dem Grafen Vergennes, dem Außenminister, seinen Plan niemals schmackhaft machen können, war es schließlich doch so gekommen, wie er sichs errechnet hatte. Heute hatte der Minister sich festgelegt, heute hatte er ihn beauftragt, ein Unternehmen zu organisieren, wie er es vorgeschlagen. Von heut an durfte sich Pierre, wenn er den Insurgenten Waffen und sonstiges Material anbot, als den Geheimen Bevollmächtigten des Königs von Frankreich bezeichnen.

Er war mit sich zufrieden. Wie er die schwierige Unterredung mit dem Minister durchgeführt, das hatte seine erfinderisch ausgedachten Vorbereitungen würdig gekrönt.

Was die Aufständischen benötigten, war viel. Ihre Ausrüstung war erbärmlich, die Leistungsfähigkeit ihrer spärlichen Fabriken gering. Was sie verlangten, war der volle Bedarf für dreißigtausend Mann. Der Minister hatte ihn befragt, ob er und seine Geschäftsfreunde auch wirklich imstande seien, eine solche Fülle von Material zu beschaffen und über See zu transportieren. »Ja, ja, ja«, hatte Pierre erwidert, kühn und sogleich, um dann fortzufahren: »Natürlich unter der Voraussetzung,

17

daß die Arsenale des Königs uns Waffen zu günstigen Bedingungen herausgeben, und daß man uns finanziell nicht zu knapp hält.« Graf Vergennes hatte erklärt, er werde sich mit dem Kriegsminister in Verbindung setzen, und dann war er auf den kitzligsten Punkt zu sprechen gekommen, er hatte Pierre gefragt, wie hoch er sich denn die Subvention denke, die er von der Regierung erwarte.

Nun hatte sich Pierre entschlossen, er werde das Unternehmen wagen, wenn er von der Regierung einen Zuschuß erhalte von mindestens einer Million Livres. Aber jetzt, als ihm der Minister ernsthaft die ungeheure Lieferung anvertrauen wollte, wußte er, daß er bisher mit dem ganzen Plan nur gespielt hatte, und gleichzeitig mit dem Entzücken über die gewaltige und ehrenvolle Aufgabe überkam ihn Angst, ob seine Finanzen und sein Kredit dem riesigen Unternehmen gewachsen sein würden. Eine Million Livres, das war eine lächerlich geringe Grundlage, wenn man den Bedarf von dreißigtausend Mann liefern sollte. Wenn er aber mehr verlangte, wenn er zuviel verlangte, dann war vielleicht alles gescheitert.

In rasender Eile, während er in scheinbarer Ruhe das lächelnd erwartungsvolle Gesicht des Ministers beschaute, überlegte er von Neuem, welche Summe er fordern sollte. »Ich denke mir«, sagte er, »drei Millionen werden genügen.« Eine ganz kleine Pause war gefolgt, in welcher die beiden Männer einander anschauten. ›Jetzt entscheidet sich das Schicksal Amerikas und das meine‹, dachte Pierre. »Wir können Ihnen zwei Millionen versprechen«, hatte schließlich der Minister gesagt. »Eine Million geben wir, die zweite verschaffen wir Ihnen von den Spaniern.«

Fast betäubt von diesem übergroßen Erfolg fuhr jetzt Pierre durch den schönen Mainachmittag zurück nach Paris. Der Wagen, in dem er durch die grüne, liebliche Landschaft rollte, war etwas zu prächtig; vorne saßen der reich livrierte Kutscher und der kleine Negerbediente, hinten gaffte dummstolz ein noch reicher livrierter Lakai in die Luft. Pierre selber sah ein bißchen zu prächtig aus in seinem übermodischen Anzug und mit dem riesigen Brillanten am Finger.

Er hätte ein Recht gehabt, müde zu sein. Diese letzten Tage waren anstrengend gewesen, die Liquidierung seiner Geschäfte in London, die

18

schnelle Reise, die Unterredung mit dem Minister. Doch Pierre war nicht der Mann, sich gehen zu lassen. Obwohl er mit seinen Vierundvierzig zur Fülle neigte, wirkte er jung, man mochte ihn für fünfunddreißig halten. Das fleischige Gesicht sah frisch aus, die Stirn, leicht zurückfliehend, war klar, die braunen Augen ausdrucksvoll und gescheit, unter der scharfen, geraden Nase lächelte ein voller, schöngeschwungener Mund. Das durch ein Grübchen geteilte, etwas schwache Kinn und das kleine Doppelkinn, das aus dem kostbaren Rock herauskam, verliehen dem schlauen Antlitz etwas Gutmütiges.

Man war jetzt in Issy, und je mehr man sich Paris näherte, umso schneller arbeiteten in Pierres Kopf die Gedanken.

Die Firma, die er gründen wollte, mußte auch äußerlich repräsentieren. Sein Geschäftshaus an der Rue Vieille du Temple, das Hotel de Hollande, an sich baufällig, war während seines Aufenthalts in London sehr vernachlässigt worden. Er wird es gründlich umbauen und neu ausstatten. Auf einmal wußte er auch den Namen für die zu gründende Firma. Ein spanischer Name sollte es sein, er liebte Spanien, Spanien hatte ihm immer Glück gebracht, Rodrigue Hortalez soll die Firma heißen. Er lächelte. Von jetzt an war er also Sennor Rodrigue Hortalez. Zum Geschäftsführer bestellen wird er natürlich Paul Theveneau. Freilich war Paul sehr jung und zudem behindert durch seine Krankheit. Aber Paul war wieder und wieder erprobt, er hing an ihm und blickte zu ihm auf, er war eingeweiht in seine verwirrten Finanzmachenschaften und vertrackten Heimlichkeiten, er war überaus fähig, er hatte das Talent, Ordnung zu schaffen, wenn er, Pierre, sich nicht mehr zurechtfand.

Zwei Millionen Livres, das klang sehr groß. Aber es ging um die Ausrüstung für dreißigtausend Mann und um die Schiffe, diesen Berg von Fracht hinüber nach Amerika zu transportieren. Ein Glück nur, daß sein Holzhandel ihm die besten Beziehungen zu den großen Reedereien verschafft hatte. Mochte dem sein wie immer, er wird seinen Kredit aufs Äußerste anspannen müssen. Fünf bis sechs Millionen wird er zuerst einmal in die Sache stecken müssen. Und wann und wie werden die Amerikaner zahlen? Für einen Augenblick überfröstelte es ihn. Es war ein sehr hohes Spiel, auf das er sich da eingelassen hatte. Doch sogleich machte er sich frei von dieser Anwandlung. Was auch dabei herauskam, es war reizvoller, mit Weltgeschichte zu handeln als mit Holz.

Schade nur, daß alles so heimlich wird geschehen müssen. Er möchte reden, er möchte es in die Welt hinausschreien, mit was für einer Aufgabe er betraut ist. Aber Vergennes hatte ihm auf die Seele gebunden, reinen Mund zu halten. Die Fiktion eines privaten Unternehmens, das mit eigenem Kapital harmlose Geschäfte betrieb, mußte mit allen Mitteln aufrecht erhalten bleiben. Auch so werden die Engländer hundert Schwierigkeiten machen und den Außenminister mit Noten überschwemmen. Wenn Pierre Unvorsichtigkeiten beging, durfte er unter keinen Umständen auf Deckung von Seiten Versailles' rechnen, im Gegenteil, man wird ihn rücksichtslos preisgeben; das hatte ihm der sonst so höfliche Minister mit unhöflich dürrer Sachlichkeit klar gemacht. Pierre wird also von seiner weltwichtigen Mission mit niemand sprechen dürfen außer mit seinen paar Geschäftsfreunden und leitenden Angestellten. Er wird herumgehen müssen als ein von vielen angefeindeter und belächelter Monsieur de Beaumarchais, und es wird ihm nicht erlaubt sein, den Spöttern und Widersachern seine Trümpfe hinzuschlagen.

Doch diese unbehagliche Erwägung wurde sogleich weggespült von der beglückenden Vorstellung, welch ungeheure Rolle ihm zugefallen war. Jedermann wußte, daß ohne französische Hilfe die aufständischen Amerikaner verloren waren. Er nun, er allein, Pierre de Beaumarchais, durch seinen Eifer, seine Glut, seine Beredsamkeit, seine Menschenkenntnis, seine Geschmeidigkeit hatte den schwachen König Louis und seine eiteln Minister dazu vermocht, diese Hilfe im Prinzip zuzusagen. Und allein von seiner Geschicklichkeit jetzt hing es ab, ob und in welchem Ausmaß die versprochene Hilfe die Amerikaner erreichen wird. Das Schicksal der neuen Welt dort drüben, der Fortschritt der Menschheit hing ab von seiner Klugheit und List.

Mit schneller Fantasie malte er sich die Zukunft. Sah in den Vorratshäusern der Häfen Frankreichs Gewehre und Uniformen sich stapeln, sich immer höher schichten. Sah die bauchigen Schiffe der Firma Hortalez und Compagnie in See stechen, beladen mit Kanonen für die Insurgenten, sah sie zurückkommen, beladen mit Indigo und Tabak für ihn, Pierre.

Genoß im Voraus das Gelingen seines Planes. Ja, das Unternehmen, das er da begonnen hatte, war die Aufgabe höchsten Maßes, nach der er sich von jeher sehnte, eine Aufgabe, würdig eines Beaumarchais.

Er wird seiner Aufgabe gewachsen sein. Er hat Dinge vollbracht, die nicht so wichtig, aber vielleicht noch schwieriger waren. Und während ihn jede Drehung der Räder seiner Stadt Paris und seiner neuen, erregenden Tätigkeit näher brachte, zog in seinem Innern in schneller Folge vorbei die bunte Fülle abgelebten Glückes und Unglücks.

Es war eine Fülle unglaubhaften Mißgeschicks, doch eine noch reichere Fülle abenteuerlicher Erfolge. Er ist, der Uhrmachersohn und Uhrmacherlehrling, zu Hof gegangen, um die Uhren der verstorbenen Majestät, des Fünfzehnten Louis, aufzuziehen, und ist dem alten König durch seine Gewecktheit und seine angenehme Art aufgefallen. Die ältlichen Töchter des Königs mochten ihn gern und bestellten ihn zu ihrem Harfenlehrer. Der sehr gescheite, schrullige, mit allen Wassern gewaschene Finanzmann Duverny wurde auf ihn aufmerksam, weihte ihn ein in die Tricks der hohen Finanz und machte ihn zu seinem Teilhaber. Der anstellige Pierre mit seinem gesellschaftlichen Talent und seiner Begabung zur Intrige, förderte die Geschäfte der Firma Duverny und seine eigenen, kaufte sich Titel und Hofämter, blühte prächtig auf, erwarb sich die Freundschaft vieler Männer, die Liebe vieler Frauen und durch seine rasche, freche, witzige, unbeherrschte Zunge manche Feindschaft.

Dann kamen seine beiden ersten Stücke, er schrieb sie zwischen viel Liebe und vielen Geschäften mit der linken Hand, doch während er schrieb, wurde die linke Hand zur rechten. Und dann kamen seine beiden Ehen, beide glücklich, beide Frauen waren schön und reich; doch beide starben bald, und was von ihnen blieb, war nichts als der Wald von Chinon, der große Holzhandel, in dem er einen Teil ihres Geldes investiert hatte, und eine Flut von Verleumdungen.

Und dann starb Duverny, der große Finanzmann, Pierres verehrter Lehrer, und Pierres Leben wurde noch wilder, wirbelnder. Wüste Prozesse wurden ihm angehängt, eine Hochflut von Unrecht schwemmte sein Vermögen fort, trieb ihn ins Gefängnis, raubte ihm seine teuer erkauften Ämter und Titel, seine bürgerlichen Rechte.

Aber dieses Unrecht wurde ihm zum Segen. Dieses Unrecht wurde ihm der Anlaß, seine brillanten, höchst witzigen politischen Broschüren zu schreiben. Und diese Flugschriften, noch mehr als seine Komödie von Figaro, dem Barbier von Sevilla, verbreiteten seinen Ruhm über die ganze Erde.

Auch die Freundschaft vieler großer Herren brachten ihm die Streitschriften, und einer dieser Freunde hatte ihm, da er nach seinem Prozeß ein öffentliches Amt nicht mehr bekleiden durfte, eine Anstellung im Geheimdienst des Königs verschafft. Er war von Neuem hochgeklettert, und schließlich hinauf zu diesem höchsten Gipfel, hinauf zu der Mission, mit der man ihn heute betraut hatte.

Ja, dies heute war ein Wendepunkt und gab ihm die Möglichkeit, endgültig aufzuräumen mit den bösen Dingen, die aus der Vergangenheit in sein jetziges Leben hereinlangten. Jetzt wird er das freche Unrecht jenes Prozesses und jenes Spruches zunichte machen.

Denn noch ist das alberne Urteil rechtskräftig, welches damals das höchste Pariser Gericht gegen ihn gefällt hat. Er, Pierre, der hier in seinem prächtigen Wagen, in seinem kostbaren Anzug, im Besitz des höchsten Vertrauens der Regierung Seiner Majestät, berufen zu der schwierigsten Aufgabe, welche Frankreich, ja, die Weltgeschichte heute zu vergeben hat, seiner Stadt Paris zufährt, er ist auch heute noch seiner Ehrenrechte beraubt durch feierlichen Gerichtsspruch, er ist behaftet mit einer ›Rüge‹, er ist ›bemakelt‹. Das muß anders werden, so beschließt er jetzt. Er wird das Kabinett zwingen, ein Appellverfahren zuzulassen und ihn wieder einzusetzen in seine Rechte. Wenn die Regierung das nicht tut, dann mag sie sich nach einem andern umsehen, ihre heikeln, verwickelten Geschäfte zu betreiben. Sie werden keinen andern finden, die Herren. Nur Beaumarchais kann das Geschäft zu Ende führen, das Beaumarchais ausgedacht hat.

Jetzt fuhr sein Wagen in Paris ein. Mit flinken, glücklichen Augen betrachtete er Menschen und Dinge. Immer, wenn er zurückkam nach Paris, war er stolz darauf, ein Sohn dieser größten und schönsten Stadt der Welt zu sein. Doch kaum je hatte ihn so unbändige Freude geschwellt wie heute. So hoch und blau wie sein neues Ziel war noch niemals ein Gipfel vor ihm aufgeglänzt.

Da fährt er hin, Pierre Caron de Beaumarchais, ein großer Politiker, Geschäftsmann, Theaterdichter. Er ist gutmütig, zuweilen mehr als das: edelmütig, hochherzig, und er ist komödiantisch, voll von grenzenloser, lächerlicher Geltungssucht. Er hat ein rasches, sicheres Urteil über Menschen und Dinge und sieht niemals in ihre Tiefen. Er ist ein glänzender Schriftsteller und amüsanter Gesellschafter, er verfügt über hinreißendes Pathos und schnellen, vernichtenden Witz. Er ist sehr klug und gar nicht weise. Er ist gierig nach Genuß, aber er kann Unglück und Entbehrung tapfer tragen. Er ist aufgetan allen großen Ideen der Zeit, auch wenn sie einander widersprechen. Viele nennen ihn berühmt, manche ihn berüchtigt. Wo immer er ist, sind Neid, Bosheit und verletzte Interessen um ihn und greifen ihn an, oft mit giftigen Waffen. Aber Zahllose, Männer und Frauen, und nicht die schlechtesten, sind ihm freund, und welche sind, die ihn lieben und bereit wären, auch das Letzte für ihn zu opfern.

Er hat viel erlebt, er ist bis zum Rande angefüllt mit Vergangenheit, aber er ist nicht blasiert, er ist heute mit seinen Vierundvierzig genau so neugierig und erwartungsvoll auf das, was vor ihm liegt, wie damals, als er, ein Sechzehnjähriger, seinem Vater aus der Lehre lief, um sich herumzutreiben in den Straßen von Paris. Nach wie vor wirft er sich mit seinem ganzen Selbst hinein in jedes äußere und innere Erlebnis. Er spart nicht. Er ist verschwenderisch mit seiner Zeit, seinem Geld, seinem Talent, seinem Leben.

Sein Wagen hat die menschenvollen Straßen der innern Stadt erreicht. Pierre richtet sich noch ein wenig höher auf und setzt sich anmutig zurecht. Halb Paris kennt ihn, jeder Zehnte grüßt ihn. Er ist sich bewußt, daß Zahllose ihm nachschauen und einander sagen: ›Das ist Monsieur de Beaumarchais, der große Finanzmann, der große Schriftsteller, der seine Hand in allen Geschäften des Staates hat.‹ Dabei haben sie noch nicht einmal eine Ahnung, was für eine neue, ungeheure Mission ihm jetzt aufgetragen ist, der Welt zum Gewinn. Schade, dreimal schade, daß er seinen Parisern nichts erzählen darf.

Ach, und auch seinen Schwestern darf er nichts erzählen und nichts seinem Vater. Sie hängen an ihm und er an ihnen, aber sie sind zu lebendig, zu temperamentvoll, sie könnten das Geheimnis nicht für sich behalten.

Gleich wird er sie sehen, gleich werden sie um ihn sein, zärtlich, neugierig, besorgt, hoffnungsvoll, liebevoll. Er lächelt stärker, sein schönes, gescheites, frischfarbiges Gesicht strahlt, wie er einfährt in die bunte, lärmende Rue de Condé, an der sein Haus liegt.

Das Abendessen verlief fröhlich. Es hatte sich herumgesprochen, daß Pierre aus London zurück sei, und außer den Hausgenossen hatten sich Verwandte und intime Freunde eingestellt. Pierres nahe Bekannte waren in seinem Hause jederzeit willkommen; Julie, Pierres Schwester und Wirtschafterin, hielt offene Tafel.

Da saß man in dem großen Speisesaal, von vielen Leuchtern schienen viele Kerzen, die Diener trugen viele Schüsseln ab und zu, Keller und Küche in dem Haus an der Rue de Condé waren wohlversorgt.

Man war unter sich, nur unter Vertrauten, die Familie Caron war eine laute, lustige, neugierige Gesellschaft, die Laune Pierres, heute noch fröhlicher als sonst, steckte alle an. Die Carons sahen bewundernd auf zu ihrem Pierre, der nächst der Königin die meistbesprochene Persönlichkeit des Landes war. Nun war er also aus London zurückgekehrt, er war sogleich in Versailles empfangen worden. Sicherlich hatte er etwas ganz Großes, Weltbewegendes ausgekocht. Aber wenn man ihn fragte, schmunzelte er nur und antwortete höchstens: »Ja, Julie, wenn du noch einen Wagen anschaffen oder ein paar Leute mehr für den Haushalt einstellen willst, so steht dem nichts im Wege.«

Mehr verriet er nicht. Statt dessen schwatzte er vielerlei über seinen Aufenthalt in London. Das Klima war scheußlich, doch es bekam den Frauen, es machte ihre Haut weiß und zart; Rothaarige gab es dort, die hatten es in sich. Und unbekümmert um die Anwesenheit des fünfzehnjährigen Félicien, seines Neffen, berichtete er von allerhand Liebesabenteuern.

Julie hing an den Lippen des Bruders. Sie war eine lebhafte, angenehme Dame von Vierzig, sie sah ihrem Bruder ähnlich, sie hatte das gleiche frischfarbige Gesicht, die gerade, große Nase, die gescheiten, braunen Augen. Sie liebte den Bruder abgöttisch; um mit ihm zusammenzuleben, hatte sie eine Reihe von Heiratsanträgen ausgeschlagen. Sie redete in alle seine Angelegenheiten hinein. Oft stritten sie heftig, um sich am gleichen Tage leidenschaftlich zu versöhnen, sie hatten beide ihre Freude am Streit und an der Versöhnung.

Tonton, die jüngere Schwester, noch hübscher als Julie, saß neben ihrem Mann, dem schweigsamen Gerichtsrat de Miron, und schwatzte darauf los. Sie habe sich, erzählte sie, ein Kleid machen lassen wollen von Mademoiselle Bertin, der Schneiderin der Königin. Mademoiselle Bertin habe ihr aber mitteilen lassen, sie könne Aufträge nicht vor zwei Monaten entgegennehmen, und der niedrigste Preis, den sie einer bei Hofe nicht zugelassenen Dame berechnen müsse, sei zweitausend Livres für die Façon.

Hier kam endlich Philippe zu Wort, Philippe Gudin, der Gelehrte, unter den Treuen Pierres der Treueste. Philippe sprach gern in gewählten, umständlichen Sätzen. Der behäbige Herr, ein starker Esser, hatte sich unter dem breiten, langen Rock die Hose aufgeschnallt, und er hatte die Spitzenmanschetten in die Ärmel gesteckt, damit sie ihn beim Essen nicht störten. So saß er jetzt da, zurückgelehnt, den Sessel füllend, und erging sich in langen Auslassungen über den Lebensstandard der verschiedenen Klassen. Er stellte, aus dem Gedächtnis genaue Ziffern zitierend, Betrachtungen an, was alles man mit den zweitausend Livres anfangen könne, die Mademoiselle Bertin für die Façon des Kleides fordere. Aus dem Kopf, mit staunenswerter Präzision, errechnete er, wie viele Jahre etwa ein Holzfäller zu arbeiten habe, um diesen Betrag zu erwerben, und wie viele Holzfäller ein Jahr davon leben könnten, es waren $7\frac{9}{16}$ Holzfäller. Doch Pierre, leichtsinnig und versöhnlich, sagte: »Mademoiselle Bertin ist die erste Putzmacherin der Welt, vielleicht aller Zeiten, eine Künstlerin. Warum soll sie nicht ihre Preise nehmen? Ich sag dir was, Tonton, laß dir das Kleid auf meine Kosten machen.« Tonton strahlte, bedankte sich stürmisch.

Der Sekretär Maigron berichtete, es hätten sich im Laufe des Tages über hundert Personen bei dem Türhüter gemeldet, um dem zurückgekehrten Monsieur de Beaumarchais ihre Aufwartung zu machen. »Ja«, sagte der alte Vater Caron, er hatte eine hohe Stimme, doch klang sie nicht greisenhaft, er hatte noch alle Zähne, »die Stadt merkt, daß unser Pierre wieder da ist.« Pierre klopfte dem Vater die Schulter, lächelnd, ein bißchen ironisch und sehr vergnügt. Es hatte sich schnell herumgesprochen, daß er im Aufsteigen war; jetzt kamen sie angerannt. Aber er wollte nicht ungerecht sein. Sie waren gekommen, auch als er keinen Erfolg hatte; er war in Glück und Unglück von vielen bewundert worden.

Er war sich dieser Bewunderung jederzeit bewußt, und dessen, daß solche Bewunderung verpflichtete. Da alles, was er tat, im hellsten Licht geschah, wurde der kleinste Flecken sogleich sichtbar. Er durfte sich keine Schwäche erlauben, er mußte immer in Bereitschaft sein, mußte Zweifler stets von Neuem überzeugen.

Da war zum Beispiel der Junge, Félicien Lépine, der Sohn seiner ältesten Schwester Madeleine. Nachdem Féliciens Eltern gestorben waren, hatte es Pierre übernommen, den Knaben erziehen zu lassen, er schickte ihn in das vornehme Collège Montaigu. Das Collège war streng, der Lernstoff umfänglich, und wenn auch Félicien keineswegs dumm war, so kostete es den langsamen, schwerfälligen Jungen viel Mühe, mitzukommen. Noch ungeschickter erwies er sich in der Erlernung der höfischen Künste, die den Zöglingen beigebracht wurden, des Fechtens, Reitens, Tanzens und der umständlichen Manieren. Da bekam er denn zuweilen von seinen aristokratischen Kameraden unter die Nase gerieben, daß er der Sohn des bürgerlichen Uhrmachers Lépine war; auch quälte man ihn dann und wann mit bösartigen Neckereien über seinen Onkel Pierre und dessen übelriechende Affären. Félicien beklagte sich mit keinem Wort, aber er litt. Er war, der Fünfzehnjährige, keineswegs jungenhaft; er war schwerfälliger, nachdenklicher als die übrigen Carons, ernsthafter, erwachsener als der vierundvierzigjährige Pierre. Zweifellos war er dem berühmten Onkel dankbar für die Guttaten, die er ihm erwies. Trotzdem, und wiewohl sich Pierre mit Kindern gut verstand, blieb ihm Félicien fremd, es glückte ihm nicht, ihn vertraut zu machen. Félicien beobachtete mit Aufmerksamkeit alles, was Pierre tat, doch Pierre wurde sich nicht klar darüber, ob diese Aufmerksamkeit Bewunderung war oder Kritik. Auch heute fühlte er sich unbehaglich unter den großen, ernsthaften Augen des Jungen.

Er wandte den Blick ab und schaute nach der andern Seite des Tisches, wo Paul Theveneau saß. Er lächelte Paul zu, und der gab sein Lächeln glücklich zurück. Pauls Anhänglichkeit tat Pierre wohl nach der leisen Enttäuschung, die er stets beim Anblick Féliciens verspürte. Er war stolz darauf, daß er sich diesen Menschen gefischt hatte. Paul war ihm zuerst als Feind begegnet in einem bösen Handel, den Pierre mit Pauls Bruder hatte; doch Pierres Wesen hatte ihm rasch die bewundernde Freundschaft des jungen Menschen erobert.

Äußerlich ließ sich mit Paul nicht viel Staat machen. Wie er dasaß, das war ein bedauernswerter Anblick. Der Rock hing um ihn herum; mit kleinen, entfleischten Händen, immer ein wenig zappelnd, führte er die Speisen zum Mund. Doch über den fallenden Schultern hob sich hübsch und sehr jung das volle Gesicht mit großen, strahlenden, braunen Augen. Und er war brauchbar, der Junge, höllisch gescheit. Ein Jammer, daß er, wiewohl erst sechsundzwanzig, mit seinem kranken Kehlkopf nurmehr wenige Jahre vor sich hatte.

Mittlerweile hatte man von einem eben erschienenen Buch über Westindien zu sprechen begonnen, und der Alleswisser Philippe Gudin verbreitete sich in einem gelehrten Vortrag über die bedeutsame Rolle, welche die Inseln im Haushalt des Königreiches spielten. Aus dem Gedächtnis zitierte er die Ziffern, die Mengen an Zucker, Tabak, Indigo, Baumwolle, Kakao, Pfeffer, Kaffee, die man von Westindien erhielt, imponierende Ziffern.

»Wir hätten«, griff Pierre ein, »aus den Besitzungen noch ganz andere Vorteile herausholen können, wenn man auf mich gehört hätte. Ich habe da einmal ein Projekt ausgearbeitet, das uns großartige Monopole gesichert hätte auf den Handel mit Negersklaven. Hätte Versailles den westindischen Sklavenhandel monopolisiert, wie ich es vorschlug, dann wäre Geld genug in den Kassen der Regierung, dann hätte der König die fortschrittlichen Reformen Turgots durchführen können, dann wäre mehr Freiheit und Gerechtigkeit im Land.« ›Und mehr Geld für Amerika‹, dachte er im Stillen. Laut schloß er: »Wenn endlich der neue Handelsvertrag mit Spanien perfekt wird, dann wird man vielleicht auf mein Projekt zurückgreifen.«

Alle sprachen jetzt von Spanien. Die Monate, die Pierre in Madrid verbracht hatte, waren seine beste Zeit gewesen, heiß und wild. Vielleicht war unter den vielen Szenen, die sein Leben so dramatisch machten, die großartigste jene gewesen, in der er den Verführer seiner Schwester Lisette, den feigen, hinterhältigen Clavigo, gezwungen hatte, die Ehre der

Schwester wiederherzustellen. Ja, Pierre hatte sein Leben in Madrid zu einem wunderbar komplizierten, hinreißenden Spektakel gemacht, gemischt aus Leidenschaft, Witz, Musik, aus Geld, großer Politik, Versen, Theater und hübschen, willfährigen Frauen. Dabei hatte er, Familienmensch, der er war, inmitten des wilden Betriebes noch Zeit gefunden, dem Vater und den Schwestern ausführlich zu schreiben, vergnügt, spannend und anschaulich, daß sie sein Leben hatten mitleben können. Jetzt, da er wieder einmal von einer langen, erfolgreichen Ausfahrt zurückgekehrt war, zitierten sie diese frühen Briefe; sie erinnerten sich gegenseitig an Einzelheiten, lachten, waren glücklich.

Julie bat, er möge doch Félicien spanische Lieder vorsingen, Seguedillas und Sainetes, auch die andern bedrängten ihn. Félicien belebte sich, es war ein Fest, den Onkel singen zu hören. Man brachte die Guitarre.

Aber bevor er beginnen konnte, kam ein neuer Gast, Monsieur Lenormant d'Etioles.

Man erhob sich, ging ihm entgegen, freudig und geehrt. Monsieur Lenormant begrüßte Julie mit langsamer, zeremoniöser Anmut. Er war sorgfältig gekleidet, kostbar, doch unauffällig, etwas altfränkisch; es störte ihn nicht, daß seine Kleidung seine sechzig Jahre unterstrich.

Er wurde denjenigen unter den Gästen vorgestellt, die er noch nicht kannte. Mit besonderer Neugier betrachtete Tonton den mächtigen Herrn, von dem sie soviel gehört hatte, und der ihres Bruders Pierre Freund war. Monsieur Lenormant war dicklich. Kleine, tiefliegende Augen schauten melancholisch aus einem fleischigen Gesicht, von der Nase zogen sich starke Falten zu den Winkeln des vollen Mundes. Es war das Gesicht eines Genießers, der Enttäuschungen erlebt hat und mißtrauisch geworden ist, doch nicht daran denkt, vom Genuß zu lassen.

Pierre hatte Monsieur Lenormant noch von London geschrieben, er werde in sehr wichtigen Geschäften nach Paris zurückkehren und freue sich herzlich darauf, ihn, Charlot, so bald wie möglich zu sehen. Leise hatte er gehofft, Lenormant werde schon an diesem Abend kommen, aber er hatte sich diese Hoffnung kaum selber einzugestehen gewagt; zuweilen ließ Lenormant sogar den Ministerpräsidenten tagelang warten. Daß er zu ihm schon heute kam, war Pierre die schönste Krönung dieses glücklichen Tages.

Der sechzigjährige Charles-Guillaume Lenormant d'Etioles war von altem Adel, er hätte jedes Hofamt und jeden großen Titel haben können. Aber er legte Gewicht darauf, daß man in der breiten Öffentlichkeit wenig von ihm höre, und begnügte sich, schlicht ›Sekretär des Königs‹ zu heißen; Pierre, als er noch im Besitz seiner Ehrenrechte war, hatte sich zu diesem Titel klingendere zugekauft. Lenormant hatte die Steuern zweier Provinzen gepachtet und hatte seine Hand in manchen andern Unternehmungen. Er galt als ungewöhnlich klug und umsichtig, sein Glück war sprichwörtlich, er liebte die Welt der Geschäfte. Da er als Mitglied des alten Geburtsadels kaufmännische und industrielle Unternehmungen nicht betreiben konnte, zog er Strohmänner heran; sehr gerne verband er sich mit Pierre.

Pierre hatte den einflußreichen Herrn im Hause seiner Freundin Désirée Mesnard kennen gelernt. Pierre täuschte sich nicht darüber, daß Lenormant seine Freundschaft zuerst nur deswegen gesucht hatte, weil er in Désirée verliebt war und fürchtete, Pierre könnte ihm bei Désirée schaden. Allmählich aber hatten die beiden Männer mehr und mehr Gefallen einer am andern gefunden, aus ihrer Verbindung wurde wahre Freundschaft, sie nannten sich Charlot und Pierrot. Beaumarchais bewunderte in Lenormant den genialen Geschäftsmann, er suchte seinen Rat, und Lenormant freute sich des gelehrigen Schülers. Er half ihm in seinen schwärzesten Zeiten; er, Lenormant, war es gewesen, der ihm, als er durch seinen großen Prozeß Vermögen und Ämter verloren hatte, durch seine Beziehungen zu dem Ministerpräsidenten die Anstellung als Geheimagent in London verschafft hatte.

Lenormant seinesteils wußte Pierres gesellschaftliche Talente zu schätzen, seine Frische, seinen Witz, seine schnelle Auffassung, sein literarisches Werk und nicht zuletzt seine tiefe Kenntnis des Theaters. Lenormant veranstaltete auf seiner Privatbühne im Schloß Etioles anspruchsvolle Aufführungen, Pierres Rat und Mitwirkung waren ihm unentbehrlich.

Julie nötigte Monsieur Lenormant an die Tafel; geschäftig bemühte sie sich um ihn, setzte ihm Konfekt vor, Wein. Während er höflich an seinem Stückchen verzuckerten Ingwers knabberte, sprach man weiter über Spanien. Philippe Gudin, der glaubte, Pierre einen Gefallen zu

tun, erinnerte ihn an sein Versprechen, Félicien spanische Lieder vorzu-
singen.

Doch mit dem Eintritt war für Pierre Spanien versunken, er dachte nurmehr an Amerika. Er rechnete damit, daß sich Charlot an der Firma
Hortalez und Compagnie beteiligen werde, er brauchte fünf bis sechs
Millionen Livres, er war auf Charlots Hilfe angewiesen, und wenn
Monsieur Lenormant mit im Geschäft war, dann kamen die andern von
selber. Darüber hinaus war Pierre gespannt, was Charlot zu dem großen Unternehmen sagen werde, er brannte darauf, ihm zu erzählen.
Mann des Augenblicks, der er war, wollte er das so bald wie möglich
tun, jetzt, sogleich.

Liebenswürdig, doch energisch vertröstete er die Gesellschaft, daß er
die spanischen Lieder ein andermal singen werde, bat Julie, die Tafel
aufzuheben, und zog sich mit Lenormant, Paul Theveneau und dem
Sekretär Maigron in sein Arbeitszimmer zurück.

Die Kerzen im Arbeitszimmer wurden angezündet, langsam aus dem
Dunkel tauchte das weite, überreiche Gemach. In den Ecken standen
Büsten des Aristophanes, des Molière, des Voltaire und des Hausherrn.
Auch an den Wänden gab es Bilder und mannigfachen Zierat, doch in
der Mitte der Längswand war ein großer, leerer Raum. Ausgespart war
dieser Raum für ein Bild des verstorbenen Duverny, ein sehr gutes
Porträt von der Hand des geschätztesten Porträtmalers, von der Hand
Duplessis'. Duverny hatte Pierre das Porträt vermacht, allein in jenem
übeln Prozeß war das Testament angestritten und das Porträt den andern Erben zugesprochen worden. Pierre hatte sich darein verbissen,
sein Erbteil zu erobern, und der kahle Fleck in dem reichen Zimmer
sollte ihm ständige Mahnung sein.

Charlot, auf Pierres Bitte, setzte sich an den Schreibtisch. Es war aber
dieser Schreibtisch ein mächtiges, mit viel Kunst geschmücktes Stück.
Gebaut hatte ihn der Meister Pluvinet aus edeln Hölzern, die zu diesem
Zweck von Übersee verschrieben waren, die Schnitzereien waren von
Dupin, und wenn der Schreibtisch nicht der schönste im Königreich
war, so war er bestimmt der kostspieligste.

Da war man also zu Vieren. Charlot saß am Schreibtisch, aus tiefliegenden Augen unter halbgesenkten Lidern vor sich hinschauend. Der

Sekretär Maigron nahm Papier zur Hand und eines jener modernen Schreibwerkzeuge, die Lenormant nicht leiden konnte, da sie als plebejisch galten, einen Bleistift. Maigron war seit Jahren Pierres vertrauter Sekretär. Sicherlich wartete er mit Interesse auf das, was Pierre zu eröffnen hatte. Doch er war schweigsam, er pflegte selten eine Meinung, niemals ein Werturteil zu äußern, auch jetzt verriet sein Gesicht keine Spannung. Paul Theveneau indes verbarg nicht seine Erregung; auf dem Rand seines Stuhles saß er, die großen, fiebrigen Augen auf Pierre gerichtet.

Der, stehend, zuweilen auf und abgehend, erzählte. In fließender, beschwingter Rede, Wirkung kunstvoll auf Wirkung bauend, berichtete er von seinen Memoranden an den König und an die Minister, von seiner Unterredung mit Vergennes. Erklärte, wie er zwar drei Millionen Livres gefordert, sich aber ausgerechnet habe, daß ein Zuschuß von einer Million allenfalls genügen werde. Schloß dann mit bescheidener Beiläufigkeit, die Regierung habe ihm zwei Millionen in bindender Form zugesichert.

Selbst der unbeteiligte Sekretär Maigron schaute hoch bei der Nennung dieser Ziffer. Und Paul Theveneau zeigte unbeschränkte Begeisterung; aus dem jungen, geröteten Gesicht des Schwindsüchtigen strahlten die großen, schönen Augen, es hielt ihn nicht auf seinem Stuhl, er ging auf Pierre zu, ergriff seine Hand und sagte bewegt: »Endlich macht einer mehr als Worte. Endlich packt einer die Sache an. Ich bewundere Sie, Pierre.«

Pierre wußte, daß Paul Theveneau bei all seiner Jugend ein sachlicher Geschäftsmann war, und es freute ihn, daß ihn sein Bericht dermaßen erregte. Aber das Wesentliche blieb die Wirkung auf Monsieur Lenormant.

Der schwieg. Er hielt das rundliche, traurige Gesicht unbewegt, und die schleierigen Augen unter der großen, runden Stirn verrieten nichts. Endlich konnte sich Pierre nicht länger beherrschen, er fragte geradezu: »Was denken Sie, Charlot?«

Alle schauten auf Monsieur Lenormant. Der, mit seiner leisen, fettigen Stimme, fragte sachlich, nachdenklich: »Und wer zahlt, wenn die Amerikaner geschlagen werden?« »Sie werden nicht geschlagen«, erwiderte stark Pierre, »das habe ich in meinen Berichten an den König mit guten Gründen bewiesen.« Monsieur Lenormant ging nicht darauf ein. »Soviel scheint gewiß«, sagte er, »die Aufständischen haben kein Geld.« »Aber sie haben Waren«, antwortete eifrig Pierre, »Indigo, Tabak, Baumwolle.« »Wer sagt Ihnen«, fragte Charlot zurück, »daß sie diese Waren gerade Ihnen schicken werden?« »Sie kämpfen für die Freiheit«, entgegnete feurig Pierre, »sie sind erfüllt von den Idealen Montesquieu's, Rousseau's, solche Leute zahlen ihre Schulden.«

Charlot entgegnete nichts. Er sah nur Pierre an, und seine gekrümmten Mundwinkel krümmten sich um ein weniges mehr. Die andern nahmen es vermutlich gar nicht wahr, aber Pierre kannte dieses Lächeln Charlots seit langem, er fürchtete es. Es kam aus dem Innern, dieses Lächeln, aus vielen Erfahrungen, die Gefühl und Überzeugung geworden waren, und vor diesem Lächeln verwelkte Glaube, und Zuversicht entblätterte. Pierre hatte erwartet, diesmal werde das Lächeln fernbleiben. Nun es doch da war, stieg in ihm von Neuem groß und deutlich die Gefahr auf, die er mit seinem Unternehmen heraufbeschwor. Für einen Augenblick, mit schärfster Helle, erkannte er das ganze Risiko seines amerikanischen Geschäftes. Doch im nächsten Augenblick sagte er sich: ›Und trotzdem. Geschäft hin, Geschäft her: Amerika. Ich wag es.‹

Auch von Monsieur Lenormants Gesicht war das winzige Lächeln sogleich wieder geschwunden. Aber er schwieg noch immer. »Andernteils«, sagte er endlich, »andernteils sind zwei Millionen Regierungszuschuß nicht schlecht.«

»Nein, zwei Millionen Zuschuß sind nicht schlecht«, mischte sich jetzt Paul Theveneau ein, voll beinahe bösartigen Triumphes. Sonst hielt sich in Gegenwart des Generalpächters der junge Mensch bescheiden zurück, doch heute riß die Größe des Unternehmens ihn hin. »Zwei Millionen Zuschuß sind gar nicht schlecht«, wiederholte er und lief in dem großen Raum auf und ab, unbeherrscht. Er war ein bißchen grotesk, wie er so hin und herschlenkerte, sehr mager, der Rock hing um ihn herum, die Waden in den anliegenden Strümpfen waren bedauernswert. Doch Pierre sowohl wie Charlot schauten freundlich auf den glücklich erregten jungen Menschen, nicht einmal der Sekretär Maigron mißbilligte seinen Überschwang.

Von früher Jugend an hatte Theveneau gesucht nach einem Manne, den er verehren, nach einer Sache, an die er glauben könnte. Dann hatte er Pierre gefunden. Er war begeistert von den raschen, genialen Einfällen des Älteren, er hörte ihm mit Hingabe zu, wenn er aus der Luft große Dinge zauberte, weltumspannende Pläne, und er war überzeugt, Pierre sei vom Schicksal zu einer historischen Rolle ausersehen, es fehle ihm nur der Anlaß. Jetzt hatte Pierre den Anlaß gefunden: Amerika.

»Ich hatte gehofft, Charlot«, wandte sich Pierre von Neuem sehr höflich an Monsieur Lenormant, »es werde Ihnen vielleicht nicht unangenehm sein, sich an diesem Geschäft zu beteiligen.« »Nichts ist ausgeschlossen«, antwortete Monsieur Lenormant, mit seinen tiefliegenden Augen melancholisch vor sich hinschauend, »und es war jedenfalls freundlich von Ihnen, mein lieber Pierrot, mich als Ersten in diese wichtige Angelegenheit einzuweihen. Machen Sie mir doch die Freude, morgen mit mir zu Abend zu essen. Bis dahin habe ich die Sache überschlafen.«

Pierre kannte Charlot und sein Mißtrauen. Trotzdem war er enttäuscht, daß er nun wieder eine Nacht durch und wieder einen Tag durch werde warten müssen.

Es war spät geworden, Charlot verabschiedete sich. Einen leuchtertragenden Bedienten voran, ging er die große Treppe hinunter, und Pierre ließ es sich nicht nehmen, ihn bis vors Haus zu begleiten.

Als Pierre zurückkam, erwartete ihn oben auf der Treppe Julie. Sie fiel ihm um den Hals, halb lachend, halb weinend. »Du hast gehorcht?« fragte Pierre. »Natürlich«, antwortete Julie. Es war neben dem großen Arbeitszimmer Pierres ein kleines, intimes Kabinett, in welches er manchmal Damen bat, die in geschäftlichen Angelegenheiten zu ihm kamen. Von dort pflegte Julie seine Konferenzen zu belauschen. »Es ist eine Gemeinheit«, sagte sie zärtlich, »daß du deinem Charlot von deinen Erfolgen erzählst, aber nicht mir. Ich bin dir ganz böse, und ich bin so glücklich«, und sie umhalste ihn von Neuem. »Beruhige dich«, redete er ihr zu und führte sie sacht zurück in das kleine Kabinett.

Es enthielt aber dieses Kabinett nichts als zwei Stühle, ein großes Sofa und eine Truhe. In dieser Truhe hielt Pierre seine teuersten Erinnerungen verwahrt. Es war dort der Plan der Erfindung, die er in frühen Jahren gemacht hatte, und die jetzt von der Uhrenindustrie weit über die Grenzen Frankreichs hinaus akzeptiert war. Es waren dort die Manuskripte der Broschüren aus seinem großen Prozeß, die ihm Weltruhm gebracht hatten, und die Urschrift des ›Barbier von Sevilla‹, es waren dort die Quittungen über die Summen für den Erwerb seines Adeltitels und seiner Hofämter, es lagen da die schönsten Liebesbriefe, die er erhalten hatte. Jetzt wird er in Bälde soweit sein, diesen Dokumenten ein neues, weltwichtiges zuzufügen.

Im Angesicht dieser Truhe also erzählte Pierre der Schwester. Er hatte beschlossen, ihr nichts zu sagen, er hätte sich gegen ihr Lauschen sichern sollen, bevor er mit Charlot sprach, und es war unklug, ihr noch mehr zu erzählen. Aber er hatte vor Charlot Zurückhaltung wahren und geschäftlich trocken berichten müssen, jetzt konnte er sich nicht länger zähmen. Feurig schwärmte er der Schwester vor, wie großartig alles werden werde. Mit glänzenden Augen schauten sie einander an, bauten ihre Träume immer höher. Dann band er ihr auf die Seele, keinem Menschen was zu sagen, auch dem Vater nicht; Alter mache geschwätzig, und es komme darauf an, daß die Sache in Heimlichkeit betrieben werde.

Sie sagten sich gute Nacht, küßten sich.

Emile, Pierres Kammerdiener, war noch auf, um ihn zu Bett zu bringen. Während er ihm schnell und geschickt aus den umständlichen Kleidern half, fragte er mit ehrerbietiger Vertraulichkeit: Monsieur haben heute einen guten Tag gehabt?« »Einen sehr guten«, antwortete Pierre. »Ich wünsche allen guten Franzosen solche Tage.«

Emile schlug die schweren Vorhänge zurück, hinter denen auf einer Estrade das prunkvolle Bett stand. Pierre ließ sich noch eine kandierte Frucht reichen, nippte an seinem Nachttrunk, dann legte er sich zurück, Emile deckte ihn zu und schloß die Vorhänge, sodaß das Licht der Nachtlampe nur matt in den Alkoven drang. Pierre gähnte laut und glücklich, legte sich auf die Seite, zog die Beine hoch, machte die Augen zu.

Doch noch bevor er einschlief, wurde das Licht wieder stärker, offenbar wurden die Vorhänge zurückgeschlagen. »Was ist denn noch, Emile?« fragte Pierre, ohne die Augen zu öffnen.

Der da kam, war aber nicht Emile, es war Pierres Vater. Er setzte sich auf das breite, niedrige Bett, und er sah nun, der alte Caron, in Schlafrock, Pantoffeln und mit Nachtmütze, recht gebrechlich aus. »Jetzt sag mir, mein Sohn«, fing er an, »was eigentlich los ist. Ich begreife, daß du es vor den Mädchen nicht sagen wolltest, Weiber sind geschwätzig. Aber nun sind wir ja allein.«

Pierre blinzelte. Die Beine des Alten kamen dürr und behaart aus dem Schlafrock hervor, doch die Augen, die er voll zärtlicher, neugieriger Erregung auf den Sohn richtete, waren lebhaft und jung.

Pierres Beziehungen zu seinem Vater waren zwiespältig. Der alte Caron entstammte einer Hugenottenfamilie, er war als Protestant zum Militärdienst gepreßt worden, er hatte dann seinen Glauben abgeschworen, war Hofuhrmacher geworden und sehr katholisch. Es hatte Zusammenstöße gegeben zwischen Vater und Sohn wegen Pierres Lebenswandel. Pierre war ihm aus der Lehre gelaufen, war dann nach einigen vergeblichen Versuchen zu den Fleischtöpfen des Vaters zurückgekehrt, der Vater aber, ehe er den Reuigen wieder in Gnaden aufnahm, hatte ihm einen umständlichen, schriftlichen Vertrag abgezwungen, der Rechte und Pflichten des Sohnes genau festsetzte. Bei diesem Anlaß und mehrmals in der Folge prophezeite der Alte dem Sohn ein schlechtes Ende. Doch der Sohn nahm kein schlechtes Ende, vielmehr hatte er es so weit gebracht, daß er sich ein Adelspatent und hochklingende Ämter kaufen konnte. Damit sein Adel gültig werde, hatte er von dem Alten verlangen müssen, daß er sein bürgerliches Gewerbe aufgebe. Vater Caron hatte sich empört geweigert, auf sein geliebtes Handwerk zu verzichten, und Pierre hatte ihn daran erinnern müssen, daß er, als er seinen Protestantismus aufgegeben, weder äußerlich, noch innerlich schlecht gefahren sei. Der Alte hatte sich schließlich gefügt, aber er blieb stolz.

Pierre liebte den Vater. Pierre glaubte, wenn er Stücke und politische und geschäftliche Intrigen bauen konnte, in denen hundert Rädchen sich zweckvoll genau ineinander fügten, so habe er das Lehren und Erfahrungen seiner Uhrmacherzeit zu danken, und er vergaß das dem Alten nicht. Er nahm ihn ins Haus und wies ihm eine Rente an. Der Alte nahm die Rente, wies sie zurück, nahm sie wieder. Zog zu Pierre ins

Haus, verließ es, zog wieder zurück. Als Pierre seinen Prozeß und mit ihm Titel und Würden verlor, hatte der Alte ihn verhöhnt: wofür habe er nun sein gutes, ehrliches Handwerk aufgeben müssen? In den letzten Jahren lebten die beiden ausgezeichnet zusammen, sie lachten zusammen über sich selber und über die dumme Welt. Wiewohl es immer noch vorkam, daß sie aufeinander einstichelten und sich treffende, bösartige Dinge sagten, wußten sie gut, daß sie einander liebten und zueinander gehörten. Zuweilen wohl führte Pierre den Vater im Park von Versailles spazieren und stellte ihn seinen hocharistokratischen Freunden vor. »Mein guter, alter Vater«, sagte er zärtlich, und der Alte, sehr aufrecht in seinem bürgerlichen Rock, verneigte sich, anständig, nicht zu tief.

Jetzt also saß der alte Caron auf dem Bett des vergötterten Sohnes, dem er vorausgesagt hatte, daß ers zu nichts bringen werde, und wollte voll glücklicher Neugier von ihm hören, um welch ungeheures Stück weiter er es schon wieder gebracht habe.

Es war für Pierre ein Erlebnis gewesen, seinem Freund Charlot von seinem Erfolg zu berichten. Glück war es gewesen, mit Julie davon zu reden. Höchste Seligkeit war es, dem Vater zu erzählen.

Den Alten riß es hoch; mit flatterndem Schlafrock, erregt, lief er im Zimmer hin und her, gestikulierte, sprach vor sich hin, lief ans Bett zurück, streichelte den Sohn. Und der vergaß den Rest seiner Müdigkeit, richtete sich auf, vor dem Vater kannte er keine Scheu, vor ihm verstieg er sich noch höher als vor der Schwester. In das Dämmerlicht der Nachtlampe starrend, ein vor Seligkeit beinahe törichtes Lächeln überm Gesicht, breitete er vor sich und den Alten seine Visionen hin. Wie die Flotte des Hauses Hortalez und Compagnie, seine, des kleinen Pierrot, des Monsieur Pierre-Augustin de Beaumarchais Flotte, in See stechen werde, Berge von Kanonen, Gewehren, Pulver mit sich tragend, und wie diese Waffen, seine, Pierres Waffen, Englands Tyrannei zerschmettern und Freiheit in der Welt verbreiten würden. Ganz zu schweigen von den ungeheuern Reichtümern, den Schätzen an Indigo, Kattun, Tabak, welche diese Flotte der Familie Caron de Beaumarchais zurückbringen wird.

Vater Caron war gebildet, er hatte viel gelesen, und er war ein guter Franzose. Er war stolz auf den ungeheuern Anteil, welchen Frankreich an der Erforschung und Kolonisierung der Neuen Welt gehabt hatte, und er war erbittert über die Engländer, welche sein Land um seinen Anteil gebracht und gute, christliche Franzosen gezwungen hatten, so scheußliche Mittel zu gebrauchen wie die, sich zu verbinden mit Rothäuten, um Weißen die Schädelhaut abzuziehen. Jetzt also half sein Sohn dem Volke der Vernunft, den wackeren Boston-Leuten, den naturnahen Quäkern, aufdaß diese es den Engländern gründlich heimzahlten.

In seinem heimlichsten Innern war Vater Caron niemals ganz losgekommen von der Vorstellung, sein Abfall vom hugenottischen Glauben sei Sünde gewesen, und für diese Sünde werde Gott ihn heimsuchen an Kindern und Kindeskindern. Wenn in seinem Leben etwas schief gegangen war, hatte sich in ihm ein Schuldgefühl geregt wegen seines Verrates am Glauben. Jetzt zeigte sich, daß Gott Verständnis hatte für die Lage eines armen, zum Soldatendienst gepreßten Hugenotten. Gott billigte es, daß einer lieber ein anständiger, in Gottes Namen katholischer Uhrmacher sein wollte als ein hugenottischer Dragoner. Gott begriff, Gott verzieh. Sonst hätte er nicht seinen Sohn Pierre mit dieser welthistorischen Sendung betraut.

André-Charles Caron, zum ersten Mal jedes Schuldgefühles ledig, streichelte die Hand seines Sohnes. »Amerika«, sagte er vor sich hin. »Mein Pierre befreit Amerika.«

Einen großen Teil seiner Arbeit pflegte Pierre im Schlafzimmer zu erledigen, des Morgens, unmittelbar nach dem Aufstehen, während er Toilette machte. Es war das eine Mode der großen Welt, die seinen Neigungen entgegenkam. Es schmeichelte ihm, wenn sich die Leute in seinem Haus versammelten, um ihm, während er sich ankleiden ließ, Bitten, Klagen, Angebote vorzutragen. Eine bunte Menge pflegte sich da einzustellen und ein wirres Gemisch von Ehrgeiz, Elend, Profitgier, Verehrung, Frechheit und Geltungsdrang vor ihn hinzubreiten.

Diesmal, da man sich erzählte, Pierre sei im Begriff, ein neues, ganz großes Unternehmen zu gründen, waren noch mehr Menschen da als sonst; bis hinaus auf den Korridor drängten sie sich.

Es hatte Pierre von jeher Vergnügen gemacht, Wohltaten zu spenden,

Gnaden auszuteilen; jetzt durfte ers in reichem Maße. Die Firma Hortalez und Compagnie brauchte Agenten in allen Hafenstädten, sie brauchte Schreiber, Buchhalter, Laufburschen, betreßte Diener. Pierre konnte Manna vom Himmel regnen lassen.

Er saß an seinem Toilettentisch, der Kammerdiener Emile und der Friseur waren um ihn beschäftigt, er winkte, grüßte, tauschte freundliche, scherzhafte Worte aus, war sehr gnädig; wenn er nicht sogleich gewährte, dann gab er zumindest Aussicht, Hoffnung.

Da war der Schiffskapitän Adelon. Falls Pierre ein Schiff über den Atlantischen Ozean zu schicken haben sollte, der Kapitän hatte die Reise hundertdreiundzwanzig Mal gemacht, er war ausgerüstet mit besten Empfehlungen; es war der Mühe wert, daß sich Monsieur Maigron seinen Namen notierte.

Da war Madame Chaix. Vor Jahren, Jahrzehnten hatte Pierre etwas mit ihr gehabt. Jetzt brachte ihm die immer noch appetitliche Frau in Erinnerung, daß sie mit dem Inhaber einer Schreinerwerkstatt verheiratet war. Pierre zweifelte nicht daran, daß er anläßlich der Neueinrichtung seines Geschäftshauses, des Hotels de Hollande, mit dieser Werkstatt gute Erfahrungen machen werde, und Monsieur Maigron notierte sich die Adresse.

Pierre genoß den Wirbel ringsum, das Gefühl, geehrt zu sein, Macht zu haben. Alle kamen sie, Freunde jeder Art, Feinde jeder Art. In dieser ersten Nacht schon mußte es sich in der ganzen, großen Stadt herumgesprochen haben, daß Monsieur de Beaumarchais wieder in Fahrt sei, und Leute, die vorher selten ihren Weg zu ihm gefunden hatten, entdeckten plötzlich, daß sie mit ihm befreundet, mit ihm verwandt waren. Da war ein Sohn eines Vetters der zweiten Frau seines Vaters. Da war ein Neffe des Mannes seiner Schwester Tonton.

Solche, die Geschäft rochen, stellten sich ein und solche, die sich den einflußreichen Schriftsteller nicht zum Feind machen wollten, große Herren unter ihnen. Da war der Baron de Trois-Tours, der Geld investiert hatte in der angesehensten Werft des Nordens, in der Werft Pelletier, da war Monsieur Gaschet von der Reederei Testard und Gaschet in Bordeaux. Und Pierre schwoll das Herz, als sich gar der Chevalier de Clonard einfand, der Syndikus der allmächtigen Compagnie des Indes.

Auch Monsieur Clairval war da von den Comédiens Italiens. Es bestand zwischen Pierre und dem großen Schauspieler eine alte, latente Feindschaft. Pierre hatte sein Stück ›Der Barbier von Sevilla‹ zuerst den Leuten vom Théatre des Italiens vorgelesen, sie waren entzückt, aber dann war die Aufführung doch nicht zustande gekommen. Monsieur Clairval, der die Rolle des Barbiers hätte spielen sollen, war selber Barbier gewesen und wünschte nicht, daß man an seine Vergangenheit erinnert werde. Dann war ›Der Barbier‹ der große, ungeheure Erfolg der Konkurrenzbühne geworden, des Théatre Français; Monsieur Clairval erinnerte sich nicht mehr, die Rolle je abgelehnt zu haben, und keineswegs wollte er verfehlen, seinen lieben Freund Pierre gleich nach seiner Rückkehr zu begrüßen.

Auch den Journalisten Métra sah man, der Pierre mehrmals besonders bösartig angegriffen hatte. »Wie teuer verkaufen Sie sich zur Zeit, mein Bester?« fragte ihn freundlich Pierre, und: »Ein Kollege wie Sie«, erwiderte der Journalist, »hat immer höchsten Rabatt.«

Aber Pierre hörte schon nicht mehr hin. Triumphierend sah er hinter dem Journalisten den würdigen, markanten Kopf Monsieur Regniers auftauchen. Der angesehene Herr, Richter am höchsten Gericht, scheute sich nicht, ihm, dem Mann mit der ›Rüge‹, dem ›Bemakelten‹, seine Aufwartung zu machen.

Und immer wieder Bittsteller, Bittsteller. Pierre übersah keinen. Er verstand es, Menschen zu nehmen, und selbst wenn er für einen nur wenige Worte hatte, sprach er diese Worte so, daß ihn der Angeredete mit dem Gefühl verließ, Pierre habe ihn besonders beachtet.

Pierre war glücklich inmitten des wirbelnden Betriebes, und er hätte wohl seine Morgenaudienz noch lange fortgesetzt. Da meldete man ihm, eine Dame erwarte ihn in seinem Arbeitszimmer, Mademoiselle Mesnard.

Das sah Désirée ähnlich. Sie lief ihm schlankwegs ins Haus, sie kümmerte sich um keine Form. Kümmerte sich nicht darum, daß ihr die sonst gutmütige Julie ihre Abneigung bei jeder Gelegenheit bezeigte.

Julie sah in Désirée Mesnard den Urgrund alles Bösen, das Pierre betroffen hatte. Désirée war seinerzeit die Ursache gewesen einer Schlägerei zwischen Pierre und dem eifersüchtigen Herzog de Chaulnes, und der Herzog hatte durchgesetzt, daß der schuldlose Pierre ins Gefängnis kam. Das hatte sich ereignet in den entscheidenden Tagen seines großen Prozesses, sodaß er seine Interessen nicht nach Gebühr hatte wahrnehmen können. Nach der Meinung Julies trug somit Désirée Mesnard und niemand sonst die Schuld, daß der Prozeß verloren gegangen war und in seinen Folgen Pierre so viel Unglück gebracht hatte. Julie begriff nicht, wie es Pierre nach alledem über sich brachte, Désirées Porträt in seinem Hause hängen zu lassen; sie könne das Gesicht der Dame nicht mehr sehen, erklärte sie manchmal, und immer von Neuem drängte sie, Pierre möge das Bild, ein sehr schönes Porträt von der Hand Quentin de Latours, entfernen. Pierre lachte nur; es war ein großartiges Bild, und Désirée war ein großartiges Mädchen, und er hielt fest an seiner Freundschaft mit Désirée und an dem Porträt.

Er verabschiedete seine morgendlichen Gäste und ging in sein Arbeitszimmer. Dort saß Désirée. Nicht auf einem der feierlichen, unbequemen Stühle; vielmehr hatte sie Akten und Ziergegenstände beiseite geschoben und sich auf dem mächtigen Schreibtisch Platz gemacht. Dort saß sie, rotblond, nicht groß, sehr schlank, frech und bequem. Sie lachte, als sie Pierre sah. »War es eine gute Idee, daß ich gekommen bin?« fragte sie. Er beschaute fröhlich ihr hübsches, lausemädelhaftes Gesicht mit der etwas nach oben gebogenen Nase. »Es tut wohl, einen vernünftigen Menschen zu sehen, der nichts von einem will«, sagte er und küßte ihr Hand, Hals und Nacken. »Na, alter Gauner«, sagte sie, »man hört, du kochst etwas Großes zusammen. Ich sehe schon, wie ich dich wieder aus Fort l'Evêque herausholen muß«, das war das Gefängnis.

Pierre und Désirée kannten einander seit langem. Sie waren beide Kinder der Pariser Straße, sie liebten Paris, sie liebten leidenschaftlich das Theater. Sie hatten durch viele schmutzige Erfahrungen gehen müssen, um hochzukommen, sie wußten Bescheid, sie nahmen und liebten das Leben, wie es war, sie machten sich selber und machten einander nichts vor. Désirée war eine Schauspielerin von Ruf, in ihrem Haus verkehrten angesehene Schriftsteller, einflußreiche Männer des Hofes und der Geschäftswelt. Sie hielt sich an die Mächtigen, weil das nützlich war, doch die großen Namen der Aristokratie und der Wirtschaft blendeten sie nicht, sie sah, mit wie wenig Weisheit Frankreich regiert wurde, aus der

Höhe ihres guten Verstandes schaute sie auf die Herren herunter. Ähnlich hielt es Pierre. Beide hatten sie sich tief hineingebohrt in den Kreis der Privilegierten. Beide hatten sie für die Privilegierten die gleiche, abgründige, leicht neidische Verachtung. Die ersten stürmischen Zeiten ihrer Leidenschaft waren lange vorbei, geblieben war eine feste Freundschaft. Es kam vor, daß sie sich, auch wenn sie beide in Paris waren, wochenlang, monatelang nicht sahen, doch beide wußten sie, daß sie aufeinander zählen konnten.

Désirée war vom Tisch gesprungen. Sie öffnete die Tür zu dem kleinen Kabinett, schaute nach, ob nicht Julie lausche. Ihr spitzbübisches Gesicht verzog sich kraus. »Die Luft ist rein«, sagte sie, »schieß los.«

Pierre erzählte von dem amerikanischen Unternehmen, sachlich, pathetische Worte wären vor ihr lächerlich gewesen. Désirée hörte aufmerksam zu. Sie bekannte sich, wie das ganze fortschrittliche Paris, herzhaft zu der Sache der Amerikaner, zu dem großen Experiment, einen Staat aufzurichten auf Grundlage der Freiheit, der Vernunft, der Natur. »Ich fürchtete schon«, meinte sie, »du habest wieder was zusammengebraut wie ein Monopol auf den Sklavenhandel oder die Beschaffung einer neuen Mätresse für den König von Spanien, die für dich spionieren soll. Amerika«, schloß sie mit Wärme, »das ist eine gute Sache.«

»Und es ist angenehm«, erläuterte verschmitzt Pierre, »daß sich diesmal die Begeisterung für die gute Sache auch bezahlt machen wird. Es ist ein ungeheures Geschäft, Désirée, du wirst sehen. Die Compagnie des Indes wird ein kleiner Weißfisch sein vor meiner Firma Hortalez.«

»Mir ist«, antwortete Désirée, »dergleichen hör ich nicht zum ersten Mal.« »Aber heute«, versicherte Pierre, »sag ich es nicht nur, heute ist es so.« »Meine besten·Wünsche begleiten Sie, Monsieur de Beaumarchais,« höhnte Désirée; »aber ich habe es oft erlebt, daß du die Idee hattest, und andere haben dann den Rahm abgeschöpft.« »Diesmal schöpfe ich«, beharrte Pierre. »Diesmal fall ich nicht herein. Ich denke gar nicht daran. So ungeheure Aussichten hab ich noch nie gehabt.« »Jedenfalls ist es erfreulich, Pierrot«, sagte warm Désirée, »daß es diesmal eine so unzweideutig gute Sache ist.«

Daß es eine gute Sache war, wußte Pierre von allein; was er hören wollte, war ein tröstliches Wort über die geschäftlichen Aussichten. Schon gestern, noch bevor er mit Lenormant gesprochen, hatte er sich gefragt, ob er nicht vorher Désirée ins Vertrauen ziehen solle. Charlot war verliebt in Désirée, und Pierre hatte niemals Bedenken getragen, Frauen für seine Zwecke einzuspannen. Trotzdem hatte er in diesem Fall gezögert. Die Freundschaft Charlots und Désirées war verwickelt; er konnte, wenn er Désirée vorschob, seine Geschäfte ebenso leicht verderben wie fördern. Da sie indes von selber zu ihm gekommen war und er ihr so viel erzählt hatte, bedachte er sich nicht länger, ihr auch von seinen Hoffnungen auf Lenormant zu berichten.

Désirées krauses Gesicht, als er Lenormant nannte, verzog sich, eine senkrechte Falte erschien zwischen den Brauen, ihre Augen schielten nachdenklich nach ihrer Nase.

Désirées Freundschaft mit Lenormant war in ihrem sonst so klaren Leben das Wirre, Ungeklärte. Der kühle und leidenschaftliche Herr, der melancholische Genießer, der die Romantik verachtete und sich nach Romantik sehnte, war unterschieden von den übrigen Männern, die sie kannte. Er hatte auch für sie manchmal bösartige, ironische Worte; aber sie sah, wie tief er für sie entbrannt war und wie er diese Neigung zu bekämpfen suchte. Charlot zog sie an und stieß sie ab, sie schätzte und sie verachtete ihn. Sie hätte es rücksichtslos ausnützen sollen, daß er vor ihr schwach war. Mit jedem andern hätte sies so gehalten; mit ihm hielt sies anders. Sie wußte nicht genau, was sie von Charlot wollte, was sie mit ihm wollte. Sie hatte sich nie kostbar gemacht, sie war niemals sparsam umgegangen mit ihrem Leib und mit ihrer Liebe; das konnte man nicht, wenn man es in Paris zu etwas bringen wollte. So schlief sie denn auch dann und wann mit Charlot. Doch sie behandelte ihn schlechter als andere Männer. Sie ließ ihn merken, daß sie ihn nicht liebte, und wenn er mehr von ihr wollte, wenn er andeutete, sie solle ihre Unabhängigkeit aufgeben und seine erklärte Geliebte werden, dann zuckte sie die Achseln, machte ein koboldhaftes Gesicht, antwortete nicht.

Das Zerklüftete an ihm zog sie an. Gelockt schaute sie zu, wie er unversehens aus einer menschenfeindlichen Stimmung in eine zärtliche, sentimentale fiel. Sonst war sie sich klar darüber, welchen Verlauf eine

Freundschaft nehmen werde. Mit Charlot war alles möglich, daß er sie umbrachte oder daß er sie heiratete.

Charlot war gut freund mit Pierre. Aber sie war gewiß, Charlot war, auch wenn ers nicht merken ließ, eifersüchtig auf Pierre, und immer war in ihr leise Angst, er werde einmal furchtbar gegen ihn losschlagen. Keinesfalls war es geraten, daß sich Pierre mit dem unberechenbaren Manne in ein so riesiges Geschäft einließ. Charlot wird, wenn sie zusammen diese gewaltigen Lieferungen unternehmen, den schwächeren Pierre bald in seiner Hand haben, und dieser Gedanke machte ihr Unbehagen. Pierre war inmitten all seiner Intrigen ein harmloser, lustiger Junge, er konnte keine Feindschaft festhalten, er trug niemand was nach, er wollte vom Leben nichts als seine Freude. So einer war der bittern Bosheit nicht gewachsen, die manchesmal im Herzen Charlots aufstand.

»Ich an deiner Stelle würde mirs zweimal überlegen«, warnte sie, »ehe ich Charlot in das Geschäft hineinnähme.« »Er ist mein Freund«, sagte Pierre. »Gerade deshalb«, erwiderte rätselhaft Désirée, und: »Er ist so groß«, fuhr sie fort. »Am Ende verschlingt er alles, was mit ihm in Berührung kommt.« Aber: »Keine Angst, meine Kleine«, lachte unbekümmert Pierre. »Wer diesen Jonas verschlingt, wird ihn schnell wieder ausspeien müssen.«

Lenormant, nach dem Abendessen, ließ Pierre noch eine ganze Weile zappeln, bevor er anhub, von dem Geschäft zu reden.

Monsieur Lenormant mochte Pierre auf seine Art gut leiden. Er sah wohl, wie eitel und oberflächlich Pierre war, doch er schätzte seine Gewandtheit und seinen anmutigen Witz, und wenn er ihn um seiner Leerheit willen ein wenig verachtete, so beneidete er ihn um seine Leichtigkeit, um sein Glück bei Frauen, um die Mühelosigkeit seiner Arbeit.

Charles-Guillaume de Lenormant hatte es trotz seiner hohen Geburt und seines Reichtums immer schwer gehabt. Er hatte seinerzeit – das waren jetzt siebenunddreißig Jahre her – ein sehr junges, sehr schönes Mädchen geheiratet von anmutigster Geistigkeit, doch ohne Geld und ohne Verbindungen, Jeanne-Antoinette Poisson. Er war schwerblütig und hatte lange gezögert, ehe er sich zu dieser Heirat entschloß; während der ersten Jahre seiner Ehe indes freute er sich tief seines Entschlusses, und er hatte sich immer leidenschaftlicher in Jeanne verliebt. Dann, unversehens, hatte Jeanne ihn verlassen, um als anerkannte Geliebte des Königs unter dem neuen Namen Marquise de Pompadour Frankreich zu regieren. Es war für Lenormant ein Schlag gewesen, von dem er glaubte, er werde ihn nicht überleben. Später dann hatte die Frau ihm alles angeboten, einen Gesandtenposten, selbst ihre Rückkehr, aber er war stolz und würdevoll gewesen und hatte alles und sie selber abgelehnt.

Jetzt war er seit langem wieder heraufgetaucht aus den Tiefen seines Leides, doch als ein veränderter Lenormant, melancholisch, bitter, sarkastisch, genießerisch, auf hinterhältige Art abenteuerlustig. Hatte er früher mit Umsicht die schwierigen Geschäfte wahrgenommen, die mit seiner Steuerpacht zusammenhingen, so ließ er sich jetzt mit verbissener Freude in immer neue, verwickelte wirtschaftliche Unternehmungen ein, leitete sie mit souveräner Gewandtheit und außerordentlichem Glück und häufte so, trüb und verächtlich, ungeheures Vermögen. Bei aller Bitterkeit jagte er nach stets neuen Genüssen. Zwar stand über dem Hauptportal seines Schlosses Etioles in edeln Lettern der Spruch: ›Vanitas, vanitatum vanitas, omnia vanitas.‹ Aber der Besitzer von Etioles war stets umgeben von schönen Frauen, seine Feste waren berühmt um ihrer Pracht und ihres Geschmackes willen, und voll müder Gier raffte Monsieur Lenormant immer mehr Reichtum, Ansehen, Pracht, Geschäft, Einfluß, Politik, Theater, Frauen, Intrigen.

In Désirée Mesnard hatte sich Lenormant verliebt auf dem Umweg über ein Bild von ihr. Es war nicht das Porträt, das bei Pierre hing, es war vielmehr ein Pastell von Perronneau. Es war das gute Porträt eines hübschen, fröhlichen, natürlichen Mädchens. Aber als Lenormant die wirkliche Désirée kennen gelernt hatte, war er erstaunt gewesen, wie weit das Porträt zurückblieb hinter dem Urbild. Lenormant, aus seiner vielen Kunst und Künstelei heraus, sehnte sich manchmal nach Kraft und Einfachheit; auf seiner Privatbühne ließ er gerne Possen spielen von saftigster Volkstümlichkeit. Jetzt, als er entdeckte, wieviel derber, gesunder Menschenverstand hinter Désirées liebenswerter Zartheit stak, wieviel Unbekümmertheit um Ruf und Gerede, wieviel frecher, realistischer, Pariser Witz, fand er das zum Entzücken. Es waren an ihr Züge, die er an der toten Jeanne geliebt hatte. Jeanne war auf ganz ähnliche Art lustig und gescheit gewesen, sie hatte die gleiche Mischung gehabt von Nüchternheit und Romantik und die gleiche Gabe, über dem Schmutz des Lebens seinen fröhlichen Glanz nicht zu vergessen.

Lenormant war siebenundfünfzig gewesen, als die einundzwanzigjährige Désirée in sein Leben trat. Er sah mit Vergnügen, daß seine Eigenart, die Mischung aus Trübsinn und Genießertum, sein Geschmack, sein Verständnis fürs Theater, seine bitter witzige Philosophie die junge Schauspielerin anzog; doch er täuschte sich nicht darüber, daß er ohne seinen Reichtum und seinen großen Namen kaum im Kreis der vielen jüngeren, amüsanteren Freunde Désirées bestanden hätte. Vielleicht wird es ihm gelingen, sie an sich zu binden; aber wenn dann ein Anderer, Mächtigerer kommen wird, dann wird ihn diese Désirée genau so verlassen, wie seinerzeit Jeanne ihn verlassen hat um des Schloßherrn von Versailles willen.

Trotzdem betrachtete er es als ein großes Glück, daß diese junge Frau in sein Leben getreten war, und daß er jetzt, da seine Süchte matter wurden, nochmals das Glück hatte, verliebt zu sein wie ein Junger. Wohl litt er, wenn er sah, wie unbekümmert Désirée sich diesem oder jenem Manne hingab, aber er war gewitzt, er wollte kein zweites Mal sein Glück durch Stolz und Würde gefährden, und er versuchte nicht, an ihre Unabhängigkeit zu rühren.

Er wußte, daß sein einziger ernsthafter Rival Pierre war. Er durchschaute genau die Beziehungen der beiden, er hielt ihre feste, auf eine Verwandtschaft im Geiste gegründete Freundschaft für gefährlicher als irgendeine romantische Neigung, und er beneidete Pierre heiß um Désirées Anhänglichkeit. Ihn, Lenormant, der so tief an den Menschen litt und dem sich die Dinge so gar nicht fügten, verdroß es, daß diesem Pierre Menschen und Dinge von selber zuflogen, daß ihm alles so gut hinausging, daß er Widerwärtiges von sich abschüttelte wie ein Hund Wassertropfen. So gut er Pierre leiden mochte, er hätte es ihm gegönnt, daß auch er einmal zu spüren bekam, was Undank ist, Verrat, Leiden.

Jetzt also war ihm Pierre gekommen mit diesen Lieferungen für Amerika. Die Idee Pierres, die Insurgenten als privater Unternehmer, in Wahrheit aber als Agent der französischen Regierung zu beliefern, blendete, sie war ein Fund. Wollte man aber aus dem Unternehmen mehr machen als eine Bühnenintrige, wollte man die Insurgenten so ausrüsten, daß sie regulären englischen Armeen standhalten konnten, dann benötigte man andre Summen als die lächerlichen drei oder vier Millionen, von denen Pierre sprach. Der Mann, der ein solches Geschäft durchführen wollte, mußte über unbegrenzten Kredit verfügen, er mußte auf Zahlung warten können, er mußte langen, langen Atem haben.

Seine, Lenormants, Hand war kräftig genug, diesen Bogen zu spannen, und die fetten Gewinne waren eine starke Lockung. Aber war Pierre der rechte Mann, um mit ihm zusammen ein so riesiges Unternehmen anzupacken? Wird er nicht die Geschäfte viel zu fantastisch und romantisch betreiben wollen? Gewiß, die Chancen waren verführerisch, aber Lenormant hatte hohes Spiel genug in seinem Leben, und dicke Profite wogen die Gefahr nicht auf, mit Pierre Streit zu bekommen. In seinem Innern, ohne daß ers Gedanke werden ließ, war die Vorstellung, wie Pierre vor Désirée prahlte und sich spreizte: ›Jetzt also rüste ich die Amerikaner aus, jetzt mache ich Geschichte‹. Nein, er, Lenormant, wird Pierre nicht den Sockel der Millionen aufbauen, der dafür nötig war.

Mit seiner fettigen Stimme, in der Stille seines Arbeitszimmers, setzte er Pierre auseinander, das Geschäft biete hohe Gewinnchancen, doch sei das Risiko enorm. Nicht nur müsse man damit rechnen, daß jedes zweite Schiff von den Engländern genommen werde, auch die Aussicht, Zahlung zu erlangen, sei zu vage. So sehr er, Lenormant, den Freiheitsdrang der Insurgenten bewundere, diese rühmliche Begeisterung sei keine genügende Sicherheit für ihre Zahlungsfähigkeit. Im günstigsten Fall werde man Jahre und Jahre warten müssen, ehe man Geld zu sehen bekomme. Nach flüchtigem Überschlag nehme er an, daß ein Grundkapital von etwa zehn Millionen nötig sei, wenn man durchhalten wolle. Er richtete, als er die hohe Summe nannte, die schläfrigen, tiefliegenden Augen bekümmert auf den andern.

Pierre, betroffen, antwortete schwunglos: »Ich dachte, die außerordentlichen Gewinnchancen, die Sie ja noch besser sehen als ich, würden Sie reizen, sich an der Firma Hortalez zu beteiligen.«»Ich habe soeben versucht, mein lieber Pierre«, sagte mit gut gespielter, freundlicher Geduld Lenormant, »Ihnen klarzumachen, daß das Risiko des Geschäftes noch höher ist als seine Chancen. Ich stehe an der Schwelle des Alters, meine Freude an großen, gefährlichen Unternehmungen nimmt ab.« »Aber haben Sie nicht soeben erst die Steuerpacht Ihrer zwei Provinzen erneuert?« fragte Pierre. »Wo ist da«, fragte mit aufreizender Ruhe Lenormant zurück, »für einen Mann, der warten kann, das Risiko? Der König hat Büttel und im Notfall Soldaten, die säumigen Schuldner zu zwingen. Kann die Firma Hortalez Soldaten gegen die Aufständischen vorschicken, wenn sie im Verzug sind?«

»Ich hatte geglaubt«, sagte nicht ohne Bitterkeit Pierre, »mein Freund Charlot werde sich mit Freuden an dieser großen Unternehmung beteiligen. Ich hatte geglaubt, mein Freund Charlot werde der Erste sein, mir und den Amerikanern zu helfen.« »Aber seien Sie doch nicht so ungestüm, mein Pierrot«, beschwichtigte ihn liebenswürdig Lenormant. »Wer sagt Ihnen, daß ich Ihnen nicht helfen werde?«

Die Art, wie Charlot mit ihm spielte, brachte Pierre auf, andernteils wußte er aus Erfahrung, daß Charlot großzügig war und ihm freund. »Ich brauche Geld ja nur für die erste Zeit«, sagte er unsicher, »wenn ich es überhaupt brauche.«

Genau so hatte es Lenormant gewollt. Ein Darlehn wollte er Pierre gerne zur Verfügung stellen. Wie er Pierre kannte, wird der bald in der Klemme sein und um Stundung bitten. Dann kam er, Charlot, unter allen Umständen auf seine Rechnung. Selbst wenn er zuletzt das Geld oder doch einen Teil des Geldes verlieren sollte, wird das Gespräch, in welchem Pierrot bittet und sich windet, diesen Verlust wert sein.

»Sehen Sie«, erwiderte er, »so kommen wir leicht zusammen. Geld, insbesondere auf kurze Sicht, können Sie von mir ohne weiteres haben. Wieviel wünschen Sie?« »Ich denke«, sagte, immer unsicher, Pierre, »mit einer weiteren Million komme ich aus.« »Die Summe steht zu Ihrer Verfügung«, erwiderte ohne Zögern Lenormant.

Pierre atmete auf und war zu gleicher Zeit bestürzt. Es war ein wichtiger Dienst, daß ihm Charlot die ungeheure Summe vorstreckte, aber hielt er das Risiko wirklich für so groß, daß er das Geld nicht in der Sache selber anzulegen wagte und die einmalige Chance nicht nützte? »Ich danke Ihnen, Charlot«, sagte er, »ich danke Ihnen herzlich«, in seiner Stimme war ungewohnte Verwirrung. »Es ist mir eine Freude, Ihnen zu helfen, mein Freund«, wehrte liebenswürdig Lenormant ab. »Sie werden mich sehr entgegenkommend finden in allem, was den Zinsfuß anlangt.« Er machte eine kleine Pause und schaute Pierre freundlich an. »Aber«, sagte er dann und drohte ihm scherzhaft mit dem Finger, »halten Sie das Geld zusammen, Pierrot.« Und ganz leicht schloß er: »Ich leihe auf kurze Frist, und ich treibe ein, mein Lieber. Ich mache Sie darauf aufmerksam. Ich bin bekannt dafür, daß ich eintreibe.«

Das waren Scherze, wie Charlot sie liebte, unangenehme Scherze. Aber Pierre schüttelte das Unbehagen ab, noch bevor es ihn überkam. Er hatte die Zusage Charlots, das war das Wesentliche. War er nicht entschlossen gewesen, das Geschäft zu machen, auch wenn er alles in allem nur eine Million erhalten hätte? Jetzt bekam er zwei Millionen von der Regierung und eine von Charlot. »Nochmals schönen Dank, Charlot«, sagte er ebenso leicht und freundlich, wie Lenormant gesprochen hatte. »Schönen Dank im Namen Amerikas, Frankreichs und in meinem eigenen.«

Jetzt war schon eine Nacht vergangen und ein Tag und noch eine Nacht, und Pierre hatte seine Freundin Therese noch immer nicht aufgesucht. Gestern morgen hatte er sie in einem Billet auf den Abend vertröstet, gestern abend auf heute morgen. Er hatte eben zu viele Menschen auf seinem Boot; er kam niemals dazu, das zu tun, wonach es ihn gelüstete.

Wenigstens konnte man mit Therese reden. Sie verstand es, wie schwer es hielt, seine Zeit zu teilen zwischen der Befreiung Amerikas und der Liebe zu der Frau, die man heiraten wollte.

Denn von der ersten Begegnung an hatte er gewußt, daß dieses Mädchen für ihn die rechte sei, und immer wieder während der Jahre ihrer Verbindung hatte er mit dem Entschluß gespielt, sie jetzt zu heiraten, morgen, heute. Aber da war Julie. Sie war von Anfang an auf Therese eifersüchtig gewesen, und als Pierre einmal eine Andeutung gemacht hatte, er wolle Therese heiraten und ins Haus bringen, hatte es zwischen den Geschwistern heftigen Zank gegeben, und Julie hatte gedroht, das Haus zu verlassen. Dann freilich hatte sie mit stürmischer Reue dem Bruder erklärt, Therese sei reizend, jung und in jeder Hinsicht viel besser als sie selber, und selbstverständlich werde sie, Julie, mit ihr auskommen. Allein es war Pierre klar, daß, wenn er Therese ins Haus brachte, die leidenschaftliche Julie sich nach kurzer Zeit grollend zurückziehen werde, und er konnte Julie nicht entbehren. Nicht nur war sie die ideale Wirtschafterin für sein großes Haus, er brauchte auch gerade sie, um sich vor ihr zu spreizen, er brauchte ihre ständige, laute, schwärmerische Bewunderung. Therese aber, auch wenn er sie nicht formell band, wird ihn nie verlassen; ihrer fühlte er sich sicher.

Er legte den Weg zu ihrem Haus zu Fuß zurück. Es war ein kurzer Weg. Lächelnd bedachte er, wie oft und wie gern er diesen kurzen Weg gegangen war. Seine Interessen umspannten die ganze Erde, mehrmals war er um eines Geschäftes willen über weite Strecken des Erdteils gejagt; doch sein wahres Leben spielte sich ab innerhalb des kleinen Dreiecks zwischen seinem Wohnhaus, seinem Geschäftshaus und dem Haus Thereses. Dieser wilde Abenteurer war ein Familienmensch; nach wilden Tagen und wilden Nächten brauchte er eine bürgerliche behagliche Stunde im Kreis der Familie, bestehend aus Vater, Schwestern, Neffen, Nichten, Onkeln, Vettern, Basen.

Er läutete an Thereses Wohnung. Die Magd öffnete. Aber da war auch schon Therese in der Tür ihres Zimmers, sie war im Negligé, so hatte er sichs, im Stillen, erhofft, und keine kleinste Wolke Vorwurf wegen der Verzögerung war auf ihrem Gesicht. Er eilte auf sie zu, in seinen beiden Händen hielt er ihren Kopf, ihn leicht schräg nach hinten biegend; sie war groß, beinahe ebenso groß wie er selber. Tief schaute er in ihre lebendigen Augen. Langsam, gründlich küßte er ihre Stirn, folgte mit den vollen Lippen ihren hohen, kühnen Brauen, bis sie die Lider mit den langen Wimpern schloß, küßte ihren geschwungenen Mund, ließ die Hände heruntergleiten um ihr volles, starkes Kinn, ihren Hals, ihre Brust. Therese, die Augen geschlossen, ruhte glücklich aus in der lang ersehnten Umarmung.

Vom ersten Augenblick an, da sie mit Pierre in Berührung gekommen war, hatte sie gespürt, dieser Mann war der Sinn ihres Lebens. Als sie damals, vor drei Jahren, kaum siebzehnjährig, seine Flugschriften las, hatte die klingende, funkelnde Attacke gegen die Ungerechtigkeit sie aufgerührt in ihren Tiefen. Daß jemand so kühn sein konnte und gleichzeitig so leicht, so elegant, so beschwingt. Es ging einem ins Blut, riß einen mit. Sie war, die sonst Vernünftige, Zurückhaltende, unter einem Vorwand zu dem fremden Mann gegangen, und er war gewesen wie seine klingenden Sätze, und er hatte auf sie eingesprochen mit seiner biegsamen Stimme, schmeichlerisch, frech, gescheit, und sie hatte erkannt: diesen Mann liebte sie, für immer.

Therese war von ruhigem, sicherem Urteil. In den Jahren seither hatte sie herausgefunden, was alles an Pierre leer, eitel, frivol war; doch was sie an ihm liebte, war stark genug, sie das andere hinnehmen zu lassen. Es war seine Sache, für die er in jenen Streitschriften eingetreten war, aber es war auch die Sache aller derer, denen ein dreistes und hochmütiges System unrecht tat. Es war seine Sache, für die er kämpfte, wenn er sich lustig machte über die Adeligen, sie hatten ihn beleidigt, und sie versuchten ihn niederzuhalten, aber was ihn trieb, war auch ein anderes, es war mehr, war eine tiefe, erkennerische Kampflust, gegen alle dummen Vorurteile in der Welt. Hinter seiner Prahlsucht und Schauspielerei stand Sinn fürs Große; und wenn er Unrecht und Mißbrauch sah, ob es ihn anging oder andere, trat er ohne Überlegen zum Streit an. So sah ihn Therese, so liebte sie ihn.

Jetzt, da er so lange fort gewesen war, hatte er ihr viel zu erzählen. Er hielt sie auf seinem Schoß, streichelte sie. Mehrmals schon hatte er jetzt erzählt, Charlot, der Schwester, dem Vater, es war das Gleiche gewesen und doch immer anders; vor Therese nahm sein Erleben und sein Projekt eine wiederum neue Farbe an. Ihr setzte er auseinander die politische Bedeutung des Unternehmens. Alles hatten die Insurgenten: Menschen zur Genüge, das weite Land, ihre gute Sache, ihre Begeisterung, die moralische Unterstützung der ganzen Welt. Das einzige, was ihnen fehlte, waren Waffen. »Und die liefern wir ihnen jetzt«, schloß er.

Thereses graue Augen leuchteten; sie hatte von Anfang an Partei genommen für die Insurgenten. Immer neue Details mußte er ihr berichten über die Aussichten der Amerikaner, und es freute ihn, daß sie nur Anteil daran nahm, nicht an den Aussichten seines Geschäftes. Seine Frau sollte in ihm den Schriftsteller sehen, den Kämpfer für die Freiheit, für die Vernunft. Er wärmte sich an ihrer Begeisterung, die frei war von der manchmal albernen Überschwenglichkeit Julies. Therese verlor auch in der Begeisterung niemals den Sinn fürs Reale. Sie ergänzte ihn großartig; sie konnte ihn zurückholen, wenn er sich verstieg

Er verstummte. Wieder einmal, im Stillen, überlegte er, ob er die Heirat nicht beschleunigen sollte.

Therese merkte, was in ihm vorging. Es war nicht angenehm, nur Pierres Freundin zu sein, nicht seine Frau, sie hätte sehr gewünscht, ihre Verbindung zu legalisieren. Aber sie kannte Pierre, sie besorgte, er werde, wenn er ihrethalb Julie verlieren sollte, den Verlust schwer verwinden, und seine Neigung könnte abnehmen. Das Gerede scheute sie nicht, sie war unabhängig, hatte etwas Geld. Sie drängte nicht. Auch jetzt wartete sie, schwieg.

Ihm, derweilen, tauchte wieder die Vorstellung auf, was für ein Gesicht Julie machen werde, wenn er ihr mitteilte: ›In einer Woche heirate ich Therese‹. Es war keine angenehme Vorstellung. Zu oft ließ er sich hinreißen von Regungen des Augenblicks. Er hatte so lange gezögert, er konnte gut noch ein wenig länger warten.

Er sagte: »Jetzt, da ich so viel Glück gehabt habe und in dieses neue, große Unternehmen hineingehe, mußt du mir erlauben, dir eine Freude zu machen. Mein Haus in Meudon, das kleine, mit dem verwilderten Garten, das du so gern hast, darf ich es dir schenken? Selbstverständlich laß ich es herrichten, und gründlich. Wir könnten manchmal hinausfahren und ein oder zwei Tage Ruhe haben und Natur.«

Die folgenden Wochen verbrachte Pierre in wilder Tätigkeit. Er traf sich mit Reedern, mit Lieferanten, mit Finanzleuten aller Art, er hatte Konferenzen mit Herren vom Außenministerium, von der Marine, vom Arsenal. Es galt, Kanonen zu beschaffen, Gewehre, Munition, Uniformen, Wäsche, Schuhe, Decken, Zelte. Es galt, die Schiffe bereitzustellen, um all das, die Ausrüstung für dreißigtausend Mann, über den Ozean zu transportieren. Pierre hatte den Herren in Versailles in Aussicht gestellt, er werde einen großen Teil dieser Transporte noch im Herbst, bestimmt aber vor Jahresende auf den Weg bringen.

Wenn sich Pierre mit noch wilderem Eifer als sonst in diese Geschäfte stürzte, so geschah es, weil er eine Sorge übertäuben wollte, die immer höher in ihm aufstieg. Er hatte, wenn er rechtzeitig liefern wollte, sogleich große Zahlungen zu leisten. Seine eigenen Mittel und der von Lenormant eingeräumte Kredit erschöpften sich schnell, die Million Livres aber, die ihm Vergennes zugesagt hatte, kam nicht und kam nicht. Wenn Pierre im Außenministerium leise Andeutungen machte, wie sehr er die Zahlung benötige, dann gab man ihm zu verstehen, daß die Summe geheimen Fonds entnommen werden müsse, und daß lediglich Schwierigkeiten der Buchung und unumgängliche bürokratische Routine die Zahlung verzögere. Das klang glaubhaft. Aber Pierre hatte nichts in der Hand, die Regierung konnte in dieser delikaten Angelegenheit keine schriftlichen Zusagen geben, und er wurde die Furcht nicht los, man werde ihn schließlich sitzen lassen und erstaunte Augen machen, wenn er an die gegebenen Versprechungen erinnerte.

Dabei zeigte sich rasch, daß die Lieferanten und Reeder genau wußten, wie sehr er auf sie angewiesen war, und ihre Preise erhöhten. Wenn Pierre wenigstens jene Waffenbestände aus den Königlichen Arsenalen erhalten könnte, die man ihm im Außenministerium in Aussicht gestellt hatte. Dann wäre er einen Teil seiner Sorgen los und könnte den privaten Lieferanten zeigen, daß er auch ohne sie auskam.

Es wäre für das Arsenal ein Leichtes gewesen, ihm zu helfen. Monsieur de Saint-Germain, der das Kriegsministerium vor einem Jahr übernommen hatte, war daran gegangen, die Rüstung umzustellen; dadurch wurden viele Modelle von Geschützen und von Gewehren außer Gebrauch gesetzt. Es kam darauf an, daß er, Pierre, dem Kriegsminister seine Pläne schmackhaft zu machen wußte; dann wird er die alten Waffen zu sehr billigen Preisen, vielleicht zum bloßen Metallwert erstehen können. Voraussetzung dafür war, daß der Außenminister seinen Kollegen im Arsenal in einer nachdrücklichen Unterredung ins Bild setzte. Doch auch da wollte man im Außenministerium nicht begreifen, daß Eile geboten war, und Vergennes schob sein vertrauliches Gespräch mit dem Kriegsminister immer wieder hinaus.

Endlich erhielt Pierre Nachricht, Monsieur de Saint-Germain sei informiert und erwarte seinen Besuch. Schon am andern Tag stellte sich Pierre im Arsenal ein, wo der Kriegsminister residierte.

Pierre mußte den Wagen am Eingang des Arsenals zurücklassen und den Weg zum Büro des Kriegsministers zu Fuß machen. Das Arsenal war eine kleine Stadt für sich. Da waren Fabriken für jede Art von Waffen, Stapelplätze für Waffen, Bürogebäude, eine Kaserne. Pierre liebte das Arsenal. Er war Romantiker und Geschäftsmann, Waffen regten ihn an sowohl zu heroischen Gefühlen wie zu kaufmännischen Kalküls.

Heute indes hatte Pierre kein Interesse für die Dinge ringsum. Er war ausgefüllt von Gedanken an die bevorstehende Unterredung.

Pierre hatte den Minister seit beinahe einem Jahr nicht mehr gesehen. Damals hatte der Siebzigjährige den Eindruck eines auffallend jungen, straffen Mannes gemacht. Als Pierre jetzt vorgelassen wurde, war er überrascht, wie sehr Saint-Germain während der kurzen Zeit seiner Amtstätigkeit gealtert war. Der ziemlich kleine Herr in seiner schlichten Uniform hielt sich nach wie vor stramm aufrecht, doch man sah ihm die Anstrengung an, und sein erdfarbenes Gesicht war zerfurcht.

Der Minister hatte Grund zum Kummer. Paris hatte gejubelt, als im vorigen Jahr der junge König den strengen, redlichen, fortschrittlichen General, der als großer Soldat und guter Organisator galt, berufen hatte, um die Armee zu reformieren. Monsieur de Saint-Germain war mit Energie ans Werk gegangen. Er hatte die Bestände der Truppen und die Qualität der Rüstung erhöht und dabei die Ausgaben seines Amtes eingeschränkt. Doch er hatte, um das zu erreichen, viele einträgliche Stellen, die dem Hofadel vorbehalten waren, abschaffen und außerdem Offiziere von niedriger Geburt zu hohen Kommandostellen zulassen müssen. Dadurch hatte er sich viele Feinde bei Hofe gemacht, und man nahm an, der gutwillige, doch schwache König werde seinen Minister auf die Dauer nicht halten können. Pierre verstand gut das vergrämte Aussehen des alten Generals.

Er rechnete damit, daß Saint-Germain nach den Erfahrungen, die er hatte machen müssen, auch hinter seinem Vorschlag Intrigen wittern und ihm mit Mißtrauen entgegenkommen werde. Er sprach also vorerst nicht von den Kanonen und Gewehren, die er ihm entlocken wollte, sondern bemühte sich, ihm Vertrauen einzuflößen. Er wußte, mit welcher Leidenschaft Saint-Germain an seinen revolutionären militärischen Theorien hing, überall wollte er sie durchsetzen, überall wollte er experimentieren. Pierre ging ein auf diese Neigung des Alten. Was die Insurgenten vor allem benötigten, erklärte er, sei Belehrung, Organisation, Instruktion. Er, Pierre, der vorläufig sozusagen der einzige Repräsentant der Amerikaner in Frankreich sei, bitte also im Namen dieses Landes der Natur und der Vernunft den Minister um Rat. Nirgendwo seien die reformatorischen Prinzipien Saint-Germains besser am Platz als drüben in Amerika. Dort habe man nicht gegen eingewurzelte Vorurteile zu kämpfen. Dort könne man eine Armee organisieren streng nach den zehn Grundregeln, die der Minister in seinem ›Lehrbuch der Kriegskunst‹ aufgestellt habe.

Saint-Germain hörte angeregt zu. Dieser Monsieur de Beaumarchais schien nicht der skrupellose Schieber zu sein, als der er ihm geschildert worden war. Der Minister ließ sich mit ihm in eine Diskussion ein. Pierre hatte sich gut informiert und zeigte Sachkenntnis. Mit Geduld und Verständnis hörte er zu, wie ihm Saint-Germain Einzelheiten seiner Reformen des Langen und Breiten erläuterte. Der Alte hatte eine gute Stunde.

Dann erst, allmählich, kam Pierre auf das Geschäft zu sprechen, auf die Bewaffnung seiner Insurgenten. Es handle sich da, führte er aus, nicht etwa um die Ausrüstung einer regulären Truppe, sondern um die Equipierung einer Miliz. Diese Miliz benötige simple Waffen, deren Bedienung kein langes Training voraussetze. Mit den neuen Waffen, welche der Minister für die französische Armee vorgesehen habe, sei den Amerikanern wenig gedient; denn die wirksame Handhabung dieser neuen Waffen erfordere eine lange Lehrzeit. Und Pierre machte ein bekümmertes Gesicht.

Monsieur de Saint-Germain belebte sich und trug als eigene Idee vor, was ihm Pierre suggeriert hatte. Gerade unter diesen Umständen könne er, der Minister, Monsieur dienen und den Insurgenten unschätzbare

Hilfe zukommen lassen. Durch die Umstellung der Rüstung seien Modelle von Geschützen und von Gewehren in großer Zahl für die Armee des Königs unbrauchbar geworden. Für eine Miliz aber, wie Monsieur sie schildere, stellten diese alten Modelle eine geradezu ideale Ausrüstung dar, und er wolle ihm, was an ausrangierten Beständen vorhanden sei, mit Vergnügen für die Zwecke der Insurgenten überlassen. Über die Details möge sich Monsieur mit seinem Ersten Sekretär, dem Prinzen Montbarey ins Benehmen setzen.

Pierre atmete auf. Vor Geschäften mit naiven, redlichen Männern, wie der Minister einer war, hatte er stets ein gewisses Unbehagen, sie waren so unberechenbar. Mit dem Prinzen Montbarey wird er viel leichter fertig werden. Prinz Montbarey nämlich war ein wüster Spieler, immer in Schulden, und er trug kein Bedenken, sein Amt zur Regelung seiner verwickelten Finanzen zu benutzen. Er bediente sich zu diesem Zweck einer Freundin, der Opernsängerin de Violaine. So oft ein höherer Posten in der Armee frei wurde, legte Mademoiselle de Violaine eine Liste von Anwärtern vor, die bereit waren, für diesen Posten zu zahlen, und es gelang dem Prinzen in den meisten Fällen, bei dem arglosen Saint-Germain seinen Kandidaten durchzudrücken.

Durch die Art, wie Pierre den Minister genommen hatte, waren ihm zwar die Waffenbestände gesichert. Aber Prinz Montbarey konnte, wenn er übeln Willens war, sehr hohe Preise ansetzen, er konnte die Transaktion mit dem Hause Hortalez und Compagnie komplizieren und endlos verzögern. Dagegen gab es nur ein Mittel: dem Prinzen in einer eleganten Form eine Kommission zukommen zu lassen. Pierre war nicht knauserig in diesen Dingen.

Die Firma Hortalez, setzte er Monsieur de Montbarey auseinander, habe eine große Sorge, das sei die Auswahl der Waffen, die man den Insurgenten schicken solle. Der Auftrag der Amerikaner laute zu allgemein, und bis sie Sachverständige herübergesandt hätten, vergehe eine viel zu lange Weile. Er selber und die andern Herren der Firma Hortalez seien Geschäftsleute und leidenschaftliche Anhänger der Insurgenten, doch nicht eigentlich militärische Sachverständige. Er wäre deshalb dem Prinzen sehr verbunden, wenn ihm der einen kundigen Berater nennen könnte. Natürlich verlange die Firma Hortalez solche

Dienste nicht umsonst, die Firma sei gegründet auf geschäftsmäßiger Basis.

Lächelnd, aus schlauen, flinken, schwarzen Augen, beschaute Prinz Montbarey den lächelnden Pierre. Dann nannte er Namen, verwarf sie wieder und sagte schließlich, sich an den Kopf schlagend: »Jetzt hab ich Ihren Mann.« Es war aber dieser Mann, wie es Pierre erwartet hatte, ein Herr aus dem Kreis von Montbareys Freundin, Mademoiselle de Violaine.

Pierre dankte dem Prinzen herzlich für seinen liebenswürdigen Rat und versprach, ihn zu befolgen. Dann trennte er sich wie von dem Minister so auch von seinem Ersten Sekretär im besten Einvernehmen und verließ das Arsenal, sehr getröstet.

Seitdem der Konflikt zwischen der Krone von England und ihren amerikanischen Kolonien ausgebrochen war, hatte es in Paris Leute gegeben, die sich Hoffnung gemacht hatten, als Parteigänger für die Amerikaner eine Rolle zu spielen. Als diese Männer von den Verhandlungen Monsieur de Beaumarchais' Wind bekamen, wurden sie eifersüchtig und begannen zu stänkern.

Da war besonders ein gewisser Doktor Barbeu Dubourg. Er war Arzt, Politiker, Geschäftsmann, Schriftsteller, Philanthrop und der Übersetzer des Doktors Benjamin Franklin, jenes Mannes, der in Europa unter allen Repräsentanten der Insurgenten den höchsten Ruf genoß. Doktor Dubourg rühmte sich, auf dieser Seite des Ozeans als Erster für die Sache der Amerikaner eingetreten zu sein. Er hörte von den Verhandlungen Monsieur de Beaumarchais' und suchte Pierre auf.

Da saß er, der behagliche, bürgerlich fette Herr, und setzte Pierre auseinander, er habe gehört, auch er, Pierre, interessiere sich für die Sache der Insurgenten. Es sei Pierre bestimmt nicht unbekannt, daß er, Doktor Dubourg, die Auszeichnung habe, den großen Benjamin Franklin seinen Freund zu nennen. So komme er nun, um zu hören, ob vielleicht Monsieur de Beaumarchais irgendwelche nützlichen Vorschläge zu machen habe, die er, Doktor Dubourg, an Franklin und die Amerikaner weiterleiten könnte.

Der schwere Mann, fleischiges Gesicht, kleine, freundliche Augen, vorgewölbter Mund, bürgerliche Tracht, mit seinem Stock spielend, schnupfend, viel schmatzend, war Pierre vom ersten Augenblick an zuwider. Seine selbstgefällige Bescheidenheit, seine geschwätzige Wichtigmacherei, seine naiv verschwörerische Art, alles reizte Pierre. Zwar sagte er sich, der Mann komme in allen Salons herum, er habe Einfluß, und es sei geraten, sich mit ihm zu verhalten; doch Pierre war gewohnt, seinen Sympathien und Antipathien freien Lauf zu lassen. Gegen seine bessere Erkenntnis erwiderte er mit hochmütiger Höflichkeit, er dankte Monsieur Dubourg für seine freundlichen Absichten, aber er habe selber Mittelsmänner, die seine Ratschläge auf schnellem, sicherm Wege nach Philadelphia gelangen ließen. Doktor Dubourg, ein wenig aus dem Konzept, wiederholte vielwortig sein Anerbieten, Pierre seine Ablehnung. Man trennte sich kühl.

Doktor Dubourg war gutmütig, aber es war ihm kaum jemals vorgekommen, daß jemand ihn so hatte abfahren lassen wie dieser Monsieur de Beaumarchais. Doktor Dubourg setzte sich hin und schrieb einen Brief, er schrieb gern Briefe. Diesmal schrieb er an den Grafen Vergennes. Die Einfallskraft Monsieur de Beaumarchais', schrieb er, seine Redlichkeit, sein Eifer für alles, was gut und groß sei, stünden über allen Zweifeln. Trotzdem sei kaum jemand weniger geeignet für geschäftliche Verhandlungen als er. Monsieur de Beaumarchais liebe es, Prunk zu entfalten, auch hieße es, er halte Weiber aus. Kurz, er gelte für einen Verschwender, und kein ernsthafter Geschäftsmann in Frankreich wolle mit ihm zu schaffen haben. Graf Vergennes möge es nochmals überdenken, ehe er seine Absicht wahr mache, die amerikanischen Geschäfte durch die Hände Monsieur de Beaumarchais' gehen zu lassen.

Der Minister las. Was Doktor Dubourg vorbrachte, war ihm nicht neu. Aber Doktor Dubourg hatte bisher immer nur unbrauchbare Ratschläge erteilt, Beaumarchais sich in vielen Fällen bewährt. Vergennes las den Brief ein zweites Mal, lächelte, schickte eine Abschrift an die Firma Hortalez und stellte Monsieur de Beaumarchais anheim, selber das Schreiben zu erwidern.

Pierre erwiderte. ›Mein sehr verehrter Doktor Dubourg‹, erwiderte er, ›was hat es mit den Angelegenheiten der Amerikaner zu tun, daß ich als verschwenderisch gelte und als ein Mann, der Weiber aushält? Ich tue das übrigens schon seit zwanzig Jahren. Erst hielt ich ihrer fünfe aus, vier Schwestern und eine Nichte. Jetzt sind von diesen ausgehaltenen Weibern leider zwei gestorben, ich halte ihrer also nurmehr dreie aus, zwei Schwestern und eine Nichte, freilich immer noch eine Verschwendung für einen Mann ohne Rang und Titel. Was aber würden Sie erst sagen, wenn Sie erführen, daß ich den Skandal so weit treibe, auch Männer auszuhalten, einen Neffen, jung und gut anzuschauen, und dazu den unseligen Vater selber, der diesen skandalösen ergebenst unterfertigten Wollüstling in die Welt gesetzt hat? Noch schlimmer bestellt ist es mit dem Luxus, den ich entfalte. Das kostspieligste Tuch ist mir nicht zu elegant, zuweilen, wenn es sehr heiß ist, treibe ich den Aufwand so weit, reine Seide zu tragen. Aber um Gottes willen, Monsieur, teilen Sie das nicht dem Grafen Vergennes mit, der könnte sonst die gute Meinung verlieren, die er von mir hat.‹

Von dem Tage an, da ihm der Minister duch die Übersendung des Briefes sein Vertrauen bewiesen hatte, ging es mit Pierres Geschäften aufwärts.

Mit dem Kriegsministerium kam ein Vertrag zustande, wie er ihn sich besser nicht hätte wünschen können. Das Arsenal lieferte ihm 200 Kanonen zum reinen Metallwert, nämlich für 40 Sous per Pfund; Gußeisen wurde der Firma Hortalez mit 90 Francs für je 1000 Pfund berechnet. Auch die Gewehre wurden erfreulich niedig in Rechnung gestellt. Trotz der hohen Gratifikation für den Prinzen Montbarey hatte niemals noch in Frankreich ein Waffenlieferant Material zu so geringem Preis erstanden.

Und dann, endlich, kam auch das Geld, auf welches Pierre so sehnlich gewartet hatte, die Million des Außenministeriums, eine Million Livres Tournois, in Gold und in Wechseln.

Auf seinen riesigen Schreibtisch schüttete Pierre das Gold aus den Säkken, daß die Platte des Tisches ganz überdeckt war von den Münzen. Sie trugen die Züge vieler Fürsten, diese Goldmünzen, sie zeigten die Gesichter der verschiedenen Louis, des Vierzehnten, des Fünfzehnten, des Sechzehnten, auch die Gesichter Maria Theresias von Österreich, Friedrichs von Preußen, Karls von Spanien. Pierre genoß den Glanz und die Fülle, er sog in sich den Anblick der Wechsel, unterschrieben von dem Grafen Vergennes und gegengezeichnet von dessen Erstem Sekretär Conrad-Alexandre de Gérard. Er lächelte tief.

Was die Geschäftspartner jenseits des Ozeans anlangte, für welche die Firma Hortalez und Compagnie arbeitete, so wußten sie noch nichts vom Bestehen dieser Firma und ihrer Tätigkeit. Bisher hatte da Pierre ein wenig ins Blaue hinein gewirtschaftet. In London hatte sich ihm als Vertreter der Kolonie vorgestellt ein gewisser Mr. Arthur Lee, ein jüngerer Herr, begeistert von der Sache seines Landes und von sich selber. Man hatte Mr. Lee zugeraunt, nicht der offizielle Botschafter, sondern Monsieur de Beaumarchais sei der wahre Repräsentant Versailles', Pierre hatte nichts getan, ihn in dieser Meinung zu beirren, Mr. Lee hatte sich sehr um ihn bemüht, Pierre hatte ihm in geheimnisvollen Worten die volle Hilfe Frankreichs zugesagt und ihm in Aussicht gestellt, er werde ihn mit dem Grafen Vergennes zusammenbringen. Als indes Pierre, nach Paris zurückgekehrt, dem Minister von Mr. Lee sprach, wollte der vorsichtige Diplomat nichts von ihm hören, er hatte es abgelehnt, einen Mann zu empfangen, der in London als Vertreter der Aufständischen bekannt war. Jetzt glaubte der empfindliche Mr. Lee, Pierre habe es an dem notwendigen Eifer fehlen lassen, und war beleidigt. Er sagte seinen Pariser Besuch ab und war für weitere Verhandlungen mit der Firma Hortalez nicht zu haben.

Währenddessen aber hatte sich der Kongreß in Philadelphia entschlossen, einen Sonderbevollmächtigten für Frankreich zu ernennen, und bald erschien denn auch dieser Agent in Paris. Es war ein gewisser Silas Deane.

Noch bevor Pierre ihn aufsuchte, fand Mr. Deane seinen Weg in das Hotel de Hollande. Er war ein gut bürgerlicher, etwas fremdartig angezogener Herr, er trug über dem dicken Bauch eine mit vielen Blumen bestickte Atlasweste. Es zeigte sich sogleich, daß er ein Geschäftsmann war, mit dem man Geschäfte geschäftlich bereden konnte. Im übrigen sprach er nur englisch, hatte keine Ahnung von den Pariser Verhältnissen, war sehr dankbar für die Dienste, welche die Firma Hortalez ihm anbot, und schon nach wenigen Tagen kam er mit allem, was ihn drückte, zu dem gefälligen Monsieur de Beaumarchais.

Doktor Dubourg versuchte, sich dazwischen zu drängen. Doch in Versailles erklärte man Mr. Deane unzweideutig, der Vertrauensmann der französischen Regierung sei Monsieur de Beaumarchais. Das war dem Amerikaner recht, Pierre gefiel ihm besser als Doktor Dubourg. Monsieur de Beaumarchais und der Agent der Amerikaner verständigten sich mühelos, und rasch kam ein förmlicher Vertrag zustande. Die Firma Hortalez und Compagnie, vertreten durch Monsieur de Beaumarchais, verpflichtete sich, dem Kongreß der Vereinigten Kolonien, vertreten durch Mr. Silas Deane, die vollständige Ausrüstung für dreißigtausend Mann zu liefern; eine Aufzählung dessen, was die Firma als Minimum zu liefern sich verpflichtete, bildete einen Bestandteil des Vertrages. Der Kongreß der Vereinigten Kolonien seinesteils verpflichtete sich, die Lieferung jeweils binnen längsten acht Monaten zu bezahlen, und zwar zumindestens fünfundvierzig Prozent in Wechseln, den Rest in Waren.

Bis in den Hals schlug Pierre das Herz vor Freude, als er diesen Vertrag unterschrieben und gesiegelt in Händen hielt. Sogleich fuhr er zu Monsieur Lenormant. Nun, was sagte Charlot jetzt? Auf und ab lief Pierre, triumphierend. Was alles hatte er in dieser kurzen Zeit erreicht. Die französische Regierung hatte ihre Million bezahlt, die spanische die ihre in bindender Form zugesichert. Das Arsenal des Königs lieferte den Großteil des nötigen Materials zu billigsten Preisen, und jetzt war da dieser herrliche Vertrag mit dem Bevollmächtigten des Kongresses. Hielt Charlot das Geschäft noch immer für riskant?

Der, mit schleierigen Augen, folgte dem Freund, wie er hin und herlief und stolz seine Erfolge herzählte. Dann, langsam, sorgfältig, überlas er das Dokument. »Binnen längstens acht Monaten, fünfundfünfzig Prozent in Waren, fünfundvierzig in Wechseln. Ein sehr guter Vertrag«, sagte er. Er schaute hoch. »Wer ist dieser Mr. Deane?« »Der Vertreter des Kongresses«, erwiderte leicht befremdet Pierre. »Ich weiß«, sagte freundlich mit seiner fetten Stimme Lenormant, »das hat er ja ausdrücklich vermerkt. Aber wer ist der Kongreß? Wer oder was steht hinter dem Kongreß?« und er schaute Pierre melancholisch an. »Dahinter steht«, antwortete stürmisch Pierre, »ein arbeitsames Volk von drei Millionen, ein Land mit ungeheuern, ungehobenen Schätzen, dahinter steht –« »Ich weiß«, sagte Lenormant. »Aber wem gehören die Schätze? Sie können Unterschriften haben von den Rebellen, und Sie können Unterschriften haben von den Loyalisten.« Er betrachtete nachdenklich die Unterschrift. »Mr. Silas Deane«, er zuckte die Achseln.

»Hören Sie, Charlot«, sagte Pierre, »man kann Zweifel haben an der Güte jeder Unterschrift. Aber Sie wissen ganz genau, hinter diesem Abkommen steht der entschlossene Wille, es zu halten. Dieser Vertrag wird erfüllt werden, von beiden Partnern. Auf alle Fälle werden Sie zugeben, daß die Firma Hortalez heute auf festeren Beinen steht als damals, da wir ihre Chancen zum ersten Mal untersuchten. Sie haben mir damals Kapital zur Verfügung gestellt, großmütig und zu vernünftigen Zinsen. Ich fände es schäbig, wenn ich Sie jetzt, da die Chancen so ungeheuer gestiegen sind, nicht nochmals bäte: beteiligen Sie sich an dem Geschäft.« Er sprach dringlich, mit Wärme.

Lenormant schaute vor sich hin, den runden Kopf mit der gewölbten Stirn gesenkt. Der Vertrag war nicht schlecht. Der Vertrag war sogar sehr gut, vorausgesetzt daß ein starker Mann dahinterstand, der notfalls auf dem Umweg über die französische Regierung Druck auf die Amerikaner ausüben konnte. Wenn er, Charlot, sich an der Sache beteiligte, dann wird sehr viel dabei herausschauen, und ein Teil des Gewinns, der Löwenanteil, wird für ihn abfallen. Aber der Urheber dieser großen Sache wird der kleine Pierrot sein, ihm wird für immer die Idee gehören, ihm der Ruhm.

»Mein lieber Pierre«, sagte er auf seine langsame, verbindliche Art, »die Dinge haben sich nicht ungünstig entwickelt, das gebe ich Ihnen zu, und es ist besonders liebenswürdig von Ihnen, mir unter diesen Umständen eine Änderung unserer geschäftlichen Beziehungen vorzuschlagen. Aber ich bin nun einmal ein Pedant. Ich halte gern an Verträgen fest und lasse es darauf ankommen, daß sich das in einzelnen Fällen schädlich erweist. Ich ziehe es vor«, schloß er freundlich, »es bei unserm Abkommen zu belassen und bei den darin vorgesehenen Zinsen und Sicherheiten.«

Pierre war betroffen. Er hatte angenommen, Charlot werde mit beiden Händen zugreifen. Er hatte geglaubt, mit dem amerikanischen Vertrag könne er jeden Teilhaber finden, den er wollte; er hatte es für Großmut gehalten, daß er nochmals zu Charlot kam. Dessen Haltung war ihm unverständlich. Sollte er sich geirrt, sollte er trotz allem das Risiko unterschätzt haben? Charlot hatte eine gute Witterung.

Voll von Sorge und Unmut fuhr er zurück ins Hotel de Hollande.

Als er aber dieses sein Geschäftshaus betrat, als er die schönen Räume durchschritt, verflog seine üble Laune. Die Frechheiten, die Doktor Dubourg in jenem Brief an Vergennes geäußert, hatten Pierre angespornt, das Hotel de Hollande nun gerade besonders üppig auszustatten. Auch heute, wie so oft, freute er sich des Prunkes, den er darüber verstreut hatte. Er hatte recht daran getan, dieses stolze Haus hinzustellen als Beweis für seinen Glauben an die gute Sache und das gute Geschäft.

Nochmals überlas er den Vertrag mit dem Kongreß. Schüttelte den Kopf, lächelte. Unsinn, die Bedenklichkeiten Charlots waren nichts als eine skurrile, trübsinnige Anwandlung.

Er rief Maigron, und strahlend, beschwingt diktierte er ihm einen Brief an den Kongreß der Vereinigten Staaten.

›Sehr verehrte Herren‹, diktierte er, ›die außerordentliche Achtung, die mich erfüllt vor jenem tapferen Volk, das unter Ihrer Leitung seine Freiheit so großartig verteidigt, hat mich veranlaßt, an Ihrem edeln Unternehmen mitzuarbeiten. Ich habe ein großes Geschäftshaus gegründet, um Sie mit allem zu versorgen, was Ihnen in Ihrem gerechten Kriege dienlich sein kann. Ich habe förmliche Abmachungen mit Ihrem Pariser Bevollmächtigten getroffen und werde noch in diesem Jahre folgende Lieferungen an Sie abgehen lassen.‹

Er war auf und abgegangen beim Diktieren, während der Sekretär Maigron mit einem seiner neumodischen Bleistifte stenographierte. Jetzt blieb er stehen und langsam, damit der Sekretär mitkomme, las er von einer Liste:

> *216 Kanonen*
> *290 000 Rationen Pulver*
> *30 000 Gewehre*
> *200 Kanonenläufe*
> *27 Mörser*
> *13 000 Granaten*
> *8 Transportschiffe*

weiter: die vollständige Montur für 30 000 Soldaten, bestehend aus

> *30 000 Decken*
> *20 000 Paar Schuhen*
> *30 000 Paar Schuhschnallen und Strumpfbänder*
> *60 000 Paar Wollstrümpfe*
> *30 000 Taschentücher*
> *120 000 Knöpfe*

weiter:

> *95 000 Ellen Tuch für Waffenröcke*
> *42 000 Ellen Unterfutter*
> *180 000 Ellen Leinwand für Soldatenhemden*
> *15 000 Pfund Zwirn*
> *1 000 Pfund Seide*
> *100 000 starke Nähnadeln‹*

Es war eine endlose Liste, Pierre genoß sie ganz aus. Dann ließ er sie sinken, und: »Was meinen Sie, Maigron?« sagte er. »Ich hätte nie gedacht, daß wir das würden schaffen können.«

Dann nahm er sein Diktat wieder auf. ›Ihre Vertreter, meine sehr verehrten Herren‹, diktierte er großartig, ›werden in mir einen zuverlässigen Freund finden, in meinem Hause eine Heimstätte, Geld in meinen Truhen und jede Art Förderung ihrer Tätigkeit, mag diese offen sein oder geheim. Ich werde nach Möglichkeit in den Kabinetten Europas alle Widerstände wegräumen, die Ihnen im Wege stehen könnten. Ich werde in jeder Hafenstadt Frankreichs und Spaniens einen Agenten unterhalten, der bei der Ankunft Ihrer Schiffe dem Kapitän seine Aufwartung machen und ihm in jeder Weise behilflich sein wird. Der König von Frankreich und seine Minister werden genötigt sein, offiziell einzuschreiten gegen diese Verletzungen der Handelsverträge mit dem Ausland. Aber verlassen Sie sich darauf, meine Herren: mein unermüdlicher Eifer wird alle Schwierigkeiten aus dem Weg räumen. Ich werde dafür sorgen, daß die Verbote umgangen oder ganz beseitigt werden. Ich werde alle für unsere Geschäfte nötigen Operationen ermöglichen.

Betrachten Sie also von nun an, meine sehr verehrten Herren, mein Haus als das Zentrum aller Ihnen nützlichen Tätigkeit in Europa und mich selber als einen der glühendsten Anhänger Ihrer Sache, als einen Mann, dem nichts anderes am Herzen liegt als Ihr Erfolg und der bis ins Innerste erfüllt ist von der Ehrfurcht und der Achtung, mit welcher ich die Ehre habe zu zeichnen   Ihr ergebener

Rodrigue Hortalez und Compagnie‹

»Nun, Maigron«, schloß er, »ist das nicht ein außerordentlicher Brief?«
»Sicher werden die Herren in Philadelphia noch keinen solchen Geschäftsbrief bekommen haben«, erwiderte trocken der Sekretär.

Pierre aber, nachdem Maigron gegangen war, überlas nochmals sein Abkommen mit Mr. Silas Deane, Vertreter des Kongresses der Vereinigten Kolonien. Dann, befriedigt, legte er das Schriftstück in die Truhe neben die Zeichnung seiner Erfindung, neben das Urmanuskript des ›Barbiers‹, neben seine Liebesbriefe.

Doch sein Enthusiasmus wurde immer von Neuem angewölkt von den Zweifeln Lenormants, und Pierre wurde das Bedürfnis nicht los, sich mit einem vernünftigen Menschen auszusprechen. Paul Theveneau war nicht der rechte, er war voreingenommen wie er selber. Pierre ging zu Désirée.

»Du kommst wie gerufen«, empfing ihn Désirée. »In zwei Tagen beginnen die Proben.« Das Théatre Français hatte eine Neueinstudierung des ›George Dandin‹ beschlossen, der Komödie von dem reichen Tölpel, der die arme Angélique heiratet um ihres Adels willen; sie betrügt ihn nach Strich und Noten, er entdeckt es, er überrascht sie, er hat stichhaltige Beweise, aber er ist hilflos, sie, Angélique, ist ihm zehnmal überlegen, sie setzt ihn ins Unrecht, und, im Bund mit ihren hochadeligen Eltern, zwingt sie ihn, auf den Knien Abbitte zu tun für das, was er von ihr zu erleiden hat. Désirée sollte die Angélique spielen, das war in Anbetracht ihrer Beziehungen zu Charlot eine gepfefferte Sache. Pierre, als sie ihm jetzt mitteilte, sie werde es tun, lächelte; er freute sich auf das Gesicht, das Charlot machen wird. ›Du hasts gewollt, George Dandin.‹

Als man Désirée die Rolle angeboten, hatte sie zunächst mehr an Charlot gedacht als an George Dandin. Aber von dem Augenblick an, da sie sich entschlossen hatte, zu spielen, war sie interessiert nurmehr an der Rolle. Désirée war besessen von ihrer Kunst, sie war Schauspielerin von innen her, schon war sie nicht mehr Désirée, sie war Angélique. Es bestand am Théatre Français eine geheiligte Tradition über die Darstellung Molières; wie weit konnte sie diese Tradition lockern? Alle die Tage her hatte sie darüber gegrübelt, diskutiert, sich entschieden, verworfen, sich von Neuem entschieden.

Jetzt kam da Pierre, einer der sehr wenigen, die was vom Theater verstanden. Sogleich bemächtigte sie sich seiner, schüttete vor ihn die Fragen hin, die ihr aufgetaucht waren, spielte ihm diese Szene vor, jene. Theatermensch, der er war, ließ er sich mitreißen, bald hatte er vergessen, weshalb er gekommen war. Sie disputierten über Gesten, über Betonungen, ereiferten sich, zerstritten sich, einigten sich, gingen auf in ihrer Arbeit.

Nach drei Stunden – er hatte Eine Stunde bei ihr bleiben wollen – erklärte sie, atemholend: »So, jetzt machen wir eine Pause.« Er, seufzend und vergnügt, erwiderte: »Gut, Désirée, ich esse bei dir zu Abend, und dann, in Gottes Namen, probieren wir weiter.«

Sie waren angeregt von der gemeinsamen Arbeit, es wurde ein fröhliches Abendessen. Sie schwatzten vom Théatre Français, was gut an seiner Tradition war, was schlecht, sie schwatzten über die Schauspieler und über die Möglichkeit von Reformen, Pierre liebte den ›George Dandin‹, er verstand besser als jeder andere seinen saftigen, grausamen Humor, die Komödie ging sie beide an, ihn und Désirée nicht minder als Charlot. Mit kundigem Wort zeigte er Désirée die Technik, durch die Molière seine Wirkungen erzielte, und was von dieser Technik heute noch erlaubt war, was nicht. Désirée hörte angeregt zu. Pierre war, wenn er vom Theater sprach, noch gescheiter, glänzender, als wenn er sich für die Freiheit ereiferte.

Allmählich aber kehrten seine Gedanken zurück zu seinem amerikanischen Geschäft. Gewandt lenkte er über, erzählte, und schließlich, zwischen zwei Weinen, las er Désirée seinen Brief an den Kongreß vor. Spielte ihn ihr vor; der Triumph seiner Ziffern, der Schwung seiner Sätze riß ihn mit. Désirée, dankbar und anständig, vergalt seine Hingabe für ihre Angélique mit ungeteilter Aufmerksamkeit für seine Geschäfte.

Aber ihr Gesicht, während er las, verzog sich mehr und mehr. »Kennst du die Männer«, fragte sie, »aus denen sich dieser amerikanische Kongreß zusammensetzt?« »Ich kenne sie nicht«, erwiderte leicht verärgert Pierre. »Ich kenne Namen, aber es sind natürlich nur Namen. Näheres weiß ich von ihrem Franklin und ihrem Washington und ihrem Thomas Paine. In London kenne ich einen gewissen Arthur Lee; der ist nicht angenehm, aber erfüllt von Begeisterung und bestimmt ehrlich. Und dieser Silas Deane, den sie mir hierhergeschickt haben, für den lege ich die Hand ins Feuer.« Désirée saß da, nicht groß, nachdenklich, vernünftig. Sie bestand: »Also du kennst sie nicht, die Leute, denen du diesen Brief geschrieben hast?« »Nein, ich kenne sie nicht«, gab Pierre zu, gereizt. »Aber ich weiß, daß sie, indem sie diesem Kongreß angehören, ihr Vermögen aufs Spiel setzen, mehr als ihr Vermögen. Das genügt mir.«

Désirée stellte ihre Augen nach innen. »Ich bemühe mich«, sagte sie, »mir vorzustellen, was das für Leute sind, die Mitglieder deines Kongresses. Es werden wohl zumeist ältere Männer sein, solche, die sich gewisse Stellungen und das Vertrauen ihrer Mitbürger errungen haben, Geschäftsleute, Rechtsanwälte, Männer solcher Art.« »Und?« fragte Pierre herausfordernd. »Können Geschäftsleute keine Idealisten sein?« »Das ist durchaus möglich«, gab Désirée zu. »Aber soviel ist gewiß: Geschäftsleute werden erstaunt sein über einen Brief wie den deinen.« »Man kann nicht über Waffen für die Freiheit so schreiben wie über Heringe«, antwortete unwirsch Pierre. »Du hast für Pariser geschrie-

66

ben«, gab Désirée zurück, »für die Leser deiner Flugschriften. Ich fürchte, die wackeren Männer in Philadelphia werden dich nicht für einen seriösen Geschäftsmann halten.« »Für was denn sollen sie mich halten mit meinen Uniformen und meinen Kanonen?« fragte aufgebracht Pierre. Désirée antwortete: »Vielleicht zum Beispiel für jemand, der lediglich den Geschäftsmann spielt, um gratis gelieferte Beiträge der französischen Regierung weiterzuleiten.«

»Du meinst, sie werden nicht zahlen?« fragte Pierre, auffallend leise jetzt, betreten. Er dachte an Charlot, er dachte an die Anmerkung seines Sekretärs Maigron. Vielleicht hätte er wirklich besser statt eines aus dem Herzen quellenden Briefes an die Männer in Philadelphia ein trokkenes Schreiben richten sollen. Vielleicht waren sie wirklich Leute, die nicht gerne zahlten und sich von einem Brief wie dem seinen in der Vorstellung bestärken ließen, was da über den Ozean komme, sei ein Geschenk des Königs von Frankreich. Aber sogleich tat er diesen Gedanken wieder ab. »Ach was«, sagte er. »Ich habe meinen guten Vertrag mit dem sicheren Mr. Deane. Der Kongreß zahlt, da habe ich nicht den leisesten Zweifel. Ich habe es mit den Repräsentanten einer tugendhaften Nation zu tun.«

»Hoffen wirs«, sagte trocken Désirée. Dann sprach sie wieder von ›George Dandin‹, und sie arbeiteten weiter. Aber Pierre war nicht mehr so bei der Sache wie vorher, und er entfernte sich bald.

Wenn der Auftrag der Versailler Regierung Pierre finanziell vorläufig nur Verluste brachte, so wollte er ihn zumindest dazu nützen, die ›Rüge‹ los zu werden, jenen durch Gerichtsbeschluß verfügten ›Makel‹, demzufolge es ihm verwehrt war, irgendein Ehrenamt zu bekleiden. Drei Jahre waren es jetzt, daß er herumging in diesem grotesken Zwielicht, der erfolgreichste Theaterdichter des Landes, berühmt in ganz Europa um seiner Flugschriften willen, wohlgelitten bei Hof, von den Ministern mit wichtigen Funktionen betraut, verhätschelt von den Frauen, populär in den Salons der großen Welt ebenso wie in den Kneipen und Cafés der Stadt Paris, und zu gleicher Zeit anrüchig, durch Richterspruch ›bemakelt‹.

Alle die Jahre hindurch hatte ers mit Gleichmut, ja, mit einem Witzwort hingenommen, wenn man auf diesen seinen zweideutigen bürgerlichen Zustand hinwies. Doch sein Gleichmut war gespielt. Er hatte es satt, ein Hofnarr zu sein, den man beklatschte und verachtete.

Schon mehrmals hatte er dem Grafen Vergennes angedeutet, sein schwieriges Unternehmen verlange den ganzen Mann, der Gedanke aber an jenes schmachvolle Urteil und die umständlichen Bemühungen, ein Appellverfahren zu erreichen, hinderten ihn an der Entfaltung seiner vollen Kraft. Der Minister hatte seine Andeutungen nicht verstehen wollen. Jetzt aber, da er auf den klingenden Entgelt seiner Mühen so lange wird zu warten haben, duldete es Pierre einfach nicht, daß man ihm auch noch die Rehabilitierung verschleppte. Er ging zu dem Minister mit dem festen Vorsatz, das Zimmer nicht zu verlassen, ehe er die Wiederaufnahme jenes Verfahrens erreicht habe.

Resolut und mit Feuer erklärte er, wenn die Regierung des Allerchristlichsten Königs einen Mann mit einem so wichtigen und ehrenvollen Auftrage betraue wie ihn, dann müsse sie ihn endlich auch befreien von der ›Rüge‹, die ein voreingenommenes Gericht ihm aufgedrückt habe. Das sei die Regierung ihrem eigenen Ansehen schuldig.

Graf Vergennes betrachtete Pierre aus runden, wohlwollenden, nachdenklichen Augen. Der Minister war ein Patriot, ein Philosoph und der Sache des Fortschritts zugetan. Seit langem war er entschlossen gewesen, den amerikanischen Insurgenten Hilfe zukommen zu lassen; denn er fürchtete, daß diese, wenn ihre Lage hoffnungslos werde, sich schließlich mit dem Mutterlande versöhnen könnten, und dann hatte Frankreich ein für allemal die günstige Gelegenheit verpaßt, England die Schmach von 1763 heimzuzahlen. Andernteils aber hatte der Minister viel besser noch als Pierre gewußt, daß es eine lange Weile dauern werde, ehe man einen Krieg werde riskieren können. So war ihm Pierres Vorschlag der heimlichen Hilfeleistung sehr zupaß gekommen, und der fähige, erfindungsreiche Beaumarchais schien ihm für dieses Geschäft der rechte Mann. Graf Vergennes verspürte also für Pierre Wohlwollen und eine gewisse Dankbarkeit.

Aber er durchschaute auch sehr gut die Schwächen Pierres. Er selber war leise, ironisch, geneigt, sich vorsichtig auszudrücken; das laute, komödiantische, geltungssüchtige Wesen Pierres war ihm unangenehm.

Er nahm es nicht recht ernst, daß Pierre ›bemakelt‹ war; es war mehr lächerlich als tragisch, so etwa wie wenn ein übertrieben elegant angezogener Herr hinten auf dem Rocke einen Schmutzfleck hatte.

Zudem war Graf Vergennes langsam und pflegte sacht vorzugehen. Auch jetzt antwortete er: »Sie sind immer so stürmisch, mein Lieber. Ich habe Ihnen schon erklärt, ich bin bereit, Ihnen zu helfen. Aber muß das jetzt sein? Muß es gleich sein?«

»Ja, ja, ja«, erwiderte Pierre, »es muß gleich sein. Ich fürchte«, fuhr er fort, bösartig, frech und liebenswürdig, »ich fürchte, solange ich nicht von dieser ›Rüge‹ befreit bin, werde ich nicht so arbeiten können, wie man es von mir erwartet. Ich fürchte, die Amerikaner werden weniger Kanonen und Munition bekommen, solange ich ›bemakelt‹ bin.«

Graf Vergennes war nicht der Mann, sich von einer so plumpen Drohung einschüchtern zu lassen. Aber er gewahrte den entschlossenen, ja finstern Ausdruck über Pierres Gesicht. Zum ersten Mal hatte für ihn dieser Mann durchaus nichts Lächerliches an sich. Der Minister erkannte, wie tief jener ungerechte Spruch Pierre getroffen, welche Tapferkeit dazu gehört hatte, die angetane Unbill die drei langen Jahre hindurch mit Witzworten wegzuscherzen.

Vergennes spielte mit seinem Schreibkiel, seine Augen verschleierten sich nachdenklich. »Finden Sie nicht selber, Monsieur de Beaumarchais«, sagte er, »es müßte den Engländern auffallen, wenn die Regierung gerade jetzt die Wiederaufnahme Ihres Verfahrens anordnete? Und Aufsehen wollen wir doch unter allen Umständen vermeiden.«

Pierre, ein wenig unwirsch, erwiderte: »Ich bin nun einmal auffällig von Natur. Jeder Begabte ist auffällig, weil es ihrer nämlich nicht sehr viele gibt.« »Danke für die Belehrung«, erwiderte, ohne Empfindlichkeit, Vergennes. Pierre indes, und jetzt sehr liebenswürdig, sagte: »Verzeihen Sie, Herr Graf, wenn ich meine Haltung sollte verloren haben. Doch diese ganze Sache rührt mich tiefer auf, als Sie vielleicht denken. Im übrigen«, fuhr er lachend, leichtsinnig und resigniert fort, »wird es ja doch Monate, vielleicht Jahre dauern, bis alle Formalitäten erfüllt sind und der Prozeß steigt.«

Der Minister schmunzelte. »Da mögen Sie recht haben«, meinte er. Und: »Gut«, versprach er, »ich werde mit dem Kollegen von der Justiz reden. Die Amerikaner sollen ihre Kanonen und ihre Gewehre bekommen«, schloß er lächelnd.

Pierre bedankte sich ausführlich. Aber er wollte diesmal ganz sicher gehen. »Sie haben, Herr Graf«, erwiderte er, »so zahlreiche Geschäfte im Kopf, daß es von mir unbescheiden wäre, Ihnen in meiner Sache noch weitere Tätigkeit zuzumuten. Die Regierung hat mich bisher unter vielen Titeln beschäftigt. Das hat mich ermutigt, einmal auch auf kurze Zeit die Funktion Ihres Sekretärs zu übernehmen. Ich habe mir erlaubt, Ihren Brief an den Herrn Generalstaatsanwalt vorzubereiten«, und mit dreistem, liebenswürdigem Lächeln reichte er dem Grafen das Schriftstück hin. Es lautete: ›Dringliche Geschäfte des Königs verlangen, daß Monsieur de Beaumarchais in allernächster Zeit mehrere längere Reisen macht. Er hat aber Bedenken, das zu tun, bevor über die Wiederaufnahme seines Prozesses entschieden ist. Wenn Sie daher in diesem Sinne wirken wollten, Herr Generalstaatsanwalt, würden Sie sehr verbinden Ihren immer ergebenen –‹ »Sie brauchen nur zu unterschreiben, Herr Graf«, sagte spitzbübisch Pierre.

Der Minister fragte sich, ob er dem unverschämten Burschen über den Mund fahren solle. Entschied sich, es nicht zu tun. Lachte. »Sie sind noch frecher als die Menschen Ihrer Komödien«, sagte er und unterschrieb.

»Ich wußte, daß Sie Verständnis haben würden für meine Lage«, sagte voll ehrlicher Dankbarkeit Pierre und nahm das Schreiben an sich, um es selber und sogleich zu bestellen.

Er freute sich darauf, den Seinen von dem neuen Erfolg zu erzählen. Therese vor allem, die so leidenschaftlich Anteil nahm an seinem Kampf für sein Recht, wird noch glücklicher sein als er selber. Es traf sich gut, daß er gerade ein Billet von ihr erhalten hatte, er möge doch bald zu ihr nach Meudon herauskommen.

Es geschah selten, daß ihm die zurückhaltende Therese solche Botschaften schickte, gewöhnlich nur dann, wenn sie etwas mit ihm zu besprechen hatte. Jetzt freilich wird das vermutlich anders werden. Sie wohnte nicht mehr so nahe, sie hatte das Haus in Meudon bezogen, das er ihr geschenkt hatte. Dieses Haus sah übrigens anders aus, als er sichs vorgestellt hatte. Er hatte Umbau und Einrichtung ganz Therese überlassen, und sie, zu seiner Verblüffung, hatte alles überaus einfach gehalten. Als er zum ersten Mal das umgebaute und neu eingerichtete Haus sah, hatte er Mühe gehabt, seine Verstimmung zu verbergen, und es war ihm durch den Kopf gegangen, es habe auch sein Gutes, daß er nicht mit Therese zusammenlebte.

Heute indes, da er erfüllt war von seiner großen Neuigkeit, war es ihm willkommen, daß sie ihn aufgefordert hatte, sie zu besuchen. Er machte sich sogleich auf den Weg nach Meudon, er war vergnügt und voll Erwartung, der Wagen fuhr ihm nicht schnell genug. Als er des Hauses ansichtig wurde, fand er, im Grunde sei es gar nicht so übel. Waren schlichte Einrichtungen nicht große Mode? Therese, mit ihrem guten Geschmack, hatte sich den rechten Rahmen gebaut.

Sie kam ihm entgegen, und er merkte sogleich, daß sie anders war als sonst; zwar schien sie vergnügt, doch ungewohnt befangen. Kaum im Innern angelangt, sagte sie denn auch: »Ich muß dir was mitteilen, Pierre.« Aber die sonst so ruhige, sichere Therese fand nicht die rechten Worte, sie lächelte, machte halbe Sätze, war verlegen und glücklich.

Pierre verstand nicht gleich. Dann, als er verstand, war er stürmisch froh. Ein Kind, er wird von Therese ein Kind haben. Seine erste Ehe war kinderlos geblieben, die Kinder aus der zweiten gestorben. Wahrscheinlich wuchs ihm in Spanien ein Kind heran, doch die Mutter hatte sich im Zorn von ihm getrennt, er hatte Näheres nie erfahren können. Ein Kind von Therese, das war großartig.

Und zur gleichen Zeit kam diese fröhliche Botschaft, beinahe am gleichen Tag, da er das Appellverfahren durchgesetzt hatte.

Mein Gott, Therese wußte ja noch gar nicht von seinem Erfolg. Er erzählte. Begeisterte sich. Therese ließ sich mitreißen von seiner Begeisterung. Sie hatte teilgenommen an seinem langen Kampf, jetzt also, durch seine Zähigkeit, seine Geschmeidigkeit, seine Energie, seine List, seine Geduld, hatte er gesiegt. Sie spürte die gleiche Erhöhung wie damals, da sie seine Flugschriften zum ersten Mal gelesen, und mehr als das: Erfüllung. Eine leise Röte wölkte ihr großes, schönes Gesicht, ihr Mund öffnete sich ein wenig, lächelnd, glücklich. »Das ist ein guter Tag heute, Pierre«, sagte sie, sie sprach sehr leise, aber ihre Stimme klang noch voller, tiefer als sonst.

Jetzt erst, da jemand seine stolze Freude so ganz mitspüren konnte, vollendete sich Pierres Glück. Ja, Therese verstand ihn, besser als jede andere, sie war in Wahrheit die Bestimmte. Sie gehörten zusammen, jetzt mehr als je. »Ja«, nahm er ihre Worte auf, »das ist wahrhaft ein großer Tag.« Und mit Feuer fuhr er fort: »Und jetzt wird geheiratet, Therese, jetzt dulde ich keinen Einwand mehr.« Aber er hatte den Satz noch nicht vollendet, da begann ihm das Haus von Neuem zu mißfallen. »Sowie ich rehabilitiert bin«, schloß er, »wird geheiratet.«

Ihre großen, grauen Augen unter den hohen Brauen wurden eine Spur dunkler im Nachdenken. »Wenn du meinst, Pierre«, sagte sie, auch dies leise und nicht so sicher wie sonst. »Wie lange«, fuhr sie fort, »wird es dauern bis zu deiner Rehabilitierung?« »Das kann sehr kurz dauern, zwei, drei Monate«, antwortete er.

Das war richtig. Es konnte aber auch lange dauern bei der Willkür der Gerichte, und ein kleines Unbehagen war in ihm, daß er seinen Heiratsvorschlag befristet hatte. Doch nun war es einmal geschehen, und es war gut, daß sie es dabei bewenden ließ. Sie sprachen nicht länger darüber, dafür machte er ihr mit umso fröhlicherem Eifer Vorschläge über den Namen des Kindes. Sie kamen überein, ein Knabe solle Alexandre, ein Mädchen Eugénie heißen. »Da werde ich also«, erklärte stürmisch Pierre, »das erste meiner Schiffe für Amerika ›Alexandre‹, das zweite ›Eugénie‹ nennen, damit für alle Fälle vorgesorgt ist.«

Auf Schloß Etioles, der Besitzung Monsieur Lenormants, feierte man seinen einundsechzigsten Geburtstag. Monsieur Lenormants Feste waren berühmt, jedermann kam gerne.

Der schöne englische Park des Schlosses eignete sich zur Geselligkeit. Das Wetter war strahlend, ein leichter Wind wehte, es war nicht zu heiß. Die Damen waren zumeist in bunten Kleidern, mit großen, hellen Hüten. Zelte waren da, auf den Rasen waren Tischtücher gebreitet, man lagerte sich, aß, trank, trieb naive Spiele. Für jene, die aufregendere Spiele liebten als Blinde Kuh und Criquet, gab es Spieltische im Freien sowohl wie im Innern. Für die Zeit der größten Hitze waren Lager hergerichtet im Schatten der Bäume, auf den Terrassen, im Hause selber.

Jetzt, da es kühler wurde, war der ganze, große Park voll von Menschen. Man machte einander aufmerksam auf die vielen Damen und Herren vom Hofe. Der Herzog d'Ayen war da, Graf und Gräfin de Noailles, der junge Herzog de la Rochefoucauld, auch Madame de Maurepas, die Gemahlin des Ministerpräsidenten. Viel Aufsehen erregte Désirée Mesnard. Die Proben zu ›George Dandin‹ ließen ihr wenig Zeit; doch Monsieur Lenormant, vielleicht gerade wegen der Angélique, hatte ungewohnt dringlich gebeten, sie möge kommen. Da war sie also; hell, zierlich, rothaarig, sehr sicher, ein klein wenig frech ging sie über den Rasen, umgeben von vielen Herren.

Madame de Maurepas war, wie häufig, in Gesellschaft ihrer intimsten Freundin, der Prinzessin Montbarey. Sie saßen, sie und die Montbarey, auf der Terrasse, tranken eisgekühlte Limonade und machten muntere, bösartige Anmerkungen über die andern Gäste. Madame de Maurepas sagte etwa, mit den Augen auf Désirée weisend: »Wie dünn das Räupchen ist. Dabei frißt es an einem so fetten Blatt.«

Viele sehr junge Leute waren da, Kinder geradezu, Monsieur Lenormant liebte Jugend um sich. Auch die Prinzessin Montbarey hatte ihre Tochter mitgebracht, die vierzehnjährige Véronique, ein ernsthaftes Mädchen. »Es sind schlechte Zeiten für die Kinder«, klagte Madame de Montbarey. »Wir Alten wurden noch richtig fürs Leben vorbereitet, wir wurden zur Lebenslust erzogen von unseren Klosterdamen. Aber jetzt. Schauen Sie meine Véronique an, Liebste. Wie sauertöpfisch hat man sie mir gemacht. Seitdem man uns die Religion weggenommen hat, werden unsere Kinder fad und moralisch. Und was ist das für ein Junge, mit dem sie sich ergeht? Sieht nicht auch er verdammt sauertöpfisch aus?«

Es war aber der Junge, mit dem sich Véronique unterhielt, Félicien Lépine, Monsieur Pierre de Beaumarchais' Neffe. Der junge Mensch mit dem eckigen, harten Gesicht und den großen, nachdenklichen Augen trug seinen langen, tabakbraunen Rock ungelenk durch die bunte, belebte Menge spazieren. Der etwas knochige Kopf des Mädchens neben ihm kam groß heraus über den mageren, entblößten Schultern, die Taille über dem ungeheuern, geblümten, weißen Rock war rührend schmal. So, über ihre Jahre erwachsen und nachdenklich, wandelten die beiden Kinder herum unter dem lauten, fröhlichen Schwarm, als wären sie allein. Véronique hatte Félicien bei der Vorstellung prüfend und doch freundlich angeschaut, und er, der sonst, verstört durch die Nekkereien seiner Kameraden, selten aus sich herausging, hatte sogleich Vertrauen zu ihr gefaßt. Scheu jetzt, in linkischen Sätzen, suchte er ihr von seinen innern Erlebnissen zu berichten. Das war für Véronique der rechte Ton. Aus großen, gefühlvollen Augen sah sie ihn an und gestand ihm, daß sie sich selber häufig einsam und fremd fühle inmitten ihrer Kameradinnen.

Am Eingang einer künstlichen Grotte ließen sie sich nieder. Da saßen sie auf wenig komfortabeln Felsensitzen, und während ein Springbrunnen plätscherte, bekannte Félicien dem Mädchen stolz und verlegen, daß er zuweilen verbotene Bücher lese. Sogar von dem vielgeschmähten und von den Behörden verfolgten Philosophen Jean-Jacques Rousseau hatte er zwei Bücher gelesen. Er sei aber, berichtete er Véronique, ein anderer geworden, seitdem er diese Schriften kennen gelernt habe. Es erscheine ihm seither die Existenz der Menschen ringsum künstlich, frivol, verwickelt und sündhaft. Wir lebten unter lauter verrenkten Vorurteilen, weit entfernt von dem natürlichen Zustand, für den uns das Höchste Wesen bestimmt habe, das uns geschaffen. Viel besser als unser Leben sei das der wahren Söhne der Natur, der sogenannten Wilden. Ob sie das nicht auch finde, fragte er Véronique und schob, verlegen, eifrig und melancholisch die langen Ärmel seines Rockes zurück.

Véronique erwiderte, gehört habe sie schon von Jean-Jacques Rousseau. Félicien aber sei der erste, der ihr ein klares Bild gegeben habe von Rousseau's Ideen. Diese Ideen gingen ihr sehr zu Herzen. Auch sie habe wenig Freude an Festen wie diesem, auch sie sehne sich nach Einsamkeit und Natur.

Dann erzählte Félicien von seinem Onkel, Monsieur de Beaumarchais. Der stecke tief in der lauten Welt der Zivilisation, aber er habe Sinn auch für das andere, er sei allen großen Ideen aufgeschlossen. Geheimnisvoll fügte er hinzu, Monsieur de Beaumarchais sei wahrscheinlich sogar beteiligt an der Aufrichtung jenes Reiches der Freiheit, der Vernunft und der Natur, an dem man zur Zeit in der Neuen Welt baue. Trotzdem könne er, Félicien, seine Scheu nicht überwinden, mit Monsieur de Beaumarchais über das zu reden, was ihn zutiefst bewege. Sie, schloß er ungeschickt und glücklich, sei die einzige, der er davon sprechen könne.

Paul Theveneau kam zu ihnen. Er sah gerötet und erregt aus. Immer, mit der Gier des Kranken, vor dem nurmehr eine kurze Spanne liegt, sehnte er sich nach Menschen, nach Freundschaft, nach Liebe, nach Sensation, und die Gegenwart so vieler hübscher, junger, festlicher Frauen belebte ihn. Die strenge, etwas hochmütige Einfachheit Véroniques gefiel ihm sehr. Er begrüßte die beiden, setzte sich zu ihnen, versuchte mit ihnen in ein Gespräch zu kommen. Aber sie waren einsilbig, er begriff, daß er störte, ließ betrübt ab, entfernte sich.

Er ärgerte sich über seine Ungeschicklichkeit. Von Félicien, von einem kleinen Jungen, ließ er sich ausstechen. Wie ganz anders hätte sich Monsieur de Beaumarchais an seiner Stelle betragen. Sicher hätte er liebenswürdig und ohne Anstrengung Félicien zur Seite gedrängt und bewirkt, daß diese kleine Montbarey nur Augen für ihn selber gehabt hätte. Von jeher bewunderte er Pierre um der Leichtigkeit willen, mit welcher er sich Freundschaften schuf und Frauen gewann.

Er selber, Paul, konnte eigentlich nicht darüber klagen, daß er Unglück bei Frauen gehabt hätte. Aber wenn ihn eine Frau, um die er sich bemühte, nicht beachtete, dann wurde er sogleich schüchtern, mutlos, und tiefe Niedergeschlagenheit erfüllte ihn. Vielleicht kam diese seine Scheu aus dem Gefühl seiner traurigen Körperlichkeit. Dabei war er sich bewußt, daß sein Gesicht leidenschaftlich, gescheit und wohl auch anziehend genug war, um eine Frau seinen jämmerlichen Körper vergessen zu machen.

Er sah ein großes Mädchen allein auf einer Bank sitzen. Sie hatte lebendige, langbewimperte Augen, hohe, kühne Brauen, ein volles, starkes Kinn, Brust und Schultern kamen matt glänzend, blaßbräunlich aus einem kostbaren, malvenfarbenen Kleid von höchster Schlichtheit. Paul war oft mit Therese zusammen gewesen, aber nie hatte er sie so gesehen; ihm war, als sähe er sie das erste Mal.

Pierre erschien ihm als ein Mann des Glückes. Sein Leben war ein ununterbrochener Strom atemberaubender Ereignisse gewesen, und die-

75

ser Strom wurde immer breiter, rauschender. Er hingegen, Paul, wird nurmehr kurze Zeit zu leben haben, und was hatte er vom Leben gehabt? Und Pierre war sich vermutlich nicht einmal bewußt, wie glücklich er war. Er nahm, was ihm zufloß, hin als etwas Selbstverständliches.

Therese lächelte Paul entgegen. Der knabenhafte, eifrige und offenbar verliebte Mensch gefiel ihr, sie wußte um seine Krankheit, sie hatte Mitleid mit ihm. Pierre pflegte Pauls Tüchtigkeit mit starken Worten zu rühmen, und Therese spürte die Ergebenheit, mit der Paul an Pierre hing.

Sie rückte auf ihrer Bank ein wenig zur Seite, hieß ihn sich neben sie setzen. Sie sprachen von Pierres großem Unternehmen, er stellte ihr dar den Umfang dieser neuen Geschäfte, ihre Verlockung und ihre Gefahr. Therese war nicht sehr interessiert an den geschäftlichen Details, aber ihr wurde warm, wenn sie bedachte, daß Pierre ihr nur von der politischen Bedeutung des Unternehmens gesprochen und ihr sein persönliches Risiko verschwiegen hatte.

Sie wunderte sich, daß Pierre noch nicht da war. Auch Paul war erstaunt. Alle vermißten Pierre; er war die Seele der berühmten Feste, die Monsieur Lenormant gab.

Endlich kam er. Er umarmte Charlot und entschuldigte seine Verspätung. Als er schon habe abfahren wollen, sei der Kurier mit der überseeischen Post eingetroffen, und er habe der Versuchung nicht widerstehen können, sie sogleich zu lesen. Es habe sich auch gelohnt, fuhr er fort mit geheimnisvoll strahlendem Gesicht. Es sei Nachricht da aus Amerika von höchster Wichtigkeit, und er bat Monsieur Lenormant um Erlaubnis, ihm und seinen Gästen diese Nachricht mitteilen zu dürfen.

Auf eine kleine Erhöhung stellte er sich unter einen alten Ahornbaum, während sich die Gäste neugierig versammelten. Da stand er, um ihn herum geschmückt und erwartungsvoll die Herren und Damen aus Paris und aus Versailles, und während es still und immer stiller wurde, verkündete er:

»Meine Herren und Damen. Es ist soeben ein Dokument eingetroffen, welches der Kongreß der Vereinigten Kolonien von Amerika oder vielmehr der Kongreß der Vereinigten Staaten von Amerika zu Anfang Juli einstimmig angenommen und verkündet hat. Ich habe hier in meinen Händen den Wortlaut dieser Erklärung in englisch. Erlauben Sie mir, ihn Ihnen zu übersetzen. Diese Übersetzung wird freilich flüchtig sein und nicht erreichen können die Wucht des ursprünglichen Textes, der gleichzeitig ruhig und beschwingt ist.«

Und er verlas, übersetzend, das Dokument: »Wenn der Ablauf menschlicher Ereignisse ein Volk zwingt, die politischen Bande zu lösen, welche es mit einem andern Volk verbunden haben, um unter den Mächtigen der Erde die gesonderte und ebenbürtige Stellung einzunehmen, zu welcher die Gesetze der Natur es berechtigen, dann erfordert die gebührende Achtung vor der Meinung der Menschheit, daß dieses Volk die Gründe auseinandersetze, die es zu einer solchen Trennung zwingen.

Wir halten dafür, daß die nachfolgenden Wahrheiten keines weiteren Beweises bedürfen: daß nämlich alle Menschen gleich geschaffen sind, daß sie von ihrem Schöpfer ausgestattet sind mit gewissen unveräußerlichen Rechten, als da sind Leben, Freiheit und Streben nach Glück. Wir halten dafür, daß Regierungen unter den Menschen eingesetzt sind, nur um diese Rechte zu sichern, und daß die Rechte und Vollmachten dieser Regierungen abhängig sind von der Zustimmung der Regierten. Das heißt, daß es, wann immer ein Regierungssystem diese Zwecke gefährdet oder zerstört, das Recht des Volkes ist, das Regierungssystem zu ändern oder abzuschaffen und eine neue Regierung einzusetzen, die auf solchen Prinzipien basiert und deren Formen und Befugnisse darauf abzielen, die Sicherheit und das Glück des Volkes zu fördern.«

Pierre, sie lesend, begeisterte sich von Neuem an diesen Sätzen. Es ging ihm nicht darum, das Dokument möglichst treu zu übertragen, vielmehr wollte er seinen Hörern die Wirkung übermitteln, welche das Schriftstück auf ihn gehabt hatte. Das gelang ihm. Selber hingerissen, riß er die andern hin. Da stand er auf der kleinen Erhöhung unter dem weiten Geäst und Gezweig des alten Ahorns, und zu ihm hinauf schauten die vielen erregten Gesichter. Einer der Hunde Lenormants war herangekommen, eine große, schwarz-weiß gefleckte Dogge; Pierre, in der einen Hand sein Manuskript, streichelte mit der andern den Kopf des Hundes. So stand er da, gereckt, strahlenden Gesichtes, den zutraulichen Hund an seiner Seite. Manchmal machte Erregung seine klingende Stimme heiser, er bestrebte sich nicht, schön zu reden, er scheute sich nicht, Sätze abzubrechen, wenn ihm die Übertragung nicht sogleich glückte, und sie nochmals zu beginnen. Gerade dadurch wirkte, was er sprach, unmittelbar, als entstünde es jetzt erst.

»Vorsicht und Klugheit«, las er, »erfordern, daß Regierungen, die sich lange Zeit gehalten haben, nicht verändert werden aus geringfügigen, vorübergehenden Ursachen. Es hat denn auch alle Erfahrung bewiesen, daß die Menschen mehr geneigt sind, Übel zu ertragen, solange sie ertragbar sind, als sie zu korrigieren durch Abschaffung der Formen, an die sie gebunden sind. Allein wenn eine lange Folge von Mißbrauch und Willkür unentwegt dem gleichen Ziele zustrebt, nämlich dem, einem Volk eine absolute Despotie aufzuzwingen, dann ist es dieses Volkes Recht und Pflicht, eine solche Regierung umzustürzen und neue Garantien zu schaffen für seine künftige Sicherheit. Solcher Art war die leidende Geduld dieser Kolonien. Und solcher Art ist jetzt die Notwendigkeit, welche sie zwingt, ihr früheres Regierungssystem zu ändern.«

Was Pierre da las, war seinen Hörern nicht neu. Es waren Ideen, ihnen vertraut aus den Büchern des Montesquieu, des Helvétius, des Voltaire, des Rousseau. Doch während bisher diese Ideen lediglich aufgetaucht waren als Spiele des Witzes und Verstandes, wurden sie nun auf einmal Taten, politische Wirklichkeit, da sie nicht aus den Seiten von Büchern aufklangen oder aus dem Munde von Philosophen, sondern da sie verkündet wurden als die Leitsätze von Männern, die einen neuen Staat aufzubauen sich anschickten.

Tiefe Stille war. Selbst die Lakaien, die gewohnt und angewiesen waren, unermüdlich zu servieren, ließen ab; am Rande des Wiesenplanes standen sie, ihre Speiseplatten in den Händen, in steifer Haltung, die Köpfe vorgestreckt, zuhörend. So still war es in dem menschenvollen Park, daß man die Stimmen der Vögel vernahm und den leisen Wind. Alle schauten auf Pierre, gespannt, die meisten mit Bewunderung, einige voll Unmut, als wäre er selber der Urheber dieser Erklärung. Zahlreiche wußten, daß er Geschäfte hatte mit den Insurgenten, viele hatten gelächelt über diese Geschäfte des überrührigen Geschäftsmannes.

Jetzt lächelte keiner mehr. Jetzt spürten alle, wußten alle, daß dieser Pierre Caron de Beaumarchais einen weltwichtigen Auftrag hatte, daß er darstellte den Anteil Frankreichs an dem gewaltigen Unternehmen, das die dort drüben begonnen hatten.

Und Pierre las: »Die Geschichte des derzeitigen Königs von Großbritannien ist eine Geschichte immer wiederholter Unbill und Willkür, eine Chronik von Taten, die alle zum eindeutigen Zweck haben die Schaffung einer absoluten Tyrannei über unsere Staaten. Dies zu beweisen, unterbreiten wir einer unvoreingenommenen Welt die folgenden Tatsachen. Er hat seine Zustimmung verweigert zu Gesetzen, die höchst nützlich und höchst notwendig waren für die öffentliche Wohlfahrt, er hat durch seine Gouverneure dringliche Gesetze suspendiert bis zur Einholung seiner Zustimmung und seine Pflicht, sich mit den vorgelegten Gesetzentwürfen zu befassen, aufs Äußerste vernachlässigt. Er hat gesetzgebende Körperschaften einberufen nach Plätzen, wo sie nie vorher getagt hatten, die ungeeignet waren, unbequem, weit entfernt von der Niederlegungsstelle der öffentlichen Urkunden, zu dem einzigen Zweck, diese Körperschaften zu schikanieren und zu behindern.«

Aus seinen großen, braunen, leuchtenden Augen starrte Paul Theveneau auf seinen Herrn und Freund. In unschöner Haltung stand Paul da, schlaff, mit kläglich fallenden Schultern, doch den schönen, begeisterten Kopf streckte er gierig vor, um einzusaugen, wie da Pierre die Anklage verlas, welche der Kongreß der Vereinigten Staaten erhob gegen den König von England. Paul vergaß die Frauen ringsum, er vergaß seine Krankheit, in ihm klang und läutete, was da verkündet wurde, die Absetzung des unwürdigen Königs, Freiheit, Amerika, der große Krieg, Waffen für Amerika, die große Sendung, und sein Freund war auserwählt, und er selber war berufen.

Auch die Gräfin Maurepas, die Frau des Ministerpräsidenten, hörte jetzt zu, still und gespannt. Als Pierre zu reden begonnen, hatte sie ihrer Freundin, der Montbarey, eine Witzelei zugeraunt. Aber da war etwas geschehen, was ihr noch niemals widerfahren war. Der junge Herzog de la Rochefoucauld hatte ihr scharf zugeflüstert: »Bitte, stören Sie nicht, Madame«, und erstaunt mehr als gekränkt hatte sie mitten im Satz abgebrochen.

Für Therese hatte jemand ein Plaid über einen kleinen Rasenhügel gebreitet. Da saß das Mädchen, und ihr großes, lebendiges Gesicht schaute auf zu ihrem Freund und Geliebten. Versunken in sich, hörte sie auf die Worte, die aus seinem Munde kamen, sie trank sie in sich ein, sie sah sein von schöner Erregung glühendes Antlitz, sie liebte ihn sehr. Er hatte ihr die geschäftlichen Gefahren verschwiegen, die verbunden waren mit seinem Unternehmen. Es war die Sache, um die er kämpfte, die edle Sache der bürgerlichen Freiheit. Was er da verkündete und wie ers verkündete, das war von der gleichen Art wie jene Worte, die sie zu ihm hinübergerissen hatten, jene Sätze in den Flugschriften aus der Zeit seines übeln Prozesses, da er gekämpft hatte nicht nur für sich, sondern um Recht und Gerechtigkeit für alle, da er geführt hatte die Sache der Bürger aller Welt gegen die Aristokratie, gegen die Privilegierten.

Und Pierre las: »Der König von England hat Repräsentantenhäuser aufgelöst mehrere Male, weil sie sich mit Kraft und Mannheit widersetzten seinen Angriffen auf die Rechte des Volkes. Er hat eine Menge neuer Ämter errichtet und Schwärme von Beamten hiehergesandt, unser Volk zu schikanieren und unser Vermögen aufzuzehren. Er hat unter uns in Friedenszeiten stehende Heere gehalten ohne die Erlaubnis unserer gesetzgebenden Körperschaften.«

Das starke, ausdrucksvolle Gesicht zur Maske erstarrt, hörte der Schauspieler Préville vom Théâtre Français zu. Die Worte der Kundgebung bewegten ihn, gleichzeitig aber war er ergrimmt über diesen Caron de Beaumarchais, der einem immerzu das beste Teil der wohlverdienten Wirkung wegstahl. Nicht nur schrieb man diesem Beaumarchais den Hauptanteil zu an dem Erfolg des ›Barbiers von Sevilla‹, den er doch nur verfaßt, während sie, die Schauspieler, und vor allem er, Figaro-Préville, ihm den Sieg errungen hatten, sondern jetzt klaute er einem auch so relativ geringfügige Dinge weg wie den Erfolg bei dem heutigen Fest. Da bereitete man Wochen hindurch die kleine Farce vor, die nach dem Abendessen gespielt werden sollte, da hatte man Jahrzehnte lang die Technik der Rede und des Vortrags studiert, und dann kam so ein Dilettant, stellte sich unter einen Baum, kraulte einem Hunde den Kopf, las ohne viel Kunst, ohne Vorbereitung und sich verhaspelnd von einem Fetzen Papier ab, und für unsereinen war dann der Tisch leer.

Verklärt, strahlend, blickte Vater Caron auf seinen Sohn. Stramm aufrecht stand der Alte, stolz auf seinen bürgerlichen Rock. Der Priester, den er predigen gehört hatte, als er zum letzten Mal einem hugenottischen Gottesdienst beiwohnte, war ihm erschienen als das höchste Symbol eines großen, gerechten, strafenden Zornes. Jetzt errichtete da einer ein noch gewaltigeres Monument der Empörung. Die Erinnerung an den Priester löste sich auf vor dem Bild des Mannes, der da unter dem Baume stand, den Tyrannen von England anklagte, die Freiheitsglocke läutete.

Und Pierre las weiter von den Untaten des Königs von England: »Er hat uns einer Rechtsprechung unterworfen, fremd unserer Konstitution und nicht anerkannt von unsern Gesetzen. Er hat Massen bewaffneter Truppen unter uns einquartiert. Er hat unsern Handel mit der übrigen Welt abgeschnitten. Er hat uns Steuern auferlegt ohne unsere Zustimmung. Er hat uns übers Meer geschafft, um uns wegen angeblicher Verbrechen zu prozessieren. Er hat unsere gesetzgebenden Körperschaften aufgehoben und sich selber das Recht und die Macht angemaßt, für uns Gesetze zu geben, wann immer es ihm beliebte. Er hat selber seiner Regierung hier entsagt, indem er uns außerhalb seines Schutzes stellte und Krieg gegen uns führte.«

Unter denen, die, während Pierre solche Botschaft von der amerikanischen Freiheit verkündete, zu ihm hinaufstarrten, war auch ein behäbiger Herr, bürgerlich, etwas fremdartig angezogen, eine mächtige, geblümte Atlasweste über dem runden Bauch. Es war Mr. Silas Deane, der Vertreter der Vereinigten Amerikanischen Kolonien. Aufmerksam sah er dem Redner auf den Mund. Er merkte die Erregung der Menge, er merkte, daß es um Amerika ging, aber er verstand nicht französisch, er verstand kein Wort. Er war unter den Hunderten der Einzige, der nicht begriff, daß er jetzt nicht mehr Vertreter der Vereinigten Kolonien war, sondern Vertreter der Vereinigten Staaten.

Weit getrennt von ihm, hinten in der Menge, stand der Doktor Dubourg. Er hatte sich mit Absicht nicht weiter vorn hingestellt. Was wird schon dieser Windhund und Wichtigmacher Pierre Caron groß zu sagen haben? Als es sich dann ergab, daß er Allerwichtigstes zu sagen hatte, war in ihm für einen Augenblick Ärger darüber, daß es nicht er selber war, der dieser erlesenen Gesellschaft die Botschaft brachte, sondern Monsieur Caron. Natürlich, der konnte sich einen Spezialkurier von Le Havre leisten, während ihn selber die Nachricht wohl erst morgen erreichen wird. Dann aber, in der nächsten Minute, dachte Doktor Dubourg nicht mehr an seine Feindschaft gegen Pierre Caron, er dachte nurmehr an den Inhalt der Botschaft, er ließ sich hinreißen von den edeln Worten, und im Geiste sah er seinen großen Freund, den Doktor Benjamin Franklin. Jetzt also hatte der es gewagt. Jetzt also hatte der es geschafft. Und in seinem Innern übersetzte Doktor Dubourg die schmissigen, schwungvollen Worte Pierre Beaumarchais' zurück in die gemessenen, getragenen seines verehrten Freundes.

Und Pierre las: »Der König von England hat unsere Meere geplündert, unsere Küsten heimgesucht, unsere Städte verbrannt, viele von uns umgebracht. Er schafft eben jetzt große Heere fremder Söldner herüber übers Meer, um das Werk von Tod, Raub und Tyrannei zu vollenden, das er begann mit einer Grausamkeit und Treulosigkeit, die selbst in den barbarischsten Zeitaltern kaum ihresgleichen hatte. Er hat Indianer gegen uns herangeführt, erbarmungslose Wilde, deren Kriegsführung ein wahlloses Morden ist ohne Rücksicht auf Alter und Geschlecht. Während all seiner Unterdrückung haben wir in der ehrerbietigsten Weise um Zurücknahme der willkürlichen Maßnahmen ersucht. Die Antwort auf unsere wiederholten Bitten waren nur neue Kränkungen. Ein Fürst, der so gekennzeichnet ist durch alle Wesenszüge eines Tyrannen, eignet sich nicht zum Herrscher eines freien Volkes. Notgedrungen müssen wir uns deshalb in unsere Trennung schicken und unsere britischen Brüder ansehen als das, wofür wir den Rest der Menschheit ansehen, als Feinde im Krieg, als Freunde im Frieden.«

Désirée saß auf einem Taburett, den Oberkörper vornübergeneigt, die Wange in die Hand gestützt, das hübsche, kecke Gesicht erstarrt in Nachdenken, die Brauen zusammengezogen. Sie hörte der Vorlesung zu wie der großen Szene eines Stückes von aufregend neuer Art. Es war merkwürdig, daß sie diese schlichten Sätze hoher Würde, die man bestimmt noch lange und noch oft hören wird, zum ersten Male aus dem

Munde ihres leichtsinnigen, eleganten, witzigen Pierre vernahm. Sie sah, daß Pierre keinerlei Kunstmittel anwandte, daß er nicht posierte, sondern bis ins Letzte erfüllt war von dem, was er da las. Sichtlich hatte er vergessen, daß dieses große Manifest auch etwas zu tun hatte mit seinem Geschäft. Sie spähte hinüber nach Charlot. Dessen Gesicht war mürrisch, etwas leer, so wie wohl die Gesichter von Leuten sind, welche Musik hören. Diesem Gesicht ließ sich nichts ablesen, und es war sehr wohl möglich, daß sein Träger in seinem Innern Beziehungen herstellte zwischen der Verkündigung der Menschenrechte und Pierres und seinem Geschäft.

Völlig benommen aber, hinaufgerissen ins Blaue waren die beiden Kinder, Félicien und Véronique. Sie hatten es seit langem geahnt, daß es das geben mußte in der Welt, daß es dasein *mußte:* die Reinheit, die Freiheit, die Wahrheit, das Ideal; doch es war nur Ahnung gewesen, nur Gefühl. Jetzt aber wurde diese Ahnung zum Wissen, zur Gewißheit. Jetzt erlebten sie die Freiheit, die Wahrheit, das Ideal. In sich ein tranken sie die Worte der Verkündigung, mit entrückten Gesichtern. Ohne es zu wissen, faßten sie sich bei den Händen, ihre Augen hingen gebannt an dem Munde des Mannes, aus dem die begeisternden Worte kamen.

Der aber, aufrecht stehend, triumphierend, rief hinaus unter die lautlose Menge die Schlußsätze seiner Erklärung: »Wir, die Repräsentanten der Vereinigten Staaten von Amerika, versammelt in Gemeinem Kongreß, anrufend den höchsten Richter der Welt für die Ehrlichkeit unserer Absichten, erklären somit und verkünden feierlich in Vollmacht und im Namen des guten Volkes dieser Kolonien: Diese Vereinigten Kolonien sind und sollen rechtens sein freie und unabhängige Staaten. Sie sind entbunden aller Zugehörigkeit zur britischen Krone. Alle politische Verbindung zwischen ihnen und dem Staate Großbritannien ist und soll sein völlig aufgelöst. Und zur Durchführung dieser Erklärung, fest vertrauend auf den Schutz der göttlichen Vorsehung, setzen wir gegenseitig zum Pfand unser Leben, unser Vermögen, unsere Ehre.«

Beinahe eine Minute noch, nachdem Pierre geendet, war lautlose Stille. Dann aber klatschten sie in die Hände, sie stürmten vor, auf Pierre zu, sie umdrängten ihn, umarmten ihn, redeten sinnlos auf ihn ein, die geschmückten, festlichen, zierlichen, zeremoniösen Herren und Damen von Paris und von Versailles. Wilde Begeisterung war, so als ginge es nicht um Ereignisse, die sich vor Wochen abgespielt hatten und in einer Entfernung von mehreren tausend Meilen, sondern als ob diese Erklärung sie unmittelbar anginge, als ob sie selber sie erlassen hätten, als ob dieser Mann da in ihrer Mitte sie abgefaßt hätte in ihrem Namen.

Einige allerdings spürten bald, daß solche Begeisterung nicht ganz schicklich sei und nicht allzu lange vorhalten dürfe. Madame de Maurepas zum Beispiel meinte zu ihrer Freundin Montbarey: »Wer noch kann um seine Geschäfte eine solche Sauce von Begeisterung herummachen wie unser Toutou?« Sie pflegte aber Pierre ihren Toutou zu nennen.

Auch der Gastgeber, das Geburtstagskind, Monsieur Lenormant, teilte nicht den allgemeinen Enthusiasmus. Wohl hatte, sowie Pierre zu Ende war, sein Gesicht jenen Ausdruck mürrischer Versunkenheit verloren, und wenn man ihn aufforderte, die Erklärung der Insurgenten bewundernswert zu finden, dann nickte er höflich mit dem großen Kopf; aber in seinem Innern war er keineswegs einverstanden mit dem Ton der Kundgebung. Er war fortschrittlich, er sympathisierte mit der Sache der Insurgenten und gönnte den Engländern jede Niederlage. Doch er war ein überzeugter Anhänger der autoritären französischen Monarchie, er hielt aufgeklärten Despotismus für die beste Regierungsform, und er fürchtete, ein zu klarer Sieg der Insurgenten könnte den Geist der Rebellion und Anarchie auch im Königreich Frankreich schüren. Gewiß war das, was sich in Philadelphia ereignet hatte, begrüßenswert. Aber Monsieur Lenormant liebte kein Pathos, er hielt es für richtiger, alles Pathetische mit sich allein abzumachen und vor der Welt dem Unrecht mit Ironie zu begegnen. Die wackeren Leute im Westen mochten ihre Vorzüge haben, aber Geschmack hatten sie keinen, soviel war gewiß, und Pierre hätte etwas Vernünftigeres tun können, als ihre pathetische Erklärung mit so viel Rhetorik zu verlesen. Monsieur Lenormant war ein wenig verstimmt darüber, daß in seine Geburtstagsfeier durch die pathetische Szene ein falscher Ton gekommen war.

Er trat an Pierre heran, der noch immer dastand, umdrängt von Festgästen. Der freundliche, große Hund hatte ihn nicht verlassen, er schmiegte sich an ihn, Pierre kraulte ihm zuweilen den Kopf. Pierre verstand es, mit Hunden umzugehen, er liebte Hunde, seiner Hündin

Caprice hatte er ein Halsband umgehängt mit der Inschrift: ›Ich heiße Caprice, Pierre de Beaumarchais gehört mir, wir wohnen in der Rue de Condé.‹ Jetzt also trat Monsieur Lenormant an ihn heran, um seinen vollen Mund war jenes winzige Lächeln, und er sagte: »Eine kraftvolle Erklärung, die Sie da verlesen haben, mein Freund. Jetzt haben also die Insurgenten wahrhaftig alles aufs Spiel gesetzt, ihr Leben und ihr Vermögen. Dazu gehört Mut, dazu gehört Tapferkeit.« Er drückte Pierre die Hand – war es Glückwunsch? war es Beileid? – und entfernte sich. Die zugegen waren, hatten höflich und verständnislos gelächelt. Pierre war betreten. Aber er verscheuchte rasch den kleinen Ärger. Er begriff Charlot; da dieser heute der zu Feiernde war, verdroß es ihn, daß ihn Pierre aus dem Mittelpunkt verdrängt hatte. Pierre nahm sich vor, ihn zu versöhnen.

Die Gelegenheit ergab sich, als man, nach üppigem Souper und Feuerwerk, hinüberging in den großen Theatersaal, zur Komödie.

Monsieur Lenormant, so gezirkelt und ausgesucht seine Manieren waren, liebte es, wenn auf seiner Privatbühne nicht nur höchst anspruchsvolle moderne Tragödien gespielt wurden, sondern zuweilen auch Schwänke, sogenannte ›Paraden‹, von allerderbstem Naturalismus. Man sprach in diesen Possen mit größter Offenheit von den Dingen der Verdauung und des Geschlechtes, es wurde das Gröbste vom Groben geboten, das Äußerste an dem, was man aristophanische Natürlichkeit nannte. Die Herren und Damen des Hofes von Versailles und der Pariser Salons, nach der überfeinerten Geselligkeit und dem ausgeklügelten Zeremoniell ihres Alltags, hatten ihren Spaß an dieser vulgären Kost. ›Man muß es verstehen‹, hatte einmal der Ministerpräsident Maurepas geäußert, ›bald ein Gott zu sein, bald eine Sau, aber immer mit Anmut.‹

Pierre schrieb dergleichen Szenen mit leichter Hand, er war, wenn er wollte, Meister im Vulgären. Für diesen Abend hatte er drei kleine Possen vorbereitet; am meisten versprach er sich von der letzten. Zum Inhalt hatte dieser letzte Schwank den Kampf zweier Damen der Halle, Mesdames Séraphine und Héloise, zweier Fischweiber, die Entschädigung haben wollen für die Ware, die ihnen verloren ging, als der Karren mit ihrer Tonne umgeworfen wurde. Die beiden streiten untereinander, sie streiten mit den Passanten, sie streiten mit den Polizisten, sie streiten mit dem Richter, sie verfügen über einen unerschöpflichen Vorrat saftiger, anschaulicher, stark duftender Wendungen, und sie sind damit nicht geizig. Das Ganze mündete in einen Tanz und in eine Lobpreisung Monsieur Lenormants, des Einzigen, bei dem Mesdames Séraphine und Héloise schließlich Gehör und Entschädigung finden.

Dargestellt werden sollte Madame Séraphine von Monsieur Préville, der in der Aufführung des Théatre Français Pierres Figaro spielte. Madame Héloise sollte gespielt werden von Monsieur Monvel, dem Don Basile der gleichen Aufführung. Nun aber hatte Pierre ein wenig getrunken, er war gehoben von dem Erfolg seiner großen Verkündigung, er hatte Freude an Gegensätzlichem, es kam ihm ein Einfall. Er entschloß sich, Madame Héloise selber zu spielen. Das war nicht nur ein Riesenspaß, es war auch eine Ehrung für Charlot, dazu angetan, dessen Verdruß zu sänftigen.

Weder Monsieur Préville, noch Monsieur Monvel waren sehr entzückt von dieser Idee. Doch sie wußten, daß sie nicht aufkommen konnten gegen den allmächtigen Autor des ›Barbiers‹. Sauren Gesichtes fügten sie sich, und in den Rock und in die Holzschuhe Madame Héloises stieg Pierre. Gewaltige Brüste, in aller Eile, stopfte er sich, schnell, mit kunstvoller Grobschlächtigkeit, schminkte ihn der Friseur. Da klopfte auch schon der Stock auf, und sie betraten die Bühne.

Wenn Pierre die beiden Herren vom Théatre Français nicht für immer auf den Tod kränken wollte, dann mußte er erreichen, daß die improvisierte Aufführung besser wurde als die ursprünglich vorgesehene. Er nahm sich zusammen. Bald sah der Schauspieler Préville, daß er an Pierre einen Partner hatte, der dem Schauspieler Monvel zumindest nichts nachgab. Beide, nach den ersten paar Sätzen, waren in Fahrt, und sie steigerten sich in eine immer wildere Fastnachtslaune hinein. So, streitbar, klagend und schimpfend im saftigsten Argot, gingen Mesdames Séraphine und Héloise durch alle Stationen ihre Leidensweges.

Die Hörer aber, sowie sie ihre Lieblinge Beaumarchais und Préville erkannten, genossen die Überraschung und ergötzten sich an dem derben Verkleidungsspiel. Sie lachten, lachten immer mehr. In ihren Wespentaillen, die Gesichter unter der Schminke gerötet, bogen sich die Damen vor Lachen, sie erstickten beinahe, wild applaudierten sie. Und Monsieur Lenormant strahlte, er umarmte Pierre und verzieh ihm den Ärger, den er ihm bereitet hatte.

Erschreckend aber war die Wirkung des kleinen Schwankes auf die Kinder, auf Félicien und Véronique. Entsetzten Auges schauten sie auf den Mann, der sich dort oben auf der Bühne abarbeitete, gemeine Reden ausstieß, wüst tanzte, clownhaft schrie und gröhlte. War das der Gleiche, der vor wenigen Stunden ihre Herzen hinaufgerissen hatte zum höchsten Gipfel? Oh, wären sie gegangen, ehe sie das mitansahen. Sie schämten sich seiner, schämten sich ihrer selbst. Ist der Mensch so beschaffen, daß er immer wieder aus der Bläue so schmählich hinunterstürzt in den Schlamm?

Pierre, umringt, gefeiert, gewahrte die beiden jungen Menschen am Rande des Saales. Er sah ihre Haltung, ihre Gesichter, er ahnte, was sie spürten, ein kleines Mißbehagen fröstelte ihn an. Er ärgerte sich. Er selber hatte es, als er so alt war wie Félicien, bereits mit Mädchen getrieben; dieser Junge, mit seinen Fünfzehn, war immer noch ein kleines Kind und gleichzeitig ein überheblicher Moralprediger. Und während Pierre weiter lächelnde Konversation machte, dachte es in ihm: ›Was für ein prüdes, sauertöpfisches Geschlecht wächst da heran. Sie haben keine Toleranz, sie haben keinen Sinn fürs Menschliche.‹

Mr. Silas Deane fortan ging beleibt, würdig und eifrig herum und vertrat die Vereinigten Staaten. Pierre zog ihn klug für seine Geschäfte heran, Mr. Deane verhandelte mit Reedern, mit Lieferanten aller Art und fühlte sich hilfreich.

Pierre brachte ihn mit einigen großen Herren zusammen, die erklärte Freunde der amerikanischen Sache waren, unter anderem mit dem Grafen de Broglie, Marschall von Frankreich, einem Manne von uraltem Adel und gewaltigem Reichtum. Der achtundfünfzigjährige Feldmarschall, dessen Kriegstaten ihm Ruf über die ganze Welt verschafft hatten, machte auf den Geschäftsmann aus Connecticut starken Eindruck. Graf de Broglie war bereit gewesen, sich, falls ihn die Amerikaner darum bitten sollten, zu ihnen zu begeben und als ›Statthalter‹ die Leitung des Heeres und der Regierung zu übernehmen. Er hatte einen

Mann nach Amerika entsandt, der ihm in der Schlacht von Roßbach das Leben gerettet hatte und der sein Freund und Faktotum war, einen gewissen Oberst de Kalb, um mit den Insurgenten Fühlung zu nehmen. Dieser Monsieur de Kalb, ein guter Militär und verständig, hatte von drüben viel wissenswertes Material mitgebracht. Freilich auch mußte er berichten, daß die Amerikaner vorläufig zögerten, das Anerbieten des Marschalls anzunehmen. Dieser Bescheid minderte aber nicht den Eifer Monsieur de Broglies für die Sache der Insurgenten.

Nun hatte Silas Deane Auftrag, einige fähige Offiziere, insbesondere Artillerie- und Pionier-Offiziere, für das amerikanische Heer zu verpflichten. Er erzählte dem Marschall davon, und dessen Freund, der Oberst de Kalb, war willens, eine solche Verpflichtung einzugehen; da Monsieur de Kalb kein Geburtsaristokrat war – selbst das ›de‹ seines Namens war fragwürdig – war sein weiteres Avancement in der französischen Armee ausgeschlossen, auch die Ernennung zum Oberst war nur durch den Einfluß des Marschalls und unter Schwierigkeiten zuwege gekommen. Mr. Silas Deane war stolz und froh, den verdienten Militär im Auftrag des Kongresses als Generalmajor in den Dienst der amerikanischen Armee zu nehmen. Der neue General stellte Silas Deane andere Herren vor, die bereit waren, sich für die amerikanische Armee anwerben zu lassen, jüngere Offiziere zumeist, und Silas Deane, glücklich über so viel Enthusiasmus und Bereitwilligkeit, engagierte die Herren allesamt; er sagte ihnen einen Rang zu, jeweils einen Grad höher, als sie ihn in der französischen Armee bekleideten.

Doch als der amerikanische Delegierte Handgeld bezahlen und ihnen Überfahrt und erste Ausrüstung beschaffen sollte, ergaben sich Schwierigkeiten. Mr. Deane hatte vom Kongreß nur eine geringe Summe mitbekommen, man hatte ihn vertröstet auf den Erlös von Prisen, welche amerikanische Kapitäne in französische Häfen einbringen würden. Es kamen aber keine solchen Prisen, Mr. Deanes Mittel gingen zu Ende, und er konnte fällige Beträge an die Reeder, Lieferanten, Offiziere nicht bezahlen. Er schrieb Brief um Brief an den Kongreß, drängte darauf, daß man Geld und Waren zur Begleichung der Lieferungen Monsieur de Beaumarchais' bereit stellen, daß man ihm selber Geld schicken solle. Vom Kongreß kam keine oder nichtssagende Antwort.

Silas Deane war ein Patriot, ergeben der Sache der Freiheit. Um dieser Sache zu dienen, hatte er sein blühendes Geschäft in Connecticut im Stich gelassen, und er war stolz darauf, Vertreter der Vereinigten Staaten zu sein. Er war verständig und kannte die Welt. Er wußte, daß der Kongreß Geld zu beschaffen hatte für unmittelbare, dringlichste Nöte, daß kein Geld da war, daß der Krieg nicht gut ging. So sehr er dadurch in Verlegenheit kam, er begriff, daß man die Bitten des weitab in Paris sitzenden Vertreters beiseite schob.

Was Mr. Deane nicht wußte, war, daß der Kongreß in seiner ablehnenden Haltung bestätigt und bestärkt wurde durch jenen Mr. Arthur Lee, den Pierre in London kennen gelernt hatte. Gekränkt schon dadurch, daß ihm Monsieur de Beaumarchais die zugesagte Audienz in Versailles nicht verschafft hatte, war Mr. Lee doppelt erzürnt, daß der Kongreß nicht ihn zum bevollmächtigten Pariser Delegierten erwählt hatte. Von Natur mißtrauisch, hielt er nach den Reden, die Beaumarchais in London geführt hatte, die Firma Hortalez für eine Scheingründung, für Fassade. Mr. Lee trug keinen Anstand, diese seine Meinung seinen einflußreichen Brüdern in Philadelphia und dem Kongreß zu übermitteln. Was die Firma Hortalez liefere, schrieb er, sei ein Geschenk des Königs von Frankreich an die Vereinigten Staaten; wenn Beaumarchais und Deane es anders darstellten, dann wollten sie unerlaubte Profite für sich selber herausschlagen. Der Kongreß las diese Briefe, der Kongreß hatte kein Geld, der Kongreß hielt sich für berechtigt, Glauben zu schenken den Berichten seines Londoner Vertreters Arthur Lee und taub zu bleiben vor den immer dringlicheren Vorstellungen seines Pariser Vertreters Silas Deane.

Als dieser am Ende seiner Mittel war und nicht einmal mehr die Kosten seine Aufenthalts im Hotel d'Hambourg bestreiten konnte, blieb ihm nichts übrig, als sich an den gefälligen Monsieur de Beaumarchais zu wenden. Dick, verlegen, schwitzend in seiner geblümten Weste, erzählte er von seinen Schwierigkeiten. Pierre war betroffen. Wenn die Herren in Philadelphia ihrem Vertreter nicht einmal die paar hundert Dollar zur Verfügung stellten, die er fürs nackte Leben brauchte, wie wird das werden, wenn sie die Millionen bezahlen sollten, die sie der Firma Hortalez schuldeten? Im Geiste sah Pierre das winzige Lächeln

Charlots, hörte er seine liebenswürdigen, fettigen Worte: ›Jetzt haben also die Insurgenten alles aufs Spiel gesetzt, ihr Leben und ihr Vermögen.‹ Aber Pierres Miene verriet nichts von seinen Sorgen. Vielmehr erklärte er lächelnd und großzügig, die Firma Hortalez freue sich, Mr. Deane die gewünschten Beträge vorzuschießen.

Mr. Deanes behäbiges Gesicht glänzte. Was für ein Glück, daß es hier in Paris einen Mann gab wie diesen Monsieur de Beaumarchais, der die Rüstung der Amerikaner aus der Erde stampfte, der englisch sprach, der geduldig wartete auf Bezahlung dessen, was er dem Kongreß lieferte. Der noch Geld hergab, wenn man persönlich in Nöten war.

Für zwei oder drei Wochen war Mr. Deane gerettet. Aber was dann? Die nächste Post aus Amerika brachte ihm Trost. Geld zwar sandte der Kongreß nicht, aber die Nachricht, man habe einen weiteren Vertreter für Paris ernannt, den Doktor Benjamin Franklin. Wenn dieser hochberühmte Mann hier die Leitung der Geschäfte übernahm, dann hatte er, Silas Deane, nichts mehr zu befürchten. Es werden freilich noch Monate vergehen, ehe Doktor Franklin in Paris eintreffen wird; aber es war tröstlich, zu wissen, daß die Zeit der Not befristet war.

Pierre war bei all seinem Temperament, seiner Eitelkeit und Verspieltheit ein unermüdlicher Arbeiter und glänzender Organisator. Die Vorratshäuser der Firma Hortalez füllten sich mit Waffen, Uniformen, Waren jeder Art, auf den Werften von Le Havre, Cherbourg, Brest, Nantes, Bordeaux, Marseille erstanden Schiffe zum Transport dieser Waren, Kapitäne und Matrosen wurden angeheuert, diese Schiffe übers Meer zu führen.

Die Firma Hortalez unterhielt Agenten in allen größeren französischen Hafenplätzen. Da waren, um nur die wichtigsten zu nennen, in den nördlichen Häfen die Herren Emmery, Vaillant und d'Ostalis, in den südlichen die Herren Chassefierre und Peyroux. Einige dieser Männer waren wacker und subaltern, andere gerissen und nicht zuverlässig. Es war an der Zeit, daß man da einmal nach dem Rechten sah.

Nun aber wurde die Tätigkeit der Firma Hortalez in den französischen Seestädten vom englischen Geheimdienst scharf überwacht, und der Staatssekretär Gérard legte Pierre stets von Neuem äußerste Heimlichkeit ans Herz. Besonders die nördlichen Häfen wimmelten von Spionen. Pierre schickte also Paul Theveneau nach dem Norden, er selber begab sich, begleitet von seinem Freunde Philippe Gudin, incognito, als Monsieur Durand, auf eine ›Studien- und Vergnügungsreise‹ nach dem Süden.

Pierre reiste gern. Er hatte Aug und Herz offen für die Fremde, freute sich an neuen Städten, neuen Menschen. Und der behagliche, beschauliche, genießerische Gudin war ein Begleiter, wie er ihn besser sich nicht hätte wünschen können. Dem Freunde bis ins Letzte ergeben, nicht gekränkt, daß ihn Pierre aus seinen verwirrten und manchmal dunklen Geschäften völlig ausschloß, war der treue Philippe immer zur Stelle, wenn ihn Pierre haben wollte, und hielt sich fern, wo er ihn hätte stören können. Auch war Philippe Gudin ein guter Tischgenosse, dessen Freude an Speis und Trank die Freude des andern erhöhte, er hatte Humor und tat mit bei jedem Spaß. Dazu verfügte er über ein ungeheures, immer gegenwärtiges Wissen, das er auf Wunsch gerne vor Pierre hinbreitete.

So zogen die beiden kreuz und quer durch die mittäglichen Provinzen Frankreichs. Reich und reif im späten Herbst lag das Land. Sie ließen es sich wohl sein in den guten Herbergen, genossen die Landschaft, den Wein, die Frauen.

Genossen darüber hinaus den Duft der Geschichte. Philippe Gudin war ein begeisterter Altertumsforscher. Er war zu Hause in altem Mauerwerk, für ihn wandelten sich die Ruinen zurück in das, was sie gewesen waren, und belebten sich mit ihren früheren Insassen.

Pierre war empfänglich für solche Erinnerungen und schmückte gerne die Erzählungen des Freundes mit Witz und Fantasie aus. Der stimmte dann wohl sein altes Lied an: »Was für ein Jammer, Pierre, daß du nicht studiert hast. Was für ein Wissenschaftler wäre aus dir geworden. Was für ein Genie hat die klassische Tragödie der Franzosen an dir verloren.« »Ach, laß mich zufrieden«, sagte dann leichtsinnig Pierre, »ich bin froh, wie es ist.« Er selber vermeinte, er habe das Zeug in sich, ein tragischer Dichter vom Range Corneilles oder Racines zu werden, unter andern Umständen wäre ers wohl geworden, nun wird er im besten Fall den Ruhm eines Molière erreichen. Trotzdem war er im Grunde dem

Schicksal dankbar, daß es ihm den Lebenslauf eines großen Geschäftsmannes bestimmt hatte. Er glaubte zu erkennen, daß wie das Privileg der Geburt so auch das des Geistes zu erblassen begann vor dem neuen Privileg des Geldes. Er aber, Pierre, besaß sie nun alle drei, die großen Privilegien. Mitbekommen hatte er den Geist; Geld und Adel hatte er sich erobert.

Zuweilen trennte er sich seiner Geschäfte wegen auf Stunden oder auch auf Tage von Gudin. Der widmete sich dann seinem Studium, schrieb, las und stellte Betrachtungen darüber an, wie er selber gleich einem Schatten, der um Gräber und Ruinen irrt, Tote heraufbeschwor zur Belehrung kommender Geschlechter, indessen sein großer Freund, um das Wohl seiner Mitmenschen besorgt, Reeden und Werften besuchte, tausend fleißige Hände in Bewegung setzte, tausend Köpfe schöpferisch, organisatorisch leitete. Und er verglich Pierre mit einem Wiking, einem Seekönig, der da auszog, seinem Stamme neue Reiche zu erobern.

Manchmal auch, wenn man in Gesellschaft war und Pierre durch seine Laune und seinen Geist unbekannte Zechgenossen hinriß, konnte Philippe Gudin seinen Enthusiasmus nicht zügeln, er ließ durchblicken, daß Monsieur Durand eigentlich der berühmte Monsieur de Beaumarchais sei. Wenn man dann Pierre befragte, bestritt er es lebhaft und so, daß jeder erkennen mußte, er war es.

Auf solche Art schlitterte Pierre in der schönen Stadt Bordeaux in ein Ereignis hinein, das ihm zunächst viel Spaß, später aber mancherlei Ärger bereitete. In Bordeaux nämlich wurde auf der Werft der Herren Testard und Gaschet ein großes, altes Schiff für Pierre von Grund auf umgebaut. Pierre ging aus und ein im Kontor der Firma Testard und Gaschet, doch nur Monsieur Gaschet selber durfte wissen, wer er war. Nun war aber in Bordeaux ein neues, großes Theatergebäude errichtet worden, es sollte eröffnet werden mit dem ›Barbier von Sevilla‹, man probierte das Stück. Pierre ging täglich mehrmals an dem Theater vorbei, die Versuchung war groß, auf die Bühne zu gehen und den Schauspielern, die dort seine Menschen und seine Sätze probten, zu sagen: ›Ich bins, ich bin Beaumarchais.‹ Doch er widerstand der Versuchung, er forderte auch den guten, schwatzhaften Gudin dringlich auf, sein Incognito zu wahren, und der nickte eifrig und verschwörerisch: »Verlaß dich auf mich.«

Als aber am Abend, im Gasthof, einer am Nebentisch erklärte, das Gesicht des Herrn komme ihm bekannt vor, konnte sich Gudin nicht enthalten, breit und verräterisch zu grinsen. Am Tag darauf war es herum, daß der berühmte Monsieur de Beaumarchais in der Stadt sei, um Amerika zu befreien und der Aufführung seines Stückes beizuwohnen. Wieder einen Tag später erschien eine Deputation der Schauspieler bei Monsieur Durand und bat ihn, sie bei den Proben des ›Barbiers‹ zu unterweisen. Monsieur Durand fragte lächelnd und höflich, wieso ein einfacher Monsieur Durand erfahrenen, bewährten Künstlern Ratschläge sollte geben können. Die Schauspieler lächelten zurück und erwiderten, wenn Monsieur Durand darauf Gewicht lege, Monsieur Durand zu bleiben, so seien sie die ersten, diesen Wunsch zu achten; aber an den Proben möge er teilnehmen. Monsieur Durand nahm teil, sehr angeregt, und gab nützliche Weisungen, die ehrerbietig befolgt wurden. Die Aufführung wurde ein Triumph, die Schauspieler wiesen auf Monsieur Durand, der in einer Loge saß, das Publikum bereitete Monsieur Durand eine Ovation, und Pierre hob in lächelnder Abwehr die Hand und rief: »Aber, meine Freunde, ich bin Monsieur Durand.«

Vergnügt nach diesen Erlebnissen kehrte er nach Paris zurück. Da aber, sogleich, bekam er zu spüren, daß sein Trank am Grunde des Bechers einen bittern Satz hinterlassen hatte.

Als er sich nämlich bei dem Grafen Vergennes meldete, empfing ihn nicht der Minister, sondern Monsieur de Gérard. Pierre verhandelte nicht gerne mit Monsieur de Gérard. Der war korrekt, aber er hatte nichts von der philosophisch humoristischen Freundlichkeit Vergennes'. Heute war Gérard von besonderer Kälte.

»Es ist Ihnen nicht unbekannt, Monsieur«, fuhr er bald nach der ersten Begrüßung auf Pierre los, »daß Lord Stormont mehrmals persönlich im Außenministerium vorgesprochen hat, um an der Hand von Dokumenten hinzuweisen auf die verdächtige oder vielmehr nicht mehr verdächtige Tätigkeit des Hauses Hortalez und Compagnie. Wir haben Sie, Monsieur, von Anfang an darauf aufmerksam gemacht, daß wir Ihrethalb Schwierigkeiten mit England haben werden, und wir haben

Sie dringlich ersucht, sich jeder Unvorsichtigkeit zu enthalten. Statt dessen hat jetzt in Bordeaux, während dort verdächtige Arbeiten an zwei größeren Schiffen vorgenommen wurden, ein Monsieur Durand einer Aufführung des ›Barbiers von Sevilla‹ beigewohnt, und jedermann hat gewußt, wer dieser Monsieur Durand war. Was stellen Sie sich eigentlich vor, Monsieur, wenn Sie sich solche Streiche leisten? Ist Ihnen nicht die Idee gekommen, daß es die Regierung des Königs ist, die dafür einzustehen hat?«

Pierre, sich die Lippe zerbeißend vor Ärger, antwortete, wenn die Engländer auf die Firma Hortalez aufmerksam geworden seien, dann nur dadurch, daß andere, Unverantwortliche, unverantwortliches Geschwätz gemacht hätten, und er nannte den redlichen, wohlmeinenden, geschwätzigen Wichtigmacher Barbeu Dubourg.

Aber der Staatssekretär wies diese Entschuldigung scharf zurück. »Bitte, Monsieur«, sagte er, »halten Sie uns nicht für dümmer, als wir sind. Wir wissen Bescheid, über Sie sowohl wie über Doktor Dubourg, und wir haben Ihre Unvorsichtigkeiten satt. Sie müssen sich entscheiden, ob Sie sich in Zukunft als Beauftragten dieses Ministeriums betrachten und entsprechend benehmen wollen, oder als einen Privatmann, der sich jede Laune erlauben darf.« Ohnmächtigen Unmutes voll entfernte sich Pierre.

Nicht nur in Paris, auch im Norden gab es Schwierigkeiten. Dort lagen, berichtete Paul, drei Schiffe abfahrtbereit, aber die Engländer suchten ihr Auslaufen mit allen Mitteln zu verhindern, sie legten täglich neue Proteste beim Marineminister ein, und die französischen Behörden, wiewohl entgegenkommend, mußten strenge Untersuchungen simulieren. Unter diesen Umständen wagte Paul nicht, die Geschäfte den Herren Emmery und Vaillant zu überlassen, sondern er wollte im Norden bleiben, bis die Schiffe ausgelaufen waren.

Am liebsten wäre Pierre selber hingefahren. Er traute sich Erfindungsgabe und Geistesgegenwart genug zu, um an Ort und Stelle mit den Intrigen der Engländer fertig zu werden und in der rechten Stunde, ob mit oder ohne formale Erlaubnis der Hafenbehörden, Order zur Ausfahrt zu geben. Auch hätte er brennend gern mitangesehen, wie seine ersten Schiffe in See stachen. Aber er dachte grimmig an Monsieur de Gérard, es war leider ausgeschlossen, daß er selber nach Brest ging.

Im übrigen war es verdammt anständig von Paul, daß er so lange im Norden blieb. Pierre wußte genau, wie sehr Paul sein Paris liebte; Pauls Leidenschaft für die wunderbare Stadt wurde verstärkt durch das innere Wissen, daß seine Jahre befristet waren, und er wollte sich vollstopfen mit Leben. Zudem ging es in den Winter, und der Aufenthalt am atlantischen Meer konnte Paul nicht bekömmlich sein.

Pierre erzählte Therese von den drei Schiffen, die, beladen mit Waren, in Brest und Le Havre auf die Abfahrt warteten. Das eine hieß ›Alexandre‹, das andere ›Eugénie‹, das dritte ›Victoire‹. Wenn man abergläubisch war, konnte man Meditationen darüber anstellen, was es bedeute, wenn dies oder wenn jenes der drei Schiffe zuerst auslaufen werde. Therese fragte, ob denn der lange Aufenthalt am nördlichen Meer nicht schädlich für Pauls Gesundheit sei. »Auch ich mache mir Sorgen«, erwiderte Pierre, »und habe es ihm angedeutet. Aber er will durchaus bleiben, und er schreibt, es könne nicht mehr lange dauern.«

Wirklich schickte eine Woche später Paul Nachricht, er werde nun in den allernächsten Tagen zurückkehren. Die ›Victoire‹ sei in See gestochen, und wenn nicht in der Zwischenzeit neue unvorhergesehene Hindernisse einträten, dann seien jetzt, da Pierre diesen Brief lese, auch die beiden andern Schiffe auf See, die ›Alexandre‹ und die ›Eugénie‹.

An seinem großen Schreibtisch saß Pierre, vor sich den Brief, tief lächelnd. Er starrte auf den leeren Fleck an der Wand, der bestimmt war für das Porträt Duvernys, das man ihm in jenem Prozeß gestohlen hatte. Aber er sah nicht den Fleck. Nichts sah er als die Schiffe, seine Schiffe, wie sie seine Waffen übers Meer trugen nach Amerika zum Kampf für die Freiheit und zur Gründung einer besseren Welt.

2. *Kapitel* _____ Franklin

Der alte Mann stand an der Reeling, gut eingehüllt in seinen Pelz, es war in diesem frühen Dezember sehr kalt; auch den großen, schweren Schädel hielt er wohlverwahrt in der Pelzkappe. Unter der Kappe fielen schütter und lang die weißen Haare auf den Kragen des Mantels.

Ein sehr kräftiger Wind blies, selbst hier in der ruhigen Bucht von Quibéron tanzte das Schiff gewaltig auf und ab. Der Alte, während er durch die große, eisengerahmte Brille auf die Küste schaute, klammerte sich unwillkürlich mit beiden Händen fest ans Geländer.

Es war keine lange Fahrt gewesen, die Überfahrt nach Europa, kaum fünf Wochen hatte sie gedauert, aber angenehm war sie nicht gewesen. Nicht als ob ihm der ewige starke Wind zu schaffen gemacht hätte, er litt niemals unter Seekrankheit, der alte Benjamin Franklin; aber schon, als er die Reise antrat, hatte er sich infolge der langen Sitzungen im Kongreß und des Mangels an Bewegung müd und erschöpft gefühlt, und die unzuträgliche Schiffskost hatte ihn noch mehr heruntergebracht. Da das frische Geflügel für seine Zähne zu hart war, hatte er sich im Wesentlichen nähren müssen von Pökelfleisch und Schiffszwieback und hatte so etwas wie leichten Skorbut bekommen; Schorf auf seinem kahler werdenden Kopf quälte ihn und Ausschlag an andern Stellen seines Körpers.

Doch das Schlimmste wohl war das ständige Bewußtsein der Gefahr gewesen. Vor seinen beiden Enkeln zwar, vor dem siebzehnjährigen William und dem sechsjährigen Benjamin, hatte er sich gleichmütig gegeben wie immer. Hatte Tag für Tag die Temperatur der Luft und des Wassers gemessen, hatte seine Studien über den Golfstrom weitergeführt, hatte mit den beiden Enkeln methodisch an der Vervollkommnung seines und ihres Französisch gearbeitet. Aber hinter dieser gespielten Ruhe war immer der unbehagliche Gedanke gestanden: hoffentlich überrascht uns kein englisches Kriegsschiff. Denn dann hing sein Leben an einem Faden.

Nun, es war alles gut abgelaufen, sehr gut, die ›Reprisal‹ hatte zuletzt sogar zwei kleine feindliche Handelsschiffe kapern können, eines mit einer Ladung von Holz und Wein, das andere mit einer Ladung von Flachssamen und Alkohol, und jetzt war die Küste in Sicht, die Gefahr war vorbei.

Da stand er am Geländer, ein wenig schwach in den Beinen, in den Knien vor allem, und vor ihm lag Frankreich, das Land, das er für Amerika und seine Sache gewinnen wollte.

Der Kapitän, Lambert Wickes, trat zu ihm, ein lärmender, fröhlicher Mann. »Wie geht es heute, Doktor?« schrie er ihm zu durch den Wind. »Danke«, antwortete Franklin, »fein wie immer.« »Ich fürchte«, schrie der Kapitän, »wir werdens auch heute noch nicht schaffen können.« Man hatte vorgehabt, die Loire-Mündung hinaufzufahren nach Nantes. Franklin schaute die Küste auf und ab, die vor ihm lag. »Wie heißt der Ort?« fragte er. »Auray«, erwiderte der Kapitän. »Dann gehe ich hier an Land, wenn das möglich ist«, entschied Franklin. »Gewiß«, antwortete Kapitän Wickes. »Ich treffe die Vorbereitungen. Es wird ein paar Stunden dauern bei diesem Wind.« Und er entfernte sich.

Franklin blieb. Der Anblick des lebendigen Meeres, der kräftige Anhauch des Windes taten ihm wohl. In wenigen Stunden also wird er an Land sein, in dem Land, wo er seine nächsten Jahre, vermutlich seine letzten, verbringen wird; denn er war ein alter Mann, nur wenige Wochen fehlten ihm zum vollendeten einundsiebzigsten Jahre.

Er war kein alter Mann. Daß er jetzt in ein neues Unternehmen hineinging, ins gänzlich Unsichere, das den ganzen Mann erforderte, machte ihn jung. Er war ein Staatsmann und ein Forscher von Weltruf; doch im Grunde war er nicht weiter voran als damals, mit siebzehn, da er, aus der Lehre gelaufen, nach London gekommen war, ohne Mittel, angewiesen allein auf sich selber und das bißchen, was er gelernt hatte. Genau so kahl wie damals England betrat er heute Frankreich. Seine Frau war gestorben, sein einziger Sohn hatte sich zu den Engländern geschlagen, ins Lager der Gegner, und war in den Vereinigten Staaten mit Recht als Verräter geächtet. Er, der Alte, hatte alle seine flüssigen Mittel dem Kongreß als Darlehen zur Verfügung gestellt, das war eine schlechte Vermögensanlage für die kurze Zeit, die ihm noch zu leben blieb. Da war das Beste, was er hatte, das einzige, die Aufgabe, die vor ihm lag, die harte, vertrackte, beinahe unlösbare. Die notwendige, gesegnete Aufgabe, Frankreich für die Sache der Amerikaner zu erobern.

Vorhin, als er mit dem Kapitän Wickes erwogen hatte, ob er hier an Land gehen solle, war sein Gesicht unter der Pelzmütze das eines schlauen, alten Mannes gewesen, die Augen hatten scharf, geradezu mißtrauisch durch die eisengerahmte Brille geblickt, der lange Mund sich gedehnt in einem leisen, verschlagenen Lächeln. Jetzt, allein, nahm er die Brille und die Pelzmütze ab, er bot sein Gesicht dem Winde dar, und es war, wiewohl es sich kaum veränderte, das Gesicht eines anderen Mannes. Die großen, besinnlichen Augen waren frisch und jung, die hohe, weite Stirn, von welcher der Wind das dünne Haar zurückblies, war gebieterisch, das ganze, gerötete Antlitz mit den tiefen Falten quer über die Stirn und entlang der Nase mit dem schweren, mächtigen Kinn war überaus kräftig, erfahren, entschlossen, kämpferisch.

Er sah das Land seiner Zukunft, er spürte geradezu leibhaft die gewaltige Aufgabe, die nun unmittelbar vor ihm lag, und er fuhr ihr entgegen, fuhr in sie hinein, bereit, ja, begierig.

Die beiden Jungen kamen herauf, der siebzehnjährige William Temple Franklin und der sechsjährige Benjamin Bache Franklin. Lachend, sich einer am andern festhaltend, durch die Bewegung des Schiffes bald auf die eine Seite getrieben, bald auf die andere, kamen sie auf ihn zu. Sie waren erfreulich anzusehen, seine beiden Enkelkinder. Der Kleine, Benjamin Bache, der Sohn seiner Tochter, war ein frisches Kind mit einem zarten, blond beflaumten Gesicht. Und was gar den andern anging, William, den Siebzehnjährigen, sah er nicht zum Entzücken aus, der Junge? Wie hübsch und vorwitzig er die große, gerade Nase hinausreckte in den Wind. Und was für einen netten, lustigen, lebensfrohen, roten Mund er hatte über dem etwas schweren Kinn. Das hat er von ihm, dem Großvater, das schwere Kinn. Sonst hat er leider ziemlich viele Eigenschaften des Vaters, darüber darf man sich nicht täuschen lassen durch die Hübschheit und Nettigkeit des Bengels.

Die beiden Knaben waren sehr angeregt. Sie hatten von den Matrosen erfahren, daß keine Aussicht bestand, so bald nach Nantes zu kommen, und sie fragten eifrig, ob man sich nun hier ausbooten lassen werde. Sie freuten sich sehr, als der Doktor Ja sagte und sie beauftragte, sich sogleich ans Packen zu machen. »Hast du mein Bad richten lassen?« fragte er William. Der, bestürzt, antwortete, er habe es vergessen. Er vergaß vieles; dafür hatte er eine Reihe anderer Eigenschaften, die sehr liebenswert waren. Auch jetzt zeigte er seine Reue so stürmisch, daß der Großvater seinen Ärger sogleich vergaß.

Das Baden auf dem schwankenden Schiffe war anstrengend. Der Doktor hatte darauf verzichtet, viel Gepäck mitzunehmen, doch nicht verzichtet hatte er auf die Badewanne, die er für seine Sonderbedürfnisse sorgfältig konstruiert hatte; sein langes, heißes Bad war ihm wichtig. Die Wanne war gebaut aus sehr festem, edeln Holz, und sie hatte eine hohe, muschelförmig geschwungene Rückenlehne, sodaß man bequem in ihr saß. Auch konnte sie mit einem Deckel verschlossen werden, dergestalt, daß nur Schultern, Hals und Kopf des Badenden herausragten. Auf diese Weise spritzte das Wasser nicht, und es konnten Leute, mit denen sich der Alte während seines langen Bades unterhalten wollte, auf der Wanne sitzen.

Heute hatte der Badende keine andere Gesellschaft als die seiner Gedanken; seine Enkel waren mit dem Packen beschäftigt. Er saß in der Wanne, seine müden Glieder freuten sich des warmen Wassers, sacht und vorsichtig kratzte er an seinem Schorf und ließ die Gedanken spazieren gehen.

Nein, sehr gewissenhaft ist er nicht, William, der Junge. Sowie ihm etwas Anderes, Angenehmeres in den Sinn kommt, vergißt er, was ihm aufgetragen ist. Seinem Vater, William, dem Verräter, kann man das nicht nachsagen. Der, bei aller Genußsucht, vergißt nie die Karriere. Er sieht gut aus, der ältere William, er hat nicht das Schwere, Langsame, das ihm eignet, dem alten Benjamin. Er ist viel eleganter, er hat etwas Gewinnendes. Der junge William hat sich dagegen gesträubt, aus der Nähe des Vaters fort und mit ihm, dem Alten, nach Frankreich zu gehen. Aber da hat er zugegriffen, der Alte. Da gab es keinen Augenblick des Zögerns. Der Junge mußte mit herüber, nach Paris. Der Junge soll aufwachsen in einer gesunden Atmosphäre, fern dem mißratenen Vater, der sich durch die Lockungen und Gelder der Londoner Regierung hat verführen lassen, und der jetzt in Litchfield sitzt, im Gefängnis, mit

Recht. Aber man muß sehr aufpassen auf den kleinen William. Die böse, rücksichtslose Rechenhaftigkeit des Vaters hat er nicht, wohl aber eine gedankenlose Lebenslust. Und er weiß genau, daß man ihm vieles, alles nachsieht, weil er ein so hübscher Bengel ist. Ja, lebenslustig sind wir, wir Franklins. Ich habe den älteren William nicht im Ehebett gezeugt, der hat seinen William nicht im Ehebett gezeugt, und es sieht nicht aus, als ob dieser kleine William in Frankreich nur eheliche Kinder zeugen wird. Das hat sich vererbt, meine Lebenslust. Viele meiner Eigenschaften haben sich vererbt auf Sohn und Enkel, und es ist sonderbar, wie verschieden wir gleichwohl sind, alle drei, bei so großer Ähnlichkeit. Eine Winzigkeit genügt, und das Wesen eines Menschen ist von Grund auf anders.

Der Doktor schellte, ließ sich heißes Wasser nachgießen.

Auch die Eltern des kleinen Benjamin sind nicht gerade bedeutend. Die Mutter, Sally, ist eine nette, wohlmeinende Frau, er, der Doktor, hat sie sehr gern, sie hat ihren gesunden Menschenverstand, aber bedeutend ist sie nicht. Und ihr Mann, Richard Bache, ist ein wackerer Mann, genau das, aber auch nicht ein Quentchen mehr. Natürlich war es den Eltern nicht recht, daß er ihnen den kleinen Benjamin wegnahm. Doch es ist keine Frage, daß er in Frankreich, unter seiner Aufsicht, besser erzogen werden wird als in Philadelphia unter der Leitung von Mr. und Mrs. Bache. Überdies hat er ja seinen Schwiegersohn entschädigt, er hat ihn zu seinem Stellvertreter im Postministerium gemacht. Da kann nicht viel verdorben werden, da ist der wackere Richard gut am Platz. Seine, des alten Benjamin, Feinde werden natürlich Geschrei erheben über jede Maßnahme, die Richard trifft und nicht trifft. Sollen sie. Er hat weiß Gott für Amerika und die amerikanische Sache genug geopfert; es muß ihm erlaubt sein, auch den Seinen ein bißchen weiterzuhelfen.

Es sind viele in Philadelphia, die froh sind, wenn sie gegen ihn losknurren können. Auch als er mit seinem Vorschlag kam, Sondergesandte nach Frankreich zu delegieren, haben sie immer neue, mißtrauische Einwände gehabt. Die alte, tiefe Feindschaft vom Französisch-Indianischen Krieg her ist nicht tot. Nach wie vor betrachten viele die Franzosen als Erbfeinde, als Götzendiener, als Sklaven einer absoluten Monarchie, als leichtsinnige Burschen, denen man nicht trauen kann.

Es hat Mühe gekostet, die Kollegen in Philadelphia zu bekehren. Sie haben es schließlich begriffen, daß Frankreich in dem Krieg gegen den König von England der gegebene Bundesgenosse ist, und daß man ohne Frankreichs Hilfe nicht siegen kann. Aber viel Hoffnung haben sie ihm nicht mit auf den Weg gegeben, als sie ihn herüberschickten. Es ist auch beinahe aussichtslos, die französische Allianz zustande zu bringen. Sei dem wie immer, er hat schon mancherlei Aussichtsloses unternommen, und es ist geglückt. Der Mann im Bade dehnte sich, die Lippen verpreßt, daß sie noch schmaler wurden. Auch dies wird glücken.

Geld hat man ihm auch keines mitgegeben, der Kongreß hat kein Geld, er wird seine Not haben, den eigenen Unterhalt halbwegs würdig zu bestreiten. Dreitausend Dollar, damit soll er die Vertretung der Vereinigten Staaten einrichten und aufrecht erhalten. Die ›Reprisal‹ hat noch eine Ladung Indigo, die er verkaufen und verwenden kann. Üppig ausgestattet ist er nicht, der Vertreter der Neuen Welt. Er muß ins Blaue hinein leben.

Dabei weiß er das Geld zu schätzen und ist auf seinen Vorteil bedacht. Ist auch nicht allzu ängstlich in der Wahl der Mittel, wenn es darum geht, sich den Sack zu füllen. Aber es gibt Grenzen, und er kennt sie. Da haben zum Beispiel die Engländer ihm Geld, Ämter und hohe Titel angeboten, wenn er für eine Verständigung einträte. Der Mann im Bad verfinstert sich. Es gibt Leute in Philadelphia, die ein solches Angebot sehr ernsthaft bedenken würden. Sein Sohn William zum Beispiel hat dergleichen Angebote sehr ernsthaft bedacht. Er aber, der Mann im Bade, kennt die Grenze und würde, bevor er einer solchen ›Verständigung‹ das Wort redete, bedenkenlos einen Strick um seinen alten Hals nehmen.

Die in Philadelphia werden ihm wenig Dank wissen für die Mühe, die er in Paris haben wird. Nirgendwo in der Welt schaut man auf den alten Benjamin Franklin mit so kritischen Augen wie in Philadelphia. Nicht nur die vielen Tories dort hassen ihn, die Loyalisten, die Shippen, die Stansbury, die Kearsley und wie sie alle heißen, sondern auch unter den Republikanern, sogar im Kongreß hat er seine Gegner, die ›Aristokraten‹, die ihn nicht mögen, und der Beschluß, gerade ihn als Gesandten nach Paris zu schicken, ist nur nach langem Hin und Her zustande gekommen. Der Mann im Bade lächelt, ein weises, grimmiges, mild und bitteres Lächeln. Da sind welche, denen ist er nicht repräsentativ genug für Paris. Zwar ist er, abgesehen von dem General Washington, der einzige Amerikaner von Weltruf, aber er ist und bleibt der Sohn eines Seifensieders, er kann es nicht aus der Welt schaffen, daß er eine Zeitlang kein Geld gehabt hat, und er ist nur Doctor honoris causa und hat nicht regulär studiert.

Nein, er wird aus Philadelphia wenig Anerkennung zu hören bekommen und wenig guten Rat, dafür viele dringliche Aufforderungen, mehr aus der französischen Regierung herauszuholen, und viele bittere Vorwürfe, daß er nicht mehr herausgeholt hat. Er wird sich nicht darüber ärgern. Er ist älter geworden, weiser, er kennt die Menschen.

In London sagen sie ihm nach, nur aus verletzter Eitelkeit habe er die Versöhnung der Kolonien mit dem König zu Fall gebracht, nur um sich zu rächen für jene schmachvollen Vorgänge im Geheimen Kronrat.

Wenn er an jene Vorgänge dachte, dann kam dem Alten bei aller Abgeklärtheit noch immer das Blut ins Wallen. Gut, es war nicht ganz korrekt gewesen, daß er, ein Beamter des Königs, jene Briefe des Königlichen Gouverneurs veröffentlicht hatte, welche die Scharfmacherei und den bösen Willen der Regierung klärlich bewiesen. Aber die Lage war so gewesen, daß die Veröffentlichung der Briefe ein erlaubtes Mittel war, und jeder der Herren, die an jener Sitzung teilnahmen, hätte sie an seiner Stelle genau so veröffentlicht; daran war kein Zweifel. Trotzdem behandelten sie ihn, da sie ihn einer formalen Ungehörigkeit überführen konnten, wie den niedrigsten Lumpen. Wie er dagesessen war, eine Stunde lang, und die wüsten Beschimpfungen des Kronanwalts hatte über sich ergehen lassen müssen. Wie sie sich zugelächelt hatten, der Erste Minister und alle die Lords, wie sie genickt hatten und die Köpfe zusammengesteckt und ihn angestarrt, als wäre er ein Monstrum verbrecherischer List und Gemeinheit. Seinen guten, schweren, blauen Manchester-Anzug hatte er angehabt, der Anzug war neu damals, und er war neben dem Kamin gesessen, was ihn noch mehr hatte schwitzen machen. Aber gezeigt hat er es nicht, wie es in ihm wütete. Nicht verzogen hat er sein Gesicht, kein Wort erwidert hat er. Schweigen war noch die vernünftigste Antwort auf die Verdrehungen und albern frechen Beschimpfungen des Kronanwalts und inmitten dieser feindseligen Lords. Wie der Mann gedonnert hat, wie er auf den Tisch gehaut hat. Es war widerwärtig, es war von den übeln Erfahrungen seines Lebens die übelste. Achtundsechzig Jahre alt war er damals, ein Wissenschaftler von Weltruf, der Vertrauensmann seines Landes, und mußte sich herunterputzen lassen wie ein Schulbub, der seinem Vater Geld aus der Lade gestohlen hatte.

›Zorn ist eine zeitweilige Verrücktheit‹, das hat er oft geschrieben, und das hat er sich auch vorgesagt damals, und er hat sein Gesicht ruhig gehalten. Aber innerlich hat er gekocht vor Zorn, und soviel ist gewiß, es ist, als er damals am Kamin saß, reglos, schwitzend, und den Beschimpfungen des Kronanwalts zuhörte, eine Veränderung in ihm vorgegangen und eine tiefe Erkenntnis: daß nämlich keine Verständigung möglich war und möglich sein wird mit den Lords des Königs von England. Siebzehn Jahre lang war er zu Gast gewesen in den Häusern dieser großen Herren, er war dort ein und ausgegangen, sie hatten sich liebenswürdig mit ihm unterhalten, hatten seiner Gelehrsamkeit, seinem Forschergeist, seiner Philosophie jede Anerkennung gezollt; jetzt aber saßen sie da und hörten sich grinsend an, wie dieser Schreier von einem Kronanwalt ihn gassenjungenhaft verleumdete. Jetzt kam es an den Tag. Jetzt zeigte es sich, wie sie sich freuten, ihn verhöhnen zu können. Sie verhöhnten ihn, weil er nicht einer ihresgleichen war, kein Adeliger, sondern ein einfacher Bürger aus dem Mittelstand, der Sohn des Seifensieders, der es gewagt hatte, aufzutreten und den Mund aufzutun für die andern kleinen Leute.

Tief eingebrannt hat sich ihm diese Stunde. Und wenn der Zorn von damals verraucht sein sollte, nicht verraucht ist die Erkenntnis.

Und nicht verraucht auch ist der Grimm über das, was jener Verhandlung folgte, der Grimm über das Verhalten seines Sohnes William. Er hat William damals sachlich berichtet und ihm geraten, sein Regierungsamt aufzugeben. ›Du weißt nun, wie man mich behandelt hat‹, hat er ihm geschrieben, ›ich überlasse es dir, darüber nachzudenken und deine Folgerungen zu ziehen.‹ Der Junge hat nachgedacht und seine Folgerungen gezogen. Er hat seinen Freunden in England erklärt, daß er die politischen Ansichten seines Vaters keineswegs teile. Darüber kann er jetzt im Gefängnis von Litchfield nachdenken.

Das Wasser in der Wanne wurde lau. Soll er klingeln und sich ein zweites Mal heißes Wasser zugießen lassen? Es lohnt nicht mehr. Er muß sich bald zurechtmachen für die Ausbootung. Noch zwei Minuten will er in der Wanne bleiben.

Es hat keinen Sinn, ergrimmt zu sein. Man muß das Leben nehmen, wie es ist, dumm, großartig, gescheit, schlecht, verrückt und sehr, sehr angenehm. Man muß die Schwächen der Menschen hinnehmen als etwas Gegebenes, man muß sie in seine Rechnung einsetzen und aus ihnen Vorteile für die gute Sache ziehen.

So hat ers gehalten, so wird ers weiter halten. Verzagt hat er nie, auch in den übelsten Situationen nicht. Er glaubt an sein Land, er glaubt an die Vernunft, er glaubt an den Fortschritt. Er weiß, was ihm eignet, und er weiß, was ihm fehlt, und er glaubt, daß er auch heute noch zu diesem Fortschritt beitragen kann. Er ist alt, etwas wackelig trotz seines robusten Aussehens, behindert durch die Gicht und einen lästigen Ausschlag, behaftet mit einem zweifelhaften Sohn, einem reaktionären Opportunisten. Aber er fühlt sich mit alledem noch kräftig genug, in dieses Frankreich zu gehen und es zu gewinnen für sein Amerika.

Langsam, vorsichtig, stieg der Greis aus der Badewanne, leise ächzend, nicht ohne Wohlbehagen. Da saß er, triefend, groß, dicklich, vornübergeneigt, an dem durch ein Eisengitter gesicherten Kohlenbecken und trocknete sich behutsam ab, das dünne Haar klebte an dem mächtigen Schädel.

Dann, völlig nackt, ging er hinüber zu der Lade, in welcher er seine wichtigsten Dokumente verwahrte, sein Beglaubigungsschreiben, Instruktionen des Kongresses, andere geheime Papiere. Er entnahm dieser Lade ein Dokument: › Vorschläge eines Friedens zwischen England und den Vereinigten Staaten, welche der sehr ehrenwerte Herr Benjamin Franklin der Regierung Seiner Majestät des Königs von England zu unterbreiten beauftragt ist‹, und es folgten die Bedingungen eines solchen Friedens. Es hatte sich aber Franklin dieses Dokument mitgeben lassen für den Fall, daß sein Schiff und er von den Engländern sollten gefangen werden. Für diesen Fall wollte er ein Dokument bei sich haben, das ihm die geheiligte Eigenschaft eines Friedensabgesandten verleihen und ihn so vielleicht vor dem Strick bewahren sollte. Jetzt, im Angesicht der Küste Frankreichs, brauchte er das Dokument nicht mehr; im Gegenteil, in Frankreich kann es ihm nur hinderlich sein. Er nahm das umständliche Schriftstück aus der Lade, zerschnitt es in kleine Fetzen, warf die Teile in das Kohlenbecken, sah zu, wie sie verbrannten.

Das kleine Boot mit Benjamin Franklin, William Temple Franklin und Benjamin Franklin Bache tanzte über die spritzenden, graugrünen, weißbeschäumten Wellen und erreichte beschwerlich das Ufer. Erstaunte, mißtrauische, dörfliche Bretonen nahmen die Reisenden in Empfang. Man beschaffte umständlich eine schäbige Kutsche. Die alten Gäule setzten sich in einen armseligen Trab, die ›Reprisal‹ feuerte zum Abschied eine Salve, und Franklin fuhr hinein in das Land seiner Aufgabe und seiner Hoffnung.

In Nantes wohnte er im Hause des Agenten Gruet, der mit dem Kongreß handelte. Franklin war erschöpft und hätte gern ein paar Tage Rast gehabt. Es gab aber wenig Ruhe. Zwar hatte der Kongreß die Bestallung der Vertreter für Frankreich nicht bekannt gegeben, und Franklin ließ nichts von seiner politischen Sendung verlauten. Aber er war ein Forscher von Weltruf, und man schrieb ihm die Loslösung seines Landes von der Krone zu. Es kamen viele, ihm ihre Aufwartung zu machen.

Man überhäufte ihn mit Fragen, aus denen er ersah, wie abgründig tief die Unwissenheit der Frager über sein Land war. Er hörte mit ruhiger Freundlichkeit zu, antwortete karg und entschuldigte seine Einsilbigkeit mit seinem armseligen Französisch.

Sein Wirt, der Geschäftsmann Gruet, war redselig und hielt es für seine Pflicht, seinen Gast über die Zustände Frankreichs zu unterrichten. Mit Erstaunen erfuhr der Fremdling, daß die Geschäfte Amerikas in Paris und Versailles nicht, wie er vermutet hatte, von seinem Freund und Übersetzer Dubourg betrieben wurden, sondern von einem gewissen Rodrigue Hortalez, alias Caron de Beaumarchais.

Von Beaumarchais hatte Franklin natürlich gehört. Er hatte auch Streitschriften in der Hand gehabt, welche dieser Mann anläßlich eines

Rechtsfalles veröffentlicht hatte. Sie waren ihm zu brillant, diese Pamphlete, zu schnell, zu oberflächlich, zu rhetorisch, sie entbehrten der Weisheit. Monsieur de Beaumarchais, fand Franklin, war ein Sensationsjournalist, und es war ihm nicht angenehm, daß in Frankreich gerade dieser Mann als der wichtigste und tatkräftigste Vertreter der amerikanischen Sache angesehen wurde.

Die Kaufleute der reichen Stadt Nantes ließen es sich nicht nehmen, Franklin einen großen Ball zu geben. Nun hatte der Doktor zwar ein Staatskleid mit, den kostbaren, blauen Manchester-Anzug, den er damals in London in jener schmachvollen Sitzung getragen hatte. Doch dieser Anzug lag wohlverpackt in einem vielfach verschnürten Koffer, und eigentlich wollte ihn Franklin nicht vor seiner Ankunft in Paris herausnehmen. Er beschloß, seinen schlicht bürgerlichen, braunen Rock anzuziehen.

Der braune Rock schien den Bewohnern der Stadt Nantes die rechte Tracht für einen selbstgenügsamen Weisen aus dem naturnahen Westen. Franklins Erscheinen wurde ein großer Erfolg. Seine freundlichen, langsamen, betrachtsamen Manieren stachen wirkungsvoll ab von der hurtigen, skeptischen, blitzend galanten Art, wie sie nach dem Vorbild der Pariser Salons bei einheimischen Gesellschaften üblich waren. Insbesondere die Frauen waren hingerissen von der altfränkischen, gravitätischen Liebenswürdigkeit des berühmten Mannes. Die ganze Stadt sprach von nichts anderm als von ihm. Wo er sich zeigte, huldigte man ihm, und die Pelzmütze, die eisengerahmte Brille wurden zum Symbol.

Unter den vielen Besuchern, die dem Doktor während seines Aufenthaltes in Nantes ihre Aufwartung machten, war ein junger Mensch, knabenhaft, sehr mager, mit fallenden Schultern, mit großen, braunen, ungewöhnlich strahlenden Augen in dem hübschen, vollen Gesicht, ein gewisser Paul Theveneau.

Paul war an der Küste geblieben, um Franklin sogleich nach seiner Ankunft seinen Respekt zu bezeigen. Jetzt also stand er vor ihm und strahlte ihn an, sichtlich ergriffen von dem Gefühl, in der Atemnähe des verehrten Mannes zu sein. Franklin, bewegt von so viel naivem Enthusiasmus, lächelte ihm freundlich zu. Als indes der Junge erklärte, er sei hier, um als Vertreter der Firma Hortalez und ihres Chefs, des Monsieur de Beaumarchais, Franklin zu begrüßen, verschwand das Lächeln und die Freundlichkeit, und bestürzt nahm Paul wahr, wie das fleischige, massige Antlitz auf einmal keineswegs mehr das eines gütigen Weisen war. Aus großen, strengen Augen sah der Alte ihn an, die Brauen schienen sich noch höher zu wölben, der lange Mund war verschlossen, die Furchen der hohen Stirn vertieft; mächtig, verwittert, drohend saß der Kopf auf den breiten Schultern. »Und sie sind schon auf See, sagen Sie, diese Transporte des Monsieur de Beaumarchais?« fragte Franklin; die nicht laute Stimme klang höflich, Abneigung, Argwohn waren kaum merklich.

Paul hatte bisher englisch gesprochen, nicht ohne Mühe, jetzt fiel er in sein gewohntes Französisch zurück. Da er sich in der Verteidigung fühlte, rühmte er mit doppelter Wärme die Leistung seines bewunderten Freundes Pierre. Die drei Schiffe ›Victoire‹, ›Alexandre‹, ›Eugénie‹ seien auf See, erklärte er, sie brächten nach Amerika 48 Kanonen, 6200 Gewehre, 2500 Granaten, dazu Uniformbedarf in größtem Umfang. Außerdem warteten in den Lagerhäusern Monsieur de Beaumarchais' auf den Transport Waffen und Monturen für insgesamt dreißigtausend Mann, und aus dem Kopf zählte er die einzelnen Posten auf.

Franklin hörte zu, das große Gesicht unbewegt. Was der junge Mensch da ankündigte, das war eine Dienstleistung von beträchtlicher Bedeutung für Kongreß und Armee. Aber er konnte den Widerwillen nicht los werden, den ihm der Name Beaumarchais erregt hatte, und nicht den Unmut, daß sein Freund, der wackere, würdige Dubourg, ausgeschaltet schien. »Ich darf wohl annehmen«, sagte er, »die französische Regierung hat Monsieur de Beaumarchais nach Kräften unterstützt.« »Ja und nein, Herr Doktor«, erwiderte Paul. »Gewiß war man in Versailles daran interessiert, daß Kriegsbedarf nach Amerika geliefert werde, aber ebenso bemüht war man, dem englischen Gesandten keinen Anstoß zu geben. Lassen Sies mich sagen, wie es ist, Doktor Franklin«, fuhr er mit Wärme fort. »Diese Waffen für Ihr Land hat mit Einsatz seines ganzen Talentes und mit Übernahme großen Risikos Monsieur de Beaumarchais allein beschafft, mein Freund, aus eigenem Antrieb und unter Überwindung ungeheurer Schwierigkeiten.« Franklin betrachtete aus seinen weiten, gewölbten, ruhigen Augen den Erregten. »Es ist sehr erfreulich«, sagte er gemessen, »daß Waffen für unsere Soldaten unterwegs sind. Wir können sie gut brauchen. Wir sind unser nicht viele, und auf die Dauer wird es schwer halten, allein den Kampf für die Sache der Menschheit zu führen. Ich danke Ihnen für Ihre Mitteilung, Monsieur«, schloß er, auch er sprach jetzt französisch, ein langsames, abgehacktes, hölzernes Französisch.

Paul sah, daß er entlassen war. Er war betreten. Er hatte dieser Zusammenkunft mit hoher Erwartung entgegengesehen, und nun behandelte ihn Franklin wie einen faulen Lieferanten. Er konnte es nicht fassen, daß dieser Mann, der für seine Sache Amt, Vermögen, Leben eingesetzt hatte, so kalt war, so zweiflerisch überlegen; doch Paul bemühte sich, kein voreiliges Urteil zu fällen. Er zog sich bescheiden zurück und beschloß ein zweites Zusammensein mit ihm zu suchen.

Die Gelegenheit ergab sich, als Monsieur Gruet drei Tage später zu Ehren Franklins ein Abendessen für einen kleinen Kreis von Freunden veranstaltete.

Mit freudigem Erstaunen nahm Paul wahr, wie anders sich der Doktor dieses Mal gebärdete. War Paul bei jener ersten Begegnung bestürzt gewesen über die ablehnende Starrheit des Mannes, heute begriff er, warum sich alle Welt von ihm bezaubern ließ. Er selber ließ sich gerne bestricken von Franklins gravitätischer Anmut. Es war seltsam, wie die umständlichen kleinen Scherze und etwas hausbackenen Anekdoten, die der Doktor in die Unterhaltung einstreute, wie alles, was er sagte, auch wenn es weiter keine Bedeutung hatte, auf besondere Art durchtränkt schien von seinem Wesen.

Man sprach an diesem Abend viel von religiösen Dingen. Die freigeistigen Anschauungen der Pariser Gesellschaft hatten abgefärbt auf die Tafelrunde, die sich hier in Nantes versammelt hatte. Man amüsierte sich über die abergläubischen Vorstellungen der Bauern in der Umgebung, man witzelte bösartig über die Verwandtschaft dieser Vorstellungen mit denen der katholischen Kirche und erzählte frivole Anekdoten über die Geistlichen.

Franklin hörte freundlich und reserviert zu. Man erwartete wohl, daß auch er sich äußern werde, doch er schwieg. Schließlich fragte ihn einer geradezu, wie denn nun er über die Geistlichen denke. »Ich möchte da nicht verallgemeinern«, antwortete er in seinem langsamen Französisch. »Es gibt unter den Geistlichen ernsthafte Männer, die sich bemühen, ihren Glauben mit den Erkenntnissen der Wissenschaft in Übereinstimmung zu bringen. Es gibt auch andere, die ihre Freude daran haben, gegen die Wissenschaft loszudonnern.« Und behaglich erzählte er von Erfahrungen, die er selber gemacht hatte, als er seinen Blitzableiter installierte. Hatte da zum Beispiel ein Geistlicher erklärt, solche Tätigkeit heiße Gott versuchen; wenn man sich daran mache, die Artillerie des Himmels zu kontrollieren, so sei das ein Unternehmen, dem die Kraft eines Sterblichen nicht gewachsen sei. Ein anderer hatte gepredigt, der Blitz sei eines der Mittel, die Menschheit für ihre Verbrechen zu strafen und sie vor der Verübung weiterer Verbrechen zu warnen; der Versuch, die volle Auswirkung des Blitzes zu verhindern, bedeute somit einen Eingriff in die Rechte der Gottheit und sei Sünde.

Aber die Freigeister ließen nicht locker; sichtlich wollten sie aus Franklin ein unzweideutiges Bekenntnis herausholen, das sie verwerten könnten. »Man hat uns berichtet, Doktor Franklin«, sagte einer, »Sie hätten in einem Traktat über ›Freiheit und Notwendigkeit, Lust und Pein‹ das Fortleben der Seele nach dem Tode angezweifelt und den theologischen Unterschied zwischen Mensch und Tier bestritten.« »Hab ich das?« sagte freundlich Franklin. »Ja, ja, ich habe in meiner Jugend manches geschrieben, was ich besser nicht geschrieben hätte, und ich bin nur froh, daß diese Traktätchen keinen Erfolg hatten und also auch keine Verbreitung fanden.« Und er trank von seinem Wein, einem guten Burgunder, den der Hausherr seinem kennerischen Gast vorgesetzt hatte.

Paul nahm an, jetzt müßten die Zudringlichen endlich gemerkt haben, daß der Doktor dafür hielt, das seien Fragen, die jeder mit sich allein abzumachen habe. Aber die Freigeister ließen sich nicht einschüchtern, und ihr Wortführer fragte dreist und geradezu: »Würden Sie uns darüber belehren, Doktor Franklin, wie Sie jetzt über diese Dinge denken?« Der Alte schaute den Sprecher an, voll und gelassen, und schwieg so lange, daß die andern schon betreten wurden. Dann aber tat er den Mund auf und sagte freundlich: »So wie damals denke ich nicht mehr, das ist gewiß. Jetzt, im Gegenteil, frage ich mich zuweilen: wozu eigentlich sollte man die Möglichkeit der Existenz eines Höchsten Wesens und der Unsterblichkeit der Seele schlechthin leugnen?« Der Freigeist biß sich auf die Lippen. »Trotzdem, verehrter Doktor Franklin«, bestand er, »gehören Sie zu uns. Sie haben niemals durch irgendeine Äußerung, die hätte mißdeutet werden können, dazu beigetragen, den Aberglauben auf dieser Erde zu vermehren.« »Ich fürchte, Monsieur«, antwortete lächelnd Franklin, »ich muß Sie enttäuschen. Ich war nämlich immer darauf bedacht, die Freude anderer an ihren religiösen Gefühlen nicht zu stören, auch wenn mir ihre Meinungen schwer erträglich oder geradezu absurd erschienen. Ich bin in diesem Bestreben ziemlich weit gegangen. Sie müssen wissen, wir haben in meinem Philadelphia Sekten jeder Art, auch solche, die einander scharf widersprechen. Ich habe allen ohne Unterschied Freundlichkeit bezeigt und jeder Sekte für die Errichtung oder Erneuerung ihrer Kirche was beigesteuert. Wenn ich heute sollte sterben müssen, bin ich im Frieden mit allen. Ich finde nämlich, Monsieur, wenn man schon tolerant ist, dann soll man nicht gerade gegen die Gläubigen intolerant sein.« Er sagte das aber freundlich und ohne jede Schärfe, sodaß nicht einmal die Freigeister aufgebracht waren.

Immerhin wollten sie das letzte Wort behalten. »Könnten Sie uns darüber aufklären«, fragte ihr Sprecher, »warum Sie sich niemals öffentlich zum Glauben an ein Höchstes Wesen bekannt haben?« Franklin, mit einem kleinen Schmunzeln, erwiderte: »Ich kann mir nicht vorstellen, daß ein Höchstes Wesen auf ein solches öffentliches Bekenntnis sollte Gewicht legen. Wenigstens habe ich niemals wahrgenommen, daß es einen Unterschied gemacht hätte zwischen Gläubigen und Ungläubigen, indem es etwa die Ungläubigen durch besondere Kennzeichen seines Mißfallens brandmarkte.«

Paul mischte sich ein. Ehrerbietig fragte er: »Würden Sie uns ein Wort darüber sagen, Doktor Franklin, ob und wie weit Ihr Glaube an Gott Ihre praktischen Handlungen bestimmt?« »Ich denke«, antwortete Franklin, »wir verehren das Höchste Wesen am besten dadurch, daß wir uns anständig verhalten zu den andern Geschöpfen, die es hervorgebracht hat. Um solche Anständigkeit habe ich mich zeitlebens bemüht.«

Der Freigeist seinesteils, der sich noch immer nicht geschlagen geben wollte, drängte: »Aber Sie bezweifeln doch wenigstens die Göttlichkeit des Jesus von Nazareth? Oder auch das nicht?« fragte er herausfordernd, da ihm Franklin nachdenklich das große Gesicht zuwandte. »Diese Frage habe ich nicht studiert«, antwortete der Doktor, »und ich halte es für überflüssig, mir jetzt noch darüber den Kopf zu zerbrechen. Sehen Sie, junger Herr, ich bin alt und werde wohl in absehbarer Zeit Gelegenheit haben, die Wahrheit ohne viel Mühe zu erfahren.«

So, umwegig und halb ironisch, in seinem unbeholfenen Französisch, antwortete Franklin den naseweisen Freigeistern. Paul freute sich. Was der Alte da geäußert hatte, besagte alles und besagte gar nichts, und Paul bewunderte die überlegene Klugheit und Schelmerei, mit welcher er die lästigen Frager abgeführt hatte.

Andern Tages reiste Franklin ab, nach Paris. Paul wäre ums Leben gern mitgefahren. Er war zu Zeiten schüchtern und zu Zeiten frech, und er konnte, wenn er sich was in den Kopf gesetzt hatte, sehr beharrlich sein. Jedem andern hätte er seine Begleitung angetragen, doch Franklin mit einem solchen Vorschlag zu kommen, scheute er sich.

Wohl aber fand er sich ein, seiner Abfahrt beizuwohnen.

Unten im Hof stand angeschirrt die große, bauchige Reisekutsche Monsieur Gruets, man traf die letzten Vorbereitungen. Franklin war noch oben im Zimmer, um ihn ein paar Leute. Man brachte ihm den Pelzmantel, die Pelzmütze, die mächtigen Handschuhe, den aus Holz vom Apfelbaum geschnitzten Stock.

Der Doktor, während man ihm in den Mantel half, sprach mit Paul in seiner ruhigen, freundlichen Art. »Ich danke Ihnen, mein Freund«, sagte er, »für die wertvollen Informationen, die Sie mir gebracht haben.« Paul errötete tief vor Stolz, daß ihn der Alte seinen Freund nannte. Franklin war jetzt fertig, massig stand er in seinen Pelzen, mächtig unter der Kappe schaute das Gesicht her mit dem vorgeschobenen, schweren Kinn und den starken Brauen, Paul war dünn und winzig neben dem gewaltigen Greis. »Es ist eine harte Nuß, die ich da in Paris zu knacken habe«, sagte er, beschwerlich atmend in seinen Pelzen, leicht ächzend, so leise, daß nur gerade Paul ihn hören konnte. Sie standen jetzt am Fenster, drunten in dem verschneiten Hof luden kräftige Packer die letzten Stücke in den Wagen. Es waren Kisten, umspannt mit eisernen Rahmen, Behältnisse, in denen Franklin die wichtigsten seiner Akten und Bücher mit sich führte. Einer der Männer hob an, ein zweiter half, die schwere Kiste wollte nicht hoch. Ein dritter kam dazu. Aber der erste winkte ab. »Laß nur«, kam seine keuchende Stimme vom Hof herauf durchs Fenster, »laß nur, es geht schon, ça ira«, und er hob die Kiste krachend in den Wagen.

»Ça ira, mon ami, ça ira«, sagte mit seiner ruhigen, freundlichen Stimme der Alte zu Paul, und ein ganz kleines Lächeln war um seinen langen Mund, während er, sich stützend auf Paul, etwas mühsam hinunterging zu der Reisekutsche, wo seine Enkel ihn erwarteten.

Letzte Station machte man in Versailles. Man hätte nach Paris durchfahren können, doch Franklin fühlte sich zu müde. Er nahm Zimmer im Gasthof ›De la Belle Image‹.

Noch vor dem Abendessen kam Besuch aus Paris, ein großer, dicker, imposanter Herr, über dem Bauch eine mit vielen Blumen bestickte Atlasweste, Silas Deane. Er war freudig erregt, leuchtete übers ganze Gesicht, wollte die Hand Franklins nicht loslassen. Sogleich stürzte er sich ins Erzählen, wußte nicht, wo anfangen, wo aufhören. Die komplizierten Verhandlungen mit dem Grafen Vergennes, der Spionagedienst und die ständigen Beschwerden des englischen Botschafters, die Schiffe, die immer wieder zurückgehalten wurden, die Offiziere, die er angeworben hatte und nicht zahlen und nicht transportieren konnte, der Kongreß, der ungenügende Antwort und kein Geld schickte. Was für eine Erleichterung, daß endlich Franklin da war, um ihn der schweren Verantwortlichkeit zu entheben. Alle seine Sorgen schüttete der redselige Mann sogleich vor den schweigsamen Franklin hin. Dann, ohne Übergang, kichernd, berichtete er, der englische Botschafter habe, als die bevorstehende Ankunft Franklins ruchbar wurde, darauf gedrängt, Vergennes müsse ihm den Aufenthalt in Paris verbieten. Vergennes habe das auch zugesagt, aber auf den Rat des findigen Monsieur de Beaumarchais habe man den Kurier mit der Weisung, Franklin möge nicht nach Paris kommen, nach Le Havre beordert, wo diese Weisung Franklin nicht erreichen konnte. Und jetzt, da er einmal hier sei, werde man ihn natürlich nicht ausweisen. Ja, wenn wir unsern Monsieur de Beaumarchais nicht hätten.

Während Mr. Deane seinen berühmten Amtsgenossen so ins Bild setzte, kam ein aufgeputzter, kleiner Negerbote mit einem Brief für Franklin. Monsieur Caron de Beaumarchais teilte dem großen Mann aus dem Westen vielwortig mit, er würde sich glücklich schätzen, wenn er ihm noch heute seine Aufwartung machen dürfte. Franklin sah mit Unbehagen auf das schön geschriebene, leicht parfümierte Billet. Ließ dann höflich erwidern, er fühle sich zu müde, Monsieur de Beaumarchais heute zu empfangen.

Die Reise und das Gerede Mr. Deanes hatten ihn wirklich erschöpft, und er war froh, als sein Besucher sich empfahl. Da aber traf ein neuer Gast ein, den er nicht abweisen wollte, Doktor Barbeu Dubourg.

Doktor Dubourg umarmte Franklin, klopfte ihm den Rücken; die beiden alten, schweren Männer füllten das kleine Zimmer des Gasthofs ›De la Belle Image‹ beinahe ganz aus. Wieder und wieder versicherte Doktor Dubourg, wie jung und wohlerhalten Franklin, und Franklin, wie jung und wohlerhalten Dubourg aussehe. In ihrem Innern waren beide betrübt, wie alt der andere geworden sei, und Franklin sagte sich melancholisch: ›Da lüg ich wieder einmal, zehn Grabsteine können's nicht besser.‹

Dubourg war das Herz voll, und der Mund ging ihm über. Lustig und wirr durcheinander erzählte er. Erzählte von den gemeinsamen Freunden, von der Akademie, von neuen Werken über die Prinzipien der Physiokraten, von der Entlassung des Finanzministers Turgot, von seinen eigenen Übersetzungen der Werke Franklins, von dem traurigen Zustand der Staatsfinanzen, von dem neuen Finanzdirektor Necker, von Vergennes, von Intrigen des Hofes. Er sprach englisch, er sprach es nicht schlecht, aber in der Erregung geriet er immer wieder ins Französische.

Ein Dutzend Mal wiederholte er, was es für ein Segen sei, daß man endlich Franklin hier habe. Nichts gegen den beflissenen, patriotischen Silas Deane, aber der habe denn doch nicht das Format, das revolutionäre Amerika zu vertreten. Da sei es kein Wunder, daß sich ein sensationslüsterner Komödienschreiber wie dieser Monsieur de Beaumarchais vor Hof und Stadt als d e r Anwalt Amerikas habe aufspielen können, so als ob alle europäische Tätigkeit für die Dreizehn Staaten in seinem Hause zusammenliefe.

Franklin selber, als ihm vorhin Silas Deane enthusiastisch von den Geschäften Monsieur de Beaumarchais' berichtet, hatte Unbehagen verspürt, und er begriff sehr gut den Zorn seines Freundes Dubourg, der sich beiseite geschoben fühlte. Aber er dachte auch an den Enthusiasmus, mit dem der junge Paul Theveneau seinen Chef rühmte. »Man erzählt mir«, sagte er, »dieser Beaumarchais habe ansehnliche Lieferungen bereits auf See gebracht, einige sechstausend Gewehre, ich habe die Ziffern nicht im Kopf.« »Ja, gewiß«, gab Dubourg zu, »aber wenn man das Arsenal des Königs und den Geheimfonds des Außenministeriums hinter sich hat, dann ist das keine Kunst.« »Stammt das ganze Geld von der Regierung des Königs?« erkundigte sich Franklin. »Ein Weniges haben natürlich auch andere beigesteuert«, räumte unwirsch Doktor Dubourg ein. »Aber mag ers herhaben, woher er will«, eiferte er sich, »das Schlimme bleibt, daß Paris gerade diesen Menschen als Repräsentanten Amerikas ansieht. Er ist so unernst«, und er wiederholte es auf französisch, »er ist so durch und durch unseriös. Nun«, tröstete er sich, »das hört jetzt auf. Da Doktor Franklin da ist, hat natürlich dieser Beaumarchais ausgespielt.« Und er klopfte Franklin zärtlich den Rücken

Dann, beim Abendessen, sprach man von literarisch-geschäftlichen Dingen. Monsieur Rouault, der Verleger, wollte Franklins volkstümliches Büchlein ›Der Weg zum Wohlstand‹ in Dubourgs Übersetzung in einer großen Auflage herausbringen unter dem Titel: ›La Science du Bonhomme Richard‹. Doktor Dubourg glaubte, die Übersetzung sei ihm besonders geglückt, der behagliche Ton liege ihm. Und während man reichlich und mit sehr gutem Appetit aß, las Doktor Dubourg Franklin dessen Kalendergeschichten und Sprüche auf französisch vor.

Andern Tages, begleitet von den Herren Deane und Dubourg, fuhr Franklin nach Paris. Dort installierte man sich im Hotel d'Hambourg, wo Mr. Deane bisher gewohnt hatte. Man war sehr beschränkt im

Raum, und William, der die Akten auspacken und ordnen sollte, kam in der Enge nicht zurecht. Es war alles sogleich in heller Unordnung, und der Junge stand mit einem hübschen, hilflosen, doch keineswegs schuldbewußten Lächeln davor.

Das Gerücht war Franklin von Nantes nach Paris vorausgeeilt. Kaum hatte sich die Nachricht von seiner Ankunft verbreitet, so stellten sich Bewunderer ein, um ihm ihre Aufwartung zu machen. Unter den ersten Pierre de Beaumarchais. Franklin empfing ihn nicht allein, sondern zusammen mit zwei andern Besuchern. Er war zu ihm sehr höflich, sprach auch anerkennend von Beaumarchais' Leistung für Amerika, blieb aber unpersönlich und hörte freundlich hinweg über Pierres Anregung, er hoffe, er werde bald Gelegenheit haben, sich mit dem Doktor gründlich auszusprechen. Pierre war verblüfft. Doch mit seiner gewohnten Leichtherzigkeit tröstete er sich schnell. Hatte nicht schon Paul ihm erzählt, Franklin habe zuerst auch ihn sehr kühl behandelt, dann aber seine Haltung geändert? Pierre zweifelte nicht daran, daß er den Amerikaner bald für sich gewinnen werde.

Der empfing indessen andere Besucher, es war ihrer eine Reihe, die nicht enden wollte. Man verbeugte sich vor ihm, schüttelte ihm die Hand, umarmte ihn, sprach mit flinkem Französisch auf ihn ein. Er saß da, massig, freundlich, ehrwürdig, das dünne, weiße Haar fiel ihm über die Schulter, er verzog manchmal den breiten Mund zu einem liebenswürdigen Lächeln, hörte viel, sprach wenig.

Vor der Tür des Hotels d'Hambourg wartete eine große Menge, um den Vertreter Amerikas, der Philosophie und der Freiheit zu Gesicht zu bekommen. Er erschien und war so, wie ihn das Gerücht beschrieben hatte. Er trug die eisenumrahmte Brille und die berühmte Pelzmütze. Man war begeistert. Eigentlich hatte er ausfahren wollen, der Wagen stand bereit. Jetzt, obwohl behindert durch die glitschige Straße und die Kälte, legte er seinen Weg zu Fuß zurück, von dem hübschen, jungen William anmutig unterstützt. Überall begrüßte man den großen Mann ehrerbietig und gerührt. Der lächelte heiter und verschmitzt. Wenn er seinem Lande auf so billige Art einen Dienst leisten konnte, dann wird er den Parisern zu Gefallen seine Pelzmütze gern bis hinein in den Mai tragen.

In den nächsten Tagen widerhallten die Zeitungen, die Salons der Gesellschaft, die Caféhäuser von dem Namen Franklin. Lord Stormont war empört, sprach bei Vergennes vor. Der Polizeiminister dachte daran, die Erwähnung des Namens Franklin in der Öffentlichkeit unter Strafe zu stellen, doch Graf Vergennes fürchtete das Lächerliche einer solchen Verordnung, sie unterblieb.

Die Begeisterung wuchs. Was für ein Mann, dieser Erfinder des Blitzableiters, Begründer der Unabhängigkeit Amerikas, Autor von philosophischen und physikalischen Werken höchsten Ranges. Wo gab es einen Zweiten, der so große Leistungen mit solcher Schlichtheit verband? So und nur so, patriarchalisch, bepelzt und bebrillt, konnte der wahre Weise ausschauen, der Naturphilosoph, der Bonhomme Richard, der die edelsten Lehren des Altertums mit neuzeitlicher Wissenschaft organisch mischte. Mit der Schnelligkeit, die den Parisern eignete, verbreiteten sie den Ruhm ihres ›Franquelin‹. Monsieur Léonard, der Friseur der Königin, der erste Haarkünstler der Welt, erfand eine neue Haarmode für die Damen, einen hohen, gekrausten Aufputz, der Franklins Pelzmütze nachahmte, und er nannte diese Haartracht ›Coiffure à la Franquelin‹. Über den Kaminen der Pariser Salons erschien Franklins Bild, an den Wänden der Caféhäuser, auf Schnupftabakdosen, Taschentüchern. An allen Straßenecken wurde es verkauft, die Schnellmaler hatten zu tun.

Doktor Dubourg brachte seinem Freund ein solches Porträt von der Straße mit. Lächelnd betrachteten die beiden Männer das Bild. Franklin war dargestellt mit der Pelzmütze, der eisengerahmten Brille, dem Stock, gefertigt aus dem Holz des Apfelbaums, jeder Zoll des massigen Körpers ein Biedermann, in Wahrheit ein Bonhomme. Umrahmt war das Porträt von einem lateinischen Vers, der besagte: ›Dem Himmel entriß er den Blitz, dem Tyrannen das Szepter.‹ Beinahe immer war Franklins Bild umrahmt von diesem klingenden, antikischen Vers. Es stammte aber der Vers von dem Baron Turgot, dem früheren Finanzminister, einem der Führer der Physiokraten, einem Freunde Franklins.

»Es ist ein guter Vers«, sagte, noch das Bild betrachtend, Franklin. »Ja«, antwortete Dubourg, »wenn einer ein Freund und Bewunderer von Ihnen ist, dann Turgot.« »Ein Jammer, daß sie ihn gestürzt haben«, sagte

Franklin. »Aber ich hatte von Anfang an gefürchtet, er werde nicht geschmeidig genug sein für Versailles. Ein Staatsmann darf die Geduld nicht verlieren, er muß sich darein fügen, Umwege zu machen.« »In der amerikanischen Sache jedenfalls«, sagte der immer polternde Dubourg, »hat Turgot Geduld genug gezeigt. Keinen Sou hat er hergegeben für Amerika, solang er Finanzminister war. Ich habe ihm zugeredet wie ein Geistlicher einem Sterbenden. Er hat immer die gleiche Antwort gehabt: ›Die Sache Amerikas liegt in der Linie des Fortschritts, also wird sie siegen auch ohne unser Geld. Und wir brauchen unser Geld für unsere eigenen Reformen.‹« »Hatte er da von seinem Standpunkt aus nicht recht?« fragte Franklin zurück. Doktor Dubourg schaute ihn vorwurfsvoll an.

Immer wieder versetzte diese Sachlichkeit Franklins seine Freunde in Staunen. Doktor Dubourg und die vielen Pariser Intellektuellen, die mit Amerika sympathisierten, konnten zwar begreifen, daß der Hof kühl blieb vor ihrem demokratischen Eifer: aber mußte nicht auch Versailles einsehen, welch ungeheure Chance der amerikanische Krieg bot, den Engländern die Niederlage und den Friedensvertrag von 1763 heimzuzahlen? Diese Intellektuellen wüteten gegen die Zögertaktik der mattherzigen französischen Minister. Die sollten, zum Teufel, endlich die Vereinigten Staaten anerkennen und einen Handelsvertrag mit ihnen schließen.

Franklin hingegen fand die Haltung der französischen Regierung sehr verständig, ja, es war die einzig mögliche. Der Zustand der französischen Finanzen war beängstigend; ein Krieg, auch ein siegreicher, müßte zum Zusammenbruch führen. Aus solchen Gründen hatte sogar ein so glühender Anhänger der amerikanischen Ideen wie Turgot sich mit Händen und Füßen dagegen gesträubt, durch Unterstützung Amerikas einen Krieg mit England heraufzubeschwören. Des weiteren konnte Frankreich Krieg nur führen im Einverständnis mit seinen Alliierten, Spanien und Österreich. Das absolutistische Österreich aber war an einem Sieg des republikanischen Amerikas nicht interessiert, und Spanien besorgte, seine eigenen Kolonien könnten sich durch einen solchen Sieg zum Aufstand hinreißen lassen.

Franklin also überschaute diese Sachlage, er teilte nicht die empörte Ungeduld der Dubourg und ihresgleichen, sondern fügte sich darein, abzuwarten und die Minister nicht durch Demonstrationen in Verlegenheit zu bringen.

Wenn aber die französische Regierung vorsichtig sein mußte, so war dem Volke keine derartige Beschränkung auferlegt. Bei den Parisern um Unterstützung für seine Sache zu werben, blieb Franklin unbenommen. Und die öffentliche Meinung zu erobern, das hatte er gelernt von frühauf, als Drucker, als Verleger, als Schriftsteller, als Staatsmann. Ein Ingenieur der Seelen zu sein, das war sein Beruf, dafür war er geboren. Wenn ihn der Hof nicht als Gesandten Amerikas anerkennen konnte, nun, so war er eben Gesandter beim französischen Volk. Das war nicht wenig, und das machte Spaß.

Leider aber war Franklin nicht der einzige Vertreter der Vereinigten Staaten in Paris. Der Kongreß hatte, als er ihn ernannt, Silas Deane mit gleichen Rechten und Pflichten ausgestattet und ebenso Arthur Lee, jenen übelnehmerischen, intriganten Herrn in London.

Mit Silas Deane verstand sich Franklin nicht schlecht. Freilich war der gutmütige, patriotische Mann zu subaltern für große Politik, er sah in der amerikanischen Revolution nichts als ein weitverzweigtes Handelsunternehmen. Aber er war wenigstens brauchbar für kaufmännische Dinge. Er beschränkte sich auf das, was er verstand, und anerkannte freimütig und ehrerbietig Franklins Überlegenheit.

Arthur Lee indes kam nach Paris mit der Absicht, alles, was Franklin tat und sagte, zu bemäkeln und zu sabotieren. Er half nicht, er störte nur.

Arthur Lee entstammte einer angesehenen Familie Virginias. Er war eine Art Wunderkind gewesen und hatte schon vor vollendetem zwanzigstem Jahr glänzende politische Broschüren veröffentlicht. Die ganze Familie Lee war fortschrittlich, radikal, und es war Arthurs Bruder, Richard Henry Lee, gewesen, der den Antrag formuliert und im Kongreß eingebracht hatte, die Kolonien für unabhängig zu erklären; Arthur Lee selber, jetzt siebenunddreißig, hatte seit Jahren für Amerika in Europa gewirkt.

Es war ihm eine große Genugtuung, daß ihn der Kongreß nach Paris entsandt hatte. Aber zu seiner Enttäuschung und Erbitterung mußte er schnell erkennen, daß er hier verschwand im Schatten des Doktor Franklin.

Es war nicht das erste Mal, daß sich sein Weg und der Benjamin Franklins kreuzten. Schon in London hatten die beiden gemeinsam oder richtiger neben einander gewirkt als Agenten der Kolonie Massachusetts. Schon damals schien es dem jungen, fanatischen, grelle Worte und Gesten liebenden Arthur Lee schwer erträglich, zusammengespannt zu sein mit dem alten, ruhig wägenden Doctor honoris causa – er nannte ihn niemals anders – und er hatte sehnsüchtig darauf gewartet, daß ihm der Alte endlich Platz mache. Statt dessen sah er sich jetzt, in Paris, in den Jahren, da sich das Schicksal seines Vaterlandes entschied, von Neuem beengt und überall behindert durch den phlegmatischen, maßlos überschätzten Greis.

Hager, mit düsteren Augen, ging Arthur Lee durch die vollgestopften Räume des Hotels d'Hambourg, mißtrauisch, streitsüchtig, gab Ratschläge, mißbilligte. Er hatte die Kränkung nicht vergessen, die ihm Beaumarchais angetan, er hielt ihn für einen Schwindler und glaubte, immer neue Beweise zu entdecken für seinen Argwohn, er unterschlage die Gelder, welche Versailles für Amerika bestimmt habe. Er warnte Silas Deane vor Beaumarchais, und als Deane für Beaumarchais eintrat, wurde ihm sein Verdacht auch gegen Deane zur Gewißheit. Er warnte Franklin vor Beaumarchais und Deane, und als Franklin erklärte, er habe sich noch kein Urteil über Beaumarchais gebildet, war Lee überzeugt, es sei also auch der Doctor honoris causa mit Deane und Beaumarchais im Geschäft.

Immer tiefer wurde in Arthur Lee der Groll gegen Franklin. Was war schon an dem? Er hatte ein paar Erfindungen gemacht, die vielleicht nützlich waren, darüber hatte er, Arthur Lee, kein Urteil. Aber was er verstand, das war, daß der Alte eine überaus lässige, schwächliche Politik trieb, und was war auch anders zu erwarten von einem Manne, der zeitlebens unzuverlässig gewesen war und überdies einen Tory zum Sohn hatte? Er war ein Heuchler, dieser Benjamin Franklin. Was für ein billiger Trick, immer den braunen Rock zu tragen und die Pelzmütze und schamlos und verschlagen vor den naiven Franzosen den genügsamen Philosophen zu mimen. Dabei hatte Arthur Lee mit eigenen Augen gesehen, wie der listige Alte sich in den Salons der großen Herren von London und Philadelphia genau so elegant getragen hatte wie die andern, und auch das Leben, das er hier führte mit üppiger Küche und alten Weinen und jungen Frauen und Kutsche und Dienerschaft, war nicht gerade das eines Diogenes.

Es waren also Franklin seine beiden Kollegen mehr Behinderung als Hilfe.

Offen zutage trat das, als die drei Emissäre der Vereinigten Staaten empfangen wurden von dem Außenminister Charles Grafen Vergennes.

Franklin hatte daran gezweifelt, daß man sie in Versailles empfangen werde, und es war ihm eine Erleichterung gewesen, als ein höflicher Sekretär des Außenministeriums im Hotel d'Hambourg vorsprach mit der Botschaft, es werde dem Grafen Vergennes eine Ehre sein, die drei amerikanischen Herren zu sehen. Allerdings, fügte dieser Sekretär sogleich hinzu, wisse Graf Vergennes nichts davon und wolle nichts davon wissen, daß die Herren im Auftrag des Kongresses von Philadelphia kämen; er empfange sie lediglich als Privatleute.

Arthur Lee schäumte. Das sei eine ungeheure Beleidigung, und selbstverständlich müsse man es daraufhin ablehnen, den Minister zu besuchen. Es kostete die beiden andern Mühe, den ungebärdigen Herrn eines Besseren zu überreden. Franklin aber wußte, daß Vergennes die heimliche Hilfeleistung für Amerika nur mit größter Mühe bei dem widerstrebenden König durchgesetzt hatte, und er schätzte es als ein Zeichen mutigen Wohlwollens, daß er die drei Kommissare empfing.

Mit großen, freundlich prüfenden Augen schaute er auf den Minister. Der war so, wie er ihn sich gedacht hatte, behaglich, liebenswürdig, gewandt, höflich, häufig leicht ironisch und immer auf der Hut; das waren Eigenschaften, für die Franklin Verständnis hatte.

Vielwortig und offenbar ehrlich gab Graf Vergennes seiner Freude Ausdruck, dem großen Philosophen, mit dessen Werk er wohlvertraut sei, zu begegnen. Das waren keine leeren Komplimente. Graf Vergennes hatte Franklins Schriften gelesen, ohne die Übersetzungen Doktor Dubourgs abwarten zu müssen; er las mühelos englisch.

Der Minister, bei aller Wohlerzogenheit, wandte sich vornehmlich an Franklin. Silas Deane fand das selbstverständlich; er saß da, fett, schweigend, und freute sich der Wirkung seines großen Kollegen. Arthur Lee aber war ergrimmt, daß er für den Grafen Vergennes nicht zu existieren schien. Er versuchte manchmal einen geistreichen Satz ins Gespräch einzuwerfen, der Minister hörte höflich hin und wandte sich sogleich wieder an Franklin.

Vergennes stellte eine Frage über gewisse Befugnisse des Kongresses. Setzte aber, noch bevor Franklin antworten konnte, hinzu, er stelle diese Frage natürlich nur als Privatmann, der an Staatsphilosophie interessiert sei. In seiner Eigenschaft als Minister des Allerchristlichsten Königs könne er keine Kenntnis nehmen von der Existenz der Dreizehn Vereinigten Staaten; für ihn existierten sie nach wie vor nur als Kolonien des Königs von England, die sie in einem bedauerlichen Konflikt mit ihrem Souverän befänden. »Wenn aber«, fuhr er fort, »der Minister Vergennes die Haltung der Kolonien tief beklagt, so versteht Monsieur de Vergennes durchaus die Stellungnahme des Kongresses. Monsieur de Vergennes hat von Anfang an eine gütliche Lösung des Konflikts für unmöglich gehalten. Ich kenne die englische Regierung, ich kenne ihre harte Selbstsucht. Grimm erfüllt mich, wenn ich an den Schmachfrieden denke, den die Engländer uns im Jahre 63 aufgezwungen haben. Jeder Franzose, wenn von Dünkirchen die Rede ist und von dem englischen Kontrollkommissar, der Frankreich zum Hohne dort sitzt, ballt die Faust.« Es war seltsam, wie der heftige Inhalt dieser Worte kontrastierte mit der Haltung des Ministers; der sprach leise, im Konversationston, mit seinem Federkiel spielend.

Franklin, während er den Grafen Vergennes so reden hörte, mußte daran denken, daß ohne die Siege der Amerikaner England schwerlich in der Lage gewesen wäre, so harte Friedensbedingungen zu stellen und einen kontrollierenden Kommissar nach dem geschleiften Dünkirchen zu entsenden. Er selber, Franklin, hatte in jenem Krieg Waffen geliefert gegen Frankreich, und es war in diesem Krieg gewesen, daß General Washington, den sie jetzt in Paris so feierten, seine praktischen Kenntnisse und seinen Ruhm erworben hatte.

Im späteren Verlauf des Gespräches erklärte der Minister, wenn er sich erlauben dürfe, den Herren einen Rat zu geben, so empfehle er ihnen, von größeren Kundgebungen vorläufig abzusehen. In Paris ließen es sich sowieso eine Menge Leute angelegen sein, für Amerika mit flammenden Worten einzutreten. Seiner Überzeugung nach werde die bloße Gegenwart eines Mannes wie Franklin stärker wirken als die stärksten Worte.

Arthur Lee, in seinem Innern, wütete. ›Was erfrecht sich dieser fette Froschesser‹, dachte er. ›Statt uns die Anerkennung und die Allianz anzubieten, auf die wir Anspruch haben, speist er uns mit niederträchtigen Ratschlägen ab. Wir sollen still in der Ecke sitzen. Das könnte ihm passen.‹

Franklin indes, zu Arthur Lees zornigem Erstaunen, saß massig und liebenswürdig und sagte in seinem langsamen Französisch: »Es gibt bestimmt niemand, der in der Lage wäre, unsere Situation in diesem Lande besser zu überschauen als Sie, Herr Graf. Das macht uns Ihre Ratschläge doppelt wertvoll.«

Vergennes lächelte. »Ich denke«, antwortete er, »es wird Ihnen nicht unangenehm sein, wenn aus unserer Zusammenkunft mehr herausspringt als bloße Ratschläge. Vielleicht unterhalten Sie sich nach Beendigung unseres Gesprächs noch mit Monsieur de Gérard.«

Man verabschiedete sich. Vergennes versicherte, ihm liege viel daran, sich des öftern mit Doktor Franklin auszusprechen. Er schlage aber vor, solche Zusammenkünfte nicht in dem offiziellen Versailles stattfinden zu lassen, sondern in Paris und privat. Wenn die Regierung, im Gegensatz zu den Wünschen Lord Stormonts, die Anwesenheit Monsieur Franklins in Paris nicht beanstande, dann deshalb, weil ja Doktor Franklin, wie man ihm, dem Minister, berichtet habe, sich dort aufhalte, um als Mitglied der Akademie mit seinen Kollegen Gedanken auszutauschen und um seine Enkel der Wohltat französischer Erziehung teilhaftig werden zu lassen.

Arthur Lee richtete die großen, düster glühenden Augen seines hageren Gesichtes gespannt auf Franklin. Wird der Alte auch noch diese gemeine Beleidigung hinnehmen, ohne zurückzuschlagen? Wird er seinen niedrigen Opportunismus so weit treiben? Erregt starrte er auf Franklins mächtiges, fleischiges Gesicht. Es zeigte keinerlei Empörung, dieses Gesicht, im Gegenteil, etwas wie liebenswürdige Amüsiertheit, und: »Ich verstehe durchaus, Herr Graf«, erwiderte der alte Mann. »Es redet sich sowieso besser am Kamin eines angenehmen Wohnzimmers als im offiziellen Empfangsraum.« Da aber konnte sich Arthur Lee nicht länger zähmen. »Ich finde es bedauerlich«, sagte er mit seiner scharfen, flackerigen Stimme, »daß die Vertreter der Dreizehn Vereinigten Staaten von Amerika den Außenminister des Königs von Frankreich nur über die Hintertreppe sollen aufsuchen dürfen.«

»Aber Monsieur, Monsieur –« sagte Graf Vergennes, er suchte den Namen des eifrigen jungen Herrn, er hatte ihn offenbar vergessen. Aber schon sagte begütigend Franklin: »Monsieur Lee, mein verehrter junger Kollege, hat offenbar Ihr Französisch nicht ganz verstanden, Herr Graf. Er weiß so gut wie ich, daß es bei einem ernsthaften Gespräch auf den Inhalt ankommt und nicht auf die Stühle, auf denen die Teilnehmer sitzen.«

Man trennte sich, und die amerikanischen Herren begaben sich ins Zimmer Monsieur de Gérards. Dort sprach man von Ziffern und Fakten. Es ergab sich, daß der Staatssekretär Weisung hatte, den Herren Emissären ein Darlehn von zunächst zwei Millionen zur Verfügung zu stellen, unbefristet und unverzinslich.

»Großartig«, sagte Silas Deane. »Ein schäbiges Trinkgeld«, sagte Arthur Lee. Benjamin Franklin sagte nichts.

Franklin hatte von Kind auf durch angenehme und bittere Erfahrungen gelernt, wie sehr die Handlungen der Einzelnen und der Gemeinschaft durch Ökonomisches bestimmt werden. ›Ein Mann ohne Geld‹, pflegte er zu sagen, ›hat es schwer, anständig zu bleiben; ein leerer Sack steht nicht aufrecht.‹ Er war sich klar darüber, daß die letzten Ursachen der amerikanischen Revolution ökonomische waren. Ihm selber, nun er in leidlichem Wohlstand lebte, war das Ökonomische nur Mittel, nie wurde es ihm zum Zweck. Wenn man die Beweglichkeit des Besitzes steigerte, so schuf man dem Bürgertum die Möglichkeit schnelleren Gelderwerbs und gab ihm eine wirksame Waffe an die Hand, dem Feudaladel Privilegien zu entwinden, welche dem Aufstieg der Menschheit im Wege standen. Nur als Waffe interessierte ihn das Ökonomische, im übrigen schob er es an die Peripherie seines Denkens und seiner Politik.

Leider aber wurde in diesen Pariser Tagen der größte Teil seiner Zeit aufgefressen von Geschäften, bei denen es um Ökonomisches ging. Die drei Bevollmächtigten wußten, daß sie auf Geldsendungen vom Kongreß nicht rechnen durften. Sie sollten eine repräsentative Gesandtschaft unterhalten, sie sollten Lieferungen nach Amerika schicken, und das Geld für alles das mußten sie in Frankreich aufbringen. Da gab es zwei Wege. Der eine war ständiges Betteln bei der französischen Regierung, der andere die Ausstellung von Kaperbriefen für Reeder, die es riskierten, unter amerikanischer Flagge gegen Gewinnbeteiligung Kaperei zu treiben.

Es war indes nicht leicht, die gekaperten Schiffe und Waren zu verwerten. Da war zum Beispiel der Käpitän Lambert Wickes, Franklins geräuschvoller Seebär. Er hatte außer den beiden ersten Prisen zwei weitere aufgebracht und wollte nun seine Beute stolz in größter Öffentlichkeit verkaufen. Da aber mischten sich die französischen Behörden ein; Frankreich hatte den Engländern in feierlichen Verträgen zugestanden, es werde keinem fremden Schiff, das unter der Flagge einer mit England verfeindeten Macht segelte, Erlaubnis geben, seine Häfen anzulaufen, geschweige denn dort Beute zu veräußern. Der Seebär verstand nicht, was man von ihm wollte. Er beging Heldentaten, und statt ihn zu feiern, verlangten die französischen Federfuchser, er solle sich verkriechen und seine Beute heimlich verklopfen wie ein Dieb. Er schimpfte gewaltig. Er reiste nach Paris und erfüllte die engen Räume des Hotels d'Hambourg mit derber Seemannssprache, mit Flüchen und Klagen. Franklin redete dem Empörten gut zu. Erklärte ihm, die französische Regierung habe nun einmal Verträge mit England, und es sei Neutralitätsbruch, wenn sie Wickes erlaube, von ihren Häfen aus friedliche englische Schiffe zu überfallen. Der Seebär wollte von solchem bürokratischen Geschwätz nichts wissen. Er verlangte von Franklin, daß er den Herren in Versailles den Kopf zurechtsetze.

Franklin machte bei den französischen Behörden milde Vorstellungen; im Prinzip schien es ihm absurd, um so geringfügiger Dinge willen Versailles zu verärgern. Doch seine Kollegen widersprachen. Der Seebär hatte auch vor ihnen gebrüllt und geklagt. Sie wollten, daß Franklin dem Minister schärfer zusetze. Arthur Lee fragte höhnisch, wo da die Freundschaft des Monsieur de Vergennes bliebe, wenn er nicht einmal Mittel finde, den heldischen Kapitän vor England zu schützen.

Nicht einmal Franklins Freund und Bewunderer Dubourg teilte seinen Standpunkt. Vielmehr reizte es ihn selber, sich an Kaperunternehmungen zu beteiligen. Geld und Schiffe für solche Zwecke waren leicht zu haben; selbst der vorsichtige Monsieur Lenormant war nicht abgeneigt, Kapital in einem solchen Geschäft zu investieren. Und als Franklin mild spottete über die Seeräuberromantik des Freundes, war dieser gekränkt. Warum ein so großartiges Mittel verschmähen, Geld für die Freiheit und Amerika zu beschaffen?

Auch jene von Silas Deane für den Dienst in der amerikanischen Armee angeworbenen Offiziere bereiteten Franklin allerlei Kopfzerbrechen. Die Versailler Regierung untersagte ihnen die Ausreise; anders wäre es Neutralitätsbruch gewesen. Franklin, der befürchtete, die Überschwemmung der amerikanischen Armee mit hohen französischen Offizieren werde die amerikanischen Militärs verstimmen, hätte gerne die Gelegenheit wahrgenommen, die Verträge los zu werden. Silas Deane indes war stolz darauf, daß er die Herren mit ihren großklingenden Namen und Titeln für Amerika gewonnen hatte, und er lag dem Doktor in den Ohren, er möge sein Bestes tun, ihnen die Ausreiseerlaubnis zu erwirken.

Mit derartigen Geschäften war Franklins Tag ausgefüllt. Dabei war er überzeugt, daß diese ganze Tätigkeit mehr schade als nütze. Zweifellos war Vergennes wohlmeinend und wußte von allein, wann der rechte Moment gekommen war, bei seinen Ministerkollegen und beim König die Anerkennung der Vereingten Staaten und die Allianz durchzudrükken. Man durfte ihn nicht immer stoßen und drängen. Die amerikanisch-französische Freundschaft war ein zartes Gewächs, das die Berührung durch übereifrige, täppische Hände nicht vertrug.

Daß Franklin, wie es ihm Vergennes vorausgesagt hatte, durch seine bloße Gegenwart wirkte, konnte er aus mancherlei Symptomen ersehen. Der Herzog von Choiseul, des alten Königs Ministerpräsident, der unter dem jungen in Ungnade gefallen war, bemühte sich um Franklin, bat, ihm seine Aufwartung machen zu dürfen, lud ihn in sein Haus. Selbst der Herzog Louis-Philippe de Chartres, Großvetter des Königs, der die alte Familienfeindschaft gegen den Hof eifrig betrieb, suchte Franklin in seinen Kreis zu ziehen und in den seiner schönen und begabten Freundin, der Schriftstellerin Madame de Genlis. Der Doktor war höflich, doch zurückhaltend; er hielt es für falsch, sich mit der Opposition einzulassen. Arthur Lee hingegen wollte dem König und der Regierung beweisen, daß man eine Macht sei; ihn schien es das Gegebene, sich mit der Opposition zu verbünden und dem König und den Ministern die Faust zu zeigen. Franklin hatte seine liebe Not, mit sanfter Schlauheit Ungeschicklichkeiten zu verhüten.

Auch der Rahmen, in dem sich seine wenig erfreuliche Tätigkeit abspielte, war unbehaglich. Die Räume, welche die amerikanische Delegation inne hatte, waren sehr eng, und wenn die Registratur des jungen William immer in Unordnung war, so konnte er sich mit einigem Recht auf diese Enge berufen. Von Anfang an hatte Franklin gefunden, daß das Hotel d'Hambourg nicht das Richtige für ihn sei. Mit den Wochen wuchs in ihm die Überzeugung, daß er besser daran tue, nicht in der Stadt Paris selber zu residieren, sondern irgendwo in der Umgebung. Auch dort würde mancher lästige Besucher ihn aufzufinden wissen, aber doch nicht jeder.

Doktor Dubourg, als ihm Franklin von seinen Nöten und Erwägungen erzählte, fand eine Lösung. Sein Freund Ray de Chaumont, ein eifriger Anhänger der amerikanischen Sache, besaß ein schloßartiges Landhaus in der Nähe von Paris, in Passy, das Hotel Valentinois. Monsieur de Chaumont, berichtete Doktor Dubourg, fühle sich verlassen und verloren in dem riesigen Besitz. Der eine Flügel des Hauses liege so gut wie abgetrennt vom Hauptgebäude mitten in einem wunderbaren Garten. Wenn Franklin dort seinen Wohnsitz nehmen wollte, würde sich Monsieur de Chaumont glücklich schätzen.

Franklin fuhr nach Passy. Der Flügel, um den es sich handelte, erwies sich als ein geräumiges, wohlgebautes, guteingerichtetes Landhaus, so eingebettet in den weiten Garten, daß, wer es inne hatte, in Wahrheit im Garten wohnte. Diesen Garten liebte Franklin vom ersten Augenblick an, da er ihn sah. Es war ein strenger Ziergarten, der zwanglos überging in einen englischen Park. Terrassen führten hinunter zum Fluß, überall öffneten sich Blicke auf die Stadt Paris, die schön und weit am andern Ufer lag. Alleen und eine Auffahrtsrampe führten an das Tor des Gartenhauses; doch der wohlbeleibte und von der Gicht geplagte Franklin beschloß sogleich, den Weg über die Stufen der Terrassen zu nehmen, wann immer es ihm gelingen sollte, seinen Hang zur Bequemlichkeit zu überwinden.

Mehr und mehr während der Besichtigung verliebte er sich in Haus und Garten. So hatte er sichs geträumt. Hier wohnte er in der Stadt – denn Passy lag unmittelbar vor Paris – und gleichwohl auf dem Lande, hier hatte er Platz für seine Bücher und für all den Krimskrams, den er liebte, hier konnte er eine Werkstatt einrichten, um nach Belieben zu basteln, hier stand es ihm frei, sich abzuschließen vor den Silas Deane und Arthur Lee und andern Lästigen.

Ein wenig zaghaft fragte er Monsieur de Chaumont nach dem Mietpreis. Der erwiderte, es werde ihm eine Ehre sein, dem großen Mann das Haus, das er ohnedies nicht benötige, mietefrei zur Verfügung zu stellen.

Eine kleine Weile zögerte Franklin. Monsieur de Chaumont besorgte Lieferungen für Amerika und rechnete sicherlich auf Gegendienste für sein Angebot. Dann aber, sitzend in dem kleinen Aussichtsturm, die liebliche, friedliche Landschaft überblickend, denkend an den Lärm und die Enge des Hotels d'Hambourg, nahm er das Angebot an. Mochte Arthur Lee an seine Freunde in Amerika berichten, was er wollte.

Den Tag darauf, als Franklin aufwachte, fiel ihm ein, daß heute sein Geburtstag war. In Philadelphia hatte die Familie aus diesem Tag viel hergemacht, es gab Kuchen, Geschenke, großes Familienessen, die Enkel sagten Verse auf. Der Doktor war neugierig, ob wohl William an seinen Geburtstag denken werde.

Er lag in dem breiten Bett, abgeschlossen unter den Vorhängen des Alkovens; einen Spalt des Fensters hatte er trotz der Januarkälte aufgelassen, er hielt auf frische Luft. Er steckte den Fuß aus dem Bett, die Kälte, fand er, tue ihm gut.

Einundsiebzig Jahre. Da sollte er anfangen, ein bißchen auf sich Acht zu geben. Noch viel zu häufig ist ihm sein Behagen wichtiger als seine Gesundheit. Er sollte mehr zu Fuß gehen, er sollte sich den Wein nicht so oft nachschenken lassen. Das Leben hier in Frankreich ist verführerisch. Offenbar gefällt er den Frauen, trotz seiner Einundsiebzig. Vielleicht wird er noch einmal heiraten, die Franklins sind ein kräftiges Geschlecht.

Wahrscheinlicher ist, daß William nicht an seinen Geburtstag denkt. Er denkt an seine Vergnügungen, der Junge, für andere Gedanken hat er keine Zeit. Er ist nett, gutmütig, geweckt. Vielleicht entwickelt er doch noch irgendeine Begabung.

Es hielt den Doktor nicht länger im Bett. Er stand auf, schwer, ein wenig ächzend. Er pflegte lange vor den andern aufzustehen und vor dem Frühstück noch eine Stunde zu lesen oder zu arbeiten.

Im Schlafrock ging er hinüber in den Wohnraum, wo die Bücher untergebracht waren. Das Zimmer war warm, aber voll Rauch, man verstand hier nicht zu heizen. Franklin machte sich am Kamin zu schaffen. Dann warf er den Schlafrock ab und saß nackt da, wie er es des Morgens liebte.

Viel zu dicht in dem engen Raum standen die Bücher, zwei Reihen hintereinander, unübersichtlich. In Passy wird das anders werden. Sechs, sieben Wochen wird es noch dauern bis zu seiner Übersiedlung, schneller läßt sich das Haus nicht instand setzen. Er hat noch einen anstrengenden Winter vor sich hier in Paris.

Er schob den Stuhl an das Gestell, aus dem er Bücher benötigte. Es war ein geräumiger Stuhl, konstruiert für des Doktors Bequemlichkeit, er hatte ihn aus Philadelphia mitgebracht; der Sitz ließ sich umschlagen dergestalt, daß man ihn auch als Leiter benutzen konnte. Er holte sich Bücher her, häufte sie um sich, begann zu lesen. Er wird sich heute viel Zeit lassen; vielleicht werden sie dann, er und seine Kollegen, eine Viertelstunde zu spät bei Monsieur de Gérard eintreffen. Das darf sich ein Mann leisten an seinem einundsiebzigsten Geburtstag.

Um acht Uhr frühstückte man, wie immer. William begrüßte ihn laut und fröhlich und machte Scherze darüber, daß heute einmal nicht er, sondern der Großvater sich verspätet habe. Im Stillen gestand sich Franklin, er habe wahrscheinlich durch seine Verspätung den Jungen auf seinen Geburtstag aufmerksam machen wollen; es betrübte ihn, daß William trotzdem nicht daran dachte.

Um sich zu entschädigen, ließ er sich Pfannkuchen aus Buchweizenmehl servieren, das tat er sonst nur des Sonntags, er hatte das Mehl aus Amerika mitgebracht. Er aß langsam, mit Behagen, und sah im Geiste sein Philadelphia, die Christkirche, die Akademie, Markt und Rathaus, die Deutsche Kirche, das Haus der Regierung, der Zimmermanns-Gilde, die große Werft, Sassafras Street, Chestnut Street, Mulberry Street. Nach dem Frühstück machte er sich an die Arbeit. Diktierte. Er ging dabei hin und her, er hielt darauf, wenn nicht in der freien Luft, so doch im Zimmer mindestens drei Meilen jeden Tag zu gehen, das Zimmer also sechshundert Mal auf und abzulaufen.

Die Post, die ihm vorlag, war ausgiebig, mannigfach und im Ganzen wenig erfreulich. Da bat ein Chevalier de Neuville um einige Louis, die ihn vom Hungertode retten sollten. Doktor Ingenhousz, Leibarzt der Maria Theresia, wollte von seinem Freund Franklin Auskünfte über gewisse wissenschaftliche Experimente haben. Eine Madame Hérissant bat den Doktor, ausfindig zu machen, wo sich ihr Sohn befinde, sie habe Grund, anzunehmen, er sei in Amerika. Mr. Arthur Lee erklärte kalligraphisch und umständlich, nachdem Franklin auf seine mündlichen Proteste nicht reagiere, gebe er hiedurch zu den Akten, daß er von den Herren im Außenministerium ständig ignoriert und beleidigt werde; falls Franklin nicht endlich einschreite, behalte er, Arthur Lee, sich vor, selber geeignete Schritte zu tun. Eine unleserliche Unterschrift setzte gehässig auseinander, wie falsch und laienhaft gewisse Theorien Franklins über den Blitz seien. Ein Mr. Russel aus Boston, der aus verwickelten Gründen aus Marseille nicht weiter kam, bat seinen großen Landsmann um Rat und Hilfe. Ein Abbé Lecombe hatte Geld im Spiel verloren und beschwor Franklin, ihm auszuhelfen, er seinesteils werde für den Sieg der amerikanischen Waffen beten. Vierzehn Matrosen von der ›Reprisal‹ beschwerten sich über die unerträgliche Behandlung, die sie von dem Seebären Wickes erführen, der Seebär fluchte in schlechter Orthographie, doch in farbigen Worten über die Unbotmäßigkeit der vierzehn Matrosen. Ein Monsieur Philippe Gueffier teilte mit, er habe ein Epos gegen die Engländer vollendet, das auf seine Freunde starken

Eindruck mache, und er bat um finanzielle Unterstützung zu Zwecken der Veröffentlichung.

Mit diesen Briefen also hatte sich der Doktor an seinem einundsiebzigsten Geburtstag zu befassen. Dann aber hatte er dennoch seine Überraschung und sein Geschenk. Es war nämlich auch Post aus England eingetroffen. Freunde auf der Insel hatten trotz des englischen Geheimdienstes Mittel gefunden, Botschaften an ihn gelangen zu lassen.

Da war ein Brief von Georgiana Shipley, der Tochter des Bischofs Jonathan Shipley, eines guten Freundes. Georgiana mochte jetzt achtzehn sein oder höchstens neunzehn. Ihr Vater, schrieb sie, halte es angesichts des Krieges für sehr unvorsichtig, daß sie mit ihrem Sokrates in Verbindung trete, aber sie könnte seinen Geburtstag nicht vorbeigehen lassen, ohne ihm zu sagen, wie innig sie seiner gedenke. Weder ihre Gefühle noch die ihrer Familie seien duch die Ereignisse im geringsten verändert. ›Ich kann‹, schloß sie, ›meinen Neid nicht bezähmen auf Ihren Enkel, dem es frei steht, Ihnen Aufmerksamkeiten und Liebe zu beweisen.‹ Mehr als einmal las Franklin den in großen, kindlichen Zügen geschriebenen Brief.

Dann waren da Berichte der Londoner Vertrauensleute. Die englische Regierung, teilten sie mit, sei durch Franklins Ankunft in Paris sehr beängstigt. Der König habe ausdrücklichen Befehl gegeben, jeden Schritt scharf zu überwachen, den der ›hinterlistige Mann aus Philadelphia‹ in Paris tue. Lord Rockingham aber, der ja die Politik der englischen Regierung gegen die Kolonien von Anfang an mißbilligt habe, verkünde jedem, wie sehr die Chancen der Amerikaner durch Franklins Wirksamkeit in Paris erhöht würden. Der Berichterstatter habe mit eigenen Ohren gehört, wie sich der Lord vor einer größeren Gesellschaft ungefähr folgendermaßen ausgelassen habe. Die widerwärtigen Vorgänge damals im Geheimen Kronrat hätten Franklin nicht abgehalten, über den Ozean zu fahren. Er habe die Gefahr auf sich genommen, gefangen und ein zweites Mal vor ein ähnliches Tribunal geschleift zu werden. Wenn die Herren, die in jener scheußlichen Gerichtszene mitgetan hätten, sich Franklin jetzt in Versailles vorstellten, dann müßten sie ein Gefühl haben wie Macbeth vor Banquos Geist. Zwei jener Herren seien in der Gesellschaft gewesen, vor welcher sich Lord Rockingham so geäußert habe. Sie hätten geschwiegen.

Franklin war noch bei der Lektüre seiner Briefe, als Silas Deane und Arthur Lee eintrafen, um ihn zu der Konferenz mit Monsieur de Gérard abzuholen. Arthur Lee mahnte zänkisch, es sei höchste Zeit. »Entschuldigen Sie«, sagte freundlich der Doktor. »Ich hatte zu tun. Ich habe das, was Sie zu den Akten gegeben haben, zu den Akten legen müssen.« Er erhob sich. »Aber jetzt sind wir bereit, mein Pferd und ich«, sagte er. Arthur Lee schaute ihn an, peinlich erstaunt; Franklin trug den gewohnten, braunen Rock und machte keine Miene, ihn zu wechseln. »Finden Sie, ich sollte mich umziehen?« fragte er mit einem ganz kleinen Lächeln. »Offen gestanden, ja«, antwortete Arthur Lee. »Aber«, fügte er bitter hinzu, »wie ich Sie kenne, werden Sie es ja doch nicht tun.« »Sie haben es getroffen«, sagte Franklin, und man brach auf.

Der fatale Monsieur Beaumarchais hatte jeden zweiten Tag bei Franklin angefragt, wann er Gelegenheit haben werde, sich mit dem verehrten Mann über die amerikanischen Dinge auszusprechen. Silas Deane hatte wieder und wieder erklärt, daß man der Hilfe Monsieur de Beaumarchais', welcher der amerikanischen Sache größere Dienste geleistet habe als irgendwer sonst, auch in Zukunft nicht werde entraten können, und er hatte seinem Erstaunen Ausdruck gegeben, daß Franklin die Begegnung so lange hinauszögerte. Er hatte leider recht. Franklin mußte seine Abneigung gegen diesen Monsieur bezähmen, er durfte sich nicht länger sträuben, ihn zu empfangen. Er schickte ihm Botschaft, er erwarte ihn andern Tages um halb zwölf.

Am frühen Morgen dieses andern Tages saß Franklin, wie so häufig, nackt in seinem Arbeitszimmer, lesend, schreibend. Aber er hatte keine Freude an seinen Büchern und an seinen Papieren. Er litt an diesem Morgen an seiner Gicht mehr als üblich, auch war ihm, als jucke ihn sein Ausschlag stärker. Er beschloß grimmig, sich für diesen Monsieur nicht erst groß und beschwerlich anzuziehen, sondern ihn einfach im Schlafrock zu empfangen.

Pierre seinesteils war den ganzen Morgen ausgefüllt von der Erwartung der bevorstehenden Unterredung, von Hoffnungen und Sorgen. Es gab auf dieser Seite des Meeres keinen Zweiten, welcher der amerikanischen Sache so wertvolle Dienste geleistet hatte wie er. Drei Schiffe des Hauses Hortalez waren auf See, wahrscheinlich war ihre Ladung schon in den Händen der Amerikaner. Weitere riesige Vorräte stapelten sich, neue Schiffe waren im Bau, neue Verträge unterzeichnet, bald wird die Flotte, welche das Haus Hortalez für die amerikanischen Lieferungen erworben und gebaut hat, lediglich den Geschwadern des Königs und der Indischen Compagnie nachstehen. Es war rätselhaft, warum ihm Doktor Franklin nicht nur nicht entgegenkam, sondern sich geradezu vor ihm zurückzog. Daß er selber, sein Wesen, sein Verhalten, seine Tätigkeit, seine Schriften, daran sollte schuld sein können, war ihm unvorstellbar. Wahrscheinlich hatte man diesem Fremdling seine Tätigkeit in falschem Licht geschildert oder Äußerungen von ihm verdreht. Er kannte das. Er war ganz sicher, er werde, sowie er nur Gelegenheit habe, den Amerikaner von Angesicht zu Angesicht zu sehen, dessen Scheu vor ihm sogleich zerstreuen.

Groß fuhr er vor dem Hotel d'Hambourg auf, in seiner Staatskutsche, höchst sorgfältig angezogen. Er war verblüfft über den einfachen Rahmen, innerhalb dessen der Amerikaner lebte, und über die Schlampigkeit der Einrichtung; sie erinnerte ihn an die Umwelt einiger seiner literarischen Freunde. Besonders erstaunt war er über Franklins Schlafrock; er wußte nicht, sollte er diese nachlässige Tracht für ein Zeichen mangelnder Achtung nehmen oder für ein Symptom von Vertraulichkeit.

Da saßen sie einander gegenüber. Der schwere Mann mit dem zerfalteten Greisengesicht, dem gewaltigen Kinn und den großen, kalten, prüfenden Augen wirkte trotz seines nachlässigen Aufzuges überlegen, ja, gebieterisch. Pierre aber, mit all seiner ausgeklügelten Eleganz und seinen sichern, lockern und doch gezirkelten Manieren, saß da wie ein Bittsteller. Franklin, vielleicht um die Bedeutung der Zusammenkunft zu mindern, hatte seinen Enkel zugezogen, den jungen William. Der musterte aufmerksam die prächtige, allen Regeln letzter Mode entsprechende Tracht des Besuchers, er prägte sich sichtlich jede Einzelheit ein, und dieses respektvolle Studium entschädigte Pierre ein wenig für die Kühle des Alten.

Pierre begann in schnellem, wohlklingendem Französisch Franklins Verdienste zu rühmen. Unter Heranziehung vieler Vergleiche pries er die Kraft und List, mit welcher der große Mann dem Thron des englischen Tyrannen die Stützen entzogen habe. Der Doktor hörte unbewegt zu, und Pierre zweifelte, ob er sein erlesenes Französisch auch verstehe.

Franklin aber, nach eine Weile, erwiderte langsam, die Worte suchend: »Wenn man ein Ereignis von so großer historischer Bedeutung betrachtet, wie es der Kampf der Vereinigten Staaten von Amerika um ihre Unabhängigkeit ist, dann soll man die Verdienste des Einzelnen nicht überschätzen.« Für einen winzigen Augenblick erwog Pierre, ob nicht diese sententiöse Antwort auf seine, Pierres, Tätigkeit gemünzt sei, ob nicht der Alte ihm zu verstehen geben wolle, er überschätze seine eigene Wichtigkeit. Doch sogleich wies er diesen Gedanken von sich und erwiderte eherbietig, solche philosophische Haltung füge sich trefflich in das Bild des hervorragenden Gelehrten. Man konversierte in der Landessprache, und das mühevolle, fehlerhafte Französisch Franklins stach seltsam ab von dem hurtigen, beschwingten Pierres; trotzdem klangen die wenigen Worte, die der Greis äußerte, bedeutender als die zahlreichen, schönen und originellen des Jüngeren.

Der Doktor hatte sich vor Beginn der Unterredung zurechtgelegt, was er dem Herrn sagen wollte. Der wird noch eine lange Weile warten müssen, bevor er für seine Lieferungen irgend etwas wie Zahlung erhalten wird. Doktor Franklin kannte seinen Mr. Arthur Lee und kannte seinen Kongreß. Er war also gewillt, dem Herrn ein paar schöne Worte zu geben; die kosteten nichts, und er sah, wie der andere danach dürstete. Allein der seltsame Widerwille, den er beim ersten Hören des Namens verspürt hatte, steigerte sich, nun er Pierre leibhaft vor sich sitzen sah, überelegant angezogen, weithin wohlduftend, sichtlich ausgefüllt vom Gefühl seiner Bedeutung. Der Doktor konnte seine Antipathie nicht überwinden und begnügte sich, trocken zu erklären: »Es ist erfreulich, Monsieur, daß sich auch auf dieser Seite des Ozeans so viele wackere Männer für unsere Sache einsetzen. Es ist mir ein Vergnügen, wieder einen dieser Männer kennen zu lernen.«

Es war Pierre nicht angenehm, daß ihn der Alte als einen von vielen ansah. Er erwiderte mit einer kleinen Schärfe: »Meine Bestrebungen, der amerikanischen Armee die Bekleidung und die Waffen zu schaffen, ohne die man ja nicht kämpfen kann, waren mir eine besonders ehrenvolle Beschäftigung. Ich darf sagen, daß mir angesichts der großen Sache auch die Gefahren, welche meine Tätigkeit mit sich brachte, wie Nebel vor der Sonne erschienen.«

»Gefahren«? fragte der Doktor zurück, er wußte nicht, ob er das französische Wort richtig verstanden habe. »Sie meinen das Risiko«? erkundigte er sich dann, etwas lebhafter als früher. »Sie dürfen es auch Risiko nennen«, räumte Pierre höflich ein, er sprach jetzt englisch, »ich kann die Nüancen des Wortes nicht genau abwägen. Aber ich denke, die meisten Ihrer und meiner Landsleute werden es als eine ernsthafte Gefahr bezeichnen, wenn man einen Gegner vor sich hat, der allgemein als rauflustig, rachsüchtig und rücksichtslos bekannt ist.« »Ein Duell, Monsieur de Beaumarchais«? fragte angeregt der junge William. »Sie haben für unsere Sache ein Duell ausgefochten?« »Mehrere«, antwortete Pierre. »Das letzte mit dem Marquis de Saint Brisson, einem naseweisen Lümmel, der mir frech kam, als ich die amerikanische Freiheit ausspielte gegen die mannigfachen Übelstände, welche die Überheblichkeit unseres Geburtsadels mit sich bringt.«

Es verdroß den Doktor, daß dieser Bürger und Schriftsteller Pierre Caron auf so läppische Art die Unsitten der Aristokratie mitmachte. »Und haben Sie ihn überzeugt«? fragte er also gemütlich, »Ihren Marquis de Saint-Brisson? Haben Sie ihn mit Ihrem Florett von der Richtigkeit unserer Prinzipien überzeugt? Glaubt er jetzt an unsere Sache?« Und da Pierre, etwas überrascht, schwieg, fuhr er fort: »Wenn man in meinem Alter ist, Monsieur, glaubt man nicht mehr an die Nützlichkeit von Duellen«, und behaglich begann er eines jener Geschichtchen zu erzählen, die er liebte. »Saß da einmal ein Monsieur in einem Caféhaus und verlangte von einem Monsieur am Nebentisch, der möge sich weiter wegsetzen. ›Warum das, Monsieur?‹ ›Weil Sie stinken, Monsieur, und dafür müssen Sie mir mit dem Degen Genugtuung geben.‹ ›Wenn Sie darauf bestehen, Monsieur, dann werde ich Ihnen mit dem Degen Genugtuung geben. Aber ich sehe nicht, was wir dabei gewinnen könnten. Denn wenn Sie mich umbringen, Monsieur, dann stinke ich auch, und wenn ich Sie umbringe, dann stinken Sie, wenn möglich, noch mehr als jetzt‹.«

Pierre fand es übel angebracht, wie ihn der Alte durch diese hausbackene und abgeschmackte Geschichte zurechtzuweisen suchte. In Frankreich, erklärte er ablehnend, müsse man wohl den Kampf gegen die Privilegien eines übermütigen Adels auf andere Weise führen als in Philadelphia. Und dann, mit jähem Übergang, sprach er davon, wie außerordentlich schwierig es sei, Waffen für Amerika aufzubringen und zu transportieren. Er sprach offen von dem ungeheuern Risiko, welches dieses Geschäft für den Unternehmer bedeute, und er beklagte die Wortkargheit des Kongresses, der Briefe entweder überhaupt nicht erwidere oder aber Silas Deane und ihn selber mit nichtssagenden Antworten abspeise.

Franklin meinte, die Verträge Monsieurs seien ja wohl vor der Zeit seiner Ankunft abgeschlossen. Er glaube, es werde Versailles nicht angenehm sein, wenn über diese Verträge viel gesprochen und korrespondiert werde. Ihm scheine es angemessen, daß Monsieur diese Dinge weiter wie bisher mit Mr. Deane abmache, einem ausgezeichneten Kaufmann und verdienten Patrioten. Damit machte er einen großen Punkt, schloß bedeutend den Mund und schaute Pierre voll, höflich und nichtssagend an.

Der begriff. Franklin glaubte offenbar, aus Rücksicht auf Vergennes sei äußerste Vorsicht geboten, und darauf, nicht etwa auf Mißbilligung seiner Person war die Reserviertheit des Alten zurückzuführen. Das war tröstlich. Pierre sprach also nicht mehr von dem Geschäft, sondern machte Konversation über die Freiheit wie vorher. Wenn auch, meinte er, die Formen des Kampfes verschieden seien in Amerika und in Frankreich, im Grunde sei es trotzdem der gleiche Kampf. »Auf so verschiedene Gebiete sich meine Tätigkeit erstreckte«, sagte er, »ich glaube, Herr Doktor, ich habe mich auf jedem als Soldat im Kampf für die Freiheit bewährt. Ich hoffe, man wird einmal selbst scheinbar Abliegendes, sagen wir zum Beispiel meine Komödie ›Der Barbier von Sevilla‹, als eine erfolgreiche Schlacht in diesem Kampfe bezeichnen.«

Franklin sah dem schwatzhaften Mann immer mit dem gleichen, höflich prüfenden Ausdruck ins Gesicht. »Ich kenne leider Ihre Komödie nicht«, erwiderte er.

Pierre fuhr zurück, verblüfft. Er hatte noch niemals einen Menschen getroffen, der diese Komödie, doch wohl das berühmteste Lustspiel der Epoche, nicht kannte. Er lächelte ein wenig verzerrt und sagte, es werde ihm eine Ehre sein, Franklin zur nächsten Aufführung des Werkes im Théatre Français Karten zur Verfügung zu stellen. Ohne seine Hilfe werde es schwer sein, eine Karte zu erhalten, da man sich um den Eintritt Nächte lang anstellen müsse. Franklin dankte höflich, meinte indes, er fürchte, in diesen Wintermonaten werde ihm seine Gesundheit nicht erlauben, des Abends auszugehen, außer in dringlichen Fällen. Der junge William hingegen erklärte eifrig, wenn Monsieur de Beaumarchais ihm die Karte verschaffen wolle, so wäre er ihm besonders verbunden.

Man sprach noch eine Weile Gleichgültiges. Dann erhob sich der Doktor, die Audienz sichtlich beendigend, und erklärte formell, Amerika wisse die Dienste der französischen Freiheitsfreunde wohl zu würdigen. Aber es klang frostig, und Beaumarchais, obwohl ers nicht zeigte, konnte schwerlich befriedigt sein, als er ging.

Franklin bereute denn auch sein Kälte. Der Mann war unsympathisch, gewiß, aber man brauchte ihn nun einmal. Er hätte sich bezähmen und die Komplimente des Herrn mit Komplimenten erwidern müssen.

Nun ers einmal falsch gemacht hatte, wollte er wenigstens Einen Vorteil aus seinem Fehler ziehen. Offen erklärte er seinem Enkel William, er hätte sich das Vergnügen, Monsieur de Beaumarchais zu zeigen, was er von ihm hielt, versagen sollen. Man müsse in jeder Situation höflich sein, kluge Höflichkeit trage Zinsen, und er erzählte ihm die Geschichte von der Egge.

»Wurden da zwei Knechte ausgesandt, eine schwere Egge zu transportieren. Sagte der eine, der sich von der harten Bürde drücken wollte, ein Schlaukopf: ›Was hat sich unser Herr eigentlich gedacht, daß er nur uns zwei beide allein geschickt hat, diese Egge zu schleppen? Zwei Mann sind da doch viel zu wenig.‹ ›Unsinn‹, sagte der andere, der sehr stolz war auf seine Stärke. ›Zwei Mann? Ich allein kann sie tragen. Hilf mir sie aufheben, und du wirst sehen.‹ Der Schlaukopf aber, als der an-

139

dere die Last auf den Schultern hatte, fuhr fort: ›Donnerwetter, was für eine Kraft du hast, der reine Simson. So gibt es keinen zweiten in Amerika. Aber jetzt ists genug. Laß sie mich mitschleppen.‹ Der andere indes war durch dieses Lob mehr erhoben als durch die Last beschwert. ›Nichts da‹, sagte er, ›ich trag sie weiter, ich trag sie allein nach Haus.‹ Und so tat er.

Ich hoffe«, schloß Franklin, »Monsieur de Beaumarchais wird uns die Egge weiterschleppen. Wenn ers tut, ist es nicht mein Verdienst. Ich hätte lügen sollen«, bekannte er reuig. »Ich hätte dem Herrn sagen sollen, daß wir ohne seine Lieferungen und ohne seine schöne Beredsamkeit die Waffen längst hätten strecken müssen. Ich hätte höflich sein sollen. Machs also du klüger, mein Junge, und nimm dir kein Beispiel an deinem Großvater.«

Die Wintertage Franklins blieben erfüllt von lästigen Geschäften. Silas Deane schickte Lieferanten und Reeder, die ihre Dienste anboten, und drängte darauf, daß Franklin engere Verbindung mit Beaumarchais halte. Doktor Dubourg schickte Lieferanten und Reeder, die ihre Dienste anboten, und drängte darauf, daß man sich von Beaumarchais unabhängig mache. Beide schickten Leute, die Empfehlungen für Amerika haben wollten. Arthur Lee mäkelte herum an jedem Wort, das Franklin sprach oder schrieb. Franklin hörte Doktor Dubourg, Silas Deane und Arthur Lee an, erwiderte Freundliches, Unverbindliches, und ließ die Dinge treiben.

Graf Vergennes hatte ihm nahegelegt, vor der Öffentlichkeit wissenschaftliche Ziele zu verfolgen, nicht politische. Das tat er gerne. Er besuchte die zahlreichen Bibliotheken, die Königliche, die von Sainte-Géneviève, die Bibliothek Mazarin, überall mit höchster Verehrung empfangen.

Dann zeigte er sich in der Akademie. Er war Mitglied dieser exklusiven Vereinigung, der anzugehören alle Gelehrten der Welt als höchste Ehre anstrebten. Nur sieben ihrer Mitglieder waren Nicht-Franzosen, Franklin war der einzige Amerikaner.

Franklin war schon während eines früheren Aufenthalts in Paris in der Akademie erschienen. Diesmal, nachdem er seine Philosophie in die

Tat umgesetzt hatte, erregte sein Besuch noch mehr Aufsehen. Eingeführt wurde er von den Doktoren Leroy und Le Veillard. Einunddreißig von den vierzig Mitgliedern waren anwesend, alle baten sie darum, ihm vorgestellt zu werden, und hatten für ihn Worte der Ergriffenheit und der Ehrfurcht.

Dann trat man in die Tagesordnung ein. Zunächst hielt d'Alembert einen Vortrag über die Entwicklung der Sitten, nicht ohne Franklin mehrere Male ehrenvoll zu erwähnen. Dessen Französisch war noch nicht gut, und es gelang ihm nur mit Mühe, den Einzelheiten des Vortrages zu folgen. Immerhin passierte ihm diesmal kein Mißgeschick wie bei seinem letzten Pariser Aufenthalt. Damals hatte er es aufgegeben, solche Vorträge zu verstehen, er hatte blind das Vorbild der andern befolgt, gelacht, wann sie lachten, applaudiert, wann sie applaudierten, und so war es denn geschehen, daß er einmal, als der Vortragende ihn rühmte, ebenso kräftig und überzeugt in die Hände klatschte wie die andern. Im übrigen interessierten ihn die Vorträge nicht sehr. Sedaine sprach über Fénélon, La Harpe rezitierte aus dem Epos ›Pharsalia‹, Marmontel sprach über Wanderungen der Kelten. Franklin hörte allen mit würdiger Aufmerksamkeit zu, wiewohl es ihm nicht leicht fiel, die großen Augen aufzuhalten, und er mehrmals heftige Lust verspürte, sich zu kratzen. Die Mühe lohnte insofern, als sich jeder der Vortragenden bestrebte, Franklins Persönlichkeit und sein Werk in Verbindung zum Thema des Vortrags zu bringen, was vielerlei Verrenkungen nötig machte, deren sich Franklin geschmeichelt erfreute. Dann, am Ende der Sitzung, beantragte der Vizepräsident, Monsieur Turgot, der große Nationalökonom, Franklins Anwesenheit in dem Sitzungsbericht zu verzeichnen, und demgemäß wurde beschlossen.

Alle diese Geschäfte Franklins, die wenigen erfreulichen und die vielen unerfreulichen, spielten sich ab in dem feuchtkalten Pariser Winter, und die Enge und Unbehaglichkeit des Hotel d'Hambourg trug dazu bei, ihm seine Tätigkeit zu verleiden. Er fühlte sich erschöpft, er sehnte sich nach Passy zu übersiedeln, schon nannte er es ›sein‹ Passy. Doch die Installierung und die Einrichtung des Hotels Valentinois wurde und wurde nicht fertig.

Wenigstens waren die Nachrichten, die von jenseits des Meeres kamen, erfreulich. General Washington hatte die Offensive ergriffen, den Delaware überschritten und bei Trenton einen Überraschungssieg über eine starke feindliche Truppe erfochten. Wenige Tage später hatte er bei Princetown den englischen General Mawhood geschlagen und dessen Rückzug nach New York erzwungen.

Franklin, der geschickte Propagandist, wußte aus der glücklichen Botschaft höchsten Nutzen zu ziehen. In allen Zeitungen erschienen Artikel, von ihm inspiriert, die den Sieg feierten und stolze Prophezeiungen daran knüpften.

Überall war man enthusiasmiert, und der Doktor bekam bald die angenehmen Folgen zu spüren. Arthur Lee, der sich in Paris an allen Ecken und Enden durch Franklin behindert fühlte, hielt es nach diesem Sieg für an der Zeit, nach Spanien zu gehen und dort unabhängig von anderen für die Sache der Vereinigten Staaten zu wirken. Franklin beeilte sich, seinem Kollegen Pässe und Empfehlungen zu verschaffen; dann drückte er Arthur Lee kräftig die Hand, wünschte ihm Gute Reise und einen langen, erfolgreichen Aufenthalt in Madrid und sah aufatmend seinem Wagen nach.

Auch Franklins Stellung zu dem Grafen Maurepas, dem Ministerpräsidenten, wurde durch die Siegesnachricht erfreulich verändert. Madame de Maurepas hatte es Franklin nicht vergessen, daß er, als er vor zehn Jahren zum ersten Mal nach Paris gekommen war, sie und den Grafen aufgesucht hatte. Damals nämlich war Maurepas noch nicht der allmächtige Staatsmann gewesen, sondern er hatte auf seinem Schlosse Pontchartrain gelebt, dorthin in milde Verbannung geschickt von dem alten König wegen eines bösartigen Epigramms gegen die Pompadour; Franklin aber hatte den Gestürzten, dem er sich durch liberale Ideen verbunden fühlte, in seiner Verbannung aufgesucht.

Maurepas machte aus seiner freundschaftlichen Verehrung für Franklin kein Hehl. Aber die Politik, die er in der amerikanischen Frage trieb, war und blieb unentschieden.

Das hatte gute Gründe. Die letzte Ursache seiner Ernennung war ein Mißverständnis gewesen. Louis' des Sechzehnten Vater, der bigotte Dauphin, hatte in dem freigeistigen Ministerpräsidenten Choiseul einen Feind gesehen, der junge Louis, kaum zur Macht gelangt, hatte Choiseul weggeschickt und ihn durch seinen erbittertsten Gegner ersetzt, durch Maurepas. Der junge Louis war fromm wie sein Vater, überzeugt von der unmittelbaren Verbindung des Königtums mit Gott und der Kirche. Der alte Maurepas jedoch war in seinem tiefsten Wesen genau so freigeistig wie Choiseul, tolerant in religiösen Dingen und liberalen Ideen aufgetan.

Nun aber war Maurepas sechsundsiebzig Jahre alt, und die Jahre hatten ihn immer zynischer gemacht. Jetzt hatte er nurmehr Einen Ehrgeiz, den, im Amt zu sterben. So nahm er denn jede Rücksicht auf die fromme Grundstimmung seines jungen Monarchen; auf der andern Seite indes trachtete er, den Ruf eines fortschrittlichen Mannes zu wahren, und nahm also, wo immer es anging, Rücksicht auf die Meinung der fortschrittlichen Pariser Salons. In der amerikanischen Frage war es sehr schwierig, diese beiden Rücksichten zu verbinden, da die Meinung der Pariser und die des Königs einander entgegenstanden.

Maurepas' eigene Meinung in der amerikanischen Frage schillerte. Wäre er Privatmann gewesen, so hätte er sich mit leicht ironischem Wohlwollen zur Sache der Insurgenten bekannt. Ein Gemeinwesen aufzubauen auf den Prinzipien der Vernunft und der Naturreligion, das war ein reizvoller Versuch, besonders, wenn dieses Experiment jenseits des Ozeans unternommen wurde, sodaß eine Nachahmung hiezulande frühestens lange nach seinem, Maurepas', Tode zu befürchten war. Die Stellung des Staatsmannes Maurepas war nicht so eindeutig. Gewiß mußte man jede Aktion unterstützen, die England schwächte; doch konnte der Sieg von Rebellen welcher Art immer der absoluten Monarchie Frankreich nicht erwünscht sein. Versailles war mit seiner eigenen Rüstung noch nicht fertig. Versailles' Ziel mußte sein, den Konflikt zwischen Amerika und England so lange zu schüren, bis sich Versailles selber stark genug fühlte, den alten Streit mit England auszutragen. Versailles war also in dem Krieg Englands mit den amerikanischen Kolonien gegen England, aber nicht für die Rebellen. In diesem Sinne beriet der alte Minister den jungen König. Er empfahl, den Rebellen zu helfen, doch nur in sehr engen Grenzen. Er zeigte volles Verständnis für Louis' tiefen Widerwillen gegen die Insurgenten und für seine Besorgnis, ein Sieg der Rebellen im Westen könnte den aufsässigen Geist im eigenen Lande schüren.

Maurepas also war den Rebellen gegenüber sorglich neutral geblieben. Da, eines Morgens, ein wenig unerwartet, schlug die Gräfin vor, einen Empfang für Franklin zu veranstalten. Maurepas überlegte eine kleine Weile. Es war kühn, wenn man im Hause des Ministerpräsidenten den amerikanischen Emissär empfing, den Versailles offiziell nicht anerkannte. Andernteils lebte Doktor Franklin in Paris als Privatmann, er war ein Wissenschaftler von Weltruf und ein guter, alter Bekannter, dem man Höflichkeit schuldete. Nachdem der Ministerpräsident Maurepas den Amerikaner aus Gründen hoher Politik nicht empfangen konnte, stand zu vermuten, daß es die öffentliche Meinung dem Privatmanne Maurepas hoch anrechnen würde, wenn er dieses Versäumnis gutmachte, besonders jetzt, nach den militärischen Erfolgen der Insurgenten.

Im Grunde also kam dem Minister der Vorschlag Madame de Maurepas' sehr gelegen. Sie saßen, er und die Gräfin, beim Frühstück, im Palais von Versailles, in einem der kleinen, doch sehr komfortabeln Räume, welche, in der Nähe seiner eigenen Gemächer, der junge König seinem Mentor angewiesen hatte. Der Minister, sonst sehr formell, hatte bei der Gräfin Erlaubnis eingeholt, im Schlafrock zu erscheinen; der ausgedörrte, sechsundsiebzigjährige Herr hatte sich an diesem kalten Wintertag behutsam in viele Tücher einpacken lassen. Mit auffallend schnellen, lebendigen Augen, aus seinen Shawls heraus, schaute er auf die Gräfin; sie war ihre guten fünfundzwanzig Jahre jünger als er, hübsch gewachsen und sah, mit ihren schwarzen, unsteten Augen in dem ovalen Gesicht, noch recht anziehend aus. »Ein Empfang für unsern Franquelin«, meinte er und klopfte an seinem Ei herum. »Eine liebenswürdige Idee, nicht ganz unbedenklich, aber liebenswürdig. Und wie stellen Sie sich die Einzelheiten vor?« »Ich denke mir«, antwortete Madame de Maurepas, »daß die Einladungen nur von mir ausgehen, nicht von Ihnen: de part Madame de Maurepas. Der Doktor Franquelin ist ein alter Freund von mir; ein kleiner Empfang, das ist das wenigste, was ich für ihn tun kann. Natürlich würde ich meine Gäste in die Rue de Grenelle bitten.« In der Rue de Grenelle lag das Pariser Stadtpalais der

Maurepas, das große, altertümliche, wenig benutzte Hotel Phélypeau. »Eine liebenswürdige Idee«, wiederholte der alte Minister. »Das Hotel Phélypeau ist freilich ein ungewöhnlich scheußlicher Rahmen für ein Fest, und es heizt sich so schlecht. Aber schließlich ist Franquelin der Vertreter eines primitiven Volkes, und er wird sich schon keinen Rheumatismus holen. Und vielleicht«, seufzte er, »werden auch andere verschont bleiben.« »Wenn ich Sie recht verstehe, Jean-Frédéric, werden Sie also erscheinen«? fragte sie. Maurepas legte behutsam den Eilöffel auf die Untertasse und küßte ihr lebhaft die Hand. »Es wird mir ein Vergnügen sein, Madame«, erwiderte er, »unsern Freund Franquelin zu begrüßen.«

So beschloß man den Empfang für Franklin. Madame de Maurepas stellte die Liste der Einzuladenden mit Sorgfalt zusammen; geladen wurden alle Angehörigen des Hochadels, soweit sie als liberal galten. Die geschmäcklerischen Salons von Versailles und Paris fanden es eine besonders würzige Idee der Gräfin, inmitten der stolzesten Aristokratie den braunröckigen Repräsentanten republikanischer Freiheit auftreten zu lassen.

Der Doktor durchschaute das Wesen der Veranstaltung von Anfang an; er wußte, daß er vorgeführt werden sollte wie ein Tanzbär. Doch er wußte auch, daß es nicht in unfreundlicher Absicht geschah. Noch stand Paris unter dem Eindruck der Erfolge von Trenton und Princetown, und man mußte das Eisen schmieden, solange es heiß war. Er wäre lieber in modischer Tracht erschienen wie jedermann, aber es wäre zu unhöflich gewesen, die Gesellschaft zu enttäuschen, die ihn im braunen Rock des Quäkers erwartete.

Es waren erlesene Gäste, die Madame de Maurepas zu seinen Ehren versammelt hatte. Niemals während seiner früheren Monate in Frankreich hatte der Doktor so viele Träger altberühmter Namen um sich gesehen. Da war jener junge Herzog de la Rochefoucauld, der von Anfang an glühend für die Sache der Amerikaner eingetreten war. Da waren die Gräfinnen Polignac und die Prinzessin Rohan, vom Hofe der Königin, mit ihnen der Marquis de Vaudreuil; Marie-Antoinette selber war von äußerster Reserve den amerikanischen Rebellen gegenüber, doch manche der Herren und Damen ihres nahen Freundeskreises ließen es sich nicht nehmen, die modische Schwärmerei für die Sache der Insurgenten mitzumachen. Da waren mehrere Mitglieder der Familie Noailles; eine Tochter dieser Familie war verheiratet mit einem Marquis de Lafayette, einem sehr jungen Herrn, der mit Silas Deane verhandelte, um in die amerikanische Armee einzutreten. Da war der Feldmarschall de Broglie, der es Franklin nicht nachtrug, daß die Amerikaner noch immer zögerten, ihn zu ihrem Statthalter zu machen.

Franklin, in Begleitung seines Enkels William Temple, war kaum erschienen, als man ihm schon von allen Seiten zu den Siegen General Washingtons gratulierte. Er dankte würdig und erklärte, der Enthusiasmus, mit dem man in Paris die Nachricht der amerikanischen Siege aufgenommen habe, werde dem Kongreß und der Armee eine wertvolle Ermunterung sein.

Die Gesellschaft, die sich seinerzeit in der Stadt Nantes um Franklin versammelt hatte, war solid und bürgerlich gewesen, die hier im Salon der Gräfin Maurepas war hocharistokratisch und überfeinert. In Nantes waren die Frisuren fünf bis sieben Mal so hoch gewesen wie der Kopf der Trägerin; hier waren sie, wie der an diesen Dingen interessierte junge William bald herausfand, kaum ein ein halb Mal so hoch. Aber die Trägerinnen dieser Frisuren bildeten um Franklin genau den gleichen neugierigen und begeisterten Kreis, den jene in Nantes um ihn gebildet hatten, sie stellten Fragen, deren Beantwortung genau so viel Geduld erforderte, und die Aristokratinnen im Hotel Phélypeau waren genau so hingerissen von der altfränkischen, gravitätischen Liebenswürdigkeit des Doktors wie jene Damen der Provinz. »Ist er nicht entzükkend«, sagten sie, »unser Philosoph aus dem wilden Westen? Man braucht ihn nur anzuschauen, und man hat ein deutliches Gefühl von der Einsamkeit der großen Wälder.«

Ein älterer Mann wandte sich an Franklin. Der Herr, sehr sorgfältig, etwas altmodisch gekleidet, hatte ein fleischiges Gesicht und einen vollen, genießerischen Mund, die Mundwinkel aber waren gekrümmt und mißtrauisch; tiefliegende, etwas schläfrige Augen tauchten in die braunen, gewölbten Franklins. Dem war Monsieur Lenormant schon früher vorgestellt worden, und er hatte sogleich erkannt, daß dieser Herr mit Vorsicht zu behandeln war.

Monsieur Lenormant fehlte selten bei Gesellschaften, die im Hotel Phélypeau gegeben wurden. Er gehörte zu den Intimen des Hauses. Nicht als ob der Ministerpräsident geschäftliche Verbindungen mit ihm unterhalten hätte; Graf Maurepas war an Gelddingen uninteressiert, er benutzte sein Amt nicht, sich finanzielle Vorteile zu verschaffen, ganz Paris wunderte sich, daß der sonst so intelligente Mann so töricht war. Vielmehr hatte er Charlot um seiner selbst willen gern; er teilte mit ihm viele Neigungen, Geschmack, Genußsucht und die Freude an überfeinertem und an sehr derbem Theater.

Charlot war erstaunt gewesen, als er hörte, daß man den amerikanischen Rebellen ins Hotel Phélypeau gebeten hatte. Gewiß, es war große Mode, mit den Insurgenten zu sympathisieren, und es war der Mühe wert, sich den Mann anzuschauen, der den Brand im Westen angefacht hatte. Aber Jean-Frédéric de Maurepas war nun einmal keine Privatperson, er blieb auch im Hotel Phélypeau der Erste Minister des Allerchristlichsten Königs, und als solcher sollte er sichs versagen, aus purem Snobismus mitzusäen an dem bedenklichen Westwind. Freilich war er alt, Jean-Frédéric, und er rechnete wohl damit, daß erst seine Nachfolger den Sturm ernten würden.

Auf alle Fälle wollte Monsieur Lenormant die Gelegenheit wahrnehmen, dem amerikanischen Geschäftsträger etwas auf den Zahn zu fühlen. Mit harmloser Hinterhältigkeit fragte er, wie es denn nun jetzt, nach den Siegen, im Kopf eines so maßgebenden Herrn wie des Doktor Franklin die militärische Lage der Insurgenten male. Er erwartete, Franklin werde, wie das unter zehn Diplomaten neun getan hätten, in stürmische Zuversicht ausbrechen. Doch Franklin schaute sich seinen Mann an und erklärte vag, die Folgen dieser Schlachten ließen sich von hier aus nicht überblicken; bei der außerordentlichen militärischen Begabung seines verehrten Freundes, des Generals Washington, brauche man sich aber um den letzten Ausgang des Krieges nicht zu sorgen.

Charlot gab im Stillen zu, daß solche Zurückhaltung sehr klug sei. Sie hatten den rechten Mann herübergeschickt, die Meuterer, einen durchtriebenen Fuchs, einen falschen Biedermann, gewillt und fähig, den Hof und die Pariser Geschäftswelt hereinzulegen. Er war ein bißchen clownhaft angezogen, der Vertreter der Rebellen. Er selber, Charlot, hätte sich nicht um die Krone Frankreichs so zur Schau gestellt wie dieser schamlose Greis mit seiner eisenumrahmten Brille und dem nackten, dünnen, von keiner Perücke versteckten Haar. Aber unleugbar hatte diese Komödianterei Effekt. Und dem gelehrten Scharlatan selber schien es weiter nichts auszumachen, wenn er sich so prostituierte. Er hatte ein beneidenswert glückliches Temperament. Ein Geschäftsmann mußte vorsichtig sein mit einem so ausgeglichenen Alten.

Nun endlich kam auch Maurepas, absichtlich verspätet; er wollte zeigen, daß er diesen Empfang nicht sehr ernst nehme. Er umarmte Franklin, der dürre, nicht große, sorgfältig angezogene und hergerichtete Franzose und der mächtige, massige Amerikaner klopften einander die Schulter. Dann erzählte Maurepas jedermann, wie angenehm es sei, keine Hausherrenpflichten zu haben, er weile hier nur als Gast seiner Frau. Er hörte sich die Loblieder an, die man auf Franklin sang, und zu den Herren sagte er: »Ja, er ist ein Seneca und ein Brutus in Einem; hoffentlich hat er mehr Glück als diese beiden Politiker.« Zu den Damen aber sagte er: »Ich liebe ihn auch, unseren Franquelin; aber wahrhaftig, Frau Marquise, wenn Sie so weiter schwärmen, machen Sie mich noch eifersüchtig.«

Später erklärte er, für eine kleine Weile wolle er jetzt seinen Freund Franklin für sich allein haben. Begleitet von seinem Sekretär, Monsieur Sallé, führte er den Doktor in seine Privaträume. Da der Minister als seinen eigentlichen Wohnsitz die Gemächer betrachtete, welche ihm im Schloß von Versailles zur Verfügung standen, hatte er in dem alten, verwinkelten und während seiner langen Verbannung vernachlässigten Pariser Stadtpalais nur diejenigen Zimmer mit Liebe ausgestattet, in denen er selber wohnte und schlief.

»Ich muß Ihnen doch«, sagte er, »den Raum zeigen, der mir in diesem Hause der liebste ist«, und er führte Franklin in ein nicht großes, mit zierlichen Möbeln eingerichtetes Kabinett, dessen Wände mit schweren Seidenvorhängen bedeckt waren. »Bitte, machen Sie sichs bequem«, forderte er ihn auf. Dann, lächelnd, zog er die Vorhänge zurück.

Es hingen aber an den Wänden delikat gemalte Bilder nackter oder zumeist nackter Frauen, Bilder zeitgenössischer Meister. Da war Venus, eben den Wellen entstiegen, die Arme anhebend, den rosig silbrigen, blond beflaumten Schoß ein bißchen vorgestreckt, und jeder in Paris wußte, wer Venus war; da war zwei Mal eine der Freundinnen des alten Königs, Miss O'Murphy, nackt, auf einem Ruhelager, die zarte Wölbung ihres Hintern dem Beschauer zukehrend. »Als wir, der junge König und ich«, erzählte Graf Maurepas seinem Besucher, »uns die bisher verschlossenen, kleinen Gemächer der alten Majestät zum ersten Mal anschauten, stießen wir auf diese Bilder. Der junge König ist nicht eben ein passionierter Kunstfreund, die Zeichnungen und Bilder, die ihn am meisten interessieren, sind Landkarten; er fürchtete, die Nähe dieser Gemälde könnte ihn in der Arbeit stören. Er bat mich, sie wegbringen zu lassen. Deshalb hängen sie bis auf Weiteres hier, als Leihgabe, zugänglich nur den Kennern unter meinen Freunden«, und die Augen des alten Kunstliebhabers Maurepas glitten zärtlich die kostbaren Leinwände hinauf und hinunter.

Der alte Franklin war Wissenschaftler, für Kunst hatte er nicht allzuviel Verständnis. Die Lehre vom Schall interessierte ihn mehr als der Streit, ob Gluck oder Piccini bessere Musik mache, und Newtons Farbenlehre war ihm wichtiger als die malerischen Gesetze des Tizian oder des Rembrandt. Er hatte Freude am Anblick und wohl auch am Kuß einer gesunden, hübschen, wenn möglich etwas drallen Frau; für die zarte Verderbtheit, für die überfeinerte Sinnlichkeit dieser Gemälde hatte er kein Organ. Aber er sah, wie stolz und verliebt Maurepas die Bilder betrachtete, und er sagte höflich: »Außerordentlich. Welches Licht, welche Fleischtöne. Es ehrt mich, daß Sie mich den Anblick Ihrer Schätze würdigen.« Der Minister nahm mit Bedauern wahr, wie geringes Verständnis der Mann aus Philadelphia der Kunst entgegenbrachte, doch er verbarg seine Enttäuschung.

Jovial ging er zu der Sache über, die er mit Franklin bereden wollte. »Ich liebe es nicht sehr«, sagte er, »mich amtlich zu geben, und hier gar, in diesen Räumen, fällt alles Amtliche von mir ab. Hier bin ich nichts als Mensch.« Und, vertraulich, fuhr er fort: »Darf ich Sie als Privatmann fragen, mein lieber Doktor, wie kommen Sie mit meinem Freund und Kollegen Vergennes zurecht?« »Ausgezeichnet«, erwiderte ohne Zögern Franklin. »Graf Vergennes ist mir gegenüber völlig aufrichtig, und ich weiß das zu schätzen.« »Es ist mir eine große Freude«, sagte Maurepas, »daß wir bei Ihnen auf Verständnis stoßen. Wir sind uns, Vergennes und ich, über die Richtlinien unserer amerikanischen Politik einig.«

Franklins große, gewölbte Augen betrachteten nachdenklich und abwesend die obszönen Bilder, den Schoß der Venus, die zarten Hüften Miss O'Murphys. Wenn ihn Maurepas vor diese Malereien geführt hatte, so war das zweifellos nur geschehen, um Gelegenheit zu einer vertraulichen politischen Aussprache zu haben. Er, Franklin, durfte sich nicht auf leere Höflichkeit beschränken, er mußte vorstoßen. »Offen gestanden«, klagte er, »fällt mir das untätige Warten, zu dem Versailles mich verurteilt, nicht leicht. Passiv zu bleiben ist hart für den Vertreter eines Volkes, das, aufs Äußerste gereizt, einen Kampf um seine Existenz führt. Ich muß damit rechnen, daß meine Zurückhaltung in meiner Heimat mißdeutet wird, ganz abgesehen davon, daß meine Kollegen mit einer solchen Politik keineswegs einverstanden sind.« Maurepas lächelte. »Ja, ja«, meinte er, »wir Alten haben zuweilen unsere Not mit den jüngeren Herren. Es dauert Jahrzehnte, ehe man lernt, daß Politik mit dem Verstand gemacht sein will, nicht mit dem Herzen«, und mit einem kleinen Seufzer zog er die schweren Seidenvorhänge wieder vor die Bilder.

Franklin war froh, die ärgerlichen, verwirrenden Darstellungen, die ihm überdies anatomisch nicht zu stimmen schienen, nicht mehr sehen zu müssen. Er schwieg, wartete ab, was Maurepas weiter sagen werde. Der, nach einer kleinen Weile, fragte geradezu: »Sie finden, das Opfer Ihrer Zurückhaltung ist mit unsern zwei Millionen nicht hoch genug bezahlt?« Das fand Franklin, und er antwortete: »Es ist, wie ich sagte. Die Zögerpolitik der Regierung macht unsere Situation hier ein bißchen lächerlich.« »Ein Doktor Franklin«, erwiderte höflich Maurepas, »wirkt niemals lächerlich. Noch niemals hat sich Paris vor einem Weisen aus der Fremde so tief verneigt wie vor Ihnen.« »Wir sind dankbar«, antwortete Franklin, »für die Liebe und Begeisterung, die unsere Sache bei den Parisern findet. Aber wir hatten gehofft, die offenbare Gemeinsamkeit unserer Interessen werde intimere Beziehungen herstellen auch zwischen Versailles und den Repräsentanten der Dreizehn Staaten.«

Maurepas verzog die trockenen Lippen zu einem dünnen Lächeln. Der Mann aus dem Westen war bekannt für seine Simplizität; aber er konnte, wenn er wollte, auch anders, und es war ungehörig, ein Gespräch mit ihm, Maurepas, durch derart gemeinplätziges Zeug herunterzudrücken. Zwinkernden Auges betrachtete er sich seinen Amerikaner. Der saß da, massig, voll von bauernschlauer, rechenhafter Aufrichtigkeit, Vertreter einer Sache, die der Welt vielleicht nützlich, aber der französischen Monarchie bestimmt nicht ungefährlich war. Maurepas mußte es diesem falschen Biedermann zeigen, daß er ihn und seine Politik durchschaute.

»Ich werde alt«, sagte er, »und halte es für an der Zeit, meine Erfahrungen zum Nutzen der Welt niederzulegen. Ich schreibe an meinen Memoiren, das heißt«, verbesserte er sich, auf den Sekretär weisend, »mein guter, verlässiger und schweigsamer Sallé schreibt meine Memoiren. Sallés Bestreben ist, meine aufrichtige Meinung zu äußern. Ich habe vor meinem alten Freunde Franklin keine Geheimnisse. Berichten Sie, mein lieber Sallé, was schreiben wir in unsern Memoiren über die Beziehungen Versailles' zu den aufständischen Kolonien?«

Franklin hatte von diesen Memoiren schon gehört. Der sechsundsiebzigjährige Maurepas machte kein Hehl aus seiner Absicht, ungeschminkte Denkwürdigkeiten zu hinterlassen, die gleich nach seinem Tode veröffentlicht werden sollten. Wollte er einen Freund oder einen Feind einschüchtern, dann drohte er schelmisch: ›Sehen Sie sich vor, mein Teurer, Sie könnten eine ungünstige Figur in meinen Memoiren machen‹, und beobachtete mit Vergnügen das etwas verzerrte Lächeln des Angeredeten.

Franklin hatte sich von Anfang an gefragt, wozu der Minister den Sekretär mitgebracht habe. Jetzt, durch seine eisenumrahmte Brille, beschaute er sich den Mann, der bisher dagesessen war, farblos, schweigsam, wie nicht vorhanden. Die beiden, der Minister, der einen andern zu seinem Schatten entkörperte, und der andere, der sich so entwesen ließ, waren ein lehrreiches Beispiel dessen, was der Despotismus aus den Menschen machte. Und nun tat Monsieur Sallé den Mund auf, und die Stimme war, wie Franklin vermutet hatte, erloschen und schollerig. »Wir sind alt«, sagte diese Stimme her wie die eines Schreibers, der Akten herunterliest, »und haben mancherlei gesehen. Wir haben Menschen sich drehen und wenden sehen mit so unverschämter Schnelle, daß wir solchen Wechsel und solche Schwankungen nicht glaubten, wenn wir sie nicht selber erlebt und manchmal auch selber gemacht hätten. Da haben zum Beispiel erst vor kurzem die englischen Kolonisten in Amerika einen blutigen Krieg gegen uns geführt. Sie sind barbarisch eingefallen in Territorien, die wir besiedelt und zivilisiert hatten. Und vor noch kürzerer Zeit, als sich England gezwungen sah, einem Teile Kanadas französische Lebensart zu belassen, haben diese englisch-amerikanischen Kolonisten das französische Regime, die französischen Sitten, die katholische Kirche mit wüstesten Beschimpfungen verfolgt. Und jetzt kommen diese gleichen englisch-amerikanischen Kolonisten zu uns und fragen harmlos lächelnd: ›Sind wir nicht Freunde? Haben wir nicht dieselben Interessen?‹«

Der alte Benjamin Franklin, mit seinem großen, breiten Mund, lächelte und sagte: »Sind wir nicht Freunde? Haben wir nicht die gleichen Interessen?« und er legte einen ganz kleinen Ton auf das ›Sind‹ und das ›Haben‹. Dann fuhr er liebenswürdig fort: »Aber ich darf das Lob, daß wir diese Erkenntnis als die Ersten gehabt hätten, nicht ohne weiteres annehmen. Wenn mich nicht alles trügt, dann kam, bevor wir uns mit Paris ins Benehmen setzten, von dort jemand zu uns, ein Mann, entsandt vom Grafen Vergennes, ein gewisser Monsieur Achard de Bonvouloir, und erklärte uns, wir dürften auf jede Unterstützung von Seiten Frankreichs rechnen, wenn wir uns von England lossagten.«

»Hatte er etwas Schriftliches, Ihr Monsieur de Bonvouloir?« fragte der Minister. Und da Franklin schwieg, setzte er liebenswürdig belehrend hinzu: »Nun also. Dann existiert er doch nicht. Dann tritt er in Erscheinung doch nur, wenn wir ihn brauchen können. Können wir ihn brauchen?« fragte er den Sekretär.

Aus dem Munde Monsieur Sallés erscholl es farblos: »Das französische Reich und die englischen Kolonien Amerikas haben zwei gemeinsame Interessen: England zu schwächen und mit einander Handel zu treiben. Darüber hinaus sehen wir nur Gegensätze. Die absolute Monarchie Frankreich hat kein Interesse daran, ihren Untertanen das Schauspiel einer siegreichen Empörung vorzuführen.«

Nun also wußte Franklin, zu welchem Zweck der alte Diplomat ihn allein hatte sprechen wollen. Er wollte ihm auf seine verschnörkelte Art klar machen, daß es rein persönliches Wohlwollen war, wenn er und Vergennes ihn unterstützten, er wollte ihm vorführen, daß er, Franklin, ein Mann war, der nichts zu bieten hatte und sehr viel verlangte. Aber so simpel lag die Sache nun doch nicht. Wenn Frankreich es geschehen ließ, daß Amerika sich England unterwerfen mußte, dann war es nur eine Frage der Zeit, daß England und Amerika vereint herfielen über Frankreichs westindische Besitzungen, über die reichen Zuckerinseln. Das war kein starkes Argument, aber, richtig präsentiert, ließ es sich hören.

Doch Maurepas glaubte, dem andern jetzt zur Genüge gezeigt zu haben, daß er sich nicht dumm machen ließ. Noch bevor Franklin erwidern konnte, sagte er: »Aber ich habe sie lange genug den Gästen der Gräfin entzogen«, und sie schickten sich an, in den Empfangssaal zurückzukehren.

Dort hatte sich, während Franklin weg war, die allgemeine Aufmerksamkeit dem hübschen Jungen zugewandt, den der Alte mitgebracht hatte, seinem Enkel. Der hatte rasch herausgefunden, daß er in Gegenwart des Großvaters am besten daran tat, den zärtlichen, ehrfürchtig bemühten Enkel zu spielen. Sobald aber der Alte aus dem Weg war, wurde William aktiv. Er trug sich sorgfältig, modisch, er hatte gelernt, den Damen Komplimente zu sagen, und er hatte die Erfahrung gemacht, daß sein schlechtes Französisch diese Komplimente nur würzte. So hatte er jetzt eine gute Zeit.

Noch ein anderer Herr war mittlerweile gekommen, der Madame de Maurepas' Gäste interessierte: Monsieur de Beaumarchais. Es war erstaunlich, ihn, einen Mann von gekauftem Adel und so zweifelhaftem Ruf, inmitten dieser erlesenen Versammlung zu finden. Aber die Gräfin hatte bedacht, daß der Name ihres Toutou mit der amerikanischen Sache so verknüpft war, daß es ihn tief hätte kränken müssen, wenn sie ihn heute ausgeschlossen hätte.

Die Einladung hatte Pierres Selbstgefühl erhöht. Trotzdem hatte er geschwankt, ob er kommen solle. War es nicht falsch, wenn er nach der höflichen Nichtachtung, die ihm Franklin bezeigte, jetzt den Eindruck erweckte, als liefe er dem Alten nach? Davon abgesehen konnte Pierre den Abend schwer frei machen. Nicht nur war er überhäuft mit Geschäften, er brauchte auch Zeit für seine Leute. Viel zu wenig kümmerte er sich um Therese, die Mutter seines zukünftigen Kindes. Auch der Zustand seines alten Vaters machte ihm Sorge; wohl war Vater Caron noch immer frisch und munter, doch diese Frische kostete ihn Anstrengung, man sah, wie er verfiel.

Trotzdem hatte sich Pierre zuletzt entschlossen, zu kommen; gerade weil sie so schwierig war, reizte ihn die Aufgabe, Franklins Widerstand zu überwinden. Er war Meister in der Kunst, Menschen zu fischen; es wäre lächerlich gewesen, die Werbung um seinen Mann so schnell aufzugeben.

Im übrigen kam auch Pierre nicht allein. Er war in Begleitung seines jungen Neffen Félicien Lépine. Der Junge war sonst sehr zurückhaltend; doch als er gehört hatte, Franklin werde da sein, hatte er sich überwunden und den erstaunten Onkel gebeten, ihm eine Einladung zu diesem Abend zu erwirken. Es trieb ihn, den bewunderten Mann aus der Nähe zu sehen.

Vielleicht auch hatte er gehofft, die Prinzessin Montbarey werde da sein und ihre Tochter Véronique. Er hatte richtig gerechnet. Und da Franklin vorläufig nicht sichtbar war, so näherte er sich scheu dem Mädchen. Véronique begrüßte ihn ernsthaft, und sie blieben bei einander. Sie warteten auf Franklin, und daß sie gemeinsam warteten, war Freude.

Auch Pierre wartete. Er war sehr zuversichtlich, er war gut in Form, und weit im Umkreis hörte man zu, wenn er sprach. Er erzählte von den Siegen bei Trenton und Princetown und erging sich mit Sachkenntnis über die militärische Lage. Er sprach mit Wärme.

Unter denen, die ihm zuhörten, war Charlot. Jener geheime Wetteifer, wer von ihnen beiden in der amerikanischen Sache recht behalten werde, dieser leise, unterirdische Wettstreit hatte sich verschärft und gab ihren geschäftlichen und menschlichen Beziehungen eine besondere Farbe. Die militärischen Siege der Amerikaner erhöhten Pierres geschäftliche Chancen, und daß jetzt Charlot unter seinen Zuhörern war, verlieh seinen Worten noch mehr Witz und Glanz. Charlot hörte eine Weile still und freundlich zu, wie das seine Art war. Aber er merkte wohl die leise Herausforderung in Pierres Worten. »Ihre Zuversicht ist erfreulich, mein lieber Pierrot«, sagte er schließlich. »Ich habe vorhin Gelegenheit gehabt, mit Doktor Franklin zu sprechen. Er ist nicht ganz so optimistisch.« Um Charlots Lippen war jenes fatale Lächeln, und ein kleines Frösteln überkam Pierre. Aber es verging schnell, er sprach mit doppelter Überzeugung weiter, und er hatte das Ohr seiner Zuhörer. Von Neuem verfielen Véronique und Félicien dem Zauber, der von ihm ausging. Sie wußten, für diesen Mann hatte es nicht erst der Ankunft Franklins und nicht erst des modischen Anreizes bedurft, ihn zum Anwalt Amerikas zu machen. Gläubig hörten sie seine Worte und begannen zu zweifeln, ob sie ihm nicht an jenem Abend in Etioles unrecht getan hätten.

Mittlerweile waren Franklin und Maurepas zurückgekehrt. Der Doktor war nicht darauf gefaßt gewesen, Monsieur de Beaumarchais hier zu sehen; sein Freund Dubourg zum Beispiel hätte schwerlich in dieser exklusiven hocharistokratischen Gesellschaft Zutritt gefunden. Aber er bezwang sich und begrüßte Pierre mit besonderer Herzlichkeit. Der war erstaunt und freute sich, daß der launische Alte seine unverständliche Haltung jetzt offenbar bereute. Er gratulierte ihm zu den Siegen bei Trenton und Princetown mit solchem Schwung, als ob Franklin sie persönlich errungen hätte. Ein Gespräch kam zustande, die andern sammelten sich um die beiden, Pierre war erfüllt von Genugtuung, zusammen mit Franklin Mittelpunkt zu sein.

Von Neuem, gerade um es Charlot zu zeigen, erging er sich über die militärischen Chancen der Amerikaner. Er hatte diese Frage studiert, er hatte darüber in seinen Memoranden an den König und an die Minister ausführlich berichtet. Die Amerikaner, setzte er auseinander, seien unbesieglich durch die Weite ihres Raumes. Die trainierten Truppen der Engländer könnten zwar die Städte nehmen, Washingtons Abteilungen aber hätten die Möglichkeit, sich immer weiter in das grenzenlose Hinterland zurückzuziehen, in die weglosen, unzugänglichen Wälder, um von dort aus durch ständige Vorstöße einen Aufreibungskrieg zu führen gegen die englischen Generäle.

Franklin hörte freundlich und aufmerksam zu, wie das seine Art war. Er hatte sich vorgenommen, Geduld und Verständnis für diesen Monsieur aufzubringen, er anerkannte sein rhetorisches Talent, seinen Witz, seine Leichtigkeit, die Gewandtheit seiner Übergänge. Auch war, was er vorbrachte, nicht ganz unrichtig. Es war natürlich gefärbt mit der Romantik, mit der man nun einmal hierzulande die amerikanischen Dinge ansah, aber nicht abzustreiten war die Möglichkeit, daß man schließlich wirklich genötigt sein könnte, einen schlimmen Rückzug in siedlungsloses Hinterland anzutreten. Doch wiewohl sich der Doktor dies alles vorhielt, fand er es schwer erträglich, den aufgeputzten, wohlduftenden Herrn in seinem geschwinden Französisch von diesen bösen, herzdrückenden Dingen reden zu hören, und trotz seines Willens zur Geduld kehrte seine alte Gereiztheit zurück.

»Es wäre bitter, Monsieur«, sagte er, »wenn wir zu dieser Methode der Kriegsführung gezwungen würden. Es wäre eine kostspielige Methode. Ein großer Teil unserer Bevölkerung wohnt in Städten. Wir haben da Boston, Baltimore, New York, Philadelphia, welche Stadt nach London die größte ist unter allen englischsprechenden Städten. Stellen Sie sich vor, wenn Sie den Aufenthalt in Paris vertauschen sollten mit einem Leben in den Wäldern.«

Pierre war enttäuscht, erbittert. Es war sein überzeugtes Herz gewesen, das da sprach, und was er gesagt hatte, ließ sich rechtfertigen vor dem Verstand. Und nun hatte dieser Franklin ihn beschämt vor Charlot. Er schaute Charlot nicht an; es fiel ihm schwer, seinen Unmut zu verbergen.

Da aber richtete Franklin den Blick voll auf ihn, ein freundliches Lächeln ging über sein ausgedehntes Gesicht, und er sagte: »Im übrigen haben Sie recht, Monsieur. England hat dreimal mehr Menschen als wir, es hat trainierte Armeen, eine große Flotte und viele gemietete Söldner, aber es hat keine Chance, weder politisch, noch militärisch. England wird unsere Unabhängigkeit anerkennen müssen, es wird zugeben müssen, daß wir aus diesem Konflikt stärker herausgehen, als wir hineingegangen sind.« Und er erzählte eine seiner Geschichten: »Erspähte da einmal ein Adler ein Kaninchen, tauchte hinunter, packte es und riß es hinauf in die Luft. Aber das Kaninchen war eine Katze und krallte sich ihm in die Brust. Der Adler öffnete seine Fänge und wollte die Katze fallen lassen. Doch der Katze war der Sturz zu gefährlich, sie krallte sich fester und sagte: ›Wenn du mich los sein willst, Adler, dann mußt du mich gefälligst da niedersetzen, wo du mich hergeholt hast.‹«

Das war eine hausbackene Fabel für die Herrschaften, die groß geworden waren mit den Fabeln und frivolen Geschichten Lafontaines. Aber sie ging ihnen ein, sie lächelten beifällig, nachdenklich. Sie spürten, daß hinter den schlichten, altväterlichen Worten eine große Überzeugung stand, und daß der Alte, wenn er nur gewollt hätte, seine Meinung auf eine ihnen mehr gemäße, geistreiche Art hätte ausdrücken können.

Pierre hätte eigentlich zufrieden sein müssen, daß ihm Franklin nun doch noch recht gegeben hatte. Er lächelte auch beifällig, ja, er klatschte leicht in die Hände. Doch es überfiel ihn, während er mit seinem Nachbar witzig und überlegen weiterplauderte, mit einemmal ein Gefühl der Hilflosigkeit. Was ihn bedrückte, war die Erkenntnis, daß dieser Mann so viel größer war als er selber, und daß er, Pierre, vor ihm versank.

Für einen Augenblick war ihm, als erlebe er einen Sturz, einen Zusammenbruch wie nie vorher. Da war er sein ganzes Leben lang überzeugt gewesen, es komme nicht darauf an, zu sein, sondern zu scheinen. Pas être, paraître. Auf diese Überzeugung hatte er seine innere und seine äußere Existenz gestellt. Nicht die Gedanken, die einer dachte, zählten, sondern diejenigen, die er von sich gab. Nicht das Geld, das einer besaß, zählte, sondern das, welches er in der Gegenwart anderer springen ließ. Nicht die Ideale, die einer in der Brust trug, zählten, sondern diejenigen, zu denen er sich vor der Welt bekannte. Das war Pierres Credo gewesen. Und nun saß da vor ihm ein Mann, strengte sich nicht an, war nicht geistreich, redete wenig, und was er redete, war hausbacken von Inhalt und hölzern im französischen Wort. Und trotzdem wirkte durch seine bloße, schlichte, freundliche, ehrwürdige Gegenwart dieser Mann mehr als er selber durch das prasselndste Feuerwerk des Geistes. Wozu eigentlich hatte da er, Pierre, sein Leben lang seine anstrengende Rolle gespielt, die Rolle des Mannes, der selbst in der widerwärtigsten Situation überlegen lächelt und alle Gefahren mit einem Witz abtut?

157

Doch die Verzweiflung dieses Erlebnisses dauerte nur einen Augenblick, sie verdichtete sich kaum zu Worten, und das Gesicht Pierres, während das Bewußtsein seiner inneren Leere ihn überschlich, blieb das gleiche, höflich lächelnde. Es mochte sein, daß er trotz seiner aufmerksamen Miene nicht alles gehört hatte, was sein Gesprächspartner, der junge Chevalier du Buysson, zu ihm sagte, aber das Wesentliche hatte er aufgefaßt, daß nämlich dieser Offizier einer aus der Gruppe jener jungen Aristokraten war, die hinüber nach Amerika wollten, um aktiv an dem Freiheitskriege teilzunehmen. Pierre verscheuchte vollends die schreckhaften Empfindungen, mit denen ihn Franklins Gegenwart erfüllt hatte, er tat, als habe sein Ohr und sein Herz ganz dem Chevalier gehört, er beglückwünschte ihn vielwortig und erklärte mit Schwung, er werde dem Chevalier mit Freuden bei der Einschiffung und der Überfahrt behilflich sein.

Franklin saß da, massig, freundlich, ruhevoll, der junge William lehnte in anmutiger Haltung an seinem Sessel; Pierre, der Chevalier du Buysson, eine Reihe anderer Gäste standen und saßen herum. Der Chevalier hatte so gesprochen, daß Franklin ihn hören mußte, wahrscheinlich waren seine Worte mehr für Franklin bestimmt gewesen als für Beaumarchais. »Auch ich«, sagte jetzt der Doktor, »finde Ihr Vorhaben höchst löblich, Chevalier. Trotzdem bitte ich Sie, die Meinung eines alten Mannes, der die Verhältnisse drüben kennt, zu bedenken, ehe Sie einen endgültigen Entschluß fassen. Monsieur de Beaumarchais hat recht gehabt, als er vorhin auseinandersetzte, dieser Krieg werde anders geführt als europäische Kriege. Man hat mir erzählt, daß vor einer Schlacht des letzten Feldzuges der Befehlshaber Ihrer Armee den englischen Kommandanten aufforderte: ›Sie haben den ersten Schuß, Monsieur‹. Von solchen Höflichkeiten kann in unserem Kriege nicht die Rede sein. Unser Krieg ist keine Folge glänzender, farbiger, heroischer Schlachten, er ist vielmehr und wird wohl auch weiter sein eine endlose Folge von höchst unheldischen Strapazen, von kleinlichen, widerwärtigen, zermürbenden Schwierigkeiten und Übeln. Bedenken Sie das, Chevalier, ehe Sie hinübergehen. Die Sache, auf die Sie sich da einlassen wollen, ist hart, bitter, trocken und langwierig.«

Ringsum war man verstummt. Der Alte hatte ohne viel Ton gesprochen wie immer, doch seine Sätze waren so eindringlich gewesen, daß der glänzende Saal und die geschmückte Gesellschaft versanken; statt dessen sah man vor sich Ödnis, Schmutz, Verlassenheit, Hunger, Krankheit, erbärmliches Sterben. Der Alte erkannte, daß er weit gegangen war. Er drückte die Schultern ein wenig zurück, schüttelte den mächtigen Kopf, daß die schütteren Haare tiefer auf den Rock fielen, hob um ein Winziges die Stimme. »Aber es wird *doch* gehen«, sagte er. »Es wird gehen. Ça ira.«

Félicien und Véronique, bei weitem die Jüngsten in der Gesellschaft, saßen da, schauten, hörten. Sie hatten Bilder Franklins gesehen, sie kannten den Spruch: ›Dem Himmel entriß er den Blitz, dem Tyrannen das Szepter.‹ Er war genau so wie seine Bilder und war ganz anders. Seine leibhafte, atmende Gegenwart hob einen hoch und erdrückte einen. Sie spürten brustschnürende Angst, als er von dem jämmerlichen und gefährlichen Einerlei des Krieges sprach und von dem kahlen Tod am Ende. Und sie atmeten auf, als er die Trübsal abschüttelte. Sie hatten alles aufgetrieben, was sie über Amerika lesen konnten, sie hatten alle aufgesucht, die ihnen darüber berichten konnten. Aber jetzt zum ersten Mal wurde ihnen Amerika wirklich. Jetzt zum ersten Mal spürten sie: diese neue, freie Welt war da. Sie hob sich herauf, die alten Mächte kämpften gegen sie, allesamt, aber sie wird nicht mehr unterzukriegen sein. Auf die beiden jungen Menschen überging die ruhige Zuversicht, die gesammelt war auf dem weiten Antlitz des alten Mannes.

3. Kapitel ———————————— Louis und Toinette

Hell, heiter, feierlich bewegte sich der Zug durch die Spiegelgalerie. Voran Garde-Offiziere, dann Louis und Toinette, dann die Herren und Damen des Dienstes, so wandelte der farbige Schwarm dahin zwischen Reihen tief sich Neigender, und die Spiegel gaben den Glanz hundertfach wider. Es war nicht einfach, an dem Zuge teilzunehmen, das Parkett war schlüpfrig, man konnte nur vorsichtig gleiten, die Füße heben durfte man nicht; zudem war man behindert, die Herren durch ihre Degen, die Damen durch die ungeheuer weiten Röcke. Aber die diesen Zug bildeten, hatten keine Mühe, sie hatten Übung, und alles war leicht, festlich, königlich, mit Ausnahme des Königs selber, der sich dick, ungelenk, watschelnd vorwärtsschob. Er hatte, der junge Louis, diesen Weg unzählige Male zurückgelegt, zur Messe und von der Messe, doch immer noch bereitete er ihm sichtliche Schwierigkeiten. Er lächelte verlegen über das ganze, fette, knabenhafte Gesicht und setzte linkisch die schweren Füße, sodaß die spalierbildenden Höflinge Sorge ankam, der König möge im nächsten Augenblick hinfallen und die um ihn in seinen Fall mit hineinreißen.

Umso leichter und anmutiger wirkte an seiner Seite Toinette. Manche unter den Zuschauern hatten wohl des öftern bösartig Spöttisches geäußert über das hochmütige, verspielte, lasterhafte Geschöpf, über die Fremde, die dahergekommen war aus ihrem Wien, nicht zum Nutzen des holden Frankreich. Doch jetzt, vor dem Angesicht Toinettes, vor dem mädchenhaft liebenswürdigen Anblick dieser dünnen, großen, strahlend jungen und höchst damenhaften Frau, verstummten Spott und Bosheit, und es blieb nur Schauen. Blendend weiß und edel kamen Hals, Schultern, Arme, Büste aus den Spitzen des Kleides, zart und hoch hob sich die Gestalt, die starkblauen Augen unter den geschwungenen, dunkelblonden Brauen leuchteten heraus aus dem langen, ovalen Gesicht, über der sehr hohen Stirn glänzte getürmt das herrliche, aschblonde Haar; die leicht gekrümmte Nase und die volle, etwas hängende Unterlippe störten nicht, sie bewahrten das Gesicht davor, harmonisch langweilig auszuschauen. So, wunderbar leichten Ganges, schritt Toinette dahin, sie schritt nicht, sie schwebte, groß, zierlich, kindhaft freundlich und doch sehr hochmütig, ganz die Tochter der Maria Theresia, die Schwester des Kaisers Josef, die Frau des Königs von Frankreich.

Lächelnd neigte sie den Kopf nach dieser Seite, nach jener, anmutig und hoch über der Menge der Höflinge zog sie einher, die liebliche, strahlende, junge Königin.

Doch die Gedanken, die hinter der heitern Stirn auf und niedergingen, waren keineswegs angenehm. Toinette hatte heute nacht wenig geschlafen. Sie hatte teilgenommen an einer Gesellschaft der Prinzessin Rohan, sie hatte gespielt, lange gespielt und hoch verloren. Sicherlich hatten Graf Mercy und der Abbé Vermond, die Berater, welche ihre Mutter ihr auf den Nacken gesetzt, schon davon erfahren. Sie werden ihr Vorwürfe machen, werden wahrscheinlich auch der Mutter nach Wien darüber berichten. Überdies wird es jetzt, nach diesem Verlust, bestimmt schlecht um ihre Kasse stehen, und sie wird Louis wieder um Geld angehen müssen.

Es sind viele Leute bei der Prinzessin Rohan gewesen, zu viele, und darunter manche, die nicht hingehörten, darin haben Graf Mercy und der Abbé recht. Es ist viel Gesindel unter den Leuten, mit denen sie da an einem Tisch gesessen und gespielt hat. Diese Marquis de Dreneux und de la Vaupalière, die abwechselnd die Bank hielten, haben sich vermutlich ihre Titel wirklich nur angemaßt, dieser Mr. Smith aus Manchester ist ein·indischer Emporkömmling, eine sehr zweifelhafte Persönlichkeit, und wenn der Herzog de Fronsac behauptet, die Herren verbesserten zuweilen ihr Glück durch ihre Geschicklichkeit, so mag er nicht ganz unrecht haben.

Sie hätte um Mitternacht aufhören sollen. Sie hat es auch gewollt, sie war schon aufgestanden. Aber dann hat sie sich von dem Prinzen Karl, ihrem Schwager, doch bewegen lassen, sich wieder hinzusetzen und ihren Verlust einzuholen. Erst da, nach Mitternacht, hat sie dann ganz groß verloren. Aber aufregend war es, wenn sie ganz ehrlich sein will, war es herrlich, und wenn es das Schönste auf der Welt ist, sehr hoch zu gewinnen, dann ist es das Zweitschönste, sehr hoch zu verlieren.

Aber sie darf doch nicht so weitermachen, es wäre unvernünftig, sie ist jetzt einundzwanzig, da darf sie sich nicht mehr so gehen lassen. Sie hat sich auch fest vorgenommen, sie wird heute abend nicht spielen. Sehen lassen wird sie sich im Kreis ihrer Freunde, sie würden sich lustig machen, wenn sie nicht käme. Aber wenn ihr Schwager Karl ihr noch so heftig zusetzen wird, sich Revanche zu holen, und wenn er sie noch so sehr aufziehen wird, sie wird fest bleiben, keine Macht der Welt wird sie an den Spieltisch bringen.

Man war vor den Gemächern der Königin angelangt, das Cortège löste sich auf. Toinette ließ sich auskleiden. Dann, allein, atmete sie auf, tief, sehr jung, streckte sich, gähnte laut.

Drei Stunden hatte sie jetzt vor sich, ehe sie sich fürs Souper ankleiden lassen mußte. Vorgesehen war für diese Zeit eine Beratung mit dem Architekten Mique, mit dem sie gründlich die Neuanlage der Gärten ihres Trianon hatte durchsprechen wollen. Außerdem hatte sich der Abbé Vermond angesagt; der kam bestimmt, um ihr im Auftrag der Mutter die Leviten zu lesen. Wenn es viel war, blieb ihr dann noch eine Stunde, sich auszuruhen. Nein, sie wird weder den Abbé empfangen, noch den Architekten. Sie wird schlafen, sie wird die ganzen drei Stunden schlafen, um heute abend frisch zu sein und der Versuchung des Spieltisches zu widerstehen.

Da saß sie in ihrem weiten, feierlichen Schlafzimmer, und hinter schweren, kostbaren Vorhängen stand mächtig das Bett. Sie saß da, im Négligé, eine einundzwanzigjährige Frau, sehr gesund, leichten Herzens, leichten, sehr hübschen Kopfes, voll von Lebenslust, im Augenblick außerordentlich müde. Sie schaute auf das mächtige Staatsbett, voll Widerwillen. Sie dachte an die Zeremonien, die sich des Morgens und des Abends rings um dieses Bett abspielten, wenn sie aufstand und wenn sie sich niederlegte, an die Damen ihres Dienstes, die ihr da nach strenger Etikette das Hemd reichten und die Strümpfe und die Waschschüssel, jede etwas anderes, und für jede mußte sie ein freundliches Gesicht haben und ein freundliches Wort, und hundert Augen folgten jeder ihrer Bewegungen.

Lächelnd, spitzbübisch, in ihren Pantoffeln, auf den Zehen, verließ Toinette ihr feierliches Schlafzimmer. Lief über einen der dunkeln Korridore, die sich dahinter verwinkelten, lief über einen zweiten, sie kannte sich aus im Labyrinth des unendlich großen Gebäudes. Lief in eines der vielen ›Nebenzimmer‹; es war ein Zimmer, nie benutzt, nur dafür bestimmt, daß, falls Toinette einmal schwanger sein sollte, eine Dame ihres Dienstes dort übernachten könnte. Nur wenige wußten von diesem Zimmer, niemand vermutete sie dort. Toinette lief hinein, schlug die Tür zu, verriegelte sie. Warf das Négligé ab, legte sich, völlig nackend, in das schmale Bett, das keineswegs prunkvoll war. Streckte sich, gähnte gewaltig, legte sich auf die andere Seite, zog die Beine hoch. Fiel in einen tiefen, traumlosen, herrlichen Schlaf, während im Vorzimmer des feierlichen Raumes der Architekt und der Abbé warteten.

Als sich Toinette in den Gemächern der Prinzessin Rohan einfand, wurde sie, wie immer, begrüßt vom Gekläff der kleinen Hunde und vom Geschrei des Papageis. Die Prinzessin trennte sich niemals von ihren Hunden Chérie, Aimée und Joujou, und sie ließ sich nicht stören durch das Krächzen ihres Papageis Monsieur. ›Les amants arrivent, die Liebespaare treffen ein‹, pflegte der Papagei zu rufen, das war alles, was er gelernt hatte; er war uralt, es hieß, er stamme noch aus der Zeit des Regenten, er sei damals großgezogen worden in einem berühmten Absteigequartier der Hocharistokratie, daher seine Ankündigung.

Es war spät, die Gäste waren alle versammelt, am Pharao-Tisch war die Partie bereits im Gang. Aber man unterbrach sie nicht, Toinette hatte sich im Kreis ihrer Freunde, des Fliederblauen Klüngels, jedes Zeremoniell verbeten.

Prinzessin Rohan und Gabriele Polignac, Toinettes nächste Freundin, kamen ihr entgegen. Gabriele, mit ihrer sanften, warmen, lässigen Stimme, sagte: »Da bist du ja, Toinette.« Die Prinzessin Rohan aber machte ihr wortreiche Vorwürfe, daß sie nicht früher gekommen sei; sie habe viel versäumt. Ihre blassen Augen schauten noch hysterischer als sonst, und klagend, doch gleichzeitig triumphierend erzählte sie, sie habe wieder eines ihrer Gesichte gehabt. Angekündigt zunächst durch das jammervolle Heulen und Bellen ihres Hündchens Aimée, habe einer ihrer großen Toten sie besucht. Diesmal sei es der Kardinal Richelieu gewesen, und sie habe auch mit ihm gesprochen. Alle hätten die

Anwesenheit des toten Kardinals wahrgenommen, für die weniger scharfsichtigen sei das Benehmen ihrer drei Hunde, ihre Angst, wie sie dem Toten ausgewichen seien, wie sie sich geduckt und die Schwänze eingeklemmt hätten, ein deutliches Zeichen gewesen. Auch der Papagei sei verstummt, mit gesträubten Federn. Sie verlangte das Zeugnis ihrer Gäste. »War es nicht, als wäre der Kardinal leibhaft unter uns, meine Herren?« fragte sie. »Es war angenehm unheimlich«, rief vom Spieltisch her mit seiner kräftigen Stimme Graf Jules Polignac, Gabrieles Mann. Und der Marquis de Vaudreuil bestätigte: »Zweifellos hat die Prinzessin mit dem Kardinal gesprochen. Aber«, fuhr er fort, und er versteckte die Ironie unter gut gespieltem Nachdenken, »ganz so bedeutend war die tote Eminenz nicht wie die lebendige.«

Toinette pflegte, wie der ganze Fliederblaue Klüngel, nachsichtig zu lächeln über die Eigenheiten der Prinzessin Rohan, über ihre Menagerie und über ihre Visionen. Trotzdem waren die freigeistigen Herrschaften merkwürdig angezogen von diesen Visionen, sie beschäftigten sich mit ihnen, sie diskutierten die Aussprüche der Toten, und in aller Mokerie war ein Körnchen Glauben.

Die Prinzessin Rohan hatte ein hübsches, etwas hageres, zerarbeitetes Gesicht mit großen, fahrigen Augen; in ihren Worten und Gesten war etwas Brennendes, Fanatisches. Sie wurde von ihrem Mann, den sie leidenschaftlich liebte, grob vernachlässigt, sie flüchtete zu den Toten. Sie war reich, sie gab, immer inmitten ihrer Hunde und Katzen, große Empfänge. Sie konnte verblüffend gescheite Dinge sagen, sie verschwendete Geld und Zeit für ihre Freunde, die bösartige Gesellschaft von Versailles und Paris nahm ihre Anwandlungen mit gutmütiger Ironie in Kauf.

Prinz Karl begrüßte Toinette. »Das haben Sie gut gemacht, Schwägerin«, sagte er, »daß Sie meinem Rat gefolgt sind. Also los, holen wir uns Revanche.« Prinz Karl, der jüngste Bruder des Königs, war kaum zwanzig. Während Louis und Prinz Xavier, die älteren, übermäßig dick waren, sah Karl schlank und hübsch her; er war ein richtiger Lausbub, lustig, für jeden Streich zu haben, ein willkommener Teilnehmer, ja, der Urheber vieler von Toinettes Vergnügungen.

Toinette schielte hinüber nach dem Spieltisch, hörte das leise Klirren der Münzen, das matte Aufschlagen der Karten. Doch sie beherrschte sich. »Nein«, sagte sie, »ich spiele heute nicht. Ich bin nur gekommen, euch zu sehen. Ich hatte einen angestrengten Tag, die Messe, den Empfang der Gesandten. Aber hier bin ich«, und sie schaute strahlend um sich.

Auf die Dauer indes konnte sie das verlockende Bild des Spieltisches nicht ertragen. Sie nahm ihre Freundin Gabriele um die Schulter und führte sie in das kleine Kabinett nebenan.

Der Marquis de Vaudreuil, der ansehnlichste unter den Herren des Fliederblauen Klüngels, saß, ein wenig abgesondert von den übrigen, auf einem Sofa mit Diane Polignac, der Schwester des Grafen Jules, der Schwägerin Gabrieles. Einen Augenblick dachte er daran, den beiden Damen, wie sie langsam und anmutig, umschlungen, durch den großen Raum gingen, ein freundlich ironisches Scherzwort zuzurufen; aber es wäre geschmacklos gewesen. Er unterließ es und begnügte sich, ihnen mit den Augen zu folgen, begehrlich, mit einem kleinen, spöttischen Lächeln. Wieder, wie häufig, während er mit Diane Polignac gewandt weiterschwatze, verglich er, der Kenner, Toinette und Gabriele. Toinette war jung, lebhaft, fröhlich, ihr Gesicht zeigte kindlich unbekümmert jede Regung; angezogen und doch beinahe ergrimmt nahm Vaudreuil wieder einmal wahr, wie seltsam hochmütig im Rahmen dieses kindlichen Antlitzes die habsburgischen Merkmale wirkten, die Unterlippe, die ein bißchen hing, die kühne Nase. Gabriele ihrerseits hatte die gleiche hohe Stirn wie Toinette, doch ihre weit auseinander liegenden Augen waren viel tiefer blau unter den schwarzen Brauen, die Nase bog sich auf reizvolle Art ein wenig nach oben, das Gesicht der Achtundzwanzigjährigen mit den leicht verschlafenen Augen strahlte weiß unter dem heftig schwarzen Haar. Die zahllosen Bewunderer Gabrieles rühmten die ›himmlische Reinheit‹ dieses Antlitzes, und Vaudreuil lächelte, daran denkend, was alles sich hinter der engelhaften Miene versteckte.

Toinette setzte sich mit Gabriele in das kleine Kabinett. Der Vorhang, der das Kabinett von dem Empfangsraum trennte, war zurückgeschlagen, sodaß, was in dem Kabinett vorging, außen sichtbar blieb. Toinette hielt also ihr Antlitz beherrscht, freundlich lächelnd; doch aus dem lächelnden Munde kamen Worte unbeherrschter Klage. Schön, da man es von ihr verlangte, brachte sie Vernunft genug auf, sich des Spielens zu enthalten. Aber war es nicht schmählich, daß sie, die Königin, so gar keine Freiheit hatte? Auf Schritt und Tritt war sie behindert durch eine blöde Etikette, nicht einmal in ihren wenigen freien Stunden durfte sie tun, was ihr Freude machte, und für all den Zwang und die Entbehrung erntete sie nichts als Vorwürfe. Wahrhaftig, jedes Fischweib der Halle hatte es besser als die Königin von Frankreich.

Gabriele Polignac streichelte zärtlich den schönen Arm und die lange, zart fleischige, sehr weiße Hand Toinettes. »Möchtest du tauschen mit einem Fischweib?« fragte sie mit ihrer trägen, dunkeln Stimme. Toinette lachte, jung, kindlich. »Auf was für Ideen du kommst, Gabriele«, sagte sie.

Durch den Ausschnitt der Tür sahen sie Vaudreuil. Er schwatzte noch immer mit Diane Polignac. Gabrieles Schwägerin hatte ein hageres, dunkles Gesicht mit einer scharfen Nase, sie war eher häßlich, doch bei weitem die Klügste, nicht nur unter den Polignacs, sondern im ganzen Fliederblauen Klüngel. »Warum gibt er sich eigentlich soviel mit ihr ab?« fragte Toinette. Gabriele erwiderte nicht, langsam glitten ihre gro-ßen Augen über Vaudreuil und Diana. Toinette wußte, jedermann wußte es, daß Vaudreuil Gabrieles Liebhaber war, doch kaum je sprachen die beiden Frauen darüber. Heute, unvermutet, fragte Toinette: »Bist du eigentlich niemals eifersüchtig, Gabriele?« Gabriele, immer mit den Augen auf Vaudreuil und Diana, streichelte langsam und stärker Toinettes Arm. »Mir liegt an niemand außer an dir, Toinette«, sagte sie.

»Aber warum wirklich redet er nur mit Diane?« fragte nochmals Toinette. Gabriele, nach einem ganz kleinen Schweigen, erwiderte: »Ich denke, er hat Sorgen. Uns läßt er nichts merken, dazu ist er zu stolz, aber mit Diane kann er darüber reden, weil sie nicht schön ist.«

Toinette wußte, was das für Sorgen waren, auf welche Gabriele anspiel-te. François Vaudreuil war reich, doch das Geld zerrann ihm unter den Händen. Nun hatte Diane Polignac angeregt, Toinette möge ein altes Hofamt wieder aufleben lassen, die Stelle eines ›Intendanten der Schau-spiele und Vergnügungen der Königin‹. Toinette brauchte einen solchen Intendanten, der Marquis de Vaudreuil war dafür geeignet wie kein Zweiter, und das Amt war mit einem hohen Gehalt verbunden.

Nachdenklich schaute Toinette. Eine solche Bestallung Vaudreuils würde ihren Haushalt mit neuen sechzigtausend Livres belasten. Louis und der Finanzminister Necker werden saure Gesichter ziehen; auch ihre österreichischen Berater, der Botschafter Mercy und der Abbé Vermond werden ihr neue Vorhaltungen machen, wie überaus kostspielig ihre Freundschaft mit Gabriele sei. Dabei war das Sonderbare, daß Gabriele niemals etwas für sich selbst verlangte; sie hatte keine Bedürfnisse. Als Toinette sie entdeckt hatte, sogleich hingerissen von der himmlischen Anmut dieses sanften Gesichtes, war Gabriele arm gewesen, so arm, daß sie den weitaus größten Teil des Jahres auf ihrem traurigen, dürftigen Landsitz hatte verbringen müssen, fern in der Provinz, und nur auf zwei, drei Wochen nach Versailles hatte kommen können, um sich bei Hofe zu zeigen. Doch Gabriele hatte sich aus dieser Armut nichts gemacht, Toinette hatte List und Mühe aufwenden müssen, um sie zur Annahme der Gelder zu überreden, die ihr und den Ihren ein Leben in Versailles ermöglichten. Es war freilich eine zahlreiche und eine ausgehungerte Familie, die der Polignacs, und so bedürfnislos Gabriele für sich selber war, sie konnte nicht Nein sagen, wenn Graf Jules, ihr Mann, und seine Schwester Diane sie bestürmten, der Freundin von den Nöten der Familie zu erzählen. Da ging sie denn schließlich zu Toinette, das sanfte, lässige Gesicht leicht überrötet, die schläfrigen, verwirrenden Augen noch größer und mädchenhafter als sonst, und deutete an, ihre Leute seien wieder einmal in der Klemme. Toinette aber war die Vorstellung unerträglich, daß irgendwo im Bereich ihrer liebenswerten Gabriele Geldsorgen sein sollten, und es war ein Kitzel, ein ungeheures Vergnügen, die Freundin zu trösten und ihren Leuten zu helfen. Renten von mehr als einer halben Million Livres jährlich habe sie so über die Polignacs ausgeschüttet, hatte Mercy ihr jüngst vorgerechnet. Das Klang nach Leichtsinn und Verschwendung. Aber sollte sie dulden, daß sich alberne Ziffern einmischten in das einzige Glück ihres Lebens, in die Freundschaft mit Gabriele?

»Du hast recht«, sagte sie, »man muß etwas für unsern Freund François tun. Aber er wird es nicht annehmen, wenn ich ihn bitte, mein Intendant zu werden. Er ist so unheimlich hochmütig.« »Wenn irgendein anderer ihm dergleichen vorschlägt«, antwortete Gabriele, »wird ers mit Hohn zurückweisen. Nur Sie können mit ihm reden, Toinette.«

Vaudreuil hatte sich mittlerweile von Diane verabschiedet und kam jetzt quer durch den Saal auf das Kabinett zu. Kein anderer hätte die Vertraulichkeit der Königin und ihrer Freundin zu stören gewagt, aber er trat ein mit lässiger Selbstverständlichkeit. Er setzte sich zu den Damen. Er bewundere Toinette, sagte er, daß sie sich so lange und so standhaft des Spielens enthalte.

Es war er, François Vaudreuil, der in Wahrheit den Fliederblauen Klüngel beherrschte. In den Salons von Versailles und von Paris galt der junge Prinz Karl für die Seele des Kreises: aber Vaudreuil lenkte den Prinzen. Er tat es klug, er ließ es ihn nicht merken, auch niemand sonst, er blieb im Schatten. Doch er fiel auf, ob ers wollte oder nicht. Das volle, starke Gesicht des Dreißigjährigen mit dem üppigen, frechen Mund, mit den braunen, etwas finstern Augen unter den dicken, tiefschwarzen Brauen und mit der kühnen, schöngewölbten Stirn war überaus männlich. Vaudreuil war interessiert an geistigen Dingen, er hatte beinahe alle Pariser Schriftsteller von Namen zu Freunden; in den Liebhaberaufführungen des Hochadels war er der beste und der am meisten gesuchte Darsteller. Unzählige Gerüchte hefteten sich an seinen Namen. Weit über Paris hinaus erklärte man, unter den Männern Frankreichs wirkten auf die Fantasie der Frauen am meisten der Schauspieler Lekain, der Schriftsteller Beaumarchais und der Marquis de Vaudreuil.

»Sie haben recht, François«, sagte Toinette, »es ist verwunderlich, daß ich nicht spiele. Es bleibt einem nichts andres übrig als das Spielen, so monoton sind unsere Vergnügungen. Meine Feste und Veranstaltungen kommen mir noch dilettantischer vor als diejenigen, die ich als Kind in Schönbrunn gesehen habe. Meine gute Campan und auch die Lamballe haben keine Einfälle. Wir haben soeben davon gesprochen, Gabriele und ich. Ich möchte das Amt eines Intendanten wieder einführen«, schloß sie beiläufig und tapfer.

Vaudreuil saß da, elegant, lässig, doch seine starken Brauen hatten sich um ein Kleines mehr zusammengezogen. Er schaute von einer der beiden Damen zur andern, und es war erstaunlich, wie gewalttätig mit einemmal sein Gesicht aussah. Die braunen Augen waren erschreckend düster, die dicken Brauen drohend, gefährlich; Vaudreuil war gefürchtet um seiner jähen, heftigen Zornesausbrüche willen.

Gabriele erhob sich eilig. »Ich denke, ich sollte wieder zu den andern gehen«, sagte sie und entfernte sich.

»Ernstlich, François«, sagte Toinette, als sie allein waren, »ich brauche einen Intendanten, das werden Sie zugeben. Und es gibt keinen außer Ihnen.«

Wer vom Hauptsaal in das kleine Kabinett hineinblickte, der gewahrte einen Vaudreuil, der in vorbildlicher Haltung dasaß und mit der Königin eine ehrerbietig galante Konversation führte. Toinette indes sah, wie leidenschaftlich es über sein bemüht lächelndes Gesicht wetterte. Toinette kannte ihren François. Ihre Beziehungen waren kompliziert und erregend. Louis war ein Mann bloß dem Namen nach; ein körperlicher Fehler hinderte ihn, die Ehe zu vollziehen. Die Behinderung hätte durch eine einfache Operation, eine Art Beschneidung, behoben werden können; doch der junge Louis, schwerfällig und gehemmt, lehnte es ab, diese Operation vornehmen zu lassen. Sechs Jahre jetzt war Toinette mit ihm verheiratet. Die Kaiserin Maria Theresia und der alte König Louis hatten ihr unter der Anteilnahme ganz Europas mit feierlichen Zeremonien den Dauphin ins Bett gelegt, aber damit hatte es auch sein Bewenden gehabt, nichts weiter war erfolgt in diesen sechs Jahren. Das französische Volk, voll untertäniger Ehrfurcht vor dem gesalbten König, schob den Vorwurf auf Toinette, die dem Lande den Thronfolger schuldig blieb. Die Damen der Halle, die Fischweiber, sangen derbe, unflätige Spottverse, die Literaten verbreiteten elegante, obszöne Epigramme. Bei Hofe aber, und besonders im Kreise des Fliederblauen Klüngels, wußte man Bescheid. Die Galanterien der Herren wurden dringlicher, bedeutungsvoller, und der verwöhnte Vaudreuil setzte sich das ehrgeizige Ziel, mit der Königin von Frankreich, der Tochter der Cäsaren, zu schlafen. Die ungeweckte Toinette ließ sich die Huldigungen der Herren gerne gefallen, sie flirtete mit Eifer, und die dreisten, kennerischen Schmeicheleien Vaudreuils machten sie neugierig auf einen Mann, der sich so zu seinem Vorteil von Louis unterschied. Sie duldete seine streichelnden Hände, seine geübten Zärtlichkeiten.

Gewährte ihm vieles. Aber das Letzte gewährte sie ihm nicht. Auf seine bald sanften, bald gewalttätigen Bitten und Forderungen hatte sie immer nur Eine Antwort: sie sei fest entschlossen, dem König von Frankreich nur einen legitimen Dauphin zu gebären, sie setze sich nicht der Gefahr aus, ein Kind von einem andern zu empfangen.

Es gab unter den Freunden Vaudreuils keinen einzigen, der es abgelehnt hätte, Intendant der Königin zu werden. Ihm war das Angebot wie ein Schlag. Auf und ab mit seinen schönen, finstern, gefährlichen Augen schaute er Toinette. Sie sah, welche Anstrengung es ihn kostete, sein höfliches Lächeln festzuhalten, und sie mußte daran denken, wie er ihr einmal in böser Laune in Gegenwart vieler die Hand geküßt und dabei ihr Gelenk so gewalttätig gepackt hatte, daß ein blauroter Streif tagelang sichtbar blieb.

»Sie wollen mich mit einer Rente abspeisen?« fragte er, die tiefe, geschmeidige Stimme dämpfend. »Mit einem Almosen? Das ist Ihr verdammter habsburgischer Hochmut. Aber so entkommen Sie mir nicht. Ich will nicht Ihre Intendanz, Toinette, ich will etwas ganz anderes.« Es klang bitter, es klang höhnisch, es klang drohend, es klang erregend. »Nehmen Sie Vernunft an, François«, bat sie. »Was ist gewonnen, wenn eines schönen Tages Ihre dummen Gläubiger Sie zwingen, Bankrott anzusagen? Das Einzige ist, daß Sie in Versailles nicht mehr empfangen werden und ich Sie nicht mehr sehen kann.« »Dann werden Sie mich eben in Gennevilliers besuchen«, erwiderte Vaudreuil. »Die eine oder andere meiner Klitschen wird man mir wohl lassen.« »Aber das ist doch alles Tollheit«, eiferte sich Toinette. »Ich sage Ihnen, ich bin fest entschlossen, einen Intendanten einzusetzen. Wenn Sie das Amt nicht nehmen, dann nimmt es eben Besenval oder d'Adhémar oder wer weiß ich. Und die sind alle Stümper.« »Hören Sie, Toinette«, sagte Vaudreuil, »ich arrangiere Ihnen gern einmal eine Aufführung oder auch ein Fest. Aber kommen Sie mir nicht mit Ihrem Amt.« »Sie sind ungeheuer eingebildet, François«, sagte Toinette; »der Marquis de Vaudreuil läßt sich von der Königin Frankreichs nichts schenken, aber die Königin soll sich von ihm was schenken lassen. Ich bitte Sie«, sagte sie dringlich und rückte ihm ohne Rücksicht auf die draußen ein wenig näher, »nehmen Sie das Amt an, lassen Sie mich nicht im Stich.«

Vaudreuil war in Gelddingen von großartiger Unbekümmertheit. Irgendwoher kam immer Geld, ein François Vaudreuil ohne Geld war nicht denkbar. Es lag ihm wirklich nichts an dem Amt, das ihm Toinette aufdrängen wollte. Aber sie war sehr liebenswert, wie sie so auf ihn einredete, er begehrte sie sehr. »Schön, Toinette«, sagte er. »Ich werde mirs überlegen. Vielleicht werde ich der Intendant Ihrer Schauspiele und Vergnügungen. Aber das sage ich Ihnen gleich: wenn ich das Amt übernehme, dann muß ich machen dürfen, was ich will. Wenn ich einen meiner Literaten vorschicke, meinen Chamfort oder Marmontel oder Beaumarchais, dann sagen Sie mir nicht: ›Das kann ich Louis nicht zumuten‹. Ich sag es Ihnen voraus: wenn ich Ihr Intendant bin, dann werden Ihre Schauspiele und Feste anders ausschauen als jetzt. Dann wird Ihnen der Dicke eins knurren.« »Ich kann Ihnen nicht erlauben«, sagte Toinette, »den König den ›Dicken‹ zu nennen«, aber sie lächelte.

Sie ließ sich von ihm zurück in den Hauptsaal führen. »Les amants arrivent«, krächzte der Papagei Monsieur. Doch niemand achtete darauf, man war seine Ankündigung gewohnt.

Vom Spieltisch her rief Prinz Karl: »Jetzt haben Sie Ihre Beharrlichkeit lange genug bewiesen, Schwägerin. Seien Sie doch nicht so entsetzlich tugendhaft.« Und da sie zögerte, drängte er weiter: »Ich muß sowieso zu Louis dem Strengen und ihn um Geld bitten. Wenn Sie Pech haben, dann bitte ich gleich für Sie mit.« Vom Spieltisch her kam das liebliche, leise Klirren des Goldes und die gedämpften Rufe der Spielenden. Langsam trat Toinette näher, sogleich sprangen Prinz Karl und Jules Polignac auf, ihr Platz zu machen. Noch immer zögerte Toinette, aber auf ihrem Gesicht war Kampf. »Nehmen Sie meinen Platz, Madame«, forderte Graf Jules sie auf, »er hat mir Glück gebracht.« »Ich setze jetzt für Sie«, rief Prinz Karl, »zwanzig Louis zu Beginn.« »Hören Sie doch auf mit Ihren Späßen, Karl«, antwortete Toinette, aber sie trat näher an den Tisch und wartete gespannt, was herauskomme. Karl gewann, es waren jetzt hundert Louis. »Es ist Ihr Geld, Schwägerin«, sagte er leichtsinnig. »Nein, nein«, erwiderte Toinette. Dann, zögernd, sagte sie: »Aber Sie können mir fünfzig Louis leihen. Ich habe nichts mitgenommen, um nicht in Versuchung zu geraten«, und sie setzte sich hin und begann zu spielen.

Nachdem man eine Weile gespielt hatte, rief plötzlich die Prinzessin Rohan: »Die Hunde, sehen Sie die Hunde, sehen Sie Joujou.« Es war eigentlich nichts weiter an den Hunden zu sehen, sie kläfften ein wenig, doch das taten sie oft. Wohl aber hatte die Rohan ihre starren Augen, ihr ganzes Gesicht war verkrampft, verstört. »Sehen Sie sie nicht?« fragte sie mit einer erstickten, todängstlichen Stimme. »Pik zehn«, sagte Toinette. Aber: »Hört doch auf mit euerm Spiel«, rief Diane, und Gabriele, leise und liebenswürdig, fragte: »Wer ist es denn jetzt?« »Aber seht ihr sie denn nicht?« rief heftig flüsternd die Rohan. »Seht ihr denn nicht, daß es Adrienne ist?«

Es war aber Adrienne eine große Schauspielerin der kaum abgelebten Epoche gewesen, die größte ihrer Zeit, sie hatte, wiewohl sanft und ruhig, wilde Schicksale gehabt, sie war schließlich von einer Gegnerin aus der Aristokratie auf tückische Art beseitigt worden, und der Erzbischof von Paris hatte der Toten ein ehrliches Begräbnis verweigert. Zahllose Streitschriften waren damals erschienen, eine besonders berühmte, die ganz Frankreich und Europa aufgewühlt hatte, aus der Feder Voltaires.

Diese Adrienne also war es offenbar, von welcher die Rohan sprach, und obwohl die meisten hier im Saal spottsüchtig waren und schwach im Glauben an Gott, so glaubten sie doch ein wenig an die Gegenwart der toten Adrienne. Leicht überfröstelt standen sie. Der Herzog de Fronsac fragte flüsternd: »Was sagt sie denn, die Tote?« und eine Dame, ein bißchen ängstlich, erkundigte sich: »Ist sie sehr erbittert gegen uns?« »Sie ist nicht erbittert«, gab die Rohan Bescheid, »sie ist nicht rachsüchtig, sie ist eher traurig.« »Aber was sagt sie denn?« bestand Gabriele. »Sie ist traurig über uns«, erwiderte die Rohan. »Sie sagt, es hat übel begonnen, und es wird nicht gut enden.«

Ein kleines Schweigen war. Dann sagte Prinz Karl: »Ich denke, jetzt können wir mit dem Spiel fortfahren, meine Herren und Damen.« »Pik zehn«, sagte Toinette, und man spielte weiter.

Am Tag darauf, beim Lever, verabschiedete Toinette die Hofdamen des Dienstes noch schneller als gewöhnlich. Die Verabschiedeten entfernten sich ehrfurchtsvoll mit sauern Gesichtern und empörtem Geflüster.

Zweiundvierzig Damen hatten Toinette beim Aufstehen geholfen, hundertundelf andere ihre Aufwartung gemacht; für alle diese, wiewohl sie doch der Blüte der Aristokratie angehörten, hatte Toinette genau neunzehn Minuten gehabt. Für die Schneiderin – und niemand zweifelte, daß Toinette jetzt im Begriff war, mit der Schneiderin zu konferieren – für die Schneiderin wird sie wieder zwei bis drei Stunden haben. Dabei hatte Rose Bertin nicht einmal Zutritt zu den königlichen Gemächern, und man mußte das Zeremoniell drehen und wenden, um ihr Eintritt zu verschaffen in eines der ›Nebenzimmer‹.

Wenn die Damen an diese ›Nebenzimmer‹ dachten, steigerte sich ihre Erbitterung. Wer weiß, wie viele solche ›Nebenzimmer‹ Toinette sich erschlossen hatte in dem riesigen, kaum übersehbaren Labyrinth des Schlosses von Versailles, und wer weiß, was in diesen ›Nebenzimmern‹ vorging. Rundum erzählte man sich von einem Erlebnis des Obersten der Schweizer Garde, des alten, wackeren Besenval, der doch selber zum Fliederblauen Klüngel gehörte und nicht eben ein keuscher Josef war. Es war darum gegangen, ein Duell zu verhindern zwischen zwei feurigen jungen Herren des Fliederblauen Klüngels, und Toinette hatte den Obersten zu sich gebeten. Er war geführt worden über einen Korridor und eine Treppe hinauf und über einen andern Korridor und eine Treppe hinunter, und so entfernt und sturmfrei wie das ›Nebenzimer‹, in welchem Toinette ihn schließlich empfangen hatte, gab es kein zweites in Paris.

Toinette war wirklich gleich vom Lever weg, aufatmend, in eines dieser ›Nebenzimmer‹ gegangen. Da war sie jetzt mit Gabriele und mit der Putzmacherin Bertin. Sie war strahlender Laune. Sie hatte gestern nacht gewonnen. Wenn sie verlor, war das Tücke des Schicksals; wenn sie gewann, war es persönliches Verdienst und eine starke Bestätigung. Sie war also heute noch frischer und heiterer als sonst. Vergnügt sah sie im Spiegel, wie wenig der kurze Schlaf ihrem Aussehen hatte anhaben können; sie war sehr gnädig zu Rose Bertin.

Da saßen die beiden Damen, und die Bertin breitete ihre Schätze vor sie hin. Eine Flut von Spitzen, Hüten, Bändern, Federn, Handschuhen, Fächern, Stoffen, von Flitter und Schmuck aller Art ergoß sich über den kleinen Raum und glänzte zehnfach zurück aus den vielen Spiegeln.

Toinette und Gabriele, angeregt und fröhlich, wühlten in dem kostbaren Tand, die kleine, dickliche Bertin, deren rundes, stupsnäsiges, aufgewecktes Bauernmädelgesicht in drolligem Gegensatz stand zu ihrem mondän überfeinerten Geschmack, gab sachkundigen Rat, es waren zwei angenehme Stunden.

Im Vorzimmer warteten mittlerweile der Abbé Vermond und der Architekt Mique. Eigentlich hätte Toinette zuerst den Abbé empfangen sollen. Doch die Besprechung mit dem Architekten lag ihr am Herzen, und sie wollte sich nicht die Laune verderben durch die sicherlich unerquickliche Unterredung mit dem Abgesandten ihrer Mutter.

Der Architekt Mique trat ein, und sogleich vertiefte man sich in Pläne und Aufstellungen.

In den Umbau ihres Schlosses Klein-Trianon und seiner Gärten hatte Toinette ihr ganzes Herz gelegt. Von dem Augenblick an, da sie den zierlich strengen Bau zum ersten Mal gesehen, hatte die damals Fünfzehnjährige beschlossen, dieses kleine, weiße, einfache, kostbare Schloß müsse ihr gehören. Überall sonst mußte sie sich der Etikette fügen: dieses Haus sollte sich ihr anpassen. Hier in diesem Trianon wollte sie nicht Königin von Frankreich sein, sondern Toinette, eine junge Frau, die leben wollte nach ihren Wünschen.

Sie hatte sich denn auch, gleich nachdem Louis König geworden war, das Schloß von ihm schenken lassen und angefangen, es nach ihrer Manier umzubauen und einzurichten. Sie bekannte sich mit ihrem ganzen Wesen zu der neuen Richtung, die den Pomp der vorigen Generation ablehnte und schlichte, der Antike nachgebildete Linien bevorzugte. Es war eine elegante, raffinierte Einfachheit, und es war kostspielig, das Leichte, scheinbar Gebrechliche, solid zu machen. Toinette aber hängte ihr Herz daran, ihr Trianon nach diesen Richtlinien umzubauen, und die Architekten, Maler, Gartenkünstler erkannten sofort, daß sie mit einer Frau zu tun hatten, die genau wußte, was sie wollte. Toinette hatte Ideen, sie nahm nichts unbesehen hin, sie duldete keine Abweichung von dem, was ihr vorschwebte, sie redete den Künstlern ein, und die meisten ihrer Ratschläge waren gut.

Mit dem Hause selber war man fertig, es ging jetzt um die Gärten. Toinette verabscheute den steifen Prunk der gezirkelten Parks, welche das

Schloß von Versailles umgaben, sie wollte Natur, einen vorbildlichen Englischen Garten. Er sollte auf kleinstem Raum enthalten alles, was zur ›Natur‹ gehörte, Fluß und Inseln und Brücken und Bäume und Blumen und Tal und Hügel und selbstverständlich auch ein Dörfchen mit lebendigen Landleuten und lebendigem Getier, mit einer Mühle und einem Kuhstall und auch mit einem Marktplatz für ländliche Feste.

Jetzt also vertiefte sich Toinette in die Einzelheiten des Planes. »Schade«, unterbrach sie sich plötzlich, »daß das Modell noch nicht da ist, das Sie mir versprochen haben.« Es liege nicht an ihm, entschuldigte sich Monsieur Mique; es liege daran, daß das Geld für das Modell noch nicht genehmigt sei. Die ganzen vorbereitenden Arbeiten könnten viel weiter sein, wenn es nicht immer neue Schwierigkeiten gäbe wegen der Genehmigung der Mittel.

Toinette empörte sich, sie schickte sogleich nach Monsieur d'Angivillers, dem Intendanten der Königlichen Bauten. Während man auf ihn wartete, sprach sie weiter mit dem Architekten, liebenswürdig und angeregt. Sowie indes der Intendant erschien, wurde sie ganz erzürnte Herrscherin. Sie wäre ihm besonders verbunden, erklärte sie mit beißender Liebenswürdigkeit, wenn er sie darüber belehren wollte, warum eigentlich ihre Befehle nicht ausgeführt würden. Der Intendant erblaßte vor ihrer bitteren Höflichkeit. »Ich habe mir mehrmals erlaubt«, antwortete er, »Madame in aller Untertänigkeit darauf aufmerksam zu machen, daß mein Budget erschöpft ist. Ich habe strenge Anweisung, weitere Beträge nur auszuhändigen nach ausdrücklicher Genehmigung des Herrn Finanzministers. Monsieur Necker hat bisher seine Zustimmung nicht erteilt.« »Hat da nur Monsieur Necker zu bestimmen«, erkundigte sich Toinette, »oder vielleicht auch der König?« Und: »Stellen Sie die verlangten Summen bereit«, herrschte sie den Intendanten an, leise, doch so, daß kein Widerspruch möglich war. Monsieur d'Angivillers verneigte sich, ging. »Sie sehen, Monsieur«, sagte Toinette und lachte fröhlich, »es ist ganz einfach. Man braucht nur klar und französisch zu sprechen.«

Jetzt aber konnte sies nicht länger hinausschieben, jetzt mußte sie sich dem Gespräch mit Abbé Vermond unterziehen. Mit Bedauern verabschiedete sie den Architekten und ließ den Abbé bitten.

Vermond war verbittert, daß ihn Toinette gestern überhaupt nicht empfangen und heute so lange hatte warten lassen, und obwohl er sich mühte, versteckte er schlecht seinen Ärger. Abbé Vermond stammte aus bescheidener Familie, es war ein unerwarteter Glücksfall gewesen, daß ihn damals seine Obern der Kaiserin Maria Theresia als Erzieher ihrer Tochter empfohlen hatten. In Wien dann hatte sich Vermond nicht nur die Schätzung der alten Kaiserin, sondern auch das etwas widerwillige Vertrauen seiner jungen Schülerin erworben. Er war Toinettes Berater auch in Versailles geblieben, und ihre Mutter hielt darauf, daß sie nichts Wesentliches unternehme, ohne es vorher mit dem Abbé zu bereden.

Dessen Amt war nicht leicht. Toinette pflegte seine behutsamen Ermahnungen mit kleinen Scherzen abzutun. »Einmal«, so etwa sagte sie, »wird auch die Zeit kommen, wo ich vernünftig werde, Herr Abbé, aber lassen Sie mir bis dahin meine Amüsements.« Im Grunde mußte er sich darauf beschränken, ihr fehlerhaftes Französisch zu verbessern und der Kaiserin nach Wien treulich Bericht zu erstatten über alles, was das liebenswerte und ach so leichtsinnige Kind anrichtete.

Doch brachte dem Abbé sein Amt auch manche Freude. Bescheiden und geschickt wußte er das Gerücht zu verbreiten, die eigentliche Regentin Frankreichs sei Toinette und der Regent Toinettes er. Viele glaubten das, es sammelte sich ein kleiner Hofstaat um den Abbé, und häufig wärmte er sich an der Wahrnehmung, daß er, der Sohn des Handelsmannes Vermond in Sens, bei seinem Lever eine Reihe von Würdenträgern um sich sah, die Anliegen jeder Art vor seine Füße streuten.

Freilich hatte die Position Abbé Vermonds auch ihre schwache Stelle. Der sonst so umgängliche junge König Louis hatte ihn vom ersten Augenblick an nicht ausstehen können. Der Abbé war dem Wiener Hof von dem Ministerpräsidenten Choiseul empfohlen worden, er gehörte zur Partei dieses Politikers, und Louis, ohne darüber zu sprechen, konnte sich von dem Verdacht nicht frei machen, sein Vater, der Dauphin, sei von den Leuten dieses Choiseul aus dem Weg geräumt worden. Der Dauphin war unter merkwürdigen Umständen gestorben, es hieß, man habe ihn vergiftet, und Louis hielt es für sehr wohl möglich, daß der Abbé Vermond mit im Komplott gewesen war. Jedenfalls hatte er, kaum zur Macht gelangt, Choiseul ungnädig entlassen und durch Maurepas ersetzt, und dem Abbé Toinettes bezeigte er bei jedem Anlaß seine Antipathie. Niemals richtete er das Wort an ihn, und hätte nicht der Abbé an Maria Theresia eine starke Stütze gehabt, so hätte ihn sicher Louis längst fortgeschickt.

Der Abbé, sehr häßlich, riesiger Mund mit wilden, gelben Zähnen, hatte heute seine Aktenmappe bei sich. Toinette sah diese Aktenmappe mit Mißbehagen; was daraus kam, pflegte unerquicklich zu sein. Vorläufig indes ließ Vermond die Mappe ungeöffnet und machte höfische Konversation. Beugte sich über die Pläne des Trianon, die noch auf dem Tisch lagen, zeigte sich interessiert, rühmte den Erfindungsgeist Toinettes, ihren Geschmack.

Sie aber wußte, daß er nachträgerisch war, immer gekränkt, und daß er ihrs bestimmt nicht verzieh, daß sie ihn hatte warten lassen. Bald denn auch fragte er besorgt, ob denn diese neuen Umbauten nicht sehr kostspielig seien, und als Toinette nur mit einem leichtherzig hochmütigen Achselzucken erwiderte, wies er hin auf das viele mißgünstige Gerede, das über ihre Verschwendung in Paris umgehe. Sie indes antwortete unschuldig: »Mein lieber Abbé, wo ist derjenige, über den kein Gerede umgeht?« und sie lächelte ihm ins Gesicht; vielleicht dachte sie an jenes Geschwätz über die Vergiftung ihres hochseligen Schwiegervaters, des Dauphins.

Doch Vermond fühlte sich heute stark, er hatte wirklich in seiner Aktentasche ein Schriftstück, geeignet, seinen Worten Nachdruck zu geben, er wagte sich einen Schritt weiter. Wenn sie nur Königin von Frankreich wäre, meinte er, dann hätte sie gewiß das Recht, das Gerede zu verachten. So aber habe ihr Gott die schwere und segensreiche Pflicht auferlegt, Verbindungsglied zu sein zwischen den beiden großen katholischen Herrscherhäusern der Welt, zwischen Habsburg und Bourbon. Sie müsse also auch bei ihren harmlosesten Handlungen an die Folgen denken, die sie auf die Politik der Geheiligten Majestät ihrer Mutter haben könnten. Immer feindseliger spreche Paris von der ›Fremden‹, immer höher häuften sich die Pamphlete gegen die ›Österreicherin‹. Toinette, mit reizend gespielter Bestürzung, meinte, sie habe wirklich nicht daran gedacht, daß es Paris erregen und die habsburgische Politik stören könnte, wenn sie im Trianon ein paar Bäume verpflanzen lasse. Aber sie verstehe nichts von Politik. Und ob denn nun also der Abbé ihr rate, endgültig auf ihr Klein-Trianon zu verzichten.

Vermond wäre ihr am liebsten streng gekommen, aber er wagte es nicht. Zwei Mal, bei ähnlichen Anlässen, hatte er mit seinem Rücktritt gedroht. Das zweite Mal hätte man ihn um ein Haar gehen lassen, und er hatte sich peinvoll winden und drehen müssen, um die Sache wieder einzurenken. Er hatte es schwer, Gott hatte ihm eine harte Prüfung auferlegt. Dieser verdammte junge König verstand seine Verdienste nicht zu würdigen und suchte nur nach einem Vorwand, ihn wegzujagen. Und diese nette, junge Königin, die er so gerne auf den rechten Weg geführt hätte, war leider geschlagen mit dem Übel des Leichtsinns und verderbt durch die Gesellschaft der Spötter. Wenn es um ihr Plaisir ging, konnte sie überaus verbockt sein. Diesmal war sie es, und es blieb ihm nichts übrig, als den Rückzug anzutreten. Auch seinem bösen, gewaltigen Mund mit den wilden Zähnen kamen also sänftigende Worte. Er erklärte, er habe ihr nur im Sinne ihrer Frau Mutter allgemeine Ratschläge geben wollen; im übrigen wünsche er herzlich, ihr Schlößchen möge so hübsch geraten, wie sie sichs träume.

Dann aber, und nicht ohne kleine Schadenfreude, holte er wirklich aus der gefürchteten Aktentasche sein Schriftstück heraus. »Ich habe die Ehre«, erklärte er sehr förmlich, »Ihnen wieder einmal einen Brief Ihrer Frau Mutter zu überreichen«, und er gab ihr das versiegelte Schreiben.

Vor diesen Briefen hatte Toinette Angst. Sie wußte, ihre Mutter hatte sie mit einem Spionagedienst umgeben, und was immer sie tat, wurde der Kaiserin auf schnellstem Wege berichtet. Man wußte in Wien um ihre Eskapaden, ihre Toiletten, ihre Frisuren, ihre Bälle, ihre Flirts, ihre Spielverluste, um alle ihre Amüsements, und ein ständiger Regen freundlicher und strenger Ratschläge und Vorwürfe ging auf sie nieder.

Nun hegte Toinette tiefen Respekt vor der Mutter; unter allen Lebendigen war Maria Theresia nicht nur dem Range nach die Erste, sie war auch die Bedeutendste. Was sie ihr schrieb, war weise und richtig und kam aus dem Herzen. Toinette fürchtete die Mutter, schätzte sie, liebte sie. Manchmal, häufig kam sie sich hier in Versailles verlassen vor, verkauft und verraten inmitten der Fremde und der Etikette. Sie war überzeugt, der einzige Mensch, dem sie ganz vertrauen konnte, war die Mutter. Voll von widerstrebenden Gefühlen also nahm sie den Brief, den ihr Vermond überreichte. Sie erbrach das Siegel und beschaute, bevor sie es las, das dicht beschriebene Blatt als Ganzes. Der erste Teil zeigte die Hand des Sekretärs, der zweite aber die Schriftzüge ihrer Mutter. Es mußte etwas Bedeutungsvolles sein, das ihr dieser Brief eröffnen wird.

Sie las. Zunächst langsam. Dann konnte sie sich nicht bezähmen und überflog das Ende des Briefes. War überrascht. Las nochmals, das Ganze, gründlich. Ließ das Blatt sinken, schaute vor sich hin, das Gesicht verwirrt, tief nachdenklich.

Was in dem Briefe stand, erfüllte sie mit Schreck und Freude. Ihr Bruder kommt, Josef, der Römische Kaiser. Josef, der hochbegabte Herrscher, der Freigeist, vorläufig nur Mitregent Maria Theresias, auf dessen Regierungsantritt aber ganz Europa voll Furcht und voll Hoffnung wartet. Josef, von dessen glänzendem Äußern und von dessen Geist sie ihren Freunden unzählige Male vorgeschwärmt hat. Josef, der ewige Schulmeister, der sie schon, als sie noch ein Kind war, um ihrer Blödheit willen gescholten und verhöhnt hat, und der ihr jetzt alle paar Monate ungeduldige, vorwurfsvolle, sarkastische Briefe schickt. Josef, der Seppl, zu dem Toinette voll Liebe, Respekt, Schuldbewußtsein und Ärger aufsieht.

Auf alle Fälle wird es ihre Stellung in Versailles stärken, wenn sich der glänzende Bruder hier zeigt. Wenn man dann in Paris von Habsburg spricht, wird man viel mehr an den intellektuellen, freigeistigen, bürgerlich bescheidenen Josef denken als an die vergnügungssüchtige, verschwenderische Toinette. Andernteils wird sie peinliche Auseinandersetzungen mit ihm zu überstehen haben. In seinen Briefen behandelt er sie wie ein kleines Mädchen, das seine Aufgabe nicht gelernt hat; dabei hat er häufig recht, er ist so unangenehm gescheit, er hat auch nur ihr Bestes im Auge. Er ist großartig und unerträglich, und sie weiß im Voraus, seine scharfe, höhnische Art wird sie bis aufs Blut reizen.

Sie sah hoch, hinüber zu dem Abbé, der sie mit freundlichem Grinsen beobachtete. »Sie wissen um den Inhalt des Briefes, Herr Abbé?« fragte

sie. »Ja, Madame«, erwiderte er. »Weiß wohl der König davon?« fragte
sie weiter. »Ich denke, noch nicht«, antwortete der Abbé. »Ich denke,
man wird ihn wohl erst später benachrichtigen. Ihr erlauchter Bruder,
Madame, kommt incognito. Ich denke, er kommt nicht in offizieller
Mission«, und der Abbé grinste noch freundlicher.

Eine heiße Welle stieg plötzlich in Toinette hoch. Wenn Josef nicht in
offizieller Mission kam, was dann konnte er hier in Versailles wollen?
Offenbar nur Eines. Offenbar nur das, was sie am tiefsten anging. Ganz
sicher war es so. Josef wird Louis zureden, endlich jene kleine Operation vornehmen zu lassen, die es ihm ermöglichen soll, seine ehelichen
Pflichten zu erfüllen im Interesse Habsburgs und Bourbons. Das ist
keine offizielle Mission, das ist eine private Mission, das ist die wichtigste, heiligste Mission, die es gibt.

Josef pflegt durchzusetzen, was er sich vorgenommen hat; Josef hat
selbst der Mutter, dem stärksten Menschen der Welt, einiges abgetrotzt.
Josef wird den schwankenden, gleitenden Louis sicherlich dazu bringen, das Hindernis beseitigen zu lassen. Und dann? Dann wird sie dem
Lande den Erben gebären, den man von ihr fordert. Dann wird sie alles
geleistet haben, was Habsburg und Bourbon und Gott füglich von ihr
verlangen können. Dann wird sie in Wahrheit Königin sein. Dann wird
sie frei sein und leben dürfen, wie sie will.

Eine Flut verwirrender Vorstellungen überschwemmte Toinette. Sie
raffte sich zusammen. »Ich danke Ihnen, Herr Abbé«, sagte sie, sehr
damenhaft. »Sie begreifen sicher, daß ich nach dem Inhalt dieser Nachricht allein bleiben möchte.« Und der Abbé zog sich zurück, sehr ehrerbietig, nur leicht grinsend.

Louis saß an dem kleinen Tisch im Erker seiner Bibliothek. Dieser
Erker war sein Lieblingsplatz in dem riesigen Gebäude. Da saß er und
blinzelte hinunter mit seinen kurzsichtigen Augen auf die Höfe und
Einfahrtsalleen – das Fenster gewährte einen weiten Blick – und bestrebte sich, zu erraten, wer da komme und gehe.

Heute waren seine Gedanken weitab von solchem Spiel. Er saß an dem
kleinen Tisch, das junge, feiste Gesicht in beide Hände gestützt, in sich
versunken. Er war in Grün gekleidet, er hatte auf die Jagd gehen wollen.

Er ging gern auf die Jagd, Reiten und Jagen war eine der wenigen Beschäftigungen, die ihm Freude machten; auch rieten ihm die Ärzte, möglichst oft auf die Jagd zu gehen, da ohne Bewegung die Fülle seines Leibes seine Gesundheit gefährde. Gerade heute brauchte er Bewegung. Er hatte zu viel gegessen, das unterlief ihm des öftern; wenn er in Gedanken war, stopfte er unwillkürlich mehr und mehr in sich hinein. Trotzdem hatte er die Jagd aufgegeben. Monsieur Sallé, der Sekretär des Ministerpräsidenten, hatte für diesen um eine sofortige Audienz gebeten. Und wenn der alte Maurepas, sein Mentor, ihn trotz ernstlicher Erkältung zu sprechen wünschte, dann handelte es sich um Wichtiges, dann mußte er, Louis, auf sein Vergnügen verzichten und ihn anhören.

Was Maurepas will, wird sicher Unerfreuliches sein. Was man von ihm will, ist immer Unerfreuliches. Die Entschlüsse, die man von ihm will, sind beinahe stets solche, gegen welche sein Instinkt sich sträubt. Aber es ist so lästig, sich immer zu wehren, immer Nein zu sagen. Und die andern haben immer Argumente an der Hand. Es sind falsche Argumente, aber es kostet Mühe, sie zu widerlegen. Am Ende läßt er sich lieber breitschlagen und unterschreibt.

Der junge, plumpe, schwerfällige Mensch stand auf und ging hin und her. Die Bibliothek war umfangreich, Louis las gerne, vor allem Geographisches, Historisches, Politisches. Er hatte diesen Raum umbauen lassen und ihn vollgestopft mit Dingen, die ihm gefielen. Da waren Globen, Landkarten, Uhren, Kunstwerke aller Art. Porzellan vor allem; in Sèvres, in seiner Porzellanfabrik hatte er sich Statuetten der großen toten Dichter herstellen lassen, der Lafontaine, Boileau, Racine, La Bruyère. Des weiteren hatte er seine Bibliothek mit allerlei Bronze- und Schmiedewerk geschmückt. Davon verstand er was; er beschäftigte sich selber mit Metallarbeit und hatte sich oben im Schloß, unterm Dach, eine Werkstätte eingerichtet.

Vor dem Kamin machte er halt. Er streichelte das kunstvoll feine Gitter, es war merkwürdig, wie zart seine fetten, ungeschlachten Hände an das Eisenwerk rührten. Blicklos glitten seine Augen den Kamin entlang. Wieviel lieber hätte er sich mit seinen Büchern beschäftigt als mit den Dingen, die ihm sein Mentor vorsetzen wird. Was für eine mühsame, unbehagliche und niemals endende Aufgabe war es, zu regieren. Warum war er nicht geboren zum Beispiel als ein einfacher Landedelmann? Wie schön wäre es, wenn er nach Belieben auf die Jagd gehen könnte, schreiben, lesen, ein bißchen aus dem Englischen übersetzen, sich mit Geographie und mit Geschichte abgeben, Zeitungen studieren, besonders die verbotenen, englischen. Statt dessen mußte er regieren, Entscheidungen treffen, mußte sich wehren gegen Habgierige und Ehrgeizige, mußte immerfort handeln nach der kleineren Vernunft gegen die größere, gegen sein besseres Wissen und seinen Instinkt.

Seine Meditationen wurden unterbrochen durch die Ankunft des Prinzen Karl. Louis' Beziehung zu seinem jüngsten Bruder war zwiespältig. Der gutmütige Louis fühlte sich nach dem Tode des Vaters als Oberhaupt der Familie und verpflichtet, seinen Brüdern ein Helfer zu sein. Das wurde ihm aber von den beiden schwer gemacht. Von frühester Jugend an hatten sie den ungelenken ältesten Bruder verhöhnt, Prinz Xavier aus dem Hinterhalt, der höchst respektlose Karl offen und vor andern.

»Ich erwarte Maurepas«, sagte Louis, als Karl jetzt eintrat. »Ich habe nicht viel Zeit. Fassen Sie sich, bitte, kurz. Was wünschen Sie?«

»Geld«, sagte Karl.

Nun hatte Prinz Karl aus Louis während der knappen drei Jahre, da dieser regierte, außer seiner Apanage ein Schloß mit großem, rententragendem Landbesitz erpreßt und sich zudem von ihm mehrmals beträchtliche Schulden zahlen lassen, das letzte Mal vor kaum vier Monaten. Es war zu stürmischen Auseinandersetzungen gekommen, Karl hatte Louis empfohlen, sich nicht Roi de France et de Navarre zu nennen, sondern Roi de France et l'Avare. Louis hatte schließlich die Summe gezahlt, doch hatte ihm Karl das feierliche Versprechen geben müssen, in Zukunft haushälterischer zu sein.

Finster und unglücklich schaute Louis auf den Bruder. »Du hast mir doch versprochen –«, er beendete den Satz nicht, in seiner Stimme war Kummer, Teilnahme, hoffnungsloser Groll. »Dann habe ich eben gelogen«, erwiderte schlicht Prinz Karl; »das ist eine Angelegenheit, die ich mit dem lieben Gott auszumachen habe. Gib mir schon das Geld«, fuhr er fort. »Was bleibt dir sonst übrig? Sperr dich nicht lange. Spiel nicht Louis den Strengen, es steht dir nicht.« Als Dreizehnjähriger hatte einmal Louis erklärt, sein Ehrgeiz werde sein, als Louis der Strenge in der Geschichte weiterzuleben, und Karl hatte Freude daran, ihm das ins Gedächtnis zurückzurufen.

Louis raffte sich auf. »Ich werde dir das Geld nicht geben«, erklärte er mit schriller Stimme. »Ich werde dir einen Vormundschaftsrat bestellen aus meinen Ministern.« »Eine ausgezeichnete Idee«, höhnte Karl. »Ganz Paris wird dann fragen, wann du einen Vormundschaftsrat bestellen wirst für Toinette.«

Nun aber war Louis überzeugt, daß es Karl war, der Toinette in ihre Streiche und Vergnügungen hineinhetzte und in ihre leichtsinnigen Schulden. Niemals, bis an sein Ende nicht, wird Louis Karls freche Wette vom vorigen Jahr vergessen. Damals, anläßlich des langwierigen Umbaus des Trianon, hatte Karl mit Toinette um hunderttausend Livres gewettet, er werde sein Schlößchen Bagatelle binnen sieben Wochen niederreißen und völlig neuaufbauen. Das Schloß war wirklich in der festgesetzten Zeit abgetragen und völlig neu gebaut worden. Neunhundert Mann hatten Tag und Nacht daran gearbeitet, und als Baumaterial fehlte, hatte Karl sein Regiment Schweizer Garden beordert, auf den Straßen in und rings um Paris alle Wagen mit Baumaterial festzuhalten und nach Bagatelle zu schaffen. Im ganzen Land war Empörung gewesen. Prinz Karl hatte sich gerühmt, er habe hunderttausend Livres verdient, um die er also den Bruder nicht anzugehen brauche, und er, Louis, hatte Toinette die hunderttausend Livres für Karl zahlen müssen. Und da saß dieser gleiche Karl, verlangte, daß er, Louis, für neue, sinnlose Ausschweifungen zahle, und verhöhnte ihn obendrein.

»Ich verbiete Ihnen«, empörte er sich, »die Königin Toinette zu nennen.« »Schön«, fügte sich Karl, frech lächelnd, »ganz Paris wird also fragen, wann du einen Vormundschaftsrat bestellen wirst für die Königin. Oder auch: für die Österreicherin«, setzte er hämisch hinzu.

Louis war des sinnlosen Gezänks müde. »Wieviel ist es denn?« fragte er. »587 000 und einige hundert«, antwortete Karl, »ich begnüge mich aber mit 500 000.« Louis saß trüb und schlaff. »Ich schicke dir den de Laborde«, sagte er, de Laborde war sein Intendant, »damit er sich mit deinen Gläubigern auseinandersetze.« »Das sieht dir ähnlich«, sagte

Karl, »dieses kleinliche Mißtrauen.« »Und wenn er mir berichtet hat«, schloß Louis, »dann werde ich mit Necker überlegen, was zu tun ist.« »Aber nicht zu lange, wenn ich bitten darf«, sagte Karl. Beide wußten, daß Louis die Summe genehmigen werde.

Louis, allein, seufzte, schnaufte, fühlte sich bedrückt. Er knöpfte sich das Wams auf und ein bißchen auch die Hose, um sichs leichter zu machen. Immer war er unordentlich anzuschauen, häufig schmutzig, Kammerdiener und Friseur hatten ihre liebe Not mit ihm.

Es war ein verpatzter, unglücklicher Tag. Und nun stand ihm noch Maurepas bevor. Wahrscheinlich wird es wieder um Amerika gehen. Sie ließen ihm keine Ruhe mit diesen verfluchten Meuterern. Man hätte den Doktor Franklin nicht nach Paris lassen sollen. Es gab schon Freigeister und Atheisten genug in der Stadt; man brauchte keine neuen von Übersee zu holen. Und er, Louis, sollte den Rebellen auch noch Geld geben. Es war nicht recht, es war bestimmt nicht recht. Aber wenn er seinen Herren das sagte, dann deckten sie ihn zu mit Gründen, mit Gründen.

Seufzend zog er den Atem durch die dicken Nüstern der gekrümmten Nase und stieß ihn geräuschvoll wieder aus. Alle wollen Geld von ihm, Karl, Toinette, die Amerikaner. Eine wulstige Masse jungen Fleisches hockte er an dem mächtigen Schreibtisch, unbehaglich wartend.

Endlich kam Maurepas. Louis, beflissen, höflich, ging ihm entgegen, auffallend schnell mit seinen schaukelnden Schritten. Der alte Herr hatte sich trotz seiner Erkältung sorgfältig zurechtgemacht. Die Gräfin hatte ihm dringlich geraten, er solle sich schonen, er solle Louis zu sich herüberbitten oder doch wenigstens den kurzen Weg hinüber zu Louis im Schlafrock zurücklegen. Aber der Ministerpräsident ließ es sich nicht nehmen, das Zeremoniell zu wahren. Wenn es sich um amtliche Besprechungen handelte, hielt er darauf, den Monarchen in dessen eigenen Räumen aufzusuchen, im Staatskleid, wie es höfische Sitte verlangte.

An dem großen Tisch, auf dem zwischen Papieren und Schreibzeug die kleinen Porzellan-Statuen der Dichter standen, saßen sie, der junge Louis unordentlich angezogen, in schlechter Haltung, infolge seiner Fettheit weit älter aussehend als seine zweiundzwanzig Jahre, Maurepas, hergerichtet, hager, viel zu jugendlich für seine sechsundsiebzig, bemüht, sich gerade zu halten. Seine Aktenmappe lag vor ihm, Louis' weit auseinanderstehende, braune Augen schielten nach ihr, kurzsichtig.

Er habe, begann Maurepas, einen Brief erhalten von seinem österreichischen Kollegen. Kaunitz gebe eine ausführliche und sehr lichtvolle Darstellung des habsburgischen Standpunkts zu allen schwebenden Fragen. Wenn es aber nur das wäre, dann hätte er, Maurepas, den König nicht bemüht. Der Alte setzte sich anmutig zurecht und lächelte Louis an, als brächte er eine freudige Überraschung. »Ich falle mit der Tür ins Haus, Sire«, sagte er. »Ihr erlauchter Schwager, der Römische Kaiser, ist auf dem Weg nach Versailles.«

Louis' gern wandernde Augen standen jäh still, er hielt den Mund ein wenig offen, blöde vor Überraschung. Hinter seiner schrägen, fliehenden Stirn dachte es, langsam, doch nicht ohne Logik. Er hatte ja gewußt, daß ihm Maurepas Unangenehmes werde zu sagen haben. Wenn Josef kam, dann wird er, Louis, eine Menge unerquicklicher Dinge mit ihm durchsprechen müssen, vor allem diese widerwärtige Sache wegen der bayrischen Erbfolge. Der Kurfürst von Bayern war alt, die Angelegenheit wird bald aktuell werden, Maria Theresia hatte zwar erklärt, sie erhebe keinerlei Ansprüche, doch umso bedrohlichere Äußerungen lagen vor von Seiten Schwager Josefs. Louis' Herren hatten seit Monaten darauf gedrängt, er möge Josef unmißverständlich klar machen, daß Österreich in dieser Angelegenheit auf französische Unterstützung in keiner Weise zu rechnen habe. Wenn Josef jetzt kommt, wird er, Louis, gezwungen sein, ihm das ins Gesicht zu sagen. Seine Herren, Maurepas und Vergennes, werden von ihm erwarten, daß er noch weiter geht, daß er Josef zurechtweist wegen seiner unvorsichtigen Äußerungen. Er, der Jüngere, der langsam von Wort ist, soll dem sehr viel älteren Schwager, der berühmt ist wegen seiner schnellen, blitzenden, wehrhaften, sarkastischen Diktion, scharfe und energische Dinge sagen, Aug in Aug. Louis' runde, schwere Schultern wurden noch schlaffer.

Maurepas sah ihn immerzu an, freundlich und erwartungsvoll, als hätte er ihm eine wunder wie angenehme Mitteilung gemacht. Louis' dicke Wangen zuckten, seine Hände zupften nervös an den Ärmeln, er knöpfte am Wams, aber er schwieg und wartete, man hörte nichts als das Ticken der Uhren. Maurepas erriet, was in ihm vorging. Er räusperte sich umständlich, zog sein Schnupftuch, schneuzte sich, ach, wie war er behindert durch seine Erkältung. »Ich glaube, Sire«, sagte er, »dieser Besuch wird eine reine Freude werden, unbeschwert von politischen Auseinandersetzungen. Der Kaiser besucht uns incognito, er reist als Graf Falkenstein und hat sich jedes Zeremoniell verbeten. Es ist also lediglich eine Familiensache. Ich nehme an, die Römische Majestät reist diesmal sogar mit der Erlaubnis und dem Segen der erlauchten Frau Mutter. Schwager Josef besucht Schwager Louis und sagt seiner Schwester Toinette Guten Tag.«

Louis wendete das Auge von Maurepas. Mechanisch streichelte er die Porzellanfiguren des Schreibtisches. Dann, den Kopf in die Arme gestützt, brütete er. Sein mühevoll, doch gut arbeitender Verstand erspürte den Grund, aus dem der Schwager incognito kam. Doch Louis wollte es nicht wahr haben, er drückte sich vor der Erkenntnis. Schließlich, mit Anstrengung, fragte er den Alten: »Warum kommt Josef? Was will er?« Und da der Minister nur leicht grinste, schrie Louis plötzlich unerwartet schrill: »Was will er?«

Maurepas war nicht erschreckt über den plötzlichen Ausbruch. Er kannte Louis und vermochte sich vorzustellen, was in ihm vorging. Der schüchterne, gehemmte junge Mensch hatte über die Schwierigkeiten, welche der Vollziehung seiner Ehe im Wege standen, mit niemand gesprochen außer mit ihm und mit dem Arzt. Es war nicht Mangel an Mut, wenn Louis vor der Operation zurückscheute, sondern eine Mischung von frommen oder, wie es der Freidenker Maurepas in seinem Innern bezeichnete, abergläubischen Vorstellungen und einer kindlichen Scham. Und diese Dinge sollte er jetzt bereden mit dem hart zupackenden, rationalistischen Josef. Der alte Zyniker hatte beinahe Mitleid mit seinem Schüler. In leisen, höflichen Worten setzte er Louis auseinander, höchst wahrscheinlich unternehme Josef die Reise, um den Schwager zu jener kleinen Operation zu bewegen, von welcher Doktor Lassone gesprochen habe; vemutlich erhoffe sich Maria Theresia von einer solchen Operation Segen für Frankreich und für Österreich.

»Wissen denn alle –?« fragte bedrückt Louis. Er hockte unglücklich da, eine trübe, traurige Masse. In ihm wallten dunkel durcheinander die vielen Vorstellungen und Gefühle, welche sein körperliches Versagen all die Zeit her in ihm aufgerührt hatte.

Louis war verheiratet worden als Fünfzehnjähriger von seinem Groß-vater, dem alten Louis dem Fünfzehnten, damit durch seine Ehe eine Allianz geschaffen werde zwischen Frankreich und Österreich, ein ›Fa-milien-Pakt‹. Es war das geschehen auf den Rat von Ministern, welche Feinde seines Vaters, des Dauphins, gewesen waren. Louis hatte seinen früh verstorbenen Vater geliebt und verehrt, und daß seine Ehe gestiftet worden war von Männern, die seinen Vater gehaßt und wahrscheinlich ums Leben gebracht, hatte ihn von vornherein mit verdrossenem Miß-trauen erfüllt gegen alles, was mit dieser Ehe zusammenhing. Er war tief gläubig, überzeugt von der Existenz einer göttlichen Vorsehung und bedrückt von der Angst, die von den Gegnern seines Vaters gestif-tete Ehe könnte dem Himmel nicht wohlgefällig sein. Vielleicht hatte ihn Gott gerade deshalb auf solche Art, mit diesem Mangel geschaffen. Wenn dem aber so war, hatte dann er, Louis, das Recht einzugreifen? Wenn er die Operation vollziehen ließ, war das nicht ein Versuch, Gott ins Handwerk zu pfuschen?

Andernteils war nun die Ehe geschlossen, und es handelte sich nicht mehr um ihn allein. Wenn er sich dem Messer des Arztes verweigerte, beging er dann nicht ein Unrecht an Toinette? Er fühlte vor ihr große Schüchternheit. Sie war weggerissen worden aus ihrer Heimat, war hergekommen aus weiter Ferne, um von ihm begattet zu werden, um einen Dauphin zu gebären aus dem Blute Habsburgs und Bourbons. Er konnte ihr nicht geben, was ihr zukam, und wenn jetzt Josef zürnend für die Rechte seiner Schwester eintrat, wenn er Bourbon anklagte, Habsburg betrogen zu haben, so war das nur recht und billig, und er, Louis, hatte nichts, was er hätte erwidern können.

Wiederum aber mußte es einen Sinn haben, daß Gott, der ihn begnadet und gesalbt, ihm ein solches Fleisch gegeben hatte. Es war ein Konflikt der Pflichten, und da er schwer von Entschluß war, ließ er die Dinge treiben. Beharren war besser als verändern, nichts tun besser als tun. Trüb und schlaff inmitten von solchen Gefühlen und Erwägungen saß er an dem mächtigen Tisch, zupfte mechanisch an seinen Ärmeln, schwieg. Schließlich fragte Maurepas, ob er einen untertänigen Vorschlag machen dürfe. Louis, gierig, sagte: »Ja, sprechen Sie, mein Mentor.« Es gebe vielleicht, meinte Maurepas, ein Mittel, aus dieser Reise Josefs Prestige für Versailles herauszuschlagen. Und da Louis gespannt hochsah, fuhr er mit kleinem, schlauem Lächeln fort, Louis möge sich noch vor der Ankunft des Grafen Falkenstein mit Doktor Lassone verständigen und die Operation vornehmen lassen. Dann bleibe der Römischen Majestät nichts übrig, als zu gratulieren, nach Wien zurückzukehren und der Frau Mutter zu berichten, man hätte sich nicht zu bemühen brauchen.

Louis gab zu, daß das ein vortrefflicher Rat sei. Aber ein König, erklärte er errötend, dürfe nicht immer dem Verstand folgen, sondern müsse achten auf gewisse tiefere Regungen in seinem Innern. Der Minister wußte, daß das nicht nur Gerede war, sondern Louis' innerste Meinung. Louis glaubte an sein Gottesgnadentum und hielt seine Regungen und Wallungen für Weisungen des Himmels, denen zu widerstreben ihm nicht erlaubt sei. Wenn Louis wollte, war er vernünftigen Ratschlägen zugänglich; berief er sich indes auf sein Gottesgnadentum, dann war es angezeigt, nicht weiter in ihn zu drängen. Maurepas hatte erst vor kurzem wieder seinem jungen Monarchen Anlaß gegeben zu der betrübten Feststellung, daß er, der Erste Minister, lax im Glauben sei. Er hielt es für klüger, sich heute zu bescheiden.

Ohnedies fühlte er sich heute erschöpft. Er dachte an den Rat der Gräfin, sich nicht zu überanstrengen, und hätte sich am liebsten zurückgezogen. Leider war das unmöglich. Denn da war ein Anderes. Sowie Maurepas die Nachricht von Josefs geplanter Reise erhalten, hatte er überdacht, welche Folgen dieser Besuch für ihn selber haben könnte. Toinette liebte ihn nicht, Mercy und Vermond wiesen immer wieder von Neuem darauf hin, daß er kein Freund einer allzu engen Verbindung mit Österreich war, der Fliederblaue Klüngel trachtete, ihn zu stürzen. Wenn jetzt Josef sein Ziel erreichte, wenn nach vollendeter Operation die Verbindung Louis' mit Toinette enger wurde, wenn gar ein Kind zur Welt kam, dann stiegen die Chancen Mercys und Vermonds, dann war er selber bedroht. Zwar bestrebte sich Louis, seine

Politik vor den schönen, weißen Händen Toinettes zu wahren; aber er war schlaff, und keinesfalls wollte Maurepas, entschlossen, im Amte zu sterben, ein Risiko laufen. Er hatte sich vorgenommen, in der gleichen Audienz, da er Louis Josefs Besuch ankündigte, einen Vorstoß gegen Toinette zu unternehmen.

Der Minister bekämpfte also seine Schwäche, tupfte sich mit dem kostbaren Schnupftuch das Gesicht, hustete, räusperte sich. Richtete sich hoch; hager, aufrecht, elegant saß er dem bäurischen, schlaff dahockenden Louis gegenüber.

Da er nun einmal, erklärte er, die Ehre habe, dem König Vortrag zu halten, möchte er sich erlauben, eine zweite schwebende Angelegenheit zu berühren. Monsieur d'Angivillers habe dem Finanzminister eine neue Forderung überreicht für die Umgestaltung des Trianon. Nun habe, im Einverständnis mit der Königin, Louis den Hofämtern Weisung gegeben, unter keinen Umständen die einmal angesetzten Budgets zu überschreiten. Monsieur Necker möchte demzufolge die Summe nicht anweisen ohne ausdrücklichen Befehl des Königs.

Louis schnaubte unbehaglich durch die Nase. Er selber war sparsam. Es war ihm bekannt, daß Toinettes Aufwand böses Blut in Paris machte, und nun verging kaum eine Woche, ohne daß er dem höflichen, beflissenen und mißbilligenden Necker, den er nicht ausstehen konnte, Order geben mußte, gegen den Plan für den Haushalt der Königin Sonderbeträge anzuweisen. Anderseits verstand er, daß Toinette gewisse Entschuldigungsgründe hatte, wenn sie mit Geld um sich warf. Er begriff, daß die wilde Hetzjagd der Vergnügungen, die sie sich leistete, nichts war als Ersatz für die Freuden und Rechte des Ehebettes, die er ihr schmählicherweise nicht verschaffte. Selber schuldbewußt, brachte er ihr äußerste Nachsicht entgegen, und während er für sich jeden einzelnen Franc sparte, war er beinahe froh, wenn er Toinette mit Geld entschädigen konnte für jenes Andere, was er ihr versagen mußte.

»Wieviel ist es denn diesmal?« fragte er. »300 000 Livres«, antwortete Maurepas.

»300 000 Livres«, sagte Louis vor sich hin. Er nahm den Federkiel, und auf eines der zahlreichen Blätter, die auf dem Schreibtisch lagen, malte er säuberlich: 300 000, und machte allerlei Spielereien und schrieb hin:

60 000 x 5; 50 000 x 6; 25 000 x 12. Er dachte an die frechen Äußerungen gegen Toinette, die sein Bruder Karl vorhin gemacht hatte, er fragte sich, ob Karl wohl schon gewußt habe um diese neue Forderung Toinettes. Sicherlich hatte er darum gewußt, und die Vertraulichkeit des Bruders mit Toinette verdroß Louis. »300 000 Livres«, wiederholte er. Nochmals 300 000 Livres für das Trianon. Es war ein Skandal, und es wird viel Gerede geben.

Maurepas, sich der Wirkung freuend, die seine Worte hatten, trieb den Keil weiter. Wenn er sich einen Rat erlauben dürfe, meinte er, immer sehr leise und verbindlich, dann möge Louis die Summe für das Trianon zwar bewilligen, aber die Königin ersuchen, ihre Ausgaben ein wenig einzuschränken. »300 000 Livres«, sagte Louis vor sich hin, »25 000 x 12.« »317 634 Livres, Sire«, sagte Maurepas, »falls Sie die genaue Ziffer wissen wollen. An sich ist die Summe nicht übermäßig hoch. Aber der Lebensstandard, besonders auf dem Lande, sinkt, und es ist begreiflich, daß man die Ausgaben des Fliederblauen Klüngels vergleicht mit den Ausgaben, die man selber nicht machen kann. Freche Literaten nennen alles, was die Königin tut, auch ihre privatesten Angelegenheiten, österreichische Politik. Wir versuchen gerade, ein Pasquill zu unterdrücken, in dem es heißt, es seien die enormen Ausgaben der Königin, welche die Regierung verhinderten, die notwendige Hilfe für Amerika aufzubringen. Faktum ist, daß trotz der Künste Nekkers die finanzielle Situation gespannt bleibt. Mein Kollege Vergennes trägt Bedenken, Sire, Sie um Ihre Genehmigung zu ersuchen für die zwei weiteren Millionen, um welche die Amerikaner gebeten haben.«

Es kam Louis zupaß, daß Maurepas die Rede auf einen andern Gegenstand gebracht hatte, an dem er seine Wut auslassen konnte. »Eure Amerikaner«, sagte er grimmig mit hoher Stimme, und sein kleines Doppelkinn zitterte. »Immer eure Amerikaner. Immer eure Rebellen. Und wer soll ihre Rebellion bezahlen? Ich.«

Nun hatte der Ministerpräsident die amerikanische Frage mit Louis viele Male durchgesprochen, er fühlte sich am Rande seiner Kräfte, er war nicht gewillt, sich auf eine überflüssige Diskussion einzulassen. Er beschränkte sich darauf, die Grundzüge der amerikanischen Politik zu resümieren, zu deren Annahme er Louis bewogen hatte. »Ich hoffe Sire«, sagte er etwas schärfer als sonst, »daß ich Ihre Meinung in der amerikanischen Frage richtig verstanden habe. Sie und Ihre Räte sind dahin übereingekommen, daß es unser Interesse ist, den Konflikt Englands mit seinen amerikanischen Kolonien möglichst lange aufrecht zu erhalten, um sowohl die Rebellen wie vor allem England zu schwächen. Sie haben Ihren Ministern eine entsprechende Politik vorgeschrieben. Sie haben Ihre Räte dahin instruiert, Sire, die Rebellen durch bescheidene Unterstützung am Leben zu erhalten, bis wir selber so weit sind, unsern alten Streit mit England auszutragen.«

Louis mußte zugeben, daß das stimmte. Maurepas und Vergennes hatten ihm mit ihren Argumenten, mit ihren ›guten Gründen‹, solange zugesetzt, daß er schließlich Ja gesagt hatte. Doch in seinem Innern wußte er, daß das alles Sophisterei war, daß er und sein königlicher Widerwille gegen die Rebellen das Richtige war, und daß diese Hilfeleistung an die Amerikaner ein schlechtes Ende nehmen werde. Aber was sollte er machen? Verdrossen saß er da, die Lider über die Augen ziehend, sodaß die Augen beinahe verschwanden in den Fleischmassen des Gesichtes. »Wieviel wollt ihr denn schon wieder haben für eure Amerikaner?« fragte er unmutig. »Vergennes schlägt vor: zwei Millionen«, wiederholte geduldig Maurepas. »Er will sie aus seinem Geheimfonds anweisen.« »*Eine* Million«, sagte Louis böse. »Eine Million, nicht zwei. Mehr als eine Million gebe ich den Rebellen nicht. Das wäre gegen mein Gewissen.« »Gut, Eine Million«, schloß konziliant Maurepas. »Und er soll sie in drei Raten geben«, befahl Louis zanksüchtig. »Er ist so zudringlich, euer Doktor Franklin, er ist nie zufrieden, er kommt immer wieder.« »Wie Sie befehlen, Sire«, erwiderte der Minister. Er raffte seine Akten zusammen. »Und nun erlauben Sie mir«, bat er, »daß ich Urlaub nehme. Und Sie geruhen, Sire«, vergewisserte er sich noch, »mit der Königin zu reden wegen der Beschränkung weiterer Ausgaben?« »Ja«, stieß Louis heraus.

Er sah, welche Mühe es Maurepas bereitete, sich aufrecht zu halten. »Ich sollte mich bei Ihnen bedanken, mein Mentor«, sagte er reumütig, »aber ihr macht es mir nicht leicht.« »Ich weiß, ich weiß«, tröstete der Alte. »Aber nun haben Sie mich hinter sich, Sire, und nun wünsche ich

Ihnen fröhliche Jagd.« Er verabschiedete sich, gekrampft jugendlich, unter vielen Zeremonien.

Im Vorzimmer brach er beinahe zusammen. Sein Sekretär Sallé und sein Kammerdiener nahmen ihn in Empfang, schleppten ihn hinüber in seine Räume. Madame de Maurepas eilte herbei, machte dem Hustenden, Krächzenden, sich Räuspernden sanfte, bekümmerte Vorwürfe. Man brachte ihn zu Bett, versorgte ihn mit Wärmflaschen, mit Bouillon.

Auch Louis fühlte sich mitgenommen von der Unterredung. Die Freude an der Jagd war ihm vergangen. Wieder hockte er sich in den Erker vor das Aussichtsfenster und schaute hinaus über die Zufahrtsalleen des Schlosses, aber er sah nichts vom Kommen und Gehen. ›300 000 für die Österreicherin‹, überlegte er, ›1 000 000 für den Rebellen, 500 000 für den Lausejungen‹, und er brütete über das mühevolle Los, das ihm auferlegt war.

Den Morgen darauf, gleich nach dem Erwachen, fiel ihm ein, daß heute etwas besonders Schwieriges und Unbehagliches auf ihn wartete. Langsam drehte er seine Gedanken an; dann wußte er, es war die Unterredung mit Toinette, es waren jene Vorhaltungen, die Toinette zu machen er seinem Mentor versprochen hatte.

Eine Weile noch blieb er liegen, dösend, durch die Nase schnaubend. Dann zog er die Schnur, die am Arm des Lakaien befestigt war, damit er jederzeit herbeigerufen werden könne. Der Lakai kam eilig, und umständlich begab sich Louis aus dem Bett, in dem er geschlafen hatte, in das Staatsbett, in dem er zeremoniell zum Lever erwachte. Er ließ sich anziehen, in Gegenwart von hundert Hocharistokraten. Wechselte mit ihnen automatisch die üblichen nichtssagenden Worte. Frühstückte viel, abwesenden Geistes, beschäftigt mit der bevorstehenden Unterredung.

Vorgesehen war für diesen Morgen ein Empfang des Kriegsministers Saint-Germain. Louis hatte Saint-Germain gern und war überzeugt von den Verdiensten seiner Reformen. Aber in der letzten Zeit beschwor man ihn von allen Seiten, den Alten wegzuschicken. Nun verspürte Louis noch immer Gewissensbisse, wenn er daran dachte, wie er seinerzeit auf Drängen Toinettes und des Fliederblauen Klüngels seinen großartigen Finanzminister Turgot unrühmlich entlassen hatte, und er war entschlossen, Saint-Germain zu halten. In seinem Innern indes war er nicht ganz sicher, ob ihm das gelingen werde. Erquicklich wird die Unterredung mit Saint-Germain auf keinen Fall sein. Der Greis wird ihm mit lauter Klagen und Beschwerden kommen, er wird ihn aus seinen treuherzigen Hundeaugen anschauen und darauf warten, daß er, Louis, ihm Hilfe gegen seine Feinde zusagt. Nein, das konnte er heut nicht brauchen. Er wollte nicht abgespannt sein, wenn er in die schwierige Unterredung mit Toinette hineinging. Er wird Saint-Germain nicht empfangen. Aber entschädigen wird er ihn und endlich das Hotel des Invalides besichtigen. Das ist ein alter Wunsch des Ministers; er ist stolz darauf, wie er dort umgebaut und Ordnung geschaffen hat. Ja, Louis wird sich das Hotel des Invalides anschauen, und er wird auch Toinette bitten, mitzukommen.

Befriedigt von dieser Lösung, beschloß er, die so gewonnene Zeit in seiner Bibliothek zu verbringen. Er liebte es, sein ausgezeichnetes Gedächtnis mit Fakten und Details vollzustopfen; die Beschäftigung mit seinen Büchern verschaffte ihm eine wohltuende Ruhe.

Die beiden Bibliothekare, Messieurs de Campan und de Sept-Chênes begrüßten ihn; sie waren stille, unauffällige Männer, zur Stelle, wenn man sie brauchte, nicht vorhanden, wenn sie störten.

Louis ließ sich zunächst die neuesten Gazetten geben. Mehrere brachten eine Anekdote über den Historiker Edward Gibbon, die Louis sehr interessierte. Dieser Mr. Gibbon hatte vor einem Jahr den ersten Teil eines großen Geschichtswerkes erscheinen lassen: ›Verfall und Sturz des Römischen Reiches‹, Louis hatte das Werk mit Wohlgefallen studiert und sich daran gemacht, es ins Französische zu übersetzen. Zur Zeit war Mr. Gibbon in Paris, und es hatte sich nach dem Bericht der französischen Gazetten gefügt, daß er und Benjamin Franklin sich zur gleichen Stunde in der populären Kneipe ›Zur Heikeln Kathrin‹ eingefunden hatten. Franklin hatte am Tisch Gibbons anfragen lassen, ob er nicht zu ihm herüberkommen wolle. Gibbon aber, immer nach dem Bericht der Zeitungen, hatte erwidert, er wolle nicht mit einem Aufrührer gegen seinen König an Einem Tische sitzen. Woraufhin Franklin

Mr. Gibbon habe wissen lassen, wenn er ein neues Werk schreiben wolle über Verfall und Sturz eines großen Imperiums, dann könne er, Franklin, reichliches Material beisteuern. Louis fand diese Erwiderung Monsieur Franquelins etwas salzlos; es war lächerlich, anzunehmen, daß England zusammenbrechen werde am Aufruhr seiner Kolonien.

Unzufrieden legte er die Journale beiseite. »Sind englische Zeitungen eingetroffen«, fragte er, er pflegte stets die verbotenen englischen Zeitungen durchzuschauen. Sept-Chênes brachte sie eilig herbei. »Und haben Sie auch nicht selber hineingeguckt, Sept-Chênes«, fragte Louis schelmisch und drohte dem Bibliothekar mit dem Finger, laut lachend; er hatte eine grobe, schallende Lache, ›wie ein Fuhrknecht‹, sagte man im Fliederblauen Klüngel. Monsieur de Sept-Chênes ging freundlich auf den altgewohnten Scherz ein.

Louis vertiefte sich in die englischen Zeitungen. Sie waren voll von Berichten über den Konflikt mit den amerikanischen Kolonien. Auch sie schrieben viel über Doktor Franklin. Sie fanden es verwunderlich, daß der Rebellenführer Zuflucht in Paris gefunden hatte. Louis seufzte: sie hatten recht. Mit Vergnügen las er die bösartigen Bezeichnungen, mit welchen einige der englischen Journalisten den alten Meuterer bedachten. Ein ›siebzigjähriges Chamäleon‹ nannten sie ihn, einen ›profitgierigen Utopisten‹, einen ›Scharlatan‹. Louis klatschte sich die Schenkel, rief die beiden Bibliothekare herbei, zeigte ihnen die Stellen, las sie ihnen englisch vor. Er sprach das Wort ›Chamäleon‹ nicht ganz richtig aus; Monsieur de Sept-Chênes korrigierte ihn untertänig, Louis, lernbeflissen, wiederholte mehrmals die richtige Aussprache.

Er ließ sich Bücher herbeischleppen, er liebte es, in mehreren Büchern gleichzeitig zu schmökern. Rings um ihn häuften sich englische Geschichtswerke, Horace Walpole's Untersuchung: ›Sind die gängigen Berichte über Leben und Regierung Richards des Dritten historisch zuverlässig?‹, James Anderson's Berichte über den Prozeß der Maria Stuart, die dicken Bände von David Hume's ›Geschichte von England‹.

Es war den beiden Bibliothekaren aufgefallen, daß Louis, wiewohl er sich stets alle sechs Bände von Hume's Werk bringen ließ, immer nur in Einem Bande las. Offenbar wollte der König sie nicht merken lassen, daß er gerade an diesem Band interessiert war. Der Band aber, an dem er solchen Anteil nahm, war jener, welcher die Geschichte Karls des Ersten enthielt.

Es geschah seit etwa einem Jahr, daß Louis so interessiert war an dem Geschichtswerk David Hume's, um genau zu sein, seit der Entlassung des Finanzministers Turgot im Mai des vergangenen Jahres. Louis' Interesse hing zusammen mit einem Brief, den dieser Turgot ihm geschrieben hatte unmittelbar vor seiner ungnädigen Entlassung. Der Unverschämte hatte ihn daran gemahnt, daß er umgeben sei von zweideutigen Ratgebern, daß er mit seinen Zweiundzwanzig keine Erfahrung und keine Menschenkenntnis haben könne, daß er in Gefahr sei, daß er vor einem Abgrund stehe. ›Vergessen Sie nicht, Sire‹, hieß es in dem Brief, ›daß, was das Haupt Karls des Ersten auf den Block gebracht hat, Schwäche war. Man hält Sie für schwach, Sire.‹ Louis hatte den Brief keinem Menschen gezeigt, er hatte ihn versiegelt und ihn versperrt in der Truhe, in welcher er seine geheimsten Dokumente verwahrt hielt. Aber am gleichen Tage noch hatte er sich das Geschichtswerk Hume's herausholen lassen, und seither, mit immer neuem, zornigen Staunen, las er, wie damals die englischen Verbrecher sich gegen ihren König empört, ihm den Prozeß gemacht, ihn hingerichtet hatten, und er freute sich an den ruhigen, wissenschaftlichen und doch so freundlichen Worten, in welchen der große Gelehrte Hume diesen Märtyrer Karl würdigte. Eifrig, auch heute, studierte Louis die Details, und er versah die Seiten mit immer neuen Anmerkungen, Fragezeichen, Ausrufezeichen.

Nein, nein. Und wenn ihm Vergennes und Maurepas noch so viele gute Gründe anführten, es war nicht richtig, daß der König von Frankreich das siebzigjährige Chamäleon und seine Rebellen unterstützte, und es konnte nicht gut ausgehen.

Louis klappte seine Bücher zu, dehnte sich, räkelte sich, knöpfte sich auf. Er fühlte sich wieder so voll. Es war ein Jammer, daß er nun schon den zweiten Tag nicht auf die Jagd gehen konnte. Aber Bewegung mußte er sich machen. Er hatte noch eine Viertelstunde, bevor er hinüber zu Toinette mußte. Er ging hinauf, unters Dach, in seine Mechanikerwerkstatt.

Es traf sich gut, daß er hier nicht nur den wackern, vierschrötigen François Gamain vorfand, sondern auch Monsieur Laudry, der die schwierigen Feinmechanikerarbeiten in Versailles kontrollierte. Louis, nicht zufrieden mit dem Verschluß seiner Dokumententruhe, hatte zusammen mit Gamain an einem neuen Geheimschloß gearbeitet; doch es war nicht ganz das geworden, was er sich erhofft hatte, Gamain war nicht findig genug. Der ausgezeichnete Meister Laudry indes entdeckte sogleich, woran es fehlte. Louis war begeistert, zu Dreien machten sie sich an die Arbeit, und siehe, es gelang: das Schloß wurde fertig.

Doch die Viertelstunde war weit überschritten, nun war es beinahe zu spät geworden. Eilig steckte Louis das umfangreiche Schloß in die Tasche des Rockschoßes, wischte sich flüchtig die fettig beschmutzten Hände und machte sich auf den Weg zu Toinette.

Mit seinem schleppenden, schaukelnden Schritt schleifte er durch Säle und Gänge; das schwere Schloß in der Rocktasche schlug ihm gegen das Gesäß. Die Korridore waren belebt von Lakaien, Garden, Hofherren in glänzenden Uniformen. Sie alle nahmen Haltung an, wenn Louis vorbeikam, und verneigten sich tief. Einigen freilich konnte man die Verachtung, die sie für den unköniglichen König im Herzen trugen, geradezu vom Gesicht ablesen. Louis wußte genau, daß diese Herren, wenn sie durch den Thronsaal gingen, die vorgeschriebene tiefe Verbeugung vor dem leeren Thron mit mehr Überzeugung vollzogen als jetzt die Verbeugung vor dem lebendigen König, und wieder einmal dachte er bekümmert darüber nach, warum ihm wohl die göttliche Vorsehung für sein heiliges Amt ein so wenig würdiges Gehäuse mitgegeben hatte.

So segelte er dahin über das Parkett der Gänge und Säle, durchwatschelte den Raum mit dem Rundfenster, dem ›Oeil de Boeuf‹, und gelangte in den Flügel der Königin. Hier kam unerwartet neben dem großen Gemälde, das Jupiter, die Gerechtigkeit und den Frieden darstellte, aus einem Seitengang herausgeschossen ein etwa achtjähriger Junge. Er war sorgfältig angezogen, und seine schnellen, lausbubenhaften Bewegungen standen im Gegensatz zu seiner reichen, würdigen Kleidung. Louis wußte, wer der Kleine war, es war Pierre, der Sohn des Gärtnergehilfen Machard, den Toinette vor einem Jahr, einer Laune folgend, adoptiert hatte. Der Junge, den König erblickend, hielt mitten im Lauf inne, stellte sich an die Wand, den König passieren zu lassen, und verneigte sich tief, wie ers gelernt hatte. Louis ging vorbei, ihm freundlich zulächelnd; das Schloß schlug ihm immerzu gegen Gesäß und Schenkel.

Auf einmal hörte er hinter seinem Rücken ein helles Gelächter, der kleine Pierre hatte es offenbar nicht unterdrücken können.

Louis war ein gutmütiger junger Mensch, der sich gemeinhin so verhielt wie jeder andere. Aber er war auch Urenkel Louis des Vierzehnten, Enkel Louis des Fünfzehnten, König von Frankreich und Navarra. Er dachte daran, wie sein hochseliger Großvater einherzuschreiten pflegte, höchst königlich, sodaß bei seinem Anblick jedermann das Flüstern über seine Ausschweifungen verging, und er dachte daran, wie von der Erscheinung Toinettes trotz ihres wilden Hazardierens, ihrer Vergnügungen, ihrer Opernbälle, ihres Fliederblauen Klüngels jenes Königliche ausstrahlte, das den Spott auch von der frechsten Lippe scheuchte. Und plötzlich überkam Louis eine rasende Wut. Er drehte sich um, packte den kleinen Pierre mit seinen gewaltigen Händen, schüttelte den käseweißen Jungen und schrie mit einer schrillen, sich überschlagenden Stimme: »Wache.« Lakaien eilten herbei, Schweizer Garden. Louis, im Angesicht Jupiters, der Gerechtigkeit und des Friedens, übergab ihnen den kleinen Pierre und befahl, man solle ihn in Verwahrung halten, bis er weitere Orders erteilen werde.

Dann, viel gehaltener und entschlossener, ging er zu Toinette.

Als er, zwei Stunden später, Toinette verließ, hatte er das Aussehen eines Mannes, der einer schweren Bürde ledig ist. Breite Befriedigung über dem dicken Gesicht, kehrte er zurück in seine Räume.

Dort machte er sich zunächst daran, den neuen Verschluß in die Dokumententruhe einzusetzen. Es war eine langwierige Arbeit, das alte Schloß herauszubohren und durch das neue zu ersetzen. Aber dann saß das neue Geheimschloß fest und gut in der schönen Truhe. Louis öffnete es, schloß es, wischte sich den Schweiß ab, freute sich des vollendeten Werkes.

Öffnete das Schloß von Neuem, hob den Deckel der Truhe. Beschaute mit zärtlichem Blick die Dinge, die darin verwahrt waren, sehr persönliche Dinge zumeist, Tagebücher, Briefe, Souvenirs jeder Art. Jetzt war das alles gesichert. Er kramte in der Truhe, ein etwas törichtes Lächeln überm Gesicht, mit dem Spaß des Sammlers. Geriet an den versiegelten Brief des ehemaligen Finanzministers Turgot. Unwillkürlich schob er ihn unter andere Schriftstücke, immer tiefer, bis er ganz unten lag. Kramte weiter.

Da war ein kleines Buch. Er hatte es selber geschrieben, als Dreizehnjähriger, und auch selber gedruckt; beides hatte ihm von Kind an Freude gemacht, zu schreiben und mit seinen Händen zu arbeiten. Es trug aber das Büchlein den Titel: ›Über eine gemäßigte Monarchie. Moralische und politische Maximen, basierend auf dem Télémaque, zusammengestellt von Louis-Augustus, dem Dauphin.‹ Nachdenklich blätterte er in dem Buch; er hatte es sich niemals leicht gemacht. Er las: ›Der Herrscher ist auch nur ein Mensch. Als solcher hat er mit seinen Mitmenschen die christlichen Pflichten gemein. Aber da er durch die Hand des Schöpfers erhöht ist über alle andern Menschen, hat er die Pflicht, sich zu betragen als ein Beispiel der Tugend und der Religion, als Vorbild der Frömmigkeit und des Eifers.‹ Seine vorstehenden Augen starrten blicklos auf die Seiten. Er erinnerte sich, wie er, der Dreizehnjährige, stolz zu seinem Großvater gelaufen war und ihm das kleine Buch gezeigt hatte. Es war eine Enttäuschung geworden. Der alte höchstselige Louis der Fünfzehnte – wahrscheinlich kam er gerade von der Dubarry – hatte in dem Büchlein gelesen, eine Minute oder zwei. Dann hatte er dem beflissenen Enkel freundlich die Wange geklopft und gesagt: »Schön und gut, Monsieur le Dauphin, alles schön und gut. Aber Übereifer schadet nur. Werfen Sie das Büchlein ins Feuer.«

Den schweren Kopf schüttelnd über seine damalige Naivität, sich freuend über seinen Ungehorsam, legte Louis das Büchlein zurück. Kramte weiter. Fischte heraus einen Brief seiner Schwiegermutter Maria Theresia. Sie hatte ihn geschrieben vor sieben Jahren, damals, als sie Toinette nach Versailles gesandt hatte. Ernsthaft, langsam, mit seinen kurzsichtigen Augen überlas Louis den Brief. Er lautete: ›Ihre Gemahlin, mein lieber Dauphin, hat sich soeben von mir verabschiedet. Sie war meine Freude, und ich hoffe, sie wird Ihr Glück sein. Zu diesem Zweck habe ich sie großgezogen, denn seit langem war ich mir bewußt, daß sie Ihre Bestimmung teilen wird. Ich habe in ihr großgezogen die

Liebe für ihre Pflichten Ihnen gegenüber, eine zärtliche Neigung und die Fähigkeit, die Mittel zu wissen und anzuwenden, Ihnen zu gefallen. Meine Tochter wird Sie lieben, dessen bin ich sicher, denn ich kenne sie. Leben Sie wohl, mein lieber Dauphin, seien Sie glücklich, machen Sie sie glücklich. Ich schwimme in Tränen. Ihre Sie liebende Mutter Maria Theresia.‹

Louis hielt den Brief in der Hand. Es war ein guter Brief. Er hatte damals nicht gewußt, was er erwidern sollte; es war nicht einfach für einen Fünfzehnjährigen. Schließlich hatte er zusammen mit seinem Hofmeister eine nichtssagende Antwort abgefaßt, in deutsch, etwas fehlerhaft, damit es echter klinge. Übrigens schrieb die österreichische Majestät auch kein gutes Französisch. Louis zählte; es waren in dem kurzen Brief vier Verstöße gegen die Grammatik und neun gegen die Orthographie.

›Seien Sie glücklich, machen Sie sie glücklich.‹ In Wien die erlauchte Frau Mama hat leicht reden. Jetzt also schickt sie ihm den Josef. ›Machen Sie sie glücklich.‹

Es ist ein schöner Brief. Die Kaiserin hat nicht nur einen überlegenen Verstand, sie hat auch Gefühl. ›Meine Tochter wird Sie lieben, dessen bin ich sicher, denn ich kenne sie.‹

Toinette ist sehr freundlich zu ihm gewesen, jetzt, während dieser Unterredung. Wiewohl sie beide nichts gesprochen haben über den Zweck, den Josef mit seinem Besuch verfolgen könnte, ist ihre Unterredung anders gewesen als sonst; es war ein Ton von Verbundenheit darin wie niemals vorher.

Die Pläne, die Toinette für ihr Trianon hat entwerfen lassen, sind übrigens wirklich großartig. Geschmack hat sie, Ideen hat sie. Und schön ist sie. Daß sie ihm selber gefällt, will wenig sagen, er versteht nichts von Frauenschönheit. Aber jener Walpole, der Autor des ausgezeichneten Buches über Richard den Dritten, der doch als guter Schriftsteller etwas verstehen muß, hat sie die schönste Frau Europas genannt. Wenn sie nur nicht einen so schnellen Witz hätte und so lachlustig wäre; er hat immer ein wenig Angst vor ihrem Lachen.

Hinausgeworfenes Geld sind sie nicht, die 300 000 Livres für das Trianon. 317 634 Livres sind es genau, auf sein Gedächtnis kann er sich verlassen. Er hat ihr die Summe auf 400 000 aufgerundet, schweren Herzens. Aber die begonnenen Arbeiten müssen sinngemäß weitergeführt werden, damit hat sie recht, es wäre Verschwendung, eine halbe Sache zu machen. Dafür hat sie ihm versprochen, daß sie im nächsten Jahr das Budget für das Trianon bestimmt nicht überschreiten wird. So kann er sich wenigstens auf Eines berufen, wenn er Necker die Order geben muß.

In der Sache mit Saint-Germain hat er freilich weniger Erfolg gehabt. Toinette hat sich glatt und entschieden geweigert, an der Besichtigung des Hotels des Invalides teilzunehmen. Nicht nur das; sie hat von Neuem darauf gedrängt, er solle den Alten doch endlich wegschicken. Sie kann ihn nun einmal nicht ausstehen. Louis muß froh sein, daß er mit dem Versprechen davongekommen ist, nun auch selber das Hotel des Invalides nicht zu besichtigen.

Im übrigen hat sich Toinette wirklich vernünftig und zugänglich gezeigt. Sie hat sich ernstlich vorgenommen, ihr Budget nicht zu überschreiten. Über Eine Angelegenheit freilich hat sie nicht mit sich reden lassen. Sie möchte ihren eigenen Intendanten haben für ihre Schauspiele und Vergnügungen. Nachdem er ihr zugestanden hat, daß das Trianon ganz alleine ihre Sache sein soll, entbehrt es nicht einer gewissen Folgerichtigkeit, wenn sie dort ihren eigenen Intendanten haben will. So unangenehm es ihm ist, dem Finanzminister die Anweisung zu geben, in diesem Punkt hat er Toinette entgegenkommen müssen.

›Ich habe in ihr großgezogen die Liebe für ihre Pflichten Ihnen gegenüber ... Leben Sie wohl, mein lieber Dauphin, seien Sie glücklich, machen Sie sie glücklich.‹ Er streicht über das Blatt, mit seiner schweren Hand, auffallend zart, faltet es wieder zusammen, legt es säuberlich zurück in die Truhe.

Nimmt heraus sein Tagebuch. Sitzt davor. Denkt nach, was von den Erlebnissen des heutigen Tages eintragenswert sei. Schreibt hin: ›Empfang des Kriegsministers abgesagt wegen schwieriger persönlicher Unterredung. Gespräch mit Toinette glimpflich abgelaufen. Ein Geheimschloß angefertigt. Sehr gut. Nicht auf die Jagd gegangen.‹ Er legt das Tagebuch zurück in die Truhe, läßt den Verschluß zuklappen, steht davor, breit lächelnd.

Mit einemmal erstirbt sein Lächeln, es ist ihm etwas eingefallen. Er läutet stürmisch, befiehlt vor sich den diensthabenden Offizier der Garde. »Man hat da«, gibt er Weisung, »einen Jungen in Verwahrung genommen, einen gewissen Pierre Machard, Schützling der Königin. Er ist sofort freizulassen. Und geben Sie ihm für zwei Francs Süßigkeiten. Nein, für fünf Francs«, korrigiert er sich.

4. Kapitel —————————————————— Josef

Wenige Wochen später war Kaiser Josef auf dem Weg nach Paris.

Josef, der Zweite seines Namens, war Beherrscher des Römischen Reiches Deutscher Nation nur dem Titel nach. Seine Mutter hatte ihn zum Mitregenten erhoben, aber in Wahrheit regierte die alte Kaiserin allein, voll von Leben und sehr entschieden in ihren Urteilen. Diese Urteile waren nach der Meinung ihres Sohnes und Mitregenten oftmals Vorurteile. Maria Theresia war voll von tiefer Frömmigkeit und fühlte sich wohl nur im Schoß der Kirche. Josef war aufgetan allen Strömungen der Zeit, erfüllt von Mißtrauen gegen die Kirche, die Hegerin und Beschützerin finsteren Aberglaubens, brennend interessiert an der Neuordnung der Werte, wie das aufgeklärte Jahrhundert sie vornahm.

Er hatte es nicht leicht, der junge Kaiser, der gar nicht mehr so jung war, sechsunddreißig Jahre war er alt. Er brannte von dem Wunsch, seine Ansichten in Taten zu übersetzen und die Welt zu verändern. Er verkündete das der Welt, die Welt horchte auf, vor allem die Jugend, er war die Freude und die Hoffnung der Jugend überall im Römischen Reiche Deutscher Nation. Aber er hatte die Macht nur dem Namen nach. Er, der Mitregent, konnte nur reden; das Handeln, das Regieren mußte er der Mutter überlassen. So wurde er mit den Jahren immer bitterer.

Da er die Welt vorläufig nicht ändern konnte, wollte er die unfreiwillige Muße benutzen, sie gründlich kennen zu lernen. Er reiste. Reiste mehr als jeder andere Fürst. Reiste gern incognito, überzeugt, daß das die beste Möglichkeit sei, ein ungefärbtes Bild von Land und Leuten zu erhalten. Er legte großes Gewicht darauf, nicht als Herrscher behandelt zu werden, wohnte in einfachen Hotels und führte das Soldatenbett mit, das er auf seinen Feldzügen benutzt hatte. Aber er war geltungssüchtig und wünschte, daß man von diesen seinen Bemühungen, die wahren Verhältnisse zu studieren, auch erfahre. Er lächelte wohlgefällig, wenn man den Kaiser erkannte, der als Graf Falkenstein herumreiste, und es war ihm recht, wenn die Zeitungen von diesen Reisen berichteten. Umständliche Vorkehrungen waren getroffen worden, um das Incognito des Kaisers auf seiner Reise nach Paris und während seines dortigen Aufenthaltes zu wahren. Die Fürsten, deren Länder Graf Falkenstein zu durchreisen hatte, waren darauf aufmerksam gemacht worden, daß sich der Graf jegliches Zeremoniell verbitte und als einfacher Tourist behandelt werden wolle. Doch einigen der Fürsten war dieser Gedanke unerträglich. Der Herzog von Württemberg zum Beispiel brachte es nicht über sich, den Römischen Kaiser in einem einfachen Hotel schlafen zu lassen. Seine Polizei nahm sämtlichen Gasthäusern die Schilder ab, die Einwohner der Residenzstadt Stuttgart erhielten Befehl, nicht zu wissen, wo sich ein Gasthaus befinde, es blieb dem Grafen Falkenstein nichts übrig, als im Palais des Herzogs Unterkunft zu suchen.

Wohl aber war es dem Kaiser vergönnt, in der Stadt Paris in einem einfachen Fiaker einzufahren. Er stieg ab in dem simpeln Hotel de Tréville und ließ dort sein Feldbett aufschlagen. Monsieur Grandjean, der Besitzer des Hotels, behandelte ihn nicht serviler als andere Touristen. Während dann Josef einen ersten, gründlichen Rundgang durch die Stadt machte, zeigte Monsieur Grandjean ehrfürchtig und gegen hohe Trinkgelder das Feldbett des Römischen Kaisers, der so einfach lebte wie seine Soldaten.

Andern Tages fuhr Josef nach Versailles. Toinette, wie sich das gehörte, erwartete ihn inmitten ihres Hofstaates. Doch sie konnte ihre Ungeduld nicht zähmen, immer wieder rannte sie ans Fenster. Und als er die Treppe heraufkam, lief sie ihm entgegen, und vor den präsentierenden Garden umarmte sie ihn und küßte ihn ab.

Sie sahen sich ähnlich, die Geschwister. Josef hatte, genau wie Toinette, ein offenes, ausdrucksvolles Gesicht, eine hohe Stirn, lebendige, blaue Augen, einen kleinen Mund mit etwas hängender Unterlippe, eine leicht gekrümmte Nase. Er war schlank und groß, seine Bewegungen schön und beherrscht. Trotzdem war Toinette, als sie ihn näher betrachtete, enttäuscht. Sie hatte ihn in Erinnerung, wie sie ihn vor sieben Jahren in Schönbrunn gesehen hatte, den großen Bruder, dessen Ernst und Lehrhaftigkeit ihr immer Furcht, dessen Wissen und Brillanz ihr immer Bewunderung eingeflößt hatte; hundertmal hier in Versailles hatte sie ihren Freunden vorgeschwärmt, wie ihr Bruder schon durch seinen bloßen Anblick alle Welt hinreiße. Und nun kam da ein unscheinbarer, schlicht angezogener Herr, ein bißchen schäbig in jeder Hinsicht, geradezu ältlich mit seiner beginnenden Glatze.

Dennoch verlief das erste Zusammensein der Geschwister angenehm. Josef hatte sich vorgenommen, die Schwester nicht gleich durch Tadel einzuschüchtern. Er unterdrückte die mancherlei pädagogischen Bemerkungen, die er gern gemacht hätte; statt dessen rühmte er Toinettes hübsches Aussehen, berichtete von den andern Geschwistern und vor allem von der Mutter. Sie sprachen französisch, doch sie gerieten immer wieder ins Deutsche. Häufig fehlte Toinette das richtige deutsche Wort, Josef mußte ihr aushelfen. Lächelnd, doch ohne Tadel meinte er, sie spreche jetzt weder richtig deutsch, noch richtig französisch. Er selber war stolz darauf, deutsch, französisch, italienisch fließend zu sprechen und sich mit den Angehörigen der meisten Völker, die er beherrschte, in ihrer eigenen Sprache unterhalten zu können.

Er hielt Toinettes Hand. Er sagte: »Na, Toni, ist es nicht angenehm, einmal wieder bei einander zu sein?« und ihr wurde ganz warm beim Klang seiner Stimme und bei dem milden Glanz seiner Augen.

Auch vor seinem Schwager Louis zähmte Josef die Lust, Vorträge zu halten und zu belehren, Louis bemühte sich, seiner Schüchternheit Herr zu werden, und es lief alles besser ab, als beide erwartet hatten. Louis zeigte dem Schwager seine Bücher und einige der Schmiedearbeiten, die er angefertigt hatte, er versuchte, ein wenig deutsch zu sprechen, lachte gutmütig über seine Unbeholfenheit und korrigierte seinesteils mehrmals das Französisch des Schwagers. Der, leicht verstimmt, bestand darauf, seine Aussprache sei die rechte. Der genaue Louis ließ nicht locker, er rief die Autorität seines Bibliothekars Sept-Chênes an und wollte sogar ein Gutachten der Akademie einholen. Josef konnte nicht umhin, die philologischen Interessen des Schwagers und seine klare, nüchterne Vernünftigkeit anzuerkennen. Der Botschafter Mercy hatte mehrmals respektvoll, doch unmißverständlich angedeutet, der Allerchristlichste König sei etwas beschränkt.

Die nächste Woche benutzte Josef, sich Versailles und Paris anzuschauen. Im Grunde war ihm französisches Wesen zuwider; allein er war gewissenhaft und wollte Frankreich nicht verwerfen, ohne es gründlich studiert zu haben. Geschäftig lief und fuhr er herum in der Stadt Paris, sich interessierend für das Größte wie für das Kleinste. ›Verlieren Sie sich nicht in Bagatellen‹, hatte der alte Preußenkönig Friedrich, sein bewunderter Gegner, ihm geraten; die Worte hatten sich Josef tief eingeprägt, ihr Sinn und der scharfe, gehackte, befehlerische Tonfall, in dem sie gesprochen waren, aber er konnte nicht an gegen seine betriebsame Natur. Gerade die kleinen Dinge lockten ihn. In alle Winkel der Stadt Paris steckte der kaiserliche Tourist die habsburgische Nase. Besuchte die Hospitäler, kostete die Armensuppen, wohnte Verhandlungen der Gerichte bei, besichtigte Fabriken aller Art, ließ sich mit zahlreichen Hausierern in Gespräche ein, notierte sich Wendungen aus dem geschwinden Argot der Fischweiber, suchte Handwerker in ihren Werkstätten auf, ließ sich ihre Verrichtungen erklären. Alles incognito und überall erkannt. Die Zeitungen brachten enthusiastische Berichte über die unauffälligen Studien des Grafen Falkenstein, sein demokratisches Auftreten machte Sensation, er wurde große Mode, und viele hängten neben das Porträt des weisen Bürgers Franklin das des leutseligen Kaisers Josef.

Vor allem ließ sichs Josef angelegen sein, mit den großen Geistern Frankreichs zusammenzutreffen. Er gab sich diesen Gelehrten, Schriftstellern, Philosophen gegenüber durchaus als Intellektueller, als Kollege und bedauerte, daß seine Beschäftigung als Herrscher ihm so wenig Zeit lasse für wissenschaftliche Tätigkeit. Er besichtigte die Bibliotheken, auch einer Sitzung der Akademie wohnte er bei und ließ sich in ein langes Gespräch ein mit ihrem Vizepräsidenten, dem gestürzten Minister Turgot. Mehrmals kam er zusammen mit den Akademikern Condorcet und Leroy, und der dicke Mr. Gibbon, der große Historiker, der es abgelehnt hatte, mit dem Rebellen Franklin an Einem Tisch zu speisen, nannte den Grafen Falkenstein wieder und wieder Majestät, wiewohl dieser darum bat, Monsieur genannt zu werden. Mit besonderem Eifer besuchte Josef die Salons der intellektuellen Damen. Er zeigte sich sogar im Salon der Madame Necker, obwohl der Finanzminister Necker ein Ketzer, ein Bürgerlicher und ein Schweizer war. Mit spöttisch herabgezogenen Mundwinkeln hörte man im Fliederblauen Klüngel von diesen Besuchen des Kaisers im ›Schweizer Häuschen‹.

Höchst eingehend betrachtete sich Josef Versailles, das gewaltige Schloß sowohl, wie die Institutionen des Hofes. Er stöberte herum in den Korridoren und Winkeln des riesigen Labyrinths; nichts entging ihm, nicht die ›Nebenzimmer‹ Toinettes, nicht die Schmiede Louis'. Er saß herum in den Vorzimmern der Minister Maurepas und Vergennes, unangemeldet, als gewöhnlicher Bittsteller. Er wohnte bei dem feierlichen Zug Louis' zur Messe und seinem öffentlichen Schau-Essen. Auch dem Lever und dem Coucher Louis' wohnte er bei, versteckt in der Menge der Höflinge, ohne daß Louis darum wußte. Kopfschüttelnd sah der unscheinbare Römische Kaiser mit an, wie sich Louis schamlos in Gegenwart sehr vieler Menschen Hemd und Hose aus und anziehen ließ, fett, umständlich, sichtlich gelangweilt und feierlich; die rechte und die linke Seite des Königs wurden von jeweils verschiedenen Adeligen bedient.

Josef beobachtete, wie Louis einmal, beim Zubettgehen, den Kreis der Höflinge auf und abschlenderte, mit herabhängenden Hosen, wie Louis halt machte vor dem jungen Grafen Gramont, einem der Kammerherrn, nah auf ihn zutrat, sodaß Gramont zurückwich bis an die Wand, wie Louis immer näher auf ihn zutrat, bis sein dicker Bauch den schlanken des Kammerherrn berührte, wie dann Louis in eine ungeheure Lache ausbrach und den Geängstigten stehen ließ.

Mindestens zwanzig Minuten lang mußte Louis Abend für Abend seine Entkleidung zur Schau stellen. Wenn es ihm schließlich genug dünkte, gab er den Pagen einen Wink, sie zogen ihm die Stiefel aus und ließen sie mit Krach auf den Boden fallen. Dieser Krach gehörte zum Ritus, er war das Zeichen, daß der adelige Schwarm sich zurückzuziehen hatte; dann endlich durfte sich Louis ins Bett legen. Mit Stolz sagte sich Josef, wie weit fortgeschritten seine eigene schlichte Hofhaltung war, verglichen mit diesem läppischen, asiatischen Zeremoniell.

Im übrigen bestrebte sich Josef, allem, was gut war in Paris und in Versailles, gerecht zu werden. Er hatte Blick für die Großartigkeit des Schlosses und der Gärten von Versailles, er hatte Blick für die stolzen, imponierenden Gebäude der Stadt Paris und die Schönheit ihrer Brücken und ihrer Plätze. Doch mit noch schärferem Blick sah er die Spinnweben in den Winkeln der prunkvollen Gemächer von Versailles, die zerbrochenen Rahmen mancher Gemälde, die nichtreparierten Möbel, er sah die Händler, die auf den gewaltigen, edeln Rampen und Treppen mit wüstem Geschrei ihre Waren feilboten. Und mit schärfstem Blick sah er den Schmutz, den Lärm und das Durcheinander der Stadt Paris. Es machte ihm aber die Unordnung und die Schlamperei der Stadt und des Schlosses stärkeren Eindruck als der Glanz und die Herrlichkeit. Befriedigt mißbilligte er, was er sah, und fand das Urteil, das er den Berichten über Frankreich entnommen hatte, nun mit Vergnügen durch eigene Erfahrung bestätigt.

Befragt, wie ihm Paris und Versailles gefalle, mühte er sich, diplomatisch zu sein, und äußerte Worte höflicher Anerkennung. Manchmal indes konnte er seine Neigung zum Sarkasmus nicht unterdrücken und erging sich in bissigen, besserwisserischen Reden. Tadelte etwa die veraltete Einrichtung der Armee oder die mangelnde Ordnung des Pariser Verkehrs, die übertünchte Verrottung, die er überall zu entdecken glaubte. Solche gelegentlichen Äußerungen wurden eifrig herumgetragen.

Jeder seiner Schritte wurde kontrolliert sowohl von den Agenten der Pariser Polizei, wie von den Spionen des österreichischen Botschafters Mercy und des Abbé Vermond. Maria Theresia in ihrem Schönbrunn und Louis in seinem Versailles erhielten fortlaufend minutiöse Berichte über die unermüdlichen Bestrebungen des Grafen Falkenstein, sein Wissen um Welt und Menschen zu vermehren und an andere weiterzugeben.

Josef hatte literarische Neigungen; er liebte es, seine Eindrücke in wohlstilisierten Sätzen niederzulegen. Er wußte sich eines mit seinem Bruder Leopold, dem Großherzog von Toscana. ›Alles in dieser Stadt Paris‹, schrieb er ihm ›ist auf Schein berechnet, die Gebäude sind großartig und machen starken Eindruck, aber näher hinschauen darf man nicht. Außen hui, innen pfui. Gespielte Größe ist alles. Weder kennt man in diesem Babylon die Gesetze der Natur, noch die einer vernünftigen gesellschaftlichen Ordnung. Statt dessen überzieht man alles mit einem Firnis von Höflichkeit und Zeremoniell.‹ Es wurde ein langer Brief; was Josef in den Gesprächen mit französischen Bekannten hatte unterdrücken müssen, teilte er in ungeschminkten Wendungen dem Bruder mit.

Er übergab den Brief seinem Botschafter Mercy, damit dieser ihn durch Sonderkurier dem Bruder nach dessen Hauptstadt Ferrara schicke. Das Schreiben fiel in die Hände des französischen Geheimdienstes; Monsieur Lenoir, der Pariser Polizeipräsident, kopierte es, bevor er es nach Ferrara weiterleitete, und teilte es dem König mit.

Louis saß lange über dem Schreiben und grübelte über die scharfen, ungerecht übertreibenden Urteile des Schwagers. Das kam davon, daß Josef so viel mit aufsässigen, gottlosen Philosophen verkehrte; sogar mit diesem Turgot hatte er lange gesprochen, dessen Dreistigkeit an Meuterei grenzte. Und wenn Josef voll mitleidiger Verachtung heruntersah auf das sklavisch ekle Treiben um seinen fetten Schwager, so bedauerte dieser in seinem Herzen den Römischen Kaiser, der sich auf die Bank der Spötter setzte und das Heil seiner Seele vertat.

Kaiser Josef war ein leidenschaftlicher Verbesserer. Er glaubte sich dazu geboren, alle Dinge einzurenken, die nicht in Ordnung waren, die Welt als Ganzes sowohl, wie die Lebensführung seiner Schwester und die Zeugungsfähigkeit seines Schwagers. Schon vor Jahren, als Graf Mercy anfing, nach Wien von dem etwas leichtsinnigen Treiben Toinettes zu berichten, hatte Josef erklärt: »Da werde ich einmal hinfahren und nach dem Rechten sehen.« Und als dann der treue und gewissenhafte Botschafter voll ehrerbietiger Sorge von dem leiblichen Gebrechen des jungen Königs berichtete, hatte Josef sogleich erklärt: »Da fahre ich hin, das bringe ich in Ordnung, verlassen Sie sich auf mich, Mama.«

Er mußte, da er es mit solchem Aplomb versprochen hatte, unter allen Umständen Erfolg haben. Er durfte nichts dem Zufall überlassen. Vor allem mußte er, bevor er in das große Männergespräch über die Operation hineinging, Louis' Wesen genau auskundschaften. Bisher war er aus dem Schwager noch nicht recht klug geworden. Der tat manchmal überraschend scharfsinnige Äußerungen, dann wieder war er von einer Stumpfheit, die an Kretinismus grenzte. Josef also verwickelte ihn, um seine Widerstandskraft zu proben, in eine ausführliche politische Diskussion.

Zunächst verlief alles in Harmonie. Josef nämlich setzte seine Ideen auseinander über den englisch-amerikanischen Konflikt. Sehr entschieden erklärte er, er halte es für falsch, Amerika die geringste Sympathie zu bezeigen. In seinem Innern sagte sich Louis, der Schwager habe seine guten Gründe. Habsburg brauchte England für eine Allianz gegen die wachsende Macht Rußlands, Habsburg durfte also England unter keinen Umständen verstimmen. Aber was immer des Schwagers Motive waren, Louis teilte durchaus seine Meinung. In schwungvoller Rede verbreitete sich Josef darüber, daß wahre Freiheit nur in einer aufgeklärten Monarchie möglich sei, und er verhöhnte überzeugt und in geschliffenen Worten die Sportsleute der Freiheit in Philadelphia, deren Treiben zu nichts anderm führen werde als zur Anarchie. Louis hörte vergnügt zu, nickte zuweilen mit dem dicken Kopf, gab vage Laute der Zustimmung von sich und notierte sich innerlich einige der gut formulierten Wendungen Josefs, um sie gelegentlich gegen Maurepas und Vergennes auszuspielen.

Dann aber begann Josef zu reden von der bayrischen Erbfolge. Wortreich und mit Wärme sprach er von den Möglichkeiten, die sich für Habsburg aus dem bevorstehenden Ableben des bayrischen Kurfürsten ergaben. Hatte Habsburg nicht die heilige Pflicht, die Gelegenheit zu benutzen und sich durch die Übernahme strategisch wichtigen Gebietes gegen die zunehmende Bedrohung durch Preußen zu sichern? Dumpfer Unmut ergriff Louis. Galten denn dem Schwager die wohlbegründeten Ansprüche Zweibrückens gar nichts? Warf er, dieser sehr moralische, aufgeklärte, philosophische Herrscher, alle Moral einfach auf den Abfallhaufen? Maurepas und Vergennes hatten durchaus recht: Habsburg trug sich mit Kriegsplänen von wilder Hybris, und kein Familienpakt durfte Frankreich verleiten, sich da hineinreißen zu lassen. Mit einemmal enthüllte sich der Schwager, der so gerne Vernunft und Moral im Munde führte, als Romantiker, als Abenteurer, als gewissenloser Eroberer, der Habsburg die Weltherrschaft ersiegen wollte. Nichts da. Da machte er, Louis, der Allerchristlichste König, nicht mit. Nicht dazu war er von Gott eingesetzt.

Schwitzend, in steigender Bestürzung, hörte er die anmaßlichen, gottlosen Reden an. Mußte er nicht erwidern? Aber wie sollte er, der Jüngere, Unerprobte, dem großartigen Römischen Kaiser Moral predigen? Der würde ihm sicherlich mit zahllosen guten Gründen über den

214

Mund fahren. Nein, er mußte es schon so machen, wie er sichs vorgenommen, mußte ausweichen, eine Diskussion ablehnen.

Er schwieg und hörte zu. Zog ein Blatt Papier heran, begann zu kritzeln. Dann, als Josef zu Ende war, reichte er ihm das Blatt mit seiner Kritzelei, und: »Sehen Sie, Sire«, sagte er, »das hier ist Ihre und die bayrische Grenze. Hab ich sie nicht gut im Gedächtnis?« Josef wußte nicht, sollte er den fetten, mit naivem Stolz lächelnden jungen Menschen für einen Trottel halten oder für einen bösartigen Spaßvogel. Er betrachtete das Blatt, legte es auf den Tisch zurück und sagte gemessen: »Wie ist das, Sire? Stehen Sie auf dem gleichen Standpunkt wie wir? Dürfen wir bei der Verfechtung unserer Ansprüche auf Ihre Unterstützung rechnen?« »Lassen Sie mich sehen«, erwiderte nachdenklich Louis, »ob ich es zusammenbringe, aus dem Gedächtnis alle Orte mit über zweitausend Einwohnern herzuzählen, welche dem Kurfürsten von Bayern untertänig sind«, und er begann sie herzuzählen.

Josef gab es auf, mit diesem Manne ernsthaft weiterzureden, sprach also von Belanglosem, verabschiedete sich bald.

Auf seine methodische Art überdachte er, welche Folgerungen sich für ihn aus der Unterredung ergaben. Es erfüllte ihn mit Zuversicht, daß der Schwager nur ausweichen, aber nicht geradezu Nein sagen konnte. Andernteils wird es viel Schmiegsamkeit und Energie kosten, diesen weichen, dumpfigen, zähen Widerstand zu besiegen.

An Maria Theresia schrieb Josef: ›Ihr Schwiegersohn Louis, teuerste Mutter, ist schlecht erzogen und sieht höchst unvorteilhaft aus. Aber er ist innerlich anständig. Auch hat er in einem erstaunlichen Gedächtnis viel Wissenstoff aufgespeichert. Zum Beispiel kann er alle bayrischen Orte mit mehr als zweitausend Einwohnern in alphabetischer Reihenfolge aus dem Gedächtnis hersagen. Freilich sehe ich nicht ein, welchen mittelbaren oder unmittelbaren Nutzen solche Künste einem Herrscher bringen können. Im übrigen leidet unser Louis an einer bedenklichen Unfähigkeit zu Entschlüssen. Er ist schwach vor solchen, die ihn einzuschüchtern wissen. Ich denke, teuerste Mutter, das Ziel meiner Reise wird erreicht werden.‹

Auch dieses Schreiben gelangte in die Hände des Pariser Polizeipräsidenten. Monsieur Lenoir machte nicht dem König selber Mitteilung,

215

sondern zog es vor, die Abschrift dem Ministerpräsidenten zu überreichen.

Der alte Maurepas las den Text und wackelte mit dem Kopf. Dann zeigte er den Brief seinem Sekretär Sallé und fragte: »Was meinen Sie, mein
lieber Sallé?« Der Sekretär, mit seiner marklosen Stimme, erwiderte:
»Für einen Römischen Kaiser ist der Römische Kaiser kein schlechter
Menschenkenner.«

Maurepas beschloß das Schreiben vorläufig aufzubewahren und es erst
bei besonderm Anlaß zu verwenden.

Doktor Benjamin Franklin, in seinem stillen Haus und Garten in Passy,
hörte viel vom Wesen und Treiben des freigeistigen Römischen Kaisers.
Diejenigen seiner Freunde, die mit ihm zusammengekommen waren –
und es waren ihrer nicht wenige – rühmten das einfache Wesen des Monarchen, seine rasche, scharfe, sachliche und doch liebenswürdige Art.
Sie fühlten sich, diese Akademiker und Dichter, geschmeichelt, daß er
mit ihnen redete wie mit seinesgleichen, und begrüßten es als erfreuliches Symptom, daß selbst ein Kaiser es für angebracht hielt, sich für
einen Intellektuellen und Freigeist zu erklären.

Franklin hätte es sehr begrüßt, wenn auch er Gelegenheit gehabt hätte, sich mit Josef zu unterhalten. Er hoffte, Josef zu überzeugen, daß
die amerikanische Frage im Grunde eine rein angelsächsische Angelegenheit sei, und daß den Dreizehn Staaten nichts ferner liege, als europäische Völker zur Rebellion zu veranlassen. Er traute sich die Fähigkeit zu, die Furcht Maria Theresias und ihres Sohnes zu zerstreuen, das
Vorbild Amerikas könnte auch europäische Länder zur Meuterei anstacheln.

Es war ihm deshalb sehr erwünscht, als einer seiner Freunde, der Akademiker Condorcet, ihm mitteilte, er habe mit Josef über Franklin gesprochen, und es wäre dem Kaiser nicht unwillkommen, den Doktor
kennen zu lernen.

Der Abbé Niccoli, Vertreter des Großherzogtums Toscana, in dem
Josefs Bruder Leopold regierte, übernahm es, die Begegnung zwanglos zu arrangieren. Er fragte bei dem Grafen Falkenstein und bei dem
Doktor Franklin an, ob man nicht gelegentlich bei ihm eine Tasse Scho

kolade nehmen wolle. Durch Condorcet ließ er jeden der beiden Herren wissen, wen man bei ihm treffen werde.

Als Josef die Einladung erhielt, hatte er für den Bruchteil eines Augenblicks das Gefühl, er hätte vielleicht besser nicht den Wunsch geäußert, Franklin zu treffen. Bevor er Wien verlassen, hatte ihn seine Mutter ersucht, er möge, wenn er schon in das verderbte Paris fahre, es zumindest vermeiden, mit gewissen ›wilden Gesellen‹ zusammenzukommen. Wen alles die Mutter als wilde Gesellen aufgezählt hatte, erinnerte sich Josef nicht mehr genau. Bestimmt waren Voltaire und Rousseau darunter gewesen, aber dunkel war ihm, als hätte sie auch Franklin genannt. Sei dem wie immer, schließlich konnte sich der Römische Kaiser nicht von der Frau Mama vorschreiben lassen, mit wem er reden durfte und mit wem nicht. Benjamin Franklin war, Rebell hin, Rebell her, einer der führenden Wissenschaftler der Epoche, ein Philosoph von Rang, seine Unterhaltung galt als besonders anregend. Was war weiter dabei, wenn Josef die Gelegenheit wahrnahm, sich mit einem solchen Manne auseinanderzusetzen? Er freute sich geradezu darauf, dem Rebellenführer höflich und sachlich zu beweisen, daß die Masse ihrer Natur nach nicht die Fähigkeit habe, ihr Bestes zu begreifen, und daß somit aufgeklärter Despotismus die vernünftigste Regierungsform sei.

Josef hatte schon mehrmals Begegnungen gehabt, welche das Staunen der Welt erregt hatten, die Begegnung zum Beispiel mit dem großen Feind seines Hauses, mit Friedrich von Preußen. Daß er, der Römische Kaiser, sich mit dem Führer der amerikanischen Rebellen von Mann zu Mann unterhalten wollte, erschien ihm noch kühner und origineller als seine bisherigen Zusammenkünfte, und, stolz auf seine demokratische Gesinnung, sprach er aller Welt von diesem seinem Vorhaben.

Der festgesetzte Tag kam. Des Morgens um neun, wie vereinbart, fand sich Franklin mit seinem Enkel William Temple bei dem Abbé Niccoli ein. Ein paar Minuten später kam auch Condorcet. Man trank Schokolade, man unterhielt sich. Franklin nahm eine zweite Tasse Schokolade, auch einige von den ausgezeichneten, gesüßten Brioches, die der Abbé servieren ließ. Man wartete und unterhielt sich. Es wurde zehn Uhr, es wurde elf Uhr. Der Abbé ließ Portwein servieren. Franklin nahm auch von dem ausgezeichneten Portwein. Man konnte nicht wissen, was

Josef verhindern mochte, die festgesetzte Zeit einzuhalten. Franklin beschloß, noch eine Stunde zu warten. Es wurde Mittag. Länger zu bleiben, ging wohl nicht an. Man brach auf, Franklin fuhr zurück nach Passy.

Der junge William war sehr ärgerlich und schimpfte einen großen Teil der Fahrt über auf die Katholiken und die Aristokraten. Er hatte sich auf diese Begegnung sehr gefreut; zu gerne hätte er seinen Freundinnen beiläufig erzählt: ›Hat mir da unlängst der Kaiser Josef gesagt –‹ Franklin selber nahm die gescheiterte Zusammenkunft philosophisch. Vermutlich wäre es nicht schlecht für die amerikanische Sache gewesen, wenn er mit Josef hätte reden können. So wird er eben auf eine nächste Gelegenheit warten.

Was sich aber mittlerweile um Josef ereignet hatte, war dies: Graf Mercy hatte schon frühzeitig von Maria Theresia, die in dem alten Diplomaten einen ihrer besten Freunde sah, einen vertraulichen Brief erhalten, voll von Befürchtungen über die Reise ihres schwierigen Sohnes Josef in das Babylon an der Seine. Ihrem Brief hatte die fürsorgliche Kaiserin eine Liste beigefügt von bedenklichen Elementen, von Demokraten und Philosophen, von ›Schlawinern‹, von Lumpen, von deren Umgang sie den Römischen Kaiser unter allen Umständen fern gehalten wissen wollte. Und obenan auf der Liste waren Voltaire und Franklin gestanden.

Der alte Mercy war also tief erschrocken, als er Kunde bekam von dem unbesonnenen Plan seines jungen Monarchen, sich mit dem Rebellen zu treffen. Er hatte Maria Theresia sogleich geschrieben und ihr geraten, selber ihren Sohn zu beschwören, er möge von seinem Vorhaben abstehen. Ein Eilkurier Mercys jagte nach Wien, ein anderer Eilkurier jagte zurück, und früh am Morgen des Tages, da die Zusammenkunft mit Franklin stattfinden sollte, erhielt Josef ein Schreiben seiner Mutter. Es war deutsch, sie hatte es mit eigener Hand geschrieben, es war ein gutes, rührendes Schreiben. Sie zeigte Verständnis für seine Neugier, Bösewichter vom Schlage des gottlosen Voltaire und des meuterischen Franklin kennen zu lernen, aber sie bat ihn, er möge an seine Verantwortung vor der Geschichte denken, und einige Worte des nicht sehr langen Briefes waren verwischt von Tränen.

Josefs Augen glitten langsam über die kindlich ungefügen, mühevollen Buchstaben. Er hatte sich dazu erzogen, Details nicht zu übersehen, nicht den Stil eines Schreibens, nicht das Grammatikalische, nicht das Orthographische. Aber diesmal wollte es ihm nicht glücken. Seine Gedanken und seine Gefühle waren bei dem Inhalt des Briefes, bei den Worten, die deutsch waren, streng, pflichtbewußt, mütterlich.

Der Römische Kaiser lehnte sich auf gegen die ewige Bevormundung. Er hatte sich entschlossen, mit diesem Doktor Franklin zusammenzutreffen. Er wußte schon, warum. War es nicht die Pflicht eines Regenten, Menschen jeder Art kennen zu lernen und ihre Anschauungen zu prüfen, wie sie aus ihrem Munde herauskamen? Die Bedenken der Mutter waren nicht stichhaltig. Identifizierte er sich vielleicht mit den Meinungen aller Leute, die er traf? Doch abgesehen von Gründen und Gegengründen, wußte nichts bereits alle Welt, daß er mit Franklin zusammenkommen wollte, und wäre es nicht unfürstlich und seinem Ansehen schädlich, wenn er diesen seinen Entschluß änderte?

Josef überlas nochmals den Brief. Er hatte in Wien eine Menge Probleme unerledigt zurückgelassen. Da war die ewige Frage der böhmischen Protestanten, da war die Schulreform, da war die bayrische Erbfolge, da war die russisch-türkische Frage. Wenn er auch nur in Einer dieser Angelegenheiten von der Mutter Konzessionen erlangen wollte, mußte er sich hüten, sie zu verstimmen. Was war wichtiger, die österreichische Schulreform oder seine Begegnung mit dem alten Doktor? Er seufzte. Durch diesen Brief Maria Theresias war aus dem privaten Wunsch des Grafen Falkenstein, Franklin zu sehen, eine Staatsaffäre der Habsburgischen Monarchie geworden.

Etwas mürrisch holte er den Rat des Grafen Mercy ein. Er sehe zu seinem Bedauern, sagte er ihm, daß die alte Kaiserin fürchte, ein Gespräch zwischen ihm und Franklin könnte mißdeutet werden. Er habe sich also im Prinzip entschlossen, seine private Wißbegier den politischen Skrupeln der Mutter zu opfern. Andernfalls wolle er es vermeiden, vor dem Doktor Franklin unhöflich zu erscheinen. Ob er, Mercy, Rat wisse? Mercy atmete auf und wußte Rat. Niemand könne es Josef übel nehmen, fand er, wenn er infolge einer leicht zu schaffenden Verhinderung die genaue Stunde des Frühstücks bei dem Abbé Niccoli nicht einhalten könne. Er möge also die Verabredung nicht etwa absagen, wohl aber den Abbé Niccoli ein wenig warten lassen. Zwei Stunden, drei, vier Stunden. Die ausgezeichneten Agenten Mercys würden Josef rechtzeitig wissen lassen, wann er dem Abbé Niccoli den vereinbarten Besuch abstatten könne, ohne die alte Kaiserin in Wien zu verstimmen.

So kam es, daß Josef, als er zwanzig Minuten nach zwölf bei dem Abbé Niccoli eintraf, zu seinem großen Bedauern den Doktor Franklin nicht mehr vorfand.

Die Prinzessin Rohan hatte zu einer jener englischen Teegesellschaften eingeladen, die jetzt Mode wurden. Die wichtigsten Mitglieder des Fliederblauen Klüngels sollten kommen; auch Josef hatte seine Teilnahme zugesagt.

Nun hatte sich Josef mehrmals vor Toinette sehr abfällig über ihre Freunde ausgelassen. »Eine schöne Menagerie hast du dir zugelegt«, hatte er gelegentlich gesagt, und er hatte Gabrieles Nonchalance als schlampig, hatte ›tous ces messieurs‹ als Schlawiner bezeichnet; unter Schlawinern aber verstand man in Wien bedenkliche, zweideutige Gesellen, windig, geneigt zum Hochstaplertum. Sogar den Damen ins Gesicht hatte Josef bösartige, stachelige Dinge geäußert.

Um solche Taktlosigkeiten des Bruders zu verhindern oder doch zu mildern, ging Toinette sehr früh zur Prinzessin Rohan. Als sie eintraf, fand sie nur François Vaudreuil und Diane Polignac vor.

Es hatte in diesen letzten Wochen scharfe Auseinandersetzungen zwischen François und Toinette gegeben. Josefs Aufenthalt in Paris machte den sonst so überlegenen Vaudreuil reizbar und nervös. Er sah in Frankreich nicht nur das mächtigste, sondern auch das höchst zivilisierte Land der Erde, und ihn verdroß die Haltung dieses Habsburgers, der zwar dies und jenes herablassend anerkannte, doch deutlich merken ließ, daß er Land und Stadt und Hof im Ganzen als etwas Leeres, Verrottetes verwarf. Die Eigenschaften der Geschwister vermischten sich in François Vorstellung. Josef war von der gleichen, naiven Überheblichkeit, die François häufig an Toinette so tief aufbrachte. Ohne daß Toinette jemals mit ihm darüber gesprochen hätte, wußte er, worauf sie so stolz war. Sie war aufgewachsen in der Vorstellung des Gottesgnadentums, für sie verkörperte sich ein Land in seinem König, und sie übertrug ihre mitleidige Verachtung des tölpischen, impotenten Louis auf das Land. Sie blickte herab auf Frankreich, dessen Königin sie war, sie, die Enkelin der Cäsaren, der Römischen Kaiser. Dieser eingeborene, ungeheure Stolz reizte den selber hoffärtigen, verwöhnten, maßlosen Vaudreuil, nun er ihn auch an Josef wahrnahm, und mehr als je dachte er mit Zorn und mit Lust daran, wie er Toinette in sein Bett reißen und sie demütigen werde.

Noch mehr verwirrt wurde François' Gefühl durch den Zweck, den Josef mit seinem Besuch verfolgte. Es erbitterte François, daß der König von Frankreich die Hilfe des Habsburgers brauchte, um seine Frau zu entjungfern.

So kränkte denn, wann immer er mit ihr allein war, der gewalttätige Mann Toinette, wie es noch keiner vorher und er selber nicht gewagt hatte. Beide jetzt sannen sie nur darauf, einander weh zu tun.

Heute, in Erwartung Josefs, war er zu ihr von einer zeremoniösen Höflichkeit, die sie mehr ärgerte als jeder Spott. »Was haben Sie, Vaudreuil?« fragte sie. »Warum benehmen Sie sich wie ein Gesandter bei der ersten Audienz?« »Ich habe mir«, antwortete Vaudreuil, »den Tadel des Grafen Falkenstein zu Herzen genommen. Die Römische Majestät wirft uns vor, unsere Höflichkeit sei Firnis, unter dem nichts stecke als Rohheit und Schlamperei. Ich bin bemüht, den Anstrich zu verstärken.« Mittlerweile waren die meisten Gäste eingetroffen. »Hoffentlich«, meinte Vaudreuil, »läßt uns Graf Falkenstein nicht so lange warten wie den Abbé Niccoli.« Aber: »Warum sollte Graf Falkenstein *uns* warten lassen?« erwiderte Diane Polignac.

Toinette horchte auf. Als sie erfahren hatte, jene geplante Zusammenkunft des Bruders mit dem Rebellen Franklin sei nun doch nicht zustande gekommen, hatte sie sich nichts dabei gedacht. Jetzt, an dem Lächeln ihrer Freunde, merkte sie, daß man Josefs Verspätung als Absicht, seine Haltung als Feigheit auslegte. Jetzt auch, mit kleiner Bestürzung, nahm sie wahr, daß Gabriele und Diane Statuetten Franklins in ihren hohen Frisuren trugen. Zwar hatte, da Louis und Toinette dem Rebellenführer eine ablehnende Neutralität entgegenbrachten, auch die Hofgesellschaft bisher der Mode zum Trotz dem Doktor Franklin

Zurückhaltung bezeigt. Doch beide Damen Polignac hatten immer das Vorrecht für sich in Anspruch genommen, jede politische Meinung zu bekunden, die ihnen beliebte, und besonders Gabriele betonte stets lässig und selbstverständlich ihre Unabhängigkeit. Somit wäre es nicht weiter auffällig gewesen, daß die Damen Polignac ihre Sympathie für Franklin an den Tag legten; es war üblich, daß man in der Frisur allerlei Embleme zeigte, die auf aktuelle Ereignisse anspielten. Aber daß die beiden Damen gerade heute ihren Franklin im Haar trugen, und daß obendrein François jene Anspielung gemacht hatte, erfüllte Toinette mit unbehaglicher Spannung. Sie wäre weiter nicht verwundert gewesen, wenn die Herren und Damen des Fliederblauen Klüngels eine Gelegenheit gesucht hätten, Josef die teutonisch schroffen Äußerungen heimzuzahlen, mit denen er sie verfolgte. Sie fürchtete, der Bruder habe sich durch die Geschichte mit dem Amerikaner eine Blöße gegeben, und gekitzelt fragte sie sich, was ihre Freunde wohl vorhätten.

Den Grafen Jules, der nicht sehr gewandt war, hatten sie offenbar nicht in ihr Komplott eingeweiht. »Finden Sie nicht, Madame«, wandte er sich ein wenig täppisch an Toinette, »gar so liberal wie meine Damen bräuchte man nicht zu sein?« Er wies auf ihre Franklin-Statuetten. Und: »Ihr werdet mit eurer Schwärmerei noch bewirken«, sagte er, »daß euer Franklin uns Versailles überm Kopf in Brand steckt.« Gemeinhin beschränkte sich Graf Jules darauf, am Spieltisch zu sitzen und den Damen sein schönes, leeres und brutales Gesicht vorzuführen; seine politischen Meinungen nahm man nicht sehr ernst. »Unser guter Jules«, war denn auch alles, was Diane erwiderte, und ihr ganzes, häßliches, gescheites Gesicht war ein mitleidiges Lächeln. Gabriele aber, mit träger Entschiedenheit, sagte: »Ich weiß nicht sehr viel von Amerika, aber den Doktor finde ich entzückend. Die beiden Male, da ich ihn getroffen habe, einmal bei Madame de Maurepas, einmal bei Madame de Genlis, war er einfach reizend. Wenn er einem Komplimente macht, fühlt man sich ordentlich bedeutend. Ganz unmoralisch kann die Sache der Amerikaner nicht sein.«

Toinettes Verwirrung nahm zu. Sie hatte bis jetzt noch keine Zeit gefunden, über den amerikanischen Konflikt nachzudenken. Mercy und Vermond hatten ihr nahegelegt, Äußerungen zu vermeiden, welche

Sympathie für die Rebellen bezeugen könnten. So hatte sies auch gehalten, und es war ihr nicht schwer gefallen. Hätte sie sich vielleicht doch mehr um diesen Amerikaner kümmern sollen? War er so sehr die Mode? Erstaunt und ein wenig besorgt nahm sie wahr, mit welcher Wärme ihre Freunde für ihn eintraten.

Nun aber, in ihre Gedanken hinein, krächzte der Papagei: »Les amants arrivent«, und: »Graf Falkenstein«, rief der Huissier in den Saal. Josef kam.

Tee, in dünnen, neumodischen Schalen, wurde herumgereicht, und man erging sich in Urteilen über das ungewohnte Genußmittel. Ausführlich erörterte man die seltsame Vorliebe, welche die Engländer dafür hegten, man erwähnte die Zölle und Monopole und gab seiner Verwunderung Ausdruck, daß es dieses dünne, harmlose Getränk war, welches seinerzeit die amerikanischen Kolonien zur Meuterei veranlaßt hatte.

Prinz Karl, Unwissenheit vortäuschend, fragte Josef, welchen Eindruck denn nun er gehabt habe von dem berühmten Apostel der Freiheit mit seinem Pelz und seiner Brille. Josef, mit gekünsteltem Humor, erwiderte, der ungestüme Alte habe nicht die Geduld aufgebracht, ihn abzuwarten. Ringsum wunderte man sich; der Doktor war bekannt wegen seiner Milde und Ruhe. »Werden Sie nicht einen zweiten Versuch machen, Sire, mit ihm zusammenzukommen?« fragte unschuldig Gabriele Polignac. »Nennen Sie mich, bitte, erstens nicht Sire, Madame, und zweitens will ich nicht«, antwortete Josef, und mit kleinem, sarkastischem Lachen fuhr er fort: »Schließlich kann Mr. Franklin nicht verlangen, daß ich ihm nachlaufe.« Es klang abschließend.

Doch Gabriele, sanft und gelassen, beharrte. »Es scheint, Graf Falkenstein«, sagte sie, »Sie teilen nicht unsere Verehrung für jenen weisen alten Herrn.« »Haben Sie es anders erwartet, Madame?« fragte trocken Josef zurück. »Schließlich bin ich Royalist von Beruf.«

»Finden Sie es wirklich ungestüm, Graf Falkenstein«, mischte sich jetzt, sehr höflich, der Marquis de Vaudreuil ein, »daß Doktor Franklin nach einigem Warten gegangen ist? Er hält auf Würde. Er vertritt ein Land, das unsere verkünstelten Zeremonien verschmäht, aber trotzdem seine Würde wahrt.«

Josef hob die Brauen und schaute sich Vaudreuil an. Wollte der Mann ihm eine Lektion erteilen? Vaudreuil gab Josefs Blick zurück, ruhig, mit wohlgespielter Harmlosigkeit. »Es ist mir nicht unbekannt«, sagte Josef scharf, streitbar, autoritativ, »daß die Pariser den Doktor Franklin überaus verwöhnen. Doch mag er nun persönlich Würde haben oder nicht, die Ideen, die er vertritt, sind aberwitzig und würdelos. Deshalb finde ich es bedauerlich«, – und seine blauen Augen hefteten sich schulmeisterlich streng an die Frisuren der Damen Polignac – »wenn kritiklose Schwärmerei für den Mann um sich greift im Kreise der Königin. Ich, bei aller Liberalität, würde diesen Benjamin Franklin nicht in mein Wien hereinlassen, und schon gar nicht würde ich dulden, daß Angehörige meines Hofes urteilslos sein Lob singen.«

Josef hatte die Herrschaften des Fliederblauen Klüngels schon mehrmals brüsk angelassen, doch nie so schroff wie heute. Eine unangenehme Stille entstand. In diese Stille hinein sagte abrupt die Hausherrin, die Prinzessin Rohan: »Als dieser Franklin hier auftauchte, habe ich mich bemüht, mit Oliver Cromwell ins Gespräch zu kommen. Aber er ist nicht erschienen.«

Niemand achtete auf sie. Toinette, peinlich erstaunt über Josefs Heftigkeit, hatte sich leicht überrötet, Gabriele lächelte ein kleines, spöttisches, lässig interessiertes Lächeln, Diane streichelte einen der Hunde der Prinzessin Rohan, Prinz Karl machte ein süffisantes Gesicht und sann, vergeblich, auf einen frechen Witz. Alle warteten gespannt, ob Vaudreuil die starken Worte der Römischen Majestät hinnehmen oder ob er die Frechheit haben werde, zu erwidern.

Er hatte sie. Es war ihm recht, daß der Habsburger so von oben her und gereizt zu ihm gesprochen hatte; er hatte es darauf angelegt. Vaudreuils kühnes, männliches Gesicht glänzte Überlegenheit, als er sich anschickte, es dem eingebildeten Österreicher heimzuzahlen. »Sehen Sie, Graf Falkenstein«, sagte er, »Sie in Ihrem Wien führen ein einfaches Leben. Ihre Konflikte sind eindeutig und leicht zu überschauen. Wir hingegen hier in Versailles sind im Lauf unserer langen, sich immer verfeinernden Zivilisation so überzüchtet worden und so verkünstelt, daß wir uns nach allem sehnen, was Natur ist. In diesem alten, ehrwürdigen Mann Benjamin Franklin sehen wir jene naturhaften Prinzipien verkörpert, die unsern Philosophen vorschweben. Von unserm Jean-Jacques Rousseau haben ja auch Sie wahrscheinlich gehört. Daß dieser alte, schlichte Mann all dieses Naturhafte in sich vereinigt, das bewegt uns, das rührt uns, da klatschen wir Beifall.«

Er hielt einen Augenblick inne, wartete auf Antwort. Josef indes erwiderte nichts. Toinette, unbehaglich und töricht, begann zu plappern. »Natur«, rief sie mit gemachter Munterkeit. »In meinem Trianon werde ich euch so viel Natur hinstellen, daß euch die Lust auf euern Franklin vergeht.« Sie lachte.

Aber niemand lachte mit. Alle, nach wie vor, sahen auf Josef und Vaudreuil. Und da Josef immer noch schwieg, fuhr Vaudreuil fort: »Sie mögen recht haben, Graf Falkenstein. Vielleicht verstößt es gegen unsere handgreiflichen Interessen, gegen die des Königs und gegen die unsern, wenn wir Franklin so grenzenloses Verständnis entgegenbringen und uns nach Kräften bestreben, ihm und seinen Rebellen zu helfen. Aber vielleicht liegt in diesem unserm Verhalten trotzdem tiefere Weisheit, als wenn wir schlicht schimpften und darauf loshauten. Da wir gegen den Zeitgeist nicht ankönnen, helfen wir dem Zeitgeist. Wir sägen an dem Ast, auf dem wir sitzen, weil wir wissen: es ist ihm bestimmt, zu fallen.«

Es sprach aber der Marquis de Vaudreuil diese Sätze nicht etwa belehrend, wie das die Römische Majestät getan hätte, sondern er sagte sie leicht, mit anmutiger Dreistigkeit, Josef ins Gesicht, und die Männer und Frauen des Fliederblauen Klüngels freuten sich, daß es diesem Vaudreuil geglückt war, so hübsch auszudrücken, was sie alle spürten. Gleichzeitig aber hielten sie den Atem an vor so viel Arroganz. Was wird Josef erwidern? Was konnte er erwidern?

Josef, in seinem Innern, war voll ratloser Wut. Er, der Römische Kaiser, die Apostolische Majestät, hat in edler Selbstbeschränkung freigeistige Ideen verkündet und verwirklicht, und viele preisen das, was er gesagt und getan hat, als das Kühnste seit Menschengedenken. Und nun stellt sich da einer vor ihn hin, ein armseliger Höfling, eine kümmerliche Kreatur seiner gedankenlosen Schwester, und kanzelt ihn ab und erklärt ihm stolz, was es bedeute, daß er, der kleine, leichtfertige Amüsierfranzose, sich zu Franklin bekennt und wahrheitsmutig an seinem

Ast sägt. Und die andern gaffen und hören zu und tragen trotzig ihren Franklin auf der Zunge und in ihrer Frisur, und er steht kläglich vor ihnen, der Römische Kaiser, der es nicht gewagt hat, dem Rebellen ins Aug zu schauen. Aber er hat es so verdient. Er hätte hingehen müssen, damals, zu dem Abbé Niccoli. Er hätte sich nicht davor drücken, er hätte nicht feige sein dürfen. In einem Gespräch von historischer Bedeutung hätte er, der aufgeklärte Monarch, sich auseinandersetzen müssen mit dem Anarchisten aus dem wilden Westen und zeigen, wo die wahre Tugend und Verantwortung liegt.

Aber er konnte nicht länger so dastehen und schweigen. Er kämpfte seinen Zorn nieder, gab sich Haltung. »Das ist eine Gesinnung, Herr Marquis«, sagte er trocken, »die ich an meinem Hofe nicht dulden würde.« »Daran habe ich nie gezweifelt, Sire«, antwortete Vaudreuil, freundlich lächelnd, und seine Liebenswürdigkeit war so, daß Josefs Selbstbeherrschung zusammenbrach. »Wenn Sie, Monsieur«, sagte er scharf, »mit diesen Worten Ihren ›wahren‹ Liberalismus ausspielen wollen gegen meinen ›falschen‹, dann haben Sie mich niemals verstanden. Liberalismus heißt nicht: weichlich sein und sich vom Schicksal treiben lassen. Liberalismus heißt: tätig sein, wirken. Nicht Meuterei und Anarchie sind die Ziele, die einem wahrhaft freien Geiste vorschweben, sondern Ordnung, Autorität, gegründet auf Vernunft.« »Kurz: aufgeklärter Despotismus«, ergänzte mit drolliger Trockenheit Diane, und der Kaiser, scharf, erwiderte: »Ja, Madame, aufgeklärter Despotismus.«

Vaudreuil indes, immer mit der gleichen, gewinnenden Liebenswürdigkeit, sagte: »Sie wissen es nicht, Sire, aber Sie mit Ihrem aufgeklärten Despotismus sägen genau so an dem von mir erwähnten Ast wie wir selber. Auch Sie geben Rechte auf, machen dem Zeitgeist Konzessionen. Nur tun Sie es mit grimmigem Ernst, während wir aus der Not einen Spaß machen.« Zornig brach Josef aus: »Zynisch seid ihr, unernst, spielerisch. Kein Gefühl habt ihr für Würde und kein Pflichtbewußtsein«, und, da er die Stimme gehoben hatte, wurden die Hunde unruhig und kläfften, auch der Papagei schrie. Josef aber, sie übertönend, schloß: »Sie sind ein schlimmerer Rebell, Monsieur, als Franklin.«

Toinette war überzeugt, daß Fürsten eingesetzt seien von Gott, und daß dies ein Segen sei für die Welt. Wenn man die Schwärmerei für Franklin noch für eine harmlose, mondäne Laune halten mochte, für so etwas wie die Geisterseherei der Prinzessin Rohan, für eine Laune, die morgen in ihr Gegenteil umschlagen konnte, so war das, was François zuletzt dahergeredet hatte, purer Unsinn, einfache Verrücktheit. Eher ging die Welt unter, eh daß die Monarchie unterging. Trotzdem war es ihr eine tiefe Genugtuung, daß jemand ihrem großen, allwissenden Bruder zu widersprechen wagte, und mit beinahe sinnlichem Vergnügen sah sie, genoß sie, wie sich Josef, obwohl er bestimmt recht hatte, ohnmächtig abarbeitete gegen die Eleganz und die Kühnheit ihres François. Jetzt, endlich einmal, war Josef, der ewige Schulmeister, selber derjenige, der abgekanzelt wurde.

Immerhin war es nun genug, und sie fragte sich, ob sie nicht eingreifen, etwas Leichtes, Begütigendes sagen sollte.

Doch bevor sie etwas äußern konnte, sagte bereits die Prinzessin Rohan: »Jetzt aber hören Sie auf, Messieurs. Wir sind hier nicht in Madame Neckers Debattierklub. Hier wird Tee getrunken und über Vernünftiges geredet.« Und lachend gab man die Debatte auf.

Toinette hatte Josef zu einem intimen Essen gebeten. Anwesend sein sollten nur die nächsten Mitglieder der Familie, die beiden Brüder Louis' mit ihren Frauen.

Es war eine sehr jugendliche Gesellschaft. Louis war dreiundzwanzig Jahre alt, sein Bruder Xavier, der Graf de Provence zweiundzwanzig, sein Bruder Karl, der Graf d'Artois zwanzig. Unter den Frauen war die einundzwanzigjährige Toinette die älteste. Josef, mit seinen sechsunddreißig, kam sich in diesem Kreise alt vor.

Der pflichtbewußte Louis legte Gewicht darauf, innerhalb der Familie engste Gemeinschaft zu wahren. Er hatte seinen Brüdern die schönsten Appartements in Versailles angewiesen, und die drei waren viel zusammen. Aber es war eine seltsam quertönige Musik, welche sie miteinander machten. Denn die Beziehungen Louis' zu Xavier waren nicht minder zwielichtig als die zu Karl. Nicht als ob Xavier so große Summen verschwendet hätte wie Karl, auch gab er weniger öffentliches Ärgernis. Aber er hatte schon als kleiner Junge nur schwer den Gedanken ertragen, daß der dumme Louis zum König bestimmt war und nicht er selber, der mit Leichtigkeit viel Wissen in sich aufnahm und der sich würdig und fürstlich zu benehmen verstand. Dann freilich hatte sich zu seiner grimmigen Befriedigung herausgestellt, daß Louis Kinder zu erzeugen nicht imstande war. Mit Louis' Regierungsantritt hatte er, Xavier, Anwartschaft auf den Thron bekommen, er hatte den Titel ›Monsieur‹ erhalten, und seither wurden alle kronprinzlichen Ehren ihm erwiesen. Aber er hatte zu warten, wahrscheinlich lange zu warten, und er vertrieb sich die Zeit, indem er bösartige Epigramme gegen Louis schrieb. Das alles wußte Louis, aber es verhinderte ihn nicht, brüderliche Beziehungen mit Xavier zu unterhalten. Ja, er verteidigte Xavier nach außen hin mit der ganzen Autorität des Königs. Einmal, als besonders tückische Verse gegen die ›jungfräuliche Königin‹ im Umlauf waren, brachte der Polizeipräsident Lenoir schlüssige Beweise, daß der Urheber Prinz Xavier war. Doch Louis erwiderte trocken: »Sie irren, Monsieur.« Untereinander freilich sagten sich die Brüder häufig Dinge, die spaßhaft klangen, aber voll bitterster Bosheit waren; zuweilen wußten sie selber nicht, zankten sie oder war es freundschaftliches Gespräch. Einmal, als in einer Liebhaber-Aufführung Prinz Xavier den Tartüffe spielte, versicherte ihm Louis mit Nachdruck: »Ausgezeichnet, Xavier. Diese Rolle liegt Ihnen besser als jede andere.«

Prinz Karl, weniger hinterhältig als Xavier, höhnte Louis ins Gesicht. Vater bereits von zwei Kindern, behandelte er den impotenten älteren Bruder mit offener Verachtung. Sein Verhältnis zu Toinette war jungenhaft kameradschaftlich, nichts weiter; aber um Louis zu ärgern, legte ers darauf an, daß jedermann in Paris glauben sollte, er ersetze der hübschen Schwägerin den ungeschlachten Bruder auch im Bett.

Jetzt, da Josef gekommen war, hatten sich die Beziehungen der Brüder zugespitzt. Karl machte zynische Witze. Prinz Xavier, dem alle Felle wegschwammen, wütete und schrieb giftige Verse.

Bande solcher Art verknüpften die drei jungen Männer, die, mit Josef vereint, an dieser intimen Familientafel saßen.

Man sprach von Josefs Wanderungen durch die Stadt Paris. »Wissen Sie auch, Louis«, fragte Josef den Schwager, »daß Sie das schönste Gebäude in Europa besitzen?« »Das wäre?« fragte Louis zurück. »Das Hotel des Invalides«, erwiderte Josef. »Ja«, stimmte Louis höflich bei, »man sagt mir allgemein, das sei ein schönes Gebäude.« »Was?« brach entsetzt Josef aus. »Sie haben sichs niemals angeschaut?« »Hab ich Ihnen nicht erst unlängst vorgeschlagen, Toinette«, sagte gutmütig Louis, »wir sollten Saint-Germain den Gefallen tun und sein Hotel des Invalides besichtigen? Er ist so stolz darauf.«

Toinette ärgerte sich. Wieder einmal sollte sie die Schuld daran tragen, daß man etwas verabsäumt hatte. Immer dieser Saint-Germain. Ihre Freunde setzten ihr seit langem zu, man solle endlich dem alten Trottel den Laufpaß geben. Er hatte verschiedene von ihnen gekränkt. Sie erinnerte sich, welchen Spaß man damals daran gehabt hatte, den Minister Turgot zu stürzen. Nein, sie duldete es nicht länger, daß man ihr immerzu diesen Saint-Germain vorhielt. Und während sie, plaudernd, von ihrem Gigot aß, faßte sie den festen und grimmigen Entschluß, diesen Saint-Germain wegzujagen.

Josef erzählte jetzt von seinen Entdeckungsfahrten durch Paris und Versailles. Er war nicht faul gewesen; er hatte sich das Schloß vom Keller bis zum Speicher angeschaut. »Da hast du ja einen mächtigen Kasten, Toni«, sagte er zu Toinette, deutsch. »Ja«, antwortete Toinette, »und schrecklich ungemütlich.« Louis fragte: »Was bedeutet ›Kasten‹?« »Kasten«, antwortete Josef, »bedeutet Versailles. Aber was ich sagen wollte, Schwager, Sie haben eine Menge herrlicher Dinge in Ihrem Versailles, die viel zu wenig beachtet werden. Ich habe in Speicherräumen, in Vorratsräumen wunderbare Gemälde gefunden, verstaubt, an die Wand gelehnt. Da sollte wirklich einmal jemand kommen und sichten und Ordnung schaffen.« »Ja«, entgegnete, nicht sehr interessiert, Louis, »es hat sich viel gestapelt seit den Zeiten Louis' des Großen. Übrigens auch ziemlich viel Unmoralisches. Ich habe Maurepas schon einmal Weisung gegeben, er solle was fortschaffen lassen.«

Prinz Karl, auf seine freche Art, meinte: »Für Bilder hat unser Louis nie viel übrig gehabt.« Und, lebhafter, sich an seine beiden Brüder wendend, sagte er: »Erinnert ihr euch, wie wir, als Kinder, das Bild mit dem Teich und den Schwänen beschreiben mußten? Louis hat es ausgezeichnet beschrieben; nur hatte er leider nicht bemerkt, daß es der Teich war, an dem wir jeden zweiten Tag vorbeikamen.« Louis lachte gutmütig. »Ganz so war es nicht«, sagte er und aß ruhig weiter. Er aß

229

sehr viel, es schmeckte ihm, er häufte sich den Teller von Neuem. Die andern waren fertig, die Diener warteten darauf, die Teller wegzunehmen. Alle sahen zu, wie Louis aß, allein, behaglich, hingegeben, unmanierlich. »Louis«, mahnte schließlich Toinette. »Ja, meine Liebe, was ist?« antwortete Louis, sah um sich, ließ den Teller wegnehmen und wischte sich die Hände ab. Lehnte sich zurück. »Erinnert ihr euch«, fragte er, in seinem Ton war eine seltsame Mischung von Grimm und Behagen, »wie einmal während der Geographiestunde des Herzogs von Vauguyon der Herzog auf das Parkett flog? Er nahm gerade die Flüsse der iberischen Halbinsel durch. Nur ich wußte Bescheid, ihr hattet beide nichts gelernt. Dann wurden wir alle bestraft, weil er hinflog.« Louis machte eine kleine Pause. »Du hattest ihm ein Bein gestellt, Karl«, schloß er. »Aber nein doch«, sagte Karl, spitzbübisch lächelnd. »Er ist einfach ausgeglitten, der alte Trottel.« »Du hast ihm ein Bein gestellt«, wiederholte Louis, »aber wir haben dich nicht verpetzt.«

Und auf einmal waren in Louis hundert Erinnerungen aus der Kindheit. Er war damals noch tölpischer gewesen als heute. Sehr oft hatte er gut gewußt, was tun oder sagen, doch er war zu schüchtern gewesen, es aus sich herauszubringen. Xavier und Karl aber, die schlechter lernten, waren schnell und lebendig, sie hatten als die Begabten gegolten, er als der Unbegabte, und alle, Xavier und Karl den andern voran, hatten sich über ihn lustig gemacht. Einmal – er hatte damals noch den Titel ›Herzog von Berry‹ getragen – waren sie zu Dreien bei Tante Adelaide gewesen. Die beiden hatten herumgetollt, er war hilflos in der Ecke gestanden. Da hatte die Tante ihn aufgefordert: ›Steh doch nicht so herum. Rühr dich, Berry. Sag etwas, Berry. Mach Lärm‹, und ihr Ton war so mitleidig und verächtlich gewesen, daß er ihn niemals vergessen wird. Und dann, als sein Vater jenen jähen, bösen, geheimnisvollen Tod starb, war die Wendung gekommen. Die Wachen, als er durch die Korridore ging, präsentierten und riefen: ›Es lebe der Dauphin.‹ Er aber hatte sich umgeschaut, blöde, als gelte der Ruf einem andern, und hatte doch gewußt, daß er ihm galt. Und das süß und bittere Gefühl, daß der Vater gestorben war, der gefürchtete, geliebte, und daß jetzt er Herr war und berufen, hatte ihm beinahe das Herz abgedrückt. Seither, seitdem er an der Macht war, haßten ihn die beiden Brüder, der dicke und der schlanke, noch mehr. Xavier beschränkte sich wenigstens auf heimliche Verse. Aber dieser freche, geile, verschwenderische Karl, der alle zwei Wochen zu ihm kam, ihm Geld abzupressen, ging herum und erzählte jedermann, er, Karl, mache ihn zum Hahnrei.

»Ich sage dir, Karl«, beharrte er, böse, beinahe drohend, »du hast dem Vauguyon damals ein Bein gestellt.« »Hör doch auf«, mischte sich Xavier ein, und: »Laß den Unsinn«, sagte herrisch Karl. Aber: »Ich sage nur, was ist«, bestand Louis, und: »Willst du es leugnen?« sagte er, sprang auf, unerwartet, und packte den andern an den Handgelenken. Karl, lachend, doch voll Zorn, wehrte sich. Aber die plumpen Hände Louis' waren stark, Karl kam nicht los. »So laß ihn doch in Ruhe«, verlangte Xavier. Louis packte nur fester zu. »Messieurs, Messieurs«, mahnte Josef, die Frauen der beiden Prinzen kreischten leise. Louis gab den Bruder frei. »Kraft habe ich«, sagte er, mehr vor sich hin als zu den andern, mit einem dümmlichen, verlegenen Lächeln. Dann setzte er sich und aß weiter.

Um sich und den Parisern zu zeigen, daß er die Begegnung mit Franklin nicht etwa aus Vorurteil vermieden habe, suchte Josef nun gerade solche Persönlichkeiten auf, die am Hof von Versailles unwillkommen waren. Er verbrachte lange Stunden mit dem in Ungnade entlassenen Finanzminister Turgot und zeigte sich noch öfter als früher im Salon Madame Neckers, im ›Schweizer Häuschen‹. Ja, er fuhr hinaus nach Luviciennes, um die Frau zu besuchen, die unter allen Frauen von Toinette am meisten gehaßt wurde. Die Gräfin Dubarry, die ›Hure‹, das ›Stück Wegwurf‹. Die Dubarry hatte zu Lebzeiten des alten Königs durch diesen auf dem Umweg über Maria Theresia Toinette gezwungen, das Wort an sie zu richten. Das hatte ihr Toinette nie verziehen, und sogleich nach dem Regierungsantritt Louis' hatte sie durchgesetzt, daß die strahlend schöne, achtundzwanzigjährige Frau in die Einsamkeit von Luviciennes verbannt wurde. Dort hinaus also fuhr jetzt Josef. Er ließ sich von der Geliebten des alten Königs ihren berühmten Park zeigen, ihre schönen Alleen und Gewächshäuser, er führte sie zu Tische, und, zurück in Paris, rühmte er jedermann die Anmut und Frische der von seiner Schwester verfolgten Favoritin.

Josef suchte noch eine andere Persönlichkeit auf, die in Versailles unpopulär war, und deren Lebenswandel in Paris Gerede hervorrief, die Schriftstellerin Madame de Genlis. Sie war Hofdame der Herzogin von Chartres, Geliebte des Herzogs von Chartres, Erzieherin und Mutter der Kinder dieses Paares und Verfasserin fortschrittlicher Kinderbücher.

Im Salon der Madame de Genlis ging es nicht sehr förmlich zu. An drei Abenden in der Woche versammelten sich ihre Freunde, ohne lange eingeladen zu sein. Josef, der vor andern nichts voraushaben wollte, ging unangemeldet hin, und er fand dort vor den Schriftsteller Caron de Beaumarchais.

Nun hatte sich Pierre häufig über Josef mokiert. Der Römische Kaiser, pflegte er zu sagen, habe es leicht. Er sei nur das Mundstück der Monarchie, die Faust der Monarchie sei die alte Kaiserin. Sie regiere despotisch, und der junge Herr mache dazu liberale Musik.

Man konnte von Pierre nicht erwarten, daß seine Stellung zu den Habsburgern ganz sachlich sei. Pierre war vor Jahren, als Toinette noch Dauphine gewesen war, nach Wien geeilt, um der Kaiserin Maria Theresia eine gegen ihre Tochter gerichtete Schmähschrift zu unterbreiten. Feurig hatte Pierre am Wiener Hof erzählt, wie er nur mit größter Mühe und unter Überwindung gefährlicher Abenteuer diese Schmähschrift ihrem Autor abgejagt habe. Aber hier war sie, er las sie der Kaiserin vor und erbot sich, den Verleumder zum Schweigen zu bringen; natürlich forderte der Bursche Geld. Da aber mischte sich die mißgünstige Wiener Polizei ein. Sie wollte ermittelt haben, die schlimmen Abenteuer seien fingiert, die Wunden aus seinem Kampf um das Manuskript habe sich Monsieur Caron selber mit dem Rasiermesser beigebracht, und wenn er die Schmähschrift so ausdrucksvoll vorgetragen habe, sei das weiter kein Wunder, denn er habe sie verfaßt. Die Kaiserin ließ Pierre in Haft nehmen. Dann aber besann sie sich eines Besseren und kam ihm lieber mit Milde. Sie stellte ihm eine größere Summe zur Verfügung und übersandte ihm einen kostbaren Ring. Den trug er jetzt, gelegentlich hinwerfend: »Ein Souvenir der Kaiserin Maria Theresia.«

Immerhin spürte er, so oft von Habsburg die Rede war, die Kränkung, die man ihm damals in Wien angetan hatte. Ein Zufall hatte es gewollt, daß er bisher niemals mit Kaiser Josef zusammengetroffen war. Aber oft hatte er sich im Geiste ausgemalt, wie er den affektierten Habsburger in blitzenden Sätzen demütigen werde. Nun also war Josef da, und Pierre wartete auf seine Gelegenheit.

Josef erinnerte sich dunkel dessen, was Monsieur de Beaumarchais in Wien angestellt hatte, und trug Bedenken, das Wort an den zweideutigen Herrn zu richten. Doch er hatte seine Flugschriften gelesen und die Komödie ›Der Barbier von Sevilla‹ unlängst erst im Théatre Français gesehen, beides mit widerwilliger Anerkennung. Überdies hatte er gehört, Monsieur de Beaumarchais gelte als der wichtigste Vorkämpfer der amerikanischen Insurgenten in Frankreich, und er wollte sich kein zweites Mal der Verdächtigung aussetzen, er wage es nicht, sich mit diesen Leuten einzulassen.

Er sagte Monsieur de Beaumarchais einige freundliche Worte über den ›Barbier‹. Das machte den selbstgefällig kühnen Pierre noch kühner. Es erwachte vor diesem gekrönten Haupt sein ganzer bürgerlicher Hochmut, er sprach zu Josef als Gleicher zum Gleichen, als ein Intellektueller, dessen Leistung bereits anerkannt war, zu einem Intellektuellen, der sich erst zu erproben hatte. Mit geschmeidiger Frechheit erwähnte er die Hilfe, welche der alten Kaiserin zu leisten ein freundliches Schicksal ihm damals erlaubt habe. Er erging sich ausführlich über jene Schmähschrift; aus seinem guten Gedächtnis zitierte er dem Kaiser einige Stellen und bemerkte sachlich, im Formalen habe der Autor viel Witz gezeigt. Auf elegante Art rieb er Josef hin, daß er, Pierre, seine kaiserliche Mutter seinerzeit hereingelegt habe.

Josef hörte mit Haltung zu. Seit dem mißglückten Projekt der Zusammenkunft mit Franklin und seit dem Gespräch mit Vaudreuil war er vorsichtig geworden. Mit der Sachlichkeit, die ihm zuweilen eignete, gab er in seinem Innern zu, es stecke in der Schmähschrift, aus welcher dieser Monsieur de Beaumarchais zitierte, ein Körnchen Wahrheit; er selber hatte an der Schwester einige jener Eigenschaften bemerkt, die in dem Pasquill verhöhnt wurden.

Pierre, durch Josefs Zurückhaltung ermutigt, sich an der Situation ergötzend, ging weiter. Er führte aus, das sei nun einmal eine Schwäche seiner geliebten Pariser, daß sie einem Witz zulieb auch ohne zulängliche Beweise einem Menschen die schlimmsten Dinge nachsagten. Er selber habe da seine Erfahrungen machen müssen. Und eine Dame, die, wie die Königin, im Mittelpunkt des Weltinteresses stehe, sei unvermeidlich der Zielpunkt bösartiger Scherze. Diese Scherze fielen verschieden aus, einige seien grob und dumm, andere fein und umso tückischer. Das Harmloseste werde zum giftigen Argument. Da sei zum Beispiel jene sehr hohe Frisur, welche die Königin, die große Schöpferin der Mode, überall in Europa eingeführt und schmeichelhafterweise nach einer in seinen Flugschriften gebrauchten Wendung ›Quès-a co‹ genannt habe. Diese Frisur, behaupteten die Verleumder, kleide zwar ausgezeichnet die hohe Stirn und das lange Gesicht der Königin, aber sie entstelle das runde, mehr klassische Antlitz der Pariser Damen. Nur aus Eifersucht, aus Antipathie gegen alles Französische, nur um die Pariserinnen zu verunstalten, habe die Österreicherin diese Frisur eingeführt. Und Pierre war voll von Bedauern über die boshafte Klatschsucht der Welt.

Josef ärgerte sich über die Frechheit des Mannes. Er hätte das Gespräch vermeiden müssen, er machte viele Fehler in der letzten Zeit. Erst hatte er es mit Franklin verkehrt gemacht und jetzt von Neuem mit diesem Beaumarchais. Er hatte eine unglückliche Hand in der amerikanischen Sache. Er fühlte sich hilflos, fühlte sich blind und von einer unsichtbaren Hand vorgestoßen auf einem gefährlichen Weg. Er hatte den ehrlichen guten Willen, das Richtige, Nützliche, das Große zu tun, er fühlte sich dazu berufen, und er wurde mit dem Nächsten, Einfachsten nicht fertig.

Und plötzlich, sehr schlicht, sagte er heraus, was ihn diesem Beaumarchais gegenüber erfüllte. »Sehen Sie, Monsieur«, sagte er, »es ist leicht, Gewissen zu haben, wenn man von diesem Gewissen nur zu sprechen oder zu schreiben braucht. Wer aber handeln soll, der sieht sich immerzu vor der Notwendigkeit, wenn er dem Einen recht tun will, dem Andern unrecht zu tun.« Das kam nicht heraus als ein geistreicher Satz, das kam aus dem Innern des Mannes, und Pierre spürte das und wußte nichts zu erwidern.

Nun aber, wieder eine Woche später, hatte sich Josef zur Genüge vorbereitet, um den Schwager in einem entscheidenden Gespräch zu stellen und seine Zustimmung zu der Operation zu erzwingen.

In Louis' Bibliothek saßen die beiden, ringsum waren die Bücher, die Globen, die Dichter aus Porzellan. Graf Falkenstein, bürgerlich und adrett angezogen, hielt sich sehr aufrecht; Louis hingegen saß mit runden Schultern da, er war, wie häufig, etwas schmutzig und unordentlich, er hatte vorher mit Gamain geschlossert, Josef hatte ihn überrascht und ihn gegen seinen Willen in diese Unterredung hineinmanövriert.

Josef konnte, wenn er es für angebracht hielt, sehr herzlich sein. Heute hielt er es für angebracht. Er sprach wie ein älterer Bruder. Er hatte sich bei dem Wiener Spezialisten Doktor Ingenhousz, und bei Toinettes Leibarzt, Doktor Lassone, genau informiert. Mit wissenschaftlicher Präzision setzte er Louis auseinander, daß die Operation gefahrlos sei und sichern Erfolg verspreche.

Louis hörte gern auf Männer, die ihre Sache verstanden; Josefs gelehrte Sachlichkeit imponierte ihm. Von dem Augenblick an, da er von Josefs Absicht gehört hatte, nach Versailles zu kommen, war er sich klar darüber, daß er nicht länger werde ausweichen können, daß er Josefs Drängen werde nachgeben müssen. Andernteils sträubte sich sein ganzes Wesen gegen den Eingriff. Ihn verlangte danach, die Dinge zu belassen, wie sie waren; quieta non movere, an Ruhendes nicht rühren, das war seine innerste Überzeugung. Schwer und dumpf saß er da, voll tiefer Unlust, zugesperrt. Er schaute den andern nicht an, wand sich hilflos, zupfte an den Ärmeln.

Als Josef zu Ende war, schwieg Louis eine lange Weile. Josef ließ ihm Zeit. Endlich raffte sich Louis auf, begann zu reden, brachte vor jene alten Argumente, die er schon Maurepas entgegengehalten hatte. Vor dem hatte er sich, so sehr er ihm vertraute, bei der Erörterung dieser intimsten, delikatesten Dinge scheu und behindert gefühlt. Josef hingegen war ein Fürst von Gottesgnaden wie er selber, er mußte diese zart und heiligen Regungen begreifen, vor ihm konnte Louis sprechen. Langsam redete er sich frei, und was er vorbrachte, wurde aus einer bloßen Ausflucht zu einer Offenbarung seines Heimlichsten.

Der Körper eines Königs war geheiligt. Wenn Gott ihn, Louis, so geschaffen hatte, wie er nun einmal war, mit dieser Hemmung, dann mußte darin doch wohl Absicht gelegen haben. Versündigte sich also nicht, wer da mit dem Messer einzugreifen versuchte, gegen Gottes Willen? Vielleicht hatte Gott ihm das Los des Zölibats bestimmt, so, wie er von seinen Priestern Enthaltsamkeit verlangte.

Josef erkannte gut, wie ehrlich und vom Herzen der andere sprach. Es war schwer, Argumente zu widerlegen, die so tief aus dem Innern kamen. Aber Josef war vorbereitet. Der schlaue Mercy hatte Maurepas ausgeholt, und auf dem Umweg über Mercy hatte Josef von Louis' Bedenken erfahren. Er war gerüstet, Louis' Zweifel zu zerstreuen.

An sich waren dem nüchternen, freigeistigen Josef theologische Rabulistereien, wie Louis sie vorbrachte, zuwider. Der Kaiser haßte alles Pfäffische, und wenn ihm ein anderer mit abergläubischen Skrupeln gekommen wäre wie jetzt der Schwager, dann hätte Josef nur schärfsten Hohn dafür gehabt. Allein er war entschlossen zu diplomatischem Vorgehen. Er hatte sich von Abbé Vermond theologisch beraten lassen, er war gewillt, die läppischen jesuitischen Bedenken des Schwagers mit ebenso läppischen jesuitischen Gegengründen zu entkräften. Und wenn Josef vorhin erstaunliches Wissen auf medizinischem Gebiet an den Tag gelegt hatte, so erwies er sich jetzt als nicht minder beschlagen in der Gottesgelehrtheit.

Die Beschneidung, setzte er Louis auseinander, könne, so habe er sich sagen lassen, unter keinen Umständen als ein Akt gegen den Willen Gottes ausgedeutet werden. Nicht nur habe Gott sie seinem auserwählten Volk zum Gebot gemacht, sondern Gottes eingeborener Sohn selber sei beschnitten worden, wie zu lesen sei im Evangelium Lukas Kapitel 2 Vers 21, und seine Vorhaut werde noch heute in einem gewissen italienischen Kloster aufbewahrt. Er, Josef, fügte er grimmig hinzu, halte freilich diese Reliquie für eine Fälschung, für einen Pfaffenschwindel, und die Zeit werde kommen, da er ihre Ausstellung verbieten werde. Aber sogleich sänftigte er sich und: »Lassen Sie die Operation vornehmen, Louis«, redete er ihm freundlich zu. »Nur so können Sie sich instand setzen, dem biblischen Gebot nachzukommen: ›Seid fruchtbar und mehret euch‹. Ja«, fuhr er schalkhaft fort, »wenn Sie die Operation vornehmen ließen zu Zwecken der Lust, wenn Sie etwa Ihrem seligen

Großvater nachgeschlagen wären, dann vielleicht wären Ihre Bedenken gerechtfertigt. Aber so, wie Sie nun einmal sind, Sire, maßvoll, ruhig, keineswegs ein junger Hengst, können Sie doch mit Sicherheit darauf rechnen, daß Sie auch nach der Operation Anfechtungen der Wollust erfolgreichen Widerstand werden leisten können.« Er lächelte.

Louis lächelte nicht mit. Er stellte sich vor, wie er, nach geglückter Operation, vor Toinette hintreten sollte. Wie sollte er ihrs beibringen? Wie überhaupt sollte er sich benehmen? Die bloße Vorstellung erfüllte ihn mit lähmender Schüchternheit. Schnaufend hockte er da und schwieg mürrisch.

Josef stand auf, und da mußte wohl auch Louis sich erheben. Nachdem er die theologischen Bedenken des Schwagers besiegt, machte sich Josef daran, sein Hauptargument ins Feld zu führen, das Politische. Diesmal, das wußte er, werde seine Politik Louis zu Herzen sprechen; denn er hatte wohl bemerkt, wie gespaltene Gefühle Louis seinen Brüdern entgegenbrachte. Er faßte also den Schwager um die Schulter, auf und ab, mit einiger Mühe, schleifte er den schweren Mann und redete ihm von den Folgen, welche ein kinderloses Absterben Louis' mit sich bringen müßte. Die Krone fiele dann an den Prinzen Xavier. Er, Josef, könne nicht verhehlen, daß ihm dieser Prinz nicht sehr gefallen habe, und ihm wolle scheinen, daß auch Louis ihn nicht gern auf dem Throne sähe. Er, Josef, sei überzeugt, daß auf dem Familien-Pakt, auf den politischen und verwandtschaftlichen Bindungen zwischen den Herrschern Frankreichs, Österreichs und Spaniens, nicht nur das Heil dieser Länder beruhe, sondern die Wohlfahrt der ganzen Welt. Vielleicht denke Louis nicht so enthusiastisch über diese Allianz wie er selber, aber wegdenken aus der Politik der drei Länder lasse sich die Allianz nicht mehr. Besteige nun Prinz Xavier den Thron, so falle der Familien-Pakt zusammen, die Allianz der drei großen katholischen Mächte sei gefährdet, die Folgen seien unübersehbar. Louis dürfe das nicht geschehen lassen. Um der Sicherheit der Welt willen müsse er sich dem Doktor Lassone anvertrauen und sich dem kleinen Schnitt unterziehen. »Überwinden Sie sich«, sagte mit Wärme Josef und hielt ihm die Hand hin. »Lassen Sie mich meiner, unserer Mutter mitteilen, daß Toinette endlich das Glück gefunden hat, das wir für sie erwarten durften.«

Louis, auf solche Art an seine Schuldigkeit gemahnt, die ausgestreckte Hand des Kaisers vor sich, fand keine Worte weiteren Ausweichens. »Gut«, sagte er schwunglos und legte matt die plumpe, etwas schmutzige Hand in die starke, schmale Josefs. »Ich habe also«, faßte Josef sogleich das Ergebnis des Gesprächs in Worte, »Ihr festes, unzweideutiges Versprechen, die Operation innerhalb der nächsten vierzehn Tage vornehmen zu lassen.« Und er hielt die Hand Louis' weiter in der seinen. »Ja, Monsieur«, sagte schwach Louis. Er zog die Hand zurück. »Aber«, fügte er schnell hinzu, »wir wollen nichts übereilen. Ich will es tun binnen, sagen wir, sechs Wochen.«

Josef war ein wohlmeinender Mann, ehrlich bestrebt, den ihm Nahestehenden Wohltaten zu erweisen und seinen Völkern ein mustergültiger Herrscher zu sein. Aber er hatte erkennen müssen, daß die meisten der zu Beglückenden stumpf und böswillig waren, Kranke, die dem Arzt die Medizin aus der Hand schlugen. Kein Wunder, daß er rechthaberisch wurde, gallig und immer galliger, und jetzt war es so weit, daß er sich am wohlsten fühlte, wenn er den schroffen, unduldsamen Schulmeister herauskehren konnte.

Daß er vor Louis so lange die Rolle des gütigen, verständnisvollen älteren Bruders hatte spielen müssen, war ihm lästig gewesen. Dafür wird er sich vor Toinette Luft machen. Er wird ihr sehr deutlich hinreiben, daß sie die viele Mühe, die er sich ihrethalb genommen hat, eigentlich keineswegs verdient.

In beißenden Worten also, bevor er ihr das erfreuliche Resultat seiner Unterredung mit Louis mitteilte, hielt er ihr vor, was ihm an ihrer Lebensführung mißfiel. Das war nicht wenig. Da war ihre schamlose Gewohnheit, maskiert auf öffentliche Bälle zu laufen und sich mit Wildfremden in unziemliche, häufig frivole Gespräche einzulassen. Da waren ihre Toiletten, die den Spott und die Kritik ganz Europas herausforderten. Da war ihre Verschwendung, welche die Minister in Verzweiflung brachte. Da war ihr wüstes Hazardspiel, das den Unmut ganz Frankreichs hervorrief. »Ich habe Angst«, sagte er, »vor der Stunde, da ich unserer Mutter werde Bericht erstatten müssen.«

Toinette kannte Josefs rüde Art. Aber daß er so wüst gegen sie losfahren werde, damit hatte sie nicht gerechnet. Sie empörte sich. »Jetzt fühlen Sie sich«, sagte sie, und ihr schönes Gesicht sah noch zorniger und hochmütiger drein als das seine. »Jetzt haben Sie mirs gegeben. Da stehen Sie und sind ganz der große, berühmte Monarch, der seine kleine Schwester zusammenschimpft, weil sie ihm durch ihren Leichtsinn Schande macht. Aber vielleicht sind Sie selber gar nicht so untadelig, wie Sie sich einbilden. Ich höre da mancherlei. Sie machen sich lustig über unsere Einrichtungen. Sie machen Witze über unsere Armee und unsere Flotte. Glauben Sie, daß das die Popularität Habsburgs in Frankreich erhöht? Glauben Sie, daß es unserer Mutter sehr angenehm sein wird, wenn sie erfährt von dem unmöglichen Geschimpfe, zu welchem Ihre unbändige Tadelsucht Sie hinreißt? Ich fordere Spott und Kritik heraus? Und Sie selber? Wer hat da erst neulich dieses traurige Beispiel von Wankelmut und Entschlußlosigkeit gegeben, Sie oder ich?« Und da Josef verblüfft hochsah, schloß sie triumphierend: »Wer hat erst groß aller Welt verkündet, daß er den Amerikaner sehen will, und hat dann den Schneid verloren und ist brav zu Haus geblieben?«

Niemand, Josef selber nicht, hätte sagen können, was größer war, sein Erstaunen oder seine Wut. Da war er hierhergekommen und hatte dem lahmärschigen Louis das Versprechen entrissen, sich zu ihr ins Bett zu legen und ihr endlich den Dauphin zu machen, den Österreich und sie so nötig brauchten. Und zum Dank stellte sie sich hin und meuterte. Gegen ihn, den apostolischen Kaiser, den älteren Bruder. Und wer war schuld an diesem Unerhörten? Ihr Umgang, ihre Freunde, der freche Zuhälter vor allem, dieser Vaudreuil. Daß Toinette recht hatte, daß in einem gewissen Sinn dieser Vaudreuil recht hatte, erbitterte ihn noch mehr. Der hatte leicht reden, der Herr. Er durfte sichs erlauben, dem amerikanischen Insurgenten Weihrauch zu streuen und seinen Huren sein Idol in die Frisur zu stecken. Danach krähte kein Hahn. Aber wenn er, der Römische Kaiser, dem Rebellen auf die Schulter klopfte, dann änderte das die Welt. Er hatte Verantwortungen. Er durfte nicht um eines sehr entfernten Zieles willen seine nächsten Ziele vergessen, die Schulreform, die böhmischen Protestanten.

»Du bist eine Gans«, sagte er schlicht und verächtlich. »Du sprichst von Dingen, von denen du keine Ahnung hast. Du sagst einfach nach, was deine saubern Freunde dir beibringen. Diese Freunde, auf die du schwörst. Hast du denn keine Augen? Siehst du denn nicht, was das für eine verantwortungslose, zynische Bande ist, dein Fliederblauer Klüngel? Merkst du denn nicht, daß sie dich nur ausbeuten wollen? Daß du nur der Knochen bist für diese Hunde? Ein Knochen mit noch recht viel Fleisch und Fett«, sagte er höhnisch. Und bösartig genau begann er aufzuzählen alle die Pfründen, welche sie den Polignacs und ihren Freunden und Verwandten hingeworfen hatte. Dem Grafen Jules die Stellung ihres Ersten Hofmarschalls, dazu das Postministerium und die Zollverwaltung, die Überschreibung des Landgutes Fénestranges mit einem Ertrag von jährlich sechzigtausend Livres, und obendrein eine Überweisung von vierhunderttausend Livres zur Deckung der notwendigsten Schulden. Dem Vater des Grafen Jules den Gesandtenposten in der Schweiz. Dem Herzog von Guiche, dem Vetter der Polignacs, die Oberaufsicht über die Leibgarde. Dem andern Vetter das Amt eines Hofmarschalls beim Prinzen Karl. Dem dritten Vetter das des Ersten Almoseniers in ihrem eigenen Hofstaat. Die Liste nahm kein Ende. Mehr als eine halbe Million betrug die Jahresrente, welche jetzt die Familie Polignac aus den königlichen Kassen zog, ohne dafür etwas anderes zu leisten als Toinette Gesellschaft. Und das war noch nicht alles. Jetzt hatte Toinette aus dem armen Louis eine weitere Jahresrente herausgepreßt, weitere sechzigtausend Livres für diesen aufgeputzten Laffen, der ihr das blöde Gerede über den Doktor Franklin eingeblasen hatte, sechzigtausend Livres für ihren Vaudreuil.

Toinette, als er Vaudreuil nannte, bäumte hoch. »Jetzt ist es heraus«, rief sie, »warum du mich so gemein beschimpfst. Du kannst es ihm nicht vergessen, daß du eine so traurige Figur vor ihm gemacht hast. Hättest du doch den Mut aufgebracht, wärest du doch zu diesem Amerikaner gegangen. Dann bräuchtest du dich jetzt nicht vor mich hinzustellen und grobe Verleumdungen auszustoßen gegen Männer, die sicherlich viel mehr Anstand haben als alle die Schmeichler und Lecker um dich herum. François Vaudreuil ist der gescheiteste, witzigste Kopf in Paris. Die Literaten und Philosophen, die du aufgesucht hast, reißen sich darum, mit ihm zu verkehren. Ich bin stolz darauf, daß dieser Mann mein Freund ist. Wenn er mein Intendant wird, dann werde ich ein Theater haben, das sich sehen lassen kann. Aber leider ist es noch nicht so weit. Er hat mir nur ein halbes Ja gesagt. Er kümmert sich nicht um das Geld, das mir Louis für ihn angeboten hat. Die ganze Zeit her redest du auf mich ein, ich soll die Literatur pflegen und die Schönen Künste. Und wenn ich es tue, dann kommst du und verdrehst alles und überhäufst mich mit niedrigen Verdächtigungen. Pfui. Du bist sehr anders, als ich dich im Gedächtnis hatte.«

Josef war verblüfft vor diesem Ausbruch. Das Schlimmste war, daß sie wahrscheinlich glaubte, was sie daherredete. »Ich leugne nicht«, gab er zu, »daß Monsieur Vaudreuil Geist hat. Doch dieser Geist ist nur die Tünche eines leeren, gesinnungslosen Wüstlings. Du wettest doch so gern. Wollen wir wetten, daß er sich am Schluß herbeiläßt, die sechzigtausend Livres einzustecken? Aber du bist ja blind. Dir ist ja nicht zu helfen. Man erschüttert ja nur die Luft, wenn man mit dir redet. Es ist doch nicht dieser Vaudreuil allein. Die ganzen Leute hier um dich, das ist doch alles Gesindel. Der Salon deiner Freundin Rohan, das ist doch nichts als eine Spielhölle oder ein Bordell. Wir haben dich nie für übermäßig klug gehalten, Mama und ich. Aber so viel mußt du doch begreifen, daß sich eine Erzherzogin von Österreich, die Königin von Frankreich, nicht aufführen kann wie ein Wiener Wäschermädel, wenn es das große Los gewonnen hat.«

»Das große Los«, sagte Toinette, spöttisch. »Das große Los«, wiederholte sie, bitter. Und mit einemmal stürzte ihr ganzer Stolz zusammen, und es kamen ihr die lang zurückgehaltenen Tränen. »Warum habt ihr mich hierhergeschickt?« klagte sie. »Wer bin ich hier? Was soll ich hier? Alle hassen mich. Alles was ich tue, ist falsch. Warum habt ihr mir diesen Mann gegeben? Diesen Mann aus Holz«, erläuterte sie voll Zorn und Verachtung. »Ich habe mich so auf dich gefreut«, bekannte sie. »Nun wird endlich jemand da sein, hab ich geglaubt, mit dem kann ich reden. Ich hab geglaubt, du hilfst mir. Und jetzt bist du da, und jetzt trittst auch du auf mir herum.«

Auf seine Art liebte Josef die Schwester. Er verstand, was sie tat und warum sie so lebte. Als Fünfzehnjährige war sie hiehergekommen, umschmeichelt, angefeindet, verwöhnt, bösartig belauert, ungeheuer enttäuscht von dem Versagen Louis'. Es war begreiflich, wenn sie Ausweg und Ersatz suchte und sich kopflos hineinstürzte in ihre läppischen Amüsements.

Er nahm ihre Hand. »Toni«, sagte er ungewöhnlich herzlich, »ich bin nicht hiehergekommen, um dich zu beschimpfen, sondern um dir zu helfen. Ich glaube, ich habe dir geholfen.«

Sie schaute hoch, eine kleine Röte stieg ihr das lange, schöne, weiße Gesicht hinauf. »Du hast mit Louis gesprochen?« fragte sie. »Ja«, antwortete er. »Es wird alles gut werden, du darfst dich darauf verlassen. Binnen längstens sechs Wochen«, fügte er hinzu, lächelnd.

Die Röte ihres Gesichtes vertiefte sich, ihre Augen wurden dunkler, der Mund stand ihr halb offen, sie atmete stark. Widerstrebende Empfindungen schwammen herauf, überschwemmten einander. Jetzt wird also Louis kommen, sich zu ihr ins Bett legen, Haut an Haut. Sie erinnerte sich, wie sie einmal beim Lever dagesessen war mit nacktem Oberkörper, wartend auf ihr Hemd; es hatte sich so gefügt, daß immer eine neue Dame jeweils höheren Ranges ihr Schlafzimmer betrat, das Hemd hatte zeremoniös von der niedrigeren Hand in die höhere zu wandern, sie aber mußte warten, fröstelnd und mit Scham, bis sie endlich ihr Hemd erhielt. Ein Gefühl ähnlicher Art überkam sie jetzt, wenn sie daran dachte, wie Louis zu ihr ins Bett steigen wird. Sie schämte sich. Und fühlte dennoch Stolz. Dergleichen mußte man nun einmal über sich ergehen lassen, wenn es einem beschieden war, Königin von Frankreich zu sein. Und mehr noch als Scham und Stolz spürte sie Kitzel, Neugier, einen Drang, herauszulachen wie ein kleines Mädchen. In nächsten Bruchteil der Sekunde waren in ihrer Vorstellung anstatt Louis' zahlreiche andere Männer, Herren des Fliederblauen Klüngels, Fremde, die auf Bällen zu ihr gesprochen, sie am Arm ergriffen, ihre Gesichter ihr ganz nah gebracht hatten. Sie stellte sich diese Männer vor, auch Gabriele stellte sie sich vor, dann wieder den Louis, der zu ihr ins Bett steigen wird, und alles schwamm ihr ineinander. Aus der Verwirrung heraus aber stieg, sie überstrahlend, eine ungeheure, erwartungsvolle Freude. Wenn das vorbei sein, wenn sie ein Kind haben wird, dann wird das dreiste Geschwätz ringsum verstummen, der üble Klatsch und Tratsch, dann werden die Fischweiber ihre frechen Mäuler halten und die Schreiber der Pasquille ihre Federn, dann wird sie in

Wahrheit Königin sein. Königin sein und tun und lassen können, was sie will. Königin sein und ihr Vergnügen haben. Greifbar nahe jetzt, endlich, liegt das Leben vor ihr, das richtige Leben. Sie wird alles haben, was es auf dieser Erde gibt. Sie wird jung sein und Königin und schön und eine Frau, die von Unzähligen geliebt wird und sich aussuchen kann, wen sie liebt.

Ganz langsam trat sie auf Josef zu, das Gesicht ernst, erschüttert. »Warum hast du mir das nicht gleich gesagt?« fragte sie und legte ihm die Hände auf die Schultern. »Warum haben wir uns so böse Worte gegeben?« Sie umarmte ihn, küßte ihn. »Sepp«, sagte sie, so hatte sie ihn als Kind genannt, und nochmal: »Sepp«, und, sehr glücklich: »Wenn es Matthäi am letzten ist, dann bist immer noch du da.«

Josef klopfte ihr den Nacken und sagte, halb ernsthaft, halb im Scherz: »Ja, Toni, jetzt hängt alles Weitere von dir ab.« »Jetzt kannst du mich auch noch ein bißchen schimpfen, wenn es dir Spaß macht«, sagte sie.

Er bedauerte beinahe, daß er ihr Glück stören und noch Ernsthaftes mit ihr zu besprechen hatte. Aber er mußte ihre gelockerte Stimmung ausnützen, um ihr die Aufgabe einzuprägen, für die sie nun einmal da war. Louis war schwach und beeinflußbar, doch er war auch schlau. Er sagte zwar niemals geradezu Nein, aber er wich aus, er leistete einen weichen, dumpfigen, zähen Widerstand, dessen Besiegung Mühe und Energie kostete. Er, Josef, hatte nicht die Zeit gehabt, aus Louis gewisse politische Zugeständnisse herauszuholen, welche Habsburg brauchte. Das mußte jetzt Toinette besorgen. Eine ganze Reihe ähnlicher Geschäfte wird sie in Zukunft zu besorgen haben. Einen erheblichen Teil ihres Lebens wird sie auf diese Geschäfte verwenden müssen. Aber schließlich hat man sie zu diesem Zweck hiehergeschickt. Und wenn er, Josef, einen Monat darauf verwandt hatte, den dicken jungen Menschen instand zu setzen, ihr einen Erben zu machen, dann mußte sie gefälligst auf ein paar ihrer albernen Vergnügungen verzichten und sich die Zeit nehmen, die Politik ihres Louis der habsburgischen anzupassen.

Er setzte sich stockgerade, wie das seine Art war, wenn er zu einem längeren Vortrag ausholte. »Hören Sie, Toinette«, sagte er, und jetzt sprach er wieder französisch, »ich muß noch etwas sehr Ernsthaftes mit Ihnen bereden. Es liegt nämlich, nun Sie in Wahrheit Königin von

Frankreich werden sollen, auf Ihnen eine noch größere, eine ungeheure Verantwortung. Sie sind das Pfand und der Knoten des Bündnisses zwischen Habsburg und Bourbon, und auf dem Funktionieren dieser Allianz beruht die Wohlfahrt Europas. Der König ist umgeben von Räten, die Österreich nicht wohl wollen. Es ist Ihre Aufgabe, Madame, diese Einflüsse unschädlich zu machen.«

Beinahe gekränkt erwiderte Toinette: »Das brauchen Sie mir doch nicht erst lange zu erklären. Hab ich das bisher vielleicht nicht getan?«

»Ich gebe zu«, sagte belehrend, doch freundlich Josef, »daß Sie die Ratschläge, welche Ihnen Mercy und Vermond in unserm Namen überbrachten, nach bestem Können befolgt haben. Aber das genügt nicht. Sie müssen sich selber bemühen, ausfindig zu machen, was gespielt wird, Sie müssen zu begreifen suchen, worum es geht. Sie müssen lesen, Sie müssen sich mit seriösen Männern unterhalten, auch wenn diese nicht so gut anzuschauen sind wie Ihre Freunde. Sie müssen trachten, die Ratschläge zu begreifen, die wir Ihnen durch Mercy und den Abbé zukommen lassen. Vielleicht werden der König und seine Minister Ihnen dann und wann entgegenhalten, das, was wir in Wien verlangen, sei zwar in unserm Interesse, doch nicht in dem Frankreichs. In gewissen Fällen wird das sogar richtig sein. Aber das dürfen Sie unter keinen Umständen zugeben, und Sie müssen Argumente parat haben, Louis und seine Herren zu widerlegen. Sie müssen sich immer bewußt sein, Toinette, daß die Wohlfahrt der Welt in erster Linie von Habsburg abhängt und erst in zweiter von Bourbon.« »Aber natürlich«, erwiderte Toinette. Sie machte ein Gesicht wie ein braves, aufmerksames Schulmädchen, doch sie hörte nur mit halbem Ohr; in ihr waren noch immer die merkwürdigen, abscheulichen und anziehenden Vorstellungen von vorhin.

»Ich möchte Sie gerne dahinbringen, Toinette«, fuhr Josef fort, »daß Sie das, was man Ihnen sagt, nicht mechanisch befolgen, sondern mit Leidenschaft und aus innerer Überzeugung.« »Aber das tu ich doch«, eiferte sich Toinette. »Ich bin habsburgischer als Sie. Schauen Sie meine Lippe an und meine Nase.« »Hör auf mit den Kindereien«, erwiderte ungeduldig Josef. Und nun hielt er ihr den Vortrag, zu dem er sich zurechtgesetzt hatte. Er suchte ihr klar zu machen die Schwierigkeiten des russisch-türkischen Problems und die Chancen, die sich für Österreich aus dem Ableben des bayrischen Kurfürsten ergeben würden. Toinette hörte artig zu. Doch Josef sah, daß, was er sagte, ihrem Innern gleichgültig blieb. Er versuchte sie stärker anzurufen. War Politik nicht ein tieferes, erregenderes Spiel als das Pharao am Tisch der Rohan? Wollte sie nicht die Gelegenheit nützen, da mitzuspielen? »Aber ja«, stimmte sie schwungvoll zu. »Ich achte ja auch immer darauf, daß alle wichtigen Stellungen in die Hände meiner Freunde kommen.« Josef schaute sie an, sie meinte es ernst, es war hoffnungslos, er gab es auf.

Aber Toinette ließ ihn nicht gehen. Nun hatte er so viel von seinen Dingen erzählt, von Bayern und von Rußland, jetzt wollte sie von ihren Dingen erzählen, vom Trianon. Er war der Einzige, mit dem sie ganz frei von Herzen reden konnte. Sie führte ihn vor das Modell, das nun fertig geworden war; es präsentierte sich ungewöhnlich hübsch. Eifrig setzte sie ihm auseinander, wie alles werden würde. Kein Strauch durfte dort gepflanzt, kein Nagel eingeschlagen werden ohne ihre Zustimmung. Josef sah, daß sie genau wußte, was sie wollte, daß alles einheitlich war, ganz auf sie zugeschnitten und von bestem Geschmack. Nicht ohne innern Seufzer nahm er wahr, mit wieviel Talent und Begeisterung sie sich einer Sache hingeben konnte. Schade, daß ihr nicht Österreich am Herzen lag, nicht Frankreich, nur ihr Trianon.

Sie, in der Zwischenzeit, schwärmte davon, daß hier im Trianon ihr wahres Reich sei, in dem sie regieren wollte ohne Zwang und Zeremonie. Im Trianon wollte sie allein den Ton angeben; die Dienerschaft sollte nicht die Livrée des Königs tragen, sondern die ihre, Rot und Silber, auf den Einladungen sollte es heißen: › Von der Königin‹, und wenn sie auf der Bühne ihres Trianon Vorstellungen gab, dann sollten nur Leute Zutritt haben, die sie gut leiden konnte.

Sie war sehr anmutig, wie sie von ihren Plänen schwatzte, verspielt, ein Kind und eine Frau. Sie gefiel Josef, und ihr Trianon gefiel ihm. Aber er dachte auch an die neuen Schwierigkeiten, die ihr dieses Trianon machen wird. Diejenigen, die dort keinen Einlaß finden, werden stänkern, Toinette wird sich neue Feinde schaffen. Auch werden sich der arme Louis und sein Monsieur Necker lange den Kopf zerbrechen müssen, wie sie die kostbare Einfachheit Toinettes bezahlen sollen.

Am Abend dieses Tages schrieb Josef seinem Bruder Leopold nach Ferrara: ›Unsere Schwester Toni ist ungewöhnlich hübsch und reizvoll, doch sie denkt an nichts als an ihr Vergnügen. Sie hat sich anstecken lassen von der Verschwendungssucht dieses verderbten Hofes. Sie hat keine Spur von Liebe für den armen Louis und keine Ahnung von den Pflichten einer Gattin, noch von denen einer Königin. Ihre Freunde, eine Bande hohler, titel- und geldgieriger Gesellen und putzsüchtiger Huren, bestärken sie in ihrer besessenen Vergnügungssucht. Ich habe mein Bestes getan, ihr den hübschen, leeren Kopf zurechtzusetzen, aber ich fürchte, es ist mir nicht geglückt, und wenn das so weitergeht, dann sehe ich für unsere Schwester ein grausames Erwachen voraus.‹

Zwei Tage später, zur großen Erleichterung Louis' und zur Trauer und zum Aufatmen Toinettes, reiste Josef ab. Den letzten Abend verbrachte er mit Louis und Toinette in Versailles.

Man saß bei Tische. Louis war sehr verlegen, er aß viel, und um irgend etwas zur Stimmung beizutragen – ›Mach Lärm, Berry‹ – versuchte er, deutsch zu sprechen, und lachte dröhnend über seine Fehler. Gleich nach dem Abendessen zog er sich zurück. Stammelnd, errötend, bedankte er sich bei Josef für seine Ratschläge. Der, leichthin, erwiderte: »Hoffentlich geht alles gut.«

Dann blieb Josef noch eine Weile allein mit Toinette. Die Geschwister, denen sonst das Wort leicht vom Munde floß, waren schweigsam, und sie sprachen in dieser letzten Stunde ihres Zusammenseins nur deutsch. Das Zimmer Toinettes, von kostbarer Schlichtheit, lag heiter und freundlich im matten Schein der Kerzen, doch Josef und Toinette waren bedrückt.

Josef streichelte der Schwester die Hand, unerwartet sanft, und im Gegensatz zu dem gewalttätigen Optimismus, den er sonst an den Tag legte, sagte er: »Wir haben es nicht leicht, Toni. Du auch nicht. Aber wir werden es schon schaffen.« Er umarmte sie, fest, herzhaft, er küßte sie, auf die Stirn, auf die Wangen. Sie weinte. Dann, mit einem ungewohnt burschikosen: »Servus, Toni«, riß er sich los. Sie war stürmisch unglücklich, daß sie nun wieder ganz allein war.

Josef hatte in dieser Stunde des Abschieds keine seiner Maximen zum

Besten gegeben, keinen seiner scharfen Witze, er hatte alle seine lehrhaften Neigungen unterdrückt. Dafür hatte am nächsten Morgen der Gesandte Graf Mercy die Ehre, Toinette im Namen des Römischen Kaisers ein Heft zu überreichen. Auf den Umschlag hatte Josef den Titel gesetzt: ›Vademecum für meine Schwester, Prinzessin von Lothringen, Erzherzogin von Österreich, Königin von Frankreich.‹ Es enthielt aber das Schriftstück Maßregeln und Weisungen, und es begann mit der Ermahnung, Toinette möge das Heft so oft wie möglich zu Rate ziehen.

Toinette war gerührt von der Mühe, die sich Josef ihrethalb gemacht hatte. Sie dachte daran, wie nahe sie einander gestern gewesen waren, und sie begann sogleich zu lesen. Aber das Heft war sehr dick. Sie las in den ersten Seiten, in den letzten, ging wieder nach vorne, bestrebte sich, sorgfältig zu lesen. Doch sie konnte nicht verhindern, daß sich Gedanken einmischten an gewisse neue Shawls und Hüte, von welchen die Bertin ihr gesprochen hatte. Auch dachte sie an das bevorstehende Rennen, und daß sie diesmal bestimmt nicht auf das Pferd setzen werde, auf welches Prinz Karl wettete. Weiter dachte sie an die große, feierliche Messe, an der sie morgen wird teilnehmen müssen. Auch daran dachte sie, daß, wenn sich erst Louis der Operation unterzogen haben wird, sie dem eleganten und frechen Vaudreuil mit einer ganz andern Miene werde entgegentreten können.

Ihre Augen glitten noch immer über die sorgsam geschriebenen Zeilen des Vademecums. Aber sie nahm den Sinn nicht mehr auf. Sie schlug nach, wie lange sie noch zu lesen haben werde. Noch zweiunddreißig Seiten. Lange Seiten. Sie gähnte leicht. Las noch eine Seite. Dann klappte sie das Heft zu und schloß es in ihre Schublade.

Zweiter Teil _____ Die Allianz

1. Kapitel ———————————— Das lange Warten

Franklin saß lässig im Garten seines Hauses in Passy, auf der Bank unter der großen Buche. Es war früh im Jahr, das junge Laub ließ noch viel Licht durch, Franklin freute sich der Sonne, die fleckig seinen spärlich behaarten Schädel und seine alten Hände beschien.

Er hatte seine Freude daran, wie gut sich Haus und Park der freundlichen Landschaft einfügten. Das ganze, alte, weite, behagliche Hotel Valentinois und vor allem der Flügel, den er bewohnte, war eingebettet in Grün; die Leute sagten einfach, Franklin wohne im Garten, sie nannten ihn ›den Alten im Garten, le vieux dans le jardin‹.

Franklin saß vornübergeneigt, die eisenumrahmte Brille hatte er abgenommen, er kratzte sich den kahlen Schädel; es war besser geworden mit dem Schorf. Überhaupt stand es besser um seine Gesundheit, seitdem er sich, nach den anstrengenden Pariser Tagen, Erholung gönnte. Zu üppige Erholung vielleicht. Er hatte mit Monsieur Jacques Finck, dem neu eingestellten Butler, genau vereinbart, was alles bei den einzelnen Mahlzeiten aufzutischen sei, es waren reichliche Menüs und seiner Gesundheit kaum zuträglich. Auch nicht seiner Kasse. Aber die elftausend und einige hundert Livres, die er vom Kongreß bezog, reichten sowieso nicht hin und nicht her.

Der Doktor saß da, das große Gesicht entspannt. Über den schönen Park, der sich in Terrassen hinunter zur Seine senkte, schaute er wohlig auf den Fluß und auf die silbriggraue Stadt Paris am andern Ufer. Er hatte sich vorgenommen, die Stufen der Terrasse mindestens zwei Mal des Tages auf und ab zu steigen. Gestern und vorgestern hatte er sichs erlassen. Er sollte nicht so faul sein.

Monsieur de Chaumont kam vorbei. Er grüßte höflich und verlangsamte den Schritt, darauf wartend, daß Franklin ihn anspreche. Monsieur de Chaumont zeigte bei jedem Anlaß seine Freude darüber, Franklin zu beherbergen, er erwies sich überaus gefällig, man war ihm verpflichtet. Doch der Doktor, nicht gewillt, seine behagliche Einsamkeit zu unterbrechen, erwiderte Monsieur de Chaumonts Gruß, ohne ihn anzureden, und ließ ihn vorübergehen.

Ruhe hatte er hier, herrliche, wohltätige Ruhe. Nur wenige wagten in seine Stille von Passy einzudringen, und der schlimmste Störenfried, Arthur Lee, war noch in Spanien.

Leider freilich wollte auch der andere seiner Kollegen, Silas Deane, nicht begreifen, daß die Allianz nur auf Umwegen zu erreichen war und nicht im Sturm, und daß eifrige Betätigung mehr schadete als nützte. Er, Franklin, hatte sich auf das lange Warten eingerichtet. Jetzt hatte er sich in dem Gartengelaß eine Druckerpresse zurechtgemacht, primitiv und leistungsfähig, und er hatte seinen Spaß daran, Broschüren und anderes Kleinzeug selber zu setzen, mit den alten, großen Händen. William half ihm dabei, er stellte sich geschickt an; ja, für das Drucken hatten die Franklins Sinn, alle, sogar der kleine Benjamin Bache.

Er hatte es gut getroffen hier in Passy. Auch die Leute rings um den ›Garten‹ waren angenehme Leute, mit denen sich leben ließ. Mit Doktor Leroy, dem Akademiker, und mit Doktor Cabanis hatte er eine Menge Interessen gemein, die Abbés Morellet und de la Roche waren gebildet und hatten Witz, und wenn man mit Monsieur Dussault, dem Bürgermeister von Passy, einen kleinen, gemütlichen Spaziergang machte, konnte man eine Menge Wissenswertes erfahren.

Eigentlich sollte er sich jetzt wirklich Bewegung machen und die Terrassen hinauf und hinuntersteigen, Ein Mal wenigstens. Aber es saß sich so warm und erfreulich unter der Buche, und wer konnte wissen, ob er morgen die gleiche schöne Sonne haben wird. Um das Versäumnis gutzumachen, faßte er den festen Vorsatz, am ersten Tag, an dem das Wasser nicht mehr zu kalt sein wird, in der Seine zu schwimmen; er war ein ausgezeichneter Schwimmer. Er schmunzelte bei dem Gedanken, wie er den Damen Helvetius und Brillon beiläufig erzählen wird, er sei heute die Seine hinüber und zurück geschwommen.

Er hatte vor sich selber ein wenig geheuchelt vorhin, als er im Geiste Umschau hielt unter der erfreulichen Nachbarschaft und die Abbés und den Doktor Cabanis aufzählte, nicht aber Madame Helvetius, in deren Hause diese Herren wohnten. Wahrscheinlich würde er sich in seinem Garten nicht halb so wohl fühlen, wenn nicht Madame Helvetius in unmittelbarer Nähe lebte und nicht Madame Brillon. Er hatte es immer verstanden, den Umgang mit Frauen zu genießen, aber ganz auf den Geschmack war er ihnen eigentlich erst jetzt gekommen, zu Beginn seines achten Jahrzehnts. Es hatte lange gedauert, ehe er weise geworden war, und gerade seitdem ers war, konnte er sich einen großen Mann ohne starke Erotik nicht vorstellen.

Nein, er war noch nicht alt und abgestumpft. Noch hatte er Freude an der Vielfalt des Lebens, Freude an Wissenschaft, Frauen, Erfolg, Natur, Schwimmen, Freiheit, Tugend, Freude an der Verschiedenartigkeit der Menschen, an ihren Vorzügen und an ihren Schwächen, Freude an der Einsamkeit und an der Geselligkeit.

Der junge William kam den Fußweg herüber; Franklin hatte ihm Weisung gegeben, ihn um diese Stunde zur Arbeit zu holen. Hübsch sah der Junge aus, wie er frisch und schlank durch die hellen Bäume daherkam.

Sie gingen zurück ins Haus. Machten sich an die Arbeit. Die Post hatte – das war das Übliche – manche widerwärtigen Geschäfte gebracht.

Das Wichtigste war ein Brief Monsieur de Vergennes'. Es ging natürlich um die Affäre des Kapitäns Conyngham. Kapitän Conyngham war vom Schlage des Lambert Wickes, des ›Seebären‹, doch hatte er viel größeres Format. Er hatte schlankweg das Postschiff von Harwich erbeutet mit seiner ganzen, wertvollen Ladung. Der wagemutige oder, wie es die Engländer nannten, überaus freche Streich hatte die Londoner Regierung aufs Höchste aufgebracht. König Georg selber hatte sich der Sache angenommen, Vergennes hatte sich verpflichten müssen, England den Schaden zu ersetzen und den Schuldigen zu bestrafen. Conyngham war verhaftet worden, bald aber, auf Vorstellungen Franklins hin, frei gelassen. Jetzt war der kühne Kapitän Befehlshaber eines neuen Schiffes, mit vierzehn Sechspfündern und zweiundzwanzig kleineren Geschützen. Die französischen Behörden wollten ihn aber nicht auslaufen lassen, wiewohl er feierlich versicherte, es gehe nur um eine Handelsfahrt, und Franklin hatte in Versailles neue Vorstellungen erhoben.

Da lag nun die Antwort, ein Brief Vergennes' an die amerikanischen Delegierten, verärgert und voll ernsten Vorwurfs. Noch einmal zählte der Minister alle die Fälle auf, in welchen amerikanische Kaperschiffe mit ihrer Beute französische Häfen angelaufen und dadurch die Regierung von Versailles in Konflikt mit London gebracht hatten. Der König, betonte noch einmal der Minister, sei fest entschlossen, die Verpflichtungen, welche ihm die Verträge mit England auferlegten, treu und peinlich zu befolgen. ›Sie sind zu gute Staatsmänner, meine Herren‹, schrieb Vergennes, ›und zu weise, um nicht zu erkennen, daß das Verhalten Ihrer Kapitäne die Würde des Königs, meines Herrn, gefährdet, und daß es einen Neutralitätsbruch bedeutet, wenn wir solches Verhalten duldeten. Ich darf erwarten, meine Herren, daß Sie als die Ersten das Betragen Ihrer Kapitäne verurteilen; denn es widerläuft strikt den Pflichten des Anstands und der Dankbarkeit für eine Nation, die Ihren Schiffen Gastfreundschaft gewährt. Ihr Kapitän Conyngham kann Erlaubnis zur Ausfahrt aus unsern Häfen nur unter der Bedingung erhalten, daß er auf schnellstem Weg nach Amerika zurückfährt und sich nicht abermals durch feindselige Akte gegen englische Schiffe der Notwendigkeit aussetzt, Zuflucht in unsern Häfen zu suchen. Ich muß Sie, meine Herren, um hinlängliche Garantien dafür bitten. Ich mache Sie darauf aufmerksam, daß ich diesen Brief auf ausdrückliche Anweisung des Königs schreibe, und ich empfehle Ihnen dringlich, die Stellungnahme der Regierung Seiner Majestät nicht nur dem Kapitän Conyngham bekannt zu geben, sondern allen Seeleuten, die daran interessiert sein könnten, aufdaß nicht andere Ihrer Schiffe sich und uns ähnliche Ungelegenheiten bereiten.‹

Franklin seufzte; wäre er anstelle Vergennes' gewesen, er hätte wohl ähnlich geschrieben. Dann machte er sich daran, den Brief zu erwidern. In schönen, ernsten Wendungen bedauerte er das Vorgefallene und versicherte, er werde dem Kapitän Conyngham die gewünschte Anweisung geben; auch nach Philadelphia werde er im gewünschten Sinne schreiben, und er sei gewiß, daß der Kongreß schleunigst die erforderlichen Orders erteilen werde.

In seinem Innern wußte Franklin, der Kapitän und die Leute, die hinter ihm standen, die William Hodge und die Bankiers Grand und Morel et Fils, werden sich den Teufel um seine Anweisungen kümmern, Kapitän Conyngham wird weiter seeräubern, die Bankiers werden schmunzelnd ihre Profite einstreichen, die Engländer werden neue Proteste einlegen, in Philadelphia wird man nur lächeln über die Streiche der Kaperschiffe, und er, Franklin, wird alles auszubaden haben.

Es wies William an, den Brief noch nicht abzuschicken; es war ein wichtiger Brief, er wollte ihn erst Silas Deane zeigen, und er wollte dem Kollegen ernste Vorhaltungen machen, wiewohl er von der Vergeblichkeit seiner Ermahnungen überzeugt war.

Er kramte unter der übrigen Post. Da waren schon wieder viele, welche Empfehlungen nach Philadelphia verlangten. Begeisterung für die Sache der Freiheit mochte eines der Motive sein, die diese Leute bewegten, sicher aber waren unter ihnen nicht wenige einfache Abenteurer, Tunichtgute. Eine ganze Reihe der Empfehlungsuchenden berief sich auf Leute, von denen er nie gehört hatte. Einem dieser Schreiber antwortete Franklin individuell, einem zweiten, einem dritten. Dann wurde ers überdrüssig. »Ich diktiere dir jetzt«, sagte er, »einen Text, den wir künftig in all diesen Fällen verwenden werden.« Und er diktierte: »Der Überbringer dieses Schreibens geht nach Amerika und ersucht mich, ihm eine Empfehlung mitzugeben. Nun weiß ich aber von ihm nichts als den Namen. Ich muß Sie somit, wenn Sie Wesen und Verdienste des Herrn Überbringers kennen lernen wollen, an ihn selber verweisen; denn er ist damit sicherlich besser vertraut, als ich es sein kann. Auf alle Fälle ersuche ich Sie, ihm das Wohlwollen entgegenzubringen, auf das jeder Fremde Anspruch hat, von dem nichts Übles bekannt ist. Erweisen Sie ihm, bitte, alle die guten Dienste und Freundlichkeiten, deren Sie ihn bei näherer Bekanntschaft würdig finden.«

Nach Abfassung dieses Briefes glaubte Franklin für heute der lästigen Geschäfte genug erledigt zu haben; überdies hatte sich Silas Deane angesagt. Er schickte den jungen William weg und machte sich an erfreulichere Tätigkeit, an die Ordnung gewisser Schriftstücke, die er aus Amerika mitgebracht hatte; es waren das Manuskripte, Entwürfe, Notizen jeder Art, Briefe von Politikern, von Wissenschaftlern, von Freunden und von Freundinnen, die zu beantworten und zu ordnen er bei seiner eiligen Abreise aus Philadelphia keine Zeit mehr gefunden hatte. An diese zuweilen sehr intimen Dinge ließ er niemand heran, auch nicht William.

Was sich da alles angesammelt hatte, und von wie veschiedener Art es war. Da war ein Schreiben von seiner eigenen Hand, er hatte es damals nicht abgeschickt. Er erinnerte sich genau der Stunde, da er es geschrieben, es war gewesen, als er von dem Treffen von Bunker Hill gehört hatte. Damals hatte er sein Herz ausschütten müssen gegen seinen Freund und Verleger, William Strahan.

Die großen Augen des Doktors glitten über die schnellen und dennoch klaren Buchstaben. Es lautete aber der Brief: ›Herr Strahan, Sie sind Mitglied des Parlaments, Sie gehören zu jener Majorität, die mein Land zur Vernichtung verurteilt hat. Sie haben begonnen, unsere Städte niederzubrennen und unsere Bürger niederzumetzeln. Schauen Sie auf Ihre Hände, sie sind befleckt mit dem Blut Ihrer Verwandten. Sie und ich, wir waren lange Freunde. Jetzt sind Sie mein Feind und

ich bin

der Ihre

B. Franklin.‹

In den Augen des alten Mannes, während er las, war ein Widerschein des Grimmes, der ihn beim Schreiben des Briefes erfüllt hatte. Doch stärker als die Bitterkeit war das ruhig wägende Urteil. Er sah, wie kunstvoll verschnörkelt seine Unterschrift war. Er nahm wahr, daß er zuerst geschrieben hatte: ›Ihre Hände sind befleckt mit dem Blut von Verwandten‹, und daß er das ›Ihrer‹ erst später eingefügt hatte. Das war eine gute Änderung; ›mit dem Blut Ihrer Verwandten‹ las sich zweifellos besser. Es war ein ausgezeichneter Brief, er gab haargenau wieder seinen kalten Grimm und seine Verachtung für den Mann, der die Folgen seiner Taten nicht hatte absehen können.

Er, Franklin, konnte die Folgen seiner Taten absehen. Er war zufrieden mit sich, daß er damals den Brief nicht abgeschickt hatte. William Strahan war ein guter Freund, William Strahan hielt sogar jetzt Verbindung mit ihm, trotz des Krieges. Es war vorteilhaft, Freunde in London zu haben. Es war gut, daß er sich damals in Philadelphia von seinem Zorn und von der Freude an dem wohlgeglückten Brief nicht hatte hinreißen lassen, ihn abzuschicken. Er lag jetzt gut hier in Passy, der Brief. Ein kleines Lächeln um den langen Mund, ordnete Franklin ihn sorgfältig ein in jene Schriftstücke, die zusammengefaßt waren unter der Aufschrift: ›Persönliches‹.

Er sonderte aus die Briefe, die zu beantworten waren, legte beiseite jene, die er für erledigt hielt. Seine Tätigkeit wurde unterbrochen durch die Ankunft Silas Deanes.

Der dicke, imposante, fröhliche Herr war in der Zwischenzeit etwas weniger fröhlich geworden, die befremdliche Haltung des Kongresses, der seine und Beaumarchais' Zahlungsaufforderungen ständig überhörte, machte ihm Sorge, sein fleischiges Gesicht zeigte kleine Falten, und die geblümte Atlasweste saß nicht mehr ganz so prall um seinen Bauch. Aber er war unternehmungslustig wie immer und begann sogleich, enthusiastisch zu erzählen, wie sich ganz Paris freue über die Heldentaten des Kapitäns Conyngham, und wie außerordentlich der Überfall auf das englische Postschiff die amerikanische Sache gefördert habe.

Statt aller Antwort überreichte ihm Franklin den Brief Vergennes'. Silas Deane las; er las langsam, er hatte noch immer Mühe mit dem Französischen. Als er begriffen hatte, weigerte er sich, das Schreiben ernst zu nehmen. Derlei Mahnungen, meinte er, seien nur diplomatische Formalitäten; bestimmt habe Vergennes an der Erbeutung des englischen Postschiffs die gleiche Freude wie er selber. Franklin zuckte die Achseln. Er zeigte Silas Deane den Entwurf seiner Antwort. Der hätte es offenbar vorgezogen, wenn man dem Minister weniger ernst erwiderte, doch da er gutmütig war und voll Verehrung für den Doktor, gab er sich zufrieden. Der Kapitän werde die Ausreiseerlaubnis sicherlich erhalten, erklärte er.

Davon sei auch er überzeugt, antwortete Franklin, aber er fürchte, Conyngham werde den amerikanischen Emissären noch manche Unannehmlichkeit bereiten. Das sei möglich, erwiderte Silas Deane; doch der Stolz auf die Heldentaten des Kapitäns und ihre Wirkung überall in Europa sei reichliche Entschädigung für derlei Unannehmlichkeiten. Die englischen Versicherungsraten stiegen von Tag zu Tag, die englischen Kaufleute wagten kaum mehr, englische Schiffe für ihre Ausfuhr zu benutzen.

Der geduldige Franklin versuchte, Deane wieder einmal klar zu machen, daß die kleinen Gewinne den großen politischen Schaden nicht aufwögen, den die hemmungslose Kaperei mit sich bringe. Nicht um die Erbeutung von zwanzig- oder dreißigtausend Livres gehe es, sondern um den Handelsvertrag und um die Allianz mit Versailles. Aber Deane, beinahe beleidigt, antwortete, Beträge von zwanzig- oder dreißigtausend Livres, wenn sie jede Woche oder doch jede zweite Woche einliefen, seien bei der finanziellen Notlage des Kongresses keineswegs zu verachten. »Lieber, verehrter Doktor«, bat er mit der dringlichen Beredsamkeit des Geschäftsmannes, »bedenken Sie doch, wie ungeheuer der Bedarf des Kongresses ist. Denken Sie doch, bitte, an die Liste, die uns die Herren vor drei Wochen übersandt haben.«

Franklin dachte nicht gern an diese Liste. Sie war lang, sie war endlos. Ein Volk von Landleuten hatte eben einen gewaltigen Bedarf an Industriegütern, und was der Kongreß aus Frankreich zu beziehen wünschte, waren nicht nur Geschütze, Gewehre und Uniformen, sondern auch Schafscheren, Vorlegeschlösser, Schuhmacherahlen, Nadeln für Schneider, medizinische Mittel jeder Art, Opium, Aloe und Klistierspritzen, Pferdekämme und Zelttuch, Musiknoten und Pauken. Das alles war in riesigen Mengen angefordert. Doch gerade daß dem so war, bestärkte den Doktor in seiner Meinung, man könne mit kleinen Mitteln nichts ausrichten. Bei so gewaltiger Not mußte man aufs Ganze gehen, auf die Anerkennung, den Handelsvertrag, die Allianz.

Mit vielem Aufwand an Logik mühte er sich, das dem Kollegen darzutun. Aber Deane, mit freundlicher Schlauheit, erwiderte: »Lassen Sie mich, verehrter Doktor, Franklin mit Franklin schlagen. Haben Sie nicht im › Armen Richard‹ gelehrt: Ein Ei heute ist besser als eine Henne morgen?«

Franklin gab es auf. Sprach von andern überflüssigen Unbequemlichkeiten, die ihm Silas Deane aufbürde. Da waren die Herren, die, sich auf Deane berufend, von ihm Ämter und Anstellungen in Philadelphia verlangten. Man werde, meinte er, dem Kongreß Ungelegenheiten und den Bittstellern selber nur Enttäuschungen bereiten, wenn man diese Leute nach Amerika hinüberschicke.

Silas Deane betrachtete nachdenklich seine schöne Weste. Er teilte nicht die Ansicht seines großen Freundes und Kollegen. Ihm scheine es ein Fehler, erklärte er bescheiden, doch fest, französische Offiziere zurückzuweisen, die voll glühenden Eifers für die Freiheit ihre Stellung in der Heimat und in der Armee aufzugeben bereit seien. Solche tätige Parteinahme schüre Begeisterung für Amerika überall in der Welt. »Oder hat uns nicht«, schloß er, »die Ausfahrt Lafayettes einen ungeheuern Schritt vorwärts gebracht?«

Mit diesem Lafayette hatte es folgende Bewandtnis. Der junge Marquis Josèphe-Paul-Gilbert de Lafayette hatte, nachdem ihm Silas Deane ein Patent ausgestellt, überall von seiner Absicht gesprochen, in die Armee des General Washington einzutreten. Die Engländer hatten vom Ausbruch des amerikanischen Konflikts an das Prinzip vertreten, jegliche Tätigkeit französischer Offiziere für die Rebellen bedeute einen Neutralitätsbruch der Versailler Regierung; sie hatten Vergennes aufmerksam gemacht auf die Absichten Monsieur de Lafayettes und den Minister aufgefordert, die notwendigen Schritte zu unternehmen. Auch der einflußreiche Schwiegervater des jungen Marquis, der Herzog d'Ayen, hatte trotz seiner Sympathie für die Amerikaner das abenteuerliche Vorhaben scharf mißbilligt. Er hatte im Verein mit Vergennes eine Kabinettsorder erwirkt, die dem jungen Mann die Ausreise ausdrücklich verbot. Die Schwierigkeiten hatten indes Lafayettes Eifer nur erhöht, und laut und hartnäckig hatte er erklärt, er werde seine Absicht durchführen. Durch alle diese Vorbereitungen war für Franklin und seine Kollegen die Einreihung Lafayettes in Washingtons Armee zu einer Prestigefrage geworden, und mit Spannung hatte man in den Salons von Paris und Versailles darauf gewartet, ob das Unternehmen des jungen Offiziers glücken werde. Es war geglückt; Lafayette hatte, mit Hilfe Beaumarchais', auf eigene Kosten ein Schiff ausgerüstet und war heimlich von einem spanischen Hafen in See gestochen.

Die Pariser hatten seine Ausfahrt mit Enthusiasmus begrüßt, und Silas Deane war im Recht, wenn er Lafayettes Unternehmen für nützlich erklärte. Auch Franklin hatte sich darüber gefreut. Leider aber war seine Freude nicht ungetrübt geblieben. Nicht nur hatte er Mühe, den Unmut des Herzogs d'Ayen zu beschwichtigen, der argwöhnte, die amerikanischen Emissäre hätten seinem unbesonnenen Schwiegersohn bei seinem Vorhaben geholfen; es hatte sich überdies herausgestellt, daß der Marquis einen ganzen Haufen französischer Offiziere mitgenommen hatte, lauter von Silas Deane angeworbene, und Franklin dachte mit Sorge an die Gesichter, welche die amerikanischen Militärs machen würden, wenn sie diesen zum Teil sehr jungen und hochnäsigen Herren unterstellt werden sollten. Er gab sich aber nicht lange damit ab, Silas Deane die Schattenseiten der Affäre Lafayette auseinanderzusetzen, sondern begnügte sich mit der Bitte, der Kollege möge nun aber bestimmt keine weiteren Offizierspatente ausstellen. Silas Deane, immer ein wenig verwundert und gekränkt, versprach es.

Dafür hatte er jetzt eine Bitte an Franklin. Wo immer sie etwas ins Werk zu setzen hätten, sagte er, ob es nun die Beschaffung der unendlich vielen Dinge sei, die der Kongreß anfordere, oder die Ausreise Lafayettes, immer, im Großen und Kleinen, sei man angewiesen auf die Hilfe des erfinderischen Monsieur de Beaumarchais. Der sei bisher der einzige, der nennenswerte Quantitäten von Waffen nach Amerika transportiert habe, und niemals wäre ohne seine Hilfe Lafayette weitergekommen. Er, Silas Deane, habe aber den Eindruck, daß Franklin diesen unendlich hilfreichen Mann nicht mit der ganzen Freundlichkeit behandle, die er verdiene. Monsieur de Beaumarchais verehre Franklin, und es schmerze ihn, daß er so selten Gelegenheit habe, ihm von seiner Tätigkeit Rechenschaft abzulegen.

Silas Deane hatte recht; Franklin gab es sich in seinem Innern zu. Hatte er nicht selber seinem Enkel William erklärt, er habe diesen Monsieur Caron nicht herzlich und höflich genug behandelt? Hatte er nicht dem Enkel und sich selber die Geschichte von der Egge erzählt? So unlieb ihm der Mann war, er mußte sich dazu bequemen, ihn öfter zu sehen. »Solange ich hier noch nicht fertig eingerichtet bin«, sagte er, »emfange ich nur vertraute Freunde, Sie und wenige andere. Aber später wird es mir eine Freude sein, mich einmal wieder mit Ihrem findigen Monsieur de Beaumarchais zu unterhalten. Er hat Ideen, das ist keine Frage, er ist ein Geschäftsmann, er ist ein Débrouillard, wie sie hier sagen, ein Tausendsassa. Ich unterschätze seine Dienste nicht. Sagen Sie ihm das, bitte, so herzlich, wie es Ihr Französisch zuläßt.«

Er überlegte eine kleine Weile. »Wird es nicht Anfang Juli ein Jahr«, sagte er dann, »daß der Kongreß die Unabhängigkeits-Erklärung beschlossen hat? Ich denke, ich werde unsere Freunde zu einer kleinen Feier zusammenbitten, und da wird dann natürlich auch Ihr Tausendsassa nicht fehlen.« Silas Deane fand es noch ein wenig lange bis zum Juli; aber er war froh auch an dieser Zusage, dankte dem Doktor sehr herzlich und verabschiedete sich.

Später am Tage, zur Freude Franklins, kam Doktor Dubourg. Franklin hatte den würdigen, geschwätzigen, gebildeten, freundschaftlichen, wichtigmacherischen Herrn in diesen letzten Monaten immer lieber gewonnen. Franklin ließ sich von ihm bei der Überfeilung seiner französischen Briefe und kleinen Schriften helfen, hörte seine tausend großen und kleinen, manchmal recht interessanten Klatschereien an, verwendete ihn für die mannigfachsten Dienste. Auch vergaß ers ihm nicht, daß er ihn auf Passy, auf den ›Garten‹, aufmerksam gemacht hatte. Und es belustigte den wohlausgewogenen Amerikaner immer wieder, wie sich der lebhafte französische Freund schnell in Hitze redete, in der Debatte keine Grenze kannte und höchst verwundert war, wenn der Partner seine Maßlosigkeit übelnahm.

Doktor Dubourg erzählte stolz, der Verleger Rouault werde in zwei Wochen eine vierte Neuauflage von Franklins ›Bonhomme Richard‹ auf den Markt bringen können. Er, Dubourg, habe dieser Tage mit dem Baron Grimm von der ›Encyclopédie‹ eine lange Diskussion gehabt über seine, Dubourgs, Übersetzung, eine, wie er sagen müsse, manchmal sehr erregte Diskussion. Der neugebackene Herr Baron habe nämlich getadelt, daß da immer wieder die Wendung ›sagt der arme Richard‹ gebracht werde. Dabei komme die Wendung auf den 18 Seiten nur 84 Mal vor. Er habe denn auch dem dreisten Kritiker deutlich zu verstehen gegeben, daß es nicht Aufgabe des Übersetzers sei, dem Autor ins Handwerk zu pfuschen. Ein Werk von der Bedeutung des Franklin'schen müsse mit Demut, Ehrfurcht und Treue übersetzt werden, aber das seien Eigenschaften, die dem Herrn Baron Grimm wohl sehr ferne lägen.

Franklin dachte nach. Wenn er sichs reiflich überlegte, sagte er dann, müsse er dem Baron Grimm recht geben. Wahrscheinlich wirke die Wendung ›sagt der arme Richard‹ durch ihre stetige Wiederholung in dem raschen, witzigen Französisch ermüdender als im Englischen. Doktor Dubourg sah den Freund verständnislos an. »Sie werden mich doch nicht im Stich lassen?« entrüstete er sich. »Sie werden doch nicht diesem Neugebackenen recht geben?« »Vielleicht«, überlegte Franklin, »sollte man den Versuch machen und dieses ›sagt der arme Richard‹ ein paar Mal streichen.« Dubourg lächelte breit und verschmitzt übers ganze Gesicht. »Dann habe ich also Ihre Zustimmung, lieber Freund«, freute er sich. »Ich habe nämlich, um dem Baron Grimm keinen Vorwand zu gedruckten Besserwissereien zu geben, für die Neuauflage die Wendung 26 Mal gestrichen, sodaß sie jetzt nurmehr 58 Mal vorkommt. Ich bin keine von den Korkseelen, die immerzu auf ihrer vorgefaßten Meinung schwimmen. Ich habe überhaupt die Neuauflage meiner Übersetzung einer gründlichen Überarbeitung und, wie ich glaube, Verbesserung unterzogen.« Und er nahm das Manuskript und las Franklin die Verbesserungen vor. Der fand eigentlich die Unterschiede nicht beträchtlich, ja, er bemerkte sie nicht. Doch Dubourg, schnupfend, viel schmatzend, arbeitete sich ab, ihm deutlich zu machen, wie sehr das Werk durch die Überfeilung gewonnen habe, und Franklin sah es am Ende, dem bemühten Freund zuliebe, ein.

Dann erging sich Franklin in Meditationen über die Schwierigkeiten und Gefahren, denen passionierte Übersetzer zuweilen begegneten. Er erzählte von dem Schweiß und Blut, die es gekostet hatte, die großartige englische Bibelübertragung herzustellen. Er erzählte von dem Übersetzer William Tyndale, der viele schöne und volkstümliche Fassungen gefunden habe, zum Beispiel die schöne Fassung des Dreiundzwanzigsten Psalms, der aber, weil er die gemeine logische Vernunft an die Stelle der nicht immer logischen Autorität setzen wollte, schließlich verbrannt worden sei. »Ja«, schloß er nachdenklich, »das Los des Übersetzers ist manchmal riskant.«

Dubourg schaute ihn unsicher an und sprach von anderem. Und zwar, angeregt vielleicht von dem Worte ›riskant‹, sprach jetzt auch er von dem Kapitän Conyngham und seinen Heldentaten. Er bezeigte eine noch größere, noch jugendlichere Freude an den Listen und Streichen der Freibeuter als Silas Deane. Auf seine naiv verschwörerische Art berichtete er von den schlauen Manövern, welche die Kaperkapitäne machten, um unter den Augen der englischen und der von diesen gehetzten französischen Behörden Beute zu erjagen und zu veräußern. Da konnten Kaperschiffe, die Befehl erhalten hatten, binnen vierundzwanzig Stunden den französischen Zufluchtshafen zu verlassen, beim besten Willen nicht auslaufen, weil ein Leck nach Sachverständigengutachten sich durchaus nicht reparieren lassen wollte. Da fuhren auf Signale hin französische Käufer hinaus auf See und übernahmen dort von den Piraten die Waren. Da verwandelten sich über Nacht Farben und Formen der Schiffe, die ›Clarendon‹ und die ›Hanover Planter‹ wurden zur ›Hancock‹ und zur ›Boston‹. Und bei aller Strenge, welche die Versailler Regierung nach außen zeigte, konnte man sich auf ihre augenzwinkernde Hilfe verlassen. Vergennes – das wußte Dubourg aus zuverlässiger Quelle – hatte, als ihm Stormont nachwies, wie Amerikaner und Franzosen bei der Weiterveräußerung der Beute zusammengearbeitet hätten, lediglich die Augen gen Himmel gerichtet und kopfschüttelnd gejammert über die Habgier privater Unternehmer.

Übrigens, fuhr Dubourg fort, habe er eine Bitte an seinen großen Freund. Der Kapitän James Little habe unglücklicherweise einen spanischen Hafen angelaufen, der er für einen französischen hielt, und sei jetzt von den spanischen Behörden interniert. Er, Dubourg, sei an dem Fall interessiert, weil er selber ein wenig Geld in dem Unternehmen des Kapitäns Little stecken habe. Ob Franklin nicht in Madrid intervenieren könne.

Franklin beschaute Dubourg, der, leicht verlegen, mit seinem Stocke spielte. In Madrid, meinte Franklin nachdenklich, sei jetzt Arthur Lee; da könne er, Franklin, wenn er schlimme Verwicklungen vermeiden wolle, schwerlich intervenieren. Aber soviel er wisse, gebe es hier in Paris einen Mann, der viele Fäden nach Madrid laufen habe, unsern Débrouillard, unsern Beaumarchais. Dubourg schnaubte unlustig. Er möchte seinem Kapitän Little gern helfen, meinte er schließlich, aber ob er sich soweit werde demütigen können – er vollendete den Satz nicht.

Dann, neu belebt, eifrig, erzählte er, gestern habe er im Marineministerium gehört, man wolle ein Kriegsschiff außer Dienst stellen, ›L'Orfraye‹, den ›Seeadler‹, ein schönes, großes Schiff, von fünfzig Metern

Kiellänge und mit zweiundfünfzig Kanonen. Er beabsichtige nun, ein Konsortium zusammenzubringen, um dieses Schiff zu erwerben, überholen zu lassen und auf Kaperfahrten auszuschicken. Das Unternehmen verlange eine hohe Investierung; vielleicht könnte Franklin seinen Hausherrn daran interessieren, Monsieur de Chaumont. Er könnte natürlich selber mit ihm sprechen, aber wenn der Anstoß von Franklin komme, wenn gewissermaßen der Genius der Freiheit in Person das Unternehmen beflügele, dann stehe ein ganz anderer Wind dahinter. Und: »Schiff, mein Schiff, nun wird dich neue Flut / Tragen hinaus aufs Meer«, zitierte er lateinisch den Horaz.

Franklin seufzte innerlich über die Abenteuerlust des Freundes. Wenn er seinen Horaz recht im Kopf habe, antwortete er, dann sei in dieser Ode vom Schiff viel die Rede von den Sorgen, welche die Meerfahrt begleiteten. Und keinesfalls wäre es sehr dankbar, wenn er, Franklin, den hilfreichen Monsieur de Chaumont nicht nur seines schönen Hauses berauben, sondern ihm noch ein abgetakeltes Kriegsschiff anhängen wollte.

Dubourg war ein bißchen gekränkt. Trotzdem ließ er sich nicht lange bitten, als ihn Franklin aufforderte, zum Abendessen zu bleiben. Der Butler, Monsieur Finck, hatte, wie immer, eine gute und reichliche Mahlzeit vorgesehen, und Franklin aß mit Behagen. Aber sah mit Bedauern, daß Doktor Dubourg den Speisen nicht mit der früheren Leidenschaft zusprach. Wieder einmal nahm er wahr, daß der Freund zusehends alterte. Nicht ohne kleinen Schrecken stellte er fest, daß er ein hippokratisches Antlitz hatte, er war gezeichnet, sein armer, lieber Freund Dubourg, er wird es nicht mehr lange machen.

Franklin selber hatte die Absicht, noch recht lange zu leben. Doch er wußte, daß es von heute auf morgen aus sein konnte, und beschäftigte sich oft mit dem Tode. Er war unsentimental. Er hatte viele Menschen sterben sehen, Freunde und Feinde. Da er Schriftsteller war von den Nieren bis an die Poren, hatte es ihn getrieben, was er von Freunden und Feinden hielt, in Worte zu fassen; er hatte zahlreiche Epitaphien geschrieben. Allmählich war es ihm zur Gewohnheit geworden, Grabschriften zu verfassen, für seine Freunde, für seine Feinde, für Tote, für Lebende, für sich selber. So jetzt, in Gedanken, während er kräftig aß, suchte er rühmende, treffende Worte zusammen für eine Grabschrift seines Freundes Dubourg.

Der, in diese Gedanken hinein, sagte unvermutet, besorgt und geschäftig: »Sie sind ja erfreulich rüstig, verehrter Freund, immerhin sehe ich nicht ohne Angst, wie üppig Sie essen. Sollte ein Mann in unserm Alter nicht vorsichtig sein? Der Pommard, den uns Ihr Monsieur Finck vorsetzt, ist ausgezeichnet. Trotzdem, und wiewohl das geradezu ein Verbrechen ist, schlag ich Ihnen vor: tun Sie Wasser in Ihren Wein.« Franklin dachte: ›Seltsam, daß dieser Arzt von seiner facies Hippocratica gar nichts merkt.‹ Laut, wie Dubourg schon zur Wasserflasche griff, um ihm Wasser zuzuschenken, sagte er, die Hand über das Glas haltend: »Die Bibel, mein Alter, zitieren Sie nicht so richtig wie Ihre Klassiker. Der Apostel Paulus hat nicht geraten, Wasser in den Wein zu tun, sondern Wein ins Wasser.«

Am nächsten Tag, einem Dienstag, fuhr Franklin in Gesellschaft seines Enkels William hinüber nach Auteuil, um den Abend, wie jeden Dienstag, bei Madame Helvetius zu verbringen. Es waren wenig mehr als zwei Meilen Weges, und Franklin hatte vorgehabt, heute, der körperlichen Übung halber, die kurze Strecke zu Fuß zurückzulegen. Aber als er in das hübsche Besitztum der Madame Helvetius einfuhr, war er froh, daß er sich zuletzt doch für den Wagen entschieden hatte; es war angenehm, ausgeruht anzukommen, gleichmäßigen Atems und ohne Schweiß.

Farbig und heiter lag der Park. Das Haus selber war wie immer voll von Lärm; da waren Hunde, Katzen, Kanarienvögel, und Madame Helvetius' lebhafte Töchter sowie die beiden Abbés, die wie ihr Arzt, Doktor Cabanis, im Hause lebten, trugen das ihre dazu bei, die laute Fröhlichkeit zu vermehren. Auch hatten sich, wie zu jeder Mahlzeit im Hause der Madame Helvetius, einige Freunde eingefunden; Madame Helvetius hatte zahllose Freunde, Staatsmänner, Schriftsteller, Künstler.

Madame Helvetius begrüßte den Doktor schallend. So hatte sie ihn begrüßt, als er ihr Haus zum ersten Mal betreten. Er hatte die fortschrittliche, einflußreiche Dame der Sache seines Landes noch enger verbinden wollen und sich gerne von dem früheren Finanzminister Turgot zu ihr mitnehmen lassen. Sie hatte aufgestrahlt, als er kam, hatte ihm sogleich herzlich den hübschen, vollen Arm entgegengestreckt. »Küssen Sie mir die Hand«, hatte sie gerufen, »und nicht zu kurz«, und sehr rasch war eine enge Freundschaft zwischen den beiden entstanden.

Auch heute mußte er sich sogleich so nahe zu ihr setzen, wie ihr weiter Rock es zuließ. Freundschaftlich und streng fragte sie ihn, ob er nicht schon wieder sein Versprechen gebrochen habe und zu Wagen gekommen sei statt zu Fuß. Er, während er zugab, er sei auch diesmal nachsichtig mit sich selber gewesen, beschaute sie mit Wohlgefallen.

Füllig saß sie in ihrem Sessel, überquellend, eine Dame hoch in den Fünfzig, weiß und rosig, sorglos geschminkt, das Haar von etwas verwitterndem Blond nachlässig gefärbt. Er wußte, daß von den Frauen manche fanden, sie schaue aus wie die Ruinen von Palmyra. Er selber war geneigt, ihren früheren, viel bewunderten Glanz noch um sie zu sehen; ihre Herzlichkeit, ihre Impulsivität, ihr guter Verstand erregten sein inniges Wohlgefallen wie übrigens das vieler anderer Männer, und er hielt es für durchaus in der Ordnung, daß sie sich auch heute noch, nahe den Sechzig, benahm wie eine verwöhnte Frau von sieghafter Schönheit.

Auf sie herunter, während sie heiter von Belanglosem schwatzten, schaute ein Porträt des Claude-Adrien Helvetius, der vor sechs Jahren gestorben war, und den Franklin bei seinem früheren Pariser Aufenthalt kennen und schätzen gelernt hatte. Die strahlend schöne Marie-Félicité hatte mit dem sehr reichen Herrn, der als Philosoph nicht weniger angesehen war denn als Steuerpächter, über dreißig Jahre einer üppigen, fröhlichen, glücklichen Ehe verbracht. Jetzt hingen Bilder des Toten überall im Haus umher, und eine Nachbildung seines Grabmals, eine Trauernde mit einer Urne, stand auf dem Kamin. Ihr geliebter Claude-Adrien hatte Madame Helvetius auf seinem Sterbebett ans Herz gelegt, ihr Leben weiter nach Kräften des Leibes und der Seele zu genießen, und so umlärmte denn ihre und ihrer hübschen Töchter Heiterkeit wunschgemäß seine Bilder und sein Grabmal.

Nach dem Essen, während Doktor Cabanis und der Abbé Morellet unter der Assistenz des Abbé de la Roche eine Partie Schach spielten und

William mit den Demoiselles flirtete, saß Franklin allein mit Madame Helvetius. Sie fragte unumwunden: »Haben Sie in der Zwischenzeit Madame Brillon gesehen?« Madame Brillon, eine Dame der Nachbarschaft, war schön, zart und jung und hatte zum Gatten einen bejahrten Rat aus dem Finanzministerium. »Gewiß«, antwortete ohne Zögern Franklin, und in seinem langsamen Französisch erklärte er: »Ich habe Madame Brillon gebeten, möglichst oft mit mir zusammenzusein. Sie will sich bemühen, mein Französisch zu verbessern.« »Ihr Französisch genügt vollkommen, mein Freund«, erklärte autoritativ Madame Helvetius, »und die Unterrichtsmethoden Ihrer neuen französischen Lehrerin gefallen mir gar nicht. Ich habe mir erzählen lassen, sie habe sich Ihnen vor aller Welt auf den Schoß gesetzt.« »Finden Sie was dabei?« fragte unschuldig Franklin zurück. »Haben Ihnen Ihre Berichterstatter nicht auch erzählt, daß Madame Brillon, die sehr an ihrem Vater hing, mich anstelle dieses ihres toten Vaters adoptiert hat?« »Sie alter Strolch«, sagte schlicht und überzeugt Madame Helvetius. »Ich gebe zu«, fuhr sie fort, »Madame Brillon ist hübsch. Aber finden Sie sie nicht zu mager?« »Der Schöpfer«, antwortete Franklin, »hat Schönes der verschiedensten Art hervorgebracht. Ich hielte es für undankbar, mich zu sehr zu spezialisieren.« »Ich mag keine Weiber«, erklärte bündig Madame Helvetius. »Sie klatschen so gemein. Es gibt welche, die reden überall herum, ich hätte ein loses Mundwerk und die Manieren einer Waschfrau.« »Wenn die Pariser Waschfrauen«, antwortete in seinem mühsamen Französisch Franklin, »Ihre Manieren haben, Madame, dann haben sie die Manieren von Königinnen.«

Später, ihm näherrückend, fragte Madame Helvetius: »Hand aufs Herz: Ihren Brief an den Abbé Morellet haben Sie doch nur geschrieben, damit er ihn mir weitersage?« Es hatte nämlich der Abbé im Auftrag der Madame Helvetius Franklin ein vereinbartes Zusammensein abgesagt, und Franklin hatte in seiner langen Antwort beredt geschildert, wie sehr er und warum das bedaure. ›Wenn wir alle‹, hatte er geschrieben, ›Staatsmänner, Philosophen, Dichter, Wissenschaftler, von Notre Dame d'Auteuil – so wurde Madame Helvetius von ihren Freunden genannt – angezogen werden wie Strohhalme vom Bernstein, dann deshalb, weil wir in ihrer liebenswürdigen Gesellschaft Wohlwollen finden, freundschaftliche Beflissenheit, die Bereitschaft, gefällig zu sein und andere für gefällig zu halten, eine Freude an einander, die wir keineswegs haben, wenn wir ohne Madame zusammen sind.‹ »Hat Ihnen der Abbé diesen Brief gezeigt?« fragte Franklin und spielte Verlegenheit. »Aber natürlich«, sagte sie. Sie lachte ihr lautes Lachen und fuhr fort: »Ich wünsche Ihnen nur, Sie verschmitzter alter Herr, daß Sie bei den Ministern mit Ihren Bestechungsversuchen ebenso viel Glück haben wie bei mir.«

Dergleichen Konversation machten sie stets, sie, Madame Helvetius, immer beweglich, geräuschvoll, ihn umarmend und küssend, er still, mit spärlichen Gesten, doch mit gravitätisch beflissener Ritterlichkeit. Es war ihren lauten und seinen leisen Komplimenten eine kleine ironische Übertriebenheit beigemengt, aber sie waren beide nicht darüber im Zweifel, daß unter ihren Worten eine wirkliche Neigung spann. Franklin fühlte sich angezogen von ihrer sichern, weltlichen Klugheit, von ihrem ungeheuern Appetit an Menschen und Dingen, von ihrer jugendlichen Lebensfülle, von ihrer unbekümmerten Natürlichkeit, sogar von der vulgär und königlichen Art, wie sie sich über die Regeln der Grammatik und der Rechtschreibung wegsetzte. Sie ihresteils, die sich ein Leben ohne Männer und ohne Huldigungen nicht vorstellen konnte, fand Labsal an dem Bewußtsein, daß dieser große Mann, dessen Überlegenheit sogar von dem toten Helvetius und von ihrem Freunde Turgot anerkannt war, sie so sichtlich bewunderte und sie der jungen, magern Madame Brillon wenigstens gleichsetzte; und als er gar einmal, vor vierzehn Tagen, seine Förmlichkeit abgetan und zu ihr mit seiner wohlklingenden, schmeichelnden Stimme anstelle von ›Madame‹ Marie-Félicité gesagt hatte, war ihr das tief ins Blut gegangen.

Mittlerweile waren auch Dubourg und Turgot eingetroffen.

Jacques-Robert Turgot, Baron de l'Aulne, ein hochgewachsener Herr Ende der Fünfzig, sah älter aus als seine Jahre; das schöne Gesicht mit den geschwungenen Lippen und der geraden Nase zeigte starke, harte Falten herunter zu den Mundwinkeln. Turgot und Madame Helvetius waren von Jugend an befreundet gewesen. Er hatte sie, als sie noch Mademoiselle de Ligniville hieß, heiraten wollen, aber da sie beide blutarm gewesen waren, hatte sie, der Vernunft folgend, den Antrag abgelehnt.

Als sie dann später den reichen, begabten, angesehenen, immer vergnügten Helvetius heiratete, hatte Turgot das stürmisch mißbilligt, doch er war Marie-Félicités Freund geblieben und hatte sie dreißig Jahre hindurch fast täglich gesehen. Als nach Helvetius' Tod sie beide reich, frei und angesehen waren, hatte Turgot seinen Heiratsantrag wiederholt. Abermals ohne Erfolg. Doch auch diese zweite Zurückweisung hielt ihn nicht ab, sie häufig zu sehen.

Der grundehrliche, leidenschaftlich der Sache der Vernunft ergebene Turgot genoß weithin Liebe und Respekt. Auch Doktor Dobourg war ihm von Herzen freund und zollte ihm hohe Verehrung. Aber er konnte es nicht lassen, ihm täppische, gutmütig polternde Vorhaltungen zu machen, daß er während seiner Amtszeit dies hätte tun und jenes hätte nicht tun sollen. Auch heute kam er mit seinem ewigen Tadel, Turgot hätte damals drei oder fünf Millionen für die Insurgenten herausrücken müssen. Turgot, zunächst beherrscht, setzte ihm das zehnte oder zwölfte Mal auseinander, er hätte seine Reformen gefährdet und seinen Gegnern Anlaß zu berechtigten Attacken gegeben, wenn er auch nur einen Sou für anderes verwendet hätte als für diese Reformen. Dubourg gab sich nicht zufrieden, er stichelte weiter, der reizbare Turgot schlug zurück. Madame Helvetius bemühte sich umsonst, zu vermitteln. Turgot erklärte schließlich, man müsse seine Amtstätigkeit als Ganzes ansehen, das aber wolle Dubourg durchaus nicht begreifen. Und erbittert über die Verstocktheit des andern fuhr er fort, immer vergesse Dubourg über den Einzelheiten das Ganze; eine solche Methode möge angebracht sein in der Philologie, aber sie tauge nicht für Staatswissenschaft. Dubourg zitierte aus einem lateinischen Philosophen, eine Summe setze sich zusammen aus lauter Summanden, das heiße Einzelposten. Er hatte eine laute Stimme, auch der erhitzte Turgot war nicht leise, die Hunde kläfften darein, es war Aufruhr.

Zuletzt forderte Turgot Franklin auf, er möge ihm bezeugen, daß er seine Handlungsweise begriffen, ja, gebilligt habe. »Gebilligt«, antwortete Franklin, »das ist ein wenig viel, aber begreiflich finde ich Ihr Verhalten, das muß ich zugeben.«

Dann – er hatte auf die Gelegenheit gewartet – erklärte Franklin, er habe seine beiden werten und streitbaren Freunde schon seit langem auf eine viel zu wenig bekannte Geschichte aus der Bibel aufmerksam machen wollen, und: »Lieber Abbé«, wandte er sich an de la Roche, »erzählen Sie doch den beiden Herren die Geschichte von der Toleranz aus dem Ersten Buche Mosis.« Der Abbé, nach einigem Nachdenken, sagte, er wisse nicht, welche Geschichte Franklin im Aug habe; auch dem Abbé Morellet war nicht gegenwärtig, worauf Franklin anspielte. Der Doktor schüttelte den Kopf und meinte, es sei seltsam, wie wenig bekannt diese Geschichte sei; dabei sei sie eine der weisesten unter den mancherlei weisen Erzählungen, welche die Bibel neben vielerlei wüsten und krausen Geschichten enthalte. Die Unduldsamkeit seiner beiden lieben Freunde kennend und das Aufleben ihres alten Streitgespräches voraussehend, habe er seine Bibel mitgebracht und bitte die Gesellschaft um Erlaubnis, das Kapitel vorlesen zu dürfen.

Aus der Rocktasche zog er eine kleine Bibel. »Es ist das 31. Kapitel aus dem Ersten Buche Mosis«, erläuterte er. Und er begann zu lesen die Geschichte, wie zu Abraham ein fremder Mann kommt, krumm vor Alter, sich stützend auf seinen Stock, aus der Wüste. »Abraham aber saß vor seinem Zelte, und er stand auf und ging dem Fremden entgegen und sagte zu ihm: ›Komm herein, ich bitte dich, und wasche deine Füße und verweile die Nacht über, dann sollst du aufstehen, frühe des Morgens, und weitergehen.‹ Und der Mann sagte: ›Nein, ich will meinen Gott anbeten unter diesem Baum.‹ Abraham aber bestand und drang groß in ihn, und der Mann wendete sich, und sie gingen in das Zelt, und Abraham buk Brot, und sie aßen es. Und als Abraham sah, daß der Mann keinen Dank und Segenspruch für Gott hatte, sagte er zu ihm: ›Warum verehrest du nicht den allmächtigen Gott, Schöpfer des Himmels und der Erden?‹ Und der Mann antwortete und sprach: ›Ich will deinen Gott nicht verehren, noch ihn bei seinem Namen rufen; denn ich habe für mich selber einen Gott gemacht, der weilet immer in meinem Haus und versorgt mich mit aller meiner Notdurft.‹ Und Abrahams Eifer entzündete sich gegen den Mann, und er stand auf und fiel über ihn her und schlug ihn und trieb ihn hinaus in die Wüste. Da erschien Gott dem Abraham und sagte: ›Abraham, wo ist dein Gast?‹ Und Abraham erwiderte und sprach: ›O Herr, er versagte es, dir Ehre zu geben, noch dich bei deinem Namen zu rufen. Da habe ich ihn ausgetrieben von meinem

Antlitz in die Wüste.‹ Und Gott sagte: ›Habe ich ihn ertragen diese achtundneunzig Jahre hindurch und ihn genährt und ihn gekleidet, wenngleich er sein Herz verstockt hat gegen mich, und du, der du selber ein Sünder bist, konntest es nicht aushalten mit ihm eine einzige Nacht?‹«

Franklin klappte das Buch zu. »Das ist keine schlechte Geschichte«, sagte Doktor Cabanis. »Es ist merkwürdig«, grübelte der Abbé Morellet, »ich kann mich des Kapitels nicht entsinnen.« Ebenso ging es dem Abbé de la Roche. Franklin gab ihnen seine Bibel, die beiden Abbés beugten sich darüber. Da stand es klar und deutlich in altertümlichen Lettern: Genesis, Kapitel 31.

»Sagen Sie ehrlich«, sagte Madame Helvetius zu Franklin, als sie wieder allein waren, »wer hat dieses Kapitel geschrieben, der liebe Gott oder Sie?« »Wir beide«, erwiderte Franklin.

Turgot, im weitern Verlauf des Abends, vertrug sich gut mit Dubourg, und Franklin fühlte sich ihm sehr freund. Natürlich wäre es der amerikanischen Sache höchst nützlich gewesen, wenn Turgot seinerzeit Geld angewiesen hätte, aber Franklin achtete Turgot gerade deshalb, weil der niemals Kompromisse schloß. Praktische Politik machen konnte man freilich auf solche Art nicht, aber man stellte klare, unverrückbare Ideale hin für die Zukunft und für die Lesebücher.

Schriftsteller, der er war, suchte Franklin, was er über Turgot dachte, in einen Satz zu pressen, und während er angeregt mit Madame Helvetius flirtete, fand er die Formel: Jacques-Robert Turgot war kein Staatsmann für das achtzehnte Jahrhundert, aber der erste des neunzehnten.

Pierre saß ungewohnt nachdenklich an seinem wunderbaren Schreibtisch. Er war nicht der Mann, sich von den Sorgen des nächsten Tages anfechten zu lassen; er lebte für das Heute und für die Ewigkeit, nicht für das Morgen. Aber er verhehlte sich nicht, daß diese nächsten Tage ernsthafte Schwierigkeiten bringen würden. Als er heute von seinem Sekretär Maigron lumpige achttausend Livres aus der Kasse der Firma Hortalez verlangte, hatte der Mühe gehabt, sie zusammenzukratzen, und als er ihm schließlich das Geld übergab, war ihm das graue Gesicht des Mannes noch grauer vorgekommen. Wie soll das weitergehen in der nächsten Zeit? In drei Tagen ist der Wechsel von Testard und Gaschet fällig, am 17. muß die erste Viertelmillion an Monsieur Lenormant zurückgezahlt werden, und wenn er den Vertrag über das Kriegsschiff, über die ›Orfraye‹, zustande bringen will, muß er sogleich mindestens hunderttausend Livres flüssig machen.

Für ein Butterbrot ist sie zu haben, die ›Orfraye‹. Soll er auf sie verzichten, bloß weil er zur Zeit dieses Butterbrot nicht bei der Hand hat? Er ist doch kein Narr. Vom ersten Augenblick an, da er davon gehört hat, daß die ›Orfraye‹ aufgelegt werden werde, war er entschlossen, sie zu kaufen. Er hat sich verliebt in das wunderbare Schiff. Ein Dreidecker mit zweiundfünfzig Kanonen, fünfzig Meter lang. Und diese herrliche Galion. Das Herz wird ihm warm, wenn er daran denkt, wie der gewaltige krummschnäbelige Vogel seinen Transporten voranfliegen wird.

Aber er muß das Geld in den allernächsten Tagen haben, morgen muß ers haben, mindestens hunderttausend Livres, sonst schwimmt ihm das Schiff fort. Die andern, die Konkurrenten, sind scharf dahinter her, das hat ihm sein Gewährsmann im Marineministerium zuverlässig berichtet. Der Dubourg ist der Konkurrent. Aber er wird sich schneiden, der gelehrte, wichtigmacherische Esel, der nichts für sich ins Feld zu führen hat, als daß er der Freund des großen Franklin ist. Er, Pierre, weiß genau, wie ers anstellen muß, diesen ›Seeadler‹ zu fangen, er weiß, wo da die richtigen hohlen Hände sind.

Es ist lächerlich, daß er, der Chef der Firma Hortalez, sich den Kopf zerbrechen muß, wo wer das Geld hernehmen soll, die schäbigen hundert- oder zweihunderttausend Livres. Aber wer hat auch voraussehen können, daß die Freiheitskämpfer in Amerika so miserable Zahler sein würden? Nur der ewige Pessimist Charlot hat dergleichen geunkt, und es war eine Schande und grotesk, daß vorläufig Charlot recht behielt. Dabei hatten die Amerikaner, als die ersten drei seiner Schiffe in New Hampshire einliefen, sie mit Jubel begrüßt und mit großen Ehrungen. Aber Geld oder Wechsel hatten die Schiffe nicht zurückgebracht, sondern nur ein paar Ballen Tabak, die noch nicht acht Prozent der Rechnung des Hauses Hortalez deckten. Die Ladung, die der zweite Transport zurückbrachte, hatte gar nur vier Prozent der Rechnung gedeckt. Silas Deane, der sein Bestes tat, wand und drehte sich und meinte verlegen, schuld an der Saumseligkeit des Kongresses seien einzig und allein die bösartigen, verleumderischen Berichte des Arthur Lee, denen zufolge die Lieferungen als ein getarntes Geschenk der französischen Regierung anzusehen seien. »Diese Amerikaner, diese Amerikaner«, sagte Pierre vor sich hin und kraulte der Hündin Caprice den Kopf.

Er hatte aber, wenn er so klagte, nur Einen Amerikaner im Sinn, und der war nicht Arthur Lee. Dessen Angriffe wären bestimmt wirkungslos geblieben, wenn sich nur ein gewisser anderer die Mühe genommen hätte, den Mund aufzumachen. Dieser andere aber nahm sich nicht die Mühe. Dieser andere verharrte in einer unbegreiflichen, kränkenden Gleichgültigkeit. Dieser andere erklärte, die Verträge lägen vor seiner Zeit, sie seien durch Silas Deane abgeschlossen, man möge sich an Silas Deane halten. Silas Deane aber, bei all seinem guten Willen, war machtlos, wenn er nicht unterstützt wurde durch den gewissen andern.

So offenherzig Pierre gemeinhin seine Dinge mit seinen Nächsten erörterte, über seine unbefriedigenden Beziehungen zu Franklin sprach er mit niemand, nicht einmal mit Paul. Jetzt aber, vor dem Ankauf der ›Orfraye‹, wird er wohl die gesamte Geschäftslage mit Paul offen durchsprechen müssen, und dann wird er nicht umhin können, auch die dumme Franklin-Geschichte mit ihm zu bereden.

Paul, als ihm Pierre seine Absicht eröffnete, die ›Orfraye‹ zu kaufen, sagte: »Sie spielen ein hohes Spiel.« »Soll ich den ›Seeadler‹ den andern überlassen«, fragte Pierre zurück, »den Chaumont und Dubourg und Genossen?« Paul verstand ihn, ohne daß er diese Vorstellung weiter hätte ausführen müssen. Es ging um mehr als um ein Schiff. Vorläufig war die Firma Hortalez unentbehrlich, vorläufig war Pierre der einzige, der über genügend viele Schiffe und Waffen verfügte, um die Amerikaner vor einer Kapitualtion zu bewahren. Wenn aber diejenigen, welche ständig um Franklin waren, ihresteils Schiffe und Waffen in hinlänglicher Menge nach Amerika zu schicken imstande waren, dann werden sie ihn rasch an die Wand drücken und das Haus Hortalez zu einem Firmenschild machen mit nichts dahinter.

»Maigron ist außerordentlich«, sagte Paul. »Kein anderer hätte es zustande gebracht, daß bisher jeder Wechsel eingelöst wurde. Aber ich frage mich, wie er die Wechsel von Testard und Gaschet und wie er Lenormants Viertelmillion zahlen will.« »Auf Silas Deane können wir uns verlassen«, antwortete Pierre. »Ja, auf Silas Deane«, sagte Paul. Mehr sagte er nicht, aber Pierre wußte, daß Paul im Bilde war.

Seitdem sich Paul in Nantes von Franklin verabschiedet, hatte er ihn nur zwei Mal in großen Gesellschaften zu Gesicht bekommen. Wiewohl sonst nicht schüchtern, hatte er nicht gewagt, sich an ihn heranzumachen; die seltsame und beleidigende Art, auf welche der Doktor seinen Freund und Chef behandelte, schmerzte ihn und machte ihn befangen. Daß der sonst so beredte Freund seine Bitterkeit in seiner Brust verschloß, zeigte Paul, wie tief Franklins Kälte ihn mußte getroffen haben. Jetzt, da Pierre sogar in der heutigen Erörterung um die schlimme Sache, die Ur-Sache aller Widerwärtigkeiten, vage herumredete, beschloß Paul, zu Franklin zu gehen, schlankwegs, ohne Pierre lange davon zu sprechen, und den Doktor zu fragen, warum er nicht mit Pierre zusammenarbeiten wolle.

Pierre seinesteils wartete darauf, daß Paul anfange, von Franklins Verstocktheit zu reden. Es verdroß ihn, daß ers nicht tat. Schließlich, ungeduldig, zornig fast, sagte er selber: »Einmal werden die amerikanischen Gelder ja hereinkommen.« »Aber kaum, bevor auch die letzte Zahlung für die ›Orfraye‹ fällig wird«, antwortete Paul. »Sie belieben heute besonders schwarz zu sehen, mein Freund«, sagte Pierre. »Ich an Ihrer Stelle«, beharrte Paul, »würde keine amerikanischen Eingänge in die Kalkulation für den Erwerb der ›Orfraye‹ mit einsetzen.« »Ich kann mir nicht vorstellen«, sagte finster Pierre, »daß auch die nächsten fünf Transporte kein Geld zurückbringen sollten.« »Die Hoffnung ist ein schlechter Ratgeber«, sagte Paul. »Sie sind sehr weise für Ihre Jahre«, entgegnete Pierre. »Das Sprüchlein könnte eine der Kalenderweisheiten unseres Freundes in Passy sein, in der Übersetzung von Dubourg.« »Sie können die ›Orfraye‹ nur kaufen«, sagte bündig Paul, »wenn Ihnen Monsieur Lenormant neuen Kredit einräumt oder zumindest den alten prolongiert.«

Im Grunde hatte Pierre vom ersten Augenblick an gewußt, daß er, wenn er das Kriegsschiff kaufen wollte, Lenormant um Zahlungsaufschub werde angehen müssen, aber er hatte es nicht wahr haben wollen. Jetzt, da Paul die unangenehme Tatsache knapp und klar in Worte faßte, stieg in Pierre die Erinnerung auf an die Warnung Désirées. Da Paul sah, wie peinvoll dem Freund der Gedanke an Lenormant war, erbot er sich: »Soll ich mit Monsieur Lenormant sprechen?« Pierre war versucht, den Vorschlag anzunehmen. Aber: »Nein, nein, mein Freund«, sagte er, »ich spreche schon mit Charlot.«

Monsieur Lenormant, als er sich bei ihm ansagte, lud ihn für den andern Tag zu einer Gesellschaft ein. Es war eine kleine, auserlesene Tafelrunde großer Herren und Damen, Pierre war der einzige ohne Geburtsadel. Er zeigte sich höchst aufgeräumt und hatte immer neue, lustige Einfälle. Man hatte Aug und Ohr nur für ihn, und ganz deutlich hörte er, wie der Herzog von Montmorency zu dem Hausherrn sagte: »Ihrem Beaumarchais könnte ich bis morgen früh zuhören.« Monsieur Lenormant schien mit dem Erfolg seiner kleinen Gesellschaft sehr zufrieden.

Als er die Tafel aufhob, hielt ihn Pierre zurück. »Einen Augenblick, mein Alter«, sagte er, sehr beiläufig, sein Glas Armagnac noch in der Hand. »Ich glaube, es wird in absehbarer Zeit einer unserer Wechsel fällig aus dem amerikanischen Darlehn. Ich nehme an, es wird Ihnen nichts ausmachen, uns den Wechsel auf ein paar Monate zu prolongieren.«

Monsieur Lenormant schaute mit seinen schleierigen Augen Pierre freundlich an. Er hatte diese Bitte längst erwartet; wahrscheinlich hatte er Pierre das Darlehn nur deshalb gegeben, weil er sich ein Gespräch wie dieses davon versprochen hatte. Jetzt also war es genau so gekommen, wie ers dem andern vorausgesagt. Das Geschäft mit den Amerikanern hatte sich erwiesen als ein Unternehmen, das nur ein Mann mit einem langen Atem wagen konnte, und diesen langen Atem hatte nun einmal er, Charlot, und nicht Pierre. Da stand dieser Pierrot vor ihm, ein sehr begabter Mensch, ein liebenswerter Mensch, aber einer, dem es nicht gegeben war, zu leiden, und also auch nicht, wirkliche Erlebnisse zu haben. Die Dinge waren ihm immer leicht von der Hand gegangen, alles fügte sich ihm, er hielt es für selbstverständlich, daß die Menschen wetteiferten, ihm Gefälligkeiten zu erweisen. Da war Désirée. Er, Charlot, mühte sich um sie ab, er litt um sie, doch alles, was er erreichen konnte, war, daß sie mit ihm schlief; gehören tat sie dem andern, diesem seinem Freund Pierrot, den liebte sie, und der machte sich das nicht einmal recht bewußt. Da stand er vor ihm und verlangte, er möge ihm die Viertelmillion weiterleihen, wahrscheinlich auf Nimmerwiedersehen. Er sprach beiläufig, er zweifelte gar nicht daran, daß er, Charlot, ihm den Dienst erweisen werde. Er gönnte es Pierre, daß der so leicht mit dem Leben und mit den Menschen fertig wurde, aber es kann ihm nur dienlich sein, wenn auch er einmal ein bißchen zu zappeln hat.

Die ganze Zeit her hatte Charlot nicht gewußt, ob er, wenn es so weit sein wird, Pierres Bitte erfüllen werde oder nicht; nicht einmal, als Pierre die Bitte gestellt hatte, hatte ers gewußt. Jetzt, im Verlaufe der drei Sekunden, da er Pierre in das hübsche, jugendliche, selbstzufriedene Gesicht blickte, kam er mit sich ins Reine. Seine Lippen verzogen sich zu jenem kleinen, fatalen Lächeln, welches Pierre so aufzubringen pflegte, und gleichmütig, mit seiner leisen, fettigen Stimme, erwiderte er: »Sie haben heute eine Menge ausgezeichneter Witze gemacht, Pierrot. Aber das ist der beste.« Und neigte leicht den Kopf und ging seinen Gästen nach.

Pierre stand allein in dem prunkvoll und mit Geschmack eingerichteten Speisesaal, der Geruch der herunterbrennenden Kerzen und des übrig gebliebenen Weines war um ihn, die Lakaien begannen, die Tafel abzudecken. Mechanisch nahm er ein Stück Konfekt aus einer Schale, knabberte daran, mechanisch.

Er war sicher gewesen, Charlot werde ihm die Prolongierung bewilligen. Er begriff nicht, was ihm da geschehen war. Er begriff nicht, warum ihm Charlot das antat. Ihm selber war Schadenfreude völlig fremd. Charlot freilich gehörte zu den großen Herren, die ihre Anfälle frechen, spielerischen Hochmuts zu haben pflegten. Vielleicht auch war er eifersüchtig.

Die Lakaien, welche die Tafel abdeckten, beschauten erstaunt den großartigen Herrn, der dastand, sichtlich erschüttert, verloren in Gedanken, an seinem Stück Konfekt knabbernd. Doch sie lachten nicht. Caron de Beaumarchais, der Dichter des ›Barbiers‹, war beliebt bei den kleinen Leuten. Sie verargten ihm nicht seinen Prunk, sie dankten es ihm, daß er ihre Partei nahm gegen die Privilegierten, und insbesondere die Lakaien, Kellner, Barbiere sahen in dem Schöpfer des ›Figaro‹ ihren Dichter und Schutzheiligen.

Er raffte sich zusammen, fuhr nach Hause. Aufrecht saß er im Wagen, elegant, erwiderte Grüße. Aber sein Geist war abwesend. Charlot wollte ihm den Atem abschnüren. Charlot wollte Désirée und der Welt zeigen, Pierre Beaumarchais sei ein Großsprecher und Versager. Er wird ihm beweisen, daß er sich geirrt hat. Jetzt gerade wird er den ›Seeadler‹ kaufen und Charlot seine schäbige Viertelmillion vor die Füße werfen. Allen wird er es zeigen, diesen verdammten, hochnäsigen Aristokraten. Auch dem Vergennes; denn der war aus dem gleichen Holz. Seitdem Franklin hier war, behandelte er ihn wie Luft. Offenbar glaubte der Graf, er könne ihn jetzt wegwerfen wie einen abgetragenen Handschuh. Er war keineswegs abgetragen. Glaubten die Herren wirklich, der Hohlkopf Chaumont und der alte Esel Dubourg könnten ihnen ihre Geschäfte besorgen? Zu ihm, zu Pierre, hatte Dubourg laufen müssen schon wegen dieses traurigen Kapitäns Little, der ihm in Spanien gestrandet war, weil er die spanische Küste nicht von der französischen unterscheiden konnte. Wenn sie nicht einmal den flott zu machen imstande waren, wie wollten sie Schiffe und Waffen aufbringen für Amerika? Und auf solche Leute verließ sich Vergennes. Erst hetzte er ihn hinein in dieses gefährliche Unternehmen, und dann ließ er ihn im Stich wegen eines Chaumont und eines Dubourg. Glaubte, auf ihm herumtreten zu können, weil er kein Aristokrat war und kein Freund des großen Franklin. Aber er soll sich verrechnet haben, der Herr Graf de Vergennes.

Grimmig entschlossen begab sich Pierre ins Außenministerium. Nicht in das Pariser Gebäude des Ministeriums ging er am Quai des Théatins, sondern in Versailles fuhr er vor, in großem Aufzug, mit livrierten Lakaien und seinem Negerknaben, und er verlangte, den Grafen Vergennes zu sprechen. Allein es empfing ihn nur Monsieur de Gérard und erklärte korrekt und höflich, der Minister sei sehr beschäftigt; ob nicht er entgegennehmen könne, was Pierre zu sagen habe. Nein, erwiderte mit Nachdruck Pierre, das könne er nicht. Es handle sich nicht nur für ihn selber um Leben oder Tod, es gehe auch um wichtigste Angelegenheiten der Krone. Nach einigem Hin und Her wurde er vorgelassen.

Wenn Pierre geglaubt hatte, der Minister habe vor ihm ein schlechtes Gewissen, so war das ein Irrtum. Graf Vergennes war ein freundlicher

Skeptiker. Er glaubte es Monsieur Caron, daß der die Geschäfte für Amerika auch aus Interesse an der guten Sache besorgte, aber vor allem doch wohl tat er es um des eigenen Profites willen. Da der Regierung die Tätigkeit Monsieur Carons erwünscht war, hatte sie ihm einen erheblichen Beitrag zugeschossen. Ein gewisses Risiko aber, so war es von Anfang an gedacht, mußte Monsieur Caron auch selber auf sich nehmen; dafür hatte er die ungeheuern Gewinnchancen. Wenn die Amerikaner mit ihren Zahlungen im Rückstand blieben, so mußte sich Monsieur Caron schon mit eigener Kraft aus der zeitweiligen Klemme helfen. Graf Vergennes würdigte Monsieur Carons Verdienste, er hatte den witzigen, geistreichen Menschen gerne, aber keineswegs übersah er seine unangenehmen Eigenschaften; seine Großspurigkeit und Breitmäuligkeit hatten der Regierung Unannehmlichkeiten zur Genüge bereitet. Es war ein Glück, daß jetzt Doktor Franklin die amerikanischen Geschäfte übernommen hatte. Monsieur Caron war ein Windhund, den man sich gern anschaute, der Docteur Franquelin ein Staatsmann und Gelehrter größten Formats und von überlegener Ruhe.

Vergennes also, wie jetzt Pierre vor ihn hintrat, schaute ihm mit klugen, runden Augen entgegen, höflich abwartend. Pierre wollte nicht sogleich von seinen Gelddingen anfangen und sprach zunächst von dem Kampf um seine Rehabilitierung. Der wohlbekannte bürokratische Schlendrian, meinte er, zögere die Wiederaufnahme des Verfahrens endlos hinaus; er wäre dem Minister sehr verbunden, wenn der durch ein gelegentliches Wort den Schimmel in Trab setzen wollte. Vergennes erwiderte, er glaube, durch sein Schreiben an den Generalstaatsanwalt die Sache Monsieur de Beaumarchais' zur Genüge gefördert zu haben, aber er werde, wenn er den Kollegen von der Justiz treffe, ihn an diesen Brief erinnern. Pierre hörte aus den Worten des Ministers jenes leise Unbehagen heraus, das er selber verspürte, wenn er lästige Bittsteller abfertigte. Umso grimmiger wurde seine Entschlossenheit, Vergennes aus seiner gelassenen Höhe herunterzuziehen. Wenn sich der Graf ihm gegenüber diese Geste leistete, dann sollte er zumindest dafür bezahlen. Er, Pierre, wird sein Geld herausholen aus dem Manne, der da so hochmütig und zugesperrt vor ihm saß.

Er ging ein auf seine Finanzschwierigkeiten, auf die unbegreifliche

Saumseligkeit des Kongresses in der Beantwortung seiner Briefe und in der Erledigung seiner Rechnungen. Dramatisch stellte er dar, wie er in kürzester Frist mit unsäglichen Mühen größte Quantitäten Kriegsbedarfes aufgebracht und unter Gefahren, die dem Minister nicht unbekannt seien, über See und in die Hände der Insurgenten geschafft habe. Wie aber vom Kongreß außer einer dürren Bestätigung kein Sterbenswörtchen verlautet sei. Er, Pierre, stehe jetzt vor dem Äußersten. Er habe in die Lieferungen, welche die Regierung von ihm gefordert, alles investiert, sein Vermögen, seine Ehre, sein Talent, und nun sehe er sich um die Frucht seiner edelsten, schier übermenschlichen Anstrengungen gebracht.

Der Minister spielte mit seinem Federkiel und schaute Pierre mit lahmen Bedauern ins Gesicht. »Warum wenden Sie sich nicht direkt an die Amerikaner?« antwortete er schließlich. »Die haben doch jetzt hier ihre Vertreter.« Auch diese Art, einen Bittsteller mit einem schwunglosen Rat abzufertigen, war Pierre nicht unbekannt, auch sie hatte er zuweilen angewandt. Aber niemals einem Manne gegenüber, dem er so verpflichtet war wie dieser Vergennes ihm. War nicht ein solcher Ratschlag der reine Hohn? Franklin sagt ihm: ›Halten Sie sich an Deane.‹ Deane sagt: ›Gehen Sie zu Franklin.‹ Und nun sagt ihm Vergennes: ›Gehen Sie zu den Amerikanern.‹

Der Minister spielte noch immer mit dem Federkiel, und diese harmlose Bewegung brachte Pierre noch mehr auf als seine Worte. Die ganze Zeit hatte er gezögert, von seinem wirksamsten Mittel Gebrauch zu machen; es war kein vornehmes Mittel. Aber sie zwangen ihn dazu, die andern, die Aristokraten, durch ihre Niedertracht. Und wenn es kein vornehmes Mittel war: mein Gott, er war eben kein Aristokrat.

Es seien, erklärte er, nicht nur eigene Gelder, die er im Interesse des Vaterlandes in die Firma Hortalez und Compagnie gesteckt habe; vielmehr habe er, um die ungeheuern Lieferungen beschaffen zu können, auch ungeheure Verpflichtungen auf sich nehmen müssen. Ein Teil dieser Verpflichtungen werde jetzt fällig. Er wisse sich keinen Rat mehr, er stehe vor dem Ruin, es drohe ihm Bankrott und Skandal, und er werde sich schwerlich rechtfertigen können ohne unfreiwillige, sensationelle Indiskretionen.

Der Minister sah hoch; für einen Augenblick kam ein kleines, böses Flimmern in seine runden Augen. Doch sogleich nahmen sie wieder die frühere, lässige Ruhe an, er spielte mit dem Federkiel wie vorher, und: »Man wird Sie vor dem Äußersten retten, Monsieur«, sagte er, dies aber in einem Tonfall, wie ihn Pierre kaum je vorher gehört und wie er ihn bestimmt noch niemals angewandt hatte. Eine untadelige Höflichkeit lag in diesem Tonfall, aber eine geringschätzige Höflichkeit, etwas wie Ekel, ein unsäglicher Hochmut, der eine scharfe Grenze zog zwischen dem Sprecher und dem Angesprochenen, eine angewidertes Rühr-mich-nicht-an.

»Man wird Sie vor dem Äußersten retten, Monsieur«, sagte also in diesem höflichen, verächtlichen Tonfall Vergennes. »Wieviel verlangen Sie?«

Pierre war, als schlüge ihm der Mann mit der wohlgepflegten Hand ins Gesicht. Er schluckte. Er war hergekommen mit der Absicht, dreihundertfünfzigtausend Livres zu fordern, zweihundertfünfzigtausend für Lenormant und die hunderttausend für den ›Seeadler‹, und er war darauf gefaßt gewesen, daß der Minister den Betrag reduzieren werde. »Fünfhunderttausend Livres«, sagte er jetzt und war gewiß, es werde ein scharfes Feilschen anheben zwischen ihm und Vergennes.

Nichts dergleichen geschah. Vielmehr sagte der Minister, immer in demselben unnachahmlich hochmütigen, eine hohe Mauer errichtenden Tonfall: »Gut.« Er sagte nicht einmal: ›Gut, Monsieur‹, er sagte schlicht, höflich und angewidert: »Gut«, und, nach einer kleinen Weile: »Sonst noch etwas?«

Nein, es gab sonst nichts mehr. »Danke, Herr Graf«, sagte Pierre; es sollte gleichmütig, sachlich klingen, doch Pierre konnte nicht verhindern, daß es demütig herauskam und sehr erleichtert. In seinem Innern, gleich darauf, dachte er etwas ungeheuer Unflätiges. Ach, wie er den Minister haßte und beneidete um seinen Tonfall.

Er ging. Er fuhr zurück mit seinen livrierten Lakaien, seinem Negerknaben und der Zusage einer halben Million. Und voll von maßloser Wut.

Er hatte erreicht, was er gewollt hatte. Mehr als das. Wahrscheinlich wird sogar das Prozeßverfahren beschleunigt werden. Und bestimmt konnte er die Forderung Lenormants befriedigen und hatte die Mittel, sich den ›Seeadler‹ zu sichern. Aber er hatte keine Freude an dem Erreichten. »Wir sind sehr schlechter Laune, meine Freundin«, sagte er zu der Hündin Caprice.

Das französische Wort ›Bagatelle‹ bedeutete und bedeutet vielerlei. Es bedeutet: Kleinigkeit, Lappalie, und es bedeutet: Nebensache. Die Narrenpossen, mit denen die Gaukler ihre Spiele einleiten und umrahmen, sind ›les bagatelles de la porte‹, und: ›Ce sont les bagatelles de la porte‹, bedeutet: Das ist noch gar nichts, es kommt noch weit besser. Ferner bedeutet ›Bagetelle‹: Steckenpferd, Liebhaberei, und insbesondere bedeutet es: Tändelei, Liebschaft, Flirt. ›Ne songer qu'à la bagatelle‹ bedeutet: nur an Liebeleien denken.

Es waren zwei französische Wendungen, welche der Doktor Franklin mit Vorliebe gebrauchte. Die eine war: Ça ira, die andere: Vive la bagatelle.

In diesem frühen Sommer des Jahres 77, da er in Passy saß und nichts tun konnte als warten, vertrieb er sich die Zeit mit Bagatellen. Es waren sinnvolle Bagatellen, solche, welche die Beziehungen zu seinen Freunden und Freundinnen förderten, und solche, die seine große Sache förderten.

Seit den Siegen von Trenton und Princetown hatte man wenig mehr über die militärische Lage gehört, Franklin hatte Grund zu der Annahme, daß es nicht zum Besten stehe. Die Engländer hatten große, neue Truppentransporte nach Amerika geschafft, neue Schiffsladungen von Deutschen, von ›Hessen‹, die von ihren Fürsten als Söldner verkauft worden waren. Das hatte Franklin angeregt zu einer seiner Bagatellen.

Da saß er unter seinen Büchern, am Schreibtisch, nackend, am frühen Morgen, und schrieb. Arbeitete an einem Brief, an einem französischen Brief, an dem Brief eines erfundenen Absenders an einen erfundenen Adressaten.

Er überlas, was er bisher geschrieben hatte. ›Der Graf von Schaumberg an den Baron Hohendorf, Kommandeur der Hessischen Truppen in Amerika. Rom, 18. Februar 1777.‹ Ja, das war gut, Graf Schaumberg war ein guter Name für einen jener kleinen deutschen Fürsten. Und auch das Datum war glaubwürdig gewählt. Schwerlich konnte die Nachricht der Niederlage von Trenton diesen Grafen Schaumberg vor Mitte Februar erreicht haben, und es war glaubhaft, daß der Herr, der seine Untertanen verhökerte, den Erlös nicht im rauhen deutschen Winter, sondern in dem lieblichen Italien verzehrte.

Franklin las weiter: ›Mein lieber Baron, bei meiner Rückkehr aus Neapel erhielt ich hier in Rom Ihren Brief vom 27. Dezember des vergangenen Jahres. Mit großer Genugtuung erfuhr ich, welchen Mut unsere Truppen bei Trenton entfaltet haben, und Sie können sich gar nicht vorstellen, wie erfreut ich war, als ich gar noch vernahm, daß von den 1950 Hessen, die an der Schlacht teilnahmen, nur 345 entkamen. Es wurden also genau 1605 Mann getötet, und ich kann Sie nicht dringlich genug ersuchen, meinem Gesandten in London eine genaue Liste der Toten zu schicken. Diese Vorsicht ist umso notwendiger, als der offizielle Bericht an das englische Ministerium die Zahl der Toten mit nur 1455 angibt. Das wären 483 450 Gulden anstelle der 654 500, die ich nach unserm Abkommen zu fordern habe. Sie begreifen, mein lieber Baron, wie sehr dieser Irrtum meine Revenuen beeinträchtigt, und ich zweifle nicht, daß Sie sich die Mühe nehmen werden, dem englischen Ministerpräsidenten nachzuweisen, daß seine Liste falsch ist und die unsrige richtig.‹

Ein tiefes Lächeln, vergnügt und zornig zugleich, zog den langen Mund des Lesenden noch mehr in die Länge. Dann schrieb er weiter. ›Die Londoner Regierung‹, schrieb er, ›wendet ein, es seien da an die hundert Mann, die nur verwundet und somit weder in die Liste aufzunehmen, noch auch bei der Zahlung zu berücksichtigen seien. Ich rechne aber damit, daß Sie die Instruktionen, die ich Ihnen vor Ihrer Abreise von Cassel erteilte, befolgt und sich nicht durch Humanitätsduselei haben verleiten lassen, das Leben jener Unglücklichen zu erhalten, deren Tage nur durch Verlust eines Beines oder eines Armes hätten verlängert werden können. Das würde sie nur zu einem traurigen Vegetieren verurteilen, und ich bin sicher, diese Leute sterben lieber, als daß sie in einem Zustand lebten, der sie für meinen Dienst unbrauchbar machte. Das bedeutet nicht etwa, mein lieber Baron, daß Sie sie umbringen sollen; wir müssen human sein. Aber Sie können den Ärzten mit dem gebührenden Nachdruck zu verstehen geben, daß ein krüppelhafter Soldat eine Schande für den ganzen Stand ist, und daß, wenn ein Krieger nicht mehr kampffähig ist, nichts besser angebracht ist, als ihn sterben zu lassen.

Ich schicke Ihnen neue Rekruten. Gehen Sie mit ihnen nicht zu sparsam um. Denken Sie daran, daß das Höchste auf der Welt der Ruhm ist. Ruhm ist der wahre Reichtum, und nichts entwürdigt den Soldaten so sehr wie Geldgier. Der Krieger darf auf nichts achten als auf Ehre und Ruhm, und sein Ruhm kann nur inmitten von Gefahr erworben werden. Eine Schlacht, gewonnen ohne großen Blutverlust, ist ein unrühmlicher Erfolg, während selbst die Besiegten sich mit Ruhm bedekken, wenn sie mit den Waffen in der Hand untergehen. Erinnern Sie sich der dreihundert Lakedaemonier, die die Thermopylen verteidigten. Keiner von ihnen kam zurück. Ich wäre stolz, wenn ich das Gleiche von meinen tapferen Hessen sagen dürfte.‹

Der Alte schrieb weiter in diesem Ton. Er schrieb den Brief rasch nieder, ein Satz entstand aus dem andern, folgerichtig und giftig, er schrieb französisch, und wenn er nicht gleich das rechte Wort fand, setzte ers englisch hin.

Er sah, daß, was er geschrieben hatte, gut war, und er schmunzelte bös und erfreut. Gewissenhafter Arbeiter auch in Kleinigkeiten, schrieb er das Ganze nochmals, diesmal in sorgsamerem Französisch. Dann schloß er das Manuskript fort und ging, sein Bad zu nehmen. Lange lag er in dem heißen Wasser, zwei Mal heute ließ er sich heißes Wasser nachgießen, er kratzte sich und war vergnügt.

Am Nachmittag kam der Abbé Morellet herüber. Franklin, mit der Bitte um Verschwiegenheit, zeigte ihm den Brief über die ›Hessen‹ und bat ihn, sein Französisch etwas zu überfeilen. Sie machten sich an die Arbeit, es war ein Vergnügen, mit wieviel Verständnis der Abbé auf den Spaß einging, und Franklin war mit der endgültigen Fassung des Briefes sehr zufrieden. Mit eigener Hand, ohne die Hilfe der Enkel, heimlich, setzte er das Opusculum und druckte es auf der kleinen Presse, die er sich im Gartengelaß eingerichtet hatte, in wenigen Exemplaren.

Als er den ›Brief des Grafen Schaumberg‹ gedruckt las, wollte ihm scheinen, das Pasquill sei nun doch zu giftig ausgefallen. Das Schreiben war so gedacht, daß sich der unbefangene Leser eine kleine Weile fragen sollte, ob es echt sei oder nicht. Für solchen Zweck, fürchtete er jetzt, sei es zu bösartig geworden.

Als am Abend Doktor Dubourg kam, wollte er das mit ihm bereden. Er gab ihm eine der Abzüge, er selber nahm einen zur Hand, roch mit Behagen den Geruch des Papiers und der frischen Druckerschwärze, und während er nochmals das Werkchen überflog, beobachtete er die Miene des andern.

Doktor Dubourg las langsam, sorgfältig, sein vorgewölbter Mund formte lautlos die gelesenen Worte mit, seinem ganzen, fleischigen Gesicht sah man an, wie sehr er bemüht war, zu verstehen. »Nun«, fragte Franklin, als Dubourg zu Ende war, »was sagen Sie dazu?« Der alte Dubourg schüttelte mehrmals den großen, schweren Kopf. »Ich habe ja gewußt«, antwortete er, »jedermann hat gewußt, daß diese deutschen Fürsten Lumpen sind, aber für so verlumpt hätte ich sie doch nicht gehalten.«

Franklin, dies hörend, freute sich seiner literarischen Geschicklichkeit. Aber leid war es ihm um seinen Freund Dubourg. Früher wäre ihm der auf seinen Spaß nicht so schnell und glatt hereingefallen. Er wurde alt, sehr alt, der arme Dubourg.

Dubourg seinesteils hatte Franklin etwas mitgebracht, ein kleines, hübsch ausgestattetes Buch, eine soeben erschienene Neuausgabe der Fabeln des Lafontaine; er hatte Franklin den Lafontaine mehrmals rühmen hören. Der hatte ehrliche Freude an dem Geschenk; er pries den schönen Druck, er pries den anmutigen Weltverstand des Autors.

Dubourg meinte, Franklin, der viel mit Lafontaine gemein habe, werde leider nicht alle Reize des Autors würdigen können; insbesondere die Feinheit gewisser sprachlicher Nuancen müsse einem Fremden entgehen, selbst wenn der den entwickelten Sprachsinn Franklins habe. »Welche Schmiegsamkeit«, schwärmte er, »welche Eleganz«, und er begann, aus den Versen vorzulesen.

Las eine der Fabeln, sich ergötzend an der Schärfe, Anmut und Leichtigkeit der Verse. Las eine zweite. Kam an die neunte des siebenten Buches, an die Fabel von der Kutsche und der Fliege. Schnaufend,

enthusiastisch, mit der fleischigen Hand den Schwung der Verse nach-
ahmend, las der fette Mann, zierlich kamen die zopfig beschaulichen
Zeilen aus seinem vorgewölbten Mund.

Es erzählt aber diese Fabel, wie sich sechs schwere Pferde abmühen, eine
Reisekutsche einen steilen, heißen Weg hinaufzuziehen. Die Insassen
sind ausgestiegen, und wer kann, hilft mit den Wagen schieben. Um die
Pferde aber schwirrt eine Fliege, summt um sie herum, sticht das eine,
sticht das andere, setzt sich auf die Deichsel, auf des Kutschers Nase,
bildet sich ein, sie sei es, die die Kutsche weiterbringt. Beklagt sich, daß
niemand außer ihr den Pferden hilft, daß man ihr allein die ganze Arbeit
aufbürdet. Schwirrt hierhin, dorthin, macht sich wichtig, ist überall
zugleich, und wie die Kutsche schließlich oben ist, strahlt sie: ›Jetzt
aber, meine lieben Pferde, ruhen wir aus, jetzt hab ichs geschafft.‹

Ein immer breiteres Schmunzeln ging, während Doktor Dubourg mit
Ausdruck und Freude die kleine Fabel las, über das weite Antlitz Franklins. Dubourg ließ die Hand mit dem Buch sinken, und aus dem Kopf
rezitierte er die Moral, welche Lafontaine seiner Fabel angehängt hat:
›Ainsi certaines gens, faisant les empressés, / S'introduisent dans les
affaires. / Ils font partout les nécessaires, / Et, partout importuns,
devroient être chassés.‹

So langsam im Beobachten Dubourg war und so hingegeben an seine
Fabel, er merkte gleichwohl, daß Franklins Entzücken nicht der Fabel
allein und seinem Vortrag galt, sondern es mußte etwas jenseits der Fabel sein, was den Freund derart erheiterte. Und langsam kam ihm das
Licht, und er brach aus: »Daß ich daran noch nicht gedacht habe. Wahrhaftig, Lafontaine hat ihn vorausgeahnt, unsern Wichtigmacher, unsern Monsieur Caron.« Und die beiden alten Herren freuten sich ausführlich.

Den Tag darauf stellte sich ein unerwarteter Besucher ein, Paul Theveneau.

Franklin pflegte unangemeldete Kömmlinge nicht vorzulassen. Paul
Theveneau empfing er sofort. Nicht nur hatte er den anständigen, hilfs-
bereiten, für die Sache Amerikas begeisterten jungen Menschen gerne,
es war ihm auch lieb, daß er die Vernachlässigung des Monsieur Caron

durch Freundlichkeit gegen einen Angestellten des Hauses Hortalez zum Teil gutmachen konnte.

Es schien ihm, als sei der Junge, seitdem er ihn zuletzt gesehen, noch magerer geworden; der Anzug schlotterte noch kümmerlicher um ihn herum, die Augen strahlten noch größer aus dem krankhaft starkfarbigen Gesicht. Paul seinesteils war sichtlich bewegt von Franklins Anblick, und es kostete ihn Mühe, zu sprechen.

Wieder, wie schon früher, war der Doktor angenehm überrascht von Pauls klarem, gesunden Urteil. Viel deutlicher als die Herren Arthur Lee und Silas Deane hatte dieser Monsieur Theveneau begriffen, daß die Vereinigten Staaten den Endsieg nicht erreichen konnten ohne die volle Unterstützung Versailles' und der französischen Armee. Wiewohl doch im Wesentlichen nur mit Lieferungen beschäftigt, hatte dieser Junge klar erkannt, daß nicht durch die Lieferungen einzelner Firmen, sondern nur durch die Allianz mit Frankreich das große politische Ziel erreicht, die Freiheit gesichert werden konnte.

Es bewegte den Doktor, mit diesem tapfern Jüngling zusammenzusein, der die Sache Amerikas mit gutem Verstand und ganzer Seele verfocht, und der noch geringere Aussicht hatte als er, der Greis, die große Sehnsucht erfüllt zu sehen.

Benjamin Franklin pflegte bei aller freundlicher Offenheit seine tiefsten Gedanken und Gefühle wohl im Herzen zu bewahren. Er zweifelte nicht am guten Ausgang des großen Kampfes, doch besorgte er, es könnte lange Jahre und viele Menschenleben kosten, ehe der Sieg erreicht wurde. Der Welt zeigte er nichts als Zuversicht, die Welt sah nichts als einen wohlhäbigen, weisen, seiner Sache sichern alten Herrn. Nicht sah sie die Sorge und Bitterkeit, die unter dieser heitern Ruhe verborgen war; kaum je sprach er von seinen Zweifeln und von dem zermürbenden Elend des ewigen Wartens.

Zu diesem jungen Soldaten der Freiheit, der nicht mehr lange leben wird, sprach er. Sprach zu ihm wie ein älterer Bruder von den gemeinsamen Sorgen. Sprach von der militärischen Überlegenheit der englischen Truppen, von der politischen Zerrissenheit der Vereinigten Staaten, von den vielen Amerikanern, die, sei es aus Geldgier, sei es aus Torheit, den Engländern anhingen, sprach von der Geldlosigkeit des

Kongresses. Sprach von dem langen, harten Weg, der vor den Freiheitskämpfern lag. Sprach mit Abscheu vom Krieg. Sprach mit resignierter Beredsamkeit von seinen Anstrengungen, ihn zu vermeiden. Sprach mit Bitterkeit vom blinden Starrsinn der Männer in London, welche dieses wüste Blutvergießen dauern und dauern machten.

Gierig trank Paul die Worte Franklins ein. Es erschütterte ihn, daß der große Mann so ohne Rückhalt zu ihm redete.

Wie aber konnte er nach diesen aufwühlenden Eröffnungen von den Geldgeschäften der Firma Hortalez sprechen? Waren sie nicht läppisch angesichts der gewaltigen Dinge, mit denen sich dieser ehrwürdige alte Mann abzuschleppen hatte. Wäre es nicht eine unerhörte Dreistigkeit gewesen, ihm auch noch seine persönlichen Sorgen aufzuladen? Gleichwohl, treuer Freund, der er war, setzte Paul an, von Pierres Nöten zu sprechen. Aber die Worte wollten ihm nicht über die Lippen.

Hin und hergezerrt von solchen Erwägungen, hörte er nur mit halbem Ohr zu, während Franklin weitersprach. Er riß sich zusammen, verscheuchte die Gedanken an seine persönlichen Nöte, lauschte mit erhellter Aufmerksamkeit. Er hörte: »Wie anders sehen sich die Dinge von dieser Seite des Ozeans an, wie anders von jener.«

Scharf und tief hakten diese Worte in ihm ein. Und mit einemmal kam ihm eine Idee. *Die* Idee. Er mußte selber hinüber nach Amerika.

Das war es. Anders ließen sich die Schwierigkeiten des Hauses Hortalez nicht beheben. Franklin, ohne daß er ihn hätte befragen müssen, hatte ihm Rat und Weisung gegeben. Er, Paul, mußte selber hinüber, um an Ort und Stelle, in Philadelphia, die läppischen Beschuldigungen dieses Mr. Arthur Lee zu widerlegen. Jene Männer in Amerika sahen offenbar mit andern Augen, als man hier sah. Es mußte einer kommen, mit der Sache vertraut und Pierre ergeben, um sie zu belehren. Das war seine, Pauls, Aufgabe. Und was konnte er Besseres anfangen mit den Tagen, die ihm blieben, als mit eigenen Augen sehen, was sich dort drüben ereignete, als mitzuerleben die harten Kämpfe, unter denen die Neue Welt, die neue, vernünftige Ordnung aufgerichtet wurde?

Schnell von Entschluß, legte er sich sogleich fest. Erwiderte, er hoffe, bald selber teilzunehmen an den großen und harten Dingen, von welchen Franklin spreche. Er werde nach Amerika gehen, in Geschäften des Hauses Hortalez. Er sprach von dieser Reise nicht etwa als von einem vagen Projekt; vielmehr erklärte er bündig, er werde den nächsten Transport der Firma nach Amerika begleiten.

Aus seinen großen Augen betrachtete Franklin den schmächtigen Jungen. War er den Strapazen der Reise gewachsen und der Durchführung der schwierigen Aufgabe in dem Lande, das, wie Franklin wußte, den Franzosen im Grunde feind war? Der Junge hatte das nicht überlegt, der Junge wird das nicht überstehen. Auf behutsame Art riet Franklin ihm ab.

Paul merkte wohl, daß es die Sorge um sein Leben war, die den Alten bewegte. Aber er hatte sich in seine Idee verbissen. Er konnte die Zeit, die noch vor ihm lag, nicht schöner und edler anwenden als im Kampf für die Freiheit und für seinen Freund. Er wollte nicht sterben, ohne gesehen zu haben, wonach er sich sein Leben lang verzehrt hatte. Er antwortete bescheiden, doch entschlossen, sein Plan stehe fest, er werde fahren.

Franklin ließ ab, sprach von anderem. Hatte einen Einfall. »Lesen Sie, Monsieur«, sagte er und gab ihm das kleine Druckwerk, den ›Brief des Grafen Schaumberg.‹ Paul las, und so wie Franklin gestern die Miene des Doktor Dubourg beobachtet hatte, beobachtete er jetzt das Gesicht Paul Theveneaus.

Um dessen Mund war vom zweiten Satz an ein böses, grimmiges, triumphierendes Lächeln. So, dachte Franklin, müsse er selber ausgeschaut haben, während er an dem Brief schrieb. »Das ist großartig«, rief Paul, als er zu Ende war. »Sie haben sie wundervoll getroffen, diese Leute, Doktor.« »Wer sagt Ihnen, daß ich das geschrieben habe?« schmunzelte Franklin. Aber: »Niemand anders als Sie kann so schreiben«, ereiferte sich Paul. »Nur jemand, der sein Land liebt wie Sie und diese Leute haßt und verachtet wie Sie, kann so schreiben.« »Es freut mich, daß meine Bagatelle Ihnen gefällt«, sagte Franklin, »sie hat mir viel Spaß gemacht.« »Bagatelle, Spaß«, entrüstete sich Paul, und: »Dieser Brief«, rief er begeistert, »macht so viele Hessen unschädlich wie die Schlacht von Trenton. Dieser Brief bewirkt, daß neue Hessen gar nicht erst hinüberkommen.« »Da überschätzen Sie leider die Wirkung der Literatur«, sagte Franklin.

Ein Nichtkundiger hätte finden müssen, daß es beim Lever Monsieur de Beaumarchais' jetzt genau so großartig und prunkvoll zuging wie damals, da er das Haus Hortalez und Compagnie gründete. Genau so viele Freunde und Bittsteller fühlten das Bedürfnis, Monsieur schon am frühen Morgen zu sagen, wie sehr sie ihn liebten und verehrten, Schauspieler und Sänger legten Proben ihrer Kunst ab und baten um Protektion, Kaufleute kamen, ihm erlesene Waren anzubieten. Der Sekretär Maigron, der zu dieser Stunde seinem Chef Vortrag halten sollte, konnte kaum zwei Sätze sprechen, ohne von Beflissenen unterbrochen zu werden. Pierre selber aber nahm wahr, daß sein Lever trotz des Gedränges nicht mehr den imponierenden Glanz hatte wie vor einigen Wochen. Da war kein Baron de Trois-Tours mehr und kein Monsieur Regnier vom Höchsten Gericht und kein Chevalier Clonard von der Compagnie des Indes. Man gab ihm wieder einmal zu spüren, daß er ›bemakelt‹ war.

Pierre wußte natürlich, daß das zusammenhing mit der Kassenlage der Firma Hortalez, und er tat es stolz und mit leichter Geste von sich ab. Aber der Kammerdiener Emile, der seinen Herrn liebte und sein Gesicht und seine Bewegungen besser zu deuten verstand als irgendwer sonst, merkte, daß heimlicher Ärger an Monsieur fraß, und er bediente ihn noch sorgsamer, mit noch zarterer Einfühlung in jeden geahnten Wunsch.

Da, mit beleidigender Promptheit, traf das Geld ein, das jener stolze Hund von Vergennes versprochen hatte. Zwar verspürte Pierre nicht die himmelhohe Freude wie bei der ersten Geldsendung, immerhin füllte ihn Genugtuung, daß er, der Débrouillard, es wieder einmal geschafft hatte.

Sogleich, wiewohl es zwei Tage vor Fälligkeit war, schickte er Charlot dessen schäbige Viertelmillion. »War er erstaunt, unser Charlot?« fragte er rachsüchtig und triumphierend, als ihm Maigron die Quittung brachte. »Wenn er es war, dann hat er es nicht gezeigt«, erwiderte trokken der Sekretär.

Dann begab sich Pierre in gewisse Ämter, füllte gewisse hohle Hände und erwarb sich die Sicherheit, daß der stolze ›Seeadler‹ seinen Transporten voranfliegen werde und nicht denen eines Chaumont oder eines Dubourg.

Dies getan, atmete er auf. Jetzt erst genoß er so recht seine Wut über die großen Herren, die ihn wieder einmal, als sich das Glück auf kurze Zeit zu wenden schien, so schnöd behandelt hatten. Dieser Charlot, dieser Vergennes, diese Trois-Tours, Regnier und Clonard.

Es fühlte sich aber Pierre in jenen Jahren seiner Lebensmitte lebendiger als je, und er genoß, was immer ihm in den Weg kam. Begeisterte sich an seiner Kraft und an seinem Glück. Die Gefühle, welche die Menschen ringsum ihm bezeigten, ihre Bewunderung, ihre Liebe, ihre Freundschaft, ihr Neid, ihr Zorn und ihr Haß, der wilde Wirrwarr seiner Geschäfte, die Größe der Sache, in deren Dienst er arbeitete, die Höhe des Gewinns, der trotz allem am Ende winkte, dieser ganze Wirbel versetzte ihn in einen währenden Zustand leichten Rausches.

Er war mit seinen Fünfundvierzig nicht mehr der Figaro des ›Barbiers‹. Wohl liebte er, wie früher, Geld und Intrige um des Geldes und der Intrige willen, aber dahinter, stärker als früher, stand die Überzeugung von der eigenen Bedeutung. Er war nicht mehr nur der Hanswurst, und wenn man ihn trat und ihn tanzen ließ, dann konnte er zwar lachen über das Schicksal und über sich selber und über das Groteske der Situation, aber viel grimmig lustiger lachte er über den dummen, verbrecherischen Hochmut jener andern, die ihn traten.

Nun er die erstickenden Sorgen des nächsten Tages los war, drängte es ihn, das auszudrücken, was ihn anfüllte. Die Herren Lenormant und Vergennes, glaubend, daß er in der amerikanischen Sache hereingefallen war, hatten ihm nicht nur nicht geholfen, sie hatten ihn obendrein verlacht. Schön, meine Herren, vielleicht werde ich in der amerikanischen Sache der zuletzt Betrogene sein. Aber wenn das ein Anlaß zum Lachen ist, dann ist Ihr Verhalten ein noch viel besserer Grund. Und wenn Sie sich erdreisten, fern, böse und aus der Höhe auf mich herunterzulächeln, dann will ich Ihnen zeigen, daß ich noch besser, schärfer und aus noch viel größerer Höhe auf Sie herunterlachen kann.

Lange schon war ihm der Plan einer Komödie im Kopf herumgegangen, einer Fortsetzung seines ›Barbiers‹. Jetzt wurde ihm das Projekt Form und Figur. In seinem großen prunkvollen Arbeitszimmer lief er hin und her, herum um den mächtigen Schreibtisch, und die feuchten Augen der Hündin Caprice folgten ihm. Er sprach vor sich hin, pfiff, summte, blieb stehen vor dem Fleck an der Wand, dem fehlenden Porträt. Er sah Figaro. Figaro ist älter geworden seither, seine Erfahrung hat zugenommen, sein Glanz ist tiefer, sein Witz bitterer. Diesen neuen, alten Figaro galt es festzuhalten. Und Pierre setzte sich nieder und schrieb, hielt ihn fest, den neuen, alten Figaro.

Schrieb nieder die Rede Figaros an die großen Herren, in deren Dienst er steht, für die er kuppelt und hundert zweideutige Geschäfte verrichtet, und denen er sich hundertfach überlegen fühlt. Schrieb nieder die Geschichte Figaros, sein ganzes, eigenes, wirbelndes, listiges, glänzendes, verfluchtes, gesegnetes Leben, seine wilde Umgetriebenheit, seine traurigen, spaßhaften Kämpfe mit der Justiz und mit der Zensur, alles in heiteren, blitzenden, tänzerischen, eleganten, leicht giftigen Sätzen.

›Man sagte mir‹, schrieb er, ›es gebe jetzt Pressefreiheit in Madrid, ich könnte alles schreiben, was ich wollte, vorausgesetzt, daß ich es von zwei oder drei Zensoren prüfen lasse, und daß es sich nicht um die Regierung handelt oder um die Religion oder um die Politik oder um die Moral oder um hohe Beamte oder um große Herren‹. Er schrieb: ›Freunde verschafften mir ein Amt bei der Regierung; man brauchte einen Mann mit Ideen. Leider hatte ich Ideen. Nach einer Woche ersetzte man mich durch einen Ballettmeister.‹ Er schrieb: ›Weil Sie ein großer Herr sind, Herr Graf, bilden Sie sich ein, Sie seien ein Genie. Adel, Reichtum, Titel, Ämter, das macht stolz. Bitte, was haben Sie verrichtet als Gegenleistung für diese Annehmlichkeiten? Sie haben sich die Mühe gemacht, geboren zu werden. Ich dagegen, der ich aus der namenlosen Menge stamme, ich habe, verdammt noch eins, bloß um meine Existenz zu fristen, mehr List und Wissen aufwenden müssen, als man seit hundert Jahren aufgewandt hat, um Spanien zu regieren mitsamt all seinen Kolonien.‹

Er schrieb die ganze, lange Rede in Einem Zug. Auf ihn, während er schrieb, schauten die Büsten des Aristophanes, des Molière, des Voltaire und seine eigene, auf ihn schaute die Hündin Caprice, auf ihn schaute der leere, für das Porträt des Monsieur Duverny bestimmte Fleck, auf ihn schaute sein eigenes Bild in spanischer Tracht.

Er überlas, was er geschrieben hatte. Ja, das saß, das traf. Mechanisch streichelte er die Hündin Caprice. Lächelte. War glücklich. War hingerissen von dem, was er gemacht hatte. Er mußte es gleich jemand zeigen.

Er nahm das Blatt, auf dem die Tinte kaum getrocknet war, und lief in das Zimmer seines Vaters. Der Alte lag im Bett, unendlich mager und abgezehrt, aber aus dem hagern Gesicht unter der Zipfelhaube strahlten hell die Augen, und als er jetzt, da er seinen Pierre sah, freundlich grinste, zeigten sich weiße, starke Zähne.

»Ich habe da etwas geschrieben, Vater«, sagte Pierre, »was dir gefallen wird. Ich mache nämlich einen zweiten Teil zu dem ›Barbier‹, der wird noch viel besser. Jetzt paß einmal auf, und dann sag selber: ist das nicht großartig?«

Er begann zu lesen. Der Alte hörte begierig zu. Immer stärker packten ihn die frechen, höhnischen und ach! so wahren Sätze. Er dachte an seine eigene Vergangenheit, an seine bürgerlich stolzen, hugenottischen Zeiten, er richtete sich höher, mit der hagern Hand, unwillkürlich, rückte er die Nachtmütze zurück, um besser zu hören. ›Ich, aus der namenlosen Menge, habe für meine bloße Existenz mehr List und Wissen aufwenden müssen, als man seit hundert Jahren aufgewandt hat für die Regierung Spaniens und all seiner Kolonien.‹ Der Alte trank die Worte Pierres ein, schlürfte sie in sich, genoß es ganz aus, wie sein Sohn eigenen Empfindungen Wort gegeben hatte. Eine rasende, zornige Freude kreiste in ihm, eine große, wilde, grobe, höhnische Heiterkeit stieg ihm aus dem Bauch ins Herz, füllte seinen alten, magern Körper bis in die Haut, drängte herauf in seinen Mund, daß ein helles Lachen herausbrach, ein rasselndes Lachen, das ihn hob, stieß und nicht aufhören wollte. Pierre schaute auf den Alten, strahlend. Lachte mit ihm, schallend, das Lachen der beiden füllte den Raum, stürmisch. Wollte nicht enden.

Unerwartet endete es doch. Erst verwandelte sich das Lachen des Alten in ein Gurgeln, ein Stöhnen. Dann verstummte es ganz, und der Alte, zurückgesunken, rührte sich nicht mehr.

Das Blatt, auf dem Pierre die Worte seines Figaro aufgeschrieben hatte, war ihm aus der Hand gefallen. Er schaute auf seinen Vater. Eines der dünnen, behaarten Beine stak steif aus der Bettdecke heraus, die Nachtmütze war weiter heruntergeglitten und gab die kahle Stirn frei.

Pierre stand und schaute. Dann, zögernd, trat er näher, beugte sich herunter. Der Alte rührte sich nicht mehr. Atmete nicht mehr.

Pierre machte ein törichtes Gesicht, wollte es nicht glauben. Aber er mußte es wohl glauben: Vater Caron war an dem Gelächter Figaros gestorben.

In der gleichen Woche wurde Pierre von Therese ein Kind geboren, kein Alexandre, doch immerhin eine Eugénie.

Therese fühlte sich wohl, und am zweiten Tag drängte er in sie, nun aber könnten sie nicht länger getrennt bleiben, nun müßten sie heiraten und zusammenziehen. Er sprach mit Feuer.

Aus ihren klaren, grauen Augen beschaute sie ihn. Er hatte sie in den Stunden ihrer Not mit einer Zartheit betreut, wie sie keiner dem stürmischen Manne zugetraut hätte. Jetzt betrachtete er mit immer neuer, stolzer Rührung den kleinen Menschen, den sie zur Welt gebracht hatte. Sie wußte, er liebte sie, sie wußte, er hing an ihr, es war sein Ernst, er wollte mit ihr und dieser winzigen Eugénie zusammenleben, es waren keine bloßen Worte. Aber sie dachte auch daran, wie er die Heirat mit ihr befristet hatte, es kränkte sie nicht, oder doch, ein wenig kränkte es sie, und auf keinen Fall wollte sie ihm Gelegenheit geben, sich später vorzumachen, er habe sich übereilt.

Sie wolle warten bis zu seiner Rehabilitierung, antwortete sie, wie er es vorgeschlagen habe. Ohnedies werde sie sich hier draußen in Meudon künftighin in Gesellschaft ihrer kleinen Eugénie noch wohler und noch weniger einsam fühlen als bisher. Er, ein wenig betreten, redete noch eine Weile auf sie ein; aber da sie bestand, gab er nach.

Pierre war alles eher als abergläubisch. Doch hatten das seltsame Ende seines Vaters und das Zusammentreffen dieses Todes mit der Geburt seines Kindes ihn verwirrt. Der sonst so Redselige hatte sich gescheut, seinen Freunden davon zu erzählen, wie Vater Caron gestorben war. Auch den Monolog des Figaro hatte der sonst so stolze Autor niemand gezeigt. Der Tod des Vaters hatte ihn mit echtem Leid erfüllt, die Geburt des Kindes mit echtem Glück. Beinahe war er froh, daß die mancherlei Geschäfte, welche die Bestattung des Vaters und die Sorge um Therese mit sich brachten, ihn von metaphysischen Grübeleien abhielten.

Die Angelegenheiten des Hauses Hortalez ließ er treiben. Selbst mit Paul sprach er darüber nur das Allgemeinste; er sei jetzt nicht in der Stimmung, erklärte er, sich mit diesem Kleinkram zu befassen.

Paul war es recht. Er hatte dem Freunde nichts von seinem Besuch bei Franklin erzählt und nichts von seinem Entschluß, nach Amerika zu gehen. Er war noch nicht fertig mit dem, was sich in Passy ereignet hatte. Es war seltsam, daß ein Mann von der Weite, Weisheit und Erfahrung Franklins die Schwächen Pierres so gar nicht verzeihen wollte, aber es war nun einmal so, daß sich alles in Franklin gegen Pierre sträubte. Man mußte es hinnehmen, jeder Versuch, zu vermitteln, wäre sinnlos gewesen. Paul selber legte jetzt schärfere Kritik an seinen Freund, aber seine Kritik ging unter in Bewunderung. Er hatte Sinn für Pierres Glanz, seine Lebendigkeit, Beweglichkeit, für die Art, wie er allem Großen aufgetan war, er hatte Sinn auch für seine überstarken Worte und für seine Liebe zum Prunk und zu den Frauen. Er konnte die lärmende Herzlichkeit Pierres genau so würdigen wie die freundlich schalkhafte Verhaltenheit Franklins.

Indessen wurde ein neuer Transport für Amerika zusammengestellt, und man wartete nur auf die nächste Nachricht aus Philadelphia, um ihn abgehen zu lassen. Wenn Paul, wie er es dem Doktor so stolz angekündigt hatte, mit diesem Transport reisen wollte, mußte er seine Vorbereitungen treffen. Vor allem mußte er mit Pierre reden.

Er suchte den Arzt auf, der ihn seit Jahren behandelte, den Doktor Lafargue. Der hatte ihn, als er aus den nördlichen Häfen zurückgekommen war, um seiner Unbesonnenheit willen sehr getadelt; jetzt wollte er ihn für den ganzen Sommer in ein Hochtal der Alpen schicken. Paul sprach ihm davon, daß seine Geschäfte eine Reise über See erforderten. Doktor Lafargue erklärte entschieden, bei Pauls Zustand komme eine solche Reise nicht in Frage. Paul lächelte nur, verloren, ein wenig dümmlich, und bat den Arzt, seinen Freunden, insbesondere Pierre, nichts von seinem bedenklichen Zustand zu erzählen.

Er ging durch die lärmenden Straßen der Stadt Paris, starrte mit seinen überglänzenden Augen auf die lichten Frühsommerkleider der Frauen, hörte die lauten, heftigen Rufe der vielen Hausierer, das Gefluche der Lastwagenkutscher, sah die strotzende Buntheit der von Lebensmitteln überfließenden Markthallen, sah und hörte den Schimmer und den Lärm und die Fülle der größten, hellsten Stadt der Welt, seiner Vaterstadt Paris. Es gab Augenblicke, da er durchaus nicht begriff, wie er hatte erklären können, er gehe nach Amerika. Das da verlassen, sein Paris, er, der so jung war, der so wenig vom Leben gehabt hatte, der so viel vom Leben haben wollte, der Sinne und Verstand besaß wie wenige, es zu genießen, wie hatte ihm das in den Sinn kommen können? Wenn er nach Amerika fuhr, dann kam er nicht zurück; Doktor Lafargue hatte es ihm bei aller Schonung deutlich genug zu verstehen gegeben.

Er ging zu Therese. Er beschaute den Säugling Eugénie. Sie sprachen von Pierre. Sein Blick war jetzt noch schärfer als früher, er erkannte, daß auch Therese Pierre nicht ohne Kritik sah. Doch ließ sie sich durch die Erkenntnis seiner Schwächen nicht hindern, Pierre rückhaltlos zu lieben. Es schmerzte ihn, daß sie, die Pierre so gut verstand, nichts ahnte von seinen eigenen Gefühlen, nichts von dem, was er für Pierre tun wollte, nicht tun wollte, tun mußte.

Mittlerweile war aus Amerika auf dem Umweg über Holland erstaunliche Nachricht gekommen. Ein trockenes Schreiben des Bankhauses Grand in Amsterdam teilte mit, daß dieses Bankhaus vom Kongreß in Philadelphia Weisung erhalten habe, der Firma Hortalez 4 036 Livres und 7 Sous auszuzahlen für Taschentücher, Knöpfe und Zwirn, welche besagte Firma dem Kongreß geliefert habe. Es war der reine Hohn. Die Firma hatte Kanonen und Mörser und Munition und Zelte und Uniformen geliefert, sie hatte eine Forderung an den Kongreß von über zwei Millionen; man zahlte viertausend Livres, und die über das Bankhaus der Konkurrenz.

Jetzt, nach dem Insult dieses Briefes, fand sogleich die Aussprache statt, die Pierre und Paul so lange hinausgezögert hatten. Im Gegensatz zu seiner Gewohnheit erging sich Pierre nicht erst in beredten Klagen und Verwünschen, sondern er fragte seinen Freund und ersten Gehilfen mit grimmiger Sachlichkeit: »Was wollen wir tun? Was schlagen Sie vor?«

Der Brief des Bankhauses Grand und Pierres Frage waren für Paul der letzte Anstoß. Wenn er jetzt nicht von seiner Absicht sprach, selber in Amerika nach dem Rechten zu sehen, dann wird er nie davon sprechen, dann wird er nie hinüberfahren, dann wird er vor Franklin für immer als Prahler und Großmaul dastehen.

»Ich will Ihnen etwas sagen, Pierre«, erklärte er. »Es gibt ein einziges Mittel, Ihr Geld von den Amerikanern hereinzukriegen. Es muß jemand hinüber nach Philadelphia und mit den Herren von Mund zu Mund reden. Es muß jemand die Lügen Arthur Lee's an Ort und Stelle und mit triftigem Material widerlegen. Es muß jemand die Ladung der Schiffe selber in Empfang nehmen und so lange in Verwahrung und unter Verschluß halten, bis Geld oder andere Waren angewiesen sind.«

»Wer sollte das sein?« fragte Pierre.

»Ich«, sagte Paul.

Nun hatte Pierre vom ersten Worte Pauls an begriffen, wo der hinaus wollte. Er selber, Pierre, hatte zuweilen mit dem Gedanken gespielt, hinüberzufahren. Die Idee, seine Sache vor dem Kongreß mit eigener Zunge zu führen, war verlockend. Aber so glühend sich Pierre zu der Weltanschauung und zu dem großen Unternehmen der westlichen Menschen bekannte, die Männer selber waren ihm nach der Erfahrung mit Franklin unheimlich. Er hatte sich höchst sicher gefühlt vor dem Ersten Minister des Königs von England und vor der Kaiserin Maria Theresia: vor den Menschen der Neuen Welt fühlte er sich befangen. Er fürchtete, er werde, wenn er hinüberfahre, seiner Sache mehr schaden als nützen.

Die Idee, an seiner Statt einen fähigen Repräsentanten zu schicken, lag nahe. Doch der einzige wäre Paul gewesen, und den kranken Freund über See und in den sichern Tod zu senden, das war ein Gedanke, den Pierre von sich gewiesen hatte, noch ehe er ihn recht ausgedacht. Jetzt kam ihm Paul von alleine mit dem Vorschlag, und es bewegte Pierre, daß ihm der Freund dieses Opfer anbot. Bedenkenlos, mit schönem Elan, erklärte er, niemals werde er erlauben, daß Paul nach Amerika gehe; er brauche ihn viel zu dringlich hier in Frankreich. Paul erwiderte verbohrt, sein Entschluß stehe fest, und zwar werde er mit dem nächsten Transport fahren, mit der ›Amétie‹. Er habe seinen Entschluß auch schon andern mitgeteilt.

»Sie haben schon mit andern gesprochen?« fragte erstaunt Pierre. »Ja«, entgegnete Paul, »ich wollte mich festlegen. Ich wollte mich und Sie zwingen.« »Mit wem haben Sie denn gesprochen?« fragte Pierre, und er nahm an, der andere werde antworten: ›Mit Maigron‹, oder: ›Mit Gudin‹. »Mit Doktor Franklin«, erwiderte Paul.

Pierre fuhr zurück. Diesen jungen Menschen ließ der Amerikaner vor, ihn ermutigte er so weit, daß er seine intimsten Dinge mit ihm besprach. »Sie müssen begreifen, Pierre«, sagte mittlerweile Paul, »daß ich jetzt nicht anders kann als nach Amerika gehen. Ich möchte mich nicht vor Franklin lächerlich machen.«

Dieser einfache Satz erbitterte Pierre noch mehr. Er, Pierre, war lächerlich vor Franklin aus Gründen, die er nicht ausfindig machen konnte, und dieser junge Mensch wollte eher den Tod auf sich nehmen als vor Franklin lächerlich sein. »Niemals lasse ich Sie nach Amerika«, rief heftig Pierre, »niemals.« »Ich werde gehen«, erklärte ebenso heftig Paul, und: »Wie wollen Sie denn den ›Seeadler‹ bezahlen, wie wollen Sie denn die Firma aufrecht erhalten, wenn niemand hingeht und Ihnen Ihre Gelder hereinholt?« »Das lassen Sie meine Sorge sein«, erwiderte barsch Pierre. Er sprach aber so barsch, weil es herrlich gewesen wäre, einen Mann wie Paul als Vertreter in Philadelphia zu haben, und weil es unmöglich war. Niemals, und wenn das Haus Hortalez zusammenbricht, wird er erlauben, daß Paul in den sichern Tod geht.

Mit vielen starken Worten setzte er ihm auseinander, daß er und wie dringlich ihn hier benötige. Paul stand da, verstockten Gesichtes.

Die ›Amétie‹ stach in See, der Transport ging ab, ohne Paul.

Aus Aix in der Provence erhielt Pierre die Nachricht, Termin sei angesetzt in jenem Appellverfahren, um welches er die langen Jahre hindurch mit so bitterer Energie gekämpft hatte. Vergennes hatte, trotz allem, Wort gehalten. Eine stürmische Freude erfüllte Pierre.

Für die Dauer des Prozesses war seine Anwesenheit in Aix notwendig. Andernteils erforderten die verwickelten Geschäfte der Firma Hortalez beinahe täglich neue Entscheidungen, die von Paris aus getroffen werden mußten, und die Überholung der ›Orfraye‹, deren Ankauf mittlerweile vollzogen worden war, machte häufige Reisen nach Bordeaux notwendig; denn die Firma Testard und Gaschet, welche diese Überholung besorgte, wurde schwierig, sie drängte auf hohe Anzahlungen, und wenn das schöne Schiff bald in Dienst gestellt werden sollte, mußte ein kundiger, verlässiger und energischer Vertreter der Firma Hortalez in ständigem Kontakt mit der Werft bleiben. Man kam überein, daß während Pierres Abwesenheit Maigron die Pariser Geschäfte führen, Paul nach Bordeaux gehen sollte. »Da sehen Sie«, sagte Pierre zu Paul, »wie gut es ist, daß Sie in Frankreich geblieben sind.«

Dann machte sich Pierre auf den Weg nach Aix; auch auf diese Reise nahm er den guten Philippe Gudin mit, den vollkommenen Reisebegleiter. Hinter sich ließ er die trüben, verwickelten Geschäfte; eine Meile vor Paris hatte er sie vergessen und war fröhlichster Laune.

An sich war Pierres Rechtshandel einfach, doch war er absichtsvoll verwickelt worden. Zugrunde lagen zwei verschiedene Prozesse. In dem ersten war es um die Hinterlassenschaft von Pierres Freund und Gönner Duverny gegangen. Pierre hatte ein Dokument vorgelegt, eine Art letzter Verrechnung zwischen ihm und Duverny. Die Rechtsgültigkeit dieses Dokuments war von dem Neffen und Erben Duvernys, dem Grafen de la Blache, angestritten worden. Das Gericht hatte dem Grafen recht gegeben. Man hatte das Dokument nicht gerade für gefälscht erklärt, aber doch für ungültig, und man hatte auf diese Art Pierre nicht nur des größten Teiles seines Vermögens beraubt, sondern ihn auch mittelbar als Fälscher gebrandmarkt.

Während der Vorbereitung jenes Prozesses hatte Pierre, wie das der Brauch war, mit Bestechungen gearbeitet. Er hatte der Frau des Richters, dem das Referat in seiner Sache übertragen war, Geschenke gemacht, damit sie ihm einen Besuch bei ihrem Manne vermittle; das alles hatte er vom Gefängnis aus tun müssen, wohin ihn jene alberne Schlägerei mit dem auf Désirée eifersüchtigen Herzog de Chaulnes gebracht hatte. Doch alle seine Bemühungen, Bestechungen, Besuche, hatten ihm so wenig geholfen wie sein gutes Recht.

Als das Urteil gefällt worden und nichts mehr zu verlieren war, hatte sich Pierre in die Öffentlichkeit geflüchtet. Hatte in brillanten Flugschriften dargestellt, wie viel Mühe und Arbeit ein französischer Bürger auf sich nehmen muß, wenn er um sein gutes Recht kämpft, und wie er dann sein gutes Recht nicht erhält. Pierre hatte in diesen Streitschriften nicht angeklagt, er hatte einfach die Geschichte seines Prozesses erzählt, aber so beredt, geistreich, tödlich witzig, daß die Korruptheit der französischen Justiz jedem in die Augen springen mußte. Die Flugschriften hatten das Land, hatten ganz Europa aufgerührt und schließlich eine Reform des französischen Justizwesens bewirkt. Ihrem Autor aber hatten die Flugschriften nur weiteres Unglück gebracht; das Oberste Pariser Gericht war eingeschritten, es hatte Pierre wegen Verächtlichmachung der Justiz prozessiert und ihm die ›Rüge‹ aufgebrannt, ihn ›bemakelt‹, ihm die Ehrenrechte abgesprochen.

Es war klar, daß die ›Bemakelung‹ zu Unrecht erfolgt, daß sie ein bösartiger Racheakt war jener Richter, die sich durch die Flugschriften getroffen gefühlt hatten. Immerhin hatten sich diese Richter darauf berufen können, daß der verurteilte Autor der Streitschriften vorher schon durch rechtsgültigen Spruch als Fälscher gebrandmarkt und somit ein Mann von zweifelhafter Glaubwürdigkeit war. Pierre kämpfte also vor allem darum, jenes erste Urteil umzustoßen, und in dem Prozeß, der jetzt in Aix angesetzt war, sollte er durch neue Zeugnisse und Schlüsse erweisen, daß das Dokument, das er seinerzeit vorgelegt hatte, jener letzte Wille Duvernys, jene letzte Verrechnung, echt war. Wurde das Dokument als echt anerkannt, dann durfte er sicher sein, daß er auch die Nichtigkeitserklärung der ›Rüge‹, des ›Makels‹, erreichen werde.

Kaum in Aix angelangt, stattete Pierre dem Präsidenten und andern Mitgliedern des Appellgerichtes die üblichen Besuche ab. Nein, diesmal hatten ihn seine hochadeligen Freunde nicht im Stich gelassen. Ohne Frage hatten die Richter in Aix Winke aus Versailles bekommen und waren entschlossen, ihm zum Sieg zu verhelfen.

Seiner Richter sicher, lud Pierre diejenigen, die ihm die Nächsten waren, Therese, Julie, Paul, ein, nach Aix zu kommen und seinem Triumph beizuwohnen. Allein Therese lehnte ab; ohne die kleine Eugénie wollte sie nicht reisen, und sie wagte es nicht, das Kind den Strapazen der langen, heißen Fahrt auszusetzen. Auch Paul schrieb, er könne die Geschäfte in Bordeaux nicht unbeaufsichtigt lassen. Nur Julie kündigte ihre bevorstehende Ankunft an.

Blieben aber Pierres nächste Freunde fern, so war die Teilnahme des Landes an seinem Rechtshandel auch jetzt noch ungeschwächt. Aus allen Ecken Frankreichs fanden sich Juristen ein, um den Prozeß aus der Nähe zu verfolgen, und alle Zeitungen berichteten darüber.

Pierre hatte damit gerechnet, der Prozeß werde zwei oder drei Wochen dauern. Doch gerade weil der Ausgang feststand, hielten es die Richter, um ihre Objektivität zu beweisen, für notwendig, die Sache nochmals von allen Seiten zu beriechen. Sitzung um Sitzung wurde abgehalten, Monate vergingen, und während dieser ganzen Zeit bekämpften sich die beiden Gegner, vor Gericht in Schriftsätzen, vor der Öffentlichkeit in Flugschriften.

De la Blache hatte einen Troß von Advokaten und Finanzsachverständigen mitgebracht, Pierre war allein mit seinem Gudin und einem Anwalt. ›Während mein Gegner‹, schrieb er in einer seiner Flugschriften, ›mich mit einer ganzen Armee gekaufter Söldner aus dem Hinterhalt anfällt, gleiche ich dem wilden Skythen, der sich auf freiem Felde zum Kampfe stellt, nur der eigenen Kraft vertrauend. Wenn dann mein Pfeil, kräftig geschnellt, die Luft durchsaust und den Widersacher trifft, so weiß man, wer ihn abgeschossen hat. Denn dem Skythen gleich schreibe ich den Namen des Schützen auf die Pfeilspitze. Er heißt Caron de Beaumarchais.‹ Und weiter erklärte er: ›Ich bin ein friedliebender Mann. Ich trete zum Kampf an, nur wenn ich angegriffen werde. Ich bin eine Trommel, die nur erklingt, wenn man auf sie losschlägt, dann aber mächtig.‹

Und neue Schriftsätze wurden gewechselt, neue Sitzungen abgehalten, neue Zeugen vernommen, die Verhandlungen schleppten sich hin. Sechs Jahre hatte Pierre gewartet; gemessen an diesen sechs Jahren, war die Zeit kurz, die er noch zu warten hatte. Ihm schien sie endlos.

Alles in der Stadt Aix, dem Zentrum des juristischen Frankreich, atmete den Staub der Juristerei. Dunkel lag die uralte Siedlung mit ihren Ruinen römischer Paläste und Bäder; verfallen war die Burg der Grafen von Provence, das weite Kloster, in welchem das Tribunal seine Sitzungen abhielt, baufällig. Die düstere, melancholische Umwelt machte Pierre das Warten doppelt schwer. Wann immer er einen oder zwei Tage frei hatte, fuhr er mit seinem Gudin hinaus in die Umgebung. Durch die Berge und Hügel der farbigen Provence fuhren sie dann, durch Wälder und Haine von Oliven und Steineichen, durch endlose Weinpflanzungen. Sie bestaunten die riesigen Aquaedukte, welche die Römer bei Nîmes errichtet hatten, und den gigantischen, festungsartigen Palast der Päpste in Avignon.

Inzwischen war Julie angekommen. Paul hingegen schrieb neuerdings, er könne leider nicht daran denken, Bordeaux zu verlassen. Er habe sich herumzuschlagen mit den bürokratischen Anwälten der Firma Gaschet, die jetzt so weit gingen, seine Vollmacht anzuzweifeln. Er müsse deshalb Pierre bitten, die beiliegende Generalvollmacht zu unterzeichnen, die ihn bestimmt in allen Fällen decke.

Paul war als Erster Prokurist der Firma Hortalez registriert, das war der Firma Gaschet bekannt; Pierre schüttelte den Kopf, daß auf einmal derartige bürokratische Formalitäten nötig sein sollten. Flüchtig dachte er daran, daß die Ausreise seiner Schiffe ›Le Flammand‹ und ›L'Heureux‹ aus Bordeaux für die nächsten Tage geplant war. Vielleicht hatte die Werft Gaschet, um Zahlungen zu erpressen, gegen die Ausfahrt Einspruch erhoben. Er fragte sich, ob er nicht Paul, statt ihm die Vollmacht zu senden, nochmals dringlich bitten sollte, herzukommen. Dann könnte man alles durchsprechen, und er hätte den Freund gerne bei der Urteilsverkündigung an seiner Seite gehabt. Aber Paul war so entsetzlich pflichtbewußt, er wird nicht von Bordeaux weggehen. Pierre unterzeichnete die Vollmacht, sandte sie ab.

Vergaß die ganze Geschichte. Denn jetzt war es so weit. Endlich, nach neunundfünfzig Sitzungen, hatten die Richter die Verhandlung angesetzt, in welcher beide Gegner ihre Schlußreden halten sollten.

Fünf volle Stunden sprach der Graf de la Blache, Pierre eine Stunde länger. Dann zogen sich die Richter zu einer neuen, allerletzten Sitzung zurück, um das Urteil zu fällen. Diese Sitzung nahm den Rest des Tages in Anspruch und den ganzen nächsten Tag.

Viele Leute waren gekommen, um die Verkündigung des Urteils mitzuerleben. Das verfallene Kloster, in dem das Gericht tagte, war voll von Neugierigen. Die ganze Stadt wartete gespannt auf den Spruch.

Der Graf de la Blache gab sich zuversichtlich. Er hatte für seinen Aufenthalt in Aix einen der alten Paläste gemietet. Am Abend des Tages, da das Gericht über das Urteil beriet, tafelte er mit seinen Anwälten und sonstigen Beratern; alle Fenster des großen Gebäudes waren erleuchtet.

Pierre verbrachte den Abend mit Gudin und Julie bescheiden in der Wohnung seines Anwalts in einer abgelegenen Seitenstraße.

Die Nacht war weit fortgeschritten, als endlich der Spruch verkündet wurde.

Vom Saale des Gerichts aus durch all die verwinkelten Straßen von Aix klang es: ›Beaumarchais hat gesiegt.‹ Die Lichter in dem Palais de la Blache's erloschen. Aber die schmale Seitenstraße, in welcher Pierre wohnte, war hell von Fackelzügen. ›Beaumarchais hat gesiegt‹, jubelten die Fackelträger.

Pierre hatte manchen Sieg in seinem Leben erkämpft, keiner hatte ihn so beglückt wie dieser. Jetzt erst, zusammengedrängt in Einen Augenblick, spürte er das ganze Unrecht, das man ihm angetan hatte. Er war unschuldig, jeder hatte es gewußt, seine Flugschriften hatten jeden überzeugt. Doch man hatte seinem Gegner, dem Hocharistokraten, erlaubt, ihn mit allen Tücken zu verfolgen, ihm jede denkbare Schweinerei und Gemeinheit anzuhängen, Betrug, Fälschung, Giftmord, und keiner hatte sich für ihn gerührt. Die hochgeborenen Freunde, die ihm hätten helfen können, hatten sich begnügt, ihm zu sagen, wie brillant seine Verteidigungsschriften seien, und sie hatten ihm amüsiert den Rücken geklopft. Die Schmach aber, die sehr wirkliche Schmach, hatten sie an ihm kleben lassen; da er ja als Bürger geboren war, würde er sie wohl nicht sehr spüren. Aber er hatte sie gespürt, sie hatte ihm die Schulter gedrückt und die Haut gejuckt alle die Jahre her. Jetzt hatte er ihn abgeschüttelt, den ›Makel‹, jetzt hatte er sie in alle Winde geblasen, die ›Rüge‹. Er hatte gekämpft um Gerechtigkeit nicht nur für sich selber, sondern für alle die, welche unten geboren waren, ohne Privileg. Es war ein guter Kampf, es war ein guter Sieg, einen bessern konnte keiner erfechten.

Dies alles war in ihm, während der Schall in sein Ohr drang: ›Beaumarchais hat gesiegt.‹ Er hatte es nicht anders erwartet. Die ganzen Jahre hindurch war er überzeugt gewesen, daß er sichs so erkämpfen werde. Aber nun es Wirklichkeit wurde, konnte ers nicht ertragen. Das Übermaß des Glückes sprengte ihm die Brust, er brach zusammen, ohnmächtig.

Man rieb ihn mit Essenzen, brachte ihn ins Leben zurück, er trank ein Glas Wein. Mehr Musik zog vor seinem Haus auf, Flöten, Geigen,

Tamburine. Neue Fackelzüge kamen. Eine Abordnung der Handwerker gratulierte in improvisierten provençalischen Versen. Gudin hockte selig auf seinem Stuhl und schaute den Freund bewundernd an, Julie war die verrückteste von allen.

»Es war eine schöne Reise«, sagte Pierre, als der Wagen hielt vor seinem Hause in der Rue de Condé.

Noch mehr Glanz fiel auf Pierre, als im Anschluß an den Prozeß von Aix die Verhandlung stattfand vor dem Obersten Gericht in Paris, das darüber zu befinden hatte, ob nun jene ›Rüge‹ annulliert werden solle. Pierres Freunde in Versailles hatten ihm bedeutet, der Regierung wäre es erwünscht, wenn er diesmal schwiege. Demzufolge hatte er sich darauf beschränkt, in einem Flugblatt zu erklären, er werde ›seine Zunge verschlucken und nur die Fakten reden lassen.‹ So hielt ers denn auch. Schlicht gekleidet, nur den Brillanten der Kaiserin Maria Theresia am Finger, erschien er in dem übervollen Saal, setzte sich bescheiden auf seinen Stuhl und sprach kein Wort.

Das Ganze dauerte kurz, viel zu kurz für Pierre. Der Generalstaatsanwalt beantragte in drei Sätzen die Nichtigkeitserklärung des alten Urteils. Der Senat, nach einer Beratung von fünf Minuten, verkündete die Entscheidung: Pierre Caron de Beaumarchais sei zurückzuversetzen in den gleichen Stand wie vor dem früheren Urteil, die ›Rüge‹ sei nichtig, er sei frei von jeder Art ›Makel‹, er sei zu bekleiden mit seinen früheren Ämtern und Titeln. Ohrenbetäubender Jubel brach los, während sich Pierre vor seinen Richtern verneigte. Begeisterte trugen ihn auf ihren Schultern zu seinem Wagen. Der ›Märtyrer Beaumarchais‹ feierte einen Triumph, wie er ihn bisher nicht einmal im Theater erlebt hatte.

Am nächsten Morgen, bei seinem Lever, waren alle die Verschwundenen wieder da. Der Baron de Trois-Tours, Monsieur Regnier vom Höchsten Gericht, der Chevalier Clonard von der Compagnie des Indes.

Eine Woche später wurde ihm das Urteil des Gerichtes von Aix zugestellt. Es war in den Einzelheiten noch günstiger, als er sichs erhofft hatte. Zwar erkannte es darauf, daß seine Flugschrift von dem Skythen mit dem Pfeil und der tönenden Trommel zu vernichten sei, da sie ungerechtfertigte Beleidigungen des Gegners enthalte. Dafür aber sprach ihm das Urteil alle die Beträge zu, die er verlangt hatte, nebst sehr hohen Zinsen. Weiter zugesprochen wurden ihm dreißigtausend Livres Entschädigung für die Unbill, die ihm durch nachlässige Verwaltung der Erbmasse des verstorbenen Duverny zugefügt worden sei. Alles in allem floß eine unerwartet hohe Summe in seine leeren Kassen.

Und dann brachte man ihm das Porträt, das ihm gleichfalls zuerkannt worden war, das Porträt Duvernys von der Hand des Malers Duplessis. Haken wurden in die Mauer geschlagen, der leere Fleck verschwand. Da hing das Bild, Gleichnis dessen, was sein zäher, energischer Optimismus vermochte, und Pierre saß davor, das Gesicht töricht vor Glück.

In all dem Wirbel, Glanz und Rausch dieser Tage hatte Pierre kaum darauf geachtet, daß seit längerer Zeit keine Nachricht mehr von Paul eingetroffen war. Leid war ihm gewesen, daß Paul auch der Verhandlung in Paris nicht beigewohnt hatte, und auffällig war, daß die letzten Berichte aus Bordeaux nicht von Paul gezeichnet waren, sondern von Monsieur Peyroux, dem ständigen Agenten der Firma Hortalez. Jetzt kam eine eilige Anfrage von Monsieur Peyroux, die ohne weitere Umstände an Ort und Stelle von Paul hätte beantwortet werden können. Beunruhigt verlangte Pierre schnellste Meldung, was mit Paul los sei. Erstaunt und mit wendender Post antwortete Monsieur Peyroux, daß sich doch Monsieur Theveneau mit dem letzten Transport nach Amerika eingeschifft habe.

Eine Ahnung, die er nicht hatte wahr haben wollen, hatte Pierre das wissen lassen, seitdem keine Nachricht mehr von Paul eintraf. Jetzt saß er da, aufgerührt, haderte mit sich, rechtfertigte sich. Mit welch hinterlistiger Begründung hatte Paul die Generalvollmacht von ihm verlangt. Trotzdem hätte er nicht darauf hereinfallen dürfen. Er wäre auch nicht darauf hereingefallen, wenn ihn nicht der Prozeß so ganz in Anspruch genommen hätte, und damit hatte Paul gerechnet. War er, Pierre, nicht schuldlos, da der hinterhältige Paul solche Mittel gebrauchte? Hatte er nicht getan, was er konnte, um den Freund zurückzuhalten? Hatte er ihm nicht die Abreise mit starken Worten untersagt? Hatte sich Paul nicht gefügt? Wahr und wahrhaftig, er hatte es nicht gewollt, daß Paul hinüberfuhr. Nun wütete er gegen sich, gegen Paul, und vor allem gegen den bösen Willen der Amerikaner.

Sogleich nach seinem Triumph im Gerichtssaal war er zu Therese gegangen und hatte ihr strahlend erklärt, jetzt also, da er rehabilitiert sei, stehe ihrer Heirat nichts mehr im Wege; er hatte das so herausgebracht, als ob sie es gewesen wäre, die die Heirat befristet hatte. Sie hatten vereinbart, daß sie noch die Rückkehr Pauls aus Bordeaux abwarten wollten; ihn wollten sie bei der Hochzeit nicht missen. Jetzt, unbehaglich, aufgebracht und doch nicht ohne Stolz, mußte er Therese von dem ebenso edeln wie unverständlichen Unternehmen des Freundes erzählen.

Sie wurde blaß, sie wurde rot, ihre großen, klaren, grauen Augen verdüsterten sich, ihre kühnen Brauen schienen noch höher. »Das hättest du nie zulassen dürfen, Pierre«, sagte sie, und, nach einer Weile, »das war eine Lumperei.« Sie sprach ruhiger, als er erwartet hatte, aber schärfer, abschließend.

Pierre war während seines bunten Lebens von immer neuen Wellen von Beschimpfungen überschwemmt worden; sie waren, gerecht oder ungerecht, von ihm abgeglitten, er hatte sich immer wieder aus der Flut herausgearbeitet. Was ihm jetzt diese Frau, der er sich unter allen Menschen am engsten verbunden fühlte, ins Gesicht warf, das war, gelinde gesagt, maßlos übertrieben. Er hatte im Drang seiner Rechtsgeschäfte in Aix an einen etwas merkwürdigen Brief Pauls vielleicht nicht die notwendige Aufmerksamkeit gewandt; das war alles. Und da tat Therese, als hätte er den Jungen geradezu in den Tod geschickt. Er setzte an, heftig zu erwidern. Aber er sah ihr großes Gesicht, er sah die zornige Geringschätzung darauf, er brachte kein Wort heraus. Und bevor er sich zusammenreißen konnte, hatte sie das Zimmer verlassen.

Vor dem Tisch, auf dem noch die Reste des Mahles standen, hockte Pierre, auf einmal ungeheuer vereinsamt, vor den Kopf geschlagen. Seine Niederlage schien ihm viel größer als seine Siege in Aix und in Paris, sie kam unerwartet, und von ihr, von Therese. Er hockte da, der immer Findige, ratlos. Stürzte ein Glas Wein hinunter. Dann machte er sich auf, ging ihr nach.

Er fand sie im Schlafzimmer. Er setzte sich zu ihr, er sprach kein Wort von der unseligen Angelegenheit, er wußte, Verteidigung war zwecklos. Statt dessen, behutsam, sprach er ihr von der bevorstehenden Heirat, von kleinen, praktischen Dingen. Sie schüttelte den Kopf. Er nahm sehr sacht ihre Hand, sie entzog sie ihm.

Er schwieg eine Weile. Dann, trotz allem, wissend, daß das falsch war, begann er davon zu sprechen, wie heftig er Paul die Reise verboten habe. Da aber kehrte sie sich ab und sagte, nicht laut, doch so, daß kein Widerspruch möglich war: »Bitte, geh.«

Er ging, tiefer geschlagen als jemals in seinem Leben.

Arthur Lee, der unverrichteter Dinge aus Madrid zurückgekommen war, verurteilte in bittern, ironischen Worten das träge, lockere Leben, welches der ›Doctor honoris causa‹ in Passy führte.

In der Tat setzte Franklin den ganzen Frühling und frühen Sommer hindurch sein heiter geselliges Leben fort, sich wenig um die Geschäfte kümmernd, überzeugt, daß jeder Versuch, die Verhandlungen mit Versailles über Anerkennung, Handelsabkommen und Allianz zu beschleunigen, nur zum Schaden ausschlagen würde. Man konnte nichts tun als warten.

Aus Philadelphia kamen wenig Nachrichten; die Schiffe, die den Engländern in die Hände fielen, waren offenbar zahlreicher als diejenigen, die heil an der europäischen Küste anlangten. Soviel war gewiß, es stand nicht zum Besten. Eine Zeitlang hatte man sogar Philadelphia evakuiert, und der Kongreß hatte in Baltimore getagt. Mittlerweile freilich war der Kongreß nach Philadelphia zurückgekehrt, der feindliche Vormarsch war offenbar aufgehalten worden, doch die Lage schien weiter bedrohlich. Wenn aber Arthur Lee meinte, man müsse deshalb Versailles mit doppelter Heftigkeit bedrängen, so war das sinnlos. Gerade weil man keine Siege mehr vorweisen konnte wie die von Trenton und Princetown, mußte man abwarten, bis sich die militärische Lage besserte.

Franklin war kein Krieger. In ihm lebte der tiefe Widerwille des vernünftigen, humanen Mannes gegen etwas so Überflüssiges, abgründig Törichtes, Atavistisches, wie es der Krieg war. Während des ganzen, langen Konfliktes mit London hatte er unendliche Mühe darauf verwandt, offenen Krieg zu vermeiden, und wenn es nicht geglückt war, so trug bestimmt nicht er die Schuld. Unter den vielen dummen Spielen der Menschen schien ihm das Kriegsspiel das dümmste und kostspieligste, und es dünkte ihn Schande und Spott, daß ihn jetzt die Verhältnisse zwangen, so etwas herbeizusehnen wie ein zweites Trenton oder Princetown mit all dem Sterben und Herzeleid, das mit solchen Siegen verbunden war.

Die Herren des Kongresses waren sich offenbar nicht bewußt, daß, wie die Umstände jetzt lagen, die Allianz einfach unerreichbar war. Sie schrieben, wie Arthur Lee sprach. Am Ende ihrer Briefe stand immer wieder die dringliche Forderung, die Emissäre möchten doch um alles in der Welt den Abschluß des Handelsvertrags und der Allianz beschleunigen, man warte darauf wie auf Regen in der Dürre.

Maurepas hatte wahrhaftig recht gehabt damals, als er sich in seiner zynischen Art lustig machte über die freche Eile, mit der man in Philadelphia vergaß. Gewisse Mitglieder des Kongresses, die jetzt mit besonderer Heftigkeit auf Abschluß des französischen Vertrages drängten, hatten vor noch sehr kurzer Zeit donnernde Reden gehalten über die alte Erbfeindschaft mit den Franzosen, den Ketzern, den Anbetern von Götzenbildern, den Sklaven des Tyrannen. Das alles war jetzt in Philadelphia vergessen. Aber nicht in Versailles.

Auch er selber, Franklin, vergaß ihn keineswegs, jenen Krieg, den die Amerikaner als den Französisch-Indianischen, die Europäer als den Siebenjährigen zu bezeichnen pflegten. Der gute Menschenkenner begriff, daß man drüben in Philadelphia Sieg und Frieden vor allem der Wirkung der englisch-amerikanischen Waffenerfolge zuschrieb. Er verstand es aber auch, wenn man hier in Paris glaubte, nur ein besonders unglücklicher Zufall habe Frankreich den sichern Sieg entrissen. Wäre damals, so hieß es hier in Paris, wäre damals, als Friedrich von Preußen so gut wie alles verloren hatte, nicht die russische Kaiserin gestorben und ihr romantisch blöder Sohn auf den Thron gekommen, dann wäre Preußen unterlegen, dann hätte Frankreich hier auf dem Kontinent den Frieden diktiert, dann hätten die beiden katholischen Mächte niemals ihre Besitzungen in Amerika preisgegeben.

Oft sinnierte Franklin über die seltsamen letzten Auswirkungen jenes englischen Sieges von 1763, und wie sich dieser Sieg nun gegen England selber kehrte. Wäre er nicht erfochten worden, dann lägen jetzt die katholischen Kolonien Frankreichs und Spaniens nach wie vor als ein erstickender Gürtel um das englische Amerika, dann wäre dieses englische Amerika, um sich gegen Frankreich und Spanien zu halten, nach wie vor angewiesen auf den militärischen Schutz des Mutterlandes, dann hätten diese Kolonien niemals daran denken können, sich für unabhängig zu erklären.

Amüsiert und trübe schaute der Doktor vor sich hin. Wenn man den Ablauf der Geschehnisse aus großer Höhe betrachtete, wie er zu Beginn seines achten Jahrzehntes es vermochte, dann sah man, daß es trotz allem mit den Menschen aufwärts ging, daß sie klüger wurden oder doch weniger dumm. Die Geschichte machte Umwege, sehr merkwürdige Umwege, man sah nicht immer, wo sie hinaus wollte. Aber ein Ziel schien da zu sein, und es schien ein vernünftiges Ziel. Nur warten mußte man können.

Franklin, während er dies dachte, saß vor seinem Schreibtisch, und die weise Ergebung in die Langsamkeit alles geschichtlichen Fortschrittes minderte nicht sein Unbehagen an der unangenehmen Post, die er wieder einmal sträflich hoch hatte auflaufen lassen. Mit einem kleinen Seufzer blickte er über das viele Papier. Dann, mit Entschluß, schob ers zur Seite. Er wird Mr. Arthur Lee wieder einmal Ursache zur Mißbilligung geben und die Beantwortung dieser ganzen lästigen Post ein überletztes Mal hinausschieben. Vorher wird er sich den Spaß machen, einen Brief zu schreiben an Madame Brillon.

Madame Brillon war nämlich auf Reisen, im Süden. Der Doktor dachte gern an sie. Er sah sie jetzt, da er sich anschickte, ihr zu schreiben, deutlich vor sich, auf seinem Schoß sitzend, sich sanft an ihn schmiegend, ihr schönes Gesicht ganz nah dem seinen. Sie war südländisch von Aussehen, blaßbräunlich, dunkel von Haar, ihre zärtlichen, großen, schwarzen Augen standen in merkwürdigem Gegensatz zu dem Flaum über der kurzen Oberlippe, der einen, kaum spürbar, mild und wärmend kitzelte. Franklin hätte nicht sagen können, wen er vorzog, Madame Helvetius oder Madame Brillon, beide nannten ihn zuweilen mit der gleichen Herzlichkeit ihren alten Schelm, er verteilte seine Zeit gleichmäßig zwischen beiden, sprach zu beiden mit der gleichen galant frivolen Gravität und hätte keine von beiden missen wollen.

›Ich komme oft an Ihrem Haus vorbei, meine sehr liebe Madame Brillon‹, schrieb er, ›und es scheint mir verödet. Früher, im Umkreis Ihres Hauses, habe ich oft gesündigt gegen das Gebot: Du sollst nicht begehren deines Nächsten Weib. Zur Zeit tue ich das nicht. Ich muß aber gestehen, daß ich dieses Gebot immer recht lästig fand, es steht im Widerspruch zur menschlichen Natur, und ich bedaure, daß es erlassen wurde. Sollten Sie auf Ihrer Reise gelegentlich dem Heiligen Vater begegnen, wie wäre es, wenn Sie ihn ersuchten, es aufzuheben?‹ In diesem Sinne schrieb er noch eine Weile weiter, mit Hingabe; solche Briefe schrieb er gern.

Dann aber hatte er auch vor sich selber keine Ausrede mehr, er mußte sich seiner amtlichen Korrespondenz zuwenden. Mit einemmale wieder schmerzte ihn sein Bein, das bisher Ruhe gegeben hatte. Er zog Schuh und Strumpf ab und massierte ein wenig an den gichtischen Stellen, leicht ächzend.

Schade, daß er an William so wenig Hilfe hatte. Kaum einen der wichtigeren Briefe konnte er ihm anvertrauen. Der Junge war zwar rasch von Auffassung, aber er nahm die Geschäfte nicht ernst genug, er hatte zu viel anderes im Kopf. Er war ein reizender Bursch, seine helle, lustige Jugendlichkeit gefiel jedermann, gerade das war die Versuchung und Gefahr. Er war verschwenderisch, spielte, hatte Frauengeschichten. Wenn er dann zu ihm um Geld kam, machte er das freilich so reizend, daß er es nicht übers Herz brachte, ihm das Geld abzuschlagen. Kaum ernstlich ermahnen konnte er ihn; denn wenn seine Sprüche und Kalendergeschichten auf andere wirkten, diesem eleganten, mit sich und der Welt einverstandenen jungen Herrn gegenüber waren sie schwerlich angebracht.

Schade, daß er für seine Geschäfte nicht jemand hatte wie zum Beispiel diesen Monsieur Theveneau. Der opferte sich für seinen windigen Chef, ging für ihn nach Amerika: er, Franklin, hatte keinen einzigen richtigen Helfer.

So unzuverlässig freilich, wie Arthur Lee behauptete, waren seine Leute auch wieder nicht. Der, seitdem er aus Spanien zurück war, hatte einen neuen Spleen: er roch überall Spione. Einen jeden, der hier heraus nach Passy kam, betrachtete er mit Mißtrauen, ob das nun Bancroft war, den er, Franklin, zuweilen für gehobene Sekretariatsgeschäfte verwandte, oder der junge Geistliche John Vardill. Auch Silas Deane klagte, daß Arthur Lee seine beiden Sekretäre Joseph Hynson und Jacobus van Zandt als Spitzel bezeichnete, dabei scheine ihm, Silas Deane, Arthur Lee's vertrauter Sekretär, der gewisse Mr. Thornton, keineswegs geheuer. Ja, es war schließlich zwischen den beiden Herren zu einem erregten Gezänk gekommen, und amüsiert dachte Franklin daran, wie er zwischen den Kollegen hatte vermitteln müssen.

Er wußte nicht, daß beide recht hatten. Die Helfer und Sekretäre, die sie als Spione bezeichneten, arbeiteten wirklich allesamt im Auftrag des englischen oder des französischen Geheimdienstes.

Angeregt durch die Vorstellung seiner einander beargwöhnenden Amtsgenossen, suchte Franklin aus der Masse der Briefe einen heraus, der am Tage vorher von einem Unbekannten auf geheimnisvolle Art überbracht worden war. Es machte aber in diesem Brief ein mysteriöser Baron Weißenstein den Führern der Amerikaner lockende Versprechungen für den Fall, daß sie einen Kompromißfrieden mit England befürworteten. Hohe Geldsummen, Ämter und Titel wurden insbesondere Franklin und dem General Washington in Aussicht gestellt. Franklin nahm an, daß diese Vorschläge ernst gemeint und mit Wissen des Königs Georg ergangen seien; sogar den pedantischen Stil des Königs glaubte er zu erkennen. Er rechnete damit, daß der König selber auch die Antwort zu lesen bekommen werde, und ging daran, diese Antwort so schneidend und höhnisch zu formulieren, daß sich die Majestät darüber grün und blau ärgern sollte.

Dies getan, las er nochmals die verschwörerische Anweisung, wie die Antwort dem geheimnisvollen Baron zuzustellen sei. Es werde, hieß es da, am nächsten Montag innerhalb des Eisengitters im Chor von Notre Dame ein Mann erscheinen, der die Empore abzeichne; er werde, um kenntlich zu sein, eine Rose im Knopfloch tragen. Dieser Bote wisse nicht, worum es sich handle; man habe ihm gesagt, es gehe um eine Liebesgeschichte. Ihm könne die Antwort vertrauensvoll übergeben werden.

Franklin beauftragte mit der Überbringung seiner Antwort einen Burschen, von dem er vermutete, er stehe im Dienst der französischen Polizei. Es konnte nicht schaden, wenn Monsieur de Vergennes erfuhr, die amerikanischen Kommissare lehnten Geschäfte mit geheimnisvollen englischen Unterhändlern nicht von vornherein ab. Vielleicht trug das dazu bei, die Herren in Versailles ein wenig in Trab zu bringen. Es erschien also am festgesetzten Tag zu der festgesetzten Stunde im Chor von Notre Dame der Abgesandte Franklins, und es erschienen englische und französische Geheimagenten. Und jeder hatte was zu bestellen, und jeder hatte was zu berichten, und jeder kam sich jedem überlegen vor.

Die Pariser brachten Franklin nach wie vor Begeisterung entgegen, und der Weltweise und Staatsmann, der in seinem ländlichen Garten am Rande der Stadt und der Geschehnisse philosophisch wartete, blieb ihnen ein großes Symbol. Aber die ungünstige militärische Lage der Amerikaner ließ Franklin fürchten, daß diese Schwärmerei nicht mehr lange vorhalten werde; Begeisterung für eine Sache, die im Verlieren ist, verraucht schnell. Schon war ihm, als ob er auf den Porträts, die man nach wie vor von ihm anfertigte, weniger vorteilhaft dreinschaute. Häufig jetzt sah ihm aus diesen Bildern ein schlauer, harter, rechenhafter Bauer entgegen ohne Größe und ohne Güte.
Unter diesen Umständen war es ihm willkommen, als ihn sein Hausherr, Monsieur de Chaumont, fragte, ob er, Chaumont, durch den Maler Duplessis ein Porträt von ihm herstellen lassen dürfe; Monsieur Duplessis, der meistgeschätzte und höchstbezahlte Porträtist Frankreichs, pflegte seine Modelle auf eindrucksvolle, würdige Art wiederzugeben.
Monsieur Duplessis war ein fünfundfünfzigjähriger, linkischer Mann. In seinem provençalischen Dialekt, den zu verstehen Franklin Mühe hatte, setzte er ihm schüchtern auseinander, er arbeite langsam und schwierig und werde Franklin um ziemlich viele Sitzungen bitten müssen. Das hörte der Doktor nicht gerne, er vertrug es nicht, lange still zu sitzen, aber ein Porträt von Duplessis war ihm der Mühe wert.
Der neugierige Franklin wollte schon in der ersten Sitzung sehen, wie

das Werk voranging, doch Duplessis liebte es nicht, daß man seine Bilder beschaute, ehe sie fertig waren.

Im übrigen machte Franklin sichtlich Eindruck auf Duplessis, und der Maler, dem das Wort auch sonst schwer vom Munde kam, war schweigsam. Dann aber, als Franklin ihn merken ließ, daß er ihm gefiel, ging er etwas mehr aus sich heraus. Erzählte von seinen Versuchen, gewisse Lackfarben zu verbessern, Krapp vor allem und Ultramarin. Außerdem hatte er eine neue Methode erfunden, Modellpuppen herzustellen, wie man sie in Ateliers benötigte, aus Gummi nämlich. Da der Doktor an diesen Erfindungen sichtlich interessiert war und intelligente Fragen stellte, sprach ihm der Maler auch von seinen andern Sorgen.

Es war kein einfaches Geschäft, die Mächtigen dieser Erde zu malen. Es dauerte lange, bis sie sich zu einer Sitzung entschlossen, dann änderten sie die Zeit, fünf Mal, zehn Mal, und auch dann waren sie häufig nicht zur Stelle, manchmal ohne abgesagt zu haben. Was war das für ein Hin und Her gewesen, als er die Königin gemalt hatte – sie war damals noch Dauphine – für die Frau Mama, die österreichische Majestät. Zwei Sitzungen und eine halbe hatte ihm Toinette schließlich gewährt. Trotzdem, fanden die Kenner, war ihm das Bild geglückt. Doch die Wiener Majestät war unzufrieden, sie erklärte, das Bild sei nicht ähnlich genug, die Aufmachung war ihr zu wenig vorteilhaft, und überhaupt, meinte sie, sei die lebendige Toinette schöner als die gemalte. Duplessis seufzte, lächelte. Dann, halb amüsiert, halb grimmig erzählte er von seinen Erfahrungen mit dem König. Drei Mal hatte er ihn gemalt. Monsieur d'Angivillers hatte verlangt, daß die Porträts sehr königlich wirkten, sie waren für fremde Potentaten bestimmt. Damals, als die Majestät weniger Fett angesetzt hatte, war es noch nicht so schwer gewesen, dem Porträt das Königliche zu geben; Krone, Szepter, Hermelinmantel und Ordenstern taten das übrige. Aber den König zum Sitzen zu bewegen, das war immer beinahe unmöglich gewesen. Duplessis hatte ihm nachreisen müssen, zur Krönung, und noch sechs Tage vor der Eröffnung des Salons hatte ihm Louis die versprochene zweite Sitzung nicht gewährt. Später hatte er ein Bild Louis' herstellen sollen, das besonders ›grandios‹ werden mußte; es war ein Geschenk der Compagnie des Indes an den Radschah von Carnatique. Der König sollte dargestellt werden nicht im Krönungsornat, doch mit allen andern Insignien der Macht, und das sehr schnell, da das Schiff nach Indien abging. Aber die Ämter, welche die Insignien der Macht verwahrten, waren langsam und machten bürokratische Schwierigkeiten. Am Ende, erzählte, jetzt noch voll Zorn, der sonst so ruhige Maler, hatte Monsieur d'Angivillers ihn angewiesen, seinen Kopf Louis' des Sechzehnten dem verewigten Louis dem Fünfzehnten aufzusetzen, den Van Loo gemalt hatte; der Radschah werde vermutlich so genau Bescheid nicht wissen.

Franklin vergalt die Erzählung des Malers mit einigen seiner eigenen behaglichen Geschichten. Doch waren es der Sitzungen nicht wenige, beiden lag daran, daß das Werk gelinge; ihre Sätze wurden langsamer, spärlicher, und allmählich hatten sie nichts Rechtes mehr zu reden. Da zog denn Franklin den einen oder andern seiner Freunde zu den Sitzungen zu, um mit ihm zu schwatzen oder um sich von ihm vorlesen zu lassen. Duplessis war froh um jedes Mittel, das den Amerikaner verhindern konnte ungeduldig zu werden.

Eines Tages, unangemeldet, kam Maurepas. Er habe gehört, sagte er, Doktor Franklin unterziehe sich soeben dem Porträtiertwerden. Da habe er es für seine Pflicht gehalten, dem alten Freunde Trost zu spenden. Franklin saß auf seinem Podium, bequem, doch würdig, die Weste gebauscht und faltig, die Haare fielen auf den Pelzkragen der Jacke. Er war sich bewußt, daß ihm diese Haltung sehr zum Vorteil war. Maurepas saß elegant ihm gegenüber, unter ihm. Er hatte sich sorgfältig zurechtmachen lassen, und der modisch angezogene, nach vielen Parfums duftende Sechsundsiebzigjährige stach seltsam ab von dem schlicht und würdigen Einundsiebzigjährigen.

Der Doktor meinte behaglich, er habe in der letzten Zeit oft hören müssen, er sei schlau und durchtrieben; er glaube aber, auch andere Eigenschaften zu haben, von denen er hoffe, daß sie auf dem Bild unseres verehrten Duplessis zutage kommen würden, zum Beispiel Geduld. Maurepas lächelte. »Sie schlau und listig, mein lieber Doktor?« sagte er, und sprach englisch, damit ihn Duplessis nicht verstehe. »Nein«, fuhr er fort, »schlau und listig sind Sie wahrhaft nicht, bei allem Respekt vor Ihrer Weisheit. Ihr Manöver zum Beispiel mit diesem Baron Weißenstein, auf so etwas fallen wir Ihnen hier in Paris nicht herein.« Franklin schmunzelte in seinem Innern. Deshalb also war Maurepas gekommen. Der Doktor war längst darauf gespannt, was man in Versailles zu seiner Korrespondenz mit dem fragwürdigen Baron sagen werde.

»Und wenn Sies noch so sehr darauf anlegen«, fuhr der Minister fort, »wir glauben Ihnen einfach nicht, daß Sie ein Fuchs und Macchiavell sind. Ich habe mich sogar gefragt, ob ich Ihren Brief an diesen Weißenstein auch nur lesen solle. Ich habe von vornherein gewußt, daß Sie keinen Frieden schließen werden außer auf der Basis Ihrer Unabhängigkeit.«

Franklin freute sich. Der Minister sprach genau so, wie er es gewollt und erwartet hatte.

»Verhandeln Sie also ruhig mit Ihren Engländern weiter«, fuhr Maurepas fort. »Und wenn Sie Ihre Botschaften in Zukunft unauffällig weitergeben wollen, dann lassen Sie sich doch von unserer Polizei Mittel und Wege sagen, die weniger dilettantisch sind. Da könnte sich zum Beispiel ein Vertrauensmann Ihres Weißenstein als Bettler auf den Pont-Neuf hinsetzen, und Sie lassen Ihre Botschaft zugleich mit dem Sou in seinen Hut hineinfallen.«

»Stört es Sie, wenn ich lächle, Monsieur Duplessis?« fragte Franklin. »Aber durchaus nicht, verehrter Doktor«, antwortete beflissen der Maler, und Franklin lächelte ausführlich. »Sie müssen zugeben«, sagte er dann zu Maurepas, »daß Ihre Politik uns zu Verhandlungen mit London geradezu zwingt. Sie lassen uns über Gebühr lange zappeln.« »Ein Franklin zappelt nicht«, sagte liebenswürdig Maurepas. »Das Warten bekommt Ihnen nicht schlecht, man hört, Sie wissen sich die Zeit angenehm und würdig zu vertreiben. Und sicher werden Sie begreifen, daß Ihre militärische Lage es Ihren Freunden in Versailles nicht eben erleichtert, den Abschluß des Vertrages zu beschleunigen.« Franklin hielt den Kopf ein wenig nach rechts geneigt, gemäß der Weisung Duplessis', doch er konnte nicht verhindern, daß seine Miene ernster, finsterer wurde, als es sich der Maler wünschte. »Aber ich bin nicht gekommen«, fuhr, noch ehe er antworten konnte, Maurepas fort, »um Ihnen Ihre Sitzung zu verbittern. Lassen Sie mich Ihnen versichern: im Grunde wird Ihre Situation hier durch die ungünstigen Nachrichten aus

Amerika kaum verändert. Wir werden einen Vertrag mit euch nicht überstürzen, aber wir können es uns auch nicht leisten, euch fallen zu lassen. Soviel ist gewiß«, schloß er höflich, »nicht berührt von den Wechselfällen des Krieges wird Amerikas stärkstes Aktivum: Ihre Popularität, Doktor Franklin.«

»Es wäre bedauerlich«, antwortete mit seiner leisen und dennoch klingenden Stimme von seinem Podium her Franklin, »wenn eine so große Sache wie die Errichtung der amerikanischen Republik abhinge von der Popularität eines einzelnen Mannes.« »Wir sind beide alt genug, mein Verehrter«, gab Maurepas zurück, »um zu wissen, welch ungeheure Rolle in der Weltgeschichte ein solcher freundlicher Zufall spielt wie der, daß das Gesicht eines Mannes einem Volk gefällt. Oder glauben Sie, daß in der Geschichte ein tieferes Gesetz regiert als das solcher Zufälle? Ich nicht. Je länger ich lebe – hören Sie ruhig zu, mein lieber Duplessis«, unterbrach er sich, er sprach jetzt französisch, »Sie können von meinen Erkenntnissen nur profitieren – je länger ich lebe, so deutlicher erkenne ich: die Weltgeschichte hat keinen Sinn. Das rollt und wellt nach allen Richtungen, und wir plätschern und werden mitgetrieben.« Der freundliche Raum schien kahl zu werden und zu verwittern, als diese Sätze ihn erfüllten; sie klangen aber doppelt moros, weil sie in so freundlichem, selbstverständlichem Gesprächston vorgebracht wurden. Selbst Monsieur Duplessis ließ den Pinsel sinken und schaute unbehaglich auf den liebenswürdig lächelnden Maurepas.

Franklin, auf seinem Podium, rührte sich nicht. »Ich denke«, sagte er, »wir vesuchen, der Weltgeschichte Sinn zu geben.« Es klang keineswegs wie eine Zurechtweisung, es klang bescheiden; gleichzeitig aber auch klang es so zuversichtlich und so überzeugt, daß die Sätze des andern mit ihrer ganzen Trübnis verwehten.

Maurepas, höflich, sagte: »*Sie* versuchen, Monsieur.«

Er stand auf, räkelte sich, und, sehr gelenk für seine Jahre, ehe ihn Duplessis verhindern konnte, trat er vor das Bild. Trat ein wenig zurück, trat näher, trat wieder zurück, schaute. Belebte sich. Verglich, wieder und wieder, den Mann auf dem Podium mit dem auf der Leinwand.

»Aber das ist großartig, mein lieber Duplessis«, brach er aus. »Das ist noch besser als Ihr Gluck-Porträt. Jetzt sieht man erst«, wandte er sich an Franklin, »was Sie für ein Mann sind. Oder ich zum wenigsten sehe es erst jetzt. Was für eine breite, mächtige Stirn«, erging er sich hemmungslos, als ob Franklin gar nicht da gewesen wäre, »man sieht ordentlich, wie die Gedanken dahinter arbeiten. Und diese Falten, sie sind tief und stark, aber da ist keine, die auf Mühe deutete oder auf Schweiß. Und was für ein Gleichmut in den Augen. Sie werden uns noch viel zu schaffen machen, mein lieber Doktor. Wie viel, das erkenne ich erst jetzt.«

Von Neuem vertiefte er sich in den Anblick des Bildes. »Welch ein Jammer«, sagte er vor sich hin, »daß ich meinen Sallé nicht mitgebracht habe, und daß mein erster Eindruck den Späteren verloren geht.« Wenigstens an den Maler hielt er eine Ansprache. »Der Mann, den Sie auf diese Leinwand gesetzt haben, der kennt keine Schwierigkeiten. Ihm fällt alles leicht. Ihm, noch im Abstieg seiner Jahre, ist die Begründung einer Republik nicht Arbeit, sondern Spiel. Alles ist ihm Spiel, die Wissenschaften, die Menschen, die Geschäfte. Par mon âme, s'il en fût en moi«, zitierte er seinen Lieblingsvers, »bei meiner Seele, wenn ich eine habe: Sie wissen gar nicht, mein lieber Duplessis, was für ein Meisterwerk Sie da gemacht haben.«

»Entschuldigen Sie, wenn ich überschwenglich geworden bin, Doktor Franklin«, wandte er sich an diesen, »aber wir Franzosen, wenn wir begeistert sind, sagen heraus, was uns auf dem Herzen liegt, eilig und hemmungslos.« Und: »Wissen Sie, was Sie sind, mein verehrter Doktor Franklin«, entzückte er sich weiter, »so, wie Sie dasitzen, und so, wie Sie schauen auf diesem Bilde? Sie sind ein Mann. Voilà un homme«, sagte er, und: »Behold the man«, versuchte ers zu übersetzen. Aber: »Das kann man nur lateinisch sagen«, beschloß er. »Ecce vir.«

Franklin erhob sich, dehnte sich. »Darf ich jetzt ein bißchen hin und hergehen?« fragte er den Maler, der, umflutet von den Lobsprüchen des Ministers, ungeschickt und überrötet dastand. Franklin stieg vom Podium, ging hin und her, kratzte sich. »Der Herr Graf gilt als der erste Kenner dieses Landes«, sagte er zu dem Maler. »Sie müssen in der Tat ein Meisterwerk gemacht haben. Darf ich mirs anschauen?«

Von der Leinwand blickte auf ihn ein Benjamin Franklin, um den er wußte und der ihn trotzdem fremd anmutete. Die Säcke unter den

Augen waren da, das Doppelkinn war da, die Falten. Die Stirn war mächtig, der Kiefer stark und energisch, die Augen streng, prüfend, höchst gerecht, der Mund war lang, geschlossen, nicht geschaffen, zu klagen oder zu verzichten. Es war ein alter Mann und dennoch nicht alt, vertraut und dennoch nicht bekannt.

Duplessis schaute ein wenig ängstlich auf Franklin. Der, unwillkürlich, hatte den streng prüfenden Ausdruck des Porträts angenommen. »Das haben Sie gut gemacht, Monsieur Duplessis«, sagte er schließlich, und diese wenigen Worte machten den Maler stolzer als die lange Lobpreisung des Ministers.

»Sie müssen auch für mich ein Porträt unseres Franklin malen«, sagte Maurepas. »Ich sitze nicht nochmals«, erklärte sogleich Franklin. »Das ist nicht nötig«, beruhigte ihn Duplessis; »wenn ich das Porträt mit kleinen Abänderungen wiederhole, wird die zweite oder dritte Version die bessere.« »Also abgemacht«, sagte Maurepas. »Aber hängen Sie mich nicht unter Ihre heimlichen nackten Damen«, bat Franklin sich aus. Der Minister grübelte. »Wohin ich Sie hängen soll«, sagte er, »bleibt ein Problem. Ich denke, vorläufig kommen Sie besser der Allerchristlichsten Majestät nicht vor Augen. Ich denke, vorläufig hänge ich Sie besser in Paris auf, im Hotel Phélypeau, nicht in Versailles. Wenn aber die Zeit gekommen sein wird, dann bring ich Sie nach Versailles, im edelsten Goldrahmen. Mein junger Monarch hat wenig Sinn für weibliche Schönheit, aber er hat Sinn für Würde und Anstand. Un homme«, wiederholte er, »ecce vir«, und er genoß die Bedeutung des Wortes, das er für den gemalten alten Mann gefunden hatte.

Pierre konnte die Erinnerung an Thereses: ›Das war eine Lumperei‹, und an ihr großes, zorniges, verächtliches Gesicht nicht aus dem Kopf bringen.

Er fuhr hinaus zu ihr nach Meudon. Die Zofe knickste und sagte: »Madame empfängt nicht.« Er schrieb ihr, es kam keine Antwort.

Er verstand sie nicht, aber in seinem Innersten verstand er sie, und er liebte sie, weil sie war, wie sie war. Nochmals erforschte er sich, und er kam zu dem Schluß, es liege auf ihm nicht der Schatten einer Schuld. Auch seinem Freunde Paul maß er keine Schuld bei. Die Schuld trug ein einziger: Franklin. Dessen feindselige, senile Laune brachte ihn nicht nur um den wohlverdienten Ertrag seiner ungeheuern Mühe, sondern auch um seine Geliebte und um seinen Freund.

Lange hatte er geglaubt, man habe ihn bei dem Doktor verleumdet, irgendein Mißverständnis sei die Ursache von Franklins seltsamem Verhalten. Jetzt gab er sich keiner Täuschung mehr hin. Jetzt gestand er sichs ein: er mißfiel dem Alten, im Gegensatz zu Paul fand er keine Gnade vor seinem Angesicht. Das war unbegreiflich, dergleichen war ihm noch nie vorgekommen. Er konnte sich nicht damit abfinden. Doch brachte ers bei aller Redseligkeit nicht über sich, andern davon zu sprechen; es wäre zu demütigend gewesen.

So stand es um ihn, als aus Amerika neue, erbitternde Botschaft kam. Ein dritter Transport der Firma Hortalez war zurückgekommen, diesmal ganz ohne Waren und ohne Geld. Der Kongreß hatte einen neuen Vorwand gefunden, sich von der Zahlung zu drücken. Er lehnte es ab, sich für die Transporte irgendwelche Versicherungsummen in Rechnung stellen zu lassen, und zwar mit der von Arthur Lee gelieferten Begründung, daß Pierre diese Versicherung nicht bei einem Dritten aufgenommen habe, sondern selber trage. So lange über diese Frage kein Einverständnis herbeigeführt sei, erklärte man im Kongreß, könne irgendwelche Zahlung nicht geleistet werden.

Pierre wütete. Es war im französischen Überseehandel üblich, daß große Firmen ihre Transporte selber versicherten, das hieß, daß sie hohe Risiko-Prämien in Rechnung stellten. Andernteils wurde keine Zahlung erwartet für Transporte, welche nicht anlangten, und Pierre hatte dem Kongreß keine Lieferungen in Rechnung gestellt, die den Engländern in die Hände gefallen waren. Das alles war Franklin bekannt; es wäre seine Sache gewesen, die niederträchtigen Lügen Arthur Lee's richtigzustellen. Statt dessen bestärkte das tückische Schweigen des launischen Greises die Männer in Philadelphia in ihrer Haltung gegen die Firma Hortalez.

Pierres ganze Wut richtete sich gegen den Alten in Passy. Jetzt konnte er seinen Groll nicht mehr in sich verschließen, jetzt barst ihm die Brust. Vor Julie als Erster ließ er sich aus. Da sitze, wütete er, diese große, träge Spinne in ihrem Garten, sauge alle Welt aus, sauge sich voll mit Ruhm.

Und wer sei das Opfer? Wer bezahle? Er, Pierre, der gutmütige, ewig hereingelegte Idealist. Derlei großartige Zornesreden pflegte Pierre mit einem Witzwort zu beschließen, mit einem leichtsinnigen Ach was. Diesmal, zu Julies Erstaunen, verharrte er in seinem Groll. Der Doktor Franklin mußte ihm sehr übel mitgespielt haben. Julie stimmte ein in die Verwünschungen des Bruders, bewunderte ihn vielwortig, war stürmisch überzeugt, daß er auch dieses neue Unglück überwinden und es dem schlimmen Greise zeigen werde.

Vor Gudin war Pierre vorsichtiger. Er wußte, daß der treue Freund seine Äußerungen im Gedächtnis wahrte und wohl auch aufzeichnete; denn heimlich arbeitete Gudin neben seiner ›Geschichte Frankreichs‹ an einer ›Geschichte Pierre Beaumarchais'‹. Vor ihm also zeigte Pierre keine Wut, sondern nur großartig ironische Resignation. Vor ihm hatte er nichts als ein verständnisvoll bitteres Achselzucken für die Freiheitskämpfer, die über ihrer großen Sache vergaßen, ihre Schulden zu bezahlen, und so ihren besten Helfer zugrunde richteten. Gudin war erschüttert. Er erkannte, daß hinter dem überlegenen Verzicht des Freundes ein wilder Unwille stand, eine ›saeva indignatio‹. Er zitierte den ›Rasenden Herakles‹ des Euripides: ›Ich hasse jeden, dessen Dankbarkeit erlischt‹, er zitierte andere lateinische und griechische Autoren, und er verglich Franklin jenem Marcellinus des Plutarch, der sich von Pompejus sagen lassen muß: ›Schämst du dich nicht, so gegen mich loszuziehen? Du warst stumm, und ich habe dir Sprache gegeben; du warst ein Hungerleider, und ich ließ dich so viel fressen, daß du nun speien kannst.‹ Seinen für die Freiheit leidenden Freund aber verglich er traurig und zornig jenen Opfern, die bei der Errichtung von Tempeln lebendig in den Grundstein eingemauert worden waren.

Doch Gudins Gelehrsamkeit vermochte Pierre ebenso wenig zu trösten wie die Verwünschungen, die Julie gegen den Amerikaner ausstieß. Oh, wie vermißte er seine Freundin Therese. Oh, wie vermißte er seinen Freund Paul.

An einem der nächsten Tage, beim Lever, eröffnete ihm Maigron mit seinem ewig gleichen grauen Gesicht, die flüssigen Mittel der Firma Hortalez betrügen zur Zeit 317 Francs und 2 Sous. Für den Bruchteil eines Augenblicks wurde Pierres Gesicht töricht vor Wut, Ratlosigkeit und Verblüffung. Aber er hatte sich die Gabe bewahrt, widerwärtige Dinge nach kurzem Zorn lachend abzutun. So verlief nun einmal sein Leben, großartig und grotesk. Während er Büros und Stapelhäuser in allen Hafenstädten Spaniens und Frankreichs unterhielt, während er zehntausend Hände in Bewegung setzte, während er neunzig Prozent des Bedarfs der amerikanischen Armee beschafft hatte und verschickte, während vierzehn Schiffe von ihm auf See waren und neun andere bereit, für ihn auszufahren, mußte er seinem Kammerdiener Emile den Lohn schuldig bleiben. Er nahm es hin, er nahm es dem Schicksal nicht krumm.

Aber satt, auf einige Zeit zumindest, hatte er jetzt die verdrießlichen Geschäfte. Er wird sie beiseite schieben und sich einfach nicht mehr darum kümmern. Die wichtigste Arbeit für Amerika und die Freiheit war getan. Mochte sich Amerika ein paar Tage lang ohne ihn behelfen. Er hatte Amerika in den Sattel gesetzt, mochte es nun reiten.

Mit der leichtsinnigen Entschiedenheit, die ihm für solche Fälle zu Gebote stand, sagte er zu Maigron: »Da haben Sie ja eine wunderbare Gelegenheit, sich verdient zu machen. Ich selber kann mich in der nächsten Zeit der Geschäfte nicht annehmen. Ich habe dringliche literarische Arbeit.«

In der Tat betrat er das Hotel de Hollande nicht mehr und ließ sich auch nicht Bericht erstatten über das, was sich dort ereignete. Statt dessen ging er wieder über den Plan seiner Komödie. Er suchte hervor jenes Manuskript, den Monolog des Figaro, den er damals in der ersten Begeisterung dem Vater vorgelesen und seither, aus einer Scheu heraus, niemand mehr gezeigt hatte. Von Neuem ergriff ihn die Freude, mit der er ihn damals geschrieben, und um den Monolog herum baute er die Komödie, die ihm im Sinn lag, die Fortsetzung des ›Barbiers‹, die Geschichte des Mannes, der sich lachend und geschickt aus allen Widerwärtigkeiten herausarbeitet, des großen Débrouillards, die Geschichte des Mannes, der sich auflehnt gegen alle Dummheit und alles Vorurteil der Welt und damit auf seine Art fertig wird, die Geschichte Figaros.

Er schrieb sich von der Seele den Grimm über die Welt, die es dem dummen Privilegierten so leicht und dem begabten Unprivilegierten so schwer macht. Mit sicherm Urteil spürte er, daß da die großen Worte fehl am Platz gewesen wären, er sagte den Zeitgenossen seine Meinung auf seine besondere Art. Den Zorn, der ihm ins Blut gegangen war, setzte er um in Couplets, in scharfe, leichte, volkstümliche Liedchen. Immer war ihm die Arbeit ohne Mühe von der Hand gegangen, niemals so mühelos wie jetzt. Die Sätze kamen ihm von selber, die Repliken waren da, ohne daß er sie hätte suchen müssen. Es war eine Wiederkehr seiner besten Zeit, der Zeit in Spanien. Seine leichtsinnige Freude an der Welt, sein witziger Zorn über die Welt flog aufs Papier, locker, anmutig, sang, lebte.

Er las das Stück seiner Schwester Julie vor. Es war bei weitem noch nicht fertig, aber das Entscheidende war da. Und es zeigte sich schon jetzt: das Stück war geglückt, war frech und wahr, gefällig und bedeutend. Julie nahm heftig Anteil und bewunderte hemmungslos.

Mit der gleichen Bewunderung und mit mehr Verständnis hörte Philippe Gudin zu. Er kostete den Witz und die Brillanz des Werkes mit dem Urteil des geübten Kritikers, er verglich den Freund mit Aristophanes und Menander, mit Plautus und Terenz, er legte kundig dar, daß und wieso Pierre die französische Komödie weit über Molière hinausgeführt habe.

Die Freude an Gudins solidem Lob wurde Pierre vergällt durch die Sehnsucht nach Therese. Mit seiner ganzen Seele sehnte er sich danach, wahrzunehmen, wie sich seine Worte spiegelten auf ihrem großen Gesicht. Und diese Therese wollte ihn nicht hören und nicht sehen.

Er saß nach der lustvollen Arbeit herum und entbehrte die Genugtuung, die er sich erhofft hatte.

Da erreichte ihn eine unerwartete Mitteilung. Aus Passy, aus dem Hotel Valentinois, kam eine gefällig gedruckte Karte, mittels welcher Monsieur de Beaumarchais aufgefordert wurde, teilzunehmen an einer kleinen Feier, welche Monsieur Benjamin Franklin am vierten Juli anläßlich des Jahrestags der Unabhängigkeits-Erklärung der Dreizehn Vereinigten Staaten für einen kleinen Kreis von Freunden abzuhalten gedenke.

Eine große Welle Glückes überströmte Pierre. Wie sich jetzt alles wieder zum Guten fügte. Erst war ihm dieses wunderbare Stück geglückt, ›Die Hochzeit des Figaro‹, ›Der Tolle Tag‹, und nun war auch der Alte in Passy zu der Erkenntnis gekommen, daß sich ein Amerika ohne die Hilfe Beaumarchais' nicht denken ließ. Nochmals überlas Pierre die Karte, ausgetilgt war sein Groll gegen Franklin.

Langsam dann kamen ihm Bedenken. Wollte solch eine Einladung wirklich was bedeuten? War sie mehr als reine Formalität? Sollte er sich mit einem solchen Stück Papier abspeisen lassen für die Schiffe, Waffen, Waren, für die Millionen, die er Amerika geliefert hatte? War vielleicht die Einladung nur ein listiger Versuch des Alten, ihn zu vertrösten, ihn zu sänftigen? Unentschieden hielt er die Karte in der Hand.

Jetzt bräuchte er Rat. Aber da waren nur zweie, von denen er Rat hätte annehmen mögen. Der eine war in Amerika.

Er mußte Therese sehen. Sie konnte sich nicht weigern, ihm zu helfen in einer Sache, die ihm so wichtig war.

Er vertraute sich Gudin an. Es habe, sagte er ihm, ein kleines Zerwürfnis gegeben zwischen ihm und Therese. Gudin möge hinausfahren nach Meudon und Therese andeuten, ihm, Pierre, liege daran, ihre Meinung zu hören. In einer wichtigen Angelegenheit. Gudin lächelte schlau. Pierre verstand sich darauf, die Weiber zu nehmen, der Tausendsassa. »Sagen Sie ihr vielleicht«, fuhr Pierre fort, »es handle sich um meine Beziehungen zu Franklin, oder sagen Sie ihr, was immer Ihnen einfällt. Übrigens hat mich da der Alte eingeladen, zu ihm zu kommen, in seinen ›Garten‹, nach Passy. Es scheint sich herausgestellt zu haben, daß man ohne den alten Pierre nicht fertig wird.« »Und Sie werden natürlich kommen«, entrüstete sich Gudin. »Sie in Ihrer unvernünftigen Großmut lassen alles vergeben und vergessen sein.« Pierre lächelte nur. »Fahren Sie hinaus nach Meudon, mein Lieber«, bat er, »und kommen Sie mir nicht zurück, ohne was erreicht zu haben. Ich baue auf Ihre Geschicklichkeit.« Geehrt und glücklich machte sich Gudin auf den Weg.

Das, was Therese in ihrem Innern Pierres Verrat an Paul nannte, war ihr, als sie in Ruhe darüber nachdachte, nicht mehr überraschend gewesen. Sie kannte Pierre ganz von innen her, was an ihm gut war und was schwach an ihm war. Nicht im leisesten bereute sie die Schroffheit, mit der sie sich von Pierre abgekehrt, auch nicht, daß sie seine Besuche und seine Briefe nicht angenommen hatte. Aber sie war sich bewußt, daß sie in dieser Haltung auf die Dauer nicht werde verharren können. Pierre, mit all seinen Schwächen, war nun einmal höchst liebenswert, sie wollte ihn nicht entbehren, er war der Sinn ihres Lebens.

In solcher Stimmung fand sie Gudin. Sie und Gudin waren gute Freunde, sie hatte den ehrlichen, redseligen, gutmütigen, gelehrten Mann gerne, und sie wußte, wie ergeben er Pierre war. Er kam sich besonders schlau vor, als er erzählte, Pierre habe Andeutungen gemacht von einem kleinen Zerwürfnis zwischen ihm und Therese, und da sei er, ihrer beider Freund, sogleich hinter Pierres Rücken herausgefahren, denn solch ein Zerwürfnis dürfe man nicht andauern lassen. Therese sah dem eifrigen, schwitzenden Mann beim ersten Worte an, daß er log. Er erzählte weit ausholend, Pierre sei in bedrängter Lage und bedürfe des Rates seiner besten Freundin. Mißtrauisch fragte sie, worin denn Pierres Nöte bestünden. Es gehe, erwiderte Gudin, um Pierres Beziehungen zu Franklin. Um die stehe es nicht zum Besten. Nun seien aber doch Pierre und Franklin die Repräsentanten des Fortschritts auf diesem Kontinent, und es sei ein Jammer, daß zwischen ihnen nicht das rechte freundschaftliche Vertrauen herrsche.

Schon vorher glaubte Therese wahrgenommen zu haben, daß Pierre unter der Gleichgültigkeit Franklins litt. Als ihr das jetzt durch Gudin bestätigt wurde, kam ihr die Idee, Franklins Kälte sei eine Art Strafe dafür, daß sich Pierre so schäbig gegen Paul benommen hatte. Sogleich sagte sie sich, das sei Unsinn; Paul war nach Amerika gegangen, gerade weil Franklin Pierre im Stich ließ, und schwerlich bestrafte das Höchste Wesen eine Tat, noch ehe sie getan war. Trotzdem wurde sie die Vorstellung von einem schuldhaften Zusammenhang zwischen Pierres Verrat an Paul und Franklins ablehnendem Verhalten nicht los.

Daß Pierre sie jetzt durch Gudin bitten ließ, ihn zu beraten, schien ihr eine gute Gelegenheit, einzulenken. Sie erklärte sich bereit, ihn zu sehen. Strahlend berichtete Gudin dem Freunde von dem Erfolg seiner listig durchgeführten Mission.

Als Pierre vor Therese stand, gab er sich so schlicht, wie es ihm möglich war. Mit keinem Wort erwähnte er den Zwist um Paul. Er sprach sachlich von seinen mancherlei Versuchen, eine gedeihliche Zusammenarbeit mit Franklin herbeizuführen, von der kalten, verletzenden Art, wie Franklin ihn behandle, von der hartnäckigen Weigerung des Alten, seine Forderung an den Kongreß zu unterstützen. Dann sprach er von der Einladung nach Passy und von seinen Zweifeln, was diese Einladung zu bedeuten habe; ob sie ein Friedensangebot sei oder ein Manöver, ihn zu vertrösten und von energischen Aktionen abzuhalten. Therese antwortete, die Einladung sei wohl ein Höflichkeitsakt und nichts sonst. Daß heimtückische Pläne dahinterstünden, könne sie sich nicht denken. Auch glaubte sie nicht, daß Franklin Haßgefühle gegen Pierre hege. »Wahrscheinlich«, sagte sie, »beschäftigt er sich gar nicht so viel mit dir, wie du annimmst. Wahrscheinlich hast du auf ihn den starken Eindruck gemacht wie auf andere, das ist alles.«

Pierre ging darauf nicht weiter ein. Er fragte sie, ob er die Einladung annehmen solle oder nicht. Sie an seiner Stelle, entgegnete sie, würde unter allen Umständen hingehen. Wegzubleiben scheine ihr unhöflich; es wäre eine kindische Art, Franklin offenen Streit anzusagen, und Pierre sei nicht der Mann, einen Kampf mit Franklin durchzuführen.

Er schluckte auch das. Er sah ein, daß ihr Rat vernünftig war. Auch lockte es ihn, zu diesen Amerikanern zu gehen, vor ihnen zu brillieren. Er antwortete trocken, sie habe recht und er werde ihren Rat befolgen. Nach so viel Sachlichkeit indes bezähmte er sich nicht länger. Er brach aus in wilde Anklagen gegen Franklin. Er, Pierre, habe das große Unternehmen wahrhaftig nicht begonnen um des Lohnes und der Dankbarkeit, sondern um der Sache willen. Und es sei eine Schande, daß ihn der Doktor so schnöd im Stich lasse aus purer Nebenbuhlerschaft. Therese richtete die großen Augen auf ihn, es wurde ihm unbehaglich, er verstummte.

Sprach, nach einer kleinen Weile, von anderem. Erzählte von seiner Arbeit, vom Figaro, und daß er glaube, es sei ihm da was Rechtes geglückt. Fragte, ob er ihr das Werk vorlesen solle, so lang es noch warm sei.

Therese hatte sich vorgenommen, es zunächst bei dieser einen Zusammenkunft mit Pierre bewenden zu lassen; sie durfte es dem sorglosen, gewissenlosen Manne nicht zu leicht machen. Aber was seinerzeit, noch ehe sie ein Wort mit Pierre gesprochen, Therese hingerissen hatte, war sein literarisches Werk gewesen, jene Flugschriften, in denen er seinen großartigen, begeisternden Kampf ums Recht führte, und sie war beglückt, daß er nun offenbar in sein rechtes Klima zurückgefunden hatte, in seine Schriftstellerei. So oft er aus seinen Werken vorgelesen, hatte es sie erregt, sie erhoben. Alles, was an ihm klein war, verflog dann, und es blieb nur das Feuer, der Geist. Er schuf, wenn er las, das Werk neu, man sah und erlebte, wie es in ihm entstand. Sie brannte darauf, die Komödie zu hören, an der er schrieb. Es kostete sie Mühe, mit Ruhe und Zurückhaltung zu sagen: »Gut, komm Ende der Woche.« Als er dann Ende der Woche mit seinem Manuskript zu ihr kam, war ihr festlich zumute, doch bestrebte sie sich, es nicht zu zeigen. Sie behielt, während er las, die kleine Eugénie im Zimmer und ließ sie in seine Sätze hineinkrähen. Es störte Pierre nicht. Er las und spielte ihr, was er gemacht hatte, mit heißer Anteilnahme vor, und bald erkannte er auf ihrem großen, schönen Gesicht, das jede Regung wiedergab, die erwünschte Wirkung. Sie lachte herzlich, strahlend, das Kind krähte mit, Pierre selber lachte glücklich über seine Witze, über seine Sentenzen, er genoß sie, sie genossen sie beide. Es war die Vernunft des Volkes, es waren Witze der Pariser, es waren keine leeren Späße, es war nicht Geist, der nur blitzte und hinter dem nichts stak, es waren Scherze, die den Nerv trafen, scharfe Wahrheiten.

Als er zu Ende war, streckte ihm Therese die Hand hin und sagte ohne Rückhalt: »Da ist dir wirklich etwas Rechtes geglückt, Pierre.« Er dachte stolz: ›Das soll mir der alte Franklin einmal nachmachen mit seinen hausbackenen Kalendergeschichten.‹ Aber er schluckte es hinunter. Statt dessen, kühn die Minute nützend, rief er: »Und jetzt gibt es kein Gespreize mehr, jetzt wird geheiratet.«

Therese willigte in die Heirat, und Pierre war stolz, daß es sein literarisches Werk war, seine Komödie, die den Widerstand dieser spröden, schwierigen Frau gebrochen hatte.

Entschieden aber weigerte sich Therese, unter Ein Dach mit Julie zu ziehen.

Pierre fand eine Lösung.

Wenn er sich in die von seinem Haus nicht weit entfernte Vorstadt Saint-Antoine begab, dann kam er an einem ummauerten Stück Landes vorbei, das seine Aufmerksamkeit immer von Neuem anzog. Es lag am Ende des eigentlichen Paris, dort, wo sich die Straße Saint-Antoine zum Platz der Bastille weitete. Es war ein großer, verwahrloster Garten, und in seiner Mitte, von der Straße her nur undeutlich sichtbar, verdeckt durch die Bäume und die hohen Mauern, ein altes Haus, einsam, halb verfallen. Zweimal hatte sich Pierre das Grundstück zeigen lassen. Haus und Garten waren verschieden von jedem anderen Wohnsitz in Paris. Wenn man vom obern Stockwerk des alten Gebäudes in die Runde blickte, fühlte man sich inmitten der wimmelnden Stadt wie auf einer Insel. Auf der einen Seite lagen, immer inmitten von Gärten, stille alte Häuser, das eine hatte einst der Ninon de Lenclos gehört, das andere gehörte dem bekannten Magier Cagliostro; auf der andern Seite lag der weite Platz und an seinem Rande, finster und mächtig, die Bastille.

Pierre hatte sich durch einen Mittelsmann nach dem Preis des Hauses erkundigt. Der Besitzer, wohl wissend, daß das Grundstück einen Liebhaberwert habe, hatte eine ungeheure Summe verlangt, dreißig- oder vierzigtausend Livres über dem Wert, sodaß selbst der leichtsinnige Pierre zurückgeschreckt war. Jetzt, im Begriff zu heiraten, entschloß er sich, das Haus zu erwerben und für seine Bedürfnisse umbauen zu lassen. Er wollte sich nicht versagen, was so viele große Herren sich erlaubten, die Führung von zwei Häusern. In dem einen wird er mit Julie haushalten, in dem zweiten mit Therese und seiner Tochter.

Er kaufte das Gelände an der Rue Saint-Antoine und gab dem Architekten Le Moyne Auftrag, den Grundriß eines Hauses zu entwerfen, das noch stattlicher und sehenswerter werden sollte als das an der Rue de Condé.

Strahlend erzählte er Therese von dem abgeschlossenen Kauf. »Selbstverständlich«, fügte er hinzu, »werden wir mit der Hochzeit nicht warten, bis das Haus fertig ist. Das kann Jahre dauern. Heiraten werden wir, wenn dir recht ist, nächste Woche.«

So geschah es.

2. *Kapitel* ——————————— Die Begegnung

Die Gesellschaft, die sich am Vierten Juli mit der Kühle des einfallenden Abends in Franklins Gartenhaus versammelte, bestand zu etwa gleichen Teilen aus Amerikanern und Franzosen. Silas Deane hatte gebeten, zwei von seinen Seebären mitbringen zu dürfen, Kapitäne von Kaperschiffen, die Herren Johnson und Smythe, verdiente Männer, welche die Gesellschaft durch Erzählung ihrer Abenteuer erheitern würden. Arthur Lee erschien in Begleitung Mr. Reed's, eines finstern Herrn aus London, der seine Achtung vor den Menschenrechten und seine Verachtung des tyrannischen Regimes von Saint James demonstrativ an den Tag zu legen wünschte; Franklin hielt im Stillen den Herrn gerade wegen seines betonten Rebellentums für einen Spion, aber er hatte gegen seine Anwesenheit nichts einzuwenden. Er selber, Franklin, hatte nicht nur den jungen William Temple um sich, er hatte sogar den kleinen Benjamin Bache aus seinem Internat herüberkommen lassen. Der Doktor fürchtete, er werde den Enkel zu sehr verwöhnen, und hatte beschlossen, ihn nach Genf zu schicken, in ein Institut, das als besonders progressiv galt. Vorher aber wollte er ihn möglichst viel um sich haben. So ging heute der Siebenjährige mit strahlenden Augen zwischen den vielen Erwachsenen herum, sich unbefangen mit jedermann unterhaltend. Der alte Doktor freute sich, daß der Junge schon jetzt einen bessern französischen Akzent sprach als er selber, und sah mit Wohlgefallen zu, wie er naschte und wohl auch ein bißchen trank. Er fühlte sich, der Alte, sehr wohl inmitten der Gäste, die da eng, heiß, laut und fröhlich in seinem Gartenhause zusammen waren, französisch und englisch parlierten, einander mißverstanden und sich bestrebten, durch Erhöhung der Stimme verständlicher zu werden.

Es war bei aller Formlosigkeit eine Gesellschaft guter Namen. Denn außer den Herren de Chaumont und Dubourg, dem Verleger Rouault, dem Akademiker Leroy waren auch anwesend der Baron Turgot, der junge Herzog de la Rochefoucauld und der von Franklin als Philosoph hochgeschätzte Marquis de Condorcet, auch er ein sehr junger Herr, ganz zu schweigen von Monsieur de Beaumarchais.

Madame Helvetius hatte es übernommen, die Honneurs zu machen. Doch hatte sie die Bedingung daran geknüpft, die einzige Dame zu sein. »Ich mag keine Weiber«, hatte sie erklärt. Franklin vermutete, ihre Bedingung richtete sich hauptsächlich gegen Madame Brillon; Madame Helvetius wollte nämlich in Erfahrung gebracht haben, Madame Brillon habe sie ein ›ewiges Gewitter‹ genannt. Der Doktor hatte es für klug gehalten, in ihr Verlangen zu willigen, und so thronte sie jetzt allein, weiß und rosig, schallend und vergnügt, nachlässig geschminkt, über der Gesellschaft.

»Stehen Sie nicht so sauer herum, Jacques-Robert«, sagte sie zu ihrem alten Freunde Turgot. »Wann wollen Sie denn Ihre Trauermiene ablegen, wenn nicht heute?« Doch Monsieur Turgot blieb einsilbig. Er war erfüllt von dem Glauben, daß im Ablauf des Weltgeschehens das Gute und Nützliche siegen werde, und somit überzeugt von dem schließlichen Triumph der amerikanischen Sache. Aber er hatte am eigenen Leib zu schmerzlich erlebt, wie lang die Umwege sind, welche die Geschichte macht, und wieviel Bitterkeit und Enttäuschung der Kampf um den Fortschritt mit sich bringt. Ob ein Staatsmann, der zu wählen hat, den rechten Augenblick trifft, das entscheidet nicht nur sein wägender Verstand, sondern auch sein Glück. Wenn es in seine Hand gegeben ist, einen gewaltsamen Konflikt, der nicht vermieden werden kann, hinauszuzögern oder zu beschleunigen, dann hängt er von der Fortuna nicht weniger ab als von der Minerva. Vielleicht ist er, Turgot, wirklich zu stürmisch gewesen, vielleicht hätte er der guten Sache mehr genützt, wenn er seine Reformen nicht in so schnellem Ablauf durchzusetzen versucht hätte. Und er beneidete Franklin um seinen Gleichmut, und seine bewundernswerte Fähigkeit, zu warten.

Der Kapitän Johnson, von Doktor Dubourg zum Trinken und zum Erzählen angefeuert, berichtete, wie er auf einem englischen Frachtschiff eine Reihe von Webstühlen erbeutet hatte. Sie waren auf seinem Schiffe schwer zu verstauen, und gar nicht daran zu denken war, daß die französischen Käufer, wie sie das beabsichtigten, sie auf hoher See hätten übernehmen können. Es war ihm schließlich auf abenteuerliche Art geglückt, sein Schiff mitsamt dem erbeuteten Frachter in einen französischen Hafen zu steuern – »Ich sage nicht, wie er heißt, er beginnt mit Le H.« – und die Webstühle unter den Augen der französischen Beamten und englischen Spione auszuladen und zu verkaufen. »Ist es nicht ein erhebender Gedanke«, schloß er, »daß die Amerikaner durch den Kampf für ihre Freiheit der französischen Bevölkerung auf englische Kosten billige Webstühle und Bekleidungsmöglichkeiten verschafft haben?« Sein rotbraunes Gesicht grinste verschmitzt.

Mr. Smythe, der andere Kapitän, hatte zwei Rennpferde erbeutet. Sie an Land zu bringen, war nicht schwer gewesen, aber die Käufer waren bedenklich, weil die Pferde zu leicht kenntlich waren. Vorläufig waren sie übermalt, und natürlich hatten sie auch neue Namen erhalten; das eine hieß ›Freiheit‹, das andere ›Unabhängigkeit‹. Und beim nächsten Rennen des Prinzen Karl werden sie laufen.

Silas Deane lachte über die Geschichte, daß sein Bauch in der vielbeblumten Atlasweste zitterte. Auch Doktor Dubourg, der alles, was mit Kaperei zusammenhing, als seine eigene Angelegenheit betrachtete, freute sich und fand Silas Deane weniger widerwärtig als sonst.

Der junge William ließ sich mittlerweile von Monsieur de Beaumarchais eingehend darüber unterrichten, wie schwierig und gefahrvoll dessen Tätigkeit war. Er bemühte sich, gut zuzuhören, achtete indes bald mehr auf die eleganten Gesten des glänzenden Herrn als auf seine Worte. Er dachte daran, wie sehr der Großvater bedauert hatte, Monsieur de Beaumarchais nicht mit der gehörigen Achtung entgegengekommen zu sein; das suchte er, William, jetzt gutzumachen.

Andere gesellten sich den beiden zu, auch Benjamin Bache. Mit aufgerissenen Augen hing der Kleine an Pierres schimmerndem Anzug, an seinem Brillanten, an seinem geläufigen Munde. Pierre richtete das Wort an Benjamin, er befragte ihn über seine Schulerlebnisse, er hatte die Gabe, sich schnell mit Kindern anzufreunden, der Fünfundvierzigjährige und der Siebenjährige unterhielten sich ausgezeichnet, zur Freude der Umstehenden.

Dann, beschwingt durch die Aufmerksamkeit, die er erregte, wandte sich Pierre an die andern. Er merkte, daß die meisten auch derjenigen, die nur englisch sprachen, französisch verstanden, er glitt immer wieder ins Französische und gab sich bald, als sei er in einem französischen Salon. Er erzählte scharfzüngige Klatschgeschichten, schnellte Aphorismen ab über Frauen, über Literatur. Die andern konnten wohl nicht immer folgen, vieles, worauf er anspielte, mochte ihnen unbekannt sein, doch Pierre ließ nicht ab, zu brillieren. Wenn er hundert Perlen vor sie hinschütte, dachte er, dann würden sie immerhin fünf oder sechs erkennen, und es störte ihn nicht, daß die beiden Seebären, die mittlerweile reichlich getrunken hatten, ein Gelächter aufschlugen, von dem nicht sicher war, wie weit es seinen Witzen galt, wie weit seiner Person.

Pierre war unbehaglicher Stimmung herausgefahren, er wußte nicht, wie er unter diesen Amerikanern wirken werde. Nun er ihnen offenbar gefiel, wich die Gezwungenheit von ihm, und er glaubte sich der Aufgabe gewachsen, die er sich gestellt: dem Doktor Franklin zu zeigen, welches Unrecht man ihm tat. Er machte sich an ihn heran.

Franklin hatte sich fest vorgenommen, die Geschichte von der Egge zu beherzigen und sein Mißfallen an Monsieur Caron zu verbergen. Er kam ihm gelassen und herzlich entgegen, ohne jene geringschätzige Höflichkeit, die Pierre so tief verdrossen hatte. Es fiel wie eine Last von Pierre, als er merkte, daß sich Franklin heute nicht vor ihm verkrustete; er hörte mit betonter Aufmerksamkeit zu, als der Alte eine seiner hausbackenen Geschichten zum Besten gab, lachte laut und sah ihn strahlend an. Dann ließ er sich, diskret auf Franklin anspielend, auf eine Betrachtung ein über den Unterschied zwischen Humor und Witz. Er zitierte als Beispiele Sokrates und Aristophanes – diese Wissenschaft dankte er dem gelehrten Gudin – und er war glücklich, als Franklin, der zuerst nicht ganz verstand, sich seine Sätze wiederholen und erläutern ließ und sie lächelnd anerkannte.

Dann aber wurde der Doktor ernst und fragte Pierre teilnahmsvoll nach seinem jungen Helfer, Monsieur Theveneau, der sich, soweit er unterrichtet sei, nach Amerika eingeschifft habe. Pierre erwiderte, er habe noch keine Nachricht von dem Transport, mit welchem Paul gereist sei, könne auch noch keine haben. Beide Männer, Franklin und Pierre, verstummten für eine kleine Weile, schauten vor sich hin.

Monsieur de la Rochefoucauld hatte die Unabhängigkeits-Erklärung sorgfältig übersetzt, und der Verleger Rouault hatte die Übertragung, versehen mit einem schönen, ausführlichen Vorwort, zu diesem Vierten Juli erscheinen lassen. Er überreichte Franklin ein Exemplar. Während die Augen des jungen Herzogs, des Übersetzers, gierig und verehrungsvoll an ihm hingen, blätterte der Doktor in dem hübsch ausgestatteten Bändchen. Er rühmte die Übersetzung mit starken Worten; im Stillen fand er, daß sich die edeln Sätze im Französischen etwas platt ausnahmen. Dann wandte er sich an Pierre und sagte, er habe gehört, welch tiefen Eindruck dessen Verlesung der Unabhängigkeits-Erklärung seinerzeit im Park des Schlosses Etioles gemacht habe. Pierre errötete vor Glück, das unterlief ihm selten, und er war geneigt, Franklin alles zu verzeihen, was der ihm angetan hatte. Er empfinde es, antwortete er, als Gnade des Schicksals und als dauernden Besitz, daß damals ihm als Erstem auf diesem Erdteil Kunde geworden sei von dem größten Ereignis der neueren Geschichte, und daß er das Privileg gehabt habe, den besten Söhnen seines Landes den Wortlaut der edeln Urkunde zu übermitteln.

Doktor Dubourg dachte verdrießlich zurück an jenes Ereignis in Etioles. Es wurmte ihn, daß Franklin den Schieber Caron so auszeichnete; auch vergaß er es dem Manne nicht, daß sich der durch Ränke und Listen des Kriegsschiffes ›Orfraye‹ bemächtigt hatte, während er, Dubourg, den Kampf für die gute Sache mit ungenügend gerüsteten Kaperschiffen führen mußte. Aber dann erinnerte er sich, wie herzlich Franklin über die Fabel von der Fliege und der Kutsche gelacht hatte, und nahm es seinem weisen Freunde nicht weiter übel, daß der seinen Spaß daran hatte, der Fliege Zucker zu geben.

Der Marquis de Condorcet sagte: »Mit welchen Gefühlen müssen Sie, oh großer Mann, in diesem Ihrem Werke lesen, welches die Welt geändert hat.« Franklin antwortete geduldig: »Es tut mir leid, daß sich hierzulande die Meinung verbreitet hat, die Erklärung sei von mir entworfen. Sie ist es nicht, das habe ich schon mehrmals versichert. Bitte, Messieurs, glauben Sie mir doch und nehmen Sie es zur Kenntnis; den Antrag auf die Erklärung der Unabhängigkeit hat im Kongreß Mr. Richard Henry Lee eingebracht, der Bruder dieses unseres Mr. Arthur Lee, und die Erklärung entworfen hat ein junger Kollege von mir, Mr.

Thomas Jefferson. Ich habe lediglich unbedeutende Veränderungen am Text vorgenommen.«

Arthur Lee's hageres Gesicht wölkte sich finster. Er ärgerte sich über Franklins hochfahrende Bescheidenheit. Pierre aber sagte mit Schwung: »Eine Veränderung, die Sie vornehmen, Doktor Franklin, ist niemals unbedeutend.« Und: »Wer immer den Antrag eingebracht hat«, fuhr er fort, »die Befreiung Amerikas bleibt Ihr Werk. Ihren Mr. Jeffersonne in Ehren, aber da Sie an der Erklärung mitgearbeitet haben, ist es Ihre Erklärung. Benjamin Franklins Stil verleugnet sich nicht, er spricht selbst durchs Französische.«

Franklin gab es auf. Niemals wird er diesen Parisern klarmachen können, daß wirklich Thomas Jefferson der Verfasser der Erklärung gewesen war, so wenig er ihnen jemals beibringen wird, den jungen Abgeordneten ›Jefferson‹ zu nennen und nicht ›Jeffersonne‹.

Er überlegte, wie anders die Erklärung gelautet hätte, wäre er der Verfasser gewesen. Auch seine politischen Anschauungen basierten auf den Ideen John Locke's, Montesquieu's, Vattel's, und in der Sache war er mit dem gebildeten, für alles Gute glühenden Jefferson durchaus einig. Doch hätte er, Franklin, das Allgemeine sowohl wie die spezifischen Anklagen gegen den König auf ruhigere, mehr logische Art vorgebracht. Andernteils durften wohl Schriftstücke, die für die ganze Welt bestimmt waren, allzu sachlich nicht sein. Was man damals benötigte, war Schwung, große Rhetorik. Die Erklärung war schon recht, sie war besser geeignet für die Gelegenheit als irgend etwas, das er selber hätte zu Papier bringen können, und es war ein Glück für die amerikanische Sache, daß im rechten Moment der rechte Mann für die Erklärung zur Stelle gewesen war.

Mit einem kleinen innern Lächeln dachte er zurück an die Debatten, die der Kongreß über den Wortlaut der Erklärung ausgefochten hatte. Es war ein furchtbar heißer Sommer gewesen, der Sommer vor einem Jahr in Philadelphia, des Nachmittags war es unerträglich schwül im Saale des Staatshauses, dazu stachen einen immerzu die Fliegen von den Pferdeställen nebenan, vor allem in die Beine. Jetzt noch war er leise belustigt, wenn er daran dachte, wie die eleganten und somit besonders schwer bekleideten und frisierten Herren Hancock und der eine

336

Adams, der große, dünne, Samuel Adams, unter der Hitze hatten leiden müssen.

Er selber, Franklin, war neben Jefferson gesessen. Der war ein schlechter Sprecher, seine Stimme trug nicht, und er hatte die Verteidigung seines Wortlauts dem Kollegen Adams überlassen müssen, dem andern Adams, dem kleinen, John Adams. Er hatte seine Sache gut gemacht, der redliche Feuerkopf; wieder und wieder aufgesprungen war er, der kleine Dicke, um den Text zu verteidigen, und polternd und furchtlos hatte er Beleidigungen nach allen Seiten verschossen.

Es hatten sich aber auch viele bemüßigt gefunden, ihren Senf dreinzugeben, und nicht immer guten Senf. Wäre es nicht so heiß gewesen, dann hätte die Debatte wohl noch zwei oder drei Tage länger gedauert und es wäre von dem ursprünglichen Wortlaut gar nichts mehr stehen geblieben.

Der junge Jefferson hatte gelitten unter den nicht immer klugen Einwänden gegen die Zweckmäßigkeit seiner Formulierungen. Das gequälte Gesicht, welches der lange, hagere, rothaarige Mensch machte, als man seinen Text so grausam und wenig verständig zerpflückte, wird ihm, Franklin, immer im Gedächtnis bleiben. Er konnte gut mitfühlen, was der begabte Junge spüren mußte, als man ihm eine Perle nach der andern aus der Krone nahm. Er hatte seine Wut verhehlt, der arme Autor, und sein Gesicht ruhig gehalten, wie es sich gehörte, aber er hatte sich gewunden und Fäuste gemacht und geschwitzt wie ein Lastträger, trotz seiner Magerkeit.

Er, Franklin, hatte, wie das seine Gewohnheit war, den Armen mit einer kleinen Geschichte zu trösten versucht. Es war eine gute, lehrreiche Geschichte, und er konnte sich nicht enthalten sie auch dieser französischen Gesellschaft zum Besten zu geben.

»Es haben übrigens«, erzählte er, »bei der Beratung eine ganze Reihe von Kongreßmitgliedern Änderungen beantragt, und der Verfasser, mein eben genannter Mr. Jefferson, war wenig erfreut. Ich saß neben ihm und versuchte, ihn zu sänftigen. ›Ich habe mirs zur Regel gemacht‹, tröstete ich ihn, ›keine Erklärung zu verfassen, die erst von einer Versammlung überprüft werden muß. Ich habe das gelernt von einem Hutmacher meiner Bekanntschaft. Der wollte für seinen Laden ein

Schild haben mit einer guten Inschrift. Er dachte sichs so: ›John Thompson, Hutmacher, fertigt und verkauft Hüte gegen Kasse‹, und darüber ein gemalter Hut. Er zeigte die Inschrift seinen Freunden. Der erste fand das Wort ›Hutmacher‹ überflüssig, weil es schon durch die Worte ›fertigt Hüte‹ ausgedrückt sei. Mr. Thompson strich das Wort. Der zweite fand, auch das Wort ›fertigt‹ könne gestrichen werden. Den Kunden sei es gleich, wer die Hüte fertige; wenn sie nur gut seien, würden sie sie kaufen. Mr. Thompson strich. Der dritte meinte, die Worte ›gegen Kasse‹ seien nicht nötig, man verkaufe hiezulande doch niemals anders. Mr. Thompson strich, und jetzt hieß die Inschrift: ›John Thompson verkauft Hüte‹. ›Verkauft?‹ fragte der nächste. ›Niemand erwartet, daß Sie sie verschenken‹. Es wurde also auch ›verkauft‹ gestrichen. Und zuletzt auch: ›Hüte‹, denn es war ja schon ein Hut auf das Schild gemalt. So blieb also nichts auf dem Schild als der Name: ›John Thompson‹ und darunter der gemalte Hut‹.«

»Es wäre schade«, sagte, nachdem man zur Genüge gelacht hatte, der Marquis de Condorcet, »um jedes Wort, das man aus der Erklärung striche. So wie sie da steht, ist sie ein erhabenes Manifest, die einfache und großartige Verkündigung jener Menschenrechte, die so heilig sind und so vergessen.«

»Es ist mir eine Ehre«, sagte Franklin, »in diesem Kreise zu betonen, wie sehr wir den Philosophen Ihres Landes verpflichtet sind für den Anteil, den sie zur Bildung unserer Weltanschauung beigetragen haben. Niemals hätte diese Erklärung verfaßt werden können ohne die Werke Montesquieu's, Rousseau's, Voltaire's.«

Ein kleines Knirschen kam von Arthur Lee. Also auch diesen Anlaß benutzte der schamlose Greis, um den Franzosen zu schmeicheln, die für die große Sache nichts hatten als leere Reden.

Der Marquis de Condorcet aber nahm von Neuem das Wort. »Es ist richtig«, sagte er, »die Menschenrechte waren schon vorher aufgeschrieben in den Büchern von Philosophen und wohl auch in den Herzen redlicher Männer. Aber was half es? Jetzt stehen sie hier in dieser Erklärung, in einer Sprache, die auch die Unwissenden und Schwachen verstehen, und haben Taten bewirkt, welche die Philosophie nicht hat bewirken können.« Er sprach schlicht doch mit schönem Feuer und schaute auf Franklin. Alle schauten auf Franklin, und Arthur Lee war zerrissen von Groll, daß der Doctor h. c. nun nicht nur den Ruhm einsammelte für die Bücher Locke's und Hobbes' und David Hume's, sondern auch für die Taten Richard Henry Lee's und George Washington's. Franklin aber hob leicht den Arm und sagte: »Ich war noch nicht zu Ende, Monsieur de Condorcet. Ich hatte noch nicht genannt einen andern großen Sohn Ihres Landes, ohne den unsere Revolution nicht denkbar gewesen wäre: Claude-Adrien Helvetius. Seine Philosophie ist nicht wirkungslos geblieben, das dürfen Sie nicht sagen, Herr Marquis. Das Buch ›De l'Esprit‹ klingt wider in der Erklärung meines Kollegen Jefferson. Es sind die Gedanken dieses meines toten Freundes Helvetius, die wir in Amerika in die Tat umsetzen.« Man umdrängte Madame Helvetius, und sie, ohne die leiseste Verlegenheit, glücklich, sagte: »Das haben Sie gut gesagt, Doktor Franklin, das ist so«, und sie reichte ihm die Hand zum Kuß.

Franklin sagte: »Wenn einer, dann hat der tote Helvetius seine Philosophie nicht nur gedacht und geschrieben, sondern auch gelebt. Er hat das Geheimnis von uns allen ausgeplaudert, daß wir nämlich alle nach nichts anderm streben als nach Glück, und diesem Lehrsatz gemäß hat er sein Leben eingerichtet. Er war unter allen Menschen, die ich kannte, der glücklichste, er hat die schönste und gescheiteste Frau errungen, und er hat die Vernunft und die Freude seiner Mitmenschen vermehrt.«

»Ja«, antwortete Madame Helvetius, »es ist ein Jammer, daß er den heutigen Tag nicht erlebt hat. Euch beide möchte ich hier haben, ihn und Sie.«

Turgot fand das alles übertrieben und ein wenig geschmacklos. Er hatte sich niemals viel aus den Werken des Helvetius gemacht. Er hatte bedauert, daß man den unbedeutenden Mann durch die Verbrennung seiner Bücher zu einem Märtyrer gestempelt hatte, er teilte die Meinung Voltaire's, daß diese Bücher voll seien von Plattheiten, und daß, was darin original war, falsch sei oder problematisch. Etwas scharf und lehrhaft sagte er, er hoffe, daß nun das amerikanische Beispiel die ganze zivilisierte Welt zum Nachdenken und zur Nachahmung anregen werde.

»Sie wäre wert, zugrunde zu gehen«, sagte mit Feuer Condorcet, »wenn sie sich davon nicht bewegen ließe.«

Monsieur Finck, der Butler, meldete, das Essen sei serviert. Madame Helvetius hatte ein erlesenes Mahl zusammengestellt; billig war es nicht, und Madame Helvetius hatte mit Monsieur Finck scharf um jeden Sou gefeilscht. Später hatte sich Monsieur Finck bei Franklin beklagt. Er sei ein ehrlicher Mann, hatte er mit Nachdruck erklärt. Franklin, als ers Madame Helvetius wiedererzählte, meinte: »Das sagt Monsieur Finck immer, aber ich fürchte, er irrt sich.«

Soviel war gewiß, die Speisenfolge war mit Liebe und Geschmack zusammengestellt, und die Gäste wußten es zu würdigen, man aß, trank und unterhielt sich angeregt.

Viel die Rede war von dem Marquis de Lafayette, er bildete noch immer das Tagesgespräch von Paris. Nachricht von ihm hatte man noch nicht. Man hoffte, er werde diesen Tag festlich in Philadelphia begehen, man trank auf Lafayette.

Monsieur de la Rochefoucauld, ein naher Freund Lafayettes, erzählte von dessen Großherzigkeit und von seinem Leichtsinn in Gelddingen. Pierre berichtete, er sei es gewesen, der den Ankauf des Schiffes vermittelt habe, das den Marquis nach Amerika brachte. Er habe bewirkt, daß man dem Marquis keinen allzu hohen Preis abverlangte. De la Rochefoucauld meinte, er hoffe nur, der verschwenderische Freund werde auch drüben Leute finden, die ihn vor Wucherern bewahrten. Er sei so überaus sorglos und Juden gebe es überall.

Franklin sagte, es gebe Juden jeder Art in Philadelphia, solche, die auf Seiten des Königs, und solche, die auf Seiten des Kongresses stünden. Sein Gesicht wurde nachdenklich; er dachte an die jüdische Familie der Franks, von denen zwei Söhne auf Seite der Patrioten, einer auf Seite der Loyalisten kämpfte, und er dachte an seinen eigenen Sohn, den Verräter. Rasch erzählte er weiter: »Ich selber habe oder vielmehr hatte meinen Leibjuden, einen gewissen Hayes. Einmal nämlich, als ich mich im Hafen von New York einbooten wollte, kenterte mein Boot, und ich fiel ins Wasser. Das Postschiff fischte mich auf. Ich war nicht in der geringsten Gefahr gewesen, der Unfall ereignete sich in unmittelbarer Nähe des Ufers, und ich bin ein guter Schwimmer. Aber da kam der Jude Hayes und erklärte, er sei es gewesen, der das Postschiff durch heftiges Winken veranlaßt habe, mich aufzufischen. Von da an betrachtete er mich als seine Haupteinnahmequelle. Wann immer er mich sah, ging er mich um Geld an, da er doch das Glück gehabt hatte, mein unersetzliches Leben zu retten. Auf diese Art quetschte er mir bald einen doppelten Johannis aus, bald eine spanische Doublone, billiger tat ers nie. Jetzt ist er tot und hat mich seiner Witwe vermacht.«

»Fassen Sie, bitte, meine Herren«, fuhr, als man lachte, Franklin fort, »diese Geschichte nicht falsch auf. Ich verallgemeinere nicht gern und halte meinen Hayes keineswegs für den typischen Juden. Ich habe mit Juden schlechte Erfahrungen gemacht und auch sehr gute. Einmal fand ich einen, einen gewissen Perez, der hockte dabei, wie andere über ihren Büchern saßen und studierten, er selber über einem Buch. Ich wußte, daß mein Perez nicht schreiben und nicht lesen konnte; sicher verstand er nicht das leiseste von dem, was die andern diskutierten. Neugierig, wie ich bin, befragte ich ihn. Er erklärte mir: ›Es ist ein Verdienst vor Gott, sich mit Büchern zu befassen, auch wenn man nicht lesen kann‹. Ich muß sagen, ich wünschte meinen Landsleuten solche Demut vor der Wissenschaft.«

Gegen Ende der Mahlzeit brachte man Toasts aus auf Amerika, auf die Freiheit. Mr. Reed, Arthur Lee's englischer Freund, das hagere, finstere Gesicht überzuckt von Erregung, rief fanatisch: »Möge die Freiheit und Unabhängigkeit Amerikas dauern, bis die Sonne erkaltet vor Alter und die Erde ins Chaos zurücksinkt.« Franklin, befremdet von so viel Überschwang, warf einen mißtrauischen Blick auf ihn.

»Der Beschluß, den die Männer in Philadelphia vor einem Jahr gefaßt haben«, sagte Condorcet, »ist eine großartige Illustration zu dem Wort des griechischen Dichters: ›Nichts Gewaltigeres lebt als der Mensch‹. Wie großen Mut hat es erfordert, die Unabhängigkeit zu beschließen. Wir hören, daß viele der Männer wohlhabend sind, daß es ihren äußern Interessen besser entsprochen hätte, wenn sie mit ihrem Mutterland in Frieden geblieben wären. Aber sie haben ihr Hab und Gut, ja, ihr Leben aufs Spiel gesetzt um ihrer Seele willen, um der Freiheit willen. Und zu denken, daß diese Resolution einmütig gefaßt wurde, daß keiner sich ausschloß.«

Franklin saß still da, das weite Gesicht freundlich und gesammelt. Was sein junger Freund gesagt hatte, stimmte, und wenn das Dokument den

Titel trug: ›Einstimmige Erklärung der Dreizehn Vereinigten Staaten‹, so war das nicht gelogen. Aber wieviel Schwierigkeiten und Kunstgriffe hatte es gekostet, diese Einmütigkeit herzustellen. Der Abgeordnete Caesar Rodney hatte aus einer Entfernung von beinahe hundert Meilen mittels Eilboten durch Sturm und Wetter herbeigeholt werden müssen, um die Stimme von Delaware zu sichern, die New Yorker Abgeordneten hatten sich der Stimme enthalten, seine eigenen konservativen Kollegen Dickinson und Robert Morris waren bescheiden zu Hause geblieben. Es hatten in den drei Tagen, während deren man an dem Entwurf Jeffersons herumdokterte, nicht nur die Größe und Erhabenheit menschlichen Geistes eine Rolle gespielt, sondern auch Hitze, Schweiß, Fliegen, Kritikasterei, viel Kleinliches. Aber es blieb Anlaß zur Feier und zur Zuversicht, daß sich zuletzt so viele Männer bereit gefunden hatten, das große und gefährliche Dokument zu unterzeichnen. »Als wir unterschrieben«, erzählte er, »sagte ich zu meinen Kollegen: ›Jetzt, meine Herren, ist es entschieden. Jetzt hängen wir entweder alle zusammen oder jeder einzeln.‹«

Noch einmal, laut, gehoben und mit Zuversicht, trank man auf die Zukunft Amerikas. Madame Helvetius umarmte Franklin. »Ich umarme in Ihnen alle vierzehn Staaten, mein Freund«, rief sie und herzte ihn und küßte ihn auf beide Backen. »Dreizehn«, korrigierte er schwach, »dreizehn, meine Liebe.«

Man brach auf, ehe die hohe Stimmung verflog.

Die Amerikaner aber, wie auf Verabredung, blieben allesamt zurück.

Der junge Condorcet hatte vorhin davon gesprochen, daß Lafayette sicher den heutigen Tag festlich in Philadelphia begehen werde. Alle die Amerikaner waren bei diesen Worten im Geiste in Philadelphia gewesen, aber sie waren nicht so sicher, ob heute der Kongreß in Philadelphia sein werde. Und selbst wenn man die Stadt kein zweites Mal evakuiert hatte, selbst wenn man den Jahrestag der Erklärung mit Glockengeläut und Paraden und Feuerwerk feierte, in der Zwischenzeit war es den Einwohnern bestimmt klar geworden, daß die Sicherung der Freiheit noch keineswegs erreicht war, daß sie noch viel Schweiß und Blut erfordern werde.

Vor den Franzosen hatten die Amerikaner wie in stillschweigender

Übereinkunft nichts von ihren Sorgen verlauten lassen, aber allesamt hatten sie das Bedürfnis verspürt, noch zusammen zu bleiben, unter sich, ohne die Fremden, ungestört durch die Laute der fremden Sprache.

Da saßen sie jetzt, müde vom Feiern, müde vom Essen und Trinken, seltsam befangen, als schämten sie sich vor einander ihrer Bewegung. Sogar die beiden Seebären waren still geworden, und wahrscheinlich kamen ihnen ihre Leistungen weniger historisch vor.

Ohnedaß man darüber sprach, waren sich alle bewußt, daß die Kämpfer durch eine harte Zeit gingen, und daß eine härtere vor ihnen lag. Sie waren froh, daß sie diesen Abend nicht jeder für sich zu verbringen hatten, sie gehörten zusammen, es war gut, beieinander zu sitzen. Sie rauchten und tranken und sagten kleine, belanglose Dinge. Und nicht einmal Arthur Lee spürte Feindseliges gegen die andern.

Es war eine Erleichterung, als Franklin dessen Erwähnung tat, was sie alle bewegte. Er tat es auf seine umwegige Art und nur in zwei Worten, die überdies französisch waren. »Ça ira«, sagte er.

Nur die unmittelbar Beteiligten wußten und sollten wissen von dem Entschluß Louis', sich der Operation zu unterziehen, zu der ihm Josef geraten hatte. Trotzdem war ganz Versailles unterrichtet von dem, was bevorstand, und in Wien, Madrid und London wartete man mit Spannung auf den Tag, da es so weit sein werde.

Prinz Xavier wollte sichs wegleugnen, daß er Gefahr lief, die Thronfolge zu verlieren; niemals, erklärte er, werde Louis den Mut zu der Operation aufbringen. Er steigerte sich in solche Zuversicht, daß er eine Wette von zwanzigtausend Livres anbot, noch in einem Jahre werde es nicht so weit sein. Prinz Karl hielt die Wette; wenn Louis wirklich mit Toinette schlafe, meinte er, dann werde er, Karl, wenigstens den Trost der zwanzigtausend Livres haben.

Toinette, wartend, setzte ihr gewohntes Leben fort. Tanzte, spielte, gab Feste, besuchte Feste, hetzte noch wilder als vorher durch ihre Vergnügungen, von Versailles nach Paris, von Paris nach Versailles. Wenn ihre Vertrauten, Gabriele, Vaudreuil, eine leise Anspielung auf Louis' Vorhaben wagten, schnitt sie ihnen zornig das Wort ab.

Und dann kam eine Nacht, die Nacht nach einem heißen Mittwoch im August, eine Nacht, bestimmt, mit großen Lettern verzeichnet zu werden in der Chronik von Versailles. In dieser Nacht um die elfte Stunde, verließ Louis von Frankreich sein Schlafzimmer und machte sich auf den Weg zum Schlafzimmer Maria Antonias von Österreich.

Im Schlafrock schleifte er über die Korridore des riesigen Schlosses, das sein Urgroßvater hatte errichten lassen, des umfangreichsten Bauwerkes der Erde. Unter dem Schlafrock trug er ein kostbares Nachthemd, die fleischigen Füße staken in bequemen Pantoffeln. Vor ihm her, in der rot-weiß-blauen Livree, schritt ein uralter Lakai, steif, unbeteiligt und feierlich, wie ers in einem Dienst von vierzig Jahren gelernt hatte, und trug dem König einen sechskerzigen Kandelaber voran. So, über die Korridore von Versailles, segelte Louis, erregt, schwitzend, bemüht, kein Aufsehen zu machen, ungeheuer auffällig. Die Korridore waren belebt von Lakaien, von Schweizer Garden, von heimkehrenden oder ausgehenden Würdenträgern. Louis, verlegen vor ihrem Anblick, beschloß einen Gang errichten zu lassen, der seine Zimmer mit denen Toinettes unmittelbar und unauffällig verbinden sollte. Um sich von dem Gedanken an das Bevorstehende abzulenken, überlegte er die technischen Details eines solchen Verbindungsganges; derlei interessierte ihn stets. Der Gang mußte unterirdisch geführt werden, am besten unter der Salle de l'Oeil de Boeuf durch. Dies in allen Einzelheiten überdenkend, abwesenden Gesichtes, vorbei an Garden, die präsentierten, an Höflingen und Lakaien, die in Haltung erstarrten, schleppte er den ungeschlachten Leib in die Gemächer Toinettes.

Die Damen des Vorzimmers gingen, als er erschien, tief in die Knie und verbeugten sich. Louis, Verlegenheit und Stolz über dem geröteten Gesicht, sagte: »Guten Abend, meine Damen.« Er fingerte herum in den Taschen seines Schlafrocks, gab dem Lakai einen Louis d'Or und sagte zu dem sehr Alten: »Hier, mein Sohn.« An der Tür von Toinettes Schlafzimmer zu klopfen, wäre unschicklich gewesen; er nahm den Kamm, kratzte an der Tür, verschwand im Schlafzimmer.

Fünf Minuten später ging das Gewisper durch den Palast: ›Der Dicke schläft mit ihr.‹ Das Gewisper züngelte weiter, züngelte über die Korridore, durch die Gemächer, züngelte die Tore hinaus. Zehn Minuten später wußte es der österreichische Botschafter, Graf Mercy, wieder fünfzehn Minuten später der Spanier Aranda, wieder zehn Minuten später Lord Stormont, Bevollmächtigter der Britischen Majestät. Die Sekretäre wurden geweckt mitten in der Nacht. Alle diktierten sie, die Gesandten, Mercy, Aranda, Stormont. Kurierpferde wurden bereitgestellt, die Briefe hastig überlesen, versiegelt. Auf schnellstem Wege dann jagten die Boten, nach Osten, Süden, Westen, an jeder Station wurden die Pferde gewechselt.

Den Tag darauf schrieben die Nächstbeteiligten. Louis schrieb an Josef, in der Dankbarkeit seines Herzens schrieb er deutsch. ›Ihnen, Sire‹, schrieb er, ›verschulde ich dieses mein Glück.‹ Toinette schrieb an die Kaiserin: ›Dieser Tag, teuerste Mama, ist der glücklichste meines Lebens. Jetzt ist meine Ehe vollzogen worden, und der Beweis glückte. Ich bin noch nicht schwanger, aber ich hoffe es von Augenblick zu Augenblick‹, und sie machte einen Klecks.

Gemeinhin liebte es Toinette nicht, mit ihren Gedanken allein zu sein. Diesmal blieb sie allein, auch nachdem sie den mühsamen Brief an die Mutter vollendet hatte, und ließ niemand vor. Lässig saß sie, durchschwemmt von vagen Gedanken und Gefühlen, und überdachte, was geschehen war. Es hatte sich vollzogen in tiefem Dämmer, hinter den schweren Vorhängen, die ihr großes Bett umrahmten, von außen war schwach der Schein der Nachtlampe gedrungen; übrigens hatte Toinette die meiste Zeit die Augen geschlossen gehalten. Eine starke Sensation hatte ihr Denken weggespült; aber wenn sie gedacht hatte, dann daran, wie es wohl wäre, wenn da an Louis' Statt ein anderer läge. Sie hatte viele Erfahrungen gemacht, doch niemals die letzte; jetzt fand sie, daß es eigentlich weniger war, als sie erwartet hatte, und sie war enttäuscht. Trotzdem war sie einverstanden mit dem Geschehenen und voll Genugtuung. Nun hatte sie ihre Bestimmung erfüllt, nun war sie in Wahrheit Königin, Herrin ihrer selbst, frei von jedermann. Die albernen Witze über die ›jungfräuliche Königin‹ werden aufhören, die Fischweiber werden sich nicht mehr die schmutzigen Mäuler zerreißen. Und was werden wohl ihre Nächsten sagen, Gabriele, François? Sie hatte ein bißchen Angst davor, gleichwohl wartete sie darauf nicht ohne Kitzel. Überall im Schlosse von Versailles fragte man sich bösartig, ob, falls

Toinette schwanger werden sollte, wirklich Louis der Urheber sei oder einer der zahlreichen Liebhaber aus den ›Nebenzimmern‹. Besonders tükkisch waren die Witze, die in den Gemächern des Prinzen Xavier gemacht wurden. Dabei war sich Prinz Xavier klar darüber, daß das gefürchtete Ereignis in der Tat legitim stattgefunden hatte, ja, er zahlte an den Prinzen Karl als an den Gewinner der Wette die zwanzigtausend Livres.

Der junge König selber ging herum, täppisch glücklich, und zeigte jedermann, wie zufrieden mit sich und einverstanden mit der Welt er war. Er machte noch mehr gutmütig derbe Späße als früher. Noch häufiger stieß er seine Herren vor den Bauch und haute ihnen mächtig die Schulter. Einmal, wahrnehmend, wie sich ein Lakai tief bückte, um irgendwas aufzuheben, konnte er sich nicht enthalten, ihm unter großem Gelächter einen klatschenden Schlag auf den Hintern und hernach einen Louis d'Or zu verabreichen.

Seiner Toinette zeigte er unterwürfige Dankbarkeit. Hinter ihrem Rükken verschaffte er sich eine Bilanz ihres Vermögens, erschrak und zahlte trotzdem wortlos die Schulden. Nach einigem Seelenkampf erhöhte er sogar nochmals das Budget des Trianon. Toinette ließ sich die unbehilflichen Beweise seiner Liebe und Bewunderung gefallen und behandelte ihn freundlich wie einen großen, täppischen Hund. Sie verbarg, wie sehr seine Schwäche, sein unfürstliches Gehaben, sein Mangel an Selbstgefühl sie störte.

Bisher war Louis vor den Freunden Toinettes gleichgültig gewesen, wenn nicht offen feindselig. Jetzt wurde er nachsichtig, umgänglich. Erschien in den Appartements der Prinzessin Rohan, lachte über das Gekrächz des Papageis Monsieur, gab ihm Futter und ließ sich von ihm in den Finger hacken; dann erkundigte er sich freundlich nach den lieben Toten der Prinzessin. Er störte furchtbar, und alle waren froh, wenn er wieder ging.

Ein anderes Mal neckte er wohlwollend Diane Polignac. Mit seiner groben Stimme, ihr schalkhaft mit dem Finger drohend, erklärte er, er habe gehört, sie habe eine Liebschaft mit dem alten Rebellen von Passy. Sie erwiderte kühl. Er aber gab seiner Manufaktur in Sèvres einen kostbaren Nachttopf mit dem Porträt Franklins in Auftrag und schickte ihn Diane Polignac als Geburtstagsangebinde.

Auch der Marquis de Vaudreuil konnte sich der zudringlichen Leutseligkeit des Königs nicht erwehren. Louis, ihn am Rock packend, ihm mit seinen kurzsichtigen Augen nah ins Gesicht starrend, verbreitete sich mit gnädiger Ausführlichkeit über Toinettes Vorschlag, Vaudreuil zum Intendanten ihrer Vergnügungen zu ernennen. Seine Hofhaltung, meinte er behaglich, sei zwar zur Zeit schlecht bei Kasse, aber da er in diesen letzten Wochen Ursache habe, guter Laune zu sein, habe er Toinette den Posten für ihn bewilligt. Vaudreuil, mit eisiger Höflichkeit, antwortete, er sei glücklich, daß Louis die Wahl Ihrer Majestät billige. Aber er wisse nicht, ob er der rechte Mann sei für die ihm zugedachte Ehre, und habe deshalb die Königin um eine kurze Frist zur Überlegung gebeten. Louis packte ihn freundschaftlich am Rockknopf. »Nichts da, mein lieber Marquis«, sagte er, »zieren Sie sich nicht. Langen Sie zu. Es wird schon gehen. Man muß Zutrauen zu sich selber haben.«

Es waren Wochen des Unmuts für den ganzen Fliederblauen Klüngel. Nur Graf Jules Polignac blieb unberührt, und sein schönes, etwas brutales Gesicht zeigte die gewohnte Selbstzufriedenheit. Die andern, nach außen hin ironisch gleichmütig, waren voll Sorge. Mußten sie nicht, nachdem Louis mit Toinette geschlafen hatte, befürchten, daß sich die beiden auch innerlich näherkamen? Und wird man dann seinen Einfluß behaupten können?

Die Klügsten unter den Mitgliedern des Klüngels, Diane Polignac und Vaudreuil, sprachen sich aus. Der ungeduldige Vaudreuil wollte es auf eine sofortige Kraftprobe ankommen lassen und Toinette zu irgend einer politischen Handlung auffordern, die Louis' Mißfallen erregen mußte. Sträubte sie sich, dann sollten die Mitglieder des Klüngels Toinette die Freundschaft aufsagen. Diane war gegen Gewaltmaßnahmen. Sie meinte, man solle Toinette behutsam, in gelegentlichen Anmerkungen, zu verstehen geben, gerade jetzt müsse sie sich nicht nur als Gemahlin des Königs, sondern als die Königin bewähren. Vaudreuil gab verdrossen zu, daß dieser Weg der klügere sei.

Es behandelten also die Herren und Damen des Fliederblauen Klüngels Toinette zurückhaltender als früher; sie ließen sie merken, daß sie etwas getan hatte, was Schranken aufrichtete zwischen ihr und ihren Freunden.

Dem herrischen, verwöhnten Vaudreuil fiel es schwer, vor Toinette nur leicht entfremdet zu tun, statt ihr seine geringschätzige Entrüstung zu zeigen. Aber er bezwang sich und hielt es so. Dafür ließ er seinen Zorn an Gabriele aus. Zu ihr war er von so finsterer, verächtlicher Laune, daß sie, die immer Gleichmütige, zuletzt in Tränen ausbrach. Dabei verstand sie ihren François gut und wußte, daß sein mürrisches Wesen nicht ihr galt, sondern Toinette. Er liebte Toinette auf seine Art. Es kränkte ihn, daß nun der tölpelhafte Louis das genoß, was von rechtswegen ihm gebürte. Darüber hinaus quälte ihn mehr als die andern die Sorge, der Klüngel könnte seinen Einfluß verlieren. Vaudreuils Hochmut brauchte ständige Nahrung, und es hätte ihn, den ungekrönten König des Klüngels, in der Seele getroffen, wenn der Klüngel die Herrschaft über Toinette und damit über Frankreich eingebüßt hätte.

Diane Polignacs Plan begann zu wirken. Toinette spürte die veränderte Haltung ihrer Nächsten und wurde unsicher. Sie wollte ihre Freunde, ihren lieben Fliederblauen Klüngel, nicht verlieren. Sie suchte eine Aussprache mit Gabriele, mit Vaudreuil. Beide wichen aus. Toinettes Verlangen nach der früheren Vertraulichkeit wurde stärker.

An der Art, wie sich Toinette an sie schmiegte, wie Toinette sie umarmte, erkannte Gabriele, daß Toinettes Freundschaft die gleiche geblieben war. Gabriele lag weniger als den andern an den äußern Früchten dieser Freundschaft, sie war Toinette von Herzen und mit den Sinnen zugetan. Sie als Erste ließ die unbequeme Maske fallen und war zu Toinette wie früher.

Nicht so Vaudreuil. Trotz seiner Ungeduld hielt er sich zurück, und als er sich schließlich zu einer Aussprache herbeiließ, machte ers Toinette nach Möglichkeit schwer.

Die Aussprache fand in einem der ›Nebenzimmer‹ statt. Dieser Raum, welcher der Rahmen gewesen war für manche stürmische Szene der Gewährung und der Verweigerung, schien Toinette der rechte Schauplatz.

Sie habe nun wohl, begann er, das langbegehrte Ziel erreicht, das könne man ihr vom Gesicht ablesen. Ihr ganzes Wesen strahle schamlos-kleinbürgerliches Glück aus. Toinette war nicht gekränkt; sein Zorn bewies ihr nur, wie sehr er an ihr hing. »Jetzt endlich«, antwortete sie, »bin ich das läppische Hemmnis los, das mich verhindert hat, in Wahrheit Königin zu sein. Ich begreife Ihre Betrübnis, François, aber als mein guter Freund sollten Sie sich trotzdem mit mir freuen.«

»Sie beurteilen die Situation sehr überlegen, Madame«, entgegnete sarkastisch Vaudreuil. »Wenden Sie, bitte, das gleiche ruhige Urteil auf meine Lage an. Dann werden Sie mit mir der Meinung sein, daß ich hier nichts mehr zu suchen habe. Jetzt, Sie haben es soeben selber gesagt, sind sie ganz die Königin und stehen also unerreichbar hoch über dem Marquis Vaudreuil. Der schaut der hohen Wolke ehrerbietig nach und entfernt sich. Ich habe die Ehre, Madame, Sie um Urlaub zu bitten. Ich ziehe mich zurück auf mein Gut Gennevilliers.«

Toinette hatte angenommen, er werde sie wild verhöhnen, vielleicht sogar gewalttätig werden und sie wieder am Handgelenk packen wie damals; im Innersten hatte sie es so ersehnt. Nun er so eisig ironisch und finster entschlossen sprach, überfiel sie Panik. Das war kein schieres Gerede, was er da hermachte, er wollte wirklich fort, er wollte sie im Stich lassen. Sie dachte an seine stürmischen, zuweilen handgreiflichen Werbungen hier in eben diesem Zimmer, sie dachte an die hochmütige Sicherheit, mit der er sogar ihren großen Bruder Josef zu einer armseligen Figur erniedrigt hatte. Er durfte nicht fort, sie liebte ihn, sie wollte ihn nicht entbehren, unter keinen Umständen.

»Das ist doch Unsinn, François«, sagte sie verwirrt, »das glauben Sie doch selber nicht, Sie können uns doch nicht verlassen. Das erlauben wir nicht. Wir gehören doch zusammen, Sie und ich und der Fliederblaue Klüngel.« »Sie irren, Madame«, antwortete höflich Vaudreuil. »Ich sehne mich nach stiller Betrachtung, nach der Gesellschaft mit mir selber. Was ich hier in der letzten Zeit erlebt habe, gefällt mir nicht. Machen Sie sich nichts vor, Madame. Mein Auftritt in diesem Zimmer ist kein Schachzug in einem galanten Spiel, er ist ein Abschiedsbesuch. Erlaubt die Königin, daß ich noch einmal ihre Hand küsse?«

»So hören Sie doch auf mit Ihren bittern Späßen«, flehte Toinette ihn an, jetzt ernstlich außer Fassung. »Es ist das erste Mal nach ich weiß nicht wie langer Zeit, daß wir wieder allein mit einander reden können, und da quälen Sie mich so.« »Sie haben mich ganz anders gequält, Madame«, gab ihr Vaudreuil zurück. »Im übrigen ist ja Gennevilliers nicht weit entfernt. Ich werde mich dort mit Literatur befassen, ich werde dort Theater machen. Vielleicht, wenn ich einmal ein besonders tugendhaftes Stück spielen lasse, werde ich die Auszeichnung haben, Sie, Madame, und den König als Gäste zu begrüßen.«

Toinette hatte Tränen in den Augen. »Nehmen Sie Vernunft an, François«, bat sie von Neuem, »und lassen Sie nicht Ihre wilde, feindselige Laune so durchgehen. Was geschah, geschah doch auch in Ihrem Interesse. Ich hab es Ihnen so oft gesagt: von der Zeit an, da ich den Dauphin geboren haben werde, bin ich frei. Ich halte mein Wort.« Vaudreuil schaute sie auf und ab. »Madame«, sagte er, »die Gefühle eines Mannes sind keine eingepökelten Heringe. Kein Mann kann voraussagen, ob seine Leidenschaft vorhalten wird, bis bestimmte Bedingungen erfüllt sind. Man kann Passionen nicht an Bedingungen knüpfen«, schloß er, und so leise seine tiefe Stimme war, sie klang ungeheuer heftig und füllte den Raum, als ob die Wände bersten müßten; auch war sein Gesicht überwölbt von jener Wildheit, die Toinette kannte.

Sie wich zurück, erschreckt, es war ein süßer Schrecken. So wollte sie ihn, so fühlte sie sich ihm viel näher. Sie saß nieder und begann loszuweinen. »Jetzt heult sie auch noch«, sagte er verächtlich. »Ich glaubte«, sagte sie, aufschnupfend, »ich hätte es so gut gemacht, für Sie und für mich. Ich fühlte mich so befreit und glücklich, und nun haben Sie alles verdorben.«

Er, ohne viel auf sie zu achten, durchmaß einige Male das kleine Zimmer. Dann, etwas von ihr entfernt, blieb er stehen und betrachtete sie. »Als es geschah«, fragte er, »sagen Sie, haben Sie da an mich gedacht?« Sie erwiderte nichts, sie sah zu ihm auf, scheu, mit einem ganz kleinen Lächeln. Er brach aus. »Das auch noch«, empörte er sich. »Hören Sie, das verbitte ich mir. So weit geht meine Untertanenpflicht nicht. Dazu bin ich nicht da, Ihre Gefühle zu erregen, wenn Sie einen Dauphin haben wollen.«

Nun aber konnte er ihr keine Angst mehr einjagen. Seitdem sie sein wildes Gesicht gesehen hatte, glaubte sie nicht mehr, daß er gehen werde. »Denken Sie doch nicht immer nur an sich selber«, bat sie. »Denken Sie auch an mich, oder besser an uns beide. Wir haben so lange gewartet. Ich habe so lange gewartet. Jetzt ist der größere, schlimmere Teil des

Wartens vorbei. Gedulden Sie sich noch diese letzte Weile.« Sie stand auf, drängte sich nahe an ihn heran. »François«, beschwor sie ihn, »bleiben Sie hier, François. Sie müssen noch mehr um mich sein als bisher, gerade jetzt. Nehmen Sie diese Intendanz an. Sie müssen sie annehmen, François.« Mit einer gewissen süßen Bitterkeit dachte sie daran, welche Überwindung es sie gekostet hatte, das Gehalt, die sechzigtausend Livres, aus Louis herauszuholen, und nun ließ sich François so lange bitten.

»Sie verlangen viel, Toinette«, sagte er, und sie atmete auf, daß er sie endlich wieder Toinette nannte. »Das tue ich«, gab sie zu, sanft. »Aber Sie haben erklärt, Sie lieben mich. Nehmen Sie die Stelle an, François«, drängte sie.

»Ich sage nicht Nein«, antwortete er, »aber ich sage auch nicht Ja«, und er packte sie und küßte sie, grollend, gnädig.

Pierre saß an seinem Schreibtisch, vor ihm hing das Porträt Duvernys, das er in so hartem Kampf errungen, vor ihm stand eine verkleinerte Nachbildung der Galion der ›Orfraye‹, die er mit so viel List, Mut und Demütigung errungen hatte. Jetzt, seit der Feier des Vierten Juli, war er sicher, auch Franklin für sich gewonnen zu haben. Wie hatte er nur daran zweifeln könen, daß Männer wie er und der Doktor sich schließlich finden würden? Er kraulte der Hündin Caprice den Kopf und erzählte ihr: »Dein Herr war ein Esel, Caprice. Auch der Gescheiteste ist manchmal ein Esel.«

Der Kammerdiener Emile, als er ihm beim Auskleiden half, sagte: »Eine Zeitlang haben Monsieur nicht sehr gut ausgesehen.« Und Pierre gab zu: »Mag sein. Ich war wohl ein wenig überarbeitet. Aber jetzt bin ich wieder der Alte, nicht wahr?« fragte er stolz, und Emile, seinem nackten Herrn das Nachthemd reichend, antwortete befriedigt: »Ja, jetzt sehen Monsieur wieder aus wie Dreißig.«

Seine Pläne für das Haus an der Rue Saint-Antoine wurden immer ausschweifender, und wenn der Architekt Le Moyne darauf hinwies, wie teuer die Ausführung solcher Projekte kommen werde, wischte er seine Einwände mit einer Handbewegung fort.

Dabei hatte sich die Lage der Firma Hortalez keineswegs zum Bessern gewendet. Von Paul war noch immer keine Nachricht da. Zwei Schiffe der Firma hatten, nach schwieriger Reise, nur eine lächerlich geringe Ladung amerikanischer Waren mitgebracht. Doch Pierre ließ sich das nicht anfechten. Er war sicher, in nicht zu ferner Frist Zahlung zu erhalten, und es kümmerte ihn wenig, daß wieder bösartiges Gerede über seine Finanzen umging. Auch als man ihm einen niederträchtigen Artikel des Journalisten Métra über die Kassenlage des Hauses Hortalez brachte, zuckte er nur die Achseln.

Dann aber fiel ihm ein, daß gewisse Details, auf welche der Artikel anspielte, nur auf Informationen von Seiten nächster Freunde und Geschäftspartner beruhen konnten, und er wurde nachdenklich. Er überlegte, wer hinter dem Artikel stecken mochte, er ahnte es, er wußte es. Charlot war ergrimmt, daß er in der Lage gewesen war, ihm seine lumpige Viertelmillion noch vor der Fälligkeit vor die Füße zu schmeißen. Charlot war ergrimmt über die ausgezeichneten Beziehungen zwischen ihm und Franklin. Charlot war ergrimmt, daß Désirée –

Pierre schlug sich vor den Kopf. Er hatte Désirée seit Wochen nicht gesehen, er hatte wieder einmal im Wirbel seiner Geschäfte seine beste, klügste Freundin einfach vergessen. Er begriff nicht mehr, wieso er ihr seinen Figaro nicht schon lange vorgelesen hatte. Weg waren alle Gedanken an Lenormant, ihn erfüllte nichts als das Verlangen, Désirée zu sehen, ihr von seinem Stück zu sprechen. Es wird darin eine Rolle für sie ein, die Zofe Suzanne, eine gute, ausgewachsene Rolle. Sie war noch nicht da, diese Suzanne, aber sie wird werden, sie wird glücken, das wußte er.

Er fuhr zu Désirée.

Sie empfing ihn, als hätte er sich gestern von ihr verabschiedet. Rotblond, sehr schlank, nicht groß, stand sie vor ihm, ihr hübsches, krauses, gewecktes Gesicht mit der etwas nach oben gebogenen Nase verhehlte nicht ihre Freude, daß er kam.

Er erzählte ihr von jener Feier bei Doktor Franklin, und wie er jetzt gewiß sei, daß die Geschäfte der Firma Hortalez nicht nur politisch bedeutsam, sondern auch lukrativ sein würden. Sie hörte aufmerksam zu, die senkrechte Falte über der Nase, nicht sehr überzeugt.

Wohl aber glaubte sie ihm aufs Wort, als er ihr von seinem Stück erzählte. Er kannte keinen zweiten Menschen, der vom Theater so viel verstanden hätte wie sie. Er erzählte sachlich, setzte auseinander, was vom Grundplan da war, sprach von den Rollen, vom Technischen, erörterte das Für und Wider einzelner Phasen der Handlung, einzelner Züge der Personen.

Dann las er. Vor ihr brauchte er nur zu markieren. Sie unterbrach häufig, stellte Fragen, machte ihn aufmerksam auf einen Widerspruch, auf eine Schwäche. Erst jetzt, im Anblick Désirées und im Gespräch mit ihr, erkannte er, wie die Zofe Suzanne werden mußte: klug, frech, witzig, das rechte Gegenspiel zu Figaro. Sie sah sogleich, wo hinaus er wollte, sie ergänzte, half, sie warfen sich Ideen zu, Sätze, Repliken.

Lange arbeiteten sie so. Sie verstanden sich mit halben Worten, arbeiteten aus der Fülle, schauten sich an mit lachenden Augen, entzückt einer vom Fund des andern.

Dann, als sie endlich sagte: »So, nun ists genug«, bedankte er sich nicht erst lange bei ihr, er griff einfach nach ihr, und sie warf sich ihm entgegen, sie lachten und waren glücklich.

Hernach, aber erst hernach, fiel ihm ein, daß er in dem Grafen Almaviva nicht nur den Minister Vergennes und manchen andern seiner guten Versailler Bekannten hingestellt hatte, sondern vor allem seinen lieben Freund Charles Lenormant d'Etioles.

Unvermittelt sagte er: »Ich habe Charlot sein Geld vor der Fälligkeit zurückgegeben.« Désirée, nach kurzem Schweigen, erwiderte: »Sehr gescheit war das nicht«, und für eine kleine Weile war sie verstimmt.

Ihre Freundschaft mit Charlot war noch vieldeutiger geworden. Nicht nur war ihr diese Beziehung wichtig, weil sie ihrer Karriere half, sie hing auch an Charlot auf ihre Art; sie litt an dem schwierigen Mann, so weit sie leiden konnte. Wäre er dumm gewesen, brutal, leer wie so manche ihrer Freunde aus dem Hochadel, dann hätte sie mit ihm geschlafen und sich sonst wenig um ihn gekümmert. So aber war sie angezogen und abgestoßen von der Menschenkenntnis und Menschenfeindschaft dieses trüben Genießers. Zweifellos liebte er sie, aber statt sich dessen zu freuen, machte er darüber kleine, zynische und melancholische Anmerkungen, und wenn er einen umarmte, seufzte er, daß er schon wieder der Schwäche seines Fleisches nachgab. Manchmal mußte sie an sich halten, um ihm nicht ihre ganze Verachtung seines komplizierten, verzärtelten Aristokratenwesens mit unflätigen Worten ins Gesicht zu keifen. Aber sie wußte, daß ihre Macht über ihn Grenzen hatte, und daß der Mann, der die reuige Pompadour nicht wieder aufgenommen hatte, auch ihr gewisse Grenzüberschreitungen niemals vergeben würde.

Daß der unbesonnene Pierre den empfindlichen Stolz Charlots gereizt hatte, erfüllte sie mit Sorge. Aber sie begriff Pierre. Hatte sie nicht selber die Angélique gespielt?

Sie sprachen nicht weiter von Charlot, sie kehrten zurück zu Pierres Stück, zu diesem großartigen, farbigen Wirbel aus Liebe, Geld und Intrigen. Er, da sie die Geschicklichkeit seiner Fabel mit kundigen Worten anerkannte, gedachte wieder einmal seines Vaters. Man müsse, meinte er lächelnd, Uhrmacher gewesen sein, um alle Rädchen so ineinandergreifen zu lassen.

Sie, mit ihrem praktischen Sinn, begann nachzudenken, ob, wo und wie das Werk aufgeführt werden könnte. Sie kam rasch zum Schluß. »Ich gratuliere Ihnen, Pierre«, sagte sie. »Sie haben das schönste und das frechste Stück der Welt geschrieben. Ein Jammer, daß es niemals aufgeführt werden wird.«

Pierre selber hatte sich schon gesagt, daß er die Aufführung schwerlich werde durchsetzen können. Aber jetzt, da Désirée es unumwunden aussprach, wollte ers nicht wahr haben. »Man hat mir«, sagte er, »schon tausendmal entgegengeschrien: Niemals, und die Schreier haben nur die Luft erschüttert.«

Désirée hockte auf dem Tisch, klein, frech, sehr hübsch, das Gesicht kraus, spitzbübisch, und er erkannte genau, was hinter ihrer Stirn vorging. Sie hielt ihn für einen Schwadroneur, weil er, der kleine Pierre, sich vermaß, Versailles zum Trotz sein Stück zu spielen.

In dieser Minute, im Anblick von Désirées skeptischem Gesicht, beschloß Pierre: Figaro wird seinen Monolog auf der Bühne sprechen. Ich werde die Aufführung des Figaro durchsetzen. Ich werde darum kämpfen wie um die Rehabilitierung, wie um das amerikanische Projekt, um die ›Orfraye‹, um den Alten in Passy. Figaro wird gespielt werden.

So fest stand sein Entschluß, daß er ihn nicht einmal in Worte faßte. »Wer lebt, wird sehen«, war alles, was er sagte.

Sogleich aber entwarf er Pläne, wie er den Widerstand der Aristokraten brechen könnte. Es gab einen einzigen Weg. Er mußte sie zwingen, glühende Freunde dieses Stückes zu werden. »Du wirst es erleben«, sagte er sieghaft, »gerade unsere Aristokraten werden mir helfen, den Figaro zu spielen. Sind nicht unter ihnen Männer von solchem Hochmut und solcher Affektation, daß sie jeden Hohn ästhetisch auskosten? Sie finden, sie stehen so hoch, daß Gelächter aus der Tiefe wie Schaum von ihnen abspritzt.«

»Das ist ein hübscher Aphorismus«, antwortete Désirée. »Aber kann man darauf eine solide Campagne aufbauen?« »Man kann«, sagte Pierre, so zuversichtlich, daß sie ihm beinahe glaubte.

Einen Augenblick dachte sie nach. Dann fragte sie: »An wen haben Sie gedacht?« Er überlegte, suchte, schwieg. »An Vaudreuil?« warf sie hin. Etwas an ihrem Ton ließ ihn aufhorchen. Hatte sie sich in eine Liebschaft mit Vaudreuil eingelassen? So weit hatte sie recht: Vaudreuil war für seine Pläne der rechte Mann. Vaudreuil war zynisch und verkünstelt genug, sich für ein Stück, gerade weil es ihn attackierte, zu interessieren, wenn dieses Stück nur Geist und Witz hatte.

»Ich danke Ihnen, Désirée«, sagte Pierre, »für alles.« »Sie gefallen mir, Pierre«, antwortete sie. »Sie und Ihr Stück haben angenehme, einleuchtende Ideale: Geld, Komödie, Intrige, Freiheit.« »Vergessen Sie nicht die Liebe, Désirée«, sagte Pierre.

François Vaudreuil war nach seiner Unterredung mit Toinette im ›Nebenzimmer‹ auf Tage, ja, auf Wochen hinaus von grimmig fröhlicher Laune. Er hatte erreicht, was er wollte; seine Beziehungen zu Toinette waren enger, der Einfluß des Fliederblauen Klüngels stärker als je.

Er hielt es für angebracht, sich selten in Versailles zu zeigen, und verbrachte die meiste Zeit in Paris, im Verkehr mit Schriftstellern und Philosophen, die er protegierte. Er liebte die Literatur. Er schrieb auch selber. Doch pflegte er sogleich zu vernichten, was er schrieb. Es war ihm um die Lust des Schreibens zu tun; Wirkung zu haben, schien ihm vulgär. Er wollte der einzige sein, der seinen Geist genoß. Vielleicht auch war in ihm eine kleine Furcht, andere möchten seine Erzeugnisse nicht nach Gebühr schätzen.

Da man ihn in Paris wußte, drängte man sich zu seinem Lever. Einmal, bei diesem Anlaß, zeigte sich auch Pierre de Beaumarchais.

Vaudreuil freute sich, ihn zu sehen. Pierres Witz, fand er, ähnele seinem eigenen. Aber damit der Uhrmachersohn nicht zu frech werde, mußte der Abstand gewahrt werden. Heute stand Vaudreuil die Laune danach, Pierre zu zeigen, daß seine Freundschaft eine Gnade war, ein Geschenk, das jederzeit zurückgenommen werden konnte. Er begnügte sich, Pierre lässig zuzuwinken, er richtete nicht das Wort an ihn, sondern sprach zu andern, über Gleichgültiges, über ein Rennpferd, das er vom Bruder des Königs von England erstanden hatte. Schließlich drängte Pierre sich vor. Erklärte, er möchte Vaudreuil einen Vorschlag unterbreiten zur Teilnahme an einem Geschäft, dessen Erlös den Erwerb des ganzen Marstalls des englischen Prinzen ermöglichen würde. Vaudreuil sagte hochmütig in die Luft hinein: »Ich bin kein Geschäftsmann«, und sprach weiter an ihm vorbei über seine Pferde.

Pierre ließ es sich gefallen. Er wußte, Désirée hatte recht. Unter allen Mächtigen hatte Vaudreuil noch am meisten Verständnis für seine, Pierres, Leistung, für seine Prosa, für seine Repliken, für das Tänzerische seines Geistes. Nur wenn er sich jetzt demütigte, konnte sein Plan gelingen, gerade diesen reinsten Repräsentanten der Versailler Hocharistokratie seinem rebellischen Stücke vorzuspannen. Er schluckte also mit guter Miene die Erniedrigung und ließ es sich nicht verdrießen, am nächsten Morgen wiederzukommen.

Nun war dem Marquis während der Nacht ein Witz eingefallen, den er besonders gut fand, und er hatte es über sich gebracht, ihn für sich zu behalten. Er war also gnädig und vergnügt, und als ihm Pierre erzählte, er habe den größern Teil eines neuen Stückes fertig, und es wäre ihm höchste Ehre, wenn er Vaudreuil als Erstem die Komödie vorlesen und ihn um seinen Rat bitten dürfte, nahm er diesen Vorschlag gerne an. Er erinnerte sich, wie frühere Vorlesungen dieses seines Hofnarren ihn entzückt hatten, er liebte Primeurs und hatte jetzt, als Intendant Toinettes, zwiefaches Interesse, das neue Stück des populären Autors als Erster kennen zu lernen. Er veranlaßte also Pierre, sogleich nach seinem Manuskript zu schicken, behielt ihn zum Mittagessen da, und dann, nach dem Essen, faul im Schlafrock auf dem Sofa liegend, befahl er: »Schön, Monsieur, fangen Sie an.«

Das Hochgefühl, dem stolzen, eingebildeten Aristokraten die dreistesten Wahrheiten ins Gesicht zu schmeißen, die er jemals zu hören bekommen wird, gab Pierre Feuer. Er war ein ausgezeichneter Vorleser, und heute fühlte er sich auf dem Gipfel seiner Kraft; ihm war, als schüfe er, während er las. Seine Stimme, fähig, jede Nüance auszudrücken, bog sich, spannte sich, bildete Zorn, Hohn, Erbitterung, Liebe, er las nicht, er spielte seine Personen. Die Komödie wurde klarer, bunter, als sie es auf der Bühne hätte werden können.

Vaudreuil selber hatte sich wohl manchmal über seine Klasse lustig gemacht. Aber sollte er sichs gefallen lassen von dem Kerl da, von dem Uhrmachersohn? Sollte er nicht dem Menschen das Manuskript aus der Hand reißen und es ihm in den vorlauten Mund stopfen? Doch bevor er sichs versah, war er hineingerissen in die lustige Springflut. Er hatte solche Schaumschlägerei des Geistes und des Wortes noch nie erlebt, er mußte schauen, hören, spüren, er konnte nicht anders, es war zu frech und zu amüsant.

Pierre war sich bewußt, daß sich jetzt, in diesen Stunden, da er es vorlas, das Schicksal seines Werkes entschied. Alles hing davon ab, wie der Mann da vor ihm, der Mann im Schlafrock, die Komödie aufnahm. Wenn Vaudreuil ernstlich wollte, dann bekam Paris den Figaro zu sehen. Wenn nicht, dann konnte Pierre das Stück nur wegsperren und auf die Nachwelt warten.

Groß vor dem Lesenden, ein wenig unter ihm, war das Gesicht des Mannes auf dem Sofa, ein gescheites, geschmäcklerisches, hochmütiges Gesicht, noch hochmütiger als gescheit. Allmählich aber verlor dieses Gesicht seinen Stolz. Vaudreuil hatte Geschmack und Sinn für gutes Theater. Er ließ seine Bedenken wegspülen und entschloß sich, ohne Hemmung zu genießen. Er richtete sich hoch, sprang auf, lief hin und her. Lachte. Spielte mit. »Nochmals, nochmals«, rief er und klatschte in die Hände wie vor der Bühne. Immer häufiger ließ er sich einen Satz wiederholen, bat Pierre, ein kleines Stück zurückzugehen, gab selber die Repliken. Es war ein großartiges Fastnachtspiel, das die beiden aufführten, sie lachten toll, keiner wußte mehr, wer des andern Hanswurst war.

»Das hast du großartig gemacht, Pierrot«, sagte, noch atemlos vom Lachen, Vaudreuil. »Das wirft einen um, das wird Paris umwerfen, den Hof. Das ist das beste Stück, das ein Franzose geschrieben hat seit Molière.« »Und meinen Sie, daß man es spielen wird?« fragte Pierre. »Der Dicke kann mich nicht leiden«, überlegte Vaudreuil, »der Dicke versteht nichts vom Theater und hat keinen Sinn für Humor. Es wird harte Arbeit werden. Aber gerade darum. Laß mich nur machen, mein Pierre. Verlaß dich auf mich.«

Philippe Gudin verspürte tiefe Ehrfurcht vor großen Männern, er las gerne in seinem Plutarch und hatte sehr darunter gelitten, daß Männer vom Format Franklins und Pierres, die für die gleiche Sache kämpften, einander nicht in Freundschaft zugetan waren. Als ihm Pierre von der Feier in Passy und von seiner Aussöhnung mit Franklin erzählt hatte, war ihm ein Stein vom Herzen gefallen.

In der Kneipe ›Zur Heikeln Kathrin‹, an einem Tisch von Schriftstellern und Philosophen, traf er den Doktor Dubourg. Dubourg gehörte zu den wenigen, die dem gutartigen Gudin nicht sympathisch waren. Nicht nur war Doktor Dubourg einem Abend ferngeblieben, an dem Gudin aus seiner ›Geschichte Frankreichs‹ vorgelesen hatte, er nahm auch Verdienste in Anspruch, die nicht ihm, sondern Pierre Beaumarchais zugehörten. Wenn Franklin vor Pierre so lange kühl geblieben war, so trugen sicherlich Ohrenbläsereien Dubourgs mit daran die Schuld.

Gudin freute sich der Gelegenheit, es dem Kollegen Dubourg hinreiben zu können, daß sein tückisches Gerede zuletzt doch wirkungslos geblieben war. In großen Worten sprach er davon, wie enthusiastisch Pierre von der Feier in Passy erzählt habe. Es müsse, meinte er, für Dubourg ein erhebender Anblick gewesen sein, Franklin und Beaumarchais, die beiden großen Soldaten der Freiheit, so freundschaftlich vereint zu sehen.

Dubourg erinnerte sich verdrossen, daß Franklin in der Tat an jenem Abend Monsieur Caron durch unverdiente Herzlichkeit ausgezeichnet hatte. Er, Dubourg, hatte gleich vorausgesehen, daß dieser Herr und seine Freunde die Leutseligkeit Franklins mißdeuten würden. Jetzt hatte mans. In Zukunft wird man von dem Summen und Surren dieser Bremse, dieser Mouche au Coche, noch mehr belästigt werden.

Er hätte ein paar kräftige Sprüchlein gewußt, dem gelehrten Einfaltspinsel Gudin heimzuleuchten. Aber er beschloß, sich nicht zu unüberlegten Reden hinreißen zu lassen; das wäre nicht im Sinne Franklins gewesen. »Ja«, erwiderte er also trocken, »ich entsinne mich, bei jener kleinen Feier auch Monsieur de Beaumarchais bemerkt zu haben. Seine Anwesenheit, wie die so manches andern, trug dazu bei, der Größe Franklins und seiner Sache Relief zu geben.«

Gudin sagte sich, die sauern Anmerkungen des ledernen Wichtigmachers bewiesen nur, wie sehr dieser seinen Pierre um Franklins vertraute Freundschaft beneidete. Behaglich saß er an dem schweren Tisch in der menschen- und lärmerfüllten Kneipe, knöpfte sich unter der Weste die Hose auf, nahm einen Schluck von dem berühmten Anjou, der in der ›Heikeln Kathrin‹ ausgeschenkt wurde, und meinte, es sei richtig, die beiden Männer ergänzten einander, der ruhige, gelehrte Franklin und der erfinderische, immer tätige Beaumarchais. Franklin helfe der Sache Amerikas durch philosophische Betrachtungen, Beaumarchais durch kühne Taten. Franklin sei der Sohn oder besser noch der Archimedes unseres Jahrhunderts, während die Nachwelt Beaumarchais wohl als den Brutus unserer Zeit bezeichnen werde. Freilich eigne Monsieur de Beaumarchais außer dem demokratischen Feuer des Brutus auch der helle, tödliche Witz des Aristophanes. In umständlichen Sätzen und mit dem Gleichmut, der dem Gelehrten anstand, doch sehr streitbar brachte der behäbige Herr diese seine Ansicht vor.

Nun aber wurde es dem Doktor Dubourg des schellenlauten Geschwatzes zu viel, ihm entfloh die Geduld. Die schon etwas matten Augen seines verfallenden, versackenden Gesichtes belebten sich, er schnaufte, schnupfte, nahm seinesteils einen Schluck Wein und sagte sententiös: »Es kommt vor, daß ein Historiker Geschehnisse der Vergangenheit richtig zu deuten vermag, während sein Urteil erstaunlich versagt vor Ereignissen der Gegenwart. So scheint es um Sie zu stehen, Herr Doktor Gudin. Ich bin der Letzte, die Verdienste Monsieur de Beaumarchais' verkleinern zu wollen. Nicht nur schreibt er wirksame Farcen voll guter Gesinnung, sondern er treibt auch gewagten Handel mit Übersee, aus welchen beiden Tätigkeiten die Dreizehn Vereinigten Staaten einigen Nutzen ziehen mögen. Aber so sehr das Monsieur de Beaumarchais zur Ehre gereicht, es scheint mir keineswegs angängig, ihn bei der Wertung der amerikanischen Geschehnisse in Einem Atem zu nennen mit dem Staatsmann und Philosophen Franklin. Hört man so maßlose Übertreibung, dann begreift man, daß es Leute gibt, die sich bei der Nennung des Namens Beaumarchais an Lafontaine's Fabel von der Fliege und der Kutsche erinnert fühlen.« Gudin glaubte, im Lärm der Kneipe nicht recht verstanden zu haben. Aber Dubourg saß da mit böseblickenden, kleinen Augen, und der vorgewölbte Mund schmatzte Triumph. Gudin fühlte, wie ihm das Blut zu Kopfe stieg. Er atmete schwer, nestelte Weste und Hose noch weiter auf, und: »Gibt es solche Leute, Monsieur?« fragte er. »Gibt es Leute, die den Dichter und Staatsmann Pierre Beaumarchais jener Fliege zu vergleichen wagen?« »Auf eine runde Frage, Monsieur«, erwiderte Dubourg, »eine runde Antwort: Ja, Monsieur.«

Die beiden beleibten Herren saßen einander gegenüber, schnaufend, jeder seinen bewunderten Freund verteidigend. Die andern am Tisch waren aufmerksam geworden, doch in dem Lärm begriffen sie nicht, worum es ging. »Wollen Sie vielleicht sagen, Herr Doktor Dubourg«, fuhr erbittert, doch leise Gudin fort, »daß man sich auch in Passy an jene Fabel erinnert fühlt, wenn von Beaumarchais die Rede ist?« Einen Augenblick zögerte Dubourg, einen zweiten, dann dachte er an den ›Seeadler‹, der ihm entflogen war, an jenen Brief, in welchem der gewisse Monsieur Caron ihn verhöhnt hatte, und er erwiderte: »Ja, Monsieur. Allerdings, Monsieur.«

Gudins Rücken wurde runder. Er wollte es nicht glauben, was Dubourg da gesagt hatte, aber er sah ihm an: es stimmte. Gudin schmeichelte sich, das menschliche Herz zu kennen, er hatte im Seneca, im Cicero, bei Marc Aurel, in den Charakteren des Theophrast mancherlei kräftige Sätze gelesen über Undank, Neid, Eifersucht und über die Verkleinerung wahren Verdienstes. Er hatte selber, als ihm Pierre zum ersten Mal von dem seltsamen Verhalten Franklins erzählte, hingewiesen auf die weite Verbreitung dieses abstoßenden Lasters, des Undanks. Aber wie er jetzt das feindselig triumphierende Gesicht Dubourgs vor sich sah, wie er mit eigenen Ohren hören mußte, daß wirklich Franklin seinem Pierre so ungeheures Unrecht zugefügt hatte, erschütterte ihn das in seinen Tiefen. Doktor Franklin, auf beiden Seiten des Ozeans als Spiegel der Biederkeit und der Aufrichtigkeit verehrt, der Philosoph der Tugend und Vernunft, brachte es über sich, seinem großen Rivalen vor den Leuten Honig um den Mund zu schmieren, und dann, hinter seinem Rücken, verleumdete er ihn mit giftigen Vergleichen. Gudin saß da inmitten des fröhlichen Lärms der Kneipe, das gute, dicke Gesicht verdüstert, die Schultern schlaff, er trank, der leichte, prickelnde Wein mundete ihm nicht mehr. »Wenn der Philosoph in dem Garten von Passy«, sagte er, »wenn der Sokrates aus dem Westen es wirklich sollte geduldet haben, daß man den Schriftsteller und Freiheitskämpfer Beaumarchais dermaßen verleumdete, dann – das muß ich in aller Ehrerbietung sagen – hat er sich wenig sokratisch benommen.«

Dubourg bereute schon, daß er den andern so sehr gekränkt hatte. »Es tut mir leid«, sagte er, »wenn Sie den Eindruck gewonnen haben sollten, man ehre Ihren Freund nicht nach Gebühr. Aber da Sie fragten und da Sie darauf bestanden, mußte ich Ihnen wohl antworten. Und Lügen sind nun einmal nicht meine Sache. Amicus Plato, magis amica veritas.«

Es war ein voller Triumph für Doktor Dubourg.

Aber er wurde dieses Triumphes nicht froh. Die ganzen nächsten Tage hindurch verfolgte ihn die Erinnerung an den gebrochen dasitzenden Gudin. Dubourg war Wissenschaftler, bemüht um Objektivität, und er konnte sichs nicht wegleugnen: in dem, was der beschränkte, aber wohlmeinende Historiker Gudin über Franklin und über Beaumarchais geäußert hatte, stak ein Körnchen Wahrheit. Sein großer Freund hatte die Grundlagen geschaffen für die Unabhängigkeit Amerikas, aber er legte, seitdem er in Passy saß, eine unbegreifliche Lethargie an den Tag, er interessierte sich nicht einmal für die Kaperschiffe. Es war kein Wunder, daß solche Untätigkeit mißdeutet wurde. Wahrscheinlich stellten noch mehr Leute als Monsieur Gudin eine mißgünstige Antithese her zwischen der ewigen Geschäftigkeit Beaumarchais' und der philosophischen Lässigkeit Doktor Franklins.

Wenn sich Doktor Dubourg einmal mit einem Problem befaßte, dann dachte ers zu Ende. Allein, über einer Flasche Corton und über einem

Bande Montaigne, saß er und meditierte über das Streitgespräch in der Kneipe ›Zur Heikeln Kathrin‹. Es hatte auch sein Gutes, daß dieser Gudin mit seiner pinguis Minerva, mit seinem Fetthirn, es gewagt hatte, Franklin zu verkleinern. Hell ins Licht gerückt wurde dadurch eine Tatsache, die er, der Arzt Dubourg, zwar bemerkt hatte, aber nicht hatte wahr haben wollen: daß nämlich Franklins Tatkraft infolge Alters zu schwinden begann.

Da mußte etwas geschehen. Er, Dubourg, wiewohl kaum jünger als Franklin, war glücklicherweise noch im Vollbesitz seiner Energie. Es war an ihm, seinen großen Freund anzustacheln; das war seine welthistorische Sendung. Franklin hatte den ungeheuern Namen, die Popularität; er, Dubourg, bescheiden im Hintergrund, mußte den Freund dazu bewegen, diese Popularität für eine bedeutsame Aktion auszunutzen.

Er grübelte über eine solche Aktion, suchte nach einem großen Plan, den er Franklin unterbreiten könnte. Dies und jenes fiel ihm ein, aber es waren lahme Projekte, es war nicht das Rechte, es war nicht der Nagel. Er trank und las und sann und trank und las. Dann ging er zu Bett und hatte den Nagel nicht gefunden.

Am andern Morgen erwachte er, und siehe, da war er, der Nagel. Während er schlief, hatte ihn das Höchste Wesen den großen Plan finden lassen. Welch ein Glück. Nun wird er, bevor er in die Grube fährt, Franklin und der Freiheit einen Dienst erwiesen haben, den man ihm nicht vergessen wird.

Er ließ anspannen und begab sich nach Passy.

Um diese Stunde saß Franklin in seinem Arbeitszimmer über einem Brief an seinen Freund Doktor Ingerhousz in Wien. Er gab ihm ausführlichen Bericht von einer Begegnung, die er mit dem Chemiker Lavoisier gehabt hatte. Lavoisiers Broschüre über die Oxydation eröffnete neue Ausblicke, und was ihm der junge Gelehrte ergänzend mitgeteilt hatte, verdiente höchste Aufmerksamkeit. Franklin war leidenschaftlich interessiert an der klaren, schriftlichen Formulierung wissenschaftlicher Fragen, er war diszipliniert, gewohnt, sich zu konzentrieren. Heut indes entglitten ihm die Gedanken, er ließ die Feder sinken und gab sich einer Grübelei hin, die weit ablag von der Verbindung gewisser Luftteile mit gewissen metallischen Stoffen.

Franklins körperliches Befinden war besser als seit langem, das Wetter war wunderbar, er schwamm in der Seine und machte seine körperlichen Übungen, die Terrassen hinauf und hinunter steigend. Auch seine Abende mit Madame Helvetius und mit Madame Brillon waren denkbar erfreulich. Trotzdem ermangelte er der gewohnten Gelassenheit.

Es war Post aus Amerika eingetroffen, und er konnte sich, endlich, ein klares Bild der Lage machen. Es war ein sehr unerfreuliches Bild. Wenn schon die amtlichen Schreiben des Kongresses sorgenvoll klangen, so waren die vertraulichen Briefe der Freunde noch viel düsterer. Der Armee Washingtons fehlte es an Menschen. Die einzelnen Staaten leisteten nicht die Beiträge, zu denen sie sich verpflichtet hatten, weder an Mannschaft, noch an Material, noch an Geld. Dafür trieben viele Tausende von Bürgern auf eigene Rechnung Kaperei oder nahmen Dienst auf Kaperschiffen. Die administrativen und ökonomischen Schwierigkeiten türmten sich. Das Geld, das der Kongreß ausgab, wurde nur gegen hohes Agio oder überhaupt nicht mehr in Zahlung genommen. Die Streitigkeiten zwischen den einzelnen Staaten hörten nicht auf, das Vertrauen in den Endsieg schwand, alles zerfiel. Wenn Franklin, schrieben die Freunde, den Abschluß der Allianz nicht bald zuwege bringe, werde Hilfe zu spät kommen.

Ein Brief seiner Tochter Sally war in der Post. Als der Kongreß nach Baltimore geflohen war, hatten auch sie und ihr Mann Richard Bache sich davongemacht und seine, des Doktors, Bibliothek fortgeschafft. Mit dem Kongreß war dann auch sie zurückgekehrt und hatte die Bücher, die Bilder und die sonstige Habe, auf welche der Vater Gewicht legte, nach Philadelphia zurückgebracht, in das Haus an der Market Street. Jetzt, berichtete sie, hieße es wiederum, die Stadt sei in Gefahr. Schon höben die Tories, die Shippen, die Kearsley, die Stansbury, von Neuem die Köpfe, eine Menge von Republikanern verschleuderten ihre Immobilien weit unterm Wert und viele bereiteten sich zu neuer Flucht oder seien bereits geflohen. Diesmal aber lasse sie sich nicht bange machen. Diesmal bleibe sie, auch des Vaters Sachen lasse sie im Haus, sie habe die Zuversicht, es werde alles gut gehen.

Franklin sah seine Tochter Sally deutlich vor sich, blond, füllig, robust, wie sie herumwerkelte mit ihren großen, kräftigen, zugreifenden Händen. Sie hatte ihren gesunden Menschenverstand, seine Tochter Sally, und furchtlos waren sie beide, sie und ihr Mann Richard Bache, sie hatten die Tapferkeit der Fantasielosen. Gerade darum bewies es wenig für die Sicherheit Philadelphias, daß sie sich entschlossen hatten, zu bleiben.

Viele seiner Freunde, schrieb Sally, verschleuderten ihre Häuser und machten sich auf die Flucht. Trauer füllte sein Herz. Vor sich sah er seine liebe Stadt. Sie war die größte in Amerika, aber sie war nicht groß, Paris war mehr als zwanzig Mal größer. Sie schaute ländlich her, seine Stadt Philadelphia, sie hatte wenige gepflasterte Straßen, und es gab mehr Gärten und grünes Gelände als bebauten Grund. Aber es war eine schöne, farbige, durch und durch gesunde Stadt; die Mehrzahl ihrer Bewohner waren behäbig und zufrieden, und sie zeigten es. Hier in Paris gingen viel mehr Leute herum in Seide und Brokat, aber näher hinsehen durfte man nicht, es waren zumeist die Kleider, welche die Privilegierten abgelegt und weitergeschenkt hatten. Dergleichen übertünchte Armut gab es in Philadelphia nicht. Auch weniger Kutschen gab es; wer faul war wie er selber, bediente sich der Sänfte. Dafür gab es weniger Schmutz und Entbehrung in Philadelphia und nichts von der Enge und dem Gestank und dem wimmelnden Elend, das er in manchen Vierteln von Paris hatte wahrnehmen müssen. Dort lebte auch der Arme inmitten von Gärten wie er in seinem Passy. Es war hart für seine Freunde, ihre schöne Stadt verlassen zu müssen. Es war hart für ihn, sich vorzustellen, daß jetzt während er hier saß, englische Offiziere in der Market Street paradieren könnten, und daß vielleicht in James' Caféhaus, in der City Tavern und in der Kneipe des Hotels ›Zur Indischen Königin‹ rotröckige englische Soldaten und tölpische Hessen sich breitmachten. Unmut füllte sein altes Herz, und der Gedanke an die Säcke voll Buchweizen- und voll Maismehl, welche ihm Sally für die Bereitung seines Lieblingsgerichts mitgeschickt hatte, milderte nur wenig seinen Verdruß.

Arthur Lee und Silas Deane werden sicherlich auch ihre privaten Berichte gekriegt haben. Kein Zweifel, daß sie heute noch angefahren kommen werden, eilig, indigniert, besorgt, wichtig. Sie werden unsinnige Vorschläge machen, sie werden darauf bestehen, daß etwas geschehe. Es war begreiflich, wenn sie ungeduldig wurden, es fiel ihm selber schwer, untätig hier herumzuhocken. Aber man konnte nichts anderes tun. Man war in einem übeln Zirkel. Da es um den Krieg so schlecht stand, brauchte man dringlich die französische Allianz, und Versailles konnte für die Allianz nicht gewonnen werden, so lange es um den Krieg so schlecht stand.

Franklin hatte sich eingeredet, er sei im Alter weise geworden und ergeben in die Langsamkeit alles geschichtlichen Fortschrittes. Doch seine Geduld drang nicht bis ins Innerste, das lange Warten war eine lange Pein. Das Leben verrann, und die Sache, welcher er den Rest seiner Tage geweiht hatte, ging nicht voran. Er kam sich vor wie der Heilige Georg auf dem Bild, der reitet und reitet und nicht weiterkommt. Gewiß, er war des Endsieges sicher. Amerikas Unabhängigkeit war von der Geschichte gewährleistet, und er hatte das Seine dazu beitragen dürfen. Er hatte das gelobte Land gesehen. Aber er fürchtete, er werde sterben müssen, ohne es betreten zu haben.

Einen Franklin voll von solchen Erwägungen und solchem Unmut fand Doktor Dubourg, als er geschäftig eintrat, um ihm seine Idee zu unterbreiten.

Man habe, setzte er auseinander, das größte und beste Kapital, über das man verfüge, bisher völlig ungenützt gelassen. »Was wäre das für ein Kapital?« erkundigte sich Franklin. »Ihre Popularität«, erwiderte triumphierend Dubourg und wies eindringlich mit seinem Stock auf Franklin. Und ohne sich um dessen skeptisches Lächeln zu kümmern, führte er aus, wenn die Allianz mit den Vereinigten Staaten noch nicht zustande gekommen sei, so liege das, wie jedermann wisse, am Widerstand des Königs. Man habe sich bisher immer nur um die Minister bemüht. Die aber könnten, obwohl guten Willens, diesen Widerstand nicht besiegen. Das vermöge nur eine einzige, die Österreicherin, Marie Antoinette. Sie für die Sache Amerikas zu gewinnen, mit ihr zumindest zusammenzukommen, das müsse Franklin versuchen.

Der schaute dem Doktor Dubourg voll und prüfend ins Gesicht, dann erwiderte er freundlich: »Mein lieber Alter, bleiben Sie bei Ihren Kaperschiffen.«

Dubourg, indes, unverdrossen, legte dar, wie wohlbegründet sein Plan war. Bei aller Verehrung für den Freund habe er vor diesem Eines voraus; da er sein ganzes Leben hier in Paris verbracht habe, verstehe er sich besser als Franklin auf die Mentalität Versailles'. Er wisse, wie abgöttisch der Hof und besonders der Kreis um die Österreicherin, der Fliederblaue Klüngel, die Mode verehre. »Sie sind Mode, Doktor Franklin«, erklärte er mit Nachdruck. »Machen Sie einen Versuch, mit der Königin zusammenzukommen. Sie werden sehen, es lohnt«, versprach er sieghaft.

»Das ist wieder so recht mein romantischer Dubourg«, sagte gemütlich Franklin. »Vielleicht erinnern Sie sich, daß nicht einmal eine Begegnung mit dem liberalen Kaiser Josef zustande zu bringen war.« »Toinette ist eine Frau«, ereiferte sich Dubourg, »sie glaubt nicht an die Politik, sie glaubt an die Mode.« »Die Königin sehen«, schüttelte Franklin den Kopf, »das ist leicht gesagt. Die amerikanische Delegation mag in Paris beliebt sein: bei Hofe hält man sich vor uns die Nase zu. Wenn ich Monsieur de Vergennes, ja, nur Monsieur de Gérard sehen will, dann muß ich über die Hintertreppe kommen.« Dubourgs altes Gesicht mit der verfältelten, sackigen Haut lächelte verschmitzt, lausbübisch. »Wie wäre es«, fragte er, »wenn Sie die Königin über die Hintertreppe besuchten? Soweit ich unterrichtet bin, hat Louis seine Ehe erst jetzt vollzogen, Marie-Antoinette ist soeben erst Frau geworden. In dieser Phase«, erklärte er kennerisch, versucherisch, »sind Frauen emotionell und für absonderliche Streiche zu haben. Am Hofe von Versailles ist vieles möglich. Hören Sie ein einziges Mal auf meinen Rat, verehrter Freund«, beschwor er ihn. »Glauben Sie mir, es ist das Klügste, die Kuh bei den Hörnern zu packen.«

Kleine, verzwickte Intrigen, wie sie ihm da Dubourg vorschlug, lagen dem alten, weisen Franklin weltenfern. Er glaubte an einen großen, immanenten Sinn in der Geschichte, es schien ihm lächerlich, historische Ereignisse auslösen zu wollen durch so läppische Manöver, wie sie sich die ausschweifende Fantasie seines im Greisenalter kindisch gewordenen Dubourg ausgedacht hatte. Andernteils wußte Franklin von seinen naturwissenschaftlichen Studien her, daß manchmal ein winziges, zufälliges Erlebnis den Anstoß gab zu großen, revolutionären Erkenntnissen. Höchst wahrscheinlich war das ›Projekt‹ Dubourgs ein müßiger Einfall, der nicht ausgeführt werden konnte, und der, selbst verwirklicht, kaum weiterhalf. Aber Franklin war gewohnt, erst zu probieren und dann zu verwerfen. Was konnte es viel schaden, wenn er versuchte, mit der Habsburgerin zusammenzukommen? Auf keinen Fall freilich konnte er sie, so wie sich sein naiver Freund das vorstellte, ›für die amerikanische Sache gewinnen‹. Aber es gab eine ganze Reihe einflußreicher Persönlichkeiten, die mit Amerika sympathisierten und ihre Sympathie nur deshalb nicht eingestanden, weil sich das Königspaar so feindselig neutral verhielt. Wenn er mit der Königin zusammentraf, mit ihr sprach, genügte vielleicht die bloße Tatsache, diese Leute etwas kühner zu machen. Und hatte nicht schon der alte Maurepas darauf hingewiesen, daß er, Franklin, den praktischen Wert seiner Popularität unterschätze? Warum wirklich sollte er nicht mit seinem Pfunde wuchern? Die andern, Lee und Silas Deane, bestürmten ihn, etwas zu unternehmen. Wenn er versuchte, die Österreicherin zu treffen, zeigte er ihnen seinen guten Willen, und sie mußten wohl eine Zeitlang Ruhe geben. Auch war die Lage der Vereinigten Staaten leider so, daß es nicht anging, ein noch so abenteuerliches Projekt ohne weiteres zu verwerfen. Man mußte nach jedem Hilfsmittel greifen, und wäre es der Schwanz des Teufels.

»Da Sie sich so viel davon versprechen, alter Freund«, sagte er, »werde ich mir Ihre Anregung überlegen. Auf alle Fälle danke ich Ihnen.« Dubourg strahlte über sein ganzes Gesicht, das, wie Franklin mit Bedauern wahrnahm, immer hippokratischer wurde.

Wirklich erzählte Franklin den Herren Lee und Silas Deane in Dubourgs Gegenwart von dessen Idee.

Arthur Lee lehnte sogleich heftig ab. Der Emissär eines freien Volkes, meinte er streng, dürfe sich nicht so weit erniedrigen, einer Despotin zu schmeicheln. Silas Deane aber war begeistert. Es sei unbegreiflich, fand er, daß man nicht schon längst versucht habe, auf diesem Weg Einfluß in Versailles zu gewinnen, und wiewohl er sonst an Doktor Dubourg, dem Feinde und Verleumder Beaumarchais', kein gutes Haar fand, nannte er seinen Einfall das Ei des Columbus.

Arthur Lee sagte verächtlich, glücklicherweise erledige sich das unwürdige Projekt von selber. Nach den Erfahrungen mit dem Wiener Pharao sehe er keinen Weg, auf dem man eine Begegnung mit der Pariser Despotin herbeiführen könne. Dubourg meinte, eine Königin, die sich incognito unter Volk jeder Art mische, müsse einem Franklin zugänglich sein. Silas Deane aber sagte verschmitzt: »Wenn einer eine solche Begegnung zu bewerkstelligen imstande ist, dann ist es der Mann, der uns so oft aus der Not geholfen hat, unser Freund Beaumarchais.« Dubourg blies unmutig durch die Nase. So hatte er sich das nicht vorgestellt. Er, Dubourg, hatte den Weg gewiesen, wie die Kutsche aus dem Dreck geschoben werden konnte, und da kam schon wieder die Fliege. »Immer Ihr Beaumarchais«, sagte er verdrießlich. »Es gibt eben keinen andern«, antwortete achselzuckend Silas Deane. Arthur Lee sagte: »Da sehen Sie, meine Herren, wohin man kommt, sowie man derlei Würdelosigkeiten auch nur ins Auge faßt. Um der Despotin schmeicheln zu können, brauchen Sie die Hilfe des Schiebers.« Franklin aber meinte friedfertig: »Wer einen guten beinernen Knopf drehen will, darf ein bißchen Gestank nicht scheuen.«

Er nahm Silas Deane beiseite und forderte ihn auf, mit Beaumarchais Rücksprache zu nehmen. »Lassen Sie ihn aber ja nicht wissen«, bat er ihn, »daß das Ersuchen von mir ausgeht. Es wäre unangenehm, wenn nach der verunglückten Zusammenkunft mit Josef auch aus dieser Sache nichts würde, und Diskretion ist nicht Monsieur de Beaumarchais' Stärke. Es müßte ein Gefallen sein, den er Ihnen persönlich erweist. Stellen Sie das Projekt doch dar als eine Idee, die Ihnen gekommen ist.« »Aber ich schmücke mich ungern mit den Federn Doktor Dubourgs«, entgegnete zögernd Silas Deane. »Doktor Dubourg hat die Bescheidenheit des Gelehrten«, beruhigte ihn Franklin; »ich nehme alles auf mich.« »Schön«, fügte sich Silas Deane. »Ich freue mich«, konnte er sich nicht enthalten, hinzuzusetzen, »daß auch Sie jetzt unsern Débrouillard zu schätzen wissen.«

Als Silas Deane am nächsten Morgen mit Pierre sprach, erriet dieser sofort, wer ihn geschickt hatte. »Sagen Sie, mein Verehrter«, fragte er vertraulich und geradezu, »kommen Sie im Auftrag unseres großen Freundes von Passy?« Silas Deane errötete über das ganze Gesicht, wischte sich den Schweiß und versicherte: »Aber nein, die Idee ist von mir.« »Da haben Sie eine kühne Idee gehabt«, anerkannte Pierre. »Ich danke Ihnen«, sagte geschmeichelt Silas Deane.

Pierre spürte tiefe Genugtuung. Glorreich bestätigte sich jetzt, was ihm die Feier des Vierten Juli gezeigt hatte. Franklin hatte eingesehen, die Unabhängigkeit Amerikas war ohne die Hilfe Pierre Beaumarchais' nicht durchzusetzen.

Die Aufgabe war reizvoll. Die Königin von Frankreich sollte gegen ihren Willen zu einer Begegnung mit dem Rebellenführer veranlaßt werden: das erforderte eine Intrige, wie er deren so manche in seinen Stücken gezettelt hatte. Schon sah er den Weg. Und wieder einmal, wie oft in solchen Fällen, lief er mit dem halbgaren Projekt zu seiner Freundin Désirée.

Da saßen sie beieinander, die beiden listigen, kräftigen Kinder der Pariser Straße, und überlegten, wie sie ihren hochmütigen Versailler Gönnern den Streich spielen könnten. Klar war, daß der nächste Weg über Vaudreuil ging. Désirée hatte ihren Freund François gerne, er war generös und würde ihr sicherlich in jedem Zwist mit dem Théâtre Français wirksam zur Seite stehen. Aber er gab ihr manchmal seinen Hochmut rücksichtslos zu kosten, und es war spaßhaft, ihn als unwillentliches Werkzeug zu benutzen in einer großen Intrige, die sich gegen seine Klasse richtete.

Beide waren sie überzeugt, daß Vaudreuil als der erklärte Favorit der Königin, wenn er nur ernstlich wollte, sie werde bestimmen können, in die Begegnung mit Franklin zu willigen. Désirée glaubte, die Stunde sei besonders günstig, dem Marquis den Plan schmackhaft zu machen. Er war offenbar willens, die ihm angebotene Intendanz anzunehmen, und suchte nur noch nach einer Sensation, durch die er dem Hof und der Stadt zeigen könnte, er werde trotzdem der alte Vaudreuil bleiben, unabhängig, nicht gewillt, auf die Neigungen und die Politik Louis' Rücksicht zu nehmen.

Pierre also, von Désirée kräftig ermuntert, ging zu dem Marquis und erzählte ihm, seit der Arbeit am ›Figaro‹ sei er wieder einmal besessen von der Lust am Theater, nichts anderes mehr interessiere ihn; was immer ihm unterlaufe, betrachte er als Stoff für die Bühne. Selbst um den alten Franklin herum habe er ein Stück zu bauen versucht. Der Mann im braunen Pelzrock und mit der eisengerahmten Brille sei die rechte Figur für eine Komödie, ein biederer Heldenvater, weise, rührend und ein wenig lächerlich. Nur sei es verdammt schwierig, um ihn herum die Maschinerie eines Stückes zu bauen. Er wenigstens, doch sonst nicht blöde in solchen Erfindungen, sehe keine glaubhafte Möglichkeit, den Helden und die Gegenspieler so zusammenzubringen, daß sie witzig und kämpferisch Rede und Gegenrede tauschen könnten. Auf der einen Seite stehe der Alte aus Philadelphia, auf der andern Versailles, der Hof, und wenn auch nur wenige Meilen von einander entfernt, seien sie doch getrennt wie durch den Ozean, sie könnten nicht in Einen Bühnenrahmen gespannt werden. Es sei ein Jammer, daß somit die Figur des alten Franklin monologisch bleibe, und daß sich keine Komödie um ihn herum ersinnen lasse.

Man saß bei Tisch, Vaudreuil aß mit lässigem Appetit und hörte mit lässiger Aufmerksamkeit zu. Doch Pierre, der gute Beobachter menschlicher Reaktionen, nahm wahr, daß diese Lässigkeit gespielt war. Es kümmerte ihn nicht, daß der Marquis nicht auf das Thema einging. Er wußte, er hatte den Mann da, wo er ihn haben wollte.

So sicher war er seiner Sache, daß er, als er nach Hause fuhr, seiner Fantasie freien Lauf ließ. Er sah im Geiste, wie Franklin in das Haus kam an der Rue de Condé, in sein schönes Arbeitszimmer, und sich bei ihm bedankte, gravitätisch und mit leiser Mokerie, anders konnte ers nun einmal nicht, der Alte. Und dann ging ein Schreiben aus Passy hinüber an den Kongreß, und darin gerühmt wurden die Verdienste der Firma Hortalez, und darin verlangt wurde rascheste Zahlung der gerechtfertigten und überfälligen Forderungen dieser Firma. Aufgesetzt hatte das Schreiben er selber, Pierre, doch unterzeichnet war es von Benjamin Franklin. Und dann kam die Flotte des Hauses Hortalez und Compagnie zurück aus Amerika, Schiff um Schiff, und jedes brachte Wechsel, und jedes brachte Waren, eine ungeheure Fülle, den wohlverdienten Lohn seines Idealismus und seiner List.

Auch Vaudreuil war sehr vergnügt. Da hatte ihn der Uhrmachersohn, sein Hofnarr, ohne es zu wissen, auf den Einfall gebracht, auf den er so lange schon wartete. Den Amerikaner und Versailles zusammenstoßen zu lassen, das war hübsch, das war die Sensation, die er brauchte. Für einen Monsieur Caron war sowas natürlich unausführbar. Der sah sich, wenn er dergleichen plante, umgeben mit lauter Mauern. Aber er, Vaudreuil, hatte die Flügel, diese Mauern zu überfliegen. Den Rebellenführer mit einer einflußreichen Persönlichkeit des Hofes zusammenbringen? Nichts leichter als das. Man mußte nur die Kühnheit und Fantasie des geborenen Aristokraten haben, dann brachte man ihn nicht mit *einer*, man brachte ihn mit *der* Persönlichkeit zusammen, mit der entscheidenden.

Frech, heiter und luftig baute sich Vaudreuil seinen Plan zusammen. Es wird ein aristophanischer Spaß sein, würdig eines Vaudreuil, ein Streich, der den Dicken ärgern und dem Hof auf Wochen hinaus zu reden geben wird.

Der Rahmen der Begegnung, so viel war klar, mußte ein Fest sein auf seiner Besitzung Gennevilliers, eine Art Maskenfest, sodaß Toinette incognito erscheinen und mit dem Rebellen sprechen konnte. Was er noch finden mußte, das war der rechte Vorwand, den Alten einzuladen.

Es mußte ein Spektakel sein, ein Stück, das irgendwelchen Zusammenhang hatte mit der Rebellion der Quäker.

Er ging im Geist die Theaterliteratur durch. Suchte, fand, verwarf, fand.

Es gab da einen älteren, angesehenen Dramatiker, Antoine-Marin Lemierre. Er schrieb edle Versstücke, die etwas langweilig waren, doch ausgezeichnet durch rebellische Tiraden gegen unduldsame Priester und despotische Regenten. Gemeinhin spielten sie in abgelebten Zeiten und in weitentfernten Gegenden, im alten Persien, im alten Indien, und die Zensur hatte sie nach einigem Zögern passieren lassen. Nun aber hatte Lemierre einen ›Wilhelm Tell‹ geschrieben, und da hatte der Zensor erklärt, rebellische Aktionen, die sich nicht in einer zeitlichen Entfernung von mindestens tausend Jahren und einer räumlichen von mindestens zweitausend Meilen abspielten, könne er auf der Bühne nicht dulden. Das Verbot hatte Aufsehen erregt, der Autor hatte an den König appelliert, Louis hatte den Beschluß seines Zensors bestätigt. Dieses Stück auf seinem Schloß vor einem kleinen, erlesenen Zirkel aufführen zu lassen, nicht durch Berufsschauspieler, sondern durch Liebhaber, durch Aristokraten, das schien Vaudreuil tapfer und pikant, ironisch und revolutionär und ein guter Vorwand, sowohl den Amerikaner einzuladen wie Toinette.

Er weihte seine Freunde, den Prinzen Karl, die Polignacs, die Rohan, in seinen Plan ein. Erklärte ihnen, wie er sich das Ganze denke, nämlich nicht als politische Kundgebung, sondern als aesthetisch-gesellschaftliche Angelegenheit. Ernst nehmen – das verstehe sich von selbst – dürfe man weder den guten Lemierre und seine wackeren Schweizer, noch den biedern Patriarchen aus Quäkerland. Man klopfte den Rebellen die Schulter, verstehe sie, belächle sie. So angefaßt, mit leichter, überlegener Hand, sei die Sache ein Streich, des Klüngels würdig.

Die andern erwärmten sich für das Projekt und waren bald ebenso begeistert wie Vaudreuil selber. Man beschloß, die Veranstaltung als Maskenfest zu verkleiden, auf dem die Aufführung des ›Wilhelm Tell‹, genau wie das Ballett oder das Feuerwerk, nur eine unter mannigfachen Darbietungen sein sollte. Die Vorbereitungen wurden geheim gehalten, damit die überraschende Wirkung umso pikanter sei. Prinz Karl hatte zunächst sowohl den Tell spielen wollen, der schießt, wie den habsburgischen Gouverneur, der erschossen wird. Man gab ihm schließlich den Tell, die Rolle des finstern Österreichers gab man dem schönen, brutalen Grafen Jules, dem sie sehr zusagte. Gabriele Polignac freute sich darauf, als edle, freiheitliche, naturnahe Schweizerin gut auszusehen, und fing sogleich an, mit Mademoiselle Bertin zu beraten. Den einzig amüsanten Part des Stückes, Tells Knaben, dem der Apfel vom Haupt geschossen wird, übertrug Vaudreuil der Berufsschauspielerin Désirée Mesnard.

Diane Polignac übernahm es, Toinette neugierig zu machen, damit sie die Einladung umso gewisser annehme. Vertraulich erzählte sie Toinette, Vaudreuil wolle in Gennevilliers den vielberufenen ›Wilhelm Tell‹ des Monsieur Lemierre aufführen und frage sich, ob er Toinette einladen solle. Toinette begriff, daß François auf diese Art beweisen wolle, ein wie origineller Intendant zu sein er beabsichtige, es kitzelte sie selber, den guten Louis auf harmlose Art aufzuziehen, und sie war gekränkt, daß man an ihrem Mute zweifelte.

Als sie das nächste Mal mit Vaudreuil zusammen war, fragte sie ihn scherzhaft empfindlich: »Wie ist das, François? Werde ich zu Ihrem

Maskenfest eingeladen?« »Ihre Anwesenheit, Madame«, antwortete höflich Vaudreuil, »wäre eine Ehre, die ich nicht zu verlangen wage. Ich möchte Ihnen keine Kühnheiten zumuten.« »Ich erinnere mich nicht«, entgegnete Toinette, »daß ich Ihnen Anlaß gegeben hätte, an meiner Tapferkeit zu zweifeln.« »Ich werde ein Stück aufführen lassen«, sagte brüsk Vaudreuil, »das den Dicken sehr in Rage gebracht hat, den ›Wilhelm Tell‹. Wie Sie jetzt mit dem König stehen, weiß ich nicht, ob da Ihre Anwesenheit ratsam erscheint.« »Ich bin Ihnen verbunden«, sagte Toinette,» daß Sie auf einmal so zarte Rücksicht nehmen auf meine Beziehungen zu dem König. Ich sehe keinen Grund, Ihrem ›Wilhelm Tell‹ fernzubleiben. Ich bin interessiert an der Schweiz. Es ist Ihnen nicht unbekannt, daß ich in meinem Dörfchen im Trianon eine Schweizer Meierei installiere. Ich nehme lebhaften Anteil an dem Nationalhelden der Schweizer.« »Der Autor des ›Wilhelm Tell‹ wird der Aufführung beiwohnen«, sagte Vaudreuil. »Und?« fragte Toinette. »Es werden noch andere interessante Gäste da sein«, fuhr Vaudreuil fort, »zum Beispiel Doktor Franklin.«

Toinettes hohe Brauen spannten sich noch höher, in ihr weißes Gesicht stieg eine leise Röte. »Sehen Sie«, lächelte Vaudreuil, und: »Jetzt sind Sie in Wahrheit die Schwester Kaiser Josefs«, sagte er.

Toinette war peinlich ratlos. Das schien allerdings gefährlicher, als sies erwartet hatte. Sie, Maria Antonia von Habsburg, Königin von Frankreich und Navarra, und der alte Buchdrucker und Rebell: nein, wenn sie sich noch so tapfer über jedes Zeremoniell hinwegsetzte, das ging nicht. Nicht nur wird sie Louis Ungelegenheiten bereiten, auch Josef wird ihr durch Mercy und den Abbé verdiente Vorwürfe machen lassen; denn wenn er auch vor François eine klägliche Rolle gespielt hatte, so hatte er doch recht in allem, was er über den Rebellen dachte und sagte.

Aber hatte sich nicht andernteils Josef selber mit dem Gedanken getragen, Franklin zu treffen? Und war das ihr, der Frau, nicht eher erlaubt als ihm? Und sollte es nicht ein Maskenfest sein? Wenn sie sich, das Gesicht verlarvt, mit dem Amerikaner unterhielt, war das schlimmer, als wenn sie sich, wie sies so oft getan, auf einem Opernball von einem Fremden hatte ansprechen lassen?

Vaudreuil stand hinter ihr. Er lehnte sich über den Rücken des Stuhles vor und beschaute sie von oben. Deutlicher, als Worte es hätten tun können, drückten seine braunen Augen unter den dicken, tiefschwarzen Brauen, drückte sein ganzes männliches, spöttisches Gesicht aus, was er dachte: daß sie zwar große Reden führe, aber versage, sowie ihr Unannehmlichkeiten drohten von ihrem Mann oder von ihrem Bruder.

Nein, sie wollte nicht mutlos scheinen. Mit einemmal stand ihr ganzes Ressentiment auf gegen Josef, der sie so oft heruntergeschimpft und klein gemacht hatte, gegen den ewigen Schulmeister, der ihr Leben regeln und regieren wollte mit seinem dicken Vademecum.

Vaudreuil, ohne seine Haltung zu verändern, tat jetzt den üppigen, frechen Mund auf und sagte mit seiner tiefen Stimme, leise, sehr freundlich: »Begreifen Sie, Toinette, daß ich Ihnen diese Prüfung ersparen möchte? Wenn man mich jetzt bei meinem Feste nach Ihnen fragt, kann ich der Wahrheit gemäß erwidern: ›Madame ist nicht eingeladen‹.« Toinette war nun ernstlich beleidigt. »Sie sind sehr dreist, François«, antwortete sie, »Sie trauen mir sehr wenig zu. Sie kränken mich.«

Darauf hatte Vaudreuil gewartet. »Wie Sie wünschen, Madame«, antwortete er. Und trat vor sie hin und verneigte sich tief, und mit ehrerbietiger Zunge und mit spöttischen Augen sagte er: »Ich bitte Sie um die Gnade, Madame, meinem kleinen Feste in Gennevilliers beizuwohnen.«

Toinette biß sich die Lippe, atmete. Vaudreuil war zurückgetreten, er lehnte am Kamin und schaute ihr ins Gesicht, höflich, frech liebenswürdig, hochmütig.

Sie war sich klar darüber, daß sie Nein sagen mußte. Sie durfte nicht, nur um jetzt François den kleinen Triumph zu verderben, Louis und sich selber in Schwierigkeiten bringen und vielleicht sogar Frankreich und Habsburg schädigen. François hatte es leicht, er war Untertan. Sie war die Königin, sie hatte Verantwortung. Sie mußte Nein sagen. Sie wird Nein sagen.

Vaudreuil schaute sie unablässig an, sein volles, ironisches, gewalttätiges Gesicht höhnte: ›Die Schwester Kaiser Josefs.‹

»Ich werde kommen«, sagte sie.

»Mein lieber Pierre«, eröffnete zwei Tage später Vaudreuil seinem Freunde und Hofnarren, »ich werde bald in der Lage sein, Ihnen ein Stück vorzuspielen, daß Ihrem Figaro nicht nachsteht. Es wird heißen: ›Ein Toller Tag oder Wilhelm Tell und die Königin‹.« Eine Welle der Befriedigung überflutete Pierre, aber er schaute Vaudreuil mit großäugigem Staunen an und antwortete: »Ich verstehe Sie nicht, mein Mäzen.«

Vaudreuil erzählte ihm mit gutgespielter Beiläufigkeit, wie er die Lösung gefunden habe, nach der Pierre gesucht. Pierre werde es erleben, wie er, Vaudreuil, Pierres greisen Komödienhelden mit seiner mächtigen und anmutigen Gegenspielerin in Einen Rahmen spannen werde. »Nur lassen Sie«, forderte er Pierre auf, »Ihrem Geschäftsfreund in Passy einige behutsame Weisungen zukommen, damit er sich geziemend in das Spiel einfüge. Machen Sie, bitte, den Alten darauf aufmerksam, es werde von ihm erwartet, daß er die hochgestellte Dame, die er bei dem Feste treffen wird, nicht erkennt. Klären Sie, bitte, den Herrn aus dem Westen darüber auf, daß es sich um eine vergnügliche gesellschaftliche Veranstaltung handelt, nicht um eine politische Versammlung. Sie selber, mein Lieber«, schloß er gnädig, »sind übrigens eingeladen, dem Spiele beizuwohnen.«

Pierre drückte in starken Worten seine Bewunderung und Dankbarkeit aus und stellte seine Dienste bereitwillig zur Verfügung. In seinem Innern war eine große, grimmige Freude. Wenn der Herr Marquis tanzen wollte, so wird, des war Pierre sicher, der Geschäftsfreund aus dem Westen ihm dazu aufspielen, diskret und trotzdem weithin hörbar.

Wiewohl Pierre wußte, daß von dem geplanten Abend nichts verlauten dürfe, erzählte er seinen Nächsten, Therese, Julie, Gudin, vertraulich von dem bevorstehenden Ereignis und von dem großen Dienst, den er Franklin habe leisten können.

Julie jubelte, Therese blieb gleichmütig, Philippe, in seinem Innern, barst vor Wut. Es war niederträchtig, wie die Amerikaner seinen edeln, arglosen Freund ausbeuteten, nur um ihn hinter seinem Rücken zu verhöhnen. Pierre lieferte ihnen ihre Waffen für das Schlachtfeld sowohl wie für die Kabinette der Minister, er wars, der ihren Wagen in Gang hielt, und dafür nannten sie ihn die ›Fliege um die Kutsche‹. Aber es konnte nur Unheil entstehen für Pierre und für die Welt, wenn Gudin sprach. Er bezwang sich, schwieg.

Umso ausführlicher verbreitete er sich an seinem Schreibtisch über die Ereignisse. So wie jener Prokop von Caesarea heimlich an seinem Geschichtswerk schrieb, an jener ›Historia Arcana‹, welche der Welt das scheußliche wahre Gesicht des in alle Himmel gerühmten Justinian zeigen sollte, so schrieb er, Philippe Gudin, die wahre Geschichte der Dreizehn Staaten und des Doktors Benjamin Franklin. In starken, bunten Farben malte er seinen Freund Pierre und dessen große Taten; umso schwärzer davon ab hob sich der Undank Amerikas und des egoistischen Patriarchen von Passy. Aus allen Klassikern suchte Gudin Zitate zusammen, um seiner Entrüstung Ausdruck zu geben über solchen Undank. Er zitierte den Sophokles: ›Wie schnell der Dank der Menschen doch verweht und Undank wird‹, er zitierte den Cicero und den Seneca. Und wiewohl doch Pierre von dem bösen Gerede, das man über ihn machte, nichts wußte, bewunderte er ihn darum, daß er es hielt wie Plutarchs Alexander der Große: ›Das ist königlich, daß man Böses über sich sagen läßt von einem, dem man Gutes getan hat.‹

Solche Sprüche und Reflexionen streute der Historiker Philippe Gudin über seine Darstellung der Taten Beaumarchais' und der Untaten Franklins, und das erleichterte ihn.

Während Franklin im Bade saß, trat William ins Zimmer, sichtlich beeindruckt und vergnügt. »Sieh einmal, Großvater«, sagte er, »was da gekommen ist.« Er setzte sich zu ihm auf die Holzdecke der Wanne und zeigte eine schön gedruckte Karte. Während sich Franklin sorgsam die Hände abtrocknete, um nichts zu verwischen, erzählte der Junge weiter: »Ein Lakai in mandelgrüner Livree hat sie gebracht. Glaubst du, Großvater, daß ich auch werde hingehen können?«

Es war aber die Karte eine Einladung des Marquis de Vaudreuil, einem Maskenfest in seiner Besitzung Gennevilliers beizuwohnen. Es werde Feuerwerk geben, Ballett und die Aufführung eines Stückes. Die Devise des Festes sei: Ein Abend in den Schweizer Bergen.

Franklin war gewiß, daß die Einladung zusammenhing mit dem abenteuerlichen Projekt seines guten Dubourg. Noch am gleichen Morgen stellte sich denn auch Silas Deane ein und sprach mit breitem, verschmitztem Gesicht von der hochgestellten Persönlichkeit, welche sein verehrter Kollege auf diesem Fest des Marquis de Vaudreuil treffen werde, aber, bitte, nicht erkennen werde. Er sprach von der heldischen Erhebung des naturnahen Schweizer Volkes unter ihrem Washington, der Wilhelm Tell geheißen habe, und er sprach strahlend von seinem Freunde, Monsieur de Beaumarchais, dem großen Débrouillard. Franklin nickte mit dem mächtigen Kopf, kratzte sich und sagte nachdenklich: »Ja, da ist wieder einmal das Kamel durch das Nadelöhr gegangen.«

Er besuchte den Doktor Dubourg, der jetzt häufig das Zimmer hüten mußte, und teilte ihm das Ereignis mit. Dubourg jubelte erregt, daß es ihm noch vergönnt gewesen sei, Franklin und Amerika einen so großen Dienst zu leisten. Selber in seinen Keller lief er und brachte zutage eine verstaubte Flasche Corton 1761, er besaß nurmehr zwei Flaschen dieses edeln Jahrgangs, und wiewohl ers nicht sollte, trank er zusammen mit Franklin die Flasche leer, und dann auch noch die letzte.

Der Doktor, im Stillen, belächelte nicht ohne kleine Rührung die Erregung des Freundes. Doch sah er selber der Zusammenkunft mit leisem Kitzel entgegen. Er hatte in ständigem Umgang mit Großen dieser Erde gelebt, war vom König von England empfangen worden und hatte einem offiziellen Diner des Fünfzehnten Ludwig in Versailles beigewohnt. Mehr als einmal hatte er sich über das Zeremoniell der Höfe auf seine sacht ironische Art lustig gemacht. Trotzdem spürte er jetzt, da er die Habsburgerin treffen sollte, eine kleine Unsicherheit. Mit Frauen umzugehen, hatte er nur Eine Art, und er war nicht gewiß, ob seine umständliche, leicht ironische Galanterie dieser Königin gegenüber angebracht war.

Mochte dem sein wie immer, er hatte viele seltsame Situationen erlebt und sehr viele Menschen, und er hatte gelernt, sich anzupassen und das jeweils Beste aus Menschen und Ereignissen herauszuholen. Er hatte mit Talgziehern zu tun gehabt und mit Diplomaten, mit Buchdrukkern, Gelehrten und Sklavenhändlern, mit Schriftstellern, Generälen, Bauern und Indianern und war mit allen fertig geworden. Er war nicht der Mann, sich vom Außen, vom Kostüm beirren zu lassen, und er wird es wohl auch mit dieser Königin zu treffen wissen.

Oft hatte er sich den Spaß gemacht, im Geiste die Requisiten eines Ereignisses und die Kostüme der Menschen aus einer Zeit in die andere zu versetzen. Das tat er auch jetzt. Er nahm seine Bibel her, schlug auf das Buch Hiob und las: ›6. Es begab sich aber auf einen Tag, da die Kinder Gottes kamen und vor den Herrn traten, kam der Satan auch unter ihnen. 7. Der Herr aber sprach zu dem Satan: Wo kommst du her? Der Satan antwortete dem Herrn und sprach: Ich habe das Land umher durchzogen. 8. Der Herr sprach zum Satan: Hast du nicht acht gehabt auf meinen Knecht Hiob? Denn es ist seinesgleichen nicht im Lande, schlecht und recht, gottesfürchtig und meidet das Böse. 9. Der Satan antwortete dem Herrn und sprach: Meinst du, daß Hiob umsonst Gott fürchtet? 10. Hast du doch ihn, sein Haus und alles, was er hat, ringsumher verwahrt. Du hast das Werk seiner Hände gesegnet, und sein Gut hat sich ausgebreitet im Lande. 11. Aber recke deine Hand aus und taste an alles, was er hat: was gilts, er wird dir ins Gesicht absagen?‹

Und Franklin übersetzte diese Verse auf seine Art:

›6. Und da Lever im Himmel war, kam der ganze Adel des Herrn zu Hofe, um sich vor ihm zu präsentieren, und es erschien auch Satan unter den Höflingen als einer vom Dienst. 7. Und Gott sagte zu Satan: Ich habe Sie seit einiger Zeit vermißt. Wo waren Sie? Und Satan antwortete: Ich war auf meinem Landsitz und auf einigen andern Landsitzen, um meine Freunde zu besuchen. 8. Und Gott sagte: Lassen Sie hören, was denken Sie vom Grafen Hiob? Ich finde, er ist mein bester Freund, ein durch und durch anständiger Mann, voll von Ehrfurcht für mich, und er vermeidet alles, was mir Ärgernis erregen könnte. 9. Und Satan antwortete: Glauben Eure Majestät wirklich, daß diese gute Führung lediglich aus persönlicher Zuneigung und Liebe herrührt? 10. Haben Sie ihn nicht begönnert und Gunstbeweise aller Art auf ihn gehäuft, bis er ein riesiges Vermögen zusammen hatte? 11. Stellen Sie ihn auf die Probe. Sie brauchen ihm nur Ihre Protektion zu entziehen und ihm seine Ämter und hohen Bezüge zu sperren. Dann werden Sie rasch erleben, wie er in die Opposition geht.‹

Franklin verglich seine Version mit der üblichen, alten. Er war beruhigt. Er wird dieser Königin gegenüber den rechten Ton anzuschlagen wissen.

Am festgesetzten Tage, einem warmen, doch nicht drückenden Sommertag, fuhr er in Begleitung seines Enkels William nach Gennevilliers. William, in einem Schäferkostüm à la mode, sah gut aus und war erwartungsvoll vergnügt. Franklin trug seinen braunen Rock, er war der Philosoph aus dem Westen, der Quäker, den dieses Land in ihm zu sehen wünschte.

Vaudreuil hatte sein Pariser Stadtpalais und sein kleines Haus in Versailles elegant und neu ausgestattet, aber seinen repräsentativen Stammsitz so belassen, wie er ihm überkommen. Der Park von Gennevilliers wahrte den steifen, prunkvollen, zeremoniös gezirkelten Stil, in dem ihn zur Zeit des Vierzehnten Ludwig der Urgroßvater Vaudreuils angelegt hatte. Auf den sonnigen, staubigen Wegen dieses Parkes, zwischen ängstlich gleichmäßigen Hecken und peinlich akkurat zugeschnittenen Bäumen, ergingen sich Vaudreuils Gäste.

Sowie der Hausherr Franklins ansichtig wurde, eilte er ihm entgegen und dankte ihm mit höflicher Herzlichkeit für sein Kommen. Das Erscheinen des Doktors machte die gleiche Sensation wie überall. Doch kannte Franklin hier weniger Leute als in Paris und fühlte sich weniger heimisch. Gravitätisch und fremdartig ging er herum zwischen den Schweizern und Schweizerinnen, Schäfern und Schäferinnen, Herren in Dominos und Damen in Masken und kam sich fehl am Orte vor.

Er setzte sich, leicht müde, auf eine Bank, die Schatten bot, und hätte sich gerne gekratzt. Monsieur Lenormant, im Domino, gesellte sich zu ihm und gab ihm Auskunft über diesen oder jenen Gast. Im übrigen war Monsieur Lenormant nicht redselig und wohl auch nicht vergnügt. Es war ihm von vornherein nicht lieb gewesen, daß Désirée in dem revolutionären Drama Monsieur Lemierres eine Rolle übernommen hatte: nun gar noch der Amerikaner hier in Gennevilliers auftauchte, argwöhnte er, es könnte sich um eine der dunkeln Intrigen Pierres handeln.

So saßen sie denn auf ihrer Bank, Franklin und Lenormant, gesprenkelt von der Sonne, schweigsam, nachdenklich. Eine Dame kam vorbei, deren hübsches, etwas zu hageres, zerarbeitetes Gesicht mit den großen, fahrigen Augen in merkwürdigem Gegensatz stand zu dem Sennerinnenkostüm, das sie trug. Sie war begleitet von zwei Kavalieren und einer andern Dame, umsprungen war die Gruppe von zwei kläffenden

Hündchen. Monsieur Lenormant erhob sich und grüßte auf seine ernsthafte, respektvolle Art, auch Franklin grüßte, da ihm die Dame bekannt vorkam. Sie gab seinen Gruß umständlich, ja, bedeutungsvoll zurück. »Die Prinzessin Rohan«, erklärte Monsieur Lenormant, als die Gruppe vorüber war. Die Dame ging noch einige Schritte weiter. Dann machte sie plötzlich halt, drehte sich um, ihr Gesicht erstarrte zu einer frommen und gleichzeitig schreckensvollen Maske, und während die andern verstummten, flüsterte sie mit seltsam dringlicher Stimme: »Seht ihr ihn? Seht ihr ihn?« »Wer ist es denn diesmal?« wurde sie gefragt. »Der Graf Frontenac«, antwortete sie. »Er sagt nichts, aber er ist traurig und schaut uns an mit Blicken voll Vorwurfs. Wir müssen etwas getan haben, was nicht recht ist.« Vaudreuil war dazugekommen. Er besänftigte die Prinzessin, führte sie fort.

Franklin hatte zwei, drei Mal derartige Anfälle beobachtet, nicht ohne wissenschaftliche Anteilnahme, doch waren sie ihm zuwider wie alles Dunkle, Nebelhafte, Unordentliche. Er erinnerte sich jetzt, daß ihm – war es nicht im Salon der Madame de Genlis gewesen? – diese Prinzessin mit Begeisterung von der amerikanischen Sache gesprochen hatte. Wenn sie jetzt glaubte, der Graf Frontenac, jener Mann, der Kanada, der Neu-Frankreich groß gemacht hatte, zürne ihr und der Gesellschaft, deutete das nicht darauf hin, daß die Begeisterung der Prinzessin und der Hofleute um sie herum nur gespielt war, und daß sie in ihrem tiefsten Innern Unbehagen spürten vor dem englischen Amerika? Nein, der französische Haß gegen das Amerika englischer Zunge war keineswegs tot, und er, Franklin, wird hier eine schwere Aufgabe haben.

Vaudreuils Majordomus und andere Angestellte seines Haushalts baten die Gäste in den Theatersaal. Die Aufführung begann.

Monsieur Lemierres Drama schien Franklin eine wohlgemeinte pathetische und wirklichkeitsfremde Angelegenheit. Die Schweizer Bauern auf der Bühne, auffallend reichgekleidete Männer, rühmten in düster feurigen Versen die Freiheit und ergingen sich in wilden Anklagen gegen die Tyrannen. Franklin schienen ihre Anklagen zu wenig substanziiert; mit solchen allgemeinen Argumenten hätte man in Amerika keinen Hund hinterm Ofen, geschweige denn einen Bauern von seiner Pflugschar oder einen Handwerker von seinem Werkzeug weggelockt.

Und während die Landleute auf der Bühne weiter philosophierten und wetterten, beschloß der Doktor, nachzulesen, welche Steuern und Abgaben die wirklichen Schweizer damals dem Kaiser und seinem Gouverneur zu entrichten hatten. Da liegt nämlich der Hund begraben, mein Herr Stückeschreiber, dachte er. Eine angenehme Abwechslung in das nachgerade etwas monotone Versgewitter brachte Mademoiselle Désirée Mesnard, die Franklin schon auf der Bühne des Théatre Français mit Wohlgefallen gesehen hatte. Sie war, als Tells Knabe, nicht nur eine Augenweide, sondern sprach auch ihre Verse munter und naiv, dabei unterstreichend, daß dieser Knabe eine Frau war. Sie sprang aus dem öden Papier des Stückes als etwas angenehm Lebendiges heraus, und als sie gegen Schluß mit deutlicher Anspielung auf Franklin in kunstvollen Alexandrinern verkündete, daß das Beispiel der Eidgenossen sicherlich auch anderswo Blitze gegen die Tyrannen lenken werde, fand sie stärksten Beifall, an dem sich der Doktor um ein Haar beteiligt hätte.

Nach der Vorstellung mischten sich die Schauspieler in ihren Kostümen unter die Gäste. Um Franklin bildete sich eine größere Gruppe, man stellte ihm, wie ers gewohnt war, einige gescheite und viele törichte Fragen, er mußte sein Autogramm hier auf einen Fächer setzen, dort auf eine Tanzkarte, man war begeistert und verständnislos.

Bald erschien in dem Kreis um Franklin auch Tells Knabe. Franklin machte Désirée in seinem ungelenken Französisch galante und gravitätische Komplimente. Lenormant meinte trüben Gesichtes, er habe nicht ohne Sorge zugesehen, wie gewalttätig und mühevoll Prinz Karl mit Pfeil und Bogen herumgewirtschaftet habe, und er freue sich, daß alles gut abgelaufen sei. Désirée antwortete, sie sei glücklich, daß der Doktor auf seine Rechnung gekommen sei, und setzte mit einem kleinen, spitzbübischen Lächeln hinzu, sie hoffe, er werde auch im weitern Verlauf des Abends auf seine Rechnung kommen. Franklin war überrascht, daß also auch sie im Komplott war. Lenormant fand in ihren beziehungsvollen Worten eine Bestätigung seines Verdachtes, daß da eine Kabale Pierres im Werke war, und er wurde noch grämlicher.

Jetzt hatte sich der Gruppe auch Pierre zugesellt. Er rühmte in geschickten Worten das Drama, das man gesehen hatte, doch nur um mit

Schwung zu schließen: wenn indes Franklin zugegen sei, verblasse vor solcher Wirklichkeit auch ein gutes Stück wie das seines Kollegen Lemierre. Denn welches Theaterstück könne wetteifern mit dem gewaltigen Schauspiel, das Amerika der Welt biete? Franklin, mit freundlicher Bitterkeit, sagte trocken: »Leider zahlen die Zuschauer nicht dafür.« Pierre aber nahm seine Worte auf und erwiderte: »Das kann man wohl sagen.« Franklin ließ sich den Scherz gefallen und quittierte ihn mit Lächeln und Verständnis.

Man hatte Spieltische aufgestellt. Unter den Spielern des einen Tisches gewahrte der Doktor eine Dame in blauem Schäferinnenkostüm und mit blauer Maske, und er wußte sogleich: das ist die Königin. Wiewohl der obere Teil des Gesichtes von der Maske verborgen war, ihre kühne Nase, die volle, kurze, leicht hängende Unterlippe waren nicht zu verkennen.

Man spielte geräuschvoll an dem Tisch der Dame, man benahm sich zwanglos, die beiden Hündchen der Prinzessin Rohan kläfften den Gästen zwischen den Beinen herum. Franklin nahm wahr, daß man die Dame mit der blauen Halbmaske keineswegs mit besonderer Aufmerksamkeit behandelte; vielmehr bemühte man sich sichtlich, sie nicht zu erkennen.

Er stand auf und trat, von William geleitet, an den Spieltisch. Man bot ihm höflich einen Stuhl an; er zog es vor, zu stehen. Die Dame mit der blauen Halbmaske hatte, als er an den Tisch trat, flüchtig aufgesehen, dann schwatzte und spielte sie weiter, lässig wie vorher. Er sah mit Wohlgefallen, wie zart und weiß ihre Haut war, wie schöngebildet Arme und Hände.

Man erklärte ihm das Spiel. »Los, alter Herr«, rief im Ton eines Jahrmarktschreiers der junge, freche Prinz Karl, der, noch im Kostüm des Wilhelm Tell, am Tisch saß, die Armbrust hatte er neben sich gestellt. »Versuchen Sie Ihr Glück«, rief er, »spielen Sie.« Franklin sah, daß die Dame mit der Halbmaske herüberschaute. Er verlangte von William Geld und setzte, gefällig, ein großes Silberstück, einen Ecu. »Sie müssen mir erlauben, Herr Doktor«, sagte Diane Polignac, »Ihren Einsatz zu erhöhen; falls ein Gewinn herauskommt, verwenden Sie ihn, bitte, für Ihre große Sache«, und sie fügte seinem Ecu fünf goldene Louis bei.

382

Der Ecu und mit ihm die fünf Louis gingen verloren. Franklin sagte zu William: »Den Ecu setzen wir dem Kongreß auf Rechnung.«
Er verließ den Spieltisch und ging zurück zu seinem bequemen Sessel. Man sprach von dem Apfelschuß und stellte scherzhafte Betrachtungen darüber an, welche Rolle Äpfel in der Geschichte gespielt hätten; da war der Apfel der Eva, der Reichsapfel der Römischen Kaiser, Newton's Apfel, die vergifteten Äpfel der Borgia.
Das erinnerte Franklin an eines seiner Histörchen, und er gab es zum Besten. Kam da ein Freund von ihm, ein schwedischer Missionar, zu den Susquehanna-Indianern, predigte und erzählte ihnen einige der Geschichten aus der Bibel, darunter die Geschichte, wie Adam den Apfel aß und unsere Voreltern dadurch das Paradies verloren. Die Indianer dachten lange nach. Dann erhob sich ihr Häuptling und sagte zu dem Missionar: ›Wir sind dir außerordentlich verpflichtet, mein Bruder, daß du es nicht scheutest, das große Wasser zu überqueren, um uns die Dinge zu verkünden, die du von deinen Müttern erfahren hast. Es sind gute und richtige Dinge. Es ist wirklich schlecht, Äpfel zu essen. Es ist viel besser, Apfelwein daraus zu machen.‹
Während er behaglich erzählte, schaute er nach der Dame mit der blauen Halbmaske. Ihr gegenüber stand jetzt Vaudreuil, neben ihr, im Kostüm einer Schweizer Bäuerin, saß Gabriele Polignac. Die Dame mit der blauen Maske schwatzte und spielte; doch Franklin glaubte zu bemerken, daß ihre Gedanken nicht bei ihrem Spiel waren und nicht bei ihrer Unterhaltung.
Er beobachtete richtig, Toinette war nervös. Wohl hatte sie ihresteils den Mut bewiesen, den ihr François auf so herausfordernde Art abgesprochen hatte. Sie war hergekommen, hatte sich das verbotene Stück angeschaut, atmete Eine Luft mit dem Rebellen aus dem Westen. Aber François stand ihr gegenüber, spielte unaufmerksam und schaute sie unablässig an, dreist, keineswegs gedemütigt, offenbar nicht gewillt, ihre Tapferkeit gelten zu lassen. Ohne daß er hätte Worte machen müssen, erkannte sie, daß, was sie getan hatte, nicht genügte. Es war klar, François erwartete mehr, er erwartete, daß sie das Wort an den Rebellen richte. Wenn sie das nicht tat, dann wird François sie morgen genau so grausam verhöhnen wie früher, und dieser ihr Besuch in Gennevil-

liers, den sie sich so mühsam abgerungen, wird umsonst gewesen sein. Sie rührte Gabriele leicht am Arm. »Ich habe heute keinen Spaß am Spielen«, sagte sie, »ich gewinne nichts und ich verliere nichts. Gehen wir hinüber zu deinem Doktor, ich möchte ihn mir anschauen.« Es kam ganz leicht heraus, Toinette war mit sich zufrieden. Gabriele, in ihrer lässigen Art, lächelte, nickte Zustimmung. Die beiden Damen standen auf, ohne Eile, gingen, ohne Eile, hinüber zu Franklin.

Man brachte ihnen Stühle, die Gruppe um Franklin war jetzt ziemlich groß geworden. Pierre hatte wieder einmal das Wort an sich gerissen. Prinz Karl, meinte er, habe als ländlicher Revolutionär trotz offenbaren Talents nicht ganz überzeugt, während Graf Polignac als Wüterich außerordentlich glaubhaft gewesen sei. »Wenn unser Wilhelm Tell nicht ganz glaubhaft gewirkt hat«, sagte Monsieur Lenormant, »so liegt das an dem Dichter, der ihm keine durchschlagenden Argumente gab. Wir hören immerzu von Tyrannei und Unterdrückung. Dabei geht es diesem Tell und seinen Kollegen anscheinend recht gut; jedenfalls haben sie viel Zeit, politische Versammlungen abzuhalten und Mord und Aufruhr vorzubereiten.« Pierre, statt einer Antwort, wandte sich an Franklin: »Glauben Sie, bitte, nicht, Doktor Franklin, daß mein Freund Charlot der Mäkler und Meckerer ist, der er scheinen will. Seine Zunge liebt es manchmal, zu sticheln, aber sein Herz schlägt für jede große Sache.«

Die ringsum waren bemüht, so zu tun, als hörten sie nur auf Franklin und Beaumarchais, und als kümmerten sie sich nicht um die Dame in Blau. Aber Toinette wußte, daß alle darauf warteten, ob sie und was zu Franklin sprechen werde. Sie war gewohnt, alle Blicke auf sich zu spüren, sie hatte Sicherheit gelernt. Aber heute war sie befangen wie vorher nur ein einziges Mal in ihrem Leben, damals, als sie das Wort an die Dubarry hatte richten müssen. Damals, da sie ›die Hure‹ hatte ansprechen müssen, hatte sie sich nicht schlecht aus der Affäre gezogen. ›Es sind heute viele Leute in Versailles, nicht wahr, Madame?‹ hatte sie geäußert, und die Dubarry hatte erwidert: ›Ja, Madame.‹ Auch heute, da sie zu dem Rebellen sprechen sollte, war es wohl das Beste, wenn sie etwas möglichst Belangloses, Konventionelles äußerte. Franklin machte es ihr leicht, er schaute sie gar nicht an. So, in eine Gesprächspause hinein, sagte sie scherzhaft: »Hat es Ihnen leid getan, Doktor Franklin, wie Sie vorhin den Ecu verloren haben?«

Man lachte. Franklin wandte ihr das große Gesicht zu und betrachtete sie freundlich. »Ein alter Mann«, sagte er, »sollte sich mit seinen alten Lastern begnügen und sich keine neuen zulegen. Doch als ich Ihrem Spiel zuschaute, schöne Dame, ließ ich mich von Ihrem Eifer anstekken. Es war hübsch und anregend, zu beobachten, was in Ihnen vorging, während Sie spielten.«

Toinettes Befangenheit war verschwunden. Sie fühlte auf sich den prüfenden, anerkennenden, leise begehrlichen Blick Franklins. Gekitzelt dachte sie an Maskenbälle, an Tänze, da sie den Leib fremder Männer ganz nahe dem ihren gespürt hatte. Übermütig war in ihr das Gefühl: ›Der Herr Rebell, der mich so anschaut, ist nicht gefährlich. Mit dem kann ich machen, was ich will.‹

»Was ist denn in mir vorgegangen?« fragte sie.

Aus dem Schlitz ihrer Halbmaske fühlte Franklin ihren koketten Blick auf sich gerichtet. Er hatte also die rechte Taktik eingeschlagen. Sie war, diese Königin, eine Frau, wie er deren in Frankreich Hunderten begegnet war. Sie war ein bißchen töricht, sie redete Albernheiten, aber sie tat es mit Anmut. Jedenfalls wird er auch dieser Königin gegenüber weiter den alten Herrn spielen, der einer hübschen Frau halb väterlich, halb frivol, respektvoll und leicht ironisch den Hof macht.

»Es ist kein schlechtes Zeichen«, verkündete er, »wenn sich eine Frau manchmal gehen läßt und ein bißchen spielt. Wer sich selber gegenüber tolerant ist, ist es sicherlich auch zu andern.«

»Halten Sie mich für tolerant?« fragte Toinette.

Franklin schaute sie an, freundlich prüfend. »Menschen sind von außen so schwer zu durchschauen wie Melonen«, sagte er, »besonders dann, wenn man nur das halbe Gesicht sieht. Frauen, wohl weil sie der Natur näher stehen, pflegen toleranter zu sein als Männer. Das haben sie gemein mit den sogenannten Wilden. Ich muß Ihnen da«, wandte er sich behaglich an die ganze Gesellschaft, »noch eine Geschichte von meinem schwedischen Missionar erzählen. Der also predige den Indianern lang und gründlich, nach der Art der Missionare, von seinen christlichen Wahrheiten und von den Geschichten der Bibel. Die Indianer hörten ihm aufmerksam, freundlich und geduldig zu. Dann, als wohlerzogene Leute, erzählten sie ihm zum Dank welche von ihren Legenden. Ihre Erzählungen dauerten nicht so lange wie die seinen, aber kurz waren sie auch nicht. Schließlich riß meinem Freunde die Geduld. ›Hört mir auf‹, ereiferte er sich, ›was ich euch verkünde, sind heilige Wahrheiten, was ihr mir da vorredet, lauter Fabeln und Erfindungen.‹ Die Indianer waren gekränkt. ›Lieber Bruder‹, erwiderten sie, ›es scheint, deine verehrte Mutter hat nicht genügend Mühe auf deine Erziehung verwendet und hat dich nicht zur Genüge unterrichtet in den Regeln der Höflichkeit und der Duldung. Du hast gesehen, daß wir deine Geschichten geglaubt haben: warum glaubst du nicht die unsern?‹«

»Ausgezeichnet«, sagte Prinz Karl, und da er bisher vergebens eine Gelegenheit gesucht hatte, geistreich zu sein, fügte er hinzu: »Und wer hatte die bessere Wahrheit, Doktor Franklin, Ihr Freund, der Missionar, oder die Indianer?« »Sie hatten beide ihre guten halben Wahrheiten«, antwortete Franklin.

Toinette spürte, daß er zu ihr herübersprach. Es schmeichelte ihr, wie der Rebell sie behandelte, doch ganz zufrieden war sie nicht. Wohl ließ er merken, daß er sie für eine schöne, begehrenswerte Frau hielt; doch ein wenig auch machte er sich lustig über sie. Und das duldete sie nicht. Behandeln wie ein kleines Mädchen ließ sie sich nun einmal nicht. Sie wird zeigen, daß sie ihm gewachsen ist. »Aber Sie selber, Doktor Franklin«, fragte sie schalkhaft und überlegen, »Sie selber halten Ihre Wahrheit doch für eine ganze?«

Der Alte betrachtete sie väterlich milde; ihm genügte, was er erreicht hatte. Aber vielleicht konnte er aus der Zusammenkunft noch mehr herausholen. Vielleicht konnte er diese Frau, die so bestrebt war, den Verstand zu zeigen, den sie nicht hatte, zu Äußerungen verleiten, die der guten Sache nützlich waren. Dabei war sie so hübsch, daß es ihm beinahe leid tat, ihr Ungelegenheiten zu bereiten. »Es gab Zeiten«, antwortete er friedfertig, »da ich mein Urteil für das einzig richtige gehalten habe. Doch je älter ich werde, umso mehr komme ich davon ab, und jetzt bin ich schon ganz weit entfernt von dem Standpunkt jener Dame, die mir einmal vorgeklagt hat: ›Ich weiß nicht, wie es kommt, aber ich habe noch niemand getroffen, der immer recht gehabt hätte, außer mir selber.‹«

Ringsum hörte man gespannt zu. Vaudreuil und Diane Polignac, Pierre und Désirée, ein jeder nahm an, er selber sei derjenige, der dieses interessante und erregende Spiel entworfen habe. Vaudreuil verfolgte mit geschmäcklerischer Freude jede Wendung in dem koketten Disput zwischen dem alten, freundlichen Rebellen und der jungen, streitbaren Königin. Gabriele Polignac spürte unbehaglich, daß Toinette dem großen, schweren, freundlichen alten Mann nicht gewachsen war; ›sanft wie die Tauben und klug wie die Schlangen‹, ging es ihr durch den Kopf. Die wenig hübsche Diane hingegen sah nicht ohne Freude zu, wie sich die schöne und von sich selbst überzeugte Königin, der alle alles so leicht machten, Schwierigkeiten bereitete. Auch Prinz Karl hatte seinen Spaß; er gönnte es Louis, wenn ihm Toinette eine kräftige Suppe einbrockte.

Mit der Anteilnahme des Kenners beobachtete Pierre, mit welcher Sicherheit Franklin Toinette dahin lenkte, wo er sie haben wollte. Wie er freundlich mit ihr spielte gleich einem großen Bernhardiner, der mit einem Kinde spielt, und wie doch dieses Spiel gar nicht so harmlos war, und wie sie nichts ahnte, sondern glaubte, sie spiele mit ihm. Tiefe Genugtuung füllte Pierre. Er war es, der alle diese hiehergezogen hatte, und der sie nun, ohne daß sie es wußten, zu seiner Musik tanzen ließ.

Grimmiger noch war die Freude, mit welcher Désirée den Fortgang des Spieles verfolgte, das ihr lieber Freund Pierre und sie ersonnen hatten. Ihr waren nicht nur Franklin und die Königin die Spieler, ihr stand Toinette für die ganze, hochmütige, hochadelige, privilegierte Gesellschaft, und Franklin stand ihr für alle andern, für die unten, für die Nicht-Privilegierten. Sie und ihr Pierre hatten sich, um ein lebenswürdiges Leben zu führen, eingedrängt in die Kreise dieses Adels. Sie mußten sich, um ihren Platz zu halten, immer neuen Anstrengungen und Demütigungen unterziehen. Dabei verachteten sie die großen Herren, um deren Gunst sie buhlten. Wie waren sie dumm und blind, diese großen Herren, in ihrem Hochmut. Da saßen sie, verlockt von Pierre und von ihr selber, und lächelten in ihrer Gier nach immer neuen Sensationen und wetteiferten, dem Feinde Waffen in die Hand zu drücken, der sie zerschmettern wird. Jung, keck, hübsch und lebendig, in ihrem Knabenkostüm, saß sie am Rande des großen Halbkreises, der sich um Franklin und Toinette gebildet hatte, und genoß das Salz und die Anmut der Sätze des alten Doktors und freute sich, daß diese stolze, lebensunfähige Königin eine so törichte Rolle spielte.

Toinette selber hatte das Gefühl, daß vorläufig Franklin besser abschnitt. Sie suchte nach einer mutigen, verblüffenden Äußerung, ihn zu schlagen. »Da Sie Ihre Wahrheiten nur für halbe Wahrheiten anschauen, Doktor Franklin«, fragte sie lächelnd, herausfordernd, »halten Sie sich wohl auch nur für einen halben Rebellen?« Freundlich erstaunt, gutmütig, amüsiert, wandte sich Franklin ihr voll zu und sagte: »Ein Rebell? Ich? Schau ich aus wie ein Rebell? Wer hat Ihnen das weisgemacht?« Und ohne Übergang fuhr er fort: »Wunderbar steht Ihnen Ihre Frisur. Sie unterstreicht die Klarheit Ihrer Stirn. Belehren Sie, bitte, einen unwissenden Fremden: wie nennt man doch diese Haartracht?«

Alle atmeten auf, daß der Alte das Feuer ausgetreten hatte, bevor es um sich greifen konnte, und freuten sich seines Taktes. Noch ehe Toinette antworten konnte, antwortete Gabriele. »Man nennt diese Frisur ›Coiffure Quès-a co‹, Doktor Franklin«, sagte sie; es trug aber Toinette in der Tat jene Haartracht, welche ihr die Pamphletisten vorgeworfen hatten. Und Désirée erklärte: »›Quès-a co‹ heißt ›Was ist das, was soll das?‹, und es ist eine Wendung, mit welcher sich Monsieur de Beaumarchais in einer seiner Flugschriften lustig machte über den provençalischen Dialekt eines plumpen Gegners.« »Danke, Mademoiselle«, entgegnete Franklin, und mit einer Neigung gegen Pierre fügte er hinzu: »Ich sehe, man weiß die Literatur in Frankreich zu ehren.«

Doch: ›So billig soll er mir nicht entkommen‹, dachte Toinette, und schelmisch drohend, mit kleiner, süßer Stimme fragte sie: »Aber ein bißchen haben Sie doch rebelliert gegen Ihren König? Oder bin ich falsch unterrichtet?« Franklin, leicht und sehr höflich, antwortete: »Ich glaube, ganz richtig informiert sind Sie nicht, Madame Quès-a co. Sehr viele Leute nehmen an, der König von England habe gegen uns rebelliert, nicht wir gegen ihn.«

Jetzt begann es ernstlich brenzlig zu werden. Vaudreuil schickte sich an, einzugreifen. Allein bevor ers tun konnte, hatte schon Gabriele gesagt:»Sie haben so nette Worte gehabt für Madame Quès-a co's Frisur, Doktor Franklin. Bitte, sagen Sie doch auch uns andern, was sie über unsere Kostüme denken und über unsere Hüte.« Es nützte nichts, die verblendete Toinette kannte kein Halten. Mit keinem kleinsten Gedanken mehr dachte sie daran, daß sie die Königin war und der Alte der Rebell. Sie war nichts als eine hübsche Frau, die gemerkt hatte, daß der andere ihre Gestalt, ihr Gesicht, ihre Hände bewunderte, aber nicht zur Genüge ihren Verstand.»Sie sind ein gelehrter Mann, Doktor Franklin«, sagte sie, immer ganz leise,»und können sicher jede These, die Sie wollen, ob wahr oder unwahr, besser verfechten als eine ungelehrte Frau. Aber geben Sie nicht im Innersten Ihres Herzens zu, daß der König von England schließlich das göttliche Recht hat, seinen Kolonien Befehle zu erteilen?« Jedermann sah, daß sie aus tiefster Überzeugung sprach.

Franklin hatte diese Wendung des Gespräches nicht gesucht. Er wollte die Dame mit der blauen Maske nicht zu Äußerungen verleiten, die sie hätten kompromittieren können. Es wäre undankbar gewesen und vielleicht auch nicht einmal klug, es hätte die Dame und ihren Mann vielleicht nur aufgebracht gegen die Sache Amerikas. Noch einmal wich er aus.»Madame«, antwortete er,»halten Sie wirklich einen Mann, der so aussieht wie ich, für einen Rebellen?«

Aber:»Stille Wasser sind tief«, sagte Toinette.»Warum drücken Sie sich vor der Antwort?«

Beide, der Doktor und die Dame mit der Maske, sprachen leicht, im Konversationston. Trotzdem war es sehr still geworden. Der junge Prinz Karl lachte etwas töricht, sagte:»Jetzt bin ich aber neugierig«, und lehnte sich vor, daß die Armbrust klirrend zu Boden fiel.

»Madame«, sagte, nachdem die Armbrust verklungen war, in die Stille hinein Franklin,»ich möchte an einem so hübschen Abend und vor einer so schönen Frau nicht lehrhaft und politisch werden. Aber da Sie auf einer Antwort bestehen, lassen Sie mich Ihnen sagen: wir Amerikaner sind keine prinzipiellen Gegner des Königtums. Es gibt freilich eine Überspannung des monarchischen Prinzips, das wir nicht mitmachen. Da hat zum Beispiel ein deutscher Professor seinem Fürsten geschrieben:›Wenn Gott nicht Gott wäre, müßten billigerweise Eure Hoch-

fürstliche Durchlaucht es sein.‹ Sehen Sie, Madame, das halten wir auf
der andern Seite des Meeres für übertrieben. Wir nehmen an, es bestehe
zwischen dem König und dem Volk sowas wie ein Vertrag. Es sind Ihre
Philosophen, Madame, die uns das gelehrt haben. Wir nehmen an, der
König von England hat diesen Vertrag mit uns gebrochen. Wir können
darauf hinweisen, daß er unsere Meere geplündert hat, unsere Küsten
verheert, unsere Städte verbrannt und viele von uns getötet. Das war,
finden wir, gegen den Vertrag.« Es ging, während er das sagte, von seinem mächtigen, alten Gesicht eine überzeugende Gewalt aus, und die
Worte jener ›Erklärung‹ kamen leicht und ohne Bitterkeit aus seinem
Munde. Gerade dadurch wuchsen sie zu ihrer ganzen Größe.

Graf Jules Polignac, gewichtig dasitzend im Kostüm des ermordeten
Landvogts Gessler, sagte mit seiner lauten, unbekümmerten Stimme in
die Stille hinein: »Wenn das Philosophie ist, dann ist Philosophie pure
Meuterei.« »Von dem toten Landvogt Gessler«, sagte höflich Pierre,
»kann man keine andere Meinung erwarten.«

Toinette hatte, während Franklin sprach, immer nur sein Gesicht gesehen, die großen Augen mit den hohen Brauen, die ungeheure Stirn. Sie
hatte mehr auf den Klang seiner Worte geachtet als auf ihren Sinn, mehr
auf die umständliche, gravitätische und doch charmante Art, wie er sie
vorbrachte. Sie hatte Sinn für alles, was schön war, und somit auch für
die seltsame, einmalige, mit Anmut gepaarte Gewalt des Doktors. »So
einfach, mein lieber Jules«, sagte sie, »ist es wohl doch wieder nicht. Gewiß ist das, was uns Doktor Franklin da erzählt hat, nicht ungefährlich,
und eigentlich sollten wir es uns gar nicht anhören. Aber wenn man ihn
anschaut und wenn man bedenkt, wieviel Musik in seinen Sätzen ist,
dann kann man sich trotz allem schwer vorstellen, daß solch ein Mann
sollte ein Rebell sein, auch in seinem Herzen.«

Prinz Karl und der alte Lenormant schauten sie verwundert an. Es war
erstaunlich, die Königin von Frankreich, die Tochter Maria Theresias,
solche Worte sprechen zu hören.

Franklin aber blickte freundlich und verhehlte nicht sein großes Wohlgefallen. Wie sie sich abgemüht hatte, verwirrt und eifervoll, und wie sie
jetzt darüber nachdachte, was sie nun eigentlich gesagt habe, war sie in
Wahrheit schön und liebenswert. »Es ehrt mich, Madame«, sagte er,

»daß Sie mir nichts Schlechtes zutrauen und daß Sie ein Ohr haben für die Musik unserer amerikanischen Sätze.«

Als er durch die Nacht nach Hause fuhr, überdachte er das Erreichte. Die Königin hatte gesagt, es sei Musik in der Unabhängigkeits-Erklärung, und sie verehre amerikanische Führer. Das war allerhand. Das wird viele Bedenkliche veranlassen, ihre Sympathie für die amerikanische Sache zu äußern. So viel war gewiß: der Heilige Georg war aus seinem Bilde herausgeritten, Pferd und Reiter hatten angefangen, sich zu bewegen.

Er schaute auf seinen Enkel William, der neben ihm lehnte, eingeschlafen. Auch der Junge hatte einen guten Abend verbracht. Franklin dachte an sein friedliches Passy, und daß er morgen niemand zu sehen brauche, und daß er übermorgen mit Madame Brillon zu Abend essen werde. Er lehnte sich zurück, schloß selber die Augen und nickte ein.

3. Kapitel ⎯⎯⎯⎯⎯⎯⎯ Eine gewonnene Schlacht

Louis überprüfte die Zeichnungen der Modelle, die in der Porzellanmanufaktur von Sèvres für die Wintersaison hergestellt werden sollten. Er saß in der Bibliothek, ihm gegenüber saßen der künstlerische Leiter der Manufaktur, Monsieur Pourrat, und der Intendant des Kassenwesens, Monsieur de Laborde. Louis nahm lebhaften Anteil an seiner Manufaktur, es freute ihn, daß sie Nutzen abwarf. Die Erzeugnisse von Sèvres, von Jahr zu Jahr zahlreicher und kunstvoller, wurden vor allem als Neujahrsgeschenke gern gekauft. Louis pflegte um die Weihnachtszeit in seinen eigenen Räumen in Versailles eine große Porzellan-Ausstellung zu veranstalten und sie mit einer Auktion zu beschließen. Voriges Jahr hatte die Ausstellung 260 000 Livres gebracht. »261 534 Livres«, konstatierte er mit Behagen, stolz auf diesen Ertrag sowohl wie auf sein gutes Gedächtnis; er nannte den Herren die Ziffer nicht zum ersten Mal. »Dieses Jahr«, fuhr er fort, »wird das Ergebnis bestimmt noch höher sein. Wir können das Geld brauchen, meine Herren«, schloß er mit breitem Schmunzeln.

Vergnügt betrachtete er die hübschen Gruppen, die Monsieur Pourrat entworfen hatte; da waren Jagdszenen, eine Schäferin und ein Wildhüter, ein Literat einem andern vorlesend. Louis schlug vor, mehr dieser Art herzustellen, etwa einen Mann, vertieft in ein großes Buch, oder vielleicht auch einen Schmied, ein Hufeisen anfertigend, kurz, Genre-Szenen; es müßte mit dem Teufel zugehen, wenn das keinen Erfolg haben sollte.

In seinen angeregten Verhandlungen wurde er gestört durch Monsieur de Campan. Leise teilte der Bibliothekar dem König mit, Graf Maurepas sei im Vorzimmer und bitte um eine sofortige Unterredung. Louis verdüsterte sich. Sowie er sich eine angenehme Stunde machte, wurde er gestört. Seufzend verabschiedete er die Herren.

Maurepas war in voller Gala wie immer. Er hatte am frühen Morgen von dem unglaubhaft törichten Streich Toinettes erfahren. Erst hatte er daran gedacht, zu warten, bis Monsieur Lenoir, der Polizeipräsident, den König unterrichten würde. Dann aber hatte er erwogen, es sei klüger, nichts dem Zufall zu überlassen, sondern die große Gelegenheit zu einem Vorstoß gegen die Österreicherin selber und sogleich wahrzunehmen. Trotz seiner Müdigkeit und trotz der besonderen Schmerzen, die ihm seine Gicht an diesem Morgen bereitete, trat er also jetzt vor den König, nicht traurigen, doch ernsten Gesichtes.

»Sind es wirklich so wichtige Mitteilungen, die Sie mir zu machen haben?« fragte unlustig Louis. »Leider ja, Sire«, antwortete Maurepas. Aber dann gönnte er Louis noch eine kleine Frist und sprach von Gleichgültigem. Louis fragte auch nicht weiter, sondern erzählte umständlich von Sèvres, und daß seine Ausstellung in diesem Dezember besonders bunt und reichhaltig zu werden verspreche. Er ließ seinen Mentor die Entwürfe Monsieur Pourrats sehen, und Maurepas bezeigte gutgespieltes Interesse.

Dann aber, bedauernd, daß er seinem mit Sorgen überbürdeten Monarchen die kurze Zeit der Erholung noch verkürzen müsse, kam er auf den Grund seines Besuches zu sprechen und berichtete von der Begegnung der Königin mit dem Rebellenführer. Er unterschlug keineswegs die mildernden Umstände, aber er benutzte sie nur, um die beispiellose Torheit Madames ehrfurchtsvoll ins hellste Licht zu rücken. Gewiß, es war nicht die Königin gewesen, die mit Doktor Franklin gesprochen hatte, sondern eine Dame in einer blauen Maske; leider aber hatte die Dame vorher der Aufführung eines verbotenen Stücke beigewohnt, so also daß Böswillige hinter der ganzen Angelegenheit Absicht vermuten könnten. Gewiß auch waren die Äußerungen, welche die Dame getan hatte, harmlos; immerhin ließen sie sich politisch interpretieren und würden bestimmt auch so interpretiert werden.

Louis bemühte sich nicht, seine Erregung zu verbergen. Mehrmals, während der Minister berichtete, zog er geräuschvoll durch die dicken Nüstern der gekrümmten Nase den Atem ein und stieß ihn wieder aus, sein feistes Gesicht zuckte, als ob er weinen wollte, und als Maurepas zu Ende war, hockte er eine lange Weile schweigend und schlaff da. Dann aber, unvermutet, brach er mit hoher, keifender Stimme aus: »Ich hab es Ihnen gleich gesagt, Ihnen und Vergennes, man soll den alten Fuchs nicht hereinlassen. Jetzt haben Sie es. Jetzt haben wir den schlimmsten unserer Feinde im Land. Ich bin schlecht beraten. Alle beraten mich schlecht. Sagen Sie was«, herrschte er den Alten an, der würdig dasaß.

»Die Gründe, Sire«, antwortete mit betonter Ruhe Maurepas, »welche seinerzeit für die Zulassung Doktor Franklin sprachen, und welche Graf Vergennes und ich Ihnen vorzutragen die Ehre hatten, sind heute so triftig wie damals. Dem großen Gelehrten, dem Mitglied unserer Akademie, die Einreise zu verweigern, hätte eine Parteinahme bedeutet in dem Konflikt zwischen England und Amerika, es wäre in Philadelphia als feindselige Handlung betrachtet worden, es hätte böses Blut in Paris und in der ganzen Welt gemacht. Im übrigen befolgt Doktor Franklin strikt unsere Weisung, er lebt ruhig und patriarchalisch in seinem Passy und vermeidet es sorgfältig, uns Ungelegenheiten zu bereiten. Nicht er trägt die Schuld an dem unangenehmen Vorfall des vergangenen Abends.«

Louis brütete böse vor sich hin. »Er mag gelehrt sein«, nahm er endlich das Wort, »weise, was Sie wollen, aber er bleibt ein Rebell, und es ist sündhaft, daß ich mich mit ihm eingelassen habe.« Sein Inneres war voll von vagen, traurigen Vorstellungen. Jetzt verführte der Rebell auch noch seine Frau. Es war schwere Sünde, daß Toinette mit dem Verworfenen gesprochen hatte, und nun wird sie bestimmt nicht begnadet und schwanger werden.

Maurepas mittlerweile sagte: »Er ist ein Schurke bei all seiner Ehrwürdigkeit, das muß ich zugeben.« Und da die Formulierung ihm gefiel, wiederholte er: »Ja, er ist ein ehrwürdiger Schurke. Aber haben Sie Vertrauen, Sire«, fuhr er fort. »Ich bin weniger ehrwürdig, aber ich bin ihm gewachsen.«

Louis hockte da, tiefer niedergeschlagen, als Maurepas erwartet hatte. Er machte sich daran, ihn zu trösten. Setzte auseinander, wie er den Bestrebungen entgegentreten wolle, den Vorfall politisch auszunützen. Er zitierte Toinettes Äußerungen – seltsam ausgedörrt kamen die leichtsinnigen Worte aus seinem uralten Mund – und begann, sie zu analysieren. Wohl habe Madame erklärt, Doktor Franklin sei kein Rebell, aber kluger- und glücklicherweise habe sie diese Behauptung dahin eingeschränkt, daß er in seinem Herzen kein Rebell sei. Madame habe also kein Urteil abgegeben über die Handlungen Doktor Franklins, sondern lediglich über sein Herz, ein notwendig und bewußt unmaßgebliches Urteil, denn in eines Menschen Herz schauen könne niemand, kein Politiker und kein Journalist, niemand außer Gott. Des weiteren habe Madame Musik in den Leitsätzen der Amerikaner gefunden. Das klinge zunächst bedenklich; überlege man sich aber die Worte genauer, so blieben sie harmlos. Sie bezögen sich offenbar nur auf die Form, in welcher die amerikanischen Prinzipien ausgedrückt seien, und es stelle somit die Äußerung Madames ein ästhetisches Urteil dar, kein politisches.

Louis hörte den Erörterungen seines Mentors nur mit halbem Ohre zu. Mochte der jetzt, um ihn zu trösten, an den Worten Toinettes drehen und deuteln, so viel er wollte. Er, Louis, wußte, seitdem er diese Worte das erste Mal gehört: es waren schlimme Worte. In seinem Innern beklagte er sein Los. War es nicht, als sei in Versailles er der einzige, der Augen hatte, zu sehen? Waren nicht alle andern ruchlos und verblendet? Erkannten sie denn nicht, wohin ihr freches Gerede und Gewese führen mußte? Sie lebten von der Monarchie, die Monarchie war ihr Boden und ihre Luft, und sie taten alles, sie zu Grunde zu richten.

Er war erschüttert, sein kleines Doppelkinn zitterte, und plötzlich, mit schriller Stimme, sagte er: »Die Wasser der Revolution steigen und werden das Öl vom gesalbten Haupte wegschwemmen.«

Maurepas war bestürzt. »Aber Sire«, sagte er, »Sire, wohin verirren Sie sich? Nichts wird weggeschwemmt. Es ist doch alles ganz einfach. Sie werden Madame aufsuchen. Sie werden die Güte haben, Madame vorzustellen, sie möge sich in Zukunft erst erkundigen, wer an den Gesellschaften teilnimmt, die sie ihres Besuches würdigt. Das ist alles.« Er sprach mit ungewohnter Klarheit und Entschiedenheit.

Louis, mit müdem Hohn, erwiderte: »Das ist alles. Das ist nicht so einfach, wie Sie sichs vorstellen.« Er wußte, daß das Gespräch, das der Alte von ihm verlangte, notwendig war. Seitdem er Maurepas' Bericht begriffen, hatte er gewußt, daß der ein solches Gespräch von ihm fordern werde. Von Anfang an war das Gespräch vor ihm gestanden, berghoch, schwierig.

Maurepas sprach ihm zu: »Ihre Vorhaltungen werden nicht die einzigen sein, Sire. Bestimmt wird man auch von Wien aus Madame mit allem Nachdruck bedeuten, daß das, was sie getan hat, den Interessen des Familienpakts zuwiderläuft. Und was Madame von Wien aus zu hören bekommen wird, das wird erheblich schärfer klingen als alles, was Sie ihr sagen können. Das wird ein formidabler Anhauch werden aus Wien.« Die Vorstellung erheiterte ihn, und da er heute müd und krank war und sich nicht so in der Gewalt hatte wie sonst, entfuhr es ihm: »Bei meiner Seele, wenn ich eine habe.«

Er erschrak. Aber es schien, Louis hatte nichts gehört. Er hatte die Zeichnungen Monsieur Pourrats zur Hand genommen, mechanisch, blicklos nahm er sie auf, eine nach der andern, und legte sie wieder zurück, und er schaute nicht auf bei der gottlosen Äußerung seines Mentors.

Maurepas beruhigte sich. Er glaubte, Louis den verbrecherischen Leichtsinn der Österreicherin zur Genüge klar gemacht zu haben. Bat um Urlaub. Ging. Pflegte seine Gicht.

Doch Louis hatte die ärgerliche Äußerung seines Mentors sehr wohl gehört. Er hatte seit langem gewußt, daß es übel bestellt war um die Religion seines Beraters. Er sollte ihn fortschicken. Aber er wußte keinen besseren. Trübe glotzte er vor sich hin.

Dann, nochmals, stieg eine ungeheure Wut gegen Toinette in ihm hoch. Er stand auf. Er wollte sie zur Rede stellen, sogleich, so lange die große Wut in ihm war.

Doch noch ehe er die Tür erreicht hatte, sah er im Geiste Toinette vor sich stehen, wie sie ihm zuhören wird, zornzuckenden Gesichtes, nicht begreifend, was er eigentlich von ihr wollte. So viel war gewiß: nachgeben wird sie nicht. Sie hatte den starken Willen, jenes Habsburgisch-Hartköpfige, das er nicht leiden mochte, aber bewunderte.

Es hatte wenig Sinn, wenn er jetzt zu ihr ging, unvorbereitet. Er mußte sich erst genau zurechtlegen, welche Argumente auf sie wirken könnten, und in welcher Reihenfolge er sie vorbringen sollte. Es war klüger, das Gespräch auf morgen zu verschieben. Heute wird er auf die Jagd gehen, wie er sichs vorgenommen hatte, und später ein bißchen lesen und nachdenken.

Ebenso dringlich wie Maurepas von Louis hatten Graf Mercy und Abbé Vermond von Toinette eine sofortige Audienz verlangt. Es geschah selten, daß die beiden Vertreter Habsburgs gemeinsam bei Toinette vorsprachen. Sie wußte natürlich, weshalb sie kamen, sie hatte sie erwartet, sie war gerüstet auf diese Unterredung.

In den ersten Minuten nach der Zusammenkunft mit Franklin hatte sie ein kleines Unbehagen gespürt. Doch das war schnell verdunstet in den Lobpreisungen des Fliederblauen Klüngels, der ihren Mut stürmisch feierte. Jetzt fühlte sie sich nicht nur im Recht, mehr als das, sie hatte eine große Tat getan.

Die beiden Herren kamen mit finstern Mienen. Dem Abbé mit seinen großen, gelben, wilden Zähnen fiel es nicht schwer, düster auszuschauen. Wohl aber dem immer verbindlichen Mercy, und nicht ohne leise Belustigung nahm Toinette wahr, welche Mühe er sich geben mußte.

Zunächst denn auch, trotz seines ernsten Gesichtes, sprach Mercy von Erfreulichem. Toinette beschäftigte sich zu dieser Zeit sehr eifrig mit dem Umbau ihres Trianon, und sie hatte Mercy davon gesprochen, wie gerne sie in ihrem Schlafzimmer einige Bilder hängen hätte, deren sie sich aus Schönbrunn erinnerte, Bilder, welche Szenen aus ihrer Kinderzeit darstellten. Mercy hatte den Wink verstanden und hatte nach Wien geschrieben. Jetzt konnte er ihr einen Brief Maria Theresias überreichen mit der Erklärung, er habe Nachricht, daß gewisse Gemälde, zwei Gemälde, um genau zu sein, in allernächster Zeit eintreffen würden. Toinette, ehrlich erfreut, dankte herzlich.

Dann aber kam der Botschafter auf das Fest von Gennevilliers zu sprechen. Es habe sich da, meinte er, ein unliebsamer Vorfall ereignet, über den viele, wahrscheinlich übertriebene, Gerüchte im Umlauf seien. Toinettes Miene wurde sogleich abweisend, ungemein hochmütig. Doch noch ehe sie antworten konnte, tat der Abbé den riesigen, häßlichen Mund auf und sagte: »Wir wissen wahrhaftig nicht, Madame, wie wir dieses unglaubhafte Ereignis den Majestäten nach Wien berichten sollen.« Toinette, entrüstet über so rücksichtslose Schelte, zog die hohen Augenbrauen noch höher. Aber Mercy griff schnell ein. »Haben Sie die Gnade, Madame«, bat er, »uns Ihre Darstellung des Falles zu geben.«

Toinette, das hatte sie sich in letzter Zeit angewöhnt, wippte ein wenig mit dem kleinen Schuh, der unter dem umfangreichen Rock hervorlugte. »Des Falles?« entgegnete sie. »Welches Falles? Ich frage mich ernsthaft, Messieurs, wovon Sie eigentlich reden. Meinen Sie das kleine Fest bei meinem Intendanten Vaudreuil?« Und da keiner der beiden antwortete und das Gesicht des Abbés nur noch strenger und finsterer wurde, sprach sie, immer mit süßer, etwas spöttischer Stimme, weiter: »Reden Sie davon, daß ich – incognito, meine Herren, in blauer Maske – mit dem Doktor Franklin ein bißchen Konversation gemacht habe? Ich zweifle, ob er heute weiß, mit wem er gesprochen hat. Gestern hat ers bestimmt nicht gewußt.« Und da die Herren nur immer schweigend einander ansahen, fuhr sie fort: »So viel mir bekannt ist, Messieurs, hat sich mein Bruder selber, der Römische Kaiser, mit dem Gedanken getragen, den Doktor zu treffen. Ohne Maske, Messieurs. Er hat ein Zusammentreffen mit ihm vereinbart, er hat ihn nur leider verfehlt, da auch er nicht immer pünktlich sein kann. Da muß es doch mir erlaubt sein, bei einem Maskenfest mit dem alten, netten Herrn zu reden. Ich bin übrigens spielend mit ihm fertig geworden. Wenn ich nicht gewußt hätte, wer er ist, dann hätte ich hinter diesem behaglichen Anekdotenerzähler niemals einen Rebellen gesucht. Man konnte gar nicht auf die Idee kommen. Sie selber wären nicht auf die Idee gekommen«, sagte sie zu Mercy, »und Sie auch nicht«, sagte sie schärfer zu dem düstern Abbé.

Mercy fand, sie sehe heute besonders hübsch und liebenswert aus, und es gebe eigentlich nur ein einziges Mittel, diese ebenso törichte wie schöne Frau auf den rechten Weg zu bringen: man müßte ihr einen klugen Liebhaber beschaffen, der sich seinesteils lenken ließe. Der Abbé hingegen dachte zornig und traurig, daß also seine Mühe und Selbstbeherrschung die langen Jahre hindurch verloren gewesen sei. Nichts war erreicht. Ihm wird man die Schuld geben daran, daß diese Frau in ihrer Eitelkeit und in ihrem Leichtsinn Habsburg lauter Schwierigkeiten bereitete statt Vorteile. Dann wieder erwog er, daß ihre Schamlosigkeit und Unbesonnenheit ihm jetzt wenigstens einen triftigen Grund gab, ihr mit starken Worten zuzusetzen. Ohne auf ihre Albernheit einzugehen, erinnerte er sie streng: »Sie haben mir versprochen, Madame, ver-

nünftig zu sein, wenn ich Ihnen nur in Ihre Amüsements nicht einredete. Sie werden zugeben, daß ich Ihren Vergnügungen zwar mit Trauer,
doch ohne Tadel zugeschaut habe. Und es waren dieser Vergnügungen nicht wenige. Es waren dieser Vergnügungen genug«, brach es erschreckend wild aus seinen gelben Zähnen hervor.

Die beiden Herren hatten vereinbart, es solle, wenn der Abbé allzu heftig werde, Mercy eingreifen. Das tat er jetzt. »Der Abbé denkt nicht
daran, Madame«, sagte er schnell und sänftigend, »Ihnen Vorwürfe zu
machen. Er denkt nur, ebenso wie ich, an die Sorge und Betrübnis, welche die Meldung dieses Vorfalls in Schönbrunn hervorrufen muß.«
Und da sie hochmütig unbeteiligten Gesichtes dasaß, ganz leise mit
dem Schuh wippend, belehrte er sie: »Gerade nachdem der Kaiser ein
Zusammentreffen mit dem Rebellen vermieden hat, wird es als Änderung der Habsburgisch-Bourbonischen Politik angesehen werden,
wenn Sie jetzt freundliche Worte für Franklins Prinzipien haben.«
»Freundliche Worte für seine Prinzipien? Ich?« empörte sich Toinette.
»Wer wagt, so etwas zu behaupten?« »Jedermann«, sagte grob der
Abbé. »Und Sie glauben so etwas?« zürnte Toinette. »Sie glauben wirklich, daß ich Habsburg an die Meuterer verraten habe?« »Geruhen Sie
Madame, bei der Sache zu bleiben«, wies der Abbé sie zurecht. »Sie haben Äußerungen getan, welche die Rebellen in ihrem Sinne ausdeuten
könne. Das ist es, was uns betrübt, den Grafen und mich.« Und Mercy
ergänzte: »Wir wissen, daß die alte Majestät, die Frau Mama, schwere
Sorgen hat. Es fällt uns hart, sie noch tiefer zu betrüben, und das werden
wir, auch wenn wir einen noch so gemilderten Bericht nach Wien schik-
ken. Wir bitten Sie in Ehrerbietung, Madame, das zu erwägen.«
Toinettes Gesicht war nachdenklich geworden; einen Augenblick
schien es, als wolle sie weinen. »Ich weiß, Messieurs«, sagte sie, »daß Sie
dem Hause Habsburg ergeben sind.« Doch sogleich wurde sie die Alte.
»Ich kann mir nicht vorstellen«, sagte sie, »daß meine Worte üble Folgen haben können. Und so lange Sie mir solche übeln Folgen nicht
nachweisen, müssen Sie mir schon glauben, daß ich mich im Recht fühle, vollkommen im Recht.« Die Herren wußten wenig mehr zu sagen
und entfernten sich. Mercy hatte es nicht anders erwartet, der Abbé
aber war enttäuscht.

Toinette, allein, schaute eine kleine Weile leeren Gesichtes vor sich hin. Sie dachte an die groben, höhnischen Ermahnungen, die sie von Josef zu hören bekommen wird, und sie ärgerte sich.

Dann nahm sie den Brief der Mutter zur Hand und öffnete ihn.

›Mercy‹, schrieb Maria Theresia, ›hat mir von Ihrem Wunsche berichtet, Bilder aus Ihrer Kinderzeit zu erhalten, an die Sie sich aus Ihrem Schönbrunner Aufenthalt erinnern, und er hat mir mitgeteilt, wie groß sie sein, wo sie hängen und wie sie belichtet sein sollen. Ich freue mich herzlich, Liebste, Ihnen einen Gefallen erweisen zu können, und ich werde Sorge tragen, Sie nicht sieben Jahre warten zu lassen, wie Sie mich mit Ihrem Porträt, das ich noch immer und mit Begier erwarte. Ich bin nicht nachträgerisch und werde die sieben Jahre Wartens sogleich vergessen, wenn ich Ihre lieben Züge im Bilde vor mir sehe.‹

Eine vage Trübsal füllte Toinette, wenn sie an ihre alte Mutter dachte. Man hatte damals Duplessis damit beauftragt, sie für Maria Theresia zu malen, und alle hatten erklärt, das Porträt sei gut und treu geworden, aber nachdem es der Mutter nicht gefallen, hatte sie keine Lust mehr gehabt, nochmals zu sitzen, sie hatte immer so wenig Zeit, und so hatte sie trotz der Erinnerungen Mercys die Angelegenheit verschlampt. Da Mama daran lag, so wird sie sich also wieder einmal malen lassen. Auf alle Fälle war es rührend, daß Mama ihr die Bilder sofort schickte. Sie war als Kind oft vor diesen Bildern gestanden, die sie darstellten als Zehnjährige, wie sie mit ihren Geschwistern tanzte und spielte, und sie hatte sich, als sie größer wurde, immer wieder und mit Anteilnahme verglichen mit der auf den Bildern dargestelltem Maria Antonia. Sie war neugierig, welche Bilder wohl Mama ausgewählt hatte, und sie war gespannt, ob die Bilder jetzt so stark auf sie wirken würden wie damals. Das beschäftigte sie, und die unangenehmen Gedanken verwehten.

Sie erzählte ihren Nächsten von den Vorhaltungen der Österreicher. Vaudreuil, die Polignacs lachten. Natürlich waren Josefs Repräsentanten wütend, daß Toinette Rede und Gegenrede getauscht hatte mit dem Manne, den zu treffen Josef nicht mutig genug gewesen war.

Toinette lächelte. Sie stellte sich vor, wie nun bald auch Louis kommen und was für gute, geschliffene Antworten sie ihm geben wird.

Trotzdem, übelegte sie, wird es vielleicht besser sein, das Programm des

23. August ein wenig zu ändern. Es sollte nämlich an diesem Tage, an Louis' Geburtstag, unter andern Feierlichkeiten das kleine, neu errichtete Theater des Trianon eingeweiht werden, und zwar mit dem ›Barbier von Sevilla‹ des Monsieur de Beaumarchais. Daß Louis, der den Autor und das Stück nicht liebte, sich ein wenig ärgern würde, war eine Prise Pfeffer, welche das Fest nur würzen konnte. Jetzt indes, nach der Begegnung mit Franklin, kamen Toinette Bedenken. »Soll es dabei bleiben«, fragte sie, »daß wir am Dreiundzwanzigsten den ›Barbier‹ aufführen?« Sie warf die Frage spielerisch hin, nicht als Problem. Doch Vaudreuils Gesicht verfinsterte sich über die Maßen. Er hatte die Aufführung des ›Barbiers‹ aus guten Gründen vorgeschlagen. Nicht nur wollte er die Intendanten-Tätigkeit, die er an diesem 23. August offiziell übernehmen sollte, nicht mit etwas Banalem beginnen, er glaubte auch, er werde, wenn erst der ›Barbier‹ und bei solchem Anlaß vor dem König gespielt sei, die Aufführung auch des ›Figaro‹ viel leichter durchsetzen können. Mit Schärfe also erwiderte er, schon wüßten die Schauspieler um die geplante Aufführung des ›Barbiers‹, und wenn man nun plötzlich wieder den Mut verliere, so machten sie sich lächerlich, Toinette und auch er. Toinette gab eilig nach.

Vaudreuil indes ließ nicht so rasch ab. Gerade jetzt, erklärte er, komme es darauf an, daß Toinette keinen Zoll zurückweiche. Im Gegenteil, vorstoßen müsse sie. Wenn sie das nicht tue, dann werde ihr mutiges Verhalten vor Doktor Franklin Spielerei und leere Geste bleiben. Setze sie aber in Bälde auf ihre erste couragierte Tat eine zweite, dann erscheine die Begegnung mit Franklin als die zielbewußte Einleitung einer selbständigen Politik.

Das leuchtete Toinette ein. Sie war jetzt der Politik auf den Geschmack gekommen. Josef hatte recht gehabt: das politische Spiel war erregender als Pharao oder Lansquenet. Eifrig stimmte sie François zu und versicherte, sie werde fortan zielbewußte Politik treiben.

Aber: »Zielbewußte Politik? Wir?« höhnte in seiner plumpen Art Jules Polignac. »Die andern treiben Politik, die Füchse, die Gegner, Maurepas, Vergennes, Necker. Die rühren sich. Die streichen uns die Mittel weg. Aber wir?« Und da die andern einander anschauten, lächelnd über diesen unerwarteten Ausbruch, fuhr er fort: »Was haben wir gewettert gegen diesen Saint-Germain. Wir haben geredet, und er hat gehandelt. Jetzt kriegen die andern die Uniformen, das Gesindel, die Populace, die Frösche. Die werden Obersten und Generäle, und wir sitzen da, nackt und bloß und ohne Gehalt.« Alle waren erstaunt; in so zusammenhängenden Sätzen hatte sich Jules Polignac seit langem nicht geäußert.

»Das war eine gute Zeit«, erinnerte sich träumerisch Gabriele, »als wir Turgot davonjagten.«

Toinette saß da, nachdenklich, gepackt. Der Name Saint-Germain war zur rechten Zeit gefallen. Sie gedachte des vielen Bösen, das dieser Mann ihren Freunden zugefügt hatte. Sie gedachte des festen Entschlusses, den sie damals bei dem Familienessen für Josef gefaßt hatte, den aufsässigen, widerwärtigen Alten unschädlich zu machen.

Ein hübsches, böses und entschlossenes Lächeln war um ihren kleinen Mund mit der starken Unterlippe. Sie hatte das rechte Feld gefunden, sich zu betätigen. Jetzt mochte Louis kommen und ihr vorjammern, weil sie dem netten Doktor Franklin ein paar freundliche Worte gegeben hatte. Sie wird ihm beweisen, daß das nur der erste Schritt war auf einem langen Wege.

Am nächsten Morgen, in ihrem ›Kleinen Empfangsaal‹, besichtigte Toinette das endgültige Modell des neuen Trianon. Man hatte einen Teil des Saales ausräumen müssen, um Platz für das Modell zu schaffen.

Um Toinette versammelt waren die Herren, die für den Umbau des Schlosses und die Neuanlage seiner Gärten verantwortlich waren. Da waren die Architekten Mique und Antoine Richard. Da war der Maler Hubert Robert, der gewisse Baulichkeiten im Gebiete des Trianon durch kleine, künstliche Zerstörungen das Aussehen des Natürlichen, Gebrauchten verlieh. Da waren die Gartenkünstler Bonnefoy du Plan und Morel. Da war vor allem der Marquis de Caraman, ein Dilettant, der in seiner Besitzung an der Rue Saint-Dominique den schönsten Garten von Paris angelegt hatte, jenen Garten, welcher Toinette die Anregung gegeben für die Parkanlagen des Trianon.

Toinette stand vor dem Modell, es war das achtzehnte, aber nun war es auch endgültig. Es war mit unendlicher Sorgfalt und Kunstfertigkeit ausgeführt. Der See und der Bach waren durch Spiegelglas, die Wiesen und Bäume durch gestopftes und gemaltes Moos wiedergegeben, die Baulichkeiten durch Gips und Holz. Man konnte sich von jeder Einzelheit ein deutliches Bild machen.

Toinette, an Hand der vielen Grundrisse, Zeichnungen, kolorierten Blätter, verglich eifrig. Jetzt hatte sie es erreicht; alles war, wie sie sichs geträumt hatte, höchste Einfachheit und höchste Kunst. Ihr schönes, weißes Gesicht strahlte kindliche Freude. Oft hatten die Herren ihre Ämter verwünscht, oft und abermals, wenn Toinette immer noch nicht zufrieden war und dies und jenes und alles von Neuem geändert haben wollte, waren sie im Begriff gewesen, ihre hochbezahlten Stellungen hinzuwerfen. Nun aber, vor dem vollendeten Modell, sahen sie: Mühe und Ärger waren nicht umsonst gewesen. Toinette hatte ein klares, genaues Bild gehabt dessen, was sie wollte, das Werk war gut. »Das haben Sie großartig gemacht, Messieurs«, sagte Toinette. »Unser Trianon wird der Stolz Frankreichs sein. Ich danke Ihnen. Ich gratuliere Ihnen und mir.« Sie sah die Herren an, jeden einzelnen, strahlend, glücklich.

»Und ich darf also damit rechnen«, sagte sie leichthin, »daß alles am Dreiundzwanzigsten fertig ist.« Die Herren blickten einander an, blickten Toinette an, blickten auf den Architekten Mique, den Chef des Unternehmens. »Am Dreiundzwanzigsten, Madame«, sagte schließlich der Architekt, »wird das Haus bewohnbar sein und der Park so, daß man dort spazieren gehen kann. Aber das Trianon wird noch nicht so sein, wie wir es Ihnen und Ihren Gästen zu präsentieren wünschen.« Toinettes Brauen zogen sich hoch. »Aber Sie haben mir doch versprochen –« entrüstete sich sich. »Madame«, erwiderte der Architekt, »Sie sind für uns nicht nur die Königin von Frankreich, sondern unsere sehr geliebte und bewunderte Kollegin. Was menschenmöglich ist, geschah und wird geschehen. Wann aber das Trianon vollendet sein wird, das ist nicht nur eine Frage unseres Fleißes und unserer Kunst, das ist leider auch eine Geldfrage.« Und der Gartenarchitekt Morel ergänzte: »Wir haben scharf gerechnet, Madame, und es war schwierig, Monsieur d'Angivillers zur Anweisung der nötigen Gelder zu bewegen. Mehr wird er uns bestimmt nicht bewilligen.«

Louis hatte Toinettes neue, erhebliche Schulden beglichen, ohne sich darum bitten zu lassen; doch es schien ihr fraglich, ob er das nach dem

Vorfall mit Franklin weiter so halten werde. Aber sie war stolz auf ihr Trianon, sie freute sich darauf, den Ihren zu zeigen, was sie da gemacht hatte, und eine bessere Gelegenheit als diesen 23. August gab es nicht. »Ich habe beschlossen«, sagte sie leichthin und sehr hochmütig, »den Geburtstag des Königs in meinem Trianon zu feiern. Ich beabsichtige nicht, dem König und mir die Feier zu verderben, damit der Intendant der Königlichen Bauten ein paar Livres einspart. Ich werde mit Monsieur d'Angivillers reden. Aber nun genug von diesem Kleinkram«, unterbrach sie sich, »kehren wir zurück zur Arbeit«, und sie sprach mit jedem der Herren über Einzelheiten, die ihn angingen, kennerisch und liebenswürdig.

Plötzlich wurde die Tür aufgerissen. Herein schleifte, das junge, feiste Gesicht verpreßt und zornig, Louis.

Es war ihm geglückt, sich auch an diesem zweiten Tage mit Wut zu füllen. Während er den unterirdischen Gang zu ihren Gemächern durchschritt, hatte er sich nochmals alle Gründe aufgezählt, die ihn zur Wut berechtigten. Hatte er nicht erwarten dürfen, daß Toinette nach vollzogenem Beischlaf weniger kindisch sein werde, mehr pflichtbewußt? Hätte sie nicht, nachdem er ihr so viele Extravaganzen verziehen, Unbesonnenheiten zumindest wie diese letzte vermeiden müssen, die an Verbrechen grenzten? Solcher grimmigen Gedanken voll war er gekommen, hatte der Dame, die ihn anmelden wollte, böse abgewinkt und war geradewegs in Toinettes Konferenz eingedrungen, gewillt, die Schuldige zu überraschen.

Da stand er und überraschte. Toinette hatte ihn wirklich gerade jetzt nicht erwartet, die Gedanken an ihr Trianon und an die Geburtstagsfeier hatten sie ganz ausgefüllt. Doch: ›Umso besser‹, dachte sie, und die Erwägung, daß er da so ungeschlacht hereinplumpte in ihre Besprechung einer Feier zu seinen Ehren, mehrte nur ihre Überlegenheit.

Sie freue sich immer, ihn zu sehen, meinte sie lächelnd, etwas verwundert. Aber er möge ihr doch sagen, ob, was er ihr mitzuteilen habe, dringlich sei. Sie sei gerade mitten in Geschäften; in Geschäften, die ihm eine, wie sie hoffe, angenehme Überraschung bringen würden.

Die Herren hatten Louis mit einer tiefen Verneigung begrüßt; jetzt standen sie respektvoll an den Wänden und lächelten in ihrem Innern. Louis, steif und finster, erwiderte: »Allerdings, Madame. Ich halte, was ich Ihnen zu sagen habe, für wichtig.«

Toinette schaute im Kreis, schaute auf Louis, schaute auf das Modell und zurück auf Louis. Sagte: »Die Beschäftigung, Sire, mit der Überraschung, welche diese Herren und ich für Sie vorbereiten, erfordert unsere ganze Zeit und ungeteilte Aufmerksamkeit. Wenn also Ihre Mitteilung nicht sehr wichtig ist –« Sie betonte das ›sehr‹, beendete ihren Satz nicht und blickte ihm liebenswürdig ins Gesicht. Er, halsstarrig, sagte mürrisch: »Es ist sehr wichtig, Madame.« Toinette zuckte die Achseln, die Herren begannen sich zurückzuziehen. »Bitte, Messieurs«, sagte Toinette und hob leicht die Hand, »gehen Sie noch nicht fort, warten Sie. Ich hoffe, es wird nicht allzu lange dauern.« Die Herren verneigten sich abermals und gingen.

Louis richtete die weitauseinanderstehenden braunen Augen auf sie, atmete stark und sagte: »Also nun – also das ist doch –« »Was nun? Was: also das ist doch?« fragte Toinette und wippte mit dem Fuß. »Was haben Sie getan«, brach es schließlich aus ihm heraus. »Was habe ich getan«, gab sie höhnisch zurück, ihn nachäffend. »Ich habe mich mit einem großen Gelehrten in ein Gespräch eingelassen, ich habe mit ihm ein paar Sätze gewechselt über harmlose Dinge, wie mit tausend anderen.« Louis, gereizt durch so viel gleißnerische Verstocktheit, nahm einen neuen Anlauf zur Wut. »Bleiben Sie bei der Wahrheit«, rief er schrill. »Glauben Sie nicht, Sie könnten mich täuschen. Ich habe genauen Bericht. Sie haben mit ihm über Politik gesprochen. Sie haben seine Politik gelten lassen.« »Regen Sie sich nicht auf«, gab hochmütig Toinette zurück. »Was man Ihnen weisgemacht hat, ist Unsinn. Ich habe mit Doktor Franklin über Musik gesprochen. Ich habe ihm gesagt, es sei Musik in seinen Worten. Und das war so.«

Louis fühlte sich hilflos vor so viel Unlogik. Er spürte, wie seine Wut verrauchte. Er setzte sich nieder; eine wulstige Masse Fleisches hockte er auf dem zierlichen, goldenen Stuhl. »Werden Sie niemals einsehen, Madame«, sagte er trübe, »daß Sie kein Kind mehr sind? Sie können sich nicht jede Laune erlauben, Sie sind –« »Ich weiß«, spöttelte Toinette, »ich bin die Königin.« Beinahe hatte sie Mitleid mit dem Manne, wie er da so traurig vor ihr hockte und vermeinte, sie habe ihm unrecht getan. Sie trat zu ihm, rührte ihn an der Schulter, und: »Seien Sie vernünftig, Louis«, bat sie freundlich. »Kommen Sie, schauen Sie sich mein Trianon an«, und sie führte ihn vor das Modell.

Er stand davor, und da er Sinn für technische Fertigkeit hatte, konnte er nicht umhin, sich zu interessieren für die Kunst und Sorgfalt, mit der das zierliche, mühevolle Spielzeug hergestellt war. »Ist es nicht wundervoll?« fragte Toinette. »Gewiß, Madame«, antwortete Louis, »es ist ungewöhnlich hübsch«, und mit dicken, doch behutsamen Fingern betastete er die Einzelheiten.

Doch er wollte sich nicht ablenken lassen. »Versprechen Sie mir wenigstens«, kehrte er zur Sache zurück, »daß Sie in Zukunft solche Unbesonnenheiten vermeiden werden.« Sie hob ausdrucksvoll die Schultern, ging weg von ihm, setzte sich aufs Sofa, schmollte, wippte mit dem Fuß. »Begreifen Sie doch, Madame«, redete Louis auf sie ein, »daß diese Leute die Erzfeinde der Monarchie sind. ›Ein harmloser Gelehrter‹, sagen Sie. ›Er hat Musik in sich‹, sagen Sie. Umso schlimmer.« Er geriet von Neuem in Wut. »Dieser Mann«, schrie er in der Fistel, »schmarotzt bei uns herum. Er hat sich bei uns eingewurmt, es gibt keinen übleren Schädling. Er ist unser schlimmster Feind, der Ihre und der meine. Nicht der König von England: er, er. Mit unserm Vetter in Saint James können wir uns verständigen, mit diesem Rebellen niemals.« Toinette schaute ihn auf und ab, wie er sich in ohnmächtigem Zorn abzappelte. Ihr Mitleid war verflogen, sie spürte nurmehr Verachtung. Der Brief, den sie der Mutter damals geschrieben hatte, nun sei sie in Wahrheit Königin und werde den Erben gebären, der Bourbon und Habsburg für immer vereinige, war voreilige Prahlerei gewesen; Louis war auch jetzt, nach der Operation, nicht imstande, ihr den Dauphin zu machen, auf den sie Anspruch hatte. Wahrhaftig, es war an der Zeit, daß sie in die Politik eingriff.

»Ich finde Ihre Haltung in der amerikanischen Frage im Prinzip unrichtig«, belehrte sie ihn. Sie raffte zusammen, was sie aus Gesprächen des Fliederblauen Klüngels behalten hatte. »Natürlich werden wir vorläufig neutral bleiben«, dozierte sie, »das können wir nicht anders. Natürlich werden wir unsere Sympathien für die Rebellen nicht offen an den

Tag legen. Aber schließlich bleibt es doch unser wesentliches Interesse, England zu schwächen. Immer von Neuem empört es mich, daß die Engländer noch in Dünkirchen sitzen. Haben Sie denn kein Blut in den Adern, Sire? Ich kann nicht einschlafen des Nachts, wenn ich daran denke. Sie sollten wirklich mehr auf mich hören.«

Louis war verblüfft. Auf so viel Unlogik zu erwidern, war schwierig. »Wissen Sie denn überhaupt, wo Dünkirchen liegt?« fragte er. Und ehe sie antworten konnte, fuhr er fort: »Es war bisher nicht Sitte, daß sich die Königin von Frankreich in Staatsgeschäfte mischte.« Er war beleidigt, er verteidigte sich mit Überzeugung. »Glauben Sie mir«, sagte er, »ich weiß genau, was ich tue. Ich bedenke es nach allen Seiten, mit meinen Ministern, mit meinen Büchern, mit mir selber und im Gespräch mit Gott.«

Toinette ging darauf nicht ein. »Wenn schon unsere offizielle Politik neutral bleiben muß«, fuhr sie fort, ihn zu belehren, »so sollten wir den Amerikanern wenigstens menschliches Wohlwollen zeigen, so, wie ich es getan habe.«

Louis versuchte weiter, ihr seine Politik zu erklären. Weder er, noch König Georg wollten den Krieg. Aber die Völker seien aufgerührt, gewissenlose Hetzer reizten sie auf, Prestigefragen seien im Spiel, und wenn man nicht behutsam vorgehe, dann könne über Nacht ein Konflikt da sein, aus dem es keinen Ausweg mehr gebe. »England«, setzte er ihr auseinander, »kann den Krieg nicht brauchen, es hat alle Hände voll zu tun mit seinen aufständischen Kolonien. Aber wir können ihn auch nicht brauchen. Unsere Finanzen erlauben ihn nicht. Unsere unfertige Rüstung erlaubt ihn nicht.«

Sie hörte aus seinen geduldigen, logischen Erläuterungen ein Wort heraus, das ihr gelegen kam. »Wenn wir nicht gerüstet sind«, hackte sie ein, »wessen Schuld ist das? Wessen sonst als die Ihres Kriegsministers. So lange haben Sie mir vorgeschwärmt von den Reformen dieses hartnäckigen, alten Esels. Seine Reformen haben meinen Freunden die größten Ungelegenheiten bereitet, ich selber habe mich krank darüber geärgert, und nun kommen Sie, Sire, und sagen mir: ›Wir sind nicht gerüstet.‹ Mit all den Reformen, für die er von dem Land und von uns so viele Opfer verlangt, hat ers also nicht einmal so weit gebracht, daß wir einem

Krieg mit Ruhe entgegensehen können. Finden Sie nicht, Sire, da gibt es eine einzige Konsequenz? Wegschicken den Mann, fortjagen.« Louis hatte sich hoch aufgerichtet auf seinem kleinen Stuhl. Sein feistes Gesicht war gespannt und so finster, daß sie begriff, sie war zu weit gegangen. »Ich meine nur«, sagte sie eilig, »aber vielleicht habe ich mich nicht eingehend genug mit der Sache befaßt.«

Louis, immer mit grimmig verhaltenem Zorn, sagte: »Die Armee für einen Krieg mit England rüsten, Madame, das ist kein Kinderspiel. Das ist was anderes als das Schloß Bagatelle bauen oder auch das Schloß Trianon.« Er sah mit Freude, daß er sie getroffen hatte. »Mit der Armee der Amerikaner«, fuhr er fort, »ist nicht viel Staat zu machen. Es ist undisziplinierte Miliz und überaus schlecht equipiert. Wenn wir mit England in Krieg geraten, dann haben wir diesen Krieg so gut wie allein zu führen. Und es wird ein Krieg sein, der sich nur zum Teil hier in Europa abspielt, er wird geführt werden müssen in fernen Ländern. Die Engländer haben in Amerika Armeen und Depots, und sie haben eine Flotte, die gerüstet ist für den Transport großer Truppenkörper. Wir – machen Sie sich das klar, Madame – wir müssen alles, unsere Soldaten und unsern ganzen Kriegsbedarf, über ein gefährliches Meer transportieren, das beherrscht wird von einem mächtigen Feind. Soll ich mich leichtsinnig in einen solchen Krieg hineintreiben lassen? Das tue ich nicht, Madame. Niemals. Und ich erlaube niemand, auch Ihnen nicht, mich auf diesen Weg zu stoßen.«

Toinette, da sie ihren Plan, Saint-Germain davonzujagen, auf eine günstigere Stunde zurückstellen mußte, beschloß, Louis eine andere Konzession abzuzwingen. »Sie behandeln mich wie ein kleines Kind«, trotzte sie auf, »dem man alles weismachen kann. Aber ich bin besser unterrichtet, als Sie glauben. Es ist nicht so, daß die Armee der Amerikaner für nichts anzusehen wäre. Die Rebellen sind tapfer und haben Siege errungen. Ich habe die Namen der Schlachten vergessen, aber ich weiß es ganz bestimmt.« »Ja, gewissermaßen«, räumte der sachliche Louis ein, »bei Trenton und bei Princetown. Aber das waren keine Schlachten«, beharrte er, »das waren Gefechte, Scharmützel. Auch liegen diese Ereignisse schon einige Zeit zurück, und wir haben zuverlässige Berichte, daß es seither nicht gut steht um die Armee des Generals

Washington. Wenn wir nicht den Amerikanern heimlich Hilfe schickten, dann würden sie uns über Nacht zusammenbrechen.«

Jetzt hatte Toinette Louis auf dem Wege, auf dem sie ihn haben wollte. Jetzt wird sie ihm eine Konzession abjagen, eine große Konzession, jetzt wird sie sich vor ihren Freunden eines viel wichtigeren Sieges rühmen können, als es die Entlassung Saint-Germains gewesen wäre. Behutsam auf ihr Ziel losgehend, fragte sie: »Also vor allem deshalb, weil die militärische Lage der Rebellen so schlecht ist, weigern Sie sich, die Schwäche Englands auszunützen?« »Ja«, gab zögernd Louis zu, »das ist einer der Hauptgründe.« Und nun holte Toinette zu ihrem großen Schlage aus. »Ich sag Ihnen was, Louis«, bot sie ihm an. »Ich verspreche Ihnen, in Zukunft den aufrührerischen Kolonien so viel Neutralität zu zeigen wie Sie und Josef zusammen. Dafür versprechen Sie mir: wenn sich die Lage ändert, wenn die Amerikaner einen militärischen Erfolg erringen, dann schließen Sie den Allianzvertrag mit ihnen, dann gehen Sie gegen England vor.«

Louis saß da, schwitzend, unbehaglich. »Ich muß mir das überlegen«, antwortete er, »Sie überrumpeln mich.« Doch Toinette, sieghaft und zornig, ließ nicht locker. »Gerade haben Sie gesagt«, bedrängte sie ihn, »es sei lediglich die schlechte militärische Lage der Amerikaner, die Sie verhindert, ihnen offen Hilfe zu bringen. Und jetzt wollen Sie es schon wieder nicht wahr haben.« »Aber nicht doch«, sagte unglücklich Louis, »Sie wollen nicht begreifen Toinette.« »Ich begreife so viel«, antwortete Toinette, »daß Sie nicht zu Ihren Worten stehen.« »Wenn die Amerikaner«, räumte zögernd Louis ein, »einen militärischen Erfolg haben sollten, ich meine: einen wirklichen militärischen Erfolg, so würde das allerdings manches ändern.« »Heißt das«, griff Toinette zu, »daß Sie dann den Allianzvertrag schließen würden?« »Nun ja«, drückte Louis herum, »dann allerdings.« »Also abgemacht, Sire«, legte ihn Toinette fest. »Und jetzt, nachdem das Politische geregelt ist, schauen wir uns in Ruhe mein Modell an.«

Der 23. August war ein heißer Tag, und die nicht zahlreichen Gäste, die im Trianon den Geburtstag Louis' feierten, seufzten, als Toinette sie aufforderte, einen Rundgang durch den Park zu machen.

Bald aber vergaßen sie über der Schönheit des Parks die Mühseligkeit der besonnten Wege. Hier war nichts von dem gezirkelten Prunk der Gärten von Versailles, der mehr und mehr aus der Mode kam; hier war mit kunstvoll einfachem Geschmack jene Natur hergestellt, die diese Damen und Herren durch die Lektüre ihres Rousseau lieben gelernt hatten, und sie waren hingerissen, schwärmten.

Toinette, in schlichtem, weißem Leinenkleid, führte ihre Gäste. Mit ihrem wunderbar leichten Gang lief sie, schwebte sie durch die Alleen, unter dem Florentiner Strohhut hervor quoll das herrliche, aschblonde Haar, blendend weiß und edel kamen Hals, Schultern, Arme aus den zarten Spitzen. Begleitet vom Schwarm ihrer Architekten und Künstler, voll Begeisterung, zeigte sie ihre Schöpfung. Mit unverstellter, kindlicher Freude wies sie ihre Gäste hin auf das, was ihr am schönsten schien, und forderte ihre Sachverständigen auf, die Besonderheiten jedes Details zu erklären. 800 Arten von Bäumen und Sträuchern enthielt ihr Park, aus allen Winkeln der Erde hatte man sie zusammengeholt. Da gab es Rotbuchen aus Deutschland, Zypressen aus Kreta, Edeltannen aus Armenien, Kirschlorbeer aus den Pyrenäen, und Kirschlorbeer aus China, Taxodium aus Louisiana, Robinien aus Virgina, niemals hatte man sie vorher in Frankreich gepflanzt. 239 verschiedene Bäume und Sträucher, erläuterte der Botaniker Morel, hatte allein Nordamerika beigesteuert. Toinette streichelte mit den langen, zartfleischigen Händen ihre Libanon-Zeder, und mit Stolz machte sie den Prinzen Karl darauf aufmerksam, wieviel schöner ihre Tuberosen seien als die seinen in ›Bagatelle‹.

Die ironischen, spottsüchtigen Damen und Herren ließen sich anstecken von Toinettes strahlender, naiver Freude. Der freche Prinz Karl vergaß seine Frechheit, der dicke, säuerliche Prinz Xavier seine Bosheit, Vaudreuil seinen gewalttätigen Hochmut. Am innigsten vergnügt war Louis. Dieses Trianon war großartig geraten. Was waren die andern berühmten Gärten, die Parks des Horace Walpole, des Prinzen de Ligne, des Herzogs von Orléans, vor dem Wunderwerk, das seine schöne Frau da hingestellt hatte? Er freute sich, daß offenbar auch die andern so dachten. Und ein wenig war es ja auch sein Erfolg; denn wer zahlte? Besonders stolz war Toinette auf ihre neue Orangerie. Triumphierend rechnete sie vor, wieviel Geld sie damit verdienen werde. Aus dem Verkauf der Orangenblüten allein wird man 300 bis 400 Livres herausschlagen, in guten Jahren bis zu 1000. Louis überlegte. »Wirklich, Teuerste?« fragte er zweifelnd. »Aber gewiß«, antwortete Toinette. »So ist es im Voranschlag. Ist es nicht so, Monsieur?« wandte sie sich an d'Angivillers. Der sagte ehrerbietig: »Nicht ganz, Madame«, flüsterte mit einem Beamten und berichtete: »Wir rechnen mit einem Ertrag von 15 Livres, der vielleicht in guten Jahren bis zu 40 gesteigert werden kann.« »Das ist besser als nichts«, sagte gutmütig Louis und beschloß, aus der Ausstellung und der Auktion seines Sèvres-Porzellans mindestens 350 000 herauszuholen.

Man bewunderte, wie natürlich der Lauf des Baches war, gewunden und lieblich, das Wasser war mittels langer Röhren aus weiter Entfernung herbeigeleitet. Der Bach murmelte freundlich und mündete in den künstlichen See, in dessen Mitte sich eine künstliche Insel erhob; Schwäne reckten und tauchten die Hälse. Jenseits des Ufers wurde eine Bergpartie sichtbar, künstlicher Fels und künstliches Moos. »Alles sieht aus«, anerkannte Prinz Xavier, »als stünde es hier seit den Zeiten des Vierten Pharao«, und Louis stimmte bei: »Wahrhaftig, ich fühle mich hier in der Natur wie sonst nur auf der Jagd.«

Es war erstaunlich, was man alles auf dem kleinen Raum untergebracht hatte, Brücken und Tempelchen und Pavillons und Grotten, ganz zu schweigen von den träumerisch romantischen Ruinen, welche mit feinem Geschmack der Maler Hubert Robert errichtet hatte. »Man wird Sie künftig den Ruinen-Robert nennen«, lobte Vaudreuil, und der Maler Robert verneigte sich geschmeichelt.

Man kam an den Chinesischen Pavillon. Auch hier war alles gründlich erneuert. Von einem unsichtbaren Mechanismus bewegt, drehte sich ein Karussel, der Bildhauer Bocciardi hatte die Figuren entworfen, Drachen und Pfauen. Toinette schwang sich auf eine der hölzernen Figuren, lieblich und aberwitzig saß sie auf ihrem Drachen. Die andern taten es ihr nach, und zu einer dünnen, silbernen Musik begann man zu reiten. Louis selber, vergnügt und schwitzend, ließ sich auf einem Pfau nieder, der brach unter ihm zusammen, er lachte schallend, wohlgelaunt.

Vaudreuil stand in kühner, halsbrecherischer Position neben Toinette, sich mit Fuß und Hand an dem Strick festhaltend. Er war geübt in jeder Art Sport; im Jeu de Paume, im Tennis, tat es ihm keiner gleich in der Stadt Paris. Während er sich gefährlich mit Toinettes Drachen weiterdrehen ließ, sprach er unhörbar auf sie ein: »Heut ist der gegebene Tag. Es ist alles so geglückt. Sie sind schön und verlockend wie nie, Toinette. Er ist so guter Laune. Heute müssen Sie ihn dazu kriegen.« »Wozu?« fragte Toinette, ein leeres, glückliches Lächeln um die Lippen. »Daß er den alten Saint-Germain endlich wegschickt«, antwortete leise und heftig Vaudreuil.

Es gab noch vieles zu sehen, zu vieles, man ermüdete. Eines aber mußte Toinette, bevor man zurück ins Haus ging, ihren Gästen noch zeigen: ›das Dörfchen‹, ihr wunderbares, liebliches, naturnahes, ganz und gar realistisches Dörfchen. Vorgeschwebt hatte ihr, als sie dies ihr Dörfchen anlegte, die pastorale Landschaft, in welche sich in der ›Aline‹ des Chevalier de Boufflers die Heldin flüchtet, die Königin von Golkonda. Und als der belesene Prinz Xavier erkannte: »Aber mein Gott, das ist ja die Landschaft Aline's«, errötete Toinette vor Freude.

Ein jedes der acht Häuslein hatte sein Gärtlein, ein Gemüsegärtlein und eines von Fruchtbäumen. Scheunen gab es und Holzbänke, Tennen, einen Hühnerhof, eine Mühle, ein Haus für den Dorfpolizisten. Ein kleiner Marktplatz war da. Schafhürden gab es und Kuhställe.

Die Kühe wurden vorgeführt, außergewöhnlich saubere, gepflegte Kühe. Sie lebten in einem Stall, der von Sauberkeit blitzte, der Boden war mit Fliesen weißen Marmors belegt, doch die Mauern wiesen natürlich Sprünge auf, angefertigt nach Zeichnungen des Malers Hubert Robert. Toinette schickte sich an, ihre Lieblingskuh zu melken, die Kuh Brunette; der Eimer war aus edelstem Porzellan, angefertigt in Sèvres nach Entwürfen des Meisters Pourrat. Alle schauten zu, wie flink und geschickt ihre Finger an dem Euter der Kuh herum werkten. »Niedlich, sehr niedlich«, sagte Prinz Karl, und der gebildete Prinz Xavier zitierte Verse aus den ›Eklogen‹ des Vergil. Louis aber hatte eine glückliche Idee. Er schlug vor, die Milch zu versteigern. Man bot hoch, und schließlich steigerte Louis selber die Milch ein, für 25 Louis d'Or; er lachte, »Es lebe die Königin«, rief er, verneigte sich plump vor Toinette, trank.

Monsieur d'Angivillers mittlerweile erzählte Interessierten von den Kosten, welche das ›Dörfchen‹ verursacht hatte. Es waren weniger die Baulichkeiten selber als die Insassen. Madame, in bekanntem Wohltätigkeitssinne, hatte in ihrem Dörfchen bedürftige Landleute ansiedeln wollen. Aber es war schwer gewesen, passende Bauern aufzutreiben. Wenn man einen gefunden hatte, mit dessen Kopf der Maler Robert einverstanden war, dann schienen dem Architekten Mique die Hände nicht stilgerecht, und der Bauer mußte entschädigt und zurückgeschickt werden; an dem neuen Bauern wurden neue Mängel entdeckt, und wenn die Künstler befriedigt waren, war es Madame noch lange nicht.

Toinette führte ihre Bauern vor. Besonders stolz war sie auf den Bauern Valy aus dem dritten Haus, den Dorfschulzen, und schaute nicht der Dorfpolizist Vercy wunderbar echt aus? Weiter fand hohe Anerkennung der Schulmeister Lepain; man hatte ihn in das Dörfchen versetzt, weil er verblüffende Ähnlichkeit hatte mit dem ›Dorfschulmeister‹ des Greuze, einem Gemälde, das im Salon Sensation erregt hatte. Auch der kleine Schützling Toinettes interessierte, Pierre Machard. Man hatte ihn aus seinen prunkvollen Hofkleidern herausgeschält und in Bauerntracht gesteckt; es fiel ihm sichtlich nicht leicht, sich an den langen, schweren Rock und an die plumpen Holzschuhe zu gewöhnen. Toinette erzählte, sie habe ihren lieben Kleinen dem Schulmeister besonders ans Herz gelegt. Er werde nun nach der letzten Mode erzogen, naturnahe, gemäß den Prinzipien, die in Rousseau's ›Emile‹ niedergelegt seien. Louis hob den Knaben hoch. Dabei entfiel dem einer der Holzschuhe, er war sehr unglücklich, Louis gab ihm Naschwerk.

»Wo aber bleibt unser guter Ulrich Schätzli?« fragte Toinette, und alle horchten auf. Die Geschichte dieses Ulrich Schätzli hatte das ganze Königreich interessiert. Ulrich Schätzli aus Uznach hatte der Schweizer Garde angehört, er war ein braver Soldat gewesen und hatte Disziplin gehalten. Nun hingen aber die Schweizer mehr als andere an ihrer Heimat – die Encyclopédie definierte ›Patriotismus‹ geradezu als eine Schweizer Nationalkrankheit – und einmal, an einem Urlaubsabend, nachdem er sich einsam in der Kneipe ›Zur Heikeln Kathrin‹ ungeheuer besoffen, hatte sich der Schweizer Gardist Ulrich Schätzli auf die Place

Louis le Grand hingestellt und zur Belustigung der Passanten einige Lieder seiner Heimat zum Besten gegeben, zum Schluß auch das schwermütige Lied: ›Zu Straßburg auf der Schanz.‹ Es war aber den Schweizer Leibgardisten der Allerchristlichsten Majestät das Singen ihrer heimatlichen Lieder und insbesondere das Singen dieses letzten Liedes, welches man in Paris ›Ranz des Vaches‹ nannte, aufs Strengste verboten, weil man fürchtete, der Vortrag dieser Lieder könnte das Heimweh der Schweizer steigern und sie zu Desertionen veranlassen; ja, für das Absingen des ›Ranz des Vaches‹ hatte eine alte, noch nicht aufgehobene Verordnung sogar die Todesstrafe festgesetzt.

Nun hatte Louis natürlich nicht daran gedacht, den Schweizer Ulrich Schätzli exekutieren zu lassen. Aber was er mit ihm anfangen sollte, hatte er auch nicht gewußt, vor allem da sein Kriegsminister Saint-Germain streng darauf hielt, Verstöße gegen die Disziplin zu ahnden. So war es dem ratlosen Louis beinahe gelegen gekommen, als ihn Toinette bat, ihr den Mann für ihr Dörfchen zu überlassen. Ulrich Schätzli war mit Schmach und Schande aus der Leibgarde ausgestoßen und mit Ehren im Trianon als ›Schweizer‹ aufgenommen worden.

Er hatte sich geschämt, sich heute, am Geburtstag seines Königs, sehen zu lassen, kein Zureden des Dorfschulzen hatte geholfen, jetzt aber wurde er gnadenlos herbeigeholt. Er kam, zerwühlt von Schande, weil er so furchtbar gegen die Disziplin verstoßen hatte. Er trug sein Schweizer Kostüm, einen langen, grauen Tuchrock, sehr kurze Hosen; der Maler Hubert Robert hatte das Kostüm entworfen nach Schilderungen in den Alpen-Romanen des großen Romanschriftstellers Clairs de Florian. So, sehr groß, in steifer militärischer Haltung, stand Ulrich Schätzli vor den Herren und Damen, und sie beschauten ihn. Prinz Karl ging ganz um ihn herum. Louis aber blickte ihn an mit kurzsichtigen, blinzelnden Augen, blickte hinauf in sein hölzernes, starres Gesicht und sagte: »Aber ja – Nun also – Dieses Problem wäre gelöst«; er betonte aber das: ›dieses‹. Noch als die Gesellschaft sich entfernt hatte, verharrte der Schweizer Ulrich Schätzli in militärischer Haltung.

Toinettes Gäste gingen daran, das Innere des Hauses zu besichtigen. Die ersten Maler und Bildhauer Frankreichs hatten sich zusammengetan, das Vestibül, die Treppe, den Vorraum, das Speisezimmer, den Kleinen und den Großen Salon, die winzige Bibliothek und das geräumige Ankleidezimmer, das Boudoir und das Schlafzimmer zu schmücken.

Interesse fand vor allem das Schlafzimmer. Es waren nicht die erlesen geformten Möbel in blauer Seide, es war nicht der Kamin mit der herrlichen Uhr, es waren nicht die Bilder von Pater und Watteau, welche die Gäste anzogen; es waren vielmehr jene drei Gemälde, die man Toinette aus Schönbrunn geschickt hatte. Denn nicht nur die Bilder waren gekommen, die Maria Theresia der Tochter versprochen hatte; auch Josef hatte es sich nicht nehmen lassen, Toinette ein Gemälde zu schenken.

Die beiden Bilder, welche Maria Theresia gestiftet hatte, waren noch hübscher als in Toinettes Erinnerung. Sie stammten von dem Maler Wertmüller, und sie stellten Toinette in sehr früher Jugend dar. Toinette war damals zehn Jahre alt gewesen, und die kleinen Erzherzoginnen hatten Oper und Ballett gespielt anläßlich der Hochzeit Bruder Josefs. Auf dem einen der Bilder tanzte Toinette mit ihren Brüdern Ferdinand und Maximilian, sie schaute sehr kindlich aus in ihrem roten Leibchen und in dem Rock von weißem, beblumten Satin. Viel seltsamer indes und wohl auch anziehender war sie auf dem andern Bild; da tanzte sie ernst und beflissen mit einem ihrer Brüder und einer der Schwestern ein mythologisches Ballett vor einer zarten Landschaft, die halb klassisch war und halb englisch. Sie gefiel sich sehr auf diesem strengen und dennoch zierlichen Gemälde, und offenbar gefiel sie auch den andern.

Das Merkwürdigste aber blieb das dritte Bild. Es stellte dar den Onkel Karl und den Großonkel Maximilian und den alten Erzherzog Josef Maria, alle in mönchischer Tracht und sich ihre Gräber grabend. Toinette erinnerte sich nicht, dieses Bild je in Wien gesehen zu haben, ihr Bruder Josef hatte es ihr wohl in einer bösartig skurrilen Laune geschickt, und während ihr die beiden andern Gemälde von Mercy präsentiert worden waren, hatte ihr dieses der Abbé Vermond überbracht. Zuerst hatte sich Toinette über den makabern Scherz geärgert, aber dann hatte sie gelacht, auch Vaudreuil hatte an dem sonderbaren Bild seinen Spaß gehabt. So hatte sie sich zuletzt entschlossen, auch dieses Bild in ihrem Schlafzimmer aufzuhängen, gegen den Rat ihrer Maler, die das Werk nicht künstlerisch genug fanden. Da hing es jetzt, und ihre lustigen, eleganten Gäste standen davor, ein bißchen unbehaglich, interessiert, amüsiert.

Das frühe Abendessen verlief angeregt. Der Tisch war versenkbar und hob sich, gedeckt mit den Speisen, stumme Diener taten das übrige, man kam ohne Lakaien aus. Toinette erklärte, sie habe sparen wollen, darum habe sie dieses Arrangement des hochseligen Großvaters, Ludwigs des Fünfzehnten, beibehalten. Auch sonst habe sie aus Spargründen möglichst viel von dem alten Mobiliar verwertet; selbst ihr Bett sei schon von einer Vorgängerin benutzt worden, und flüsternd erzählte sie Gabriele, es sei das Bett der ›Hure‹ gewesen, der Dubarry. Monsieur d'Angivillers, als die Geschichte herumging, konnte sich nicht enthalten, seinesteils zu flüstern, daß dieses aus Spargründen beibehaltene Bett wohl das kostbarste des Königreiches sei; allein die neuen Bettpfosten, die Madame befohlen habe, kosteten 2000 Livres. Übrigens sei es nicht das Bett der ›Hure‹, sondern das des hochseligen Großvaters Louis, was freilich nicht ausschließe, daß Madame Dubarry zuweilen darin geschlafen habe.

Louis aß mit ungeheuerm Appetit und forderte auch die andern immerwährend auf, zuzulangen. »Hier sind wir nicht Edelleute, Messieurs et Mesdames«, sagte er, »hier sind wir schlechthin Menschen, ja, Bauern, also laßt uns essen.«

Vaudreuil hatte eine Idee. Auf Louis' gute Laune eingehend, schlug er vor, die Musiker der Oper, welche zur Tafel aufspielten, wegzuschikken und den Schweizer herbeizuholen, Ulrich Schätzli. »Als Intendant Madames«, meinte er, »bin ich dafür verantwortlich, daß die Geburtstagsfeier Seiner Majestät ihr einmaliges Gepräge hat.« Louis, zuerst verblüfft von dieser Kühnheit, nahm sie dann mit guter Miene. »Also gut«, sagte er.

Der Schweizer wurde herbeigeholt. »Jetzt sind Sie nicht mehr im Dienst der Garde, guter Mann«, sagte Vaudreuil. »Wie wäre es, wenn Sie uns Ihr berühmtes Lied vorsängen?« Ulrich Schätzli stand steif da, in militärischer Haltung, und begriff nicht. »Was meinen der Herr?« fragte er. »Was befehlen der Herr?« »Der Herr befehlen«, antwortete Vaudreuil, »daß Sie Ihren Ranz des Vaches singen, Ihren famosen Kuhreigen.« »Das ist verboten«, antwortete Ulrich Schätzli. »Unsinn, mein

Lieber«, sagte Vaudreuil. Er zog eine Münze heraus. »Schau dir diesen Kopf an«, sagte er, »und schau dir diesen Kopf an«, und er wies auf Louis. »Hier steht der Mann, der verbietet und erlaubt. Frag ihn.« Der Schweizer stand schwitzend, immer stocksteif. »Ist es nicht verboten, Sire, mein General?« fragte er Louis. »Es war verboten, aber es ist nicht mehr«, antwortete in seiner sachlichen Art Louis. Es reizte ihn selber, das berühmte Lied zu hören; auch wollte er ausprobieren, ob er wohl den deutschen Text verstehe. »Also sing schon, mein Sohn«, sagte er zu dem langen Schweizer.

Ulrich Schätzli stand da in seinem grauen, rotbetreßten Tuchrock und in seinen sehr kurzen Hosen. Er stand in streng dienstlicher Haltung, die Beine gespreizt, stramm, lang, sehr aufrecht, den Arm mit dem Hut hölzern ausgestreckt. Er war aber sichtlich bewegt, er atmete stark, auf seinem harten Gesicht arbeitete es, und plötzlich sagte er, stramm und sehr laut: »Zu Befehl, Sire, mein General.«

Und dann begann er zu singen, mit grober, großer Stimme, bäuerlich und mit starken Kehllauten. »Zu Straßburg«, sang er, »Zu Straßburg auf der Schanz, / Da fing mein Trauern an, / Das Alphorn hört ich drüben wohl anstimmen, / Ins Vaterland mußt ich hinüberschwimmen, / Das ging nicht an.« Und er sang das ganze, schlichte, schwermütige Lied, wie sie ihn im Strom wieder einfangen, und wie sie ihn vors Regiment stellen und ihn zum Tod verurteilen. »Ihr Brüder«, sang er, »Ihr Brüder allzumal, / Heut seht ihr mich zum letzten Mal; / Der Hirtenbub ist doch nur schuld daran, / Das Alphorn hat mir solches angetan, / Das klag ich an. // Ihr Brüder alle drei, / Was ich euch bitt, erschießt mich gleich; / Verschont mein junges Leben nicht, / Schießt zu, daß das Blut rausspritzt, / Das bitt ich euch. // O Himmelskönig, Herr, / Nimm du meine arme Seele dahin, / Nimm sie zu dir in den Himmel ein, / Laß sie ewig bei dir sein, / Und vergiß nicht mein.«

Es gelang dem Ulrich Schätzli, die militärische Haltung zu wahren während des ganzen Liedes, aber die Tränen liefen ihm über die Backen. Auch Louis war sehr gerührt. Er hatte zwar nicht alles verstanden, aber doch ziemlich viel, und jetzt ließ er sich von dem Schweizer einiges wiederholen und fragte ihn nach der Bedeutung. Dann erzählte er den andern den Inhalt. »Ich hab es ja immer gesagt«, erklärte befriedigt und mit Bedeutung Toinette, »diese Republikaner sind gar nicht so schlimm; es sind weichmütige Leute mit Sinn für Musik.« Und: »Jetzt geht es Ihnen aber gut, mein Lieber?« erkundigte sie sich bei Ulrich Schätzli. »Fühlen Sie sich nicht zu Haus in meinem Dörfchen? Ist es nicht die ganze Schweiz?« Ulrich Schätzli begriff nicht und schaute verstört ringsum. »Zu Befehl, Madame«, antwortete er dann eilig. Louis hielt ihm gutmütig ein Glas Wein hin. »Trink, mein Sohn«, sagte er, »und stärke dich. Du hast es nicht schlecht gemacht«, und er gab ihm einen Louis d'Or.

Die Schauspieler des Théatre Français, die den ›Barbier‹ spielen sollten, hatten ihr Diner um die gleiche Zeit. Es war ein mit Sorgfalt vorbereitetes Diner, Monsieur d'Angivillers hatte ihnen im Auftrag Toinettes mitgeteilt, die Königin selber habe das Menü zusammengestellt, die Speisenfolge war auf eine besonders hübsche Karte gedruckt; da aber das Schloß sehr wenig Platz bot und es nicht anging, daß die Schauspieler zusammen mir den Gästen des Königs aßen, nahmen sie das Mahl zusammen mit den Lakaien.

Das war nicht kränkend und nicht weiter aufregend. Es waren nur reinblütige Aristokraten geladen, solche, die bis zurück ins vierzehnte Jahrhundert keinen Bürgerlichen in ihrer Ahnenreihe aufwiesen, und man hielt sie, wie das üblich war, streng getrennt von den Gemeinen. Trotzdem und wiewohl sie nicht davon sprachen, empfanden es die Herren und Damen vom Théatre Français als einen Stachel, daß man sie zu den Lakaien verwies.

Diese Lakaien waren im übrigen gescheite Burschen, frech und gewitzt. Wenn ihre Herren nicht aus noch ein wußten, wandten sie sich an sie; sie, die Lakaien, waren vertraut mit ihnen und erledigten ihnen viele geheime politische, finanzielle und amouröse Geschäfte. Sie wußten genau Bescheid in der großen und in der kleinen Politik und in Finanzdingen, sie spekulierten selber, liehen ihren Herren Geld und hatten gute Einnahmen. Sie nannten einander bei den Namen ihrer Herren, Vaudreuil und Provence und Artois. Sie ließen sich nichts vormachen, sie waren pariserisch hell, sie hatten ihren scharfen Witz. Es war sicherlich amüsanter, mit ihnen am Tisch zu sitzen als mit den Gästen Toinettes.

Trotzdem aßen die Schauspieler mit den kostbaren Speisen ein Körnlein Gift.

An dem Tische der Schauspieler und Lakaien saß auch Pierre Beaumarchais. Er war Vaudreuil dankbar, daß der den ›Barbier‹ heute hier spielen ließ; diese Aufführung war ein erster Schritt auf dem Weg zur Aufführung des ›Figaro‹. Gleichwohl empfand auch er die Mahlzeit mit den Lakaien als Demütigung und ärgerte sich über Vaudreuil.

Da keine Gefahr mehr war, daß sie den Reinblütigen begegnen könnten, lud d'Angivillers die Damen und Herren ein, Schloß und Gärten zu besichtigen, bevor sie sich für die Komödie zurechtmachten. So gingen denn jetzt die Schauspieler durch den Park, lauschten dem Gemurmel des Baches, ruderten auf dem See, ritten auf den Fabeltieren des Chinesischen Ringelspiels. Auch sie liebten die ›Natur‹, und insbesondere Désirée begriff, was Toinette gewollt und was sie erreicht hatte. Aber das hinderte die Schauspieler nicht, bösartige Witze zu machen, und Pierre fiel ein Wort ein, von dem er wußte, daß es schnell durch das ganze Königreich gehen werde: er nannte das Trianon ›Petit Schönbrunn‹.

Aber er und die Schauspieler mußten zugestehen, daß sie in einem hübscheren Theater niemals gespielt hatten als in dem des Trianon. Das kleine Haus war gebaut wie ein Tempel mit jonischen Säulen, es war in Weiß und Gold gehalten, Logen und Gestühl waren mit blauem Samt überzogen, Pfeiler mit Löwenköpfen trugen den Balkon; alles war mit Liebe und Geschmack gemacht. Auch die Bühne wies alle Vorrichtungen und Maschinerien auf, die das Herz der Akteure sich wünschen konnte.

Bei der Aufführung vermißten die Schauspieler den dick prasselnden Beifall, der im Théatre Français ihr Spiel an gewissen Stellen zu unterbrechen pflegte. Zwar ersetzte die dröhnende Lache Louis' die Lache eines ganzen Hauses; doch hatte er keinen schnellen Verstand und lachte manchmal verspätet oder gar nicht. Im übrigen fand er das Stück, nun es gespielt wurde, nicht so schlimm wie bei der Lektüre. Das sagte er auch Pierre. »Recht gut, Monsieur«, sagte er. »Ich habe mich amüsiert, ich habe gelacht, das werden Sie ja gehört haben. Machen Sie nur so weiter, Monsieur.« »Das werde ich, Sire«, antwortete Pierre und verneigte sich tief. Dann hatten er und die Schauspieler sich zurückzuziehen.

Toinette aber und ihre Gäste tanzten auf dem Marktplatz des Dörfchens. Man hatte die Bauern herbefohlen, und wenn bei Tafel die ausgesuchten Musiker des Königs weggeschickt worden waren, um dem Schweizer und seinem Ranz des Vaches den Platz zu räumen, so hatten sie jetzt Gelegenheit, zum bäuerlichen Tanz aufzuspielen. Toinette tanzte mit dem Dorfschulzen Valy, Gabriele mit dem Polizisten Vercy, Louis selber aber machte schwitzend und lachend eine Runde mit der Tochter des Polizisten, einem drallen, steifen, verlegen kichernden Mädchen.

Geplant war, daß Toinette diese erste Nacht in ihrem Trianon allein verbringen sollte, während sich Louis mit den andern zurück nach Versailles begab. Allein er war angeregt durch das Lied des Schweizers und durch den Tanz mit dem Bauernmädchen, und als die andern gingen, blieb er. Verlegen stammelte er etwas Schwerverständliches, doch Toinette verstand ihn sogleich. Sie wäre diese erste Nacht gern allein in ihrem Trianon gewesen, aber sie wollte sich die gute Gelegenheit nicht entgehen zu lassen, den Sturz Saint-Germains durchzusetzen.

Sie hieß also Louis warten und ging in ihr Schlafzimmer.

Er watschelte herum, schnaufend, schwitzend, schwerfällig, in den edel zierlichen Räumen. Kratzte, nachdem gebührend Zeit verstrichen war, an der Tür des Schlafzimmers. »Treten Sie ein«, rief sie gedämpft.

Im Licht der Kerzen sah das blaue Schlafzimmer noch schöner und einladender her als bei Tage; breit und kostbar einfach stand das Bett, in welchem der hochselige Fünfzehnte Louis und zuweilen auch die Dubarry geschlafen hatten. An den Wänden hingen die Bilder; steif und sehr zierlich tanzte die kleine Toni mit den Geschwistern vor ihrer klassischen Landschaft.

»Wollen wir nicht die Kerzen löschen?« schlug Toinette vor. »Wollen wir?« zögerte Louis. »Also schön, also ja«, gab er nach und ging daran, einige der Kerzen auszublasen und mit den Fingern auszuputzen. »Lassen Sie schon«, sagte Toinette, als es zu lange dauerte. Ein paar der Kerzen blieben brennen und schickten flackerndes Licht über die erlauchten alten Verwandten, die sich, verkleidet, damit erlustigten, ihr Grab zu schaufeln. Umständlich zog sich Louis aus und legte sich, ehe er damit ganz zurande gekommen war, zu Bett. Toinette zog die Bettvorhänge zu.

Später, hinter den Vorhängen, erzählte ihm Toinette, daß sie jetzt, nach der Vollendung des Trianon, mit einem viel niedrigeren Budget auskommen werde. Sie habe nicht vergessen, daß er mehrmals ohne Vorwurf ihre Schulden bezahlt habe, sie wisse das zu schätzen und danke ihm. Von nun an aber werde dergleichen nicht mehr nötig sein. Mit der Vollendung des neuen Trianon seien ihre Wünsche erfüllt. Jetzt werde sie nicht mehr Pharao spielen und nicht mehr Lansquenet und überhaupt alle unnötigen Ausgaben vermeiden. Sie legte den Kopf auf seine Brust und schmiegte sich an ihn. Er brummte freundlich und schaute zufrieden zu, wie die schwachen Schatten der flackernden Kerzen über die Bettvorhänge tanzten.

Sie schwieg eine Weile. Dann nahm sie wieder das Wort und sagte: »Da ich Ihnen auf diesem Gebiet entgegenkomme, Sire, nehme ich an, Sie werden auch mir einen Gefallen tun wollen.« Er schaufte, unbehaglich, murmelte Undeutliches. Und nun forderte sie geradezu: »Schicken Sie doch endlich diesen verderblichen Mann fort, den alten Trottel, den Saint-Germain. Wer war schuld an unserer letzten Auseinandersetzung? Einzig und allein er. Immer ist er die Ursache unserer Zwistigkeiten.«

Louis wälzte sich unlustig. Jedesmal kam es so, jedesmal verdarb sie das Hernach. Jedesmal hinterher verlangte sie etwas. Vage ging ihm durch den Kopf, daß die Dubarry in diesem Bett geschlafen hatte, und daß, was Toinette da und wie sie es machte, nicht königlich sei. Er brummelte, gab unverständliche Worte von sich. Er dachte vielerlei, an die Armee-Reform, an die Disziplin, an den Finanzminister Turgot, und daß er morgen im Plutarch nachlesen werde über Antonius und Kleopatra.

»Warum antworten Sie denn nicht?« fragte Toinette. »Ist es so schlimm, wenn einmal ich etwas von Ihnen verlange?« Er brütete weiter und schwieg. Die schwere Dämmerung in dem Alkoven bedrückte ihn, er zog die Vorhänge zurück, friedlich und reizend lag das Schlafzimmer. »Es war besonders freundlich von Ihrer Frau Mutter«, sagte er,

»Ihnen diese Bilder zu schicken. Es ist allerliebst, wie Sie da tanzen. Es freut mich, daß wir diese schönen Erinnerungen hier haben.« »Sie selber haben zugegeben«, sagte Toinette, »daß Saint-Germain seiner Aufgabe nicht gewachsen ist. Er hat die Reformen nicht durchgeführen können, um derentwillen er mich und den ganzen Adel beleidigt hat.« »Finden Sie nicht«, sagte Louis, »daß auch ich mich bei der Frau Mutter bedanken sollte?« Toinette hatte sich halb aufgerichtet; blond, weiß, hübsch, saß sie und zwang seinen abirrenden Blick zurück auf sie. »Bitte, weichen Sie nicht aus, Sire«, sagte sie. »Geben Sie mir klaren Bescheid. Werden Sie Saint-Germain wegschicken?« »Also schön, also dann«, sagte Louis. »Ich bitte um ein klares Ja, Sire«, bestand Toinette. »Also ja«, sagte brummig Louis.

Er stand auf, zog sich an, nachlässig, die Gedanken woandes, er vergaß einige Bestandteile seiner weitläufigen Kleidung. Dann verließ er das Haus.

Es war sehr still in den Gärten, ein kleiner Mond schien, das Bächlein und die Brunnen rauschten. Wohlig atmete Louis die reine Nachtluft, während er langsam zurück nach Versailles ging. Er war froh, mit sich allein zu sein. »Zu Straßburg auf der Schanz, da ging mein Trauren an«, summte er vor sich hin durch den stillen Park, und: »Das Alphorn hat mir solches angetan.« Dann dachte er an Saint-Germain, wie sich der kleine Herr immer stramm aufrecht hielt, er dachte an das erdfarbene, scharf zerfurchte Gesicht des Alten, und während er noch mehrmals vor sich hinsummte: »Das Alphorn hat mir solches angetan«, erwog er, wie viele unanständige Menschen es an seinem Hof gab, und daß Saint-Germain einer der wenigen anständigen war.

So kam er nach Versailles. Er rührte den schweren Klopfer, der wachehabende Schweizer schaute durch den Spion, sah den unordentlich angezogenen Höfling, sagte barsch: »Nichts da, machen Sie sich fort.« Louis erinnerte sich, daß er selber Auftrag gegeben hatte, nach Anbruch der kleinen Morgenstunden niemand mehr einzulassen, und er lachte seine grobe Fuhrmannslache. Da erkannte der Soldat den König und erschrak. »Du bist ein guter Soldat, mein Sohn«, sagte Louis.

In seinem Schlafgemach sah er mit Vergnügen, daß er noch hinlänglich Zeit hatte vor dem offiziellen Lever. So legte er sich nicht in sein Staatsbett, sondern auf sein angenehm schmuckloses Lager. Zufrieden reckte er sich, legte sich auf die linke Seite, wälzte sich auf die rechte, schlief ein.

Träumte. Er hatte neues Werkzeug, es war gut und handsam, aber es war ihm zu schwer, er nahm die alte Zange, auch mit der kam er nicht zurecht, das Schloß funktionierte nicht, es war fertig, er hatte es mit Monsieur Laudry und mit Gamain überprüft, aber es funktionierte nicht, und wie er den Schlüssel hineinstecken wollte, paßte der Schlüssel nicht, nichts funktionierte. Die Rechnung lag vor ihm, sie war viel zu hoch, die Zahlen verwirrten sich ihm. Er war ein guter, sicherer Rechner, aber er wurde mit der Rechnung nicht fertig, er holte sich d'Angivillers und de Laborde, es kam immer eine andere Summe heraus, er schwitzte, nichts stimmte, und das Schloß funktionierte nicht.

Und als der alte Kammerdiener ihn weckte und ihn respektvoll mahnte: »Sire, es ist Zeit, sich ins Bett zu legen«, war er froh, daß er sein geliebtes einfaches Lager verlassen und sich in sein verhaßtes Staatsbett legen konnte.

Nach dem Lever, das er in besonders schlechter Laune abhielt, ging er hinüber in die Gemächer seines Mentors. Da er die Sache mit Saint-Germain nun einmal auf sich genommen hatte, war es das Beste, sie sogleich zu erledigen.

Sowie Maurepas seines Louis ansichtig wurde, vermutete er, weshalb der kam. Da Toinette ihn, Maurepas, nicht zu der Geburtstagsfeier ins Trianon geladen, hatte er sogleich geargwöhnt, daß sie bei diesem Anlaß aus Louis gewisse Versprechungen und Vorteile herausholen wollte. Der Klüngel hatte aus seiner Absicht, Saint-Germain zu stürzen, niemals ein Geheimnis gemacht. Als jetzt Louis unglücklich hereinschleifte, war es Maurepas klar, daß Toinette diesmal ihr Ziel erreicht hatte.

Maurepas sah es nicht gerne, daß sein alter Freund Saint-Germain weggeschickt wurde. Hätte nicht der gesamte Hofadel dem sehr fähigen Manne immer wieder Knüppel zwischen die Beine geworfen, dann hätte man jetzt die Armee, die man brauchte, und könnte ganz anders gegen England auftreten. Aber Maurepas hatte schon vor Monaten eingesehen, daß er Saint-Germain nicht werde halten können. Nicht nur die Österreicherin und ihr Klüngel wollten ihn weghaben, sondern vor allem auch seine eigene, Maurepas', Frau. Sie hatte, die Gräfin, ihrer lieben Freundin und Kusine, der Montbarey, das Kriegsministerium für ihren Mann zugesagt. Maurepas hielt den Prinzen Montbarey nicht für geeignet, aber er hatte seiner Frau versprochen, nach Saint-Germains Rücktritt ihrem Günstling sein Amt zu übertragen. Toinette war eine erklärte Feindin Montbareys, und es machte Maurepas Freude, ihr anstelle Saint-Germains wenigstens den Montbarey vor die Nase zu setzen.

Maurepas fühlte sich nicht sehr frisch an diesem Morgen, und es war gut, daß Louis ihn nicht zu sich hinübergebeten hatte, sondern selber gekommen war. So brauchte er sich nicht umständlich umzukleiden, sondern konnte behaglich Schlafrock und Pantoffeln anbehalten.

Louis fand, nun er das Entscheidende sagen und tun sollte, die Aufgabe noch schwerer, als er sichs vorgestellt hatte. Ihn quälte die Erinnerung an die Entlassung Turgots und die peinlichen Vorgänge, die sich abgespielt hatten, als er diesen zwar unverschämten, aber grundanständigen, kühnen und höchst fähigen Mann davongejagt hatte. Auch Saint-Germain war grundanständig und sehr fähig, und auch ihm hatte Louis starke Versprechungen gegeben.

Louis drückte herum. Erkundigte sich nach der Gesundheit seines Mentors, bedauerte naiv, daß der nicht im Trianon gewesen sei, berichtete von dem Ranz des Vaches und von seinem Tanz mit dem Bauernmädchen. Dann endlich, zögernd, erzählte er, er habe eine schlechte Nacht gehabt, und in seiner Schlaflosigkeit habe er sich die vielen Klagen durch den Kopf gehen lassen, die gegen Saint-Germain eingelaufen seien. Er wisse genau, daß die meisten der Anwürfe keine sachlichen Grundlagen hätten. Aber ein Mann, der das Mißgeschick habe, sich, wohin immer er trete, Feinde zu machen, ein solcher Mann sei an einem solchen Platz vielleicht doch nicht der Rechte. Und aus seinem guten Gedächtnis zählte er auf, was alles man seinem Kriegsminister vorwarf. Da war die Verordnung, die den Bürgerlichen die Laufbahn des höheren Offizies eröffnete, da waren die ›teutonischen Verordnungen‹ des Alten, die Einführung der Prügelstrafe vor allem, da war die Geschichte mit den Invaliden und die Affäre mit den Jesuiten. Es war eine lange Liste.

Der alte Zyniker Maurepas hatte seinen Spaß daran, wie sich Louis vor ihm und vor sich selber zu rechtfertigen suchte. Louis hatte alle die Verordnungen, welche er jetzt seinem Kriegsminister vorwarf, ausdrücklich gebilligt, und er hatte ihm immer wieder versprochen, ihn gegen jedermann zu halten. Besonders aber erfreute es Maurepas' spottsüchtiges Herz, daß Louis sogar die Geschichte mit den Invaliden erwähnte und die Affäre mit den Jesuiten.

Die Sache mit den Invaliden war folgendermaßen gewesen. Das Hotel des Invalides war bestimmt als Heim für Veteranen, insbesondere für solche, die in den Kriegen Frankreichs verwundet worden waren. Allmählich aber hatte man diese Bestimmung aufgeweicht und hatte auch Leute aufgenommen wie Lakaien und Köche; wenn nur ein großer Herr einen Offizierstitel trug, fühlte er sich berechtigt, seine Angestellten im Hotel des Invalides zu versorgen. Da saßen denn in dem schönen Hause kräftige, vierzigjährige Kerle herum, mästeten sich, spielten Karten, kegelten und spreizten sich als Helden. Der redliche Saint-Germain hatte diesem Mißbrauch ein Ende machen wollen. Er hatte die ›Invaliden‹ durchgekämmt und ihrer ein Tausend aus ihren angenehmen Ruhestellungen verwiesen. Da war er aber bei den großen Herren, den Patronen dieser Invaliden, schön angekommen. Sie hatten die Ausschaffung der Invaliden zu einem tragischen Volksschauspiel gemacht. Mehrere Lastwagen mit Invaliden hatten auf der Place de Victoire angehalten, die Invaliden hatten sich mit Tränen in den Augen vor der Statue Louis' des Großen niedergeworfen und ihren toten ›Vater‹ angefleht, sie zu schützen vor den barbarischen Maßnahmen Saint-Germains. Louis wußte genau Bescheid um die Invalidensache, er hatte damals sehr grobe Worte gehabt für die Unverschämtheit der hocharistokratischen Drahtzieher.

Und auch um die Sache mit den Jesuiten wußte er genau Bescheid. Saint-Germain, der es mit seiner Frömmigkeit ernst nahm, hatte die schlechten Bauernpfarrer, die man gewöhnlich als Militärkapläne anstellte, durch besser geschulte Geistliche ersetzen wollen und zu diesem Zweck eine Hochschule für Militärgeistliche gegründet. Diesmal waren es die Freigeister gewesen, die Philosophen und die Herren von der Encyclopédie, die gegen den Minister loszogen. Sie hatten gestichelt und gewettert, Saint-Germain wolle die Armee den Jesuiten ausliefern. Maurepas war der rechte Mann, die Würze zu schmecken, die darin lag, daß sich jetzt der fromme Louis vor ihm, dem Freigeist, über den frommen Saint-Germain beklagte.

Mit teilnahmsvollem Gesicht hörte er zu. Dann fing er an, seinen Freund Saint-Germain zu verteidigen. Da der Freund geopfert war, verteidigte er ihn auf zweideutige Art. Jetzt, führte er aus, da man durch den amerikanischen Konflikt jederzeit in den Krieg geraten könne, sei es bedenklich, einen so guten Organisator und großen Soldaten wie Saint-Germain wegzuschicken. Andernteils habe dessen starres, unkonziliantes Wesen alle Welt gegen ihn aufgebracht. Der Gute habe ungewöhnlich viel Kunst entfalten müssen, um alle Gruppen, die sich untereinander befehdeten, die Prinzen königlichen Geblütes, den Hof, den kleinen Adel, die gemeinen Soldaten, die Damen der Salons, die Philosophen, zu vereinigen, aber er habe es zuwege gebracht; sie stünden wie Ein Mann gegen ihn. Er, Maurepas, müsse zugeben, es sei nachgerade schwierig für die andern Minister, mit Saint-Germain zu arbeiten. Auch begreife er, daß es Louis allmählich müde werde, sich immer wieder vor einen Mann zu stellen, gegen den die Königin so viele Einwände habe. Immerhin bedeute es angesichts der realen Kriegsgefahr einen Entschluß, auf die Dienste eines so tüchtigen Organisators zu verzichten.

Louis schwieg, brummte. In seinem Innern summte es: ›Das Alphorn hat mir solches angetan.‹ Er sagte: »Er ist ein treuer Diener und hat sich Verdienst erworben.« »Kein Zweifel«, antwortete Maurepas. »Anderteils, Sire, brauchen Sie wenigstens nach einem Nachfolger nicht lange zu suchen. Staatssekretär Montbarey ist gut eingearbeitet.«

Louis sah hoch. Er kannte die Zusammenhänge. Er wußte, daß hinter Maurepas' Vorschlag Madame de Maurepas stand, und ein wenig freute es ihn, daß also auch Maurepas, der Débrouillard, gezwungen war, seiner Frau Konzessionen zu machen. Keinesfalls dürfe man, fuhr Maurepas jetzt fort, in diesen gefährlichen Zeiten den verantwortlichen Posten auch nur einen Tag lang unbesetzt lassen. Man müsse die Geschäfte sogleich einem andern übergeben, am besten eben Montbarey. Louis, wiewohl er Montbarey nicht leiden konnte, fand diese Lösung nicht schlecht. Wenn er schnell handelte, dann nahm er Toinette und dem Fliederblauen Klüngel die Möglichkeit, einen eigenen Kandidaten zu präsentieren. Er sagte also: »Hm, hm, ja.«

Maurepas legte ihn fest. »Sie werden also, Sire, Monsieur de Saint-Germain seine Entlassung mitteilen und noch heute seinen Nachfolger bestellen?« »Können nicht Sie's ihm mitteilen, mein alter Freund?« fragte Louis. »Ich glaube«, antwortete Maurepas, »es sollte doch wohl hinter der Entlassung Saint-Germains die Krone sichtbar in Erscheinung treten.« »Sie meinen wirklich, ich muß selber –?« fragte unglücklich Louis. »Wenn Sie es befehlen, Sire«, half ihm Maurepas, »dann werde ich zugegen sein.« »Ich danke Ihnen, mein Mentor«, sagte Louis. »Ich bestelle also Saint-Germain«, sagte Maurepas. »Wäre drei Uhr eine genehme Stunde?« »Sagen wir vier Uhr«, entschied Louis. »Ihre Befehle werden ausgeführt werden«, antwortete Maurepas, »und das Dokument der Ernennung Montbareys lege ich Ihnen zur Unterschrift vor, ehe Saint-Germain kommt.«

Als sich Louis entfernt hatte, machte sich Maurepas daran, die Pointe eines Epigramms zu schärfen, das ihn während des ganzen zweiten Teils der Unterredung beschäftigt hatte. Der alte Herr hatte große Freude an der Prägung und Ausfeilung von Epigrammen. Ein Epigramm war es gewesen, das Epigramm gegen die Pompadour, was ihn damals in die Verbannung getrieben hatte, in eine Verbannung von einem Vierteljahrhundert, aber es war ein gutes Epigramm, und er versicherte sich und seinen Freunden, es sei ein Vierteljahrhundert Exil wert gewesen. Jetzt war er vorsichtiger geworden, er war fest entschlossen, im Amt zu sterben, und er hütete sich, seine Stellung ein zweites Mal durch ein Epigramm zu gefährden, und sei dieses noch so geglückt.

Das Epigramm, an dem er jetzt arbeitete, war geglückt. Es handelte von jenem Körperteil Louis', den funktionieren zu machen, Josef damals von Wien herbeigeeilt war. Es war ein scharfes, treffendes Epigramm, ein gutes Pendant zu jenen Versen über die Pompadour, so funkelnd bösartig, daß er nicht einmal wagen wird, es seinem Sekretär oder seiner Frau oder seinen Memoiren anzuvertrauen. Ein Jammer. Aber wenigstens machte ihm selber die Arbeit Spaß. Er schrieb mit zitternder Hand, hielt das Geschriebene weit vor seine weitsichtigen Augen, las, lächelte, lachte, strich, verbesserte, meckerte, verbesserte von Neuem. Feilte, meckerte, schärfte so lange, daß er darüber beinahe vergaß, die Ausfertigung des Dokuments für die Ernennung Montbareys anzuordnen.

Gegen vier Uhr saß Louis in der Bibliothek. Er hatte sich richtig den Plutarch geben lassen und las in der Biographie des Marcus Antonius; aber seine Gedanken waren nicht bei der Lektüre. ˌ

Die Vorstellung, wie nun sehr bald der alte Saint-Germain seine treuen Hundeaugen fragend auf ihn richten wird, verstörte ihn. Der Alte hatte sich seinerzeit gesträubt, das Amt anzunehmen, er hatte es jedermann, auch ihm, Louis, vorausgesagt, wie viel Widerstand seine Reformen finden würden, doch er, Louis, war entschlossen gewesen, diese Reformen duchzuführen, und er hatte ihm wiederholt stärkste Versprechungen gegeben, er werde ihn gegen jeden Widerstand halten. ›Ich stehe zu Ihnen‹, hatte er ihm versichert, immer wieder, ›fürchten Sie nichts, ich halte Sie gegen jedermann‹.

Warum wurde gerade ihm, Louis, die Erfüllung seiner Pflicht immer so erschwert? Wenn er Toinette bei gutem Willen halten, wenn er ihr den Dauphin machen wollte, dann mußte er das mit immer neuen, peinlichen Konzessionen bezahlen, dann mußte er zum Beispiel jetzt den guten, alten tapfern Saint-Germain fortschicken. Das waren seltsame Zusammenhänge, aber so war es nun einmal.

Er suchte sich zu seinem Plutarch zurückzuzwingen, zur Geschichte des Antonius und der Kleopatra. Es gelang ihm nicht. Vor den Plutarch drängte sich jener Brief, den ihm damals, vor seiner Entlassung, der Minister Turgot geschrieben hatte. Er hatte den Brief fest weggesperrt und seit langer Zeit nicht mehr gelesen. Trotzdem sah er ihn deutlich vor Augen, jeden T-Strich und jeden I-Punkt und jeden Schnörkel. ›Man hält Sie für schwach, Sire.‹ Unsinn. Es ist natürlich peinlich, daß er Saint-Germain wegschicken und sein Versprechen brechen muß. Aber steht nicht der König über dem gemeinen Gesetz? Seine Konflikte sind anders, sind schwieriger. Schließlich ist es wichtiger, daß Frankreich einen Dauphin erhält, als daß sich Monsieur Saint-Germain behaglich fühlt, und Louis hat die vage Vorstellung, daß Toinette, wenn sie ihm zürnt, wenn sie ihm nicht wohl will, nicht von ihm empfängt.

Er gab die Lektüre endgültig auf, er ließ das Buch liegen, aufgeschlagen, wie es war, und erhob sich. Schwerfällig ging er hin und her, schnaufte, setzte sich in den Erker, blinzelte hinaus über die Höfe und Einfahrtsalleen, ob er Saint-Germain erspähen könnte.

Aber noch vor Saint-Germain kam Maurepas. Er war in voller Gala, hager, aufrecht, elegant. Aus seiner Mappe nahm er umständlich ein Dokument, es war die Bestellung, mittels derer Alexandre-Marie-Léonor de Saint-Maurice, Graf von Montbarey, Fürst des Heiligen Römischen Reiches, Generalleutnant, Kommandant der Schweizer Garde Monsieurs, Staatssekretär im Kriegsministerium, zum Amtierenden Kriegsminister und Mitglied des Kronrats Seiner Allerchristlichsten Majestät ernannt wurde. Louis, mit seinen kurzsichtigen Augen, überlas das Edikt, schob es zurück, sagte: »Ja, ja.« Maurepas mahnte sanft: »Die Krone würde es sich leichter machen, wenn Sie jetzt unterschriebe.« Die Krone seufzte, zögerte, Maurepas hielt der Krone die Feder hin, die Krone, die Feder in der Hand, schaute ihn an, Maurepas nickte ermutigend, die Krone seufzte nochmals, schüttelte den Kopf und unterschrieb.

Saint-Germain kam. Der ziemlich kleine Herr war heute besser in Form als seit langem und voll von Erwartung; er hoffte, Louis werde die beiden Memoranden mit ihm durchsprechen, die er ihm in der vorigen Woche unterbreitet hatte.

Louis drückte herum. So sprach Saint-Germain zunächst von einer minder wichtigen Angelegenheit. Er bitte, sagte er bescheiden, die Majestät um Rat in Sachen des Obersten Estherhazy. Der Oberst sei kein schlechter Soldat, aber er kenne keine Subordination. Er habe zweimal Strafmaßnahmen gegen ihn anordnen müssen, doch zweimal sei Ihre Majestät die Königin für den Oberst eingetreten und habe den Erlaß der Strafe bewirkt. Diesmal aber habe der Oberst sich etwas zuschulden kommen lassen, was unmöglich ungeahndet bleiben könne. Er habe in großer Öffentlichkeit geäußert, er, Saint-Germain, wolle die Armee den Jesuiten ausliefern. Wie solle er Disziplin aufrecht halten, wenn seine eigenen Offiziere mit solchen Lügen seine Autorität unterwühlten? Er bitte also den König um dessen gnädige Zusicherung, daß er, Louis, ihn unterstützen werde, falls wiederum, wie zu befürchten stehe, Ihre Majestät zu Gunsten des Obersten interveniere.

Louis schaute den Alten nicht an. Vielmehr glitten seine Augen über die Seiten des Plutarch, der noch aufgeschlagen vor ihm lag. ›Antonius kehrte daher‹, las er, ›in die Stadt zurück und schrie, er sei von Kleopatra an diejenigen verraten worden, mit denen er um ihretwillen Krieg geführt habe.‹ Aber er las mechanisch, er nahm nichts auf von dem, was er las, er überlegte nur, wie er sich zornig machen könne gegen den Mann, der da vor ihm stand.

»Und damit kommen Sie mir, Herr Graf?« sagte er langsam, mit seltsam schleppender Stimme. »Mit solchem Kleinkram spülen Sie meine Zeit weg?« Er steigerte sich in Zorn. »Was soll ich mit einem Kriegsminister anfangen, der nicht einmal mit seinen eigenen Offizieren fertig wird? Ich muß damit rechnen, daß England von Neuem über uns herfällt. Wie wollen Sie mit der englischen Armee fertig werden, wenn Sie nicht einmal mit Ihrem Oberst Esterhazy fertig werden?« Jetzt hatte er sich da, wo er sich haben wollte. Die kurzsichtigen Augen richtete er auf den Alten, sein kleines Doppelkinn zitterte, er sprach laut in der Fistel.

Saint-Germains erdfarbenes, hartfaltiges Gesicht hatte alle Festigkeit verloren. »Ich verstehe nicht, Sire«, sagte er mit zuckenden Wangen. »Sie hatten mir so viele Beweise Ihres Vertrauens gegeben. Sie hatten zu mir gesagt –« Er wiederholte nicht, was Louis zu ihm gesagt hatte. »Wenn Sie mit mir unzufrieden sind –« Er vollendete auch diesen Satz nicht.

Louis packte eine der kleinen Porzellanfiguren, die auf seinem Tische standen, packte sie sinnlos, ungewohnt heftig, als ob er sie zerdrücken oder zerschmettern wollte, und stellte sie dann unerwartet sanft wieder zurück. »Natürlich bin ich nicht zufrieden«, sagte er, sehr still, immer ohne den Alten anzuschauen. »Von allen Seiten kommen Klagen. Es mögen ungerechtfertigte Klagen sein, aber ich muß von meinen Herren verlangen, daß sie untereinander auskommen. Sie kommen mit keinem Menschen aus, Monsieur, nicht mit dem Adel, nicht mit den Soldaten, mit niemand. Die Königin ist höchst ungehalten. Was soll ich mit einem Manne anfangen, der sich alle zu Feinden macht?« Er zuckte die Achseln und wiederholte: »Natürlich bin ich nicht zufrieden.«

Saint-Germain, heiser, auch er auffallend leise, erwiderte: »Heißt das, Sie schicken mich fort, Sire?« Louis hielt den Blick beharrlich von ihm abgewandt. Er erwartete, Saint-Germain werde weitersprechen, er hoffte, er werde etwas sagen, das ihm, Louis, die Möglichkeit geben werde, einzulenken. Doch Saint-Germain sagte nichts weiter, und durch sein Schweigen zwang er Louis, ihm den dicken Kopf zuzuwenden. Und Louis sah, was zu sehen er sich gefürchtet hatte, das zuckende Gesicht seines Ministers mit den braunen Hundeaugen, und er wußte, was hinter der Stirn des Mannes vorging.

Es dachte aber der Alte daran, wie er sein Leben lang davon geträumt hatte, gewisse Reformen, seinen Dekalog, durchzusetzen, und wie er diese ›Zehn Gebote Militärischer Zucht‹ veröffentlicht hatte, und wie er, am Ende seines Lebens, von Louis aufgefordert worden war, seine Theorien zu realisieren. Und wie er in all seiner Seligkeit sich trotzdem gesträubt hatte, die Aufgabe zu übernehmen, weil er, Soldat und kein Höfling, gefürchtet hatte, mit den Kabalen Versailles' nicht fertig zu werden. Und wie der junge König voll glühenden Eifers ihm jede Hilfe zugesagt hatte. Und wie er, Saint-Germain, bemüht gewesen war, die schamlosen und törichten Wünsche der verfluchten Österreicherin zu erfüllen. Und wie Louis seine Versprechungen erneut hatte, oft und abermals. Und da saß Louis, dieser junge Mensch, König der Franzosen, und richtete ein abgleitendes Aug auf ihn und brachte nicht einmal den Mut auf, das Ja zu sagen, zu dem er doch entschlossen war, das: Ja, Monsieur, Sie sind entlassen.

Louis aber spürte alles, was in dem Alten vorging, und er hatte ein beinahe unerträgliches Mitleid mit ihm und einen beinahe unerträglichen Unmut über sich selber. Und er konnte das Ja nicht über die Lippen bringen, aber auch kein Nein. Und er zürnte Maurepas, weil der ihm nicht zu Hilfe kam.

Er zürnte ihm zu Unrecht. Auf Maurepas war Verlaß, Maurepas kam ihm zu Hilfe. Maurepas wandte sich seinem Kollegen Saint-Germain zu und sagte leicht und liebenswürdig: »Ich fürchte, mein Alter, Sie

haben die Worte Seiner Majestät richtig gedeutet. Oder nicht, Sire?«
Und Louis, brummig, sagte: »Nun schön, also dann. Wenn alle es so
wollen, was soll man da machen?«

Da verneigte sich Saint-Germain tief und sagte: »Dann darf ich wohl
um Urlaub bitten, Sire«, und ging rückwärts, wie es die Vorschrift war,
zur Tür. Louis schaute nicht auf. Als er aufschaute, war kein Saint-Germain mehr da.

Maurepas sagte: »Ich darf mich wohl auch entfernen, Sire.« Louis aber
bat schnell und ängstlich: »Nein, lassen Sie mich nicht allein.« Dann
schwieg er, eine lange Weile, in sich versunken.

Wenn man ihn nicht gezwungen hätte, dieses Gespräch mit Saint-Germain zu führen, dann wäre er jetzt im Wald von Fontainebleau, auf der
Jagd. Er ging gerne auf die Jagd. Man trieb ihm das Wild zu, und er
schoß, und des Abends notierte er in sein Tagebuch, was alles er geschossen hatte, ansehnliche Ziffern zumeist. Doch so viele Tiere er erlegt hatte, es zog ihn immer wieder von Neuem, zuzuschauen, wie das
getroffene Wild hochschnellte und zusammensackte. Dabei hatte er
Mitleid mit den Tieren. Es war eine sonderbare Verbindung da zwischen ihm und dem gejagten Wild, er war Jäger und Gejagtes in Einem.

Als er aus seiner Versunkenheit hochtauchte, stand da Maurepas, hager,
aufrecht, in respektvoller Haltung, die trockenen Lippen in einem dünnen Lächeln verzogen. »Sind Sie noch immer da?« fragte Louis, erstaunt.

Doch als Maurepas, empfindlich, gehen wollte, hielt er ihn zurück.
»Nein, verzeihen Sie mir«, sagte er und faßte ihn am Rock. Er brachte
sein Gesicht ganz nahe an das seines Ministerpräsidenten. »War es nicht
schrecklich«, fragte er, »wie der Alte wegging? Ich glaube, er hatte Tränen in den Augen. Ein so ausgezeichneter Minister und solch ein tapferer Soldat. Wir haben ihm unrecht getan, mein Mentor. Sie hätten ihm
nicht so harte Worte geben dürfen.«

Mit all seinem Zynismus war Maurepas empört, daß nun sein junger
Schüler und Monarch ihm die Schuld zuschob. Aber er stand höflich
da, liebenswürdig, ja, tröstenden Gesichtes, entschlossen, im Amt zu
sterben.

Louis indes, eifrig, fuhr fort: »Wir müssen das gutmachen. Er kann natürlich seine Wohnung im Arsenal beibehalten. Und wir setzen ihm sein ganzes Gehalt als Pension aus. Und eine Indemnität geben wir ihm auch.« »Ich bewundere Ihre Großmut, Sire«, antwortete Maurepas, »ich werde alles mit Monsieur Necker besprechen.« Louis war schon halb getröstet. »Tun Sie das, mein Lieber, Guter«, sagte er beflissen. »Ich will nicht, daß man meinen Saint-Germain knapp hält. Sagen Sie das Ihrem Monsieur Necker, diesem knickerigen Schweizer. Und ich werde Saint-Germain selber schreiben«, beschloß er, »und ihm danken für die großen Dienste, die er mir und Frankreich geleistet hat.«

Franklin hätte gern den größern Teil der Post, die gestern aus Amerika eingetroffen war, vor der Ankunft Arthur Lee's und Silas Deane's erledigt. Doch der unzuverlässige William blieb wieder einmal viel länger fort, als verabredet war.

Aber als William kam, konnte er seine Verspätung triftig begründen. Er brachte aus Paris mit die Meldung eines wichtigen Ereignisses, über das er so viel wie möglich hatte erfahren wollen. Es waren nämlich der Leutnant Dubois und der Major de Mauroy nach Paris zurückgekehrt, zwei von jenen Offizieren, die, versehen mit Anstellungspatenten von Silas Deane, in Begleitung Lafayettes nach Amerika gegangen waren. Und zwar waren die Herren vom Kongreß sehr übel aufgenommen und schließlich mit Schimpf und Schande zurückgeschickt worden. Der Marquis de Lafayette selber schien in Philadelphia einen mehr als kühlen Empfang gefunden zu haben. Jetzt gingen die beiden Offiziere in Paris herum und schimpften maßlos über die Undankbarkeit der Amerikaner, ihre Manierlosigkeit, ihren Geiz, ihre Überheblichkeit. William hatte von der Sache zuerst durch den jungen Herzog de la Rochefoucauld erfahren, später durch Condorcet. Die ganze Stadt sprach davon.

Franklin hörte zu, unbewegten Gesichtes. Doch er war verdrossen, mehr als das, betrübt. Der Kongreß machte einem die Arbeit für Amerika nicht leicht. Daß die Offiziere in Philadelphia nicht willkommen sein würden, hatte Franklin geahnt, aber nicht erwartet hatte er, daß man sie so übel aufnehmen werde. Schließlich hatten sie gültige Anstellungsdokumente von dem Vertreter des Kongresses.

Franklin selber hatte hier in der letzten Zeit gut und glücklich gearbeitet und war vorangekommen. Die Begegnung mit Toinette schien günstige Folgen zu haben; es hieß sogar, Toinette habe von dem König bestimmte Versprechungen erlangt. Und gerade da mußte denen drüben die alte Feindschaft gegen Frankreich durchgehen, und sie stießen, aus purer Gedankenlosigkeit und schlechter Laune, den Hof und die Stadt so plump vor den Kopf.

William brachte noch andere Neuigkeiten. Er hatte gehört, daß Maurepas und Vergennes der Eröffnung des Salons beiwohnen würden. Jedermann spreche von dem Franklin-Porträt des Duplessis, das dort gezeigt werden sollte, und wie es allein schon durch seinen Gegenstand die andern zum Teil sehr ansehnlichen Werke überschatten werde.

Franklin freute sich darauf, dem Porträt gegenüberzustehen und zu spüren, wie die Pariser ihn und das Porträt verglichen. Das mochte Eitelkeit sein, aber war nicht Eitelkeit eine der angenehmsten Eigenschaften, welche das Höchste Wesen dem Menschen mitgegeben hatte? Und sicherlich konnte ein Erfolg seines Porträts der Sache Amerikas nur nutzen.

Freundlich blickte er auf William. Der Junge war ein wenig leichtsinnig, gewiß, aber er war auch geschickt und begriff, worauf es ankam. Er konnte zum Beispiel genau abmessen die Bedeutung dessen, was jetzt wieder der Kongreß angerichtet hatte.

Während Franklin auf die beiden andern wartete, beschloß er, seine Absicht durchzuführen und William fest anzustellen. Wenn der Junge erst ein Amt und ein Honorar haben wird, dann wird ihm das mehr Verantwortungsgefühl geben. Noch heute wird Franklin mit seinen beiden Kollegen die Sache durchsprechen. Mochte Arthur Lee opponieren und über Nepotismus maulen, Franklin glaubte, für sein Land genug getan zu haben, um auch für seine Angehörigen sorgen zu dürfen. Er hatte die Mühen der Pariser Gesandtschaft auf sich genommen, er war alt, die Wahrscheinlichkeit, daß er hier, im fremden Lande, sterben werde, war größer als die seiner Rückkehr. Er wollte jemand um sich haben, der ihm die Augen zudrücken könnte, und er wollte diesen Jemand nicht müßig und sinnlos herumhocken lassen.

Silas Deane kam. Der wohlhäbige Mann sah nicht mehr so gesund aus wie früher, die Backen waren weniger puffig, die Nase stach schärfer heraus. Der giftige Arthur Lee setzte wohl dem imposanten Herrn schwer zu. Arthur Lee war mittlerweile in diplomatischer Mission in Berlin gewesen, mit dem gleichen Mißerfolg wie in Madrid; das hatte ihn noch bitterer gemacht, seinen Geltungsdrang noch krankhafter. Hinter allem, was man tat und ließ, witterte er Übles, und auf Silas Deane hatte ers besonders abgesehen.

Kaum war Arthur Lee eingetroffen, so begann Silas Deane von dem Empfang der französischen Herren im Kongreß zu reden. Leutnant Dubois und Major de Mauroy hatten ihn aufgesucht und sich bei ihm beklagt. Ihr Bericht klang leider sachlich und genau. Lafayette und seine fünfzehn Begleiter, die Offiziere, waren nach ihrer gefährlichen Ausreise und mancherlei Mühen in Philadelphia angelangt und hatten sich beim Kongreß gemeldet. Sie hatten nach all den Wagnissen und Schwierigkeiten auf einen herzlichen Empfang gerechnet. Empfangen wurden sie von einem Mr. Moose; es dürfte Robert Morris gewesen sein, meinte Silas Deane. Mr. Moose nahm ihnen ihre Papiere ab, um sie zu prüfen, und forderte sie auf, ihn am nächsten Tag vor der Tür des Kongresses zu erwarten. Dort, am andern Tag, überantwortete er sie einem andern Mitglied des Kongresses, einem Herrn, der französisch sprach und dessen Name mit einem L begann; es dürfte James Lowell gewesen sein, meinte Silas Deane. Auch der fertigte sie vor der Türe ab, auf der Straße. Es sei richtig, erklärte ihnen der Herr, man habe Mr. Deane beauftragt, französische Pionieroffiziere herüberzuschicken. Er habe auch bereits einige gesandt, die vorgegeben hätten, Pioniere zu sein, aber keine gewesen seien, desgleichen einige Artillerieoffiziere, die offenbar noch nie Dienst getan hätten. Es scheine, erklärte der Herr mit L, französische Offiziere kämen gern uneingeladen nach Amerika, und damit ließ er sie auf der Straße stehen. Die Offiziere hatten einander angeschaut, als sie da vor dem roten Ziegelhaus des Kongresses standen in der prallen Sonne. Lafayette, als er die Küste Amerikas betrat, hatten den Boden geküßt und geschworen, er werde mit der Sache Amerikas siegen oder untergehen. Jetzt, auf der Straße, vor der Tür des Kongresses, hatte auch er nichts anderes zu sagen gewußt als: »Donner noch eins.«

Das also erzählte Silas Deane seinen Kollegen. Er war erregt. Er war es gewesen, der den Offizieren die Patente ausgestellt hatte. Er betrachtete, was geschehen war, als persönliche Kränkung.

Franklin saß unbewegten Gesichtes und kratzte sich; um Arthur Lee's dünne Lippen war ein kleines Lächeln. Da beide schwiegen, konnte sich Silas Deane nicht enthalten, bitter und anklägerisch zu erläutern: »Man kann nicht sagen, daß wir von den Franzosen hiehergebeten worden wären. Aber meines Wissens hat noch niemand unserm Doktor erklärt, er sei uneingeladen gekommen. Im Gegentel, ganz Paris spricht von den Ehrungen, die man ihm bei der Eröffnung des Salons zu bereiten gedenkt.« »Ja«, sagte Arthur Lee, »hier geben sie uns schöne Worte und Leinwand.«

Franklin versuchte, das Verhalten des Kongresses zu entschuldigen. Offenbar seien doch die andern Franzosen in Philadelphia geblieben. Jetzt müsse längst seine, Franklins, Empfehlung des jungen Marquis drüben angekommen sein, und sicher habe in der Zwischenzeit General Washington die Ungeschicklichkeiten der Herren Morris und Lowell gutgemacht.

»Der Kongreß hat uns alle desavouiert«, wütete Silas Deane. »Er hat die Anstellungsdiplome nicht anerkannt, die wir in seinem Namen ausgefertigt haben.« »Die Sie ausgefertigt haben«, korrigierte Arthur Lee. »Auch ich hatte Auftrag«, sagte Franklin, »Artillerieoffiziere hinüberzuschicken.«

Arthur Lee stand am Kamin, die Arme übereinandergeschlagen, starr aufrecht, das Kinn gegen den Hals gedrückt, sodaß die Stirn vorstieß. Man solle, sagte er finster und herausfordernd, aus dem Verhalten des Kongresses die Lehre ziehen, daß nichts damit getan sei, wenn man ein paar Gewehre hinüberschicke oder ein paar windige Franzosen mit schönklingenden Namen. Man müsse mit viel mehr Energie auf das wahre Ziel losgehen, auf die Allianz. Müsse den Ministern viel schärfer zusetzen, müsse sie bedrohen. So wie mans bisher getrieben habe, komme man nicht weiter. Silas Deane sagte: »Wenn mir recht ist, verehrter Mr. Lee, dann haben Sie in Madrid und in Berlin Ihre Methoden angewendet. Ich sehe nicht, daß Sie damit große Erfolge erzielt hätten. Wohl aber ist hier einiges erreicht worden, gerade in der letzten Zeit.

Denken Sie an die Begegnung des Doktors mit der Königin, denken Sie an sein Porträt im Salon.« »Verlieren wir uns nicht in Allgemeinheiten, meine Herren«, mahnte Franklin. »Fragen wir uns lieber, was wir tun können, um in Philadelphia ähnliche Mißgriffe zu verhüten. Ich schlage vor, wir richten ein gemeinsames Schreiben an das Auswärtige Komité des Kongresses. Setzen wir den Herren auseinander, daß man hier in Frankreich erwartet, ein Nein wenigstens überzuckert serviert zu bekommen.« »Ich bin Amerikaner«, sagte Arthur Lee, »und denke nicht daran, das zu verleugnen.«

Franklin, mit einem kleinen Seufzer, ließ das Thema fallen und stellte zur Debatte, was man jetzt mit diesem Preußen anfangen solle, mit Herrn von Steuben.

Mit dem Baron von Steuben hatte es folgende Bewandtnis. Er war Adjutant des Preußenkönigs Friedrich gewesen und hatte sich im Siebenjährigen Krieg ausgezeichnet. Jetzt war Friede in Europa, er sehnte sich nach Tätigkeit und bot den Amerikanern seine Dienste an. Sein Organisationstalent wurde von zuverlässigen Freunden Franklins sehr gerühmt, der Mann selber hatte auf Franklin einen günstigen Eindruck gemacht. Er trat ohne Prätensionen auf, und das Gehalt, das er forderte, war mäßig. Ein solcher Mann mußte dem General Washington willkommen sein, um der Armee die Disziplin beizubringen, deren sie ermangelte.

Franklin war willens gewesen, Herrn von Steuben anzustellen, doch jetzt machte ihn die übellaunige Aufnahme der französischen Offiziere bedenklich. Silas Deane befürwortete nach wie vor die Anstellung Herrn von Steubens. Arthur Lee indes erklärte bissig, man möge doch endlich gewitzt sein und davon absehen, verdiente amerikanische Offiziere durch Anwerbung ausländischer Vorgesetzter zu kränken. »Früher, Mr. Lee«, warf der verärgerte Silas Deane ihm vor, »ereiferten Sie sich nur gegen die Anstellung von Franzosen. Seitdem Sie in Berlin waren, wettern Sie auch gegen die Anstellung von Deutschen. Wenn Sie noch länger in der Welt herumreisen, werden Sie die Anstellung jedermanns zu verhindern suchen, der nicht im Umkreis der Familie Lee aufgewachsen ist.« »Ich gestehe Ihnen offen, mein Herr«, antwortete kämpferisch Arthur Lee, »daß ich Mitglieder der Familie Lee hier lieber sähe als gewisse andere Leute.« »Ich möchte nicht lesen, mein Herr«, gab Silas Deane zurück, »was Sie über mich nach Philadelphia berichten.« »Das kann ich mir denken«, antwortete Arthur Lee, »daß Sie Scheu tragen vor einem solchen Bericht.« »Nun aber hören Sie gefälligst auf, Herr«, griff Franklin ein. »Sie sind überreizt. Sie sollten sich Ruhe gönnen. Wenn Sie auf einen alten Mann hören, dann begeben Sie sich in ärztliche Behandlung.« »Ich sehe nichts Krankhaftes darin«, knurrte Arthur Lee, »daß ich prinzipiell von der Einstellung fremder Offiziere abrate.«

Franklin kehrte zur Sache Steuben zurück. Nach dem Vorgefallenen, meinte er, könne man dem General ein Honorar nicht zugestehen, und sei es auch das bescheidenste. Man könne ihm höchstens eine Anweisung auf Land geben, auf etwa zweitausend Acres, für die Zeit nach erfochtenem Sieg. »Ich fürchte«, bemerkte Silas Deane, »das wird den General nicht sehr locken.« »Wenn sich der Herr nur von Profitgier leiten läßt«, höhnte Arthur Lee, »dann können wir wahrhaftig auf ihn verzichten.«

Wenn der General nicht binnen kürzester Frist zu einem Abschluß gelange, berichtete Silas Deane, dann wolle er nach Deutschland zurückkehren. »Es wäre mir leid«, sagte Franklin, »wenn wir ihn verlören.« Silas Deane schlug vor, sich an Monsieur de Beaumarchais zu wenden, ob der nicht Rat wisse. Franklin seufzte innerlich; wenn man nicht auf Herrn von Steuben verzichten wollte, blieb wohl nichts anderes übrig.

Damit war diese Sache erledigt, und Franklin kam auf sein Projekt zu sprechen, William Temple als Sekretär einzustellen. Die Last der Geschäfte werde immer schwerer, erklärte er und wies auf den mit Papieren überdeckten Schreibtisch. Wenn man schon jemand anstelle, protestierte Arthur Lee, dann doch einen erfahrenen, geschulten Beamten, keinen siebzehnjährigen jungen Herrn. Aber darauf wußte Franklin eine gute Antwort. So oft man bisher sachverständige Sekretäre eingestellt habe, sagte er, habe der Kollege Lee die politische Zuverlässigkeit dieser Männer angezweifelt. Von William werde wohl auch Mr. Lee nicht behaupten, daß er ein Spion sei. Arthur Lee schluckte etwas hinunter. Dann sagte er feindselig, die Finanzlage erlaube nicht, neue Posten in den Etat einzufügen. »Ich habe an ein Gehalt von 120

Livres gedacht«, erläuterte Franklin. »80 Livres würde ich dem Kongreß in Rechnung stellen, 40 trüge ich aus eigener Tasche.« »Ich halte die Anstellung des jungen Mr. Franklin für eine ausgezeichnete Idee«, sagte Silas Deane, »und es kann natürlich keine Rede davon sein, daß der Doktor etwas aus eigener Kasse zusteuert.« »Also abgemacht«, sagte abschließend Franklin. »Ich bitte zu den Akten zu nehmen«, sagte Arthur Lee, »daß die Anstellung gegen meinen Einspruch erfolgt.«

Franklin kam zurück auf den Empfang Lafayettes und seiner Offiziere in Philadelphia. »Sie sind ein Mann von Einsicht«, redete er Arthur Lee freundlich zu, »der die Folgen politischer Geschehnisse überblicken kann. Sie wissen, daß das Vorgehen der Herren Morris und Lowell unsere Sache hier schädigt. Wollen Sie nicht doch unsere Vorstellungen bei dem Kongreß durch Ihre Teilnahme und Unterschrift dringlicher machen?« »Es ist unverantwortlich«, empörte sich Silas Deane, »was die in Philadelphia angestellt haben. Und gerade jetzt müssen diese Offiziere zurückkommen, da man sich anschickt, unsern Doktor im Salon zu feiern. Nun wird jeder Franzose hinter dem großen Bild Franklins den jungen Lafayette sehen und seine Offiziere, wie sie auf der Straße stehen vor der zugeschlagenen Tür des Kongresses, in der Sonne.«

Arthur Lee's Gesicht war verpreßt. ›Franklin, Franklin‹, hieß es immer und überall, und niemals ›Amerika‹. Der Doctor h. c. benutzte sein Amt ausschließlich dazu, sein persönliches Rühmlein zu wässern. Und morgen also oder übermorgen wird er in den Louvre gehen, in den Salon, und sich hinstellen vor sein idealisiertes Porträt und auf sein Haupt den Ruhm einsammeln, den Richard Henry Lee und General Washington gesät haben und jene Tausende, die für die Freiheit gestorben sind.

Der weise Franklin ahnte, was in dem bittern Menschen vorging. Er lächelte freundlich. So, dachte Arthur Lee, wird er lächeln, wenn er vor seinem Bilde steht. Aber Franklin sagte: »Nach der Demütigung unserer jungen französischen Freunde in Philadelphia scheint es mir nicht angebracht, daß wir die Pariser durch den Kontrast verärgern. Es ist wohl klüger, wenn ich der Eröffnung des Salons fernbleibe.« Silas Deane's kleine Augen wurden groß und töricht. »Sie wollen wirklich auf die Ehrung verzichten?« fragte er. »Man hat uns in Versailles Zurückhaltung anempfohlen«, sagte Franklin.

Arthur Lee atmete stark. »Wenn Sie an den Kongreß schreiben«, sagte er schließlich, finster, »bin ich bereit, mit zu unterzeichnen.« »Ich wußte, daß sich ein Arthur Lee überwinden wird, wenn es um die Sache geht«, sagte Franklin, und Arthur Lee legte eine hölzerne Hand in die hingestreckte des Alten.

Auch nach der Entlassung Saint-Germains erschienen Graf Mercy und Abbé Vermond gemeinsam bei Toinette. Die Herren wußten natürlich genau, daß sie den Ministerwechsel bewirkt hatte. Aber sie stellten sich unwissend und beschränkten sich darauf, zu beklagen, daß sie die Entfernung des begabten und von Wien hochgeschätzten Saint-Germain so wenig habe verhindern können wie die Bestallung des unfähigen, wegen seiner Geldgier berüchtigten Montbarey. Toinette hatte für diese Klagen nur ein hochmütiges Achselzucken. Aber ihre erste Freude über die Entlassung Saint-Germains war kurz gewesen. Es war ihr kein angenehmer Gedanke, daß sie in Zukunft, wenn sie für ihre Freunde Offizierstellen zu haben wünschte, in Wettbewerb treten sollte mit Mademoiselle de Violaine von der Oper, durch welche Montbarey seinen Stellenhandel betrieb, und nun wurde ihr vollends klar, daß sie in jenen Minuten in ihrem Alkoven im Trianon einen sehr zweifelhaften Sieg errungen hatte.

Graf Mercy und der Abbé kamen dann auf eine andere peinliche Sache zu sprechen. Ehrerbietig machten sie darauf aufmerksam, daß sie leider recht gehabt hätten mit ihren trüben Voraussagen über die Folgen, welche die Konversation mit dem Rebellen für das Ansehen Ihrer Majestät bei den Parisern haben werde. Gewisse Freunde Madames mochten angenommen haben, die Popularität der Königin werde steigen nach den Freundlichkeiten, die sie dem Amerikaner bezeigt habe. Leider war davon nichts zu verspüren. Im Gegenteil. Die Verschwendung Toinettes, behaupte man in den Kneipen und Caféhäusern von Paris, habe den Staatsschatz so erschöpft, daß man jetzt nicht imstande sei, den Amerikanern im Kriege gegen den Erbfeind Frankreichs beizustehen. Es seien die maßlosen Ausgaben Toinettes, welche Frankreich zu einem falschen, schwächlichen politischen Kurs nötigten. Und als Toinettes Miene immer ungläubiger und ablehnender wurde, brachte Graf Mercy ein Pamphlet zum Vorschein, eines von vielen, die in den letzten Wochen erschienen waren. Mit spitzen Fingern hielt er die Broschüre und las daraus vor. Fantastische Summen waren da genannt, welche die Verschwendung des Trianon, des ›Petit Schönbrunn‹, den Staatshaushalt koste, und in dunkeln Farben wurde der unheilvolle Einfluß der Österreicherin auf das Schicksal des holden Frankreich gemalt.

Toinette tat auch diese Mahnungen spöttisch ab. Aber sie wußte, daß sie nicht unbegründet waren. Der Mut, den sie durch die Zusammenkunft mit dem Rebellen bewiesen hatte, war vergessen oder nicht genügend gewürdigt; sie selber mußte jetzt, wenn sie durch die Straßen von Paris fuhr, wahrnehmen, daß das Volk, das sie früher mit Jubel begrüßt hatte, in feindseligem Schweigen verharrte.

Allein die unbehaglichen Gedanken gingen unter in der Beschäftigung mit einem neuen Projekt.

Es war ihr vorgekommen, als ob sich in ihrem wunderbaren Theater im Trianon die Komödie des Monsieur de Beaumarchais zehnmal lustiger und delikater ausgenommen hätte als auf der Bühne des Théatre Français. Mehrmals während der Vorführung hatte sie selber Lust gehabt, anstelle Mademoiselle Mesnards oder Mademoiselle Dumesnils zu agieren, und ihr war gewesen, als ob sie den oder jenen Satz hübscher hätte bringen können, spitzer, liebenswürdiger als jene gerühmten Künstlerinnen. Liebhaberaufführungen waren Mode unter den großen Damen und Herren. Wäre es nicht ein Jammer, wenn sie nicht auch auf ihrer Bühne aufträte, der schönsten des Königreichs?

Vaudreuil war an ihrem Plan sehr interessiert. Er war selber ein begabter Schauspieler und ein leidenschaftlicher Regisseur; nirgendwo besser als bei der Leitung einer Liebhaberaufführung konnte er die andern seiner Überlegenheit in Dingen der Bildung und des Geschmacks spüren lassen und seiner Neigung zur Despotie fröhnen. Er erklärte Toinette, als ihr Intendant werde er ihr, gerade weil sie begabt sei, ein Auftreten erst dann erlauben, wenn sie ihre Sache besser mache als jede andere. Noch immer zeige ihr Französisch eine Spur von Akzent, insbesondere ihre Aussprache des R lasse zu wünschen übrig; das sei reizvoll in der Konversation, doch nicht auf der Bühne. Sie müsse lernen und nochmals lernen. Toinette sagte eifrig Ja. Man beschloß, sie solle bei den Herren Michu und Caillot vom Théatre Français Schauspielunterricht nehmen.

Im übrigen hielt Toinette an ihrem Vorsatz fest, dem Lande einen legitimen Dauphin zu gebären, und ließ Vaudreuil warten. Mit seiner Ungeduld stieg seine Herrschsucht, und er versuchte immer wieder, sie in Konflikte mit Louis hineinzutreiben.

Anklägerisch eines Tages fragte er, warum eigentlich sie dieses Jahr den Salon nicht besuche. »Ich habe Louis versprochen«, gestand sie offen, »den Rebellen gegenüber äußerste Zurückhaltung zu zeigen.« »Ich kenne jemand«, antwortete Vaudreuil, »der sich bitter darüber beklagt hat, daß eine Königin von Frankreich weniger Freiheit habe als ein Fischweib in den Hallen. Ich sehe nicht ein, warum Sie nicht sollten in den Salon gehen dürfen.« »Es wird als neue Herausforderung angesehen werden«, beharrte Toinette. Vaudreuil lächelte frech, antwortete nichts.

Wenige Tage später besuchte Toinette den Salon. Die Künstler, die ausgestellt hatten, waren beinahe alle anwesend; sie hofften auf ein Wort der Anerkennung aus dem Munde der Königin.

Toinette stand, ohne viel Anteilnahme, vor den edeln Büsten Voltaire's, Molière's und Rousseau's, die Houdon geschaffen hatte. Sie beschaute die hübschen Landschaften ihres Malers Hubert Robert und seine Ruinen. Sie interessierte sich für das bunte Getriebe des ›Asiatischen Marktes‹ von Leprince und für das große, tumultuöse Bild von der Hand des Malers Vincent, welches den Präsidenten Molé inmitten der aufrührerischen Menge zeigte. Dann stand sie lange vor dem riesigen Gemälde, welches der Maler Robin im Auftrag der Stadt Paris ausgeführt hatte. Dargestellt war der junge Louis, wie er in die Stadt Paris einzog, um deren Privilegien zu bestätigen. Louis war sehr idealisiert – wenn man's ihr nicht gesagt hätte, sie hätte ihn nicht erkannt – und er war umgeben von einigen Tugenden, der Gerechtigkeit, der Wohltätigkeit, der Eintracht und der Wahrheit, lauter sehr bekleideten Tugenden.

Und nun kam man in den Saal, in welchem die Porträts des Malers Duplessis hingen. Sogleich fiel Toinette das Bild des Amerikaners auf, doch sie bezähmte sich, sie schaute nicht hin, sie ließ sich erst vor die andern Porträts führen. Duplessis war anwesend, er hatte sich lächerlicherweise in Gala geworfen, sein gutmütiges, bäuerliches Gesicht kam schüchtern aus dem prunkvollen Anzug heraus. Sie dankte gnädig seiner Verbeugung.

Sie beschaute zunächst das Porträt des Doktors Lassone, ihres Arztes, des Mannes, der die Operation an Louis vorgenommen hatte. Doktor Lassone pflegte seine Weisungen mit Entschiedenheit zu geben, er duldete keinen Widerspruch, und wenn sich Toinette und der Fliederblaue Klüngel auch gerne lustig machten über seinen Dünkel, seine Liebesaffären und seine Geldgier, so hatte sie gleichwohl eine geradezu abergläubische Angst vor den kalten, prüfenden Augen des großen Arztes und vor seinen geübten, geschickten Händen. Duplessis hatte dem Doktor die leicht schwabbeligen Wangen gelassen, aber der Mund war hart, die Augen scharf und herrschsüchtig und die rechte Hand, die groß und knochig mit ausgestrecktem kleinen Finger auf den Büchern lag, bedrohlich. Der Doktor Lassone, der sie da von der Leinwand her beschaute, flößte ihr fast noch mehr Unbehagen ein als der wirkliche Lassone, dessen Untersuchungen sie ersehnte und fürchtete.

Sie riß sich los, ging zu dem nächsten Bild, dem Porträt der Herzogin von Penthièvre. War das wirklich die Herzogin von Penthièvre? Toinette hatte sie doch ziemlich oft gesehen, da war sie ihr nie hübsch vorgekommen. Hier war sie höchst anziehend. Dabei hatte Duplessis nicht einmal sehr geschmeichelt. Offenbar war es vorteilhaft, sich so malen zu lassen, im Grase sitzend und die Füße nackt, in Sandalen. Sie mußte sich das merken. »Hübsch, sehr hübsch, reizend«, sagte sie zu Duplessis.

Und dann, endlich, stand sie vor dem Porträt Doktor Franklins. Der Raum war dicht gefüllt, bis hinaus in den Hof drängten sich die Neugierigen, aber es war vollkommen still, als sie vor dem Bilde stand.

Der da aus seinem Rahmen auf sie schaute, war der Mann, den Toinette gesehen hatte, und dennoch ein sehr anderer. Der lange, gebieterische Mund war geschlossen und sah keineswegs so aus, als ob galante Worte aus ihm hervorkommen könnten. Streng, prüfend, höchst gerecht, schauten die Augen unter der mächtigen Stirn. Schauten sie einen an?

Schauten sie über einen weg? Schauten sie durch einen hindurch? Toinette wunderte sich, daß sie sich auf einen Kampf mit diesem Manne eingelassen hatte, ja, ein wenig fürchtete sie sich; dabei war sie trotzdem wieder von ihm angezogen, und sie war stolz darauf, daß sie die Zusammenkunft mit ihm gesucht hatte.

Der Maler Duplessis stand schräg hinter ihr, bemüht, den Eindruck zu erspähen, den sein Werk auf die Königin machte. Er sah jetzt mit einemmal, zum ersten Mal, ihr Gesicht, wie es war, hübsch, nicht gescheit, doch keineswegs leer, sehr lebendig, sehr hochmütig, sehr königlich. Wenn er noch einmal Gelegenheit haben sollte, sie zu malen, wird es ein gutes Bild werden. Aber diese Mächtigen konnte man ja niemals dazu bekommen, daß sie einem die paar Sitzungen gaben, die man brauchte. Mit dem Amerikaner war es ein erfreuliches Arbeiten gewesen, und das Porträt war geglückt. Es war in Wahrheit ein großer Mann, der da auf einen schaute, und er war, so viel Würde er ihm gegeben hatte, nicht geschmeichelt. An den Augen hatte er lange herumgemalt, und er war zufrieden. So schaute der lebendige Franklin, er schaute einen an und schaute über einen hinweg.

Toinette stand noch immer vor dem Bild, schweigend, eine lange Weile schon stand sie so, es dünkte sie eine Ewigkeit, es waren zwei Minuten. Es war still, beklemmend still, und sie wußte, daß sie nun wieder einmal etwas sagen mußte, und es mußte etwas sein, das auch der böseste Wille zu mißdeuten nicht imstande war. »Ausgezeichnet«, sagte sie schließlich inmitten der lautlosen Stille und wandte sich mit einer sehr hübschen Bewegung dem Maler Duplessis zu. »Wahrhaftig ein ausgezeichnetes Porträt, würdig unseres Duplessis«, und sie war froh, daß sie nicht gesagt hatte: ›Würdig unseres Franklin.‹

Sie löste sich von dem Gemälde. »Was gibt es sonst noch zu sehen, Messieurs?« wandte sie sich an die Künstler, die sie führten, und man beschaute das sehr gute Bildnis des alten, berühmten Pflanzenforschers Karl Linné, das Alexandre Roslin voriges Jahr auf seiner schwedischen Reise gemalt hatte. »Sie wissen, meine Herren«, erklärte Toinette, »ich bin sehr interessiert an allem, was Botanik anlangt.«

Am Abend ging sie in die Oper, man gab Glucks ›Iphigenie‹. Sie ging die kurze Strecke zu Fuß, und auf dem ganzen Weg rief man ihr huldigend zu. Die letzten Male, da sie sich im Theater gezeigt, hatte sich das Publikum bei ihrem Erscheinen schweigend erhoben; an diesem Abend brachte man ihr eine lange Ovation. Und als im zweiten Akt die Arie anhob: ›Singet Lob und Preis eurer Königin‹, trat Achilles an die Rampe und sang die Arie hinauf zur Loge Toinettes. Das Publikum aber erhob sich und verlangte die Arie ein zweites und ein drittes Mal.

Toinette hatte in ihrem jungen Leben oft und abermals einer jubelnden Menge gedankt. Niemals aber hatte sie das so beglückt getan wie an diesem Abend. Ein kleines Rot wölkte ihr langes, ovales Gesicht, während sie den Kopf mit dem getürmten, herrlichen, aschblonden Haar drei Mal neigte, nach links, nach rechts und nach der Mitte, wie das Zeremoniell es vorschrieb. Sie war selig wie ein Kind. ›Jetzt soll mir der Abbé nochmals sagen, die Pariser mögen mich nicht‹, dachte sie, die edle, einfache Melodie Glucks klang in ihr, und sie bedauerte, daß sie in ihrer Frisur nicht ein Bild Benjamin Franklins trug.

Als Louis hörte, daß Toinette das Porträt Franklins besichtigt hatte, durchschwemmte ihn dumpfe Wut. Hatte sie ihm nicht versprochen, sich von jeder Sympathiekundgebung für Amerika zurückzuhalten? Und wenn ihr die Pariser hinterher eine Ovation gebracht hatten, so bestätigte das nur, daß dieser Besuch im Salon allgemein als ein Gnadenbeweis für den Rebellen aufgefaßt worden war, als ein Bekenntnis zur Meuterei. Der Geist der Rebellion war es gewesen, der da Toinette in der Oper gefeiert hatte, und es war erbitternd, daß er, Louis, untätig zuschauen mußte.

Denn er konnte nichts tun als schweigen und sich grämen, des war er sich von Anfang an bewußt. Wenn er hinginge und ihr vorhielte, sie habe die Meuterer gehätschelt, dann hätte sie nichts für ihn als verständnislose Ironie. Was hatte sie denn getan? Sie hatte die Bilder des Hofmalers Duplessis besichtigt. Hätte sie es nicht tun sollen? Er sah im Geiste ihren höhnisch-unschuldigen Blick. Hatte nicht Louis gewünscht, daß sie sich von Duplessis malen lasse? Hatte er sich nicht selber von ihm malen lassen?

Prinz Xavier kam. Sprach vom Salon. »Es ist ja auch ein Gemälde von Ihnen dort«, sagte er, »dieser Riesenschinken von Robin. Sie sind da sehr idealisiert, mein lieber Louis, sagt man mir; das müssen Sie ja wohl auch sein, als König. Es wäre ein Spaß gewesen, wenn wir beide hingegangen wären und uns den Schinken angeschaut hätten, gemeinsam. Aber das geht wohl nicht, nachdem dort der Rebell hängt. Es gibt freilich Leute, die keine solche Skrupel kennen. Es bleibt Geschmackssache.«

Louis tobte in seinem Innern, doch er erwiderte nichts.

Ein paar Tage später wurde ihm ein Stich vorgelegt, der das Duplessis-Porträt Franklins wiedergab. Feindselig beschaute Louis die Züge des Mannes. Natürlich, Duplessis hatte alles Niederträchtige, das in dem Rebellen stak, unterschlagen. Und diesen Duplessis hatte er zum ›Maler des Königs‹ ernannt. Er war ein guter Maler, er hatte es mit seinem, Louis', Bilde bewiesen. Schade, daß Kunst und Tugend so selten vereinigt waren.

Louis las die Unterschrift, die dem gestochenen Porträt beigefügt war. Es waren Verse. ›Hier ist der Ruhm und die Kraft der Neuen Welt. Die Fluten des Ozeans verstummen vor seiner Stimme. Er lenkt den Donner und heißt ihn schweigen nach seinem Willen. Wer die Götter entwaffnet, braucht der die Könige zu fürchten?‹ Louis las die Verse zweimal. So weit war es gekommen. Das wagte man zu veröffentlichen in seiner Hauptstadt. Das war mehr als Majetätsverbrechen, das war Gotteslästerung, Blasphemie. ›Er lenkt den Donner und heißt ihn schweigen nach seinem Willen‹. Ein zorniger, häßlicher Laut kam aus Louis' Kehle, er läutete, befahl den Polizeipräsidenten vor sich, dringlich, sogleich.

Als Monsieur Lenoir erschien, hielt ihm Louis den Stich vors Gesicht. »Haben Sie das gesehen?« fragte er. »Es ist der Franklin des Monsieur Duplessis«, sagte der Polizeipräsident. »Die Kritiken sind gut, ausgezeichnet, der Stich geht ab wie frische Austern.« »Haben Sie die Verse gelesen?« fragte Louis weiter, und: »Lesen Sie«, schrie er plötzlich. »Es sind schlechte Verse«, sagte Monsieur Lenoir. »Und sowas lassen Sie verkaufen«, schrie Louis. »Sowas wird verkauft wie frische Austern, an allen Ecken von Paris. Wo haben Sie Ihre Augen, Monsieur? Schlechte Verse. Das ist Majestätsverbrechen, das ist Gotteslästerung. ›Er heißt den Donner schweigen.‹ Seid ihr denn verrückt geworden allesamt?«

Monsieur Lenoir war blaß. Doch er beherrschte sich und sagte mit Ruhe: »Der Stich ist bei Monsieur Rouault verlegt, wie ich sehe. Ich werde dem Manne Weisung geben, den Vers sogleich zu entfernen.« »Einstampfen die Gotteslästerung«, schrie Louis, »den Mann einsperren.« »Ich bitte Eure Majestät, in Ruhe zu erwägen –« wandte der Polizeipräsident ein. Doch: »Ich habe erwogen«, unterbrach ihn Louis. »Ihr hättet erwägen sollen, vorher. ›Heißt den Donner schweigen.‹ Gehen Sie«, schrie er. »Führen Sie meine Weisungen aus.«

Monsieur Lenoir ging, aber zunächst zu Maurepas und Vergennes. Dann ließ er dem Verleger Rouault mitteilen, daß er Auftrag habe, ihn zu verhaften, und erst als sich Monsieur Rouault in Sicherheit gebracht hatte, schickte er seine Agenten.

Maurepas mittlerweile stellte Louis vor, daß jetzt, nachdem Franklins Porträt so ungeheures Aufsehen erregt habe, die Verhaftung des Verlegers als feindseliger Akt nicht nur gegen Amerika, sondern auch gegen die Pariser Bevölkerung empfunden werden würde. Louis, nach einigem Zögern, zog knurrend den Verhaftsbefehl zurück. »Aber die gottlosen Verse müssen verschwinden, sie müssen aus der Welt«, verfügte er wütend und entschlossen.

Es wurde denn auch fortan der Stich des Franklin-Porträts ohne die Verse verkauft, doch mit viel freiem Raum darunter, und die Pariser schrieben die Verse mit der Hand.

Louis sprach mit Toinette kein Wort über ihren Besuch im Salon und über die Ereignisse, die dieser Besuch zur Folge hatte. Toinette hatte ihre Freude an den Geschehnissen, und sie hatte ihre Freude an Louis' Schweigen.

Aber diese Freude vermochte die Enttäuschung nicht zu betäuben, die tief in ihrem Innern wurmte. Sie war ruhelos, gejagt von bittern, demütigenden Gedanken. Nun waren Wochen und Wochen und Monate und Monate vergangen, und nichts hatte sich geändert, und Louis war nicht imstande, ihr den Dauphin zu machen. Aus allen Briefen der Mutter, aus ihren Vorwürfen über die Begegnung mit Franklin und über die Verschwendung des Trianon, hörte Toinette heraus den Kummer der alten Frau über die fehlgeschlagene Hoffnung.

Um die ständig nagende, demütigende Erbitterung zu betäuben, stürzte sie sich mit Hitze in ihre Schauspielstudien. Unermüdlich arbeitete sie an der Verbesserung ihres R, und sie scheute nicht die Gefahr, ihren berühmten schwebenden Gang zu verderben, indem sie schreiten lernte wie die Damen des Théatre Français. Die Herren Michu und Caillot stellten verwundert fest, daß sie arbeitete, als wollte sie Berufsschauspielerin werden; sie hunzten sie ehrerbietig und mit Vergnügen, und Toinette bat sie: »Nur so fort, meine Herren.«

Auch das half ihr nicht viel. Ihre Zänkereien mit Vaudreuil häuften sich. Er fragte höhnisch, wie lange noch sie sich von dem Dicken etwas erwarte. Sie hieß ihn zornig gehen und ließ ihn zwei Tage nicht vor; doch im Innern gestand sie sich, es sei töricht und lächerlich, wie sie François hinhalte.

Dieser, vielleicht nur um Toinette eifersüchtig zu machen, schloß sich enger an Gabriele an. Toinette durchschaute sein Spiel, aber ihre Erkenntnis nutzte ihr nichts, sie wurde immer nervöser. Da bittere Reden und Klagen auf Vaudreuil keinen Eindruck machten, begann sie die sanfte, lässige Gabriele zu quälen.

Nun hatte Jules Polignac einer Tante, die ihr Vermögen verloren hatte, einer Baronin d'Andlau, Hilfe versprochen. In seiner herrischen Art verlangte er von Gabriele, sie solle bei Toinette eine Rente für die Baronin erwirken. »Ein Trinkgeld«, erläuterte er, »sagen wir, 6000 Livres.« Gabriele willigte ohne Weiteres ein, und als sie das nächste Mal mit Toinette zusammen war, brachte sie das Anliegen vor, träg, beiläufig, der Gewährung gewiß.

Toinette hatte schlecht geschlafen, und als Gabriele mit ihrer Bitte kam, fiel ihr ein, daß man in Paris einen Zusammenhang herstellte zwischen ihren Ausgaben und der Zögerpolitik Versailles' in der amerikanischen Frage. Auch sah sie im Geiste ihren Bruder Josef, wie er bitter und bösartig genau die lange Liste von Pfründen hersagte, welche sie den Polignacs hingeworfen hatte. »Ich entsinne mich nicht eurer Tante Andlau«, sagte sie. »Um wieviel handelt es sich?« »Um 500 Livres monatlich«, antwortete Gabriele, die Summe klang in ihrem Mund lächerlich gering. »Ich glaube«, sagte versonnen Toinette, »ich werde ihr die Rente nicht geben.« »Es handelt sich um 500 Livres«, sagte verwundert

Gabriele, und ein wenig ratlos fügte sie hinzu: »Wenn mir recht ist, hat Jules ihr das Geld bereits versprochen.« Dann, da Toinette schwieg, schloß sie mit trägem Achselzucken: »Schön, da muß Tante Andlau eben warten, bis Jules oder ich im Spiel gewinnen.«

Es verstimmte Toinette, daß ihre Weigerung Gabriele nicht mehr erregte. »Ich werde übrigens«, erklärte sie, »demnächst doch wohl bekannt geben, daß an meinen Spielabenden kein höherer Einsatz erlaubt ist als 10 Louis. Ich habe es dem König versprochen.« »Dann kommst du eben zu mir«, sagte fröhlich harmlos Gabriele, »wenn du Lust hast, höher zu spielen.« »Ich weiß nicht«, antwortete schleppend und bösartig Toinette. »Seitdem ich mein Trianon bezogen habe, hab ich keine Lust mehr an deinem Marquis de Dreneux und an deinem Mr. Smith aus Manchester.« Gabriele schüttelte den Kopf. »Als ich diese Leute bat, die Bank zu halten«, meinte sie, immer eher erstaunt als gekränkt, »waren sie dir doch sehr willkommen. Die Unsern waren alle ausgeblutet.« Toinette, in plötzlicher kalter Wut, erwiderte: »Sie werden der Königin von Frankreich nicht sagen, Madame, daß sie Sie veranlaßt hat, das Gelichter einzuladen.« »Aber was in aller Welt haben Sie denn, Toinette?« fragte verblüfft Gabriele. »Was ist denn los?« »Alle kränken mich«, brach Toinette aus, »alle beleidigen mich. Weil ich gut zu allen bin, glauben alle, sie dürfen auf mir herumtreten.« »Aber wer tritt denn auf dir herum, Toinette?« versuchte Gabriele sie zu beschwichtigen. Doch das bewirkte nur, daß sich Toinettes ganzer, hilfloser Zorn entlud. »Alle wollt ihr mich ausbeuten«, ereiferte sie sich. »Hast du nicht gerade erst 6000 Livres für deine Tante verlangt?«

Gabriele begriff, daß Toinette über sie herfiel, weil ihre Sarkasmen und Wutausbrüche an Vaudreuil abprallten. Gabriele war gutmütig, ließ sich viel gefallen und hatte Toinette sehr gern. Aber gerade ihr lag wenig an den äußern Vorteilen, die sie aus der Freundschaft mit Toinette zog, und deren Ungerechtigkeit kränkte sie. »Ich begreife deine Nervosität«, sagte sie. »Aber ich lasse mir von niemand vorschreiben, wer in meinem Hause verkehrt, auch von dir nicht.« Toinette antwortete nicht, ihr Gesicht war von eisigem Hochmut. Die beiden trennten sich, ohne sich versöhnt zu haben.

Zwei Stunden lang war Toinette vergnügt, daß sie Gabriele einmal die Wahrheit gesagt hatte. Aber dann bereute sies. Schon am Morgen darauf vermißte sie Gabriele, und als sich diese auch am nächsten Tag nicht blicken ließ, sondern unter einem Vorwand von durchsichtiger Nichtigkeit ihrem Hofdienste fernblieb, wäre Toinette am liebsten zu ihr hingegangen und hätte sie um Verzeihung gebeten. Aber das konnte sie ihrem Stolz nicht abgewinnen.

Sie horchte Diane aus und erfuhr, daß Gabriele an einem großen Spielabend bei der Prinzessin Rohan teilnehmen werde. Es war eine Demütigung, wenn Toinette nach allem, was sie Gabriele gesagt hatte, an diesem Abend zur Rohan ging. Sie ging hin.

Bei der Prinzessin Rohan gab es, wie immer, viele Menschen und schlechte Luft, es gab die Hunde, den Papagei, die leise klirrenden Münzen des Spieltisches, die gedämpften Rufe der Spielenden. Gabriele war mitten im Spiel. Als sie Toinette kommen sah, lächelte sie erfreut, ohne Stolz, verträglich. Toinette setzte sich neben sie. Sie schwatzten über Kleider, klatschten. Es war, als wäre ihr Streit nie gewesen.

Toinette begann zu spielen, nicht sehr hoch. »Wenn ich gewinne«, sagte sie beiläufig, »werde ich der Tante Andlau die Pension aussetzen. Wenn ich verliere, übrigens auch.« »Danke, Toinette«, sagte Gabriele.

Man spielte weiter. Toinette machte höhere Einsätze, verlor.

Plötzlich wurden beide Flügel der Tür aufgerissen. »Der König«, rief der Lakai an der Tür. Eintrat, schnaufend, Louis.

Louis hatte im Lauf der letzten Woche, außer bei den mancherlei offiziellen Anlässen, Toinette kaum gesehen. Der Stich des Franklin-Porträts, die Verse, sein Verbot und die Vorgänge, die diesem Verbot gefolgt waren, hatten seinen Groll gegen Toinette gesteigert. Aber er war sich seiner Ohnmacht bewußt und hatte geschwiegen. Auch als er hörte, daß Toinette entgegen ihren Versprechungen ihre gehetzte, kostspielige Jagd nach Vergnügungen wieder aufgenommen, hatte er geschwiegen. Eine einzige Maßnahme hatte er getroffen. Seinerzeit, nach jener Nacht im Trianon, hatte er im Einverständnis mit Toinette die alte Verordnung in Erinnerung gebracht, daß innerhalb des Schlosses von Versailles Spieleinsätze im Betrag von mehr als einem Louis d'Or nicht erlaubt seien. Jetzt, nachdem sich Toinette wiederum als unzuverlässig und unbotmäßig erwiesen, hatte er den Polizeipräsidenten beauftragt, ihn durch seine Geheimagenten benachrichtigen zu lassen, sowie im Schloß eine Spielpartie stattfinde, bei der gegen seine Verordnung verstoßen werde.

Daß an diesem Abend eine solche Spielpartie im Gange sei, und zwar in Gegenwart der Königin, hörte er, als er gerade über einem Bande der ›Allgemeinen Geschichte der Interessanten Reisen‹ des Abbé Prévost saß; es hatte aber in seinem Auftrag Monsieur de Laharpe von der Akademie eine Neuausgabe dieses sehr umfangreichen Sammelwerkes veranstaltet, und Louis nahm an dem Fortgang der Arbeit lebhaften Anteil. In den Achtzehnten Band also der ›Interessanten Reisen‹, der von Kamschatka und von Grönland handelte, war er vertieft, als ihn die Botschaft von dem Spielabend bei der Prinzessin Rohan erreichte. Neben sich stehen hatte er eine silberne Platte mit einem Stück kalten Hasenbraten und eine kostbare Saucière mit einer Preißelbeergelée. Mit seinen kurzsichtigen Augen las er, dabei tunkte er das Fleisch mechanisch in die Gelée, er biß und riß und schlang und las.

Den Polizeiagenten, der ihm in strammer Haltung den Rapport erstattete, hörte er an, ihm auf den Mund starrend, das Stück Fleisch noch in der Hand. »Es ist gut«, sagte er. Dann, noch während sich der Beamte rückwärts zur Tür bewegte, schmiß er das Fleisch zurück auf die Platte und schlug heftig das Buch zu.

Eine wilde Genugtuung füllte ihn. Er stand auf, und ohne jemand was zu sagen, ohne Begleitung, ging er hinüber zu den Gemächern der Prinzessin Rohan. Mehrmals auf diesem Gang wischte er sich die Hände an den Schößen seines Rockes, und wiewohl es ein langer Weg war, hielt er seine Wut fest.

Auch jetzt noch, da er vor Toinettes Spieltisch stand, erfüllte ihn willkommener Zorn. Die Herren waren aufgesprungen und hatten sich tief verneigt. Louis sah sie nicht an, er sah nur, was auf dem Tische lag, Spielkarten, Haufen von Münzen und etwas beschriebenes Papier, Gläser und Becher mit Getränken und kleine Teller mit Konfekt.

»Guten Abend, Sire«, sagte Toinette. »Guten Abend, Madame«, erwiderte mit hoher, erregter Stimme Louis. »Ich wollte eine Stunde ruhiger Unterhaltung genießen mit Ihnen und Ihren Damen.« Er atmete stark, er konnte den Satz nicht vollenden. »Das war ein guter Einfall, Sire«, sagte höflich die Prinzessin Rohan. Louis aber, mit überschlagender Stimme schrie: »Und nun muß ich das hier sehen.« »Was müssen Sie denn sehen, Sire?« fragte Toinette; unter dem Tisch, keinem sichtbar, wippte sie mit dem Fuß. Louis trat ganz nahe an den Tisch heran, raffte einen kleinen Haufen Goldmünzen in die dicke Hand und hielt sie der Prinzessin Rohan vors Gesicht. »Was ist das, Madame?« fragte er, und da die Rohan schwieg, schrie er: »Sind das Livres? Sind das Sous oder Ecus? Das sind Louis, Madame. Das ist nicht Ein Louis d'Or, das sind zehn, elf, dreizehn Louis d'Or.« Er schmiß das Gold zurück auf den Tisch. »Was da liegt«, schrie er, »das ist das Budget einer Provinz.« »Sie übertreiben, Sire«, sagte ehrerbietig, doch entschlossen Diane Polignac. »Mit einem so niedrigen Budget käme auch Ihre ärmste Provinz nicht aus.« »Schweigen Sie, Madame«, schrie in der Fistel Louis. »Das ist nicht der Moment, geistreich zu sein. Was hier auf dem Tisch liegt«, befahl er, »gehört den Armen von Paris.« Und in die Luft hinein gab er Weisung: »Man stelle mir eine Liste auf, wer hier anwesend war, und eine zweite Liste, wieviel Geld sich hier vorfand. Ich möchte die genauen Ziffern haben, geordnet nach Münzsorten. Die Liste hat um acht Uhr früh auf meinem Tisch zu liegen. Guten Abend, Madame. Guten Abend, meine Herren und Damen«, und er zog sich zurück, schweren Schrittes, schnaufend, befriedigt.

Am nächsten Morgen suchte ihn Toinette in der Bibliothek auf. Er glaubte, sie wolle sich entschuldigen, und er war bereit, Großmut zu zeigen.

»Es war freundlich, Sire«, sagte sie, »daß Sie sich einmal wieder die Mühe nahmen, mich in meinem Kreise zu besuchen. Aber gekränkt hat mich die Heftigkeit, mit der Sie mich und meine Damen an die Pflicht der Wohltätigkeit mahnten. Ich glaube, ich habe es in diesem Punkte selten an mir fehlen lassen. Ich erinnere Sie an die armen Landleute, denen ich in meinem Dörfchen im Trianon Dach und Brot gebe. Es hätte Ihres – lassen Sie es mich beim rechten Worte nennen – groben Hinweises nicht bedurft.«

Louis starrte auf das Buch, in dem er gelesen hatte, es war noch immer der Achtzehnte Band der ›Interessanten Reisen‹. Aufgeschlagen war die

Seite 89, ›Dialekt der Kurilen‹, und neben einander in zwei Reihen standen französische und kurilische Worte.

Oreilles	Ksar
Nez	Etou
Lèvres	Tchaatoi
Bouche	Tchar
Parties naturelles de l'homme	Tchi
Idem de la femme	Tchit

Mechanisch schaute er auf die Worte, er war außer Fassung über so viel Unschuld; oder war es Dreistigkeit? »Ich weiß nicht«, stammelte er, »also schön –« »Sie hätten aber wissen müssen, Sire«, sagte Toinette. »Ich hatte den ganzen Abend zu tun, meine Damen zu tösten.« »Sie geben dem Hof und der Stadt kein gutes Beispiel«, raffte sich Louis auf, »wenn Sie an einem Abend Summen verspielen, die hinreichten –« »Das Budget einer Provinz«, spöttelte Toinette, »das sagten Sie gestern schon. Seien Sie gerecht, Louis«, bat sie. »Sie müssen zugeben, ich habe gespart in der letzten Zeit. Ich führe ein schlichtes, ländliches Leben in meinem Trianon. Ich trage nur elsässische Leinenkleider. Ich höre, daß sich die Seidenfabriken von Lyon beklagen, weil mein Beispiel den Umsatz ihrer Stoffe verringert. Ich habe mein Bestes getan, es Ihnen recht zu machen. Ich war sogar im Salon, wiewohl ich mich für Bilder nicht sonderlich interessiere; aber ich wollte die Künstler nicht beleidigen, Ihrethalb, Louis. Ich habe auch zu spüren bekommen, daß die Pariser mein Verhalten würdigen. Hat man Ihnen erzählt, wie herzlich und einfallsreich man mich in der Oper begrüßt hat?«

Louis starrte wortlos auf sein kurilisches Vokabular; er gab es auf, ihrem Geschwätz zu folgen. »Übrigens Künstler, Gemälde«, sprach sie weiter, »ich muß endlich die Decke meines Theaters ausmalen lassen. Lagrenée hat schon einen Entwurf gemacht, Apollo und einige Grazien, etwas ganz Einfaches. Aber die Künstler nehmen jetzt ihre Preise. Ich habe den Auftrag noch nicht gegeben. Ich weiß, ich habe Ihnen versprochen, zu sparen. Wenn Sie es also wünschen, dann bleibt das Theater kahl.«

Als sie ging, hatte Louis ihr weitere hunderttausend Livres für das Trianon bewilligt.

Die beiden aus Amerika zurückgeschickten Offiziere, Major de Mauroy und Leutnant Dubois, waren sogleich zu Pierre gegangen, um ihm von ihren übeln Erfahrungen zu berichten. Pierre war betroffen. Nicht nur verdroß es ihn, daß man die Herren, für deren Entsendung er sich mit verantwortlich fühlte, in Philadelphia so schlecht aufgenommen hatte, sondern es mehrte auch dieser Empfang seine Sorge, daß die Firma Hortalez noch viele Schwierigkeiten werde überwinden müssen, ehe sie die Bezahlung ihrer Forderungen erreichte.

Zwei Stunden später traf die amerikanische Post ein, und sie enthielt genaue, sachliche Mitteilungen über den Empfang Lafayettes und seiner Offiziere, denn dieser Kurier brachte endlich den sehnlich erwarteten Brief Pauls.

In seinem Arbeitszimmer, bei versperrter Tür, allein mit der Hündin Caprice, las Pierre das ausführliche Schreiben.

›Wiewohl mir schärferes Nachdenken das hätte verwehren sollen‹, schrieb Paul, ›so hatte ich mir doch in Paris den Kongreß der Vereinigten Staaten so vorgestellt, wie die antiken Schriftsteller den Römischen Senat in seiner besten Zeit schildern, als eine Versammlung von Königen. Dem entspricht die Wirklichkeit von Philadelphia keineswegs. Um es Ihnen offen zu sagen, mein sehr verehrter Freund, der Kontinentale Kongreß der Vereinigten Staaten kann sich an äußerer und innerer Würde nicht einmal mit einem französischen Provinzlandtag vergleichen. Es gibt da ein ewiges, jämmerliches Gezänk um winzige Rechtchen und Pflichtchen, die dreizehn Staaten hadern jeder mit jedem, ihre Vertreter haben immer nur das Einzelinteresse ihres Staates im Aug und sind überdies untereinander nochmals gespalten in Konservative und Progressive. Schiebung und Korruption blüht wie unter dem Despotismus, nur in plumperer Form. Die Anhänger des Königs von England sind an Zahl und Einfluß viel stärker, als man in Paris annimmt, und tief eingewurzeltes Vorurteil macht selbst progressive Amerikaner zu fanatischen Franzosenfeinden.‹

In diesem Zusammenhang berichtete Paul ausführlich über den

schmählichen Empfang Lafayettes und seiner Offiziere. General Washington freilich, konnte er hinzufügen, habe, wie man höre, mittlerweile einen Empfehlungsbrief Franklins für Lafayette bekommen und sei bemüht, das unziemliche Verhalten des Kongresses wieder gutzumachen.

Dann verbreitete sich Paul eingehend über die Aussichten der Firma Hortalez, vom Kongreß Zahlung zu erhalten. Mr. Arthur Lee habe mehrmals und dezidiert erklärt, das ›Darlehn‹ der französischen Krone an Pierre sei selbstverständlich ein Geschenk des Königs nicht für Pierre, sondern für den Kongreß. Mr. Lee führe unter anderm als Beweis an, Monsieur de Gérard habe den amerikanischen Delegierten gelegentlich vorgehalten, sie hätten doch jetzt bereits vier Millionen bekommen. Da sie aber de facto nur drei Millionen bekommen hätten, sei unter der vierten eben jene verstanden gewesen, welche Pierre erhalten habe. Er, Paul, versuche mit allen Mitteln, die Einstellungen und Verdrehungen Mr. Lee's zu entkräften. Aber die Herren vom Kongreß wollten nicht hören, sie mißverstünden mit Absicht und Beharrlichkeit.

Er bemühe sich, schrieb Paul weiter, wenigstens die unbestrittenen Forderungen durchzusetzen. Aber auch da machten die Herren immer neue Manöver, die man schwerlich anders bezeichnen könne denn als Winkelzüge. Unter ihren fadenscheinigen Ausflüchten sei die schäbigste die, daß den Herren, so lange nicht die Stichhaltigkeit jedes einzelnen Postens geklärt sei, ihr Verantwortungsgefühl verbiete, irgend etwas zu zahlen. Solche Winkelzüge seien wohl eines großen, freiheitlichen Volkes nicht würdig, doch die berghohen finanziellen Schwierigkeiten des Kongresses machten sie begreiflich. Um nicht die ganze Sache zu gefährden, drücke man sich von den Verpflichtungen, die man gegen den einzelnen habe.

Pierre las diese Stelle zweimal. Er spürte grimmige Hochachtung vor der Sachlichkeit seines jungen Freundes Paul. ›Begreiflich‹, dachte er bitter, ›die Winkelzüge der Amerikaner sind begreiflich. Das ist sehr richtig. Aber wer unter die Räder kommt, das bin ich.‹

Um gerecht zu sein, schloß Paul, und ein objektives Bild der Lage zu geben, müsse er betonen, daß im Kongreß neben manchem engstirnigen Krämer auch Männer von Weitblick und großer Rechtlichkeit säßen. Er habe denn auch erreicht, daß er gleichzeitig mit seinem Brief eine Ladung von Tabak und Indigo im Betrag von 27 250 Livres als eine Art symbolischer Zahlung abgehen lassen könne, und er glaube zuversichtlich, er werde zuletzt die Anerkennung der gesamten Forderung des Hauses Hortalez erwirken. Wie denn überhaupt sein Glaube an den Erfolg des heroischen Unternehmens durch seine neuen, Geduld und Nerven erfordernden Erlebnisse nicht im leisesten getrübt sei.

Pierre stützte den Kopf in beide Hände, und eine halbe Minute war er mutlos. »Da haben wir uns ja schön hereinlegen lassen«, erzählte er der Hündin Caprice, »da wären wir ja schön hereingefallen.« Dann überkam ihn Zorn. Das also war das Ergebnis: Tabak und Indigo im Betrag von 27 250 Livres. Dafür war Paul hinübergefahren, dafür hatte er sein Leben aufs Spiel gesetzt. Lumpen, schäbige Wortbrüchler, das waren die Freiheitshelden, wenn man sie in der Nähe besah. Für solche Leute opferte er, Pierre, sein Geld, seine Nerven, sein Leben. Für solche Leute war der junge, schwärmerische Lafayette übers Meer gefahren. Für Winkelzügler. Wenn Ein Posten nicht stimmt, dann zahlen wir gar nichts. Und Einen Posten werden wir immer finden. Pfui Teufel.

Pierres frisches, fleischiges Gesicht mit der klaren, leicht zurückfliehenden Stirn und dem vollen, schöngeschwungenen Mund verzog sich angewidert. Er schämte sich nicht seiner Leichtgläubigkeit, er schämte sich der Leute, für die er arbeitete.

Dann, noch einmal und sehr genau, überlas er Pauls Schreiben. Aber schon war sein Unmut verflogen, und jetzt rückte er sich ins Licht, was Zuversichtliches in dem Briefe stand. Auch dachte er daran, daß sich in der Zwischenzeit hier alles geändert hatte, und daß nun er und Franklin Freunde waren. Er überlegte sich, was er Paul antworten sollte. Er wird ihm mitteilen, was er hier erreicht hat, wie er die Zusammenkunft Franklins mit der hochgestellten Persönlichkeit herbeigeführt hat, und er wird ihm Weisung geben, schleunigst zurückzukommen. Pierre war ein passionierter Briefschreiber, und der Gedanke an den zu schreibenden Brief beschwingte ihn.

Nein, nicht im geringsten ließ er sich die große Sache verleiden durch die Kleinlichkeit einzelner Kongreßmitglieder.

Bald hatte er Gelegenheit, das zu beweisen, als ihm nämlich Silas Deane von der Affäre des Generals Steuben erzählte. Denn dieser war, wie er sichs vorgenommen hatte, nach Deutschland zurückgekehrt, und Amerika hatte endgültig die Gelegenheit verpaßt, sich die Hilfe des bewährten Soldaten und Organisators zu sichern.

Endgültig? Nein. War da nicht noch er, Pierre de Beaumarchais? Sogleich setzte er sich hin und beschwor Steuben in einem feurigen Brief, nach Paris zurückzukehren. Seine, Beaumarchais', Mittel stünden dem General zur Verfügung, und ein Schiff für seinen Transport liege bereit in Marseille. Sollte Amerika und die große Sache der Freiheit wirklich genötigt sein, auf die Mitwirkung eines so bedeutenden Mannes zu verzichten, bloß weil er infolge eines dummen Zufalls während seines Pariser Aufenthalts nicht mit ihm, Pierre, zusammengetroffen sei? Nein, einen solchen Zufall lasse Pierre de Beaumarchais nicht gelten.

So überredend war der Brief, daß Steuben in der Tat nach Paris zurückkehrte.

Und binnen vierundzwanzig Stunden dann bewirkte Pierre, daß sich der General auch ohne Vertrag bereit erklärte, in der Armee Washingtons zu dienen. Pierre sorgte für seine Equipierung und für seinen Transport. In seiner eigenen komfortabeln Reisekutsche ließ er ihn nach Marseille befördern, und er gab ihm außer einer ansehnlichen Summe Geldes zwei Briefe mit, einen an Paul, einen an den Kongreß. Keine Mühe scheute Pierre, um, gerade nach dem Mißgeschick Lafayettes, Herrn von Steuben eine ehrenvolle Aufnahme in Philadelphia zu sichern. ›Bitte, tun Sie, was Sie können‹, schrieb er Paul, ›für diesen verdienten General, den meinen Freund zu nennen ich stolz bin. Falls er Geld benötigt, geben Sie es ihm reichlich. Es ist gut angelegtes Geld. Wenn es sollte verloren sein, verlier ich es gerne, wenn nur dieser große Mann an seinen großen Platz im Freiheitskampf Amerikas gestellt wird. Keine schönere Verzinsung meines Kapitals kann ich mir denken als seine Taten. Helfen Sie ihm, mein lieber Paul.‹ Den Kongreß aber belehrte Pierre: ›Die Kunst, erfolgreich Krieg zu führen, ist eine Verbindung von Tapferkeit, Umsicht, theoretischem Können und praktischer Erfahrung. Über alles verfügt der große Soldat, den Ihnen zu schicken ich die Ehre habe. Er war ein Waffenkamerad Friedrichs von Preußen, er stand ihm zweiundzwanzig Jahre hindurch auf verantwortlichem Posten zur

Seite. Ein solcher Mann wird auch Ihnen geeignet erscheinen, Monsieur Washington zu helfen.‹

Versehen also mit diesen beiden Briefen, ging Herr von Steuben zu Schiff nach Amerika. Die Dienste dieses Offiziers der Sache Amerikas zu sichern, kostete Pierre an 12 000 Livres, beinahe die Hälfte dessen, was ihm Paul bisher aus Amerika hatte schicken können.

Daß Pierre durch Pauls Brief die letzte begründete Hoffnung verlor, vom Kongreß in absehbarer Zeit Zahlung zu erlangen, hinderte ihn nicht, mehr und mehr Geld an das Haus zu wenden, an dem er baute. Wiederholt machte ihn der Architekt Le Moyne darauf aufmerksam, daß er infolge der immer mehr ausschweifenden Wünsche Pierres den Voranschlag unmöglich werde einhalten können. Pierre erwiderte großartig: »Dann überschreiten wir ihn eben, Ihnen Voranschlag.« Und er freute sich, wenn Monsieur Le Moyne stolz und sorgenvoll erklärte, seit Jahren habe in Paris kein Privatmann ein so anspruchsvolles Bauwerk in Angriff genommen.

Therese, für welche Pierre das Haus baute, bezeigte dem Unternehmen verletzend geringes Interesse. Sie hatte nur Einen Wunsch: die Räume, die sie und die kleine Eugénie bewohnen würden, sollten so einfach gehalten sein wie möglich, ähnlich denen in Meudon. Das gestand ihr Pierre nach einigem Mäkeln zu.

Julie hingegen nahm leidenschaftlichen Anteil am Bau und an der Ausstattung des Hauses. Wiewohl beleidigt darüber, daß es Pierre über sich bekam, in Zukunft einen Teil seines Lebens ohne sie zu verbringen, redete sie eifrig ein in alles, was der Architekt tat und ließ, und als Pierre leise andeutete, er wolle aus dem Hause an der Rue de Condé einige Dinge, an denen ihm das Herz hing, Möbel und Bilder, mit hinübernehmen in das neue Haus, geriet sie in wilde Empörung. Was er vor allem mitnehmen wollte, war der Schreibtisch seines Arbeitszimmers, dann die paar unansehnlichen Möbel des kleines Kabinetts nebenan, die Truhe und das breite Sofa, die Stätte der Erinnerung an so manche Freuden, und schließlich die Porträts Duvernys und Désirées, sowie die Nachbildung der Galion des ›Seeadlers‹. In dem großen, alten Haus hätte die Wegnahme dieser Dinge kaum merkbare Lücken geschaffen, doch Julie schrie Raub und Verrat bei jedem einzelnen Möbelstück; selbst gegen die Entfernung des Porträts der Désirée, welches ihr immer ein Ärgernis gewesen war, sträubte sie sich. Er habe keinen Familiensinn, warf sie ihm vor; wenn Vater Caron sähe, wie Pierre sie auf ihre alten Tage im Stich lasse, drehte er sich im Grabe um. Schließlich blieb der prunkvolle Schreibtisch des Meisters Pluvinet in dem alten Haus; für das neue ließ Pierre einen noch kostspieligeren anfertigen von Meister Lalonde mit Zeichnungen von Salembier. Auch die Nachbildungen der Galion des ›Seeadlers‹ beließ er Julie. Das andere aber nahm er trotz ihres Zeterns mit ins neue Haus.

Noch heftiger tobte der Kampf darüber, welche von Pierres Menschen im alten Haus bleiben und welche ins neue übersiedeln sollten. Julie fand es keineswegs selbstverständlich, daß Pierre den Kammerdiener Emile in dem neuen Haus wohnen lassen wollte. »Diese Teilung geht durch mein Herz«, rief sie.

Mit noch mehr Wildheit focht sie um den Neffen Félicien. Es war nämlich an dem, daß Félicien Lépine zu alt geworden war für das Collège Montaigu; wiewohl nicht der Älteste unter den Schülern, wirkte der Sechzehnjährige als der am meisten Erwachsene, und man konnte ihn nicht wohl länger in dem Collège lassen, wo er sich ohnedies keineswegs behaglich fühlte. Es war für Pierre, obgleich er sich mit dem Jungen nicht recht verstand, selbstverständlich, daß er ihn unter sein Dach nahm. Doch unter welches Dach? Unter das an der Rue de Condé oder unter das an der Rue Saint-Antoine? Hier griff Therese ein, sie wollte den Jungen gern im Haus haben, und Pierre verfügte nach ihrem Wunsch. Für Julie aber kaufte er bei den Juwelieren Boehmer et Bassenge ein Armband, das der Prinzessin Rohan zu teuer gewesen war.

Es ging in Paris viel Gerede um über das kostbare Palais, welches der unsichere Monsieur de Beaumarchais errichtete. Die Firma Hortalez, hieß es, schaukle und schlingere wie ein Schiff im Sturm, und viele erklärten, woran man da hinter dem riesigen Bretterzaun an der Rue Saint-Antoine werkle, das seien wohl eher Theaterkulissen als ein richtiges, steinernes Haus. Der Journalist Métra verzeichnete in seinen ›Vertraulichen Nachrichten‹, man erzähle sich vielerlei erstaunliche Dinge über den Prunk des neuen Palais, an welchem der ›Barbier von

Sevilla‹ baue; unter andern werde auf dem Giebel des Hauses ein goldenes Nest für den Pleitestorch errichtet. Pierre ließ sich das alles nicht anfechten; wenn das Gebäude erst fertig sein wird, dann werden die Herren ja selber sehen.

Die ersten, welche sahen, waren die Freunde des Kammerdieners Emile. Der treu ergebene Bursche nämlich hatte von seinen Kollegen viele Sticheleien zu erdulden und fragte seinen Herrn, ob er dem einen oder andern das Haus zeigen dürfe. Pierre, wissend, welchen Einfluß auf Hof und Stadt die Urteile der Kammerdiener ausübten, stimmte ohne weiteres zu. Mit Dreien seiner Freunde also, Dienern des Herzogs von Richelieu, des Marquis de Vaudreuil und des Prinzen Montbarey, fuhr Emile im Wagen seines Herrn in die Rue Saint-Antoine.

Der Ausschnitt des Bretterzauns tat sich vor ihnen auf, und großartig auf der breiten, gewundenen Auffahrtstraße fuhren sie durch den Park. Es hatte aber Pierre Grund nebenan hinzugekauft, Terrassen aufwerfen lassen und dem Gelände durch Hügelung und Talung den Anschein größerer Weite gegeben.

Man stieg aus, und Emile führte seine Freunde stolz und bescheiden herum. »Das sind unsere Kaskaden«, erläuterte er, »und das ist unsere Chinesische Brücke. Erst wollten wir einen Schweizer Steg über unsern Bach führen, so wie Sie ihn haben, Richelieu, aber dann war uns das nicht modern genug. Unser Architekt meint, jetzt sei wieder das Chinesische das einzig Wahre, so wie vor fünfzehn Jahren.« Weiß schimmerten überall Standbilder und Büsten, teils von antiken Gottheiten, teils von Verwandten und Freunden Beaumarchais'. Man ruderte auf dem kleinen See, man setzte sich in die zierlichen Lauben, die geschaffen waren für Liebende; übrigens waren auch sie geschmückt mit Büsten des Vaters und der Schwestern Beaumarchais'. Der Montbarey'sche erging sich in Betrachtungen, wie sich in diesen Lauben Emile amüsieren werde im Angesicht der Familie seines Herrn.

Die sichtbarste Zierde des Parks aber war auf einem kleinen Hügel ein kleiner Tempel. Man erstieg die Stufen, die zu ihm hinaufführten. »Das ist unser Voltaire-Tempel«, erklärte Emile. Im Innern hob sich marmorn, gescheit und enorm häßlich die Büste des Philosophen, auf der Kuppel des Tempels aber leuchtete groß und golden die Erdkugel, und durch ihren Pol stieß ein gewaltiger, goldener Federkiel. »Sehr hübsch, Beaumarchais«, anerkannte der Vaudreuil'sche, »sehr beziehungsreich, da habt ihr wirklich einen guten Einfall gehabt.« Emile setzte auseinander, daß das Symbolhafte noch viel weiter gehe; heute, da es vollkommen windstill sei, könne man es leider nicht sehen, aber der Federkiel, Voltaires' und Beaumarchais' Wahrzeichen, drehe sich im Wind und bewege die Erdkugel. »Allerhand«, gab der Richelieu'sche zu. Man las die Inschrift: ›Fort von den Augen der Welt riß er die Binde des Irrtums.‹ »Ist das von dem Deinen?« erkundigte sich der Vaudreuil'sche. »Nein«, gab Emile Bescheid, »das ist von dem andern.«

Von dem Tempel wie von allen Aussichtspunkten sah man jenseits des Platzes mächtig und düster die Bastille aufragen. »Das gefällt mir nun weniger«, sagte der Montbarey'sche. »Das verstehen Sie nicht«, belehrte ihn Emile. »Gerade das ist das Bedeutungsvolle. Gerade darum haben wir uns hier angesiedelt. Wir finden, dieses Haus und dieser Anblick, das ist ein Gleichnis.« »Aha«, sagte der Vaudreuil'sche.

Dann ging man durch ein vergoldetes Gitter in den großen Hof, der sich, ein weiter Halbkreis, vor der gerundeten Fassade des Hauses dehnte. Die Fassade war geschmückt mit Säulen und Arkaden, in der Mitte des Hofes stand auf wuchtigem Sockel in Kampfstellung ein Gladiator mit starkem, eigenartigem Gesicht. »Er sieht dem Ihren verteufelt ähnlich«, meinte der Montbarey'sche, und Emile grinste bedeutend.

Er zeigte den Freunden das Haus, die unterirdischen Küchen, die ungeheuern Keller, das geheimnisvolle gastronomische Laboratorium, worin man mit sachverständigen Freunden zu kochen und zu brauen beabsichtigte. Dann, durch die hohe Halle, führte Emile die Freunde die kühn und elegant geschwungene Treppe hinauf und zeigte ihnen die fünfzehn Räume, den Speisesaal, den Billardsaal und vor allem den weiten, runden Gesellschaftsaal, der gekrönt war von einer riesigen Kuppel. Gemälde von Hubert Robert und Vernet schmückten ihn, den Mantel des Kamins trugen Karyatiden aus karrarischem Marmor. »Dafür allein haben wir 40 000 Livres bezahlt«, verkündete Emile.

›Nichts zu bewundern‹, das war ein Grundsatz, zu dem sich die Kammerdiener und ihre Herren bekannten. Aber der Reichtum und der

Glanz des Hauses machten ihnen Eindruck, und sie verbreiteten seinen Ruhm.

Als Pierre am ersten Morgen in seiner neuen Wohnstätte erwachte, fanden sich zu seinem Lever diejenigen ein, die er sich wünschte, der Baron de Trois-Tours, der Chevalier de Clonard, Monsieur Regnier vom Höchsten Gericht, alle. Die Geschäftsfreunde und Geldgeber Pierres erklärten, sie ließen sich nichts weismachen, das Haus sei mit ihrem Geld und auf Borg errichtet. Trotzdem imponierte ihnen der Bau, nun er so golden und überreich dastand, und sie waren bereit, weiteres Geld zu investieren. Man machte böse, schlagende Witze über den unmäßigen, barbarischen Prunk, und man beneidete den Mann, der, wiewohl im Grunde seit seiner Geburt bankrott, die Fähigkeit besaß, sich solche Häuser zu bauen.

Unbewegten Gesichtes, still und trocken ging der Sekretär Maigron durch die prächtigen Räume. Er hatte auf seine leise, behutsame Art, mehr durch sein Wesen als durch Worte, Pierre davor gewarnt, die neue, gewaltige Last auf sich zu nehmen, und er betrachtete den ganzen überflüssigen Tand mit Feindschaft. Er wußte auf den Sou, was jeder einzelne Gegenstand kostete, und überlegte mißmutig, daß man für das Geld, das man zum Beispiel für diese Ariadne-Statue hatte hinlegen müssen, die Zuckerlieferungen der Firma Roche hätte bezahlen können. Doch der grundsolide Monsieur Maigron fühlte sich der Firma Hortalez und ihrem Chef nur umso enger verbunden, je unsolider sie wurde. Er verwünschte die Seitensprünge Pierres, deren Kosten seine, Maigrons, mühseligen Berechnungen immer von Neuem umwarfen, aber er hätte ohne diese ewigen Erregungen nicht leben wollen. Gewisse Geschäftsleute hatten ihm angedeutet, daß eine höchst angesehene und solvente Firma interessiert sei an der Anstellung eines Mannes von seinen Gaben, und Monsieur Maigron hatte Grund zu der Vermutung, daß hinter dem Angebot Monsieur Lenormant stehe. Es wäre reizvoll gewesen, in den gewaltigen Unternehmungen Monsieur Lenormants einen einflußreichen Posten zu bekleiden; es war nicht reizvoll, so lange man Monsieur de Beaumarchais' vertrauter Helfer war.

Monsieur Lenormant selber war einer der ersten, die Pierre in seinem neuen Hause aufsuchten. Die kleinen, tiefliegenden Augen des dicklichen Herrn schauten melancholisch auf den überladenen Prunk. Es war erstaunlich, wie dieser Bursche Pierrot seinen geborgten Reichtum genoß, unangefochten von Sorgen und von geschmacklichen Bedenken; am liebsten hätte wohl dieser Pierrot das ganze Haus zu seinem übergroßen Brillanten am Finger getragen. Selbstverständlich waren unter den Schätzen, die Pierre angehäuft hatte, einige wirklich begehrenswerte, und Monsieur Lenormant begehrte sie. Der Kaminmantel zum Beispiel mit den Karyatiden würde sich im Musiksaal seines Pariser Palais gut ausnehmen, und das Porträt Désirées von Quentin de Latour würde in seinem Ankleideraum in Etioles besonders gut hängen. Mit seiner leisen, fettigen Stimme gratulierte er Pierre, daß dessen Unternehmung nun offenbar doch besser prosperiere, als er, Charlot, es je für möglich gehalten hätte. Nur für den Bruchteil eines Augenblickes, während er auf die Bastille schaute, war um seine Mundwinkel das kleine, fatale Lächeln.

Diejenige, für die alle diese Pracht errichtet war, Therese, schien davon nicht sehr berührt. Ihre eigenen Räume, schlicht, wie sie es gewünscht hatte, waren wie eine Insel inmitten des schimmernden Schwalles, und sie selber wirkte fremd, wenn sie mit Pierre und seinen Gästen bei Tisch saß. Doch Pierre sah mit Freuden, wie alle gerade diese Schlichtheit und schöne Ruhe bewunderten.

Julie, als sie mit Pierre einen Rundgang durch das vollendete Haus machte, erging sich zuerst in bittern Witzen. Dann, hingerissen durch den Prunk und die Üppigkeit, fiel sie plötzlich dem Bruder um den Hals und rief, lachend und weinend in Einem: »Du bist doch der Größte, der Beste, Pierrot. Natürlich hast du dieses herrliche Haus bauen müssen. Du verdienst es. Und natürlich macht Therese in diesem Haus eine bessere Figur als ich.« Sie war großmütig ohne Maß, sie wollte durchaus Therese das Armband aufdrängen, das Pierre ihr geschenkt hatte, und: »Das wenn Papa noch erlebt hätte, dieses Haus«, klagte sie mehrmals, bewundernd.

Pierre ging strahlend herum und spürte das dringende Verlangen, allen von seiner Freude mitzuteilen. Er bat seine hübsche fröhliche Schwester Tonton, sich bei Mademoiselle Bertin ein neues Kleid machen zu lassen. Und seinem treuen Philippe Gudin schenkte er nicht nur einen

466

Schreibtisch, gefertigt aus kostbarem Holz von den Inseln, mit einer weiten Rundung für seinen Bauch, sondern auch einen wunderbaren chinesischen Schlafrock. Außerdem schickte er ihm eine ganze Wagenladung umfänglicher wissenschaftlicher Werke, darunter übrigens auch die vielbändige ›Allgemeine Geschichte der Interessanten Reisen‹ von Prévost-Laharpe. Gerührt von so viel Freundeseifer, eingehüllt in den Schlafrock, umrundet von dem Schreibtisch, arbeitete Gudin mit doppelter Beflissenheit an seiner ›Geschichte Pierre Beaumarchais‹. Mit dem Inhalt des Werkes wurde auch sein Titel immer umfänglicher. Jetzt hieß er bereits: ›Treuliche Aufzeichnungen über das Leben und die Meinungen des Schriftstellers und Politikers Pierre-Augustin Caron de Beaumarchais.‹

Im Stillen hatte Pierre gehofft, auch Maurepas und Vergennes würden sich einstellen, das Haus an der Rue Saint-Antoine zu besichtigen. Sie kamen nicht. Wohl aber kam die Gräfin Maurepas, sie war in Begleitung des Ehepaars Montbarey, und auch Véronique war in der Gesellschaft. Sie hatte, das geschah selten, gebeten, mitgenommen zu werden. Madame Maurepas schaute sich alle die Herrlichkeiten an, mit einigem Wohlgefallen und viel Ironie, und sie war gekränkt, daß ihr Toutou nicht auch ihre Büste in seinem Park aufgestellt hatte. Der Kriegsminister Montbarey seinesteils erwog angesichts der Fülle, ob er nicht seine Freundin Mademoiselle de Violaine veranlassen sollte, Pierre in Zukunft höhere Provisionen aufzurechnen.

Anläßlich des Besuches der Gräfin Maurepas zeigte sich gegen seine Gewohnheit auch Félicien. Er überwand seine Schüchternheit und bat um die Ehre, Véronique den Park zeigen zu dürfen. Die jungen Menschen saßen auf den Stufen des Voltaire-Tempels. Sie ergingen sich in Betrachtungen darüber, daß Voltaire zwar der klügste aller Menschen, daß aber Jean-Jacques Rousseau gleichwohl noch größer sei; denn er vereinige mit erhabener Vernunft tiefstes Gefühl. Sie fragten sich, wann wohl die Binde des Irrtums gänzlich von den Augen der Welt gerissen sein werde. Sie schwärmten von dem Zeitalter der Freiheit und Vernunft, das angebrochen sei mit der Befreiung Amerikas. Wie glücklich war Félicien, daß er die Blüte dieses Zeitalters bestimmt noch erleben, wie glücklich, daß er sie zusammen mit Véronique erleben werde. Sie saßen und schwärmten und schwiegen und hielten sich an den Händen und träumten, bis der Lakai meldete, die Frau Prinzessin sei im Begriff, aufzubrechen.

Désirée war unter Pierres Freunden eine der letzten, sein neues Erreichnis zu bestaunen. Sie wollte es zusammen mit ihren Kollegen besichtigen. Denn Pierre war abgekommen von seiner ursprünglichen Idee, anläßlich des Umzugs in sein neues Haus eine Feier für ganz Paris zu geben. Er hatte sich, angeregt von Gudin, etwas Würdigeres ausgedacht. Er wollte das Haus einweihen, indem er den Schauspielern des Théatre Français den ›Figaro‹ vorlas.

Da kamen sie denn allesamt, diese stolzesten Künstler der Welt, sich das neue Stück ihres Lieblingsschriftstellers anzuhören. Zunächst machten sie einen Rundgang durch das Haus. Sie waren sehr unterschieden in jedem Betracht, einigen imponierte der Prunk, aber die meisten hatten Urteil und Geschmack, und sie hielten mit ihrer Meinung nicht zurück.

Der Abend drohte frostig zu werden, und Pierre wollte schon die Lesung aufgeben. Doch dann beschloß er: ›Nun gerade.‹ Zunächst gelang ihm der Vortrag seiner Komödie nicht recht, dann aber geriet er in Schwung, und wenn ihn das leicht beeindruckbare Volk der Schauspieler vorher hochmütig belächelt hatte, so ließen sie sich jetzt willig mitreißen von seiner Kunst. Es kam, wie sichs Pierre gewünscht hatte. Sie konnten nicht stillsitzen, die Herren und Damen vom Théatre Français, sie sprangen auf, über die Schulter schauten sie ihm ins Manuskript, sie riefen: »Nochmals, Pierre, diesen Satz nochmals«, sie erregten sich, es wurde ein großer Abend.

Aber alle waren sich einig darüber, daß es unmöglich sein werde, diese Komödie zu spielen. »Sie wird gespielt werden«, erklärte mit ruhiger Zuversicht Pierre. »Sie wird nicht gespielt werden«, sagte der Schauspieler Préville. »Eher verliest der Erzbischof von der Kanzel von Notre Dame die Memoiren des Casanova.« »Die Hochzeit des Figaro‹ wird gespielt werden, Monsieur«, erwiderte Pierre, »und Sie werden den Figaro spielen. So gewiß die Unabhängigkeit Amerikas von Versailles anerkannt wird, so gewiß wird die ›Hochzeit des Figaro‹ gespielt werden. Das sage Ihnen ich, Pierre de Beaumarchais.« »Bravo«, rief überzeugt der treue Gudin.

»Wollen wir wetten, Monsieur?« schlug mit der unnachahmlichen Leichtigkeit, für die er berühmt war, der Schauspieler Préville vor. »Mit Vergnügen, Monsieur«, antwortete Pierre; »was gilt es?« Der Schauspieler überlegte. »Sagen wir: eine Porträtbüste von Houdon«, antwortete er; es war aber der Bildhauer Jean-Antoine Houdon bekannt dafür, daß er Aufträge unter 25 000 Livres nicht annahm. Und der Schauspieler fuhr fort: »Ich denke mirs so. Wenn der ›Figaro‹ gespielt wird, dann bestelle ich eine Porträtbüste von Ihnen bei Houdon. Wenn aber das Stück nicht gespielt wird, dann lassen Sie eine Büste von mir herstellen.« »Gemacht«, sagte Pierre. Und: »Meine Damen und Herren«, verkündete er, »Sie haben gehört, daß sich unser Préville verpflichtet hat, eine Büste von mir herstellen zu lassen. Ich schenke diese Büste dem Théatre Français fürs Vestibül.« »Bravo«, rief begeistert Philippe Gudin.

Dann aß und trank man. Pierre hatte sich seit zwei Wochen mit der Zusammenstellung und Bereitung dieses Mahls befaßt. Er wurde eine lange Nacht, und man sagte sich zwischen vielen Weinen viele Wahrheiten. Gegen Morgen dann, als man ermüdete, zog Pierre von dem riesigen Fenster die Vorhänge zurück. Herauf dämmerte langsam und wuchtig die Bastille. Zuerst war man überrascht und machte lahme Wize. Dann aber verstummten die Schauspieler; sie standen und saßen im schalen Dunst der Weinreste, im verflackernden Licht der herabbrennenden Kerzen, und schauten auf das graue, finstere Gebäude, dessen Umrisse im steigenden Morgen deutlicher wurden.

»Das hilft mit beim Schreiben«, sagte Pierre.

Doktor Franklin fuhr nach Paris, ins Hotel d'Hambourg, um sich mit seinen Kollegen Silas Deane und Arthur Lee ins Außenministerium zu begeben, ins Hotel Lautrec am Quai des Théatins, zu Monsieur Vergennes. Der Kongreß hatte die Pariser Delegierten beauftragt, die französische Regierung um eine neue, möglichst hohe Anleihe zu ersuchen, und der Zeitpunkt schien günstig. Die letzten Nachrichten aus Amerika waren eher befriedigend. General Washington war mit seiner Armee großartig durch Philadelphia gezogen, die Soldaten waren mit Laubreisern geschmückt gewesen, die Bevölkerung hatte ihnen zugejubelt.

Auch französische Offiziere, insbesondere Lafayette, hatten an dem Durchmarsch teilgenommen, die Sache mit den Franzosen schien also beigelegt, und alles hatte einen freundlicheren Aspekt.

Aber leider hatten sich in den zwei Tagen, seitdem die Vereinbarung mit Vergennes getroffen worden war, die Dinge verändert, und als Franklin jetzt in seinem bequemen Wagen in die Stadt fuhr, bedachte er mit Sorge die Meldungen, die vorgestern aus Amsterdam und gestern aus London herübergekommen waren. Es hieß, General Washington habe in der Nähe von Philadelphia eine Niederlage erlitten; Gerüchte wollten wissen, Philadelphia sei bereits gefallen. Überdies war der englische General Burgoyne von Kanada aus tief ins Gebiet der Vereinigten Staaten eingedrungen und drohte, Neu-England von den andern Kolonien abzuschneiden.

Als Franklin im Hotel d'Hambourg eintraf, sah er schon an den Mienen der beiden andern, daß die übeln Gerüchte neue Nahrung erhalten hatten. So war es auch. Soeben hatte Monsieur de Gérard die Herren wissen lassen, Graf Vergennes halte es für richtiger, die geplante Zusammenkunft zu verschieben. Es seien nämlich soeben neue Depeschen aus Amerika eingetroffen, und der Minister wolle die umfängliche Post erst prüfen. Wären diese Nachrichten gut gewesen, dann hätte schwerlich Vergennes den Aufschub verlangt.

Trüb saß man zusammen. Es war zweifelhaft, ob unter diesen Umständen eine Audienz bei Vergennes überhaupt noch Sinn hatte. Franklin hielt es für angebracht, die Zusammenkunft auf unbestimmte Zeit zu vertagen. Arthur Lee indes fand, nun gerade solle man die Anleihe verlangen. Silas Deane schlug vor, mit dem Minister zwar zusammenzukommen, doch statt der beabsichtigten fünf Millionen nur drei zu verlangen. Arthur Lee widersprach heftig. Wenn man sich bescheiden gebe, so erwecke man den Anschein, als halte man die amerikanische Sache für verloren. Man müsse im Gegenteil jetzt doppelt stolz auftreten und nicht drei oder fünf Millionen fordern, sondern die ganzen vierzehn Millionen, welche der Kongreß von dem König von Frankreich geliehen oder geschenkt zu erhalten wünsche. Silas Deane erwiderte erregt, wenn man einem Realisten vom Range Vergennes' mit solchen Utopien komme, mache man sich nur lächerlich. Arthur Lee entgegnete ebenso heftig, wenn man von den Herren in Versailles Kleinigkeiten verlange wie drei oder fünf Millionen, dann betrachteten sie einen als Bettler und würden frech. Es verhandelten schließlich nicht die Herren Franklin, Deane und Lee mit dem Grafen Vergennes, sondern die Großmacht Amerika mit der Großmacht Frankreich. »Das sind leere Worte«, ereiferte sich Silas Deane. »Wenn wir jetzt drei Millionen verlangen, dann bekommen wir vielleicht eine Million. Fordern wir Ihre vierzehn Millionen, dann bekommen wir gar nichts und werden nur ausgelacht.« »Ich hätte mir von vornherein sagen müssen«, entgegnete bitter Arthur Lee, »daß ich nur einen Vorschlag zu machen brauche, um sicher zu sein, daß er abgelehnt wird.« Er redete sich in Wut. »Es macht mich krank, wie man mich hier behandelt. Man sendet Berichte an den Kongreß ab, ohne sie mir vorher zu zeigen. Man mutet mir zu, Abrechnungen zu bestätigen, die nachzuprüfen man mir keine Gelegenheit gibt. Man tritt nicht für mich ein, wenn ich in Versailles unwürdig behandelt werde. Aber diesmal lasse ich mich nicht beiseite schieben. Ich bestehe darauf, daß wir die ganzen vierzehn Millionen fordern.« »Ich halte das für aussichtslos, Herr Kollege«, sagte sehr ruhig Franklin. »Aber wenn Sie darauf bestehen, dann gehe ich mit Ihnen zu Vergennes.«

Die Audienz nahm den unangenehmen Verlauf, den Franklin befürchtete. Der behagliche, liebenswürdige Minister war heute durchaus nicht liebenswürdig, er war verärgert und aggressiv. »Sie brauchen mir Ihr Anliegen nicht erst vorzutragen, meine Herren«, sagte er. »Ich weiß es bereits, ich weiß alle Details. Und zwar durch den englischen Gesandten.« Und da die Delegierten verblüfft zurückwichen, fuhr er fort, in einem schärferen Ton, als sie ihn je von gehört hatten: »Ich muß Ihnen offen sagen, meine Herren, ich bin erstaunt über Ihre Nachlässigkeit. Immer wieder haben wir Sie verwarnt, Sie möchten nicht jedermann in Ihre Geschäfte hineinschauen lassen. Aber nach wie vor betreiben Sie offenbar alle Dinge, die zu verheimlichen Ihr und unser Interesse erfordert, so achtlos, daß jeder, der will, darüber genau Bescheid weiß. Seine Majestät ist aufs Höchste aufgebracht. Ich muß es offen sagen, meine Herren: ich verstehe es nicht, wie Sie uns und sich selber immer wieder in derart peinliche Situationen bringen können. Sie spielen ja

Ihre Geheimnisse den Engländern geradezu in die Hände. Von Ihrem Plan mit der in Rotterdam liegenden ›Robert Morris‹ habe ich auch bereits gehört, auch das von englischer Seite.« Franklin schaute den Minister und seine Kollegen erstaunt an. »Was ist das für ein Plan?« fragte er. »Da haben Sie es«, entrüstete sich Vergennes und wandte sich an Deane und Lee. »Die Engländer erfahren schneller von Ihren Absichten als Ihr Doktor Franklin. Die Herren«, erklärte er, beinahe mitleidig vor Verachtung, dem Doktor, »wollen den amerikanischen Schoner ›Robert Morris‹ dem König von Frankreich zum Geschenk machen, damit das Schiff unter anderm Namen unbehelligt aus Rotterdam auslaufen kann.« »Keine schlechte Idee«, anerkannte Franklin. »Aber sowas schreit man doch nicht vorher auf der Straße aus«, sagte entrüstet Vergennes.

»Wir geben Nachlässigkeiten zu, Herr Minister«, sagte finster Arthur Lee, »wir bekennen uns schuldig. Aber bedenken Sie, bitte, auf der andern Seite dies. Wir sind anständige Männer, wir sind nicht gewohnt, uns verschwörerisch zu verhalten und gleich Dieben, wie man das hier von uns erwartet.« Franklin fiel schnell ein: »Seien Sie versichert, Exzellenz, wir werden in Zukunft unser Bestes tun, vorsichtig zu sein.« »Dafür wären wir Ihnen sehr verbunden«, sagte brüsk der Minister.

Franklin kam auf den Zweck der Unterredung zu sprechen. »Da Sie von unserm Ansuchen wissen, Exzellenz«, meinte er mit einem kleinen Lächeln, »brauchen wir es Ihnen nicht erst umständlich zu begründen.« Arthur Lee begründete gleichwohl. »Der Kongreß«, sagte er, »benötigt die Hilfe Frankreichs jetzt mehr als je. Es ist nicht so, daß wir uns ohne fremde Hilfe nicht halten könnten. Aber es wird in unserm Krieg mit England keinen Zeitpunkt geben, zu dem uns Hilfe erwünschter käme. Wenn wir Hilfe jetzt erhalten, so spart das Zehntausenden das Leben, es spart unsern Siedlungen Brand und Zerstörung, unserm Lande viele Millionen Pfund.« Franklin, da er es Lee versprochen hatte, sprang ihm bei und sagte in seiner sachlichen Art: »Eine Kanone, die uns Frankreich jetzt schickt, ist so viel wert wie fünf übers Jahr.«

Vergennes spielte mit seinem Federkiel. »Ich würde mich freuen, Messieurs«, antwortete er, »Ihnen ausgiebig zu helfen, trotz unserer gespannten Kassenlage. Nun aber haben Sie leider durch Ihre Unbesonnenheit den König aufs Äußerste verstimmt. Ich darf gar nicht daran denken, ihn jetzt um Geld für Sie anzugehen. Helfen Sie mir, Messieurs, den König durch Zurückhaltung und Vorsicht zu versöhnen. Vielleicht dann können wir Ihnen nach einiger Zeit zwar nicht die vierzehn Millionen, aber Eine Million anweisen. Voraussetzung bleibt, daß Sie größte Diskretion wahren.«

Arthur Lee, auf dem Nachhauseweg, erging sich in wütenden Ausbrüchen gegen die Franzosen, die Froschesser. »Gespannte Kassenlage«, empörte er sich. »Woher kommt sie denn, diese gespannte Kassenlage? Die Despotin, Ihre Despotin, Doktor Franklin, von der Sie sich so viel versprochen haben, verbraucht unser Geld für Toiletten, Schlösser und wollüstige Zerstreuungen, und dann ist nichts mehr da für Amerika und die Freiheit.« »Ich habe es Ihnen vorausgesagt, Mr. Lee«, erklärte Silas Deane, »daß es Wahnsinn ist, in dieser Situation soviel Geld zu verlangen.« »Ich konnte nicht voraussehen«, entgegnete giftig Arthur Lee, »daß Ihre Spione meinen Plan sogleich nach England verkaufen würden.« »Meine Spione?« erhitzte sich Silas Deane. »Wer hat die Einzelposten für die vierzehn Millionen mit dem Bankier Grand durchsprochen? Sie oder ich? Sie tragen die Schuld, da ist doch nicht der leiseste Zweifel. Sie haben wieder einmal durch Ihre ewige Betriebsamkeit Amerika unendlich geschadet.« »Auf Monsieur Grand ist Verlaß«, gab finster Arthur Lee zurück. »Aber kein Verlaß ist auf Ihren Monsieur Caron, den Schwätzer, das Großmaul.« »Hören Sie doch auf, meine Herren«, bat Franklin. »Nach den schlechten Nachrichten aus London hätte uns Vergennes kein Geld gegeben, auch wenn kein Hauch von unserm Anliegen verlautet wäre. Es war doch nur ein Vorwand.« Und sie legten den Rest der kurzen Fahrt in verdrossenem Schweigen zurück.

Am andern Tag, mit der amerikanischen Post, erhielt Franklin amtliche Nachricht über die Ereignisse. Die Armee des Kongresses war am Flusse Brandywine geschlagen worden, Philadelphia war gefallen, der Kongreß hatte sich nach Yorktown geflüchtet. Obwohl Franklin vorbereitet war, traf ihn die Nachricht hart.

Es war sein Philadelphia, welches der Feind genommen hatte. In seinem schönen Hause an der Market Street saßen also nun die Engländer. Es war ein Jammer, daß Sally seine Bücher und Bilder, die schon in Sicherheit gewesen waren, wieder zurückgeschleppt hatte. Nun räkelte sich also wohl, umbegen von seinen Büchern, in seinen Möbeln ein rotröckiger Lümmel von einem englischen Offizier, und die vielen sinnreichen Erfindungen, durch die er den Komfort seines Hauses vermehrt hatte, wurden mißbraucht von diesen Leuten. Und da war sein Porträt, der Maler Benjamin Wilson hatte es gemalt, es mochte kein großes Kunstwerk sein, aber er hatte es gern, und es war eine unangenehme Vorstellung, daß jetzt ein englischer Offizier grinsend vor diesem Porträt saß.

Franklin fühlte sich müde und sehr einsam. Wenn er wenigstens Dubourg da gehabt hätte. Doch mit dem ging es zu Ende, er konnte nicht mehr kommen, der Gute, Treue, er konnte sein Haus nicht mehr verlassen.

Franklin spürte starkes Verlangen, ihn zu sehen. Er ließ anspannen, fuhr nach Paris.

Dobourg lag zu Bette, den Kopf in der Zipfelmütze, auf vielen Kissen. Die kleinen, freundlichen Augen in dem sackig eingefallenen Gesicht leuchteten auf, als Franklin eintrat. »Nächste Woche«, erklärte er, »werde ich sicher wieder so weit sein, daß ich nach Passy hinauskommen kann.« Franklin erzählte bereitwillig, wie sehr man ihn vermißte, nicht nur menschlich, sondern auch beruflich. »Nun ja, nun ja«, antwortete Dubourg, »ich bin ja nicht etwa müßig, auch wenn ich ein wenig zu Bett liegen muß. Ich beherzige die Mahnung des Bonhomme Richard: ›Da du der Minute nicht sicher sein kannst, wirf die Stunde nicht weg.‹ Was sagen Sie zu meinem Einfall, die ›Robert Morris‹ dem König zu schenken?« »Von Ihnen kommt dieser Einfall?« sagte Franklin. »Ich hätte mirs denken können.« »Ja«, freute sich Dubourg. »Aber Ihnen hab ich nichts davon gesagt, lieber Doktor. Sie sind ein großer Mann, doch für die kleinen Finessen haben Sie nicht den rechten Geschmack. Es war gar nicht einfach, mein Projekt an den Mann zu bringen. Ich mußte viele Umwege machen; denn mit den Herren Lee und Deane stehe ich ja nicht zum Besten.« Jetzt wußte Franklin, wieso der Plan den Engländern so schnell verraten worden war.

Er sprach von seinem eigenen Kummer, von der Bedrängnis des Landes, vom Verlust seines Hauses, und wie sein Herz an seinen Büchern und den mannigfachen andern persönlichen Dingen gehangen habe. Das waren Schmerzen, die Dubourg voll mitspürte, er nahm solchen Anteil, daß schließlich Franklin ihn trösten mußte. »Wenigstens«, meinte er, »kann die Niederlage unsere Position hier in Versailles nicht ernstlich gefährden; denn dank Ihrer guten Idee haben wir ja die Königin zur Freundin.« »Ja«, antwortete Dubourg, »daß mir das rechtzeitig eingefallen ist, das ist ein starker Trost auf meinem Schmerzenslager.« Franklin erzählte ihm auch von all der Spionage ringsum. »Wissen Sie, wer schuld daran ist?« empörte sich Dubourg und streckte eine große, blasse, welke Hand anklagend in die Luft. »Immer der gleiche, immer unsere Mouche au Coche.« »Wohl möglich«, meinte Franklin.

Und Dubourg hatte Mitleid mit seinem großen, vertrauensseligen Freund Franklin, und Franklin hatte Mitleid mit seinem guten, wakkern, temperamentvollen Dubourg.

Während auf dieser Seite des Ozeans alle, denen die amerikanische Sache am Herzen lag, voll Sorge waren über den Fall Philadelphias und die Niederlagen bei Germantown und am Brandywine, hatten die amerikanischen Soldaten längst einen Sieg errungen, der diese Niederlage auslöschte und die Wage entscheidend zu Gunsten der Vereinigten Staaten senkte. Es war aber ein Teil dieses Sieges zu danken dem amerikanischen General Gates, ein größerer dem amerikanischen General Benedict Arnold, doch der größte der Unfähigkeit der fünf englischen Führer: des Königs Georg, des Kriegsministers Lord Germain und der Generäle Howe, Clinton und Burgoyne.

König Georg war am 13. Dezember 1776, und zwar nach seinen Aufzeichnungen, des Nachmittags um fünf Uhr drei, mit einem Plan niedergekommen, der die englische Kampagne in Amerika für den Lauf des Jahres 1777 regelte. General Burgoyne sollte sich den Weg von Kanada nach dem Süden erzwingen, General Howe sollte von New York aufbrechen und ihm entgegenziehen, die beiden Armeen sollten sich vereinigen und so Neu-England von den übrigen Kolonien abschneiden. Nun hatte aber der Kriegsminister Lord Germain, weil er auf die Jagd gehen wollte, die Instruktionen für General Howe beiseite gelegt und dann vergessen, sie abzusenden. Infolgedessen zog General Howe dem General Burgoyne nicht entgegen, und als dieser mit seiner Armee nach höchst beschwerlichen Märschen und Siegen weit nach Süden vorgestoßen war, sah er sich allein vor einer großen amerikanischen Übermacht.

John Burgoyne, leidenschaftlicher Soldat, leidenschaftlicher Dramatiker, leidenschaftlicher Hazardspieler und leidenschaftlicher Liebhaber schöner Frauen, hatte sich in Portugal militärisch ausgezeichnet, hatte die Tochter Lord Derby's entführt und geheiratet, hatte eine sehr erfolgreiche Komödie geschrieben: ›Das Mädchen von Oldworth Oaks‹, hatte Vermögen am Spieltisch gewonnen und verloren. Jetzt war er von Kanada aufgebrochen mit dem Kern der britischen und deutschen Truppen, einer ausgezeichnet trainierten Armee, die überdies unterstützt war von einer großen Zahl kanadischer Matrosen, einem starken Kontingent von Arbeitsoldaten und einer ansehnlichen indianischen Hilfstruppe. Er hatte Ticonderoga und Fort Edward genommen und war durch höchst schwieriges Terrain weit nach Süden vorgestoßen, wo er die zweite englische Armee zu treffen erwartet hatte.

Statt dessen also traf er nur eine ungeheure amerikanische Übermacht und sah sich in einer gefährlichen Situation. Die Verbindungen mit Kanada hatte er verloren, seine Hilferufe an die Generäle Howe und Clinton blieben ohne Wirkung, er hatte Proviant für höchstens noch vierzehn Tage.

Er versuchte einen Durchbruch, aber er wurde von General Arnold mit starken Verlusten zurückgeschlagen. Er verschanzte sich auf den Höhen von Saratoga und hielt einen Kriegsrat ab. In gepflegter Rede stellte er seinen Herren die hoffnungslose Lage dar und fragte, ob ihnen aus der Kriegsgeschichte ein Fall bekannt sei, in dem in einer ähnlichen Situation eine Armee nicht kapituliert hätte. Hier pfiff eine Kanonenkugel über den Beratungstisch, und General Burgoyne teilte seine Frage in zwei Unterfragen. Erstens, ob etwas anderes übrig bliebe als Kapitulation. Nein, sagten die Herren. Zweitens, ob eine solche Kapitulation im Einklang sei mit den Gesetzen militärischer Ehre. Die Herren sagten: Ja.

Daraufhin schrieb Burgoyne dem amerikaischen General Gates folgendes: ›Nachdem Ihnen Generalleutnant Burgoyne zwei Schlachten geliefert, hat er einige Tage in seiner gegenwärtigen Position abgewartet, entschlossen, auch einem dritten Zusammenstoß nicht auszuweichen. Er ist sich bewußt, daß Sie die Übermacht haben und Ihre Truppen in der Lage sind, seine Verproviantierung zu verhindern und seinen Rückzug zu einem Schauspiel blutigster Metzelei auf beiden Seiten zu machen. In dieser Lage fühlt er sich durch humanitäre Erwägungen veranlaßt zu dem Vorschlag, das Leben tapferer Männer zu schonen, falls die Bedingungen ehrenvoll sind; er glaubt diesen Vorschlag durch heilige Prinzipien der Moral und der Geschichte gerechtfertigt. Sollte Generalmajor Gates den Ideen Generalleutnant Burgoynes Verständnis entgegenbringen, so ersucht ihn dieser, ihm seine Bedingungen mitzuteilen.‹

Der englische Parlamentär, Major Kingston, traf den amerikanischen Hauptmann Wilkinson an einem vereinbarten Platze. Die beiden Herren ritten zum Quartier des General Gates; unterwegs unterhielten sie sich über die Landschaft am Hudson, die sich in dieser lieblichen Herbstzeit besonders reizvoll präsentiere.

Gates las das Schreiben seines Gegners und formulierte seine Bedingungen in sieben Paragraphen, von denen der ritterliche General Burgoyne zwei ausgesprochen unritterlich fand. Der erste unritterliche Paragraph lautete: ›General Burgoyne's Armee ist durch wiederholte Niederlagen und durch Desertationen und Krankheiten zusammengeschmolzen, ihre Munition ist erschöpft, ihr Proviant und Gepäck genommen oder zerstört, der Rückzug ist ihr abgeschnitten. Unter diesen Umständen kann den Soldaten General Burgoyne's die Übergabe nur als Kriegsgefangenen zugestanden werde.‹ Hiezu hatte Burgoyne zu bemerken: ›Generalleutnant Burgoyne's Armee, wenn auch noch so zusammengeschmolzen, wird, so lange sie noch Waffen hat, niemals zugeben, daß ihr der Rückzug abgeschnitten sei.‹ Der andere unritterliche Paragraph lautete: ›Die Truppen Seiner Exzellenz des Generals Burgoyne haben, bevor sie ihr Lager verlassen, ihre Waffen abzulegen.‹ Burgoyne kommentierte: ›Dieser Artikel ist ganz und gar unannehmbar. Ehe es General Burgoyne's Armee über sich bringt, waffenlos zu kapitulieren, wird sie sich auf den Feind stürzen, entschlossen, Pardon weder zu geben noch zu nehmen.‹

Die Kapitulation – Burgoyne bestand darauf, sie ›Konvention‹ zu nennen – enthielt schließlich dreizehn Artikel, alle sehr ehrenvoll. Sie wurde unterzeichnet. Am 17. Oktober morgens 10 Uhr rückten die englischen Truppen aus ihren Verschanzungen, dem Vertrag zufolge bewaffnet und unter Trommelschlag und Trompetenklang. Burgoyne, in reicher Uniform und mit federgeschmücktem Hut, und Gates, in einfachem blauem Rock, trafen sich am Eingang von Gates' Stellung. Hauptmann Wilkinson, Gates' Adjutant, stellte die Herren einander vor. Burgoyne hob seinen schönen Hut und sprach: »Das Kriegsglück, General Gates, hat mich zu Ihrem Gefangenen gemacht.« Gates erwiderte: »Ich bin jederzeit bereit, zu bezeugen, daß die Schuld nicht bei Eurer Exzellenz liegt.«

Am gleichen Tag schrieb Gates seiner Frau: ›Die Stimme des Ruhms wird Dir schon, bevor Dich dies erreicht, erzählt haben, wie glücklich ich war. Generalmajor Phillips, der gleiche, der mir voriges Jahr den frechen Brief schrieb, ist jetzt mein Gefangener, ebenso Lord Petersham, Major Acland und seine Gemahlin, Tochter von Lord Ilchester. Wenn Alt-England nach dieser Lektion nicht bescheiden wird, dann ist die verblödete alte Hure verurteilt zum Untergang.‹ Und in einer Nachschrift fügte er hinzu, er hoffe, Mrs. Gates werde jetzt Rüschen für ihre Schürze gefunden haben.

Seinen Gefangenen Burgoyne behandelte General Gates sehr großherzig. So primitiv die Verhältnisse waren, der siegreiche Feldherr veranstaltete für den besiegten und für dessen Stab ein Essen. Es gab Schinken, eine Gans, Rinderbraten und Hammelbraten, dazu Rum und Apfelwein. Gläser waren freilich nur zwei vorhanden, eines für den siegreichen, eines für den besiegten General. Gates trank auf das Wohl seiner britischen Majestät, der ritterliche General Burgoyne auf den General Washington. Dann wurde, das war üblich, ein unanständiger Toast ausgebracht, der jedes Mannes herzhafte Zustimmung fand.

Auch im übrigen behandelte Gates die gefangene englische Armee mit viel Rücksicht. Keinem amerikanischen Soldaten wurde verstattet, zuzuschauen, als die englischen Truppen ihre Waffen ablegten.

Später wurde General Burgoyne und sein Stab in dem schönen Hause des Generals Schuyler in Albany einquartiert. Mrs. Schuyler wies den Herren das beste Zimmer zum Schlafen an und ließ ihnen ein ausgezeichnetes Abendessen servieren, bei dem sie mit viel Anmut die Wirtin machte. Es hatte aber leider General Burgoyne das Landgut General Schuylers niederbrennen müssen. Es kamen ihm also Tränen in die Augen über so viel Herzensgüte, und mit einem tiefen Seufzer sprach er: »Fürwahr, Madame, Sie bemühen sich zu sehr um einen Mann, der Ihr Land verwüstet und Ihr Haus niedergebrannt hat.« Am Morgen darauf rannte, angeregt durch die seltenen Gäste, Mr. Schuylers siebenjähriger Sohn durch die Zimmer, er schaute herein in den großen Raum, in dem General Burgoyne und seine Herren schliefen, und er lachte und freute sich und rief kindlich stolz: »Ihr seid alle meine Gefangenen.« Da weinte General Burgoyne noch mehr als am vorigen Abend.

Alle Englischgesinnten waren traurig. Die beste englische Armee hatte aufgehört zu existieren, ungeheure Beute war den Amerikanern in die Hände gefallen. Überall aber in den dreizehn Staaten war die Bevölkerung mit Grund der festen Zuversicht, daß nun nichts mehr den endgültigen Sieg der großen Sache werde verhindern können.

Durch volle sieben Wochen aber wußte man auf der andern Seite des Ozeans nichts von alledem. Die letzten Nachrichten, die man dort gehörte hatte, waren, daß General Washington bei Germantown und am Brandywine eine schwere Niederlage erlitten hatte, und daß Philadelphia verloren gegangen war. Nun waren also die beiden größten Städte Amerikas, New York und Philadelphia, in den Händen der Engländer, und ein hoffnungsloser Winter lag über dem Lande. Die Amerikaner in Paris aber und ihre Freunde waren bedrückt und voll Sorge.

Auch Pierre hatte über die Niederlage am Brandywine und die Räumung Philadelphias einen genauen und anschaulichen Bericht erhalten, und zwar von Paul. Einen großen Teil der Schuld an der Niederlage, berichtete Paul, schiebe man Rangstreitigkeiten zu zwischen dem amerikanischen General Sullivan und dem französischen General de Borre. In der unglücklichsten Stunde habe jeder der beiden für sich das Kommando des rechten Flügels beansprucht, und während ihres Streites hätten sie sich vom Feind überraschen lassen. Habe der alte de Borre eine klägliche Rolle gespielt, so hätten sich dafür andere Franzosen in der Schlacht am Brandywine ausgezeichnet. Gerühmt wegen besonderer Tapferkeit werde der Baron Saint-Ouary, er sei schwer verwundet worden und werde kaum mit dem Leben davonkommen. Auch Hauptmann Louis de Fleury – ein Verwandter Pierres – habe solche Tapferkeit bezeigt, daß der, wie man wisse, nicht eben generöse Kongreß beschlossen habe, ihm das Pferd zu ersetzen, das ihm in der Schlacht getötet worden sei. Besonders bewährt aber habe sich der Marquis de Lafayette. Er und sein Adjutant Gimat hätten, keine Gefahr scheuend, ihr Bestes getan, die in Panik fliehenden Truppen General Sullivans zum Stehen zu bringen. Lafayette sei, verwundet, nicht aus der Schlachtlinie wegzubringen gewesen, bis ihm General Washington strenge Order gegeben habe, den Verbandplatz aufzusuchen. ›Behandeln Sie ihn, als wäre er mein Sohn‹, habe der General den Ärzten gesagt.

Überhaupt, berichtete jetzt Paul weiter, bemühe man sich jetzt allerorten, die üble Behandlung gutzumachen, die man den französischen Offizieren habe zuteil werden lassen. Er, Paul, sei auf bestem Wege gewesen, auch für die Firma Hortalez größere Zahlungen durchzusetzen. Leider gebe nun die Niederlage dem Kongreß einen neuen Vorwand sich zu drücken. Jetzt gehe es ums Ganze, erkläre man, da müsse eine Kleinigkeit wie die Forderung der Firma Hortalez zurückstehen. Bei alledem sei seine, Pauls, Überzeugung sowohl vom schließlichen Sieg der amerikanischen Sache wie von der Begleichung der Forderung der Firma Hortalez unerschütterlich.

Den Mitteilungen Pauls zufolge schien die Niederlage nicht so schlimm, wie es die Londoner Meldungen hatten erwarten lassen. Trotzdem machte der Bericht Pierre nachdenklich. Er und Maigron werden viele Listen ausdenken müssen, um die Fima in den nächsten Monaten über Wasser zu halten.

Wenn schon nicht Zahlungen, so wollte Pierre für seine Leistungen wenigstens ideellen Entgelt haben, er wollte Anteilnahme zeigen und empfangen. Pauls Bericht gab ihm einen guten Vorwand, Doktor Franklin aufzusuchen, um seine eigenen Nachrichten mit denen der Emissäre zu vergleichen. Er fuhr nach Passy.

Die Niederlage der Amerikaner hatte den Enthusiasmus der Pariser und vor allem die Begeisterung Versailles' abgekühlt. Die Freiheitshelden waren über Nacht wieder zu Rebellen geworden. Wer gestern noch seine Sympathie vielwortig bekundet hatte, hielt sich jetzt ängstlich zurück. Unter diesen Umständen war dem Doktor der Besuch Pierres sehr willkommen.

Wie auf Verabredung erzählten sich beide Männer aus ihren Berichten nur das Gute, Tröstliche. Pierre schilderte, wie sich die Franzosen am Brandywine ausgezeichnet hätten. Franklin seinesteils erzählte mit gelassen ironischer Genugtuung, daß man in Philadelphia noch Zeit gefunden habe, gewisse Parteigänger Englands in Haft zu nehmen und mit nach Yorktown zu führen; auf diese Art sei man im Besitz von Geiseln, die man gegen Männer der eigenen Partei austauschen könne, welche den Engländern in die Hände gefallen seien.

Pierre hatte erwartet, einen klein gewordenen, trostbedürftigen Franklin vorzufinden. Franklin, das wußte man, hatte ein Haus und andern immobilen Besitz in Philadelphia, er mußte durch den Fall der Stadt persönliche Verluste erlitten haben, freilich nicht so schwere wie er, aber er, Pierre, hätte an seiner Stelle diese Verluste doch wenigstens erwähnt. Der Gleichmut des Doktors imponierte ihm und erweckte in ihm große Gedanken. »Gemeinhin«, sagte er, »stehen die Menschen vor dem geschichtlichen Geschehen wie Kinder, die zum ersten Mal eine Uhr sehen. Sie starren fasziniert auf die Bewegung des Sekundenzeigers, aber nicht wahr nehmen sie die Bewegung des Minuten- oder gar des Stundenzeigers. Wir, Doktor Franklin, Sie und ich, sind anders. Wir lassen uns dadurch, daß uns eine Begebenheit persönlich trifft, nicht dazu verleiten, sie losgelöst aus ihrem Zusammenhang zu betrachten. Wir treten zurück, gewinnen die rechte Distanz und beschauen das Bild als Ganzes. Wir wissen, daß eine einzelne Schlappe wie die an diesem Flusse Brandouin den Krieg nicht entscheidet.«

Franklin fand den Vergleich mit dem Sekundenzeiger nicht schlecht, auch amüsierte ihn die Aussprache des Flußnamens. Er freue sich, entgegnete er, daß Pierre seine Zuversicht teile. Wenn Frankreich, das in Amerika viel Geld, Geist und Gefühl investiert habe, in Zukunft noch mehr investiere, so handle es nicht nur großmütig, sondern auch klug;

denn es werde sein Kapital nicht nur nicht einbüßen, sondern es mit guten Zinsen zurückerhalten.

Pierre deutete diese Worte dahin, daß ihn Franklin in Zukunft bei der Durchsetzung seiner Forderungen unterstützen wolle. Ja, antwortete er mit Schwung, Frankreich und Amerika gehörten zusammen; wenn Frankreich der Geist der Freiheit sei, so sei Amerika ihre Faust.

Dieser Vergleich gefiel Franklin weniger. Aber er wollte einen Mann nicht verstimmen, auf den man sich auch in dieser schlimmen Situation verlassen konnte, und als sich Pierre verabschiedete, bat er ihn, am Sonntag zum Mittagessen wiederzukommen.

Dieser Sonntag, es war der 4. Dezember, war nebelig und sehr kalt, doch Franklins Räume in Passy waren warm und gemütlich.

Er hatte nur aufrichtige Freunde Amerikas eingeladen. Es waren das unter den Franzosen nicht viele, doch waren es Männer von Namen und Leistung, Turgot, der Akademiker Leroy, Monsieur de Chaumont, Condorcet, de la Rochefoucauld, der Abbé Morellet. Pierre war stolz, daß ihn Franklin in diese Gesellschaft geladen hatte. Selbst die Anwesenheit Arthur Lee's vermochte seine Freude nur wenig zu trüben.

Ja, auch Arthur Lee hatte sich heute eingestellt. An dem reizbaren, aufgeregten Menschen zehrte die Sorge, und er ertrug es nicht, allein im Hotel d'Hambourg zu sitzen unter lauter Franzosen, die an der Niederlage seines Landes und der Freiheit doch nur ihre Schadenfreude hatten. Er wußte, daß er in Passy Leute finden werde, die zwar leichtsinnig waren und allen Versuchungen zugänglich, denen aber trotzdem die Niederlage zu Herzen ging.

Seine Erwartung wurde nicht getäuscht. Franklin spürte, daß sich alle Zuspruch von ihm erhofften, und er legte dar, wie er über die Situation dachte. Wer den Beginn dieser Revolution mitgemacht habe, führte er aus, der begreife nicht, wie es damals menschenmöglich gewesen sei, der ungeheuern Schwierigkeiten Herr zu werden. Alles habe man aus dem Nichts heraus schaffen müssen, Gesetze, Regierungen für die einzelnen Staaten, eine Armee, eine Flotte, Arsenale. Dabei sei nicht nur die starke englische Militärmacht mitten im Lande gestanden, sondern man habe auch zu tun gehabt mit den zahllosen offenen oder verborgenen Gegnern im Innern, mit den furchtsamen Neutralen, mit den lauwarmen Freunden. Ein Wunder sei es gewesen, daß die Revolution damals nicht in Chaos und Anarchie erstickt sei. Wenn aber die improvisierte Armee Amerikas unter solchen Umständen ihren ersten schlimmen Winter habe überstehen und das Feld behaupten können, dann unterliege es nicht dem geringsten Zweifel, daß die Vereinigten Staaten jetzt, organisiert und stark, imstande seien, eine vereinzelte Schlappe ohne ernsthafte Gefahr zu überkommen.

Franklin hielt keine Rede, er erzählte Erlebtes, er war in dieser Runde der einzige, der die Anfänge der Revolution mitgemacht hatte. Er war schlicht im Wort und schlicht im Tonfall, und er übertrug auf die andern die Überzeugung, die ihn selber erfüllte, daß das, was noch zu tun blieb, geringfügig war, verglichen mit dem Erreichten. Selbst Arthur Lee war bewegt.

Man sprach nicht weiter von Amerika, man aß und trank und sprach von Essen und Trinken, und man sprach von französischer Literatur und von französischem Theater, und Pierre erzählte allerlei lustige und bösartige Anekdoten und Franklin die eine oder die andere von seinen Kalendergeschichten. Doch die fröhlich neutrale Stimmung hielt nicht lange vor. Die alten Sorgen schlichen wieder an, man redete nicht davon, aber immer wieder entstanden Pausen, und das Nichtgesagte übertönte das Gesprochene. Bald war das Zusammensein mehr eine Last als eine Erleichterung, und man schickte sich an, auseinanderzugehen, früher als sonst.

Da fuhr noch ein verspäteter Gast ein, in einer Mietskutsche. Es schien, als ob Monsieur Finck, der Butler, einen Disput mit dem Zuspätgekommenen hätte. Dann aber kam der herauf, Monsieur Finck hatte gerade noch Zeit, anzukündigen: »Monsieur Austin«, und eintrat, noch in Reisekleidung, ein Fremder, ein junger Mann

Sein Blick suchte unter der Gesellschaft. Er wandte sich an Franklin und sagte: »Mein Name ist John Loring Austin, ich komme von Nantes, oder richtiger, von Boston, ich bin herübergefahren mit der Brigantine ›Perch‹, ich bringe Nachrichten vom Kongreß.« Franklin, ungewohnt hastig, sagte: »Ist Philadelphia wirklich gefallen, Herr?« »Ja«, antwortete Mr. Austin. »Aber ich bringe Wichtigeres«, fügte er schnell hinzu, und er verkündete: »General Burgoyne hat kapituliert.« Und in den Unglauben hinein erzählte er, sich überstürzend. »Saratoga«, sagte er, und er sagte: »General Gates und General Arnold.« Und er sagte: »Auf englischer Seite gefallen der General Fraser und der deutsche Oberstleutnant Breymann. Und gefangen außer dem General Burgoyne die Generäle Hamilton und Phillips und der braunschweigische General Riedesel. Und gefangen Lord Petersham und der Earl von Balcarras und ein halbes Dutzend Parlamentsmitglieder. Und 5 800 Offiziere und Soldaten und 2 400 Hessen gefangen. Und erbeutet 42 Kanonen und 5 000 Musketen und ungeheure Massen Kriegsmaterial und Munition.«

Sie starrten ihm auf den Mund, die Amerikaner, die ihn verstanden, und die Franzosen, die ihn nicht verstanden. Arthur Lee ging auf ihn zu, faßte ihn am Arm und sagte heiser: »Was sagen Sie? Wer sind Sie? 5 800 Mann gefangen, sagen Sie? General Burgoyne gefangen, sagen Sie?«

Aber Franklin sagte: »Ruhe, bitte. Erzählen Sie noch einmal, Mr. Austin, und langsam. Und haben Sie nichts Schriftliches?« Mr. Austin, der immer nur zu Franklin gesprochen hatte, sagte: »Hier ist meine Beglaubigung, Doktor Franklin. Und hier ist ein Schreiben des Kongresses. Es ist aber nur sehr kurz, man wollte die Abfahrt der Brigantine nicht verzögern, das Wetter war gut. Doch kann ich Ihnen vieles mündlich berichten, ich habe Hauptmann Wilkinson selber gesprochen, der General Gates' Meldung an den Kongreß überbracht hat.«

Franklin las das Schreiben des Kongresses. Jetzt hatten alle begriffen, unter den Franzosen als Erster Pierre. Er jubelte. Er erzählte jedem einzelnen: »Wir haben gesiegt. Saratoga, welch schöner Name. Meine Waffen, unsere Waffen haben gesiegt. Welch ein Glück, daß keine noch so widrigen Umstände mich haben abhalten können, die Schiffe und die Waffen zu schicken. Jetzt haben sie gesiegt, diese Waffen, unsere Waffen, die Waffen der Freiheit. Saratoga.« Er genoß das klingende, fremdartige Wort, er betonte es auf der letzten Silbe.

Silas Deane und der junge William, glücklich und erregt, fragten Mr. Austin aus, und es ergab sich, daß dieser in der Tat eine Menge Einzelheiten wußte, lauter erfreuliche Einzelheiten.

Doktor Franklin hatte sich nicht gesetzt, er stand groß und still da. Mit der einen Hand stützte er sich auf die Stuhllehne, mit der andern hielt er das Schriftstück mit dem kurzen Bericht des Kongresses, und er las es durch die eisengerahmte Brille. Dann ließ er es sinken, ein ganz klein wenig schwankte der schwere Mann, aber er setzte sich nicht. Die andern mittlerweile umdrängten Mr. Austin und befragten ihn, immer mehrere gleichzeitig, und der junge William übersetzte den Franzosen, und es war Lärm und glückliche Erregung. Mr. Austin aber, durch die Fragen und den Lärm der andern, sprach immer nur zu Franklin.

Der hörte nur mit halbem Ohr hin. Er dachte daran, daß also auch jetzt wieder Tausende gestorben waren, Amerikaner, Engländer, Deutsche, sinnlos gestorben an dem Eigensinn des Königs Georg und einiger seiner Lords. Aber dieses Bild der Verwundeten und Sterbenden ging unter in dem Klang: Sieg, Sieg. Er hatte sehr zuversichtlich gesprochen, vorhin, als er bewiesen hatte, daß Amerika siegen müsse, aber hinter der Zuversicht seines Verstandes waren Sorgen und Zweifel seines Gemütes gestanden. Jetzt waren alle diese Zweifel verweht, und der alte Mann, der Krieg und Schlachten von ganzer Seele haßte, dachte nurmehr Eines: Sieg, Sieg, Triumph, Sieg, und es wäre seinem Herzen lieb gewesen, wenn noch mehr Deutsche und Engländer getötet worden wären. Und weiter dachte er daran, daß er mit einer Dame, die eine blaue Maske trug, eine galante und freundlich hinterlistige Unterredung gehabt hatte, und daß, wie ihm Monsieur Gérard erzählt, diese Dame nach jener Unterredung von ihrem Mann ein Versprechen erhalten hatte. Als ihm Monsieur de Gérard vertraulich von diesem Versprechen erzählt hatte, war es ein Versprechen mit einem großen Wenn gewesen, ein blasses, nichtssagendes Versprechen, eben weil es ein so großes Wenn in sich schloß. Jetzt auf einmal hatte sich dieses Wenn erfüllt, und es war somit diese glückliche Schlacht von Saratoga mehr als ein Sieg im Felde. Jetzt, durch diese Schlacht, waren die Allianz und der Endsieg gesichert. Amerika und die Freiheit waren aus einer Idee eine Wirklichkeit geworden. Das war ein Großes, Ungeheures, und über dem alten, ausgedehnten Gesicht Franklins lag Glanz, eine stolze, von innen kommende Freude.

Arthur Lee stand ein wenig abgesondert von den andern, am Kamin, die Arme übereinandergeschlagen, starr aufrecht, das Kinn gegen den

Hals gedrückt. Er sagte nichts, er fragte nichts. Er mußte sich aber so starr halten, um nicht auf jungenhafte, höchst unwürdige Art herumzuspringen und um sich zu schlagen. Denn mit dem Bericht Mr. Austins war eine ungeheure Last von ihm abgefallen, er fühlte sich jung und leicht und glücklich wie kaum je vorher in seinem Leben. Er schaute hinüber zu Franklin. Ganz unten in seinem Innern war ein leiser Verdruß, daß der Doktor h. c. ihn so gar nicht beachtete, und er nahm es auch Mr. Austin übel, daß sich dieser, wiewohl doch bestimmt an die drei Kommissare gesandt, ausschließlich an Franklin wandte. Aber diese Erwägungen gingen schnell unter in der großen Freude. Er schaute auf das still strahlende Gesicht Franklins, und er war nicht neidisch, und er war nicht eifersüchtig. ›Dieser Franklin‹, dachte er, und: ›Jetzt hat er es geschafft, dieser Franklin, jetzt hat er es für uns alle geschafft.‹

Franklin setzte sich wieder in den bequemen, großen Stuhl, von dem aus er dem Mahle präsidiert hatte; auf dem Tische stand noch Dessert und Kaffee. »Das ist ein guter Tag, meine Freunde«, sagte er englisch, und dann wiederholte ers französisch. »Das ist ein guter Tag, meine Freunde, nicht wahr?« Und alle schüttelten sich die Hände und umarmten sich, und sie sprachen viel fröhlichen Unsinn. Der hochgewachsene Jacques-Robert Turgot aber, nun es schien, als ob die gute Sache trotz allem siegen werde, trat auf Franklin zu und umarmte ihn linkisch und scheu, Tränen in den Augen.

Dann wandte sich Franklin an den Kurier. »So, und nun setzen Sie sich, Mr. Austin«, sagte er, »und trinken Sie etwas und verschnaufen Sie. Von Boston geradewegs nach Passy, das ist eine lange Reise und im Winter nicht angenehm.« Und Franklin schickte Monsieur Finck in den Keller, um vom besten Champagner zu holen, und man schenkte ein, und Franklin stieß mit jedem Einzelnen an.

Einer aber war schon nicht mehr da, Pierre. Der war offenbar schnellstens nach Paris zurückgefahren. »Er arbeitet schon, unser Débrouillard«, sagte Silas Deane. Arthur Lee aber dachte: ›Er wird die Nachricht für seine Spekulationen ausnützen wollen.‹

Die französischen Herren sagten sich, daß sich die drei Emissäre bestimmt sogleich ans Werk zu machen wünschten, um die Nachricht auszunützen, und sie brachen auf. Doch Franklin hielt den jungen Marquis de Condorcet, den er besonders gern hatte, zurück. »Warten Sie doch, bitte, noch eine ganz kleine Weile, mein Freund«, sagte er. »Ich möchte Ihnen eine Botschaft für Paris mitgeben.« Und bevor er mit seinen Kollegen an die Arbeit ging, setzte er sich hin und schrieb mit eigener Hand seinem Freunde Dubourg und teilte ihm die glückliche Nachricht mit und siegelte und bat Condorcet, die Botschaft sogleich zu überbringen.

4. Kapitel _____ Gezeichnet und Gesiegelt

Am Morgen nach diesem Sonntag, am 5. Dezember also, saß Louis in seiner Bibliothek, fröhlicher Laune. Er war in aller Frühe zur Jagd gefahren, hatte sich, heimgekehrt, nicht erst die Mühe genommen, sich umzuziehen, und arbeitete nun an der Übersetzung eines Kapitels aus Hume's ›Geschichte von England‹. Gewissenhaft übertrug er Wort um Wort und Satz um Satz, schlug nach, meditierte, verbesserte, überlas und hatte eine gute Zeit. Er hatte nach der Jagd stark gefrühstückt, und während er saß und schrieb, rumorte es angenehm in seinen Eingeweiden.

Seit langem nicht war er so gut gelaunt gewesen. Die Jagd hatte ihm Spaß gemacht, der Gedanke an die große Ausstellung der Kunstwerke seiner Porzellanmanufaktur, die in wenigen Tagen hier im Schloß beginnen wird, machte ihm Spaß, die Übersetzung seines Hume machte ihm Spaß. Schade nur, daß er nicht lange dabei wird bleiben können; er erwartete Vergennes zum Vortrag.

Vergennes kam nicht allein, Maurepas war mit ihm, und obgleich beide freudig bedeutende Gesichter aufgesetzt hatten, verflog Louis' heitere Stimmung bei ihrem Anblick; er wußte, es kündigte nichts Gutes an, daß die beiden gemeinsam kamen.

»Was bringen Sie mir, Messieurs?« fragte er. »Sieg, Sire, Sieg«, meldete mit ausgreifender Geste Maurepas, und: »Sieg, Victoire«, wiederholte Vergennes. Großartig, unglaubhaft pathetisch kam das Wort aus dem alten, trockenen Mund des zynischen Maurepas und aus dem runden, vollen des Weltmannes Vergennes. Und sie berichteten von Saratoga und von den Tausenden von Gefangenen und von den großen englischen Herren, die sich ergeben hatten. Einer nahm dem andern das Wort vom Munde. »Es sind französische Waffen, Sire«, erläuterten sie, »die diesen Sieg erfochten haben. Jener Beaumarchais, den wir Ihnen empfohlen haben, Sire, hat sie geliefert, und nun hat sich also das Geld verzinst, das wir in den Burschen gesteckt haben. Hier sind die Berichte unseres Agenten in Amerika, des Chevaliers d'Annémours, und hier der ausführliche Report Ihres Londoner Gesandten, des Marquis de Noailles. Sie sehen, Sire, in England hat die Meldung wie ein Donnerschlag gewirkt. Die Herren in London begreifen es nicht, wie ihre beste Armee, und ihr ritterlicher General Burgoyne so traurig haben kapitulieren können. Sie sind vor den Kopf geschlagen in Saint James.«

Auch Louis war vor den Kopf geschlagen. Dieser Sieg versetzte ihn in tiefe Bestürzung, und seine Verdauung, vorher so warm und wohlig, begann ihn zu bedrängen. Gewiß, der Erbfeind hatte eine empfindliche Niederlage erlitten, und das war schön und gut. Aber vom ersten Augenblick an dachte er an die leidigen Folgen, welche dieser Sieg mit sich bringen mußte, daß er nämlich jetzt um die verhaßte Allianz schwerlich werde herumkommen können. Und sogleich auch, schlau und böse, beschloß er, sein Bestes zu tun, den Abschluß des Bündnisses mit den Rebellen zu vereiteln oder doch wenigstens nach Kräften hinauszuzögern.

Die Nachrichten, sagte er, dürften übertrieben sein, wie so oft. Die Rebellen verstünden sich auf Propaganda. Er könne sich nicht vorstellen, daß die zusammengelaufenen Haufen der Meuterer einen wirklichen Sieg sollten errungen haben über eine trainierte englische Armee. »Unglaubhaft, Messieurs«, sagte er, »unausdenkbar.« Er läutete den Bibliothekaren; Monsieur Campan und Monsieur de Sept-Chênes mußten ihm geographische Werke herbeischleppen, Landkarten der englischen Kolonien in Amerika, er selber half und schleppte. Und während ihm die Minister weiter aus den Berichten vorlasen, suchte er auf der Karte die Namen, Saratoga, Bemis Height – was das schon für Namen waren, und natürlich standen sie nicht auf den Karten. Und wahrscheinlich handelte es sich um kleine Gefechte, um Scharmützel, welche die Rebellen zu historischen Ereignissen aufzubauschen suchten, um ihre Niederlage bei Germantown und den Fall Philadelphias vergessen zu machen.

»Die Depeschen, Sire«, antwortete Vergennes, »beweisen über allen Zweifel hinaus, daß es sich nicht etwa um Gerüchte handelt, sondern daß die Kapitulation des englischen Heerführers mit seiner ganzen Armee eine eindeutige Tatsache ist.« Und er sprach von der Notwendigkeit, den Vertrag mit den Amerikanern so schnell wie möglich abzuschließen. Wieder einmal zählte er die Gründe auf, die für die Allianz sprachen, starke Gründe und viele, und jeder einzelne hätte genügt. Jetzt war die Zeit gekommen, den Traum wahr zu machen, der Louis beseelte, seitdem er die Herrschaft angetreten, den Traum, ein Zeitalter der Gerechtigkeit, der Freiheit und der menschlichen Würde herbeizuführen unter französischem Protektorat. Jetzt war Gelegenheit, das französische Prestige wiederherzustellen, das durch den Frieden von 63 so sehr gelitten hatte. Maurepas griff ein. Auch den französischen Finanzen könne man aufhelfen durch die Allianz. Bestimmt werde man neue Märkte erobern können, und wenn man halbwegs Glück habe, dann war selbst eine leise Hoffnung gerechtfertigt, Kanada zurückzugewinnen. Wieder nahm Vergennes das Wort. Wenn man aber diese Gelegenheit versäume, wenn der Pakt nicht in allernächster Zeit zustande komme, dann bestehe Gefahr, daß die kriegsmüden Kolonien Frieden mit dem Mutterland schlössen, und dann könne vielleicht sogar Französisch Westindien verloren gehen.

Die Herren warfen einander die Gründe zu. Sie kamen ihm schon wieder mit Argumenten, er hatte es gewußt. Es waren gute, unwiderlegliche Argumente, aber seine Intuition, seine innere Stimme, die Stimme Gottes in ihm, sagte ihm: ›Hör nicht darauf, Louis, hör nicht auf sie, König von Frankreich.‹

Er hockte dumpf und mürrisch. Dann, jäh, brach er los: »Sie haben Ihr Wort nicht gehalten, Messieurs, Sie haben mich im Stich gelassen. Sie hatten mir versprochen, die Amerikaner so zu unterstützen, daß sie sich halten, aber keinen Sieg erringen können. Jetzt haben wir es. Die Rebellen fangen einen englischen General mit seiner ganzen Armee. Wohin soll das führen? Was soll sich mein Volk dabei denken?« »Ihr Volk, Sire«, antwortete unerwartet kühn Vergennes, »freut sich, daß England eine so ungeheure Schlappe erlitten hat.« Der alte Maurepas wackelte zustimmend mit dem Kopf und Vergennes fuhr fort: »Ihr Volk, Sire, würde es nicht verstehen, wenn man jetzt noch länger zögerte, den Pakt abzuschließen.«

In seinem Innern mußte Louis das zugeben. Alle werden sie denken wie diese Herren. Wie Toinette.

Toinette. Sie wird kommen, sehr bald, wahrscheinlich noch an diesem

Morgen, und ihn an die Einlösung seines Versprechens mahnen. ›Wenn die Rebellen einen militärischen Erfolg haben‹, hatte er ihr versprochen. Ein militärischer Erfolg, das war ein weiter Begriff. Das Scharmützel bei diesem Saratoga war kein Sieg, es durfte keiner sein, auf alle Fälle mußte man erst genauere Nachrichten abwarten.

Er beugte sich wieder über die Karte. ›Alle freuen sie sich‹, dachte er, ›auch mein Mentor. Narren sind sie, blind wie die Nacht sind sie, sie begreifen nicht, worum es geht.‹ Er konstatierte grimmig und endgültig, daß kein Saratoga auf der Karte zu finden war. »Sie sind schuld an dem Unglück, Messieurs«, schimpfte er. »Die Revolution ist eine ansteckende moralische Erkrankung. Wir hätten diesen Aussätzigen, diesen Franklin, nicht hereinlassen sollen. Ich habe Bedenken gehabt, ich habe gezögert, aber Sie haben mich überredet. Dabei hätten Sie sich der Gefahr noch viel tiefer bewußt sein sollen als ich, Messieurs, Sie sind älter.«

Die Minister ließen sich von dem königlichen Zorn nicht bange machen. Louis hatte ihre amerikanische Politik sanktioniert, es stand in den Protokollen. »Wir müssen handeln, Sire«, drängte Vergennes. »Sie werden mich nicht überrumpeln, Messieurs«, wehrte sich Louis. »Sie tun, als hätte sich die Lage Frankreichs und der Welt über Nacht geändert.« »Sie hat sich geändert«, antwortete Maurepas. Louis ereiferte sich: »Bestehen vielleicht die Gründe nicht mehr, die früher gegen die Allianz gesprochen haben? Ist meine Armee heute besser gerüstet als gestern? Sind meine Kassen heute weniger leer?« »Ihre Armee, Sire«, erwiderte Vergennes, »ist heute nicht besser als gestern, aber Englands Armee ist schlechter, und Englands Kredit ist schlechter.« »Ich begebe mich in kein Abenteuer«, beharrte Louis, »ich gehe so in keinen Krieg hinein.« »Kein verantwortlicher Staatsmann«, begütigte Maurepas, »wird Maßnahmen befürworten, die den sofortigen Ausbruch von Feindseligkeiten herbeiführen könnten.« »Was wir vorschlagen, Sire«, ergänzte Vergennes, »ist dies. Wir übersenden Franklin Glückwünsche zu dem Sieg und legen ihm nahe, die Diskussionen wieder aufzunehmen über den seinerzeit von ihm angeregten Freundschaftsvertrag. Von da bis zum Abschluß des Paktes und bis zum Beginn des Krieges vergehen Wochen, und wir haben Zeit, unsere Rüstung nach Kräften zu fördern.«

494

Doch Louis griff aus dem Vorschlag seines Ministers ein einziges Wort heraus. »›Nahelegen‹?« fragte er zurück, grimmig. »Ich soll den Rebellen etwas ›nahelegen‹?« Er trat dicht an Vergennes heran und schaute ihm blinzelnd und zornig mit seinen vorstehenden Augen ins Gesicht. »Wollen Sie Ihrem König im Ernst zumuten, Monsieur«, schrie er in der Fistel, »daß er Ihrem Doktor Franklin nachläuft? Ich denke nicht daran.« Vergennes rötete sich und schwieg. Auch Maurepas schwieg. Und sogleich war es Louis leid, daß er seine treuen Ratgeber gekränkt hatte. »Glückwünsche meinethalb«, lenkte er ein. »Aber nichts weiter. Jeder Schritt weiter verstieße gegen unsere Würde.«

Die Herren blickten einander an und verständigten sich stillschweigend. Sie hielten es für geraten, sich mit dem Erreichten zu begnügen. Man konnte ja dem Doktor Franklin vertraulich zu verstehen geben, daß jetzt der rechte Zeitpunkt gekommen war, die Vertragsvorschläge von früher zu erneuern. Der Doktor war ein Mann, mit dem sich reden ließ. Die Herren nahmen Urlaub, entfernten sich.

Louis hatte den Unmut über die Auseinandersetzung mit seinen Ministern noch nicht verwunden, als Toinette kam.

Sie strahlte. Dieser Sieg war eine Bestätigung des Himmels. Er zeigte, wie klug sie daran getan hatte, den Rebellenführer durch ein freundliches Gespräch für Frankreich zu gewinnen. Jetzt erwies sich dieser Alte als ein wichtiger Alliierter, mit dessen Hilfe man den Erbfeind endgültig wird aufs Haupt schlagen können. Ihre Intuition, ihre habsburgische innere Stimme, hatte ihr das Rechte geraten.

»Ich gratuliere Ihnen, Sire«, rief sie. »Ist das nicht das größte, glücklichste Ereignis seit unserer Thronbesteigung?« »Es kommt natürlich erwünscht«, sagte ohne Schwung Louis, »daß die Engländer gedemütigt sind. Aber man darf nicht vergessen, daß ein solcher Sieg auch die meuterischen Geister meines Reiches noch übermütiger machen wird. Sie werden das Haupt heben, die Mißvergnügten, überall in Europa. Vorausgesetzt, daß es ein Sieg ist«, fuhr er fort, streitbar. »Denn das ist noch keineswegs ausgemacht, Madame.«

Toinette erkannte sofort, was diese Sätze sollten. Louis wollte nicht zugeben, daß die Vorbedingungen seines Versprechens erfüllt waren. »Auf alle Fälle«, sagte sie, »scheint es mir an der Zeit, Sire, Sie an ein gewisses Versprechen zu erinnern.« »Nichts liegt mir ferner«, antwortete Louis, »als der Einlösung meines Wortes auszuweichen. Aber es ist meine Pflicht, nachzuprüfen, ob die Vorbedingungen erfüllt sind.« Er sprach mit mehr Entschiedenheit, als sie erwartet hatte; sie mußte sich wohl zufrieden geben.

Doch kaum war er allein, so sackte er zusammen. Er wußte, daß es für ihn ein Hinzögern, aber keinen Ausweg mehr gab. ›Principiis obsta‹, im Anfang hätte er widerstehen sollen. Aber er hatte sich hineinziehen lassen in die böse Straße, einen Schritt und noch einen Schritt, und jetzt war er überdeckt mit Schuld, und die Gnade war von ihm gewichen. In Reims, anläßlich seiner Salbung, hatte er dreihundert Kranken die Hand aufgelegt, und mehr als die Hälfte waren genesen. Solcher Segen würde ihm jetzt bestimmt nicht mehr zuteil. Der Schatten Franklins war über sein Land und über ihn selber gefallen und hatte alles dunkel gemacht.

Und er hatte keinen, dem er sein Herz ganz hätte öffnen können. Nur seinen Mentor. Der war ein kluger Mann und meinte es gut. Aber leider hatte er keine Seele. ›Bei meiner Seele, wenn ich eine habe.‹ Louis schauderte, wenn er daran dachte. Doch wenn er ehrlich sein wollte, trug die Hauptschuld er selber. Er hatte sich wider sein besseres Wissen immer von Neuem zum Schlechten überreden lassen. Und dann hatte er Toinette das sinnlose, ruchlose Versprechen gegeben. Und er konnte ihr es nicht einmal übelnehmen, daß sie es verlangt hatte. Sie wußte es nicht besser. Sie war blind. Blind waren sie alle, und an ihm, dem Sehenden, zerrten sie, und es waren ihrer so viele, und sie waren stärker als er, und sie zerrten ihn zum Abgrund.

Seit langem hatte er sich daran gemacht, zusammenzustellen, was er bei den großen Schriftstellern zum Lobe der Ordnung und der Autorität fand. Jetzt nahm er diese Aufzeichnungen vor. Vorneangeschrieben hatte er den klingenden Vers des Homer: ›Nicht gut ist Vielherrschaft, Einer soll Herr sein, Einer der König.‹ Und mehrere Aussprüche aus dem Plato hatte er sich notiert. Wie sich da zum Beispiel Sokrates zum Glaukos äußert über die notwendige Entartung aller Demokratien: ›Keiner kann sich keinem mehr unterordnen, und am Ende beachten sie dann die Gesetze nicht mehr, weder die geschriebenen, noch die ungeschriebenen, es soll keiner in irgendeinem Sinn ihr Herr sein.‹ Und sogar aus dem gefährlichen ›Geist der Gesetze‹ des Montesquieu hatte er einen Satz aufgeschrieben: ›Das Volk ist immer zu rasch oder zu langsam. Zuweilen wirft es mit hunderttausend Armen alles über den Haufen, und zuweilen kriecht es mit hunderttausend Beinen wie die Raupen.‹ In diesem Büchlein seiner Zitate las er, und es wuchs sein Zorn und sein Unmut. Mit solchen Leuten soll er sich verbinden, mit einem solchen Volk, mit einer ›Republik‹, mit einer ›Demokratie‹, einem Staate also, der durch sein Wesen zum Untergang bestimmt ist.

Aber er brauchte nicht die Weisheit der Früheren zu Rate zu ziehen, um zu erkennen, wie widernatürlich das Bündnis war, in das man ihn zwingen wollte. Die Amerikaner selber hatten ja ihre Prinzipien offen herausgesagt mit der ganzen Kraft und Frechheit des Bösen. In ihrer Unabhängigkeits-Erklärung hatten sie sich nur gegen Einen König gewandt, gegen seinen Vetter von England; aber sie meinten es anders, sie wollten alle göttliche Autorität von der Erde wegfegen. Und Einer hatte es ausgesprochen, und sie hatten ihm zugejubelt und sein giftiges Buch andächtiger studiert als das Wort Gottes. Louis schellte Monsieur de Sept-Chênes herbei und gab ihm Auftrag, das Buch des Thomas Paine herauszusuchen, das ›Common Sense‹ betitelt und im Giftschrank verwahrt war.

Finsteren Gesichtes, mit widerwilligen Händen, blätterte er in dem Grund- und Lehrbuch des Volkes, mit dem er sich verbinden sollte. ›Königsherrschaft‹, las er, ›war des Teufels geschickteste Erfindung zur Förderung des Götzendienstes. Wir haben das Übel der Monarchie noch vergrößert, indem wir es erblich machten, und wenn wir durch die Monarchie als solche nur uns selber degradieren, so versündigen wir uns durch die Vererbung der Monarchie an unserer Nachkommenschaft. Denn wie oft gibt da die Natur der Menschheit anstelle eines Löwen einen Esel. Was hat ein König anderes zu tun als Krieg zu machen und Ämter zu vergeben? Und dafür kriegt er 800 000 Pfund Sterling pro Jahr und göttliche Verehrung als Dreingabe. Ist nicht ein anständiger Mann für die Gesellschaft mehr wert als alle gekrönten Lumpen zusammen?‹ Nein, man konnte dem Allerchristlichsten König nicht zumuten, mit einem Volke, das sich zu solchen Prinzipien bekannte, ein

Bündnis auf Leben und Tod zu schließen. Er strich sich die Sätze an. Schellte Monsieur de Sept-Chênes. »Stellen Sie das Buch zurück«, sagte er grimmig, »und schließen Sie gut zu. Dieses Buch ist eine Destille alles Übels.« Er prüfte nach, ob der Schrank gut verschlossen war.

Das Schloß hielt; er hatte es selber angefertigt. Er stand vor dem Schrank, kummervoll. Den Paine konnte er wegsperren: aber wenn seine Soldaten aus Amerika zurückkehren, werden sie dann das niederträchtige Buch nicht mitbringen und seine giftigen Ideen verbreiten?

Ihm kam ein Einfall; das tückische, teuflische Buch hatte ihn reifen lassen. Nicht mit den Rebellen will er sich verbinden, sondern mit seinem Vetter in England gegen die Rebellen. Sie werden sie gemeinsam niederschlagen, und England gibt ihm dann zum Entgelt Kanada zurück. Eine heilige Allianz wird er zustande bringen; er und die beiden andern Herrscher, die noch nicht angekränkelt sind von den modernen Ideen, Georg und Maria Theresia, werden sich zusammenschließen in einem Bündnis, gegen das keine Revolution aufkommt. Man wird Englands amerikanische Kolonien zurückzwingen auf den rechten Weg. Wenn man sich vereinigt, kann man es ohne Mühe. Und es wird ein lehrreiches Beispiel sein für künftige Meuterer.

Er straffte sich. Vor seinem geistigen Auge sah er sich selber, so wie ihn Duplessis gemalt hatte. Sein Plan war groß, würdig des Königs von Frankreich, würdig seiner Vorfahren.

Aber war er, Louis, wirklich der Mann dazu? War er in seinem Innern so, wie ihn Duplessis gemalt hatte? Er fürchtete, der Maler hatte ihn idealisiert. Er fürchtete, in seinem Innern war er sehr anders. Und vielleicht waren auch seine Vorfahren sehr anders gewesen als auf ihren Bildern, vielleicht waren auch sie von ihren Malern idealisiert worden.

Unsinn. Ludwig der Große hatte es gewagt, so zu sein, wie er auf seinen Bildern aussah. Hatte den Mut gehabt, das Edikt von Nantes zu widerrufen und die Ketzer auszutreiben. Er hingegen, der heutige Louis, hatte, von Turgot überredet, schon aus dem Krönungseid das Gelöbnis weglassen, die Ketzer auszutilgen mit Feuer und Schwert.

Er war schwach gewesen von Anfang an. Er hatte nicht die Faust, diesen Dreibund aufzurichten gegen die Rebellen. Er stellte sich vor, wie es wäre, wenn er Maurepas von dem gewaltigen Projekt erzählte. Er sah den Alten grinsen und hörte ihn freundlich und beschwichtigend sagen: ›Das sind edle Träume, Sire, Alexanderträume.‹

An diesem gleichen Montag kamen auch die amerikanischen Delegierten wieder zusammen, und sie berieten, was man tun könne, um aus dem Sieg von Saratoga hier in Versailles Nutzen zu ziehen. Arthur Lee schlug vor, man solle Vergennes deutlich erklären, man sei jetzt in der Lage, von England alle gewünschten Bedingungen zu erlangen, und wenn Versailles die Allianz nicht sofort abschließe, dann werde es das Nachsehen haben. Franklin riet ab. Er wollte solche Drohungen nur im äußersten Falle anwenden. Es sei klüger, meinte er, die französischen Minister an sich herankommen zu lassen, als sie zu bedrängen. Je weniger beflissen man sich zeige, so bessere Bedingungen werde man erhalten können.

Lee widersprach. Man habe durch Phlegma viel verdorben, man dürfe nicht auch diese große Gelegenheit vorbeigehen lassen.

Franklin erwiderte nichts, sah hinüber zu Silas Deane. Der hatte bisher geschwiegen; der große, dicke, imposante Mann sah heute grau und verfallen aus. Das Schiff, mit dem der junge Austin und seine frohe Botschaft nach Frankreich gekommen waren, hatte für ihn üble Post mitgebracht. Er war abberufen, nach Amerika zurückberufen. Er hatte nach den Treibereien Arthur Lee's den Schlag erwarten müssen, trotzdem wühlte er ihn auf. Er war unter den Amerikanern der Erste gewesen, der auf diesem Kontinent die Interessen seines Landes vertreten hatte, er hatte sie gut vertreten, er hatte die glückliche Verbindung mit Monsieur de Beaumarchais hergestellt und auf diese Art einen ständigen Strom von Waffen und Kriegsmaterial nach Amerika geleitet. Statt allen Dankes kam dieses üble Schreiben, das ihn zurückrief und sich kaum mühte, das Mißtrauen und die Unzufriedenheit des Kongresses zu verbergen.

Nun also, auf Franklins stumme Aufforderung, nahm er das Wort und äußerte sich zu der Frage, ob man die Minister anspornen oder besser abwarten solle. Während er aber sonst voll höchsten Respektes für Franklins Ansichten war und ihm kaum je widersprach, pflichtete er heute Arthur Lee bei. Auch er war der Meinung, man solle das Versailler Kabinett antreiben durch den Hinweis, der Kongreß werde die nun sehr günstigen Friedensbedingungen Englands ernstlich bedenken. Es war Silas Deane eilig. Er wollte nicht zurück nach Amerika, ohne seine Unterschrift und sein Siegel auf dem so heiß ersehnten Vertragsdokument zu sehen. Er konnte sich nicht bezähmen und warten. Er hatte keine Zeit.

Franklin wußte aus seiner Post Bescheid um die Abberufung Silas Deanes. Es war ihm leid um den Mann, und er begriff seine Hast und Dringlichkeit. Aber er war sich klar darüber, daß versteckte Drohungen vorläufig nicht am Platz waren. Sie hatten, die Delegierten, die Nachricht von dem Sieg dem Ministerpräsidenten und dem Grafen Vergennes amtlich mitgeteilt. Franklin bat seine Kollegen, vorerst doch wenigstens die Antwort der Herren abzuwarten. Lee und Deane fügten sich schließlich, nur halb überzeugt.

Franklins Gelassenheit kam tief aus seinem Innern. Er begriff kaum mehr, daß er sich früher, vor dem Eintreffen der Siegesnachricht, von der Unruhe der andern hatte anstecken lassen. Nachdem Lee und Deane gegangen waren, saß er, die Augen halb geschlossen und entspannten Gesichtes in seinem bequemen Sessel, müde und zufrieden, etwas leer, bereit, Wochen, ja, Monate zu warten.

William fragte, ob man sich an die Arbeit machen solle; die Post hatte vieles mitgebracht, was erledigt werden wollte. Doch der Doktor schüttelte den großen Kopf. »Heute nicht, mein Junge«, sagte er, und William zog sich zurück.

Franklin, allein, genoß seine Trägheit. Er stöberte in der großen Masse der Briefschaften, schob alles Geschäftliche zur Seite und suchte nur solche Berichte heraus, die ihm Spaß machten. ›Vive la bagatelle‹, dachte er.

Da hatte man zum Beispiel die zahlreichen Aufrufe mitgeschickt, mit denen der jetzt gefangene General Burgoyne seinen Feldzug von Anfang an begleitet hatte. Mit Behagen studierte Franklin ein langes Manifest an die Bevölkerung Amerikas. Der General bot denjenigen, die zu ihrem König zurückkehren wollten, volle Gnade und Hilfe an; diejenigen aber, die ihren wahnsinnigen, aussichtslosen Widerstand fortsetzten, bedrohte er mit Vernichtung. Er werde seine Indianer gegen sie aussenden, und es seien ihrer Tausende, und er werde sich vor den Augen Gottes und der Menschen berechtigt fühlen, die ganze Rache des Staates auf die hartnäckigen Bösewichter herniedersausen zu lassen, die sich selber außerhalb der Menschheit gestellt hätten. Auch einen Aufruf Burgoynes an die Indianer fand Franklin in seiner Post. Darin erklärte der General: ›In Übereinstimmung mit euern Bräuchen, die solchen Siegestrophäen einen ehrenvollen Charakter verleihen, soll es euch erlaubt sein, den gefallenen Feinden die Skalps abzuziehen.‹ Und in der Antwort der Indianerhäuptlinge hieß es: ›Wir lieben unsern Vater jenseits des großen Wassers, und diese Liebe und Treue hat unsere Kriegsbeile geschärft.‹

Franklin, in der lieblichen Stille von Passy, las mit Aufmerksamkeit die literarischen Erzeugnisse des Generals Burgoyne und der Indianer. Dann setzte er sich seinesteils hin und schrieb. Schmunzelte grimmig und schrieb. Verfaßte einen Zeitungsbericht.

Ein Hauptmann Gerrish von der amerikanischen Miliz, hieß es in seinem Zeitungsbericht, habe bei einem Überfall auf eine englische Abteilung viel Beute gemacht, darunter auch acht große Kisten, welche Skalps von Amerikanern enthielten. Es seien aber diese Skalps auf dem Wege gewesen zum Gouverneur von Englisch Kanada, damit dieser sie nach London weitersende. Den Brief des englischen Offiziers, der den Transport begleitete, gab Doktor Franklin im Wortlaut wieder. Er schrieb:

›Auf Verlangen des Häuptlings der Senneka-Indianer schicke ich Eurer Exzellenz acht Kisten mit Skalps, gehörig geräuchert, getrocknet, auf Reifen gespannt und mit Triumphzeichen bemalt. Liste und Erklärung liegt bei. Kiste No. 1 enthält 43 Skalps von Soldaten des Kongresses, erlegt in verschiedenen Scharmützeln. Sie sind auf schwarze Reifen aufgezogen, die Innenseite ist rot bemalt mit einem schwarzen Fleck zum Zeichen, daß sie mit Kugeln getötet wurden. Desgleichen 62 Skalps von Bauern, getötet in ihren Häusern, die Reifen rot, die Innenseiten braun bemalt und bezeichnet mit einer Hacke, ein schwarzer Kreis rundum, um anzudeuten, daß sie in der Nacht überrascht wurden. Kiste No. 4 enthält 102 Skalps von Bauern, darunter 18 markiert mit kleiner gelber Flamme, um anzudeuten, daß sie als Gefangene lebendig verbrannt wurden. Es sind alles in allem nur 67 vollgraue Skalps darunter; die weitaus meisten der Bauern waren der Haarfarbe nach jüngere Männer, was die Dienstleistung noch wertvoller macht. Kiste No. 5 enthält 88 Skalps von Weibern, langes Haar, Reifen blau, Haut gelber Grund, markiert mit schwarzem Messer oder einem Beil, um anzuzeigen, daß sie jeweils mit diesem Instrument getötet wurden. Kiste No. 7 enthält 211 Skalps von Mädchen, kleine, gelbe Reifen, weißer Grund, Beil, Keule, Skalpiermesser.

Mit diesen Kisten schicken die Häuptlinge Eurer Exzellenz folgende Botschaft: Vater, wir senden dir hiedurch viele Skalps, damit du siehst, wir sind keine faulen Freunde, und wir bitten dich, diese Skalps über das Wasser zu schicken zu dem großen König, daß er sie beschaue und sich daran ergötze und sich überzeuge, daß seine Geschenke nicht an Undankbare gegeben sind.‹

Franklin überlas, was er geschrieben hatte, fand es gut und druckte es mit eigener Hand als einen Artikel aus dem ›Boston Independent Chronicle‹. Dann schickte er den Artikel an die Zeitschrift ›Affaires de l'Angleterre et de l'Amérique‹, an den ›Courrier de l'Europe‹, an die ›Gazette de Leyde‹, an die ›Gazette Française d'Amsterdam‹ und an den ›Courrier du Bas-Rhin‹.

Im übrigen erwies sich, daß seine Meinung, Versailles werde schon von allein kommen, richtig war. Schon zwei Tage nach Erhalt der Siegesnachricht stellte sich in Passy Monsieur Gérard ein und überbrachte feierlich die Glückwünsche der Grafen Maurepas und Vergennes zu dem großen Sieg. Damit, erklärte er, sei sein amtlicher Auftrag erledigt. Er persönlich, fügte er hinzu, hielte es für keine schlechte Idee, wenn die Delegierten jetzt ihre Vertragsvorschläge erneuerten. Solche Vorschläge fänden jetzt bestimmt wohlwollende Augen, Ohren und Herzen.

Franklin dankte für Monsieur Gérards Rat und setzte sogleich das gewünschte Schreiben auf. Er erinnerte daran, daß die Vereinigten Staaten schon einmal einen Freundschaftspakt mit dem König von Frankreich angeregt hätten, daß sie, die Delegierten, vom Kongreß bevollmächtigt seien, und daß sie sich freuen würden, wenn der Hof von Versailles über einen solchen Vertrag mit ihnen verhandelte.

Als sich am Nachmittag die andern Delegierten in Passy einfanden, teilte ihnen Franklin lächelnd mit, es sei also jetzt Versailles nach Passy gekommen und nicht Passy nach Versailles. Dann zeigte er ihnen den Entwurf seines Briefes. Arthur Lee mäkelte daran herum, er fand den Text zu servil. Franklin versprach, den Brief gemäß den Wünschen Arthur Lee's neu zu entwerfen. Arthur Lee bestand darauf, den Brief dann nochmals zu sehen, und verlangte, daß das Schreiben nicht abgehe ohne Silas Deanes und seine Unterschrift. Das verzögerte die Absendung des Briefes um zwei Tage.

Dann aber konnte William Temple das Schreiben nach Versailles bringen.

Pierre war, nachdem er die Nachricht des amerikanischen Sieges gehört, als Erster unter Franklins Gästen von Passy nach Paris zurückgefahren. Er befahl dem Kutscher, zu eilen. Wie er der Erste gewesen war, der den Franzosen die Unabhängigkeit Amerikas verkündet hatte, so wollte er auch der Erste sein, die Nachricht von dem großen Sieg von Saratoga auszuläuten. Außerdem war er sich bewußt, daß dieses Ereignis an den Börsen von Paris, London und Amsterdam Wirkung tun werde, und je schneller er seine Kenntnis des Sieges kaufmännisch auswertete, so reicher mußte sein Gewinn sein. Er trieb den Kutscher zu immer größerer Eile.

Es war aber der Winter in diesem Jahr sehr früh eingefallen, es war Abend, und Teile der Straße waren vereist. Der Kutscher entschuldigte sich, er müsse vorsichtig fahren. »Zum Teufel deine Vorsicht«, rief Pierre. »Ich habe Geschichte zu machen, da kann ich nicht vorsichtig sein.« Der erschreckte Kutscher biß die Lippen zusammen und gab den Pferden die Peitsche. Bald kippte denn auch der Wagen um, und Pierre wurde hinausgeschleudert. Er tat einen schweren Fall, er konnte den Arm nicht bewegen, sein Gesicht war blutüberströmt. Der nächste Wagen, der vorbeikam, fuhr ihn nach Hause.

Man brachte ihn zu Bett, Therese schickte nach Ärzten. Es erwies sich, daß er den Arm gebrochen und auch sonst Verwundungen erlitten hatte, ungefährliche, doch schmerzhafte. Er wurde verbunden. Noch während die Ärzte an ihm arbeiteten, verlangte er ungestüm nach Maigron, nach Gudin. Fiebernd, behindert durch die Verbände, gab er Weisungen, diktierte Briefe. Manchmal verzog er das Gesicht zu einem glücklichen Lachen; dann aber schmerzten ihn seine Risse und Abschürfungen, daß er stöhnte.

Dem Grafen Vergennes schrieb er: aus der Tiefe seines Schmerzenslagers teile er ihm mit, er habe den edeln Auftrag, den ihm die Regierung des Königs erteilt, auf solche Art ausgeführt, daß jetzt die Amerikaner einen Sieg errungen hätten, der auf alle Zeiten neben den großen Siegen der Weltgeschichte verzeichnet bleiben werde. ›Unsere Kinder und Enkel‹, schloß er, ›werden sich den Namen einprägen: Saratoga.‹

Julie stürzte aufgeregt herbei von ihrer Rue de Condé, sie jammerte, der Kranke dürfe sich nicht überanstrengen. Aber: »Schweig, meine Liebe«, bedeutete ihr Pierre. »Dies ist ein historischer Tag; da würde ich noch aus dem Grabe aufstehen, um mitzumarschieren«, und er diktierte weiter.

Therese sorgte in ihrer stillen, tüchtigen Art für den Kranken. Sie war froh, daß ihr Pierre dazu hatte beitragen dürfen, diesen Sieg zu erringen. Aber Julie schien Thereses Pflichten nicht beflissen genug, sie übersiedelte in das Haus an der Rue Saint-Antoine, damit sie Tag und Nacht um den Bruder sein könne, und Therese ließ es geschehen.

Pierre war ein ungeduldiger Patient. Er zankte sich mit den Ärzten, weil sie ihm nicht erlauben wollten, hinüberzugehen in die Rue Vieille du Temple und selber ein Aug auf den Geschäften zu haben. Und nicht verbieten ließ er sich, Besuche zu empfangen.

Unter den Ersten, die kamen, war Monsieur Lenormant. Pierre war großmütig und deutete nur leise an, daß also Charlots Besorgnis, die Amerikaner könnten sich nicht halten, grundlos gewesen sei. Für einen winzigen Augenblick war um Charlots Lippen das fatale Lächeln; es sei schon vorgekommen, meinte er, daß sich Sieger gerade im Gefühl ihrer Kraft als schlechte Zahler erwiesen hätten.

Pierre lachte nur. Trotzdem, inmitten seines Glückes, stieg eine heimliche Sorge in ihm hoch. Er hatte sich nach besten Kräften bemüht, die Allianz herbeizuführen; sowie aber diese Allianz jetzt zustande kommt, braucht Monsieur de Vergennes keinen geheimen Agenten mehr, dann können die Arsenale des Königs vor aller Augen an Amerika liefern, dann werden sich Hunderte an die Ämter herandrängen, um

Kriegslieferungen zu erhalten, und mit der Firma Hortalez in einen Wettkampf treten.

Fürs Erste indes lagen strahlende Tage vor ihm, und die leise Befürchtung, die Charlots bösartige Anmerkung in ihm hatte hochwölken lassen, zerlöste sich rasch in der allgemeinen Anerkennung.

Denn alle kamen sie, ihn zu bemitleiden wegen seines Unfalles und ihn zu beglückwünschen; es war, als ob er persönlich die Kapitulation des Generals Burgoyne erwirkt hätte. Es sei ehrenvoll, meinte Madame de Maurepas, daß ihr Toutou, wiewohl dreitausend Meilen entfernt, in der siegreichen Schlacht Wunden davongetragen habe.

Auch der scheue Félicien kam in das Zimmer des Oheims und schaute mit bewundernden Augen auf den Mann, dem es vergönnt gewesen war, der Freiheit einen solchen Dienst zu erfechten. Und die Verehrung des Jünglings tat Pierre wohl.

Dann gar stellte sich ein Besucher ein, den Pierre als Letzten erwartet hatte: François Vaudreuil. Ja, der hochmütige Herr ließ sich herab, den Uhrmachersohn aufzusuchen. In eleganten Wendungen sprach er ihm sein Bedauern aus über den Unfall, und wenn er auch vom Sieg der Amerikaner mit leiser Ironie redete, so glaubte Pierre trotzdem, aufrichtige Anerkennung durchzuspüren für seine, Pierres, Leistung. Sichtlich war Vaudreuils Besuch mehr als ein Höflichkeitsakt. Er blieb lange, ließ sich in ein weitläufiges Gespräch über die politische Lage ein, und Pierre freute sich, mit welcher Aufmerksamkeit der große Herr seinen Ausführungen zuhörte.

Es hatte nämlich der Sieg von Saratoga Vaudreuil neuen Ansporn gegeben. Nicht nur empfand auch er den Erfolg der Amerikaner als persönlichen Triumph – denn hatte nicht er sich bei Zeiten für Franklin eingesetzt und die Begegnung mit Toinette herbeigeführt? – sondern es war ihm auch Saratoga aus andern Gründen willkommen. Das Spiel mit Toinette zog sich ihm zu lange hin, er begann die Lust daran zu verlieren, das goldene Einerlei Versailles' ödete ihn mehr und mehr an, er sehnte sich nach neuen Sensationen. Der Sieg von Saratoga hatte ihn daran erinnert, daß die Vaudreuils von jeher ein kriegerisches Geschlecht waren; sie hatten sich in den Seekriegen des Königreichs ausgezeichnet, Vaudreuils Großvater hatte als Gouverneur von Kanada

Ruhm erworben, ein anderer Vaudreuil, ein Onkel François', wurde als einer der Kriegshelden der französischen Armee gefeiert. Jetzt, durch Saratoga, fühlte sich François Vaudreuil berufen, diese Tradition fortzusetzen und an den Krieg gegen England in entscheidender Stellung teilzunehmen.

Zunächst galt es, den Dicken weiter vorzustoßen, auf daß der Krieg endlich Wirklichkeit werde. Louis war stumpf und zäh und fest entschlossen, nicht zu handeln; doch Vaudreuil war noch viel fester entschlossen, ihn durch Toinette zum Handeln zu zwingen.

Mit Vergnügen hörte Vaudreuil die feurigen und geschliffenen Argumente, welche Pierre vorbrachte, um zu erweisen, daß der sofortige Abschluß der Allianz dringendste politische Notwendigkeit sei. Er merkte sich diese Argumente gut und gab sie an Toinette weiter. Er wich nicht von ihrer Seite in diesen Tagen und redete unermüdlich auf sie ein, daß sie endlich von Louis die Erfüllung seines Versprechens erzwinge.

Toinette, von ihm gehetzt, verbiß sich denn auch immer tiefer in die amerikanische Angelegenheit. Ja, sie verbündete sich mit Maurepas und Vergennes, und als die Minister nach dem Erhalt des Briefes, in dem die amerikanischen Delegierten ihre Vertragsvorschläge erneuerten, den zögernden, zurückhaltenden Louis um eine Konferenz ersuchten, drängte sie darauf, daran teilzunehmen.

Die Minister erklärten dem König, sein Einwand, er wolle nicht als Erster an die Amerikaner herantreten, sei nun, nachdem Franklin um Verhandlungen gebeten habe, hinfällig geworden; wenn man die Amerikaner auf Antwort warten lasse, laufe man ernstlich Gefahr, daß sie sich mit England verständigten. Er habe zuverlässige Nachricht, berichtete Vergennes und wies auf eine Reihe dicker Aktenstücke hin, daß England den Doktor Franklin mit Friedensangeboten überschwemme. Louis schaute unbehaglich auf die Aktenstücke und rührte sie nicht an.

»Längeres Zögern, Sire«, erklärte energisch Toinette, »heißt die Amerikaner den Engländern in die Arme treiben.«

Doch Louis hatte einen neuen Einwand gefunden. »Sie vergessen, Madame, und Sie, meine Herren«, erwiderte er mit Würde, »daß wir die

Hände nicht frei haben. Bevor wir etwas unternehmen, was die Gefahr eines Krieges heraufbeschwören könnte, müssen wir die Zustimmung unserer Alliierten einholen. Soll ich meinen Vertrag mit Spanien brechen?« fragte er böse. »Ich begebe mich in kein Abenteuer. Ich schließe keinen Pakt mit den Rebellen, ehe ich klipp und klar und schwarz auf weiß die Zustimmung meines Vetters in Madrid habe. Ich breche mein Wort nicht. Das werden Sie nie von mir erreichen, Messieurs, und auch Sie nicht, Madame.«

Toinette wippte mit dem Fuß, tat den Mund auf zu einer Erwiderung, besann sich anders. Maurepas meinte, niemand habe daran gedacht, einen so wichtigen Vertrag zu unterschreiben, ehe man der Billigung Spaniens sicher sei. Er bitte den König um die Erlaubnis, sogleich einen Kurier nach Madrid absenden zu dürfen. »Nun ja«, brummte Louis. Aber Toinette bestand: »Unmöglich können wir den Doktor Franklin warten lassen, bis Bescheid aus Madrid kommt.« »Ich bin Spanien im Wort«, erwiderte finster Louis. »Er wird sich gedulden müssen, Ihr Doktor Franklin.« »Darf ich einen Vorschlag machen, Sire?« griff geschmeidig Vergennes ein. »Können wir mit den Amerikanern nicht offen reden? Können wir ihnen nicht wahrheitsgemäß erklären, die Regierung habe sich entschlossen, den Allianz-Vertrag zu unterschreiben, vorausgesetzt daß Spanien keinen Einwand erhebt?« Und da Louis mürrisch und bedrängt dahockte, sagte Toinette stark: »Das ist das Richtige, genau das.« Und Maurepas bekräftigte: »Ich sehe keinen andern Weg, Amerika zu verhindern, mit England zum Frieden zu kommen.«

Louis schwieg schwer und unwirsch. »Ich danke Ihnen, Messieurs«, sagte er unvermittelt. »Ich weiß jetzt Bescheid über Ihre Ansichten«, und nun blieb wohl den Herren nichts übrig, als unverrichteter Dinge abzuziehen. Hilfesuchend blickten sie auf Toinette. »Lassen Sie uns nicht so auseinandergehen, Sire«, sagte denn auch Toinette mit Nachdruck. »Geben Sie den Herren Auftrag, den Amerikanern die Antwort zu erteilen, die wir ihnen schuldig sind. Bitte, erklären Sie sich, Sire«, sagte sie, liebenswürdig, doch entschieden.

»Nun ja, also schön«, sagte Louis.

Kaum aber hatte er sich das entringen lassen, so setzte er eilig und böse hinzu: »Aber schärfen Sie den Rebellen ein, daß diese unsere Erklärung vor den Engländern streng geheimzuhalten ist. Falls durch die Schuld der Rebellen irgend etwas durchsickern sollte, dann breche ich die Verhandlungen ab und erkläre in London, daß alles erstunken und erlogen ist. Nehmen Sie das zur Kenntnis, Messieurs, und bringen Sie es den Rebellen zur Kenntnis. Dann breche ich ab, dann halte ich mich nicht mehr für gebunden.« Er hatte sich in wüsten Zorn hineingesteigert. »So«, schrie er in der Fistel, »und von jetzt an werde ich mich unter keinen Umständen mehr mit dieser Angelegenheit befassen, bevor der Bescheid aus Spanien da ist. Ich verbitte mir, daß irgendwer« – er schaute aber Toinette nicht an – »von nun an in meiner Gegenwart die Amerikaner auch nur erwähnt. Ich will jetzt Ruhe haben. Ich will meine Porzellan-Ausstellung in Ruhe durchführen.«

Die Minister entfernten sich, eilig und befriedigt. Toinette blieb zurück. »Es tut mir leid, Louis«, sagte sie nicht ohne Ironie, »daß Sie so viel Stimme haben aufwenden müssen.« »Ihr wißt nicht, was ihr tut«, sagte er müde. »Diese Herren wissen es nicht, und du weißt es schon gar nicht.« Und da sie nur ausdrucksvoll und höhnisch die Achseln zuckte, fragte er weiter: »Haben Sie sich übrigens klar gemacht, Madame, was für Sie und für mich die erste Folge sein wird, wenn der Pakt wirklich zustande kommt?« Sie wußte nicht, wohinaus er wollte. »Die nächste Folge wird sein«, führte er rachsüchtig aus, »daß wir, Sie und ich, uns werden einschränken müssen. Der Pakt bedeutet Krieg. Krieg bedeutet höhere Steuern. Und wenn wir vom Volk höhere Steuern verlangen, so müssen wir selber mit königlichem Beispiel vorangehen. Ich werde Sie deshalb zu meinem Bedauern bitten müssen, in Ihrem Etat Streichungen vorzunehmen.«

Toinette war betroffen. Sie hatte sich vorgestellt, nun, da sie so energisch für Amerika eintrete, müsse ein jeder ihre Begeisterung für die Sache des Volkes klar erkennen, und deshalb könne sie sich eher eine Steigerung ihrer Ausgaben erlauben. Aber sie sah ein, daß jetzt eine solche Beweisführung fehl am Platze wäre, und sie erwiderte mit schöner Entschlossenheit, selbstverständlich sei sie bereit, mit Freuden jedes Opfer auf sich zu nehmen im Interesse der Sache Frankreichs und der Schwächung des Erbfeinds.

Louis meinte, noch sei ja nichts entschieden. Wochen würden vergehen, ehe die Antwort Spaniens eintreffe. Er habe, fuhr er dann fort, als er ihr jenes Versprechen gegeben, nicht bedacht, auf was für einen bösen Kreuzweg er dadurch gerate. Denn nun sei er nicht nur ihr im Wort, sondern auch dem König von Spanien. Er habe die Angelegenheit mit seinem Beichtvater nach allen Seiten hin erörtert. Ein Versprechen einem ganzen Königreich gegenüber sei gewichtiger als ein Versprechen einem einzelnen gegenüber. Und wenn Spanien nicht mit einem bedingungslosen, unumwundenen Ja antworte, dann befinde er sich in einem schweren Konflikt der Pflichten und müsse es mit sich selber und mit Gott ausmachen, welchen Weg er einschlagen solle.

Da erkannte Toinette noch deutlicher als bisher, was für ein aufregendes Spiel die hohe Politik war, daß da ein Ja noch lange kein Ja war, und ihr Entschluß, diesen dumpfen und bösartigen Mann zu der Anerkennung der Vereinigten Staaten und zum Krieg mit England zu zwingen, festigte sich.

Am gleichen Tage noch forderte Vergennes den Doktor Franklin zu einer Konferenz auf. Da er aber dem zögernden Louis unter keinen Umständen einen Vorwand geben wollte, seine Einwilligung wieder zurückzunehmen, betrieb er die Verhandlungen in größter Heimlichkeit. Er bat die Emissäre nicht in seine Amtsräume in Versailles oder in Paris, sondern er ersuchte sie, sich in Versailles an einem bestimmten Platz zu einer bestimmten Stunde einzufinden. Von da wurden sie durch einen Beauftragten Monsieur Gérards in einer Mietskutsche abgeholt und nach einem Hause gebracht, das eine kleine Meile von Versailles entfernt sein mochte. Dort warteten Graf Vergennes und Monsieur de Gérard.

Der Minister erging sich zunächst über eine Reihe von Einzelheiten. Er betonte, daß Frankreich nicht an einen Eroberungskrieg denke; sein junger König wünsche weder, daß die Amerikaner für sich oder für Frankreich Kanada erobern sollten, noch wünsche er, seinen westindischen Besitzungen neue zuzufügen. Vielmehr werde er, wenn er die Vereinigten Staaten anerkenne und in den Krieg eintrete, das aus rein ideellen Motiven tun.

Franklin versuchte, sich eine Antwort auf diese geschwollenen Wendungen abzuquälen. Wenn nicht der Kongreß, sagte er, von der Menschenfreundlichkeit des Königs überzeugt wäre, dann hätte er nicht sie, die Emissäre, nach Paris geschickt.

Vergennes verneigte sich. Dann, feierlich, teilte er den Delegierten mit, daß sich der Kronrat entschlossen habe, die Vereinigten Staaten von Amerika anzuerkennen und in Verhandlungen mit ihnen einzutreten. Der König müsse aber aus Rücksicht auf die Abmachungen mit Spanien die Unterzeichnung der Verträge verschieben, bis eine Erklärung aus Madrid eingelaufen sei, daß Spanien gegen einen solchen Pakt nichts einzuwenden habe.

Eine kleine Weile war es sehr still. Dann sagte Franklin gelassen: »Wir danken Ihnen, Herr Graf, für diese sehr erfreuliche Mitteilung.« Und alle verneigten sich.

»Ich muß Sie aber nochmals darauf hinweisen, Messieurs«, sagte Vergennes, »daß Frankreich, so lange es sich nicht mit Spanien verständigt hat, keinen endgültigen Schritt zu tun in der Lage ist. Ich bitte Sie also dringlich, die Allianz als noch im Mutterschoße befindlich zu betrachten und äußerste Heimlichkeit zu wahren.« »Das versprechen wir«, sagte Franklin.

Arthur Lee, nachdem die Delegierten allein waren, murrte, daß die Franzosen ihre prinzipielle Zustimmung zu dem Vertrag auf so unwürdige Art verknüpft hätten mit der Bedingung der Heimlichkeit. »Immer werden wir hier behandelt wie Diebe und Verschwörer«, raunzte er. Doch die beiden andern ließen sich die Freude durch seine sauern Bemerkungen nicht verderben.

Es machte aber Graf Vergennes den Amerikanern seine Mitteilung am 17. Dezember, einem Samstag, das heißt, noch ehe zwei Wochen abgelaufen waren seit dem Eintreffen der Siegesnachricht.

Franklin lag daran, die Versailler Regierung festzulegen, so weit dies irgend möglich war. Er schrieb an Maurepas, er nehme mit Freuden zur Kenntnis, daß Seine Majestät entschlossen sei, die Unabhängigkeit der Vereinigten Staaten anzuerkennen und einen Allianz-Vertrag für Krieg und Frieden mit ihnen abzuschließen, und er bat den Ministerpräsidenten, dem König den Dank der Delegierten auszusprechen für seine freundliche Gesinnung.

Maurepas, als er Franklins Brief las, schüttelte den Kopf. Zugegeben, der Brief erfüllte seinen Zweck, er legte in gewisser Weise den König und die Regierung fest. Aber wie kalt, wie strohtrocken, wie wassernüchtern war das Schreiben abgefaßt. Diese Leute aus dem Westen hatten keine Manieren, sie wußten nicht, was Eleganz und Anmut ist. Dabei hätte dieser Brief des Rebellenführers an die Allerchristlichste Majestät ein historisches Dokument werden können, ein Muster und ein Beispiel.

Er überlegte, wie er selber anstelle des Amerikaners geschrieben hätte. Ja, er setzte sich hin und entwarf den Brief, wie er hätte sein sollen: ›Die außerordentliche Weisheit, mit welcher Eure Majestät die Interessen Ihres Landes den Geboten höchster Menschlichkeit zu vermählen wissen, sichert dem Bilde Eurer Majestät einen Platz nicht nur über dem Kamin jedes Amerikaners, sondern auch im Herzen der Bewohner der westlichen Hemisphäre. Ganz abgesehen von den großen materiellen Erfolgen, welche die Vorsehung diesem Bündnis der beiden fortschrittlichsten Nationen der Welt sicher nicht versagen wird: schon die ewige Liebe aller Freiheitsfreunde ist ein Entgelt, wie ihn sich ein Monarch edler nicht wünschen kann. Wenn Sie, großer König, auch den Bewohnern unseres Erdteils viele tausend Meilen fern sind, so ist diesen Bewohnern gleichwohl niemand näher als Sie. Der Prediger Salomonis hat sich geirrt: es ist nicht alles eitel. Nicht eitel ist die Liebe und Dankbarkeit Amerikas für Eure Majestät.‹ So hätte der Alte in Passy schreiben können. Und wie hat er geschrieben? ›Ich bitte Sie, Herr Ministerpräsident, dem König den Dank der Delegierten auszusprechen für seine freundliche Gesinnung.‹ Ein Barbar.

Die Verwunderung über die ungehobelte Simplizität des Mannes ließ Maurepas nicht los. Vergennes, immer in Angst, das lange Zögern des Königs könne Franklin doch noch den Anerbietungen Englands geneigt machen, legte seinem Kollegen nahe, mit Franklin zusammenzukommen und ihn höflich zu vertrösten. Maurepas griff diese Anregung mit Freuden auf.

Die Begegnung wurde mit dem gleichen umständlichen Zeremoniell der Heimlichkeit arrangiert wie die Begegnung der Amerikaner mit Vergennes.

Der Minister war in Begleitung seines Sekretärs Sallé. Er gratulierte zunächst Franklin zu seinem Erfolg; denn wenn diese Allianz zustande komme, und das werde sie, dann sei das ausschließlich sein, Doktor Franklins, Verdienst. »Es war Ihre Popularität«, erklärte er, »die es uns ermöglichte, den König von der Notwendigkeit der Allianz zu überzeugen. Ohne Ihr Meisterstück, sich in das Herz unserer liebenswürdigen Königin zu stehlen, hätten wir den Pakt nie zustande gebracht.« »Danke«, sagte Franklin.

»Was ich vor allem an Ihnen bewundere«, fuhr der unermüdliche Wesenskünder fort, »ist die Art, wie Sie Ihren Ehrgeiz sublimiert haben. Was schreiben wir doch darüber in meinen Memoiren, mein lieber Sallé?« wandte er sich an den Sekretär. »Doktor Franklin«, zitierte dieser schollerig und farblos, »ist nicht eitel im gewöhnlichen Sinne. Wir, Maurepas, hätten es zum Beispiel nicht über uns gebracht, uns die Besichtigung des gefeierten Porträts im Salon zu versagen. Franklins Eitelkeit ist höherer Art. Er hat den, nennen wir es, sportlichen Ehrgeiz, schwierigste Experimente durchzuführen. Jetzt, zuletzt, dieses schwierigste, in unser Jahrhundert eine lebensfähige Republik hineinzustellen.«

Franklin erwiderte geduldig: »Sie nennen es sportlichen Ehrgeiz, andere vielleicht nennen es Überzeugung.« »Nennen Sie es, wie Sie wollen«, antwortete konziliant Maurepas, »es bleibt ein sehr persönliches und sehr kapriziöses Bravourstück. Sie haben ja nicht mit einer kleinen Schweiz gearbeitet oder mit einem kleinen Holland. Einen ganzen Kontinent zu einer Republik zu machen, das ist allerhand. Meinen Respekt«, sagte er und deutete mit den welken Händen ein Klatschen an.

»Natürlich wird sie nicht bleiben, Ihre Republik«, fuhr er fort, beiläufig und autoritativ. »Ein Staat ohne König, das ist wie eine Hose ohne Gürtel, das hält nicht. Von uns beiden wird es ja keiner mehr erleben, aber ich bin sicher, es wird nicht lange dauern, dann wird sich Ihr Amerika zurücksehnen nach den Fleischtöpfen Ägyptens und entweder Ihren Pharao oder den unsern anflehen, er möge es unter die Schwingen eines seiner Wappentiere nehmen.« »Davon sollten Sie besser nicht reden,

Herr Graf«, ging Franklin scherzhaft auf den Ton des Ministers ein. »Unser Pharao wünscht sich heute nichts sehnlicher, als mit uns zum Frieden zu kommen.« »Ich weiß«, sagte lächelnd Maurepas, »jetzt ist er zu Kompromissen bereit. Vielleicht täten Sie nicht schlecht daran, mit ihm abzuschließen statt mit uns. Vielleicht täten auch wir nicht schlecht daran, uns mit König Georg zu verständigen. Er ist im Verlieren, da sind leicht Konzessionen aus ihm herauszuholen. Es ist nicht ausgeschlossen«, meinte er träumerisch, »daß er uns sogar Kanada zurückgäbe.«

»Wenn Ihr Herz so sehr an Kanada hängt, Herr Ministerpräsident«, erwiderte freundlich Franklin, »warum haben Sie da nicht früher die Allianz mit uns geschlossen, voriges Jahr, als uns Ihre Hilfe so viel notwendiger war? Wir hätten damals vielleicht sogar über Kanada mit uns reden lassen.« »Mit euch reden lassen, mag sein«, grinste Maurepas. »Aber gegeben hättet ihr uns Kanada niemals. Niemals hättet ihr uns an euern Grenzen geduldet. Was erzählte doch da ein gewisser Doktor Franklin in größter Öffentlichkeit über uns Franzosen?« wandte er sich an Sallé. Und der Sekretär zitierte: »›Ich denke mir, dieser ränkesüchtigen Nation wird es keineswegs unangenehm sein, sich in unsere Angelegenheiten einzumengen und das Feuer zwischen Großbritannien und seinen Kolonien zu schüren.‹« »Sieh mal an«, sagte Franklin nachdenklich, »das hab ich also gesagt. Ist es lange her?« »Nicht sehr lange«, antwortete Maurepas, und der Sekretär stellte fest: »Herr Doktor Franklin hat die Äußerung am 14. August 67 getan, also vor zehn Jahren und drei Monaten.«

»Mittlerweile«, erklärte sehr gelassen der Doktor, »habe ich mein Frankreich besser kennen gelernt. Ich sage ›mein Frankreich‹; denn mein Name weist ja darauf hin, daß ich französischen Ursprungs bin. Mittlerweile habe ich gelernt, auf diesen Ursprung stolz zu sein. Ich lege übrigens Wert darauf, meine Äußerungen immer in der gleichen Tonart zu halten. Als ich jung war, handelte ich unter anderm mit Sklaven; später habe ich, als Erster in meinem Erdteil, Bücher gegen die Sklaverei herausgebracht.« »Wenn man nicht sehr jung stirbt«, gab höflich Maurepas zu, »muß man sich wohl zuweilen widersprechen.«

»Sie sagten: Kanada«, kam Franklin auf das Thema zurück. »Graf Ver-

gennes versicherte mir, Seine Majestät weise es weit von sich, Eroberungen zu machen.« »Der König ist sehr tugendhaft«, konstatierte
Maurepas. »Aber wenn es der Himmel so fügte, daß uns unser Kanada
wieder in den Schoß fiele, dann, glaube ich, würde es Vergennes und
mir gelingen, den Monarchen zur Annahme zu überreden.«

Franklin, mit einem ganz kleinen Lächeln, fragte interessiert: »Sagen
Sie, Exzellenz, haben Sie noch Hoffnung auf den Erwerb Kanadas?«
»Mein lieber Doktor Franklin«, antwortete Maurepas, »der Mensch
hofft, so lange er atmet, und noch darüber hinaus. Sie sind ein Freigeist,
ich bin auch einer. Trotzdem werden wir vermutlich nichts dagegen haben, Sie so wenig wie ich, daß auf unsern Gräbern ein Kreuz errichtet
wird, das Symbol der Hoffnung auf Auferstehung im Fleische. Warum
sollte ich mir da keine Hoffnung auf Kanada machen?«

Doktor Franklin hatte wohl selber manchmal seine Freude an einer
zynischen Äußerung. Aber er glaubte an die Vorsehung, er glaubte, die
Menschheit gehe einen Weg, der Sinn und Zweck habe, und dieser französische Minister, der so alt war und so leer und ohne Überzeugung, ein
übertünchtes Grab, flößte ihm Abneigung ein. Mit seiner leisen Stimme erwiderte er: »Ich bin überzeugt, Herr Ministerpräsident, eine Allianz mit uns wird auch ohne Kanada dem Interesse Frankreichs ent-
sprechen. Amerika ist auf die Dauer ein soliderer Partner als England,
es ist fleißiger, einfacher, geschickter, sparsamer, tüchtiger.« Maurepas
fand diese Sätze banal und keine würdige Antwort auf seine Äußerung.
Gleichwohl rührten Franklins Worte ihn an. Der Franklin nämlich, der
sie sprach, war der Franklin des Porträts, er hatte die strengen, prüfenden Augen, den langen, entschlossenen Mund, das gewaltige Kinn, er
war ›ein Mann‹.

Doch noch während er sprach, sagte sich Franklin, sein Ernst sei vor
Maurepas nicht angebracht, und er vollendete seine Rede scherzend.
»Ich möchte hundert Jahre in einem Faß Madeira liegen«, sagte er, »und
dann auferstehen und mich umschauen, was aus unsern Ländern geworden ist.« »Das möchte ich keineswegs«, sagte entschieden Maurepas. »Ich möchte durchaus nicht wissen, was nach mir geschieht. ›Nach
uns die Sintflut‹, hat eine Dame gesagt, auf die ich ein gutes und sehr
kostspieliges Epigramm verfaßt habe. Das hübsche Wort stammt na-

türlich nicht von ihr, ich habe es schon bei Cicero gelesen, auch bei Seneca, die haben es von einem griechischen Autor. Aber es bleibt richtig, lateinisch, griechisch oder französisch. ›Wenn ich tot bin, mag die Erde in Feuer aufgehen‹«, zitierte er lateinisch.

»Mit einem Realisten wie Ihnen«, antwortete Franklin, »ist gut verhandeln, und ich freue mich, daß wir es mit Ihnen zu tun haben. Aber wenn Sie so gar nicht an den Nutzen staatsmännischer Tätigkeit glauben, warum dann ziehen Sie sich nicht lieber still zurück? Warum dann begnügen Sie sich nicht, die Geschehnisse mit Ihren Anmerkungen zu verbrämen?« »Was wollen Sie, mein Freund«, antwortete Maurepas. »Wir alten Männer müssen wohl in den Sielen sterben. Sowie wir erst aus dem Amte sind und nichts mehr zu tun haben, klappen wir zusammen.«

Franklin, als sich Maurepas verabschiedet hatte, blieb in trüber Stimmung zurück. Der Gedanke, wie er und der andere alte Mann zusammengesessen waren, umwegig redend über die Verbreiterung des bösen Krieges, die herbeizuführen sie sich beide bemühten, kratzte und quälte ihn. Von ganzem Herzen haßte er den Unsinn des Krieges. Vor kurzem hatte er eine Fabel geschrieben, da wurde ein junger Engel von Distinktion zum ersten Mal auf die Erde geschickt mit einem alten, routinierten Kuriergeist als Führer. Sie kamen auf das Schlachtfeld bei Quebec, mitten hinein in das Gemetzel und das Gestöhne und das Blut und das Elend, und der distinguierte Engel sagte zu seinem Führer: »Was hast du Trottel denn da angestellt? Du hast mich doch auf die Erde führen sollen, zu den Menschen, und jetzt hast du mich in die Hölle geführt.« »Aber nein, Monsieur«, erwiderte der Führer. »Das ist schon die Erde, und das sind Menschen. Teufel gehen nicht so wüst mit einander um.« Und dies alles wissend und spürend war er zusammengehockt mit dem andern, zwei alte Männer kurz vor dem Tode, und sie hatten die Erweiterung des Krieges vorbereitet. Er, Franklin, tat es nicht so verantwortungslos wie der andere, ihm war die Politik kein Spiel. Aber das Wort des andern: ›Wenn wir nichts mehr zu tun haben, verrecken wir‹, hatte sich in ihn eingefressen und nagte an ihm.

Es war aber in diesem Jahre der Winter sehr hart. Die vereisten Straßen behinderten die Zufuhr; Fleisch, Brot und Milch wurden teuer und spärlich in Paris, auch Holz. Kälte und Hunger war in den Elendsvierteln. Der König und mehrere große Herren gaben Erlaubnis, daß in ihren Wäldern Bruchholz aufgelesen werde, man holte sich Holz auch ohne Erlaubnis, und die glitschigen Straßen waren voll von Leuten, die mit Handkarren und Schubkarren und Hucken Holz sammelten.

Dem Hofe und der Gesellschaft bot der Winter Gelegenheit zu manchen Vergnügungen. Man trieb Eislauf auf den Seen und kleinen Gewässern, man holte die Schlitten aus den Remisen und unternahm fröhliche Fahrten.

Toinette, getrieben von Unrast, genoß diese Schlittenausflüge von Herzen. Dahinzurasen durch die strenge, fröhliche Kälte, lautlos, gleitend, tat wohl. Der ganze Fliederblaue Klüngel hielt mit. Einer wollte den andern übertreffen durch die Schönheit des Gefährtes und den Schmuck der Pferde. Toinette selber wollte ihre Schlitten immer prunkvoller haben. Goldglitzernd jagte sie dahin, das Innere ihres Schlittens war ausgemalt von Boucher, der Sitz bezogen mit rotem, schwerem Leder, kostbar gestickte Schabracken schaukelten um die Rücken der Pferde, Straußenfedern nickten von ihren Köpfen.

Die Pariser, die hungernd und frierend, von den Waldhütern argwöhnisch beobachtet, Reisig suchten, schauten der glitzernden Kavalkade scheu und böse nach. So verpulverte die Österreicherin das Vermögen Frankreichs. Zu Ende war es mit der Popularität, welche ihr die Kundgebungen für Franklin gebracht hatten. Wieder erschienen Pamphlete. Die Schlittenfahrten, hieß es, seien ein Laster der entarteten Habsburgischen Gesellschaft, und um ihres Trianon, um ihres ›Klein-Schönbrunn‹ willen lasse die Österreicherin das große Amerika vor die Hunde gehen.

Elend und Erbitterung, begründete und unbegründete, stiegen. Hungernde rotteten sich zusammen, schrien nach Brot, plünderten die Bäckerläden. Man bot Polizei auf, Militär, um die Demonstranten mit Gewalt von der Straße zu jagen.

Da war ein Chevalier d'Avelan, ein junger Leutnant, der Order hatte, die demonstrierende Menge zu zerstreuen, gegebenenfalls mit der Waffe. Er ließ seine Leute antreten, galoppierte vor die Front, schwenkte in der einen Hand seinen Hut, in der andern seine Order. »Messieurs et Medames«, rief er, »ich habe Befehl, auf ›die Canaille‹ zu feuern. Ich bitte die anständigen Leute, sich zurückzuziehen.« Man lachte, die Fischweiber, die Damen der Halle, riefen dem jungen Leutnant Liebeserklärungen zu, die Menge zog sich zurück.

Toinette riefen die Fischweiber keine Liebeserklärungen zu. Als sie sich ein nächstes Mal in Paris zeigte, hielten sie ihren Wagen auf und machten Gebrauch von ihrem alten Privileg, den Königinnen Frankreichs ihre Meinung zu sagen. In derben Worten mahnten sie Toinette, endlich ihre Pflicht zu tun und ein Junges zu werfen, wie sich das für eine anständige Frau und besonders für eine Königin schicke.

Toinette suchte mit guter Miene aus dem bösen Spiel herauszukommen und erwiderte mit ein paar gezwungenen Scherzworten. Im Innern war sie erfüllt von kaltem Grimm. Daß man von ihr den Dauphin erwartete, verstand sie. Aber den Haß, den diese Weiber offenbar darüber hinaus gegen sie trugen, den Haß, der sie aus den bösen Augen der Menge und aus den Pamphleten anfletschte, den begriff sie nicht. Was eigentlich wollte man von ihr? Hatte sie nicht dem Volk zuliebe mit dem Amerikaner gesprochen? War sie nicht dem Volk zuliebe in den Salon gegangen? Hatte sie nicht aus allen Läden in Paris die Puppen zusammengekauft, um sie den Kindern der Armen zu schicken?

Das Volk war ihr fremd; im Grunde, ohne sichs einzugestehen, verachtete sie die fünfundzwanzig Millionen, deren Herrscherin sie war. Aber sie brauchte ihre Huldigung, ihre Liebe. Als sie das erste Mal, ein Kind noch, als Dauphine feierlich in Paris eingezogen war, umdonnert vom Salut der Geschütze, zwischen Blumen, Fahnen, Triumphbögen, hatten Hunderttausende die Straßen gesäumt und ihr zugejubelt. Niemals wird sie vergessen, wie sie damals auf dem Balkon der Tuilerien gestanden war, bewegt von der Begeisterung der Menge. ›Wie glücklich ist man doch in unserm Stande‹, hatte sie damals der Mutter geschrieben, ›daß man so leicht Freundschaft und Liebe gewinnen kann. Und dabei ist das etwas so Kostbares. Das habe ich gespürt, begriffen und werde es nie vergessen.‹

Jetzt, schien es, hatte sie die Liebe ihrer Untertanen wieder einmal verspielt. Es verlangte sie sehr danach, von Neuem jene wunderbare Erhebung zu spüren, die sie emporgetragen, da sie dem gemalten Franklin ins Auge geschaut und in der Oper die Ovationen der Menge empfangen hatte. Sie sind albern, die Damen der Halle, sie sind albern, alle diese Pariser, aber man friert, wenn sie einem nicht zujubeln. Sie wird den Dicken zur Erfüllung seines Versprechens zwingen. Sie wird die Allianz und den Krieg durchsetzen, und dann werden auch diese albernen Pariser wieder umschwenken und begeistert sein.

Immer mußte sie warten. Die Fischweiber hatten ganz recht, es war schon lächerlich. Der Dicke machte sie lächerlich. Auch vor Vaudreuil. So lange und so oft hatte sie François vertröstet; es war begreiflich, wenn er zornig wurde. Sie setzte sich einen Termin. Wenn sie nicht binnen zwei Monaten schwanger war, dann wird François' Warte- und Schmachtezeit vorbei sein.

Louis befahl, ihm täglich Bericht zu erstatten über die Lebensmittel- und die Holznot in Paris. Er brütete. Die Zeit Louis' des Sechzehnten wird keine gute Zeit genannt werden in den Annalen Frankreichs, die Tacitusse des nächsten Jahrhunderts werden ihn als einen erfolglosen, der Gnade baren Herrscher bezeichnen. Ein großes Unglück reihte sich an das andere. Es hatte begonnen bei seiner Hochzeitsfeier, da auf der Place Louis Quinze Panik entstanden und so viele Menschen umgekommen waren, zertreten und erstickt. Und zu Beginn seiner Regierung waren die Brotunruhen gewesen, und jetzt war diese neue Hungersnot in dem fruchtbaren Frankreich, und die Zeiten seines Unbehagens waren Wochen und Monate, und die Zeiten seines Friedens und Behagens nur die wenigen Stunden, da es ihm vergönnt war, über seinen Büchern zu sitzen oder in seinen Wäldern zu jagen oder in seiner Werkstatt zu schmieden.

Er bemühte sich, den Elenden zu helfen. Schickte Geld, schickte Holz. Als er wahrnahm, wie sich die Holzhändler mit ihren ungenügenden Körben und Hucken abmühten, wie sie ausglitten und humpelten und sich abschleppten, stellte er ihnen seine Schlitten zur Verfügung. Es war seltsam anzuschauen, wenn die Bettler und Zerlumpten mit ihrem Holz in den Schlitten des Königs von seinen livrierten Kutschern zu ihren elenden Unterkünften gefahren wurden. Doch wenn sich die Pariser über ihn lustig machten, taten sie es gutmütig, sie sagten: ›Unser guter Dicker‹, und Ziel ihres Hasses blieb weiter die Österreicherin.

Louis las die Schmähschriften gegen Toinette, er wußte, wie verhaßt sie war, es bedrückte ihn. Er trug die Schuld; er ließ sie warten auf den Dauphin. Immer, bei allem guten Willen, geriet er in Schuld; er blieb dem Lande den Dauphin schuldig, und er verknüpfte die Sache der Monarchie mit der der Rebellen.

Doch da war inmitten all seiner Sorge und Betrübnis Ein großes Labsal. Die Porzellan-Ausstellung begann.

Louis' Mutter, die Kurprinzessin von Sachsen, hatte Erzeugnisse der Porzellanmanufaktur von Meißen in großer Menge in Versailles eingeführt, Louis hatte schon als Knabe Freude an den zierlichen Dingen gehabt, und er setzte seinen Ehrgeiz darein, daß sein Sèvres jenes Meißen übertreffe. Vom Antritt seiner Regierung an veranstaltete er immer gegen Jahresende in seinen eigenen Räumen eine Ausstellung von Sèvres-Porzellan, das er verkaufte für Zwecke der Wohltätigkeit.

Vierzehn Tage lang stand in den Appartements des Königs alles auf dem Kopf. Seine sämtlichen Privaträume wurden für die Ausstellung verwandt. Die Zeremonien, die Kleine Tafel und das Große Schau-Essen, das Coucher und das Lever wurden in andere Säle verlegt; unberührt von dem großen Wirrwarr blieben nur die Bibliothek und die Schmiede.

Er selber pflegte vieles zu stiften und erwartete, daß alle Mitglieder der königlichen Familie und des Hofes zu der Ausstellung beitrügen.

Beglückt schaute er zu, wie da die sorgsam eingewickelten Zierlichkeiten ausgepackt wurden. Auffallend zart und zärtlich mit seinen dicken Händen nahm er das Porzellan, betastete es, streichelte es. Er hatte innigen Spaß an den Formen des Porzellans, dem Decor, den schönen Farben, dem tiefen Königsblau, dem leuchtenden Gelb, dem satten Rosa. Jeder Gruppe und jeder Figur suchte er den Platz, auf dem sie sich am besten ausnahm, und bei jedem einzelnen Stück überlegte er, welchen Preis man wohl dafür verlangen könne.

Dann, durch die Vorhänge, spähte er, wie die Käufer kamen, und belauschte, was sie sagten. Er war unglücklich, wenn dieses oder jenes

Stück nicht gefiel. Aber manchmal auch freute er sich über das Unver-
kaufte; denn so hatte er Ware für die große Auktion, welche die Ausstellung beschließen sollte.

Unter denen, die kamen und kauften, war Monsieur de Beaumarchais.
Er war hübsch angezogen, passend zu der Gelegenheit; Louis konnte
nicht umhin, wahrzunehmen, daß dieser freche, aufsässige Monsieur
de Beaumarchais, den er nicht leiden konnte, so anmutig unter den Porzellanfiguren herumging, als wäre er selber eine von ihnen.

Er kaufte vieles, der Name Beaumarchais stand weit oben auf der Liste.
Louis ärgerte sich ein wenig, andernteils freute er sich der 4 250 Livres.

An einem andern Tag ging Monsieur Lenormant d'Etioles zwischen
den Figuren herum, traurig und kennerisch. Er liebte Porzellan. Seine
Jeanne, die Pompadour, war vernarrt gewesen in Porzellan, sie hatte
sich in Bellevue ein Gewächshaus mit Porzellanblumen einrichten lassen, eine Million hatte sie dafür ausgegeben. Sie hätte ihre Freude gehabt
an den Fortschritten, welche die Technik mittlerweile gemacht hatte.
Sie ist nicht alt geworden, seine Jeanne. Es war eine Last von ihm gefallen, als sie starb, eine Menge von Konfliktstoffen wurde dadurch aus
seinem Leben getilgt, aber leid war es ihm doch gewesen, bestimmt
mehr leid als jenem Louis, der sie ihm weggenommen hatte. Nicht einmal an ihrer Beerdigung hatte er teilgenommen, der alte, geile Schuft
von einem König, nur aus dem Fenster hatte er dem Leichenzug nach-
geschaut, wahrscheinlich sehr froh, daß er sie los war; denn so sehr er
sie brauchte, ihre starke Persönlichkeit hatte ihn bedrückt.

Und plötzlich nahm Charlot wahr, daß der Raum, in dem er eben jetzt
zwischen dem ausgestellten Porzellan herumging, das Schlafzimmer
war der hochseligen Majestät, des Schurken Louis' des Fünfzehnten. Ja,
hier in diesem Raum war er verreckt an den Blattern, die er sich geholt
hatte, als er mit einem kleinen Mädchen schlief. Gräßlich aufgeschwol-
len, übersät mit Pusteln, Gestank weithin durch das riesige Schloß ver-
breitend, war er bei lebendigem Leibe verfault, der Lump, der Allerchristlichste König. Seine letzte Geliebte, die Dubarry, hatte trotz des
Gestankes bei ihm ausgehalten, man hatte sie mit Gewalt wegbringen
müssen. Wenn er, Charlot, auf solche Art stürbe, würde vermutlich von
den Frauen, mit denen er galante Worte und die Genüsse des Leibes aus-

tauschte, keine bei ihm aushalten, und bestimmt nicht Désirée. Solche Gedanken gingen ihm durch den Kopf, während er die Porzellanfiguren musterte; er suchte, was er Désirée schenken könnte. Schließlich wählte er eine Uhr, die getragen wurde von einem chinesischen Gott; es war das aber wohl ein Gott des Glückes und des Reichtums, ein ungeheuer dicker, nackter Mann, satt und traurig, ein weises Sinnbild des Glücks.

Und dann war es so weit, der Tag der Auktion war da.

Geladen waren zu dieser Veranstaltung nur die Mitglieder der königlichen Familie und ihre nächsten Freunde.

Zunächst wurde groß getafelt. Die Küche Versailles' war die berühmteste der Welt, und für diesen Abend hatten Louis' Küchenchefs auf sein Verlangen sehr hohe Leistungen vollbracht. Selbst Madame Joséphine, Prinz Xaviers Frau, war angeregt von der Köstlichkeit der Speisen. Madame Joséphine war häßlich, spießig und zeigte sich selten bei Hofe. Doch da sie ausgezeichnet kochte und es gewisse italienische Gerichte nur in ihrem Hause gab, und da beide Brüder, Louis und Xavier, sehr genäschig waren, speisten sie manchmal bei ihr, um sich diese Gerichte vorsetzen zu lassen. Gut gelaunt heute versicherte Louis der Schwägerin, sein Diner entbehre eines letzten Reizes, da seine Chefs ihre Pasticcie nicht herzustellen vermöchten. Madame Joséphine lachte plump und geschmeichelt. »Die Rezepte kriegen Sie nicht, Sire«, sagte sie, »nicht für Frankreich.«

Prinz Xavier runzelte die Stirn und schnaufte. Jedermann wußte, daß er sich Hoffnungen auf den Thron machte, den er ganz anders geziert hätte als sein Bruder Louis, und nachdem dessen Operation offenbar nicht gefruchtet hatte, waren seine Hoffnungen höchst berechtigt. Gerade deshalb war die Äußerung seiner dummen Pute von Frau doppelt ungehörig. Das Geschick hatte ihm Frankreich bestimmt, auch ohne daß sie ihr albernes Rezept hergab. »Man gönnt Ihnen das Geheimnis Ihrer Pasticcie, Madame«, sagte er ungnädig. »Louis' Küche ist untadelig. Hierin ist er uns ebenbürtig, das kann niemand bestreiten«, und er betonte das ›hierin‹. Doch Louis ließ sich durch seine Stichelei die Laune nicht verderben. »Schweig, iß und freue dich des Lebens«, sagte er gutmütig.

Bald nach Tafel begann die Auktion. Zuerst machte Monsieur d'Angivillers den Auktionator. Der würdige Hofmann bestrebte sich, Louis zu gefallen und seine Anpreisungen mit allerlei Witzen zu verbrämen. Es gelang ihm nicht recht, aber die Stimmung blieb fröhlich, die andern halfen ihm freundlich nach. Louis selber machte grobe Späße und war dankbar für jede humoristische Anmerkung.

Da ihm ein paar Sätze Vaudreuils besonders gefielen, bat er ihn, die Versteigerung der nächsten Gruppen zu übernehmen.

François Vaudreuil träumte immer ungeduldiger von dem bevorstehenden Kriege. Er träumte sich an der Spitze eines Geschwaders, er träumte sich an der Spitze eines Heeres, das in England einfiel, in Harwich oder in Portsmouth, und er fand es abstrus und erbitternd, daß die Zeit und die Ausführung seiner Pläne abhingen von den Entscheidungen dieses dicken, plumpen, kindischen, phlegmatischen, vulgären Louis. Aber Vaudreuil war klug und zielbewußt, und da nun einmal der Dicke der Monarch war, trachtete er, ihm zu gefallen. Er war ein begabter Schauspieler, und es glückte ihm, beim Ausbieten des Porzellans ein Jahrmarktschreier zu sein und gleichzeitig der große Herr, der er war. Vor allem die Damen wußten das zu würdigen, Gabriele, Diane, Toinette.

Man amüsierte sich sehr bei dieser Auktion und gab sich so jung und kindisch, wie man war. Louis war vierundzwanzig Jahre alt, Xavier dreiundzwanzig, Prinz Karl einundzwanzig, ihre Frauen waren noch jünger. Man ließ sich gehen und überbot einander in mehr oder minder albernen Witzen. Louis hatte humoristische Gruppen herstellen lassen; ihr derber, erotischer oder fäkalischer Humor kam zu besonderer Geltung durch den Kontrast des zarten und delikaten Stoffes, in dem sie ausgeführt waren. Diese Gruppen hatte Louis hinter einem Vorhang aufgestellt, und immer wieder verschwanden die Damen hinter diesem Vorhang und kamen kichernd und gekitzelt zurück. Man lachte über alles und über nichts.

Ein einziges Mal entstand ein Mißton. Das war, als eine Gruppe versteigert wurde, mit der Prinz Xavier Louis zu überraschen gedacht hatte. Es war aber eine seltsame Gruppe: auf einem merkwürdigen Tier, einer Art Einhorn, ritt Pantalon. Unbehaglich beschaute Louis die Gruppe; was wollte sein Bruder damit? Pantalon, der betrogene Ehemann, und das Einhorn, war es etwas Anzügliches, Unzüchtiges? »Gibt es eigentlich solch ein Tier, wie Sie es da haben modellieren lassen, Xavier?« fragte er. Xavier geriet sogleich in Ärger. Der dumme Louis schien es gar nicht zu merken, daß er selber Pantalon war, der betrogene Ehemann. Und solch ein Mensch hatte die Entscheidungen zu treffen über die Anerkennung der Vereinigten Staaten und den Krieg mit England. Vorgeschwebt hatte ihm, Xavier, ein Tier, das, wiewohl ein Fabelwesen, dennoch denkbar und glaubhaft sein sollte; allzu pedantisch durfte man es natürlich nicht anschauen. Aber nun Louis die Denkbarkeit und Glaubhaftigkeit seines Einhorns in Frage stellte, antwortete er hochmütig, er habe mit Buffon, dem großen Naturforscher, über das Tier gesprochen, und dieser sowohl wie andere Autoritäten hätten ihm bestätigt, die Existenz solch eines Tieres sei möglich, ja, wahrscheinlich. Louis grinste breit. »Das ist pure Erfindung von dir«, sagte er, »und zwar hast du es erst gerade jetzt erfunden, in diesem Augenblick.« Daß das stimmte, brachte den Prinzen Xavier noch mehr auf, und er widersprach heftig. Streitbar standen sich die Brüder gegenüber, sie schauten aus wie riesige Säuglinge, einander sehr ähnlich mit ihren fetten Gesichtern, die merkwürdig gemischt waren aus Zügen von bourbonischer Kraft und aus kindisch unentwickelten Zügen.

Prinz Karl hatte seine Freude an dem Zank und schürte. Xavier schrie in der Fistel, Louis schrie in der Fistel. Bis Xavier, das dicke Gesicht verzerrt vor Wut, sein Einhorn mit dem Pantalon packte und die Gruppe auf den Boden schmiß, daß sie in Stücke splitterte. »Wenn Ihnen meine Geschenke nicht passen, Sire«, sagte er blaß, höflich und herausfordernd, »dann muß ich mich eben damit abfinden.« Betretenes Schweigen war. Aber: »Armer Pantalon«, sagte Vaudreuil, glitt gewandt über die Peinlichkeit weg und begann, eine Gruppe zu versteigern, welche den Titel führte: ›Buen Retiro‹ und einen Bauernburschen zeigte, der schlafend lag, den Kopf auf der dicken Hüfte einer Schäferin.

Die Auktion dauerte lang und verlief sehr glücklich. Als man zu Ende war, forderte Louis Monsieur d'Angivillers auf, das Resultat zusammenzurechnen. »Es muß ein großer Erfolg gewesen sein«, sagte er strahlend, und da sich die Errechnung der Endsumme hinzog, suchte er sie aus dem Kopf zu errechnen. »Die Auktion muß an die 140 000 Livres gebracht haben«, stellte er fest.

Sie hatte 138 226 Livres gebracht. »Was habe ich gesagt?« freute er sich. »In Kopfrechnen bist du nicht schlecht«, anerkannte Prinz Xavier. »Mit der Auktion zusammen«, konstatierte Louis, »hat die Ausstellung 382 749 Livres abgeworfen, 121 215 Livres mehr als voriges Jahr.« »382 700 Livres«, sagte Prinz Xavier. »Da können wir ja mit Ruhe in den Krieg hineingehen.«

Pierre hatte recht gehabt, der Sieg von Saratoga hatte sein persönliches Ansehen sehr erhöht, doch nicht das Ansehen der Firma Hortalez. Zwar halfen ihm die unmittelbaren Gewinne, die ihm jetzt, nach Saratoga, aus seinen Spekulationen zuflossen, über Dringlichstes hinweg, aber offenbar teilten die Geschäftsleute seine Meinung, daß mit dem Eintritt Frankreichs in den Krieg die wichtigste Funktion der Firma Hortalez beendet sein werde; man brauchte dann für die Lieferungen nach Amerika keinen geheimen Agenten mehr. Es hatte also der Triumph der Waffen, welche die Firma Hortalez geliefert hatte, zur Folge, daß die Gläubiger der Firma auf rascheste Befriedigung ihrer Forderungen drängten. Und eines Tages erschien bei Pierre, der noch immer nicht ausgehen konnte, Maigron und erklärte wieder einmal in seiner trockenen Art, er wisse keinen Weg, die in der nächsten Woche fälligen Wechsel zu zahlen.

Pierre lachte, amüsiert und zornig. Vor Désirée – denn niemand verstand das besser als sie – erging er sich über das Lustig-Bittere seiner Situation. Er hatte den Amerikanern die Waffen geliefert, die ihnen die Losreißung ihrer Staaten von dem tyrannischen Mutterland ermöglichten. Und wie hatten sie ihm das gelohnt? An diesem 20. Dezember hatte er an den Kongreß Forderungen für mehr als sechs Millionen Livres, und erhalten hatte er während dieser ganzen ein einhalb Jahre Waren im Betrag von knapp 150 000 Livres. Heute, da nicht zuletzt dank seiner Intervention die amerikanische Sache siegreich war, drückten ihn seine läppischen Sorgen um flüssiges Geld empfindlicher als je.

»Das alte Lied«, sagte Désirée. Sie tätschelte freundlich seine Hand, verständnisvoll, doch schien sie nicht weiter bewegt. Aber sie war bewegt. War empört. Empört vor allem über Einen Mann, über Pierres Freund, über Charlot.

Auf dem Sofa ihres Boudoirs lag sie, die Beine angezogen, auf dem Rücken schaukelnd, eine senkrechte Falte zwischen den Brauen, ihre Augen schielten nachdenklich nach ihrer Nase, ihr krauses, spitzbübisches Gesicht war ungewohnt ernsthaft. Ihr gegenüber auf der Konsole tickte die Uhr, welche ihr Lenormant geschickt hatte, und der dicke, nackte Gott, der sie trug, schaute auf sie satt und traurig und, wie ihr schien, höhnisch.

Mademoiselle Désirée Mesnard war eine der großen Schauspielerinnen des Théâtre Français, das wurde man nicht, ohne durch viele Erlebnisse weltklug geworden zu sein. Désirée war realistisch, lustig und gescheit. Es wunderte sie nicht weiter, daß Amerika Pierres Verdienste mit Undank lohnte; verwunderlich wäre es gewesen, wenn er dafür bedankt würde. Aber maßlos zornig war sie über diesen Gott des Reichtums, diesen chinesischen Mammon, ihren Freund Charlot.

Sie fuhr nach Etioles. Auf der Fahrt überlegte sie. Für einen Mann wie Charlot, der auf lange Sicht rechnen konnte, bedeutete es kein Risiko, Pierre einen Kredit auf Jahre hinaus zu geben. Wenn er das nicht tat, so war es einfach eine Gemeinheit, verursacht wahrscheinlich durch Eifersucht. Sie hatte die querköpfigen, menschenfeindlichen Launen Charlots satt. Sie wird ihm andeuten, daß sie von ihm Hilfe für Pierre erwarte. Wenn er dann Pierre weiter hängen ließ, so wird sie ihm den Abschied geben.

Beiläufig warf sie Lenormant hin, Pierre sei in Verlegenheit und bedürfe freundschaftlicher Hilfe. »Wann täte er das nicht?« meinte Lenormant. Désirée schilderte mit ein paar Sätzen, wie Pierre, ein zweiter Tantalus, mitten in der Fülle verdurste. »Verdurstet er?« fragte Charlot. »Ja«, antwortete Désirée, »und inmitten der Fülle«, und da sie eine geübte Schauspielerin war, betonte sie diese letzten Worte kaum merklich und doch so, daß sich Lenormant darüber klar werden mußte: ihr Hinweis war ein Ultimatum.

Der scharfsichtige Geschäftsmann Lenormant hatte erwartet, daß die Firma Hortalez gerade durch den amerikanischen Sieg in Verlegenheit geraten werde. Er hatte das Seine dazu getan, diese Verlegenheit noch enger zu machen, und wenn man Pierre überall Kredit verweigerte, so war das nicht zuletzt auf Monsieur Lenormant zurückzuführen.

Als ihm jetzt Désirée eröffnete, es sei so weit, Pierrot stehe wieder einmal vor dem Bankrott, reifte in ihm ein Projekt, wie er den Wunsch Désirées erfüllen, sich großmütig zeigen, ein riesiges Geschäft machen und Pierrot für immer an die Wand drücken könnte.

Er ging zu Pierre, der noch immer das Zimmer hüten mußte, und legte ihm dar, wie er über die Situation der Firma Hortalez dachte. Die Firma hatte hohe, kurzfristige Verpflichtungen. Die amerikanischen Guthaben konnten, wenn überhaupt, keinesfalls vor Ende des zu erwartenden Krieges eingetrieben werden. Kredite waren jetzt, da man sich von Investierungen hohe und schnelle Gewinne versprach, für die Firma Hortalez nicht zu haben. Der Bankrott war somit nur eine Frage der Zeit.

Was er, Charlot, an seiner Stelle täte, fragte Pierre.

Er habe sich, antwortete langsam und leise Lenormant, einen Ausweg ausgedacht, bei dem Pierre bestimmt auf seine Rechnung kommen und er, Lenormant, bei einigem Glücke nicht einmal allzu viel verlieren werde. Wert hätten die Guthaben der Firma nur für Leute, die lange warten könnten, Einfluß hätten und bereit seien, ein Risiko einzugehen. Solche Männer gebe es wahrscheinlich im ganzen Königreich Frankreich kein halbes Dutzend, und bei den verlockenden Gewinnmöglichkeiten des bevorstehenden Krieges werde sich schwerlich einer dieser Männer für seine Investierungen gerade die Firma Hortalez aussuchen. »Und da sitze ich nun«, fuhr Charlot mit seiner fettigen Stimme fort und wurde noch leiser, »und fühle in mir die Verpflichtung vor der Begabung und den Idealen meines Freundes Pierrot und mache ihm folgenden Vorschlag: ich übernehme die Firma Hortalez, wie sie steht und liegt, mit Guthaben und mit Schulden, und ich zahle Monsieur Pierre Caron de Beaumarchais eine Million Livres in bar.«

Pierre schwieg, beinahe betäubt von diesem Angebot.

Lenormant, nach einer kleinen Weile, fuhr fort: »Ich brauche einem Manne von Ihrem Witz nicht zu sagen, welche Geschäfte man angesichts des bevorstehenden Krieges mit einer Million bar machen kann. Eine Million Livres in diesem Dezember 77 ist so viel wert wie drei Millionen im April 78. Aber Ihre Freundschaft ist mir mehr wert als diese Million, beziehungsweise diese Millionen. Ein paar Dinge aus Ihrem Privatbesitz möchte ich auch gern als Dreingabe haben, als Beweis Ihrer Freundschaft, zum Beispiel den Gladiator auf Ihrem Hof und den Kaminmantel hier, und wenn Sie großzügig sein wollen, dann überlassen Sie mir dazu das Porträt unserer Freundin Désirée.«

Pierre war blaß geworden vor so viel Frechheit und so viel Generosität. Was Charlot über die geschäftliche Lage der Firma geäußert hatte, war hart ausgedrückt, aber es stimmte. Und ohne Schulden zu sein und eine runde, bare Million Livres zur Verfügung zu haben in dieser Zeit, da sich ein Livre, wenn man ihn nur hatte, im Handumdrehen in fünfe verwandelte, das war eine große Verlockung.

Lenormant war aufgestanden, mit jäher Bewegung, und die Hündin Caprice richtete sich hoch und knurrte; das geschah kaum je sonst.

»Couche, Caprice«, sagte Pierre.

»Überlegen Sie meinen Vorschlag, Pierrot«, sagte freundlich Lenormant und schaute ihn ruhig aus seinen schleierigen Augen an. »Meinen Preis bietet Ihnen kein anderer, das wissen Sie. Und auf Eines muß ich Sie aufmerksam machen. Wenn Sie jetzt nicht zugreifen und wenn Sie dann in zwei oder in vier Wochen zu mir kommen und mir die Firma Hortalez für 100 000 Livres anbieten oder für 50 000 oder auch nur für eine Olive, dann verdenken Sie mirs, bitte, nicht, wenn ich Ihnen die Olive nicht gebe. Freundschaftliche Impulse von solcher Tragweite hat man nicht alle Tage.« Pierre dachte: ›Den Gladiator will er haben und das Porträt Désirées‹, und er sah im Geiste seinen Kamin, nackt, ohne den karrarischen Mantel, und es stand in ihm eine ungeheure Wut auf, und es lüstete ihn, Charlot mit einem unflätigen und schmissigen Satz hinauszuwerfen. Aber gleichzeitig dachte es in ihm: ›Alle Schulden los sein, es ist weit mehr als eine Million, und dazu eine Million in bar.‹ Nein, wenn so viel auf dem Spiele stand, konnte sich auch ein Beaumarchais keinen Wutausbruch und keine noch so glänzende Antwort leisten.

Mit heiterer Miene, doch etwas farblos, erwiderte er: »Ihr Vorschlag kommt überraschend, Charlot, und Sie müssen mir erlauben, etwas zu tun, was ich von Ihnen gelernt habe: ihn eine Nacht zu überschlafen.«

»Tun Sie das, mein Alter«, sagte Lenormant und ging.

Pierre, allein, saß und dachte. »Ein Problem«, erzählte er der Hündin Caprice, »ein Dilemma.« Wenn er annahm, wird es ein Sieg für Charlot sein. Sogar sichtbare Trophäen hatte sich Charlot ausbedungen, den Gladiator, Désirées Porträt. Anderernteils hatte er, Pierre, sein ideelles Ziel erreicht, die Anerkennung der Vereinigten Staaten, die Sicherung ihrer Unabhängigkeit. Er hatte seine Sendung erfüllt, sein historisches Verdienst stand fest, er hatte das Recht, die Firma Hortalez aufzugeben. Die Mitwelt hatte doch nur Undank für ihn, und aus einer Million Livres bar konnte man in dieser Zeit schnell fünf Millionen machen. »Ein Problem, Caprice«, sagte er, »eine große Verlockung«, und war auf einmal furchtbar müde. Wie schön wäre es, sich auf seinen soliden Holzhandel zu beschränken, auf die Politik, auf ein paar sichere Geschäfte mit Kriegslieferungen und auf die Literatur. Auch ein bißchen reisen könnte er, mit seinem guten Philippe. Wie war ihm wohl gewesen, als er noch Muße hatte, sich mit der Natur zu befassen, bei seinen Geschäftsreisen in der Touraine zum Beispiel. Wie froh und erhoben hatte er sich in Forst und Wald gefühlt, wenn er hingefahren war nach Chinon, um den Holzschlag in seinen Wäldern zu beaufsichtigen. Wahrhaftig, er hatte das Recht, Amerika sich selber zu überlassen und der eigenen Seele zu leben.

Désirée indes, als er ihr Lenormants Angebot mitteilte, sah dahinter nichts als bösen, menschenfeindlichen Spott. So hatte sie sich Charlots Hilfe nicht gedacht. Pierre, vor ihrem entschiedenen Zorne, vergaß, daß er den Vorschlag ernstlich erwogen hatte, und spürte nurmehr Wut.

Désirée fuhr hinaus nach Etioles, im Schlitten. Sie war eine große Schauspielerin, sie war Verschwendung ihrem Rufe schuldig, ihr Schlitten konnte es mit dem Toinettes aufnehmen. So, golden klingelnd und voll Empörung, fuhr sie nach Etioles.

Alle waren wir zynisch, das war selbstverständlich. Aber Lenormants Menschenhaß und Hohn war mehr, als sie zu ertragen willens war. Das Allerniederträchtigste war, daß er seine Rache und Eifersucht auch noch mit Rechenhaftem mischte und daraus Profit zu brauen suchte. Nein, lieber sollte Pierre großartig zu Grunde gehen, als seine Leistung so schmählich an Charlot verkaufen. Pierrot hatte auf diesem Kontinent mehr getan als irgendwer sonst, der Sache der Vereinigten Staaten zum Sieg zu verhelfen; Saratoga war undenkbar ohne Pierre. Und daß nun Charlot ihn nicht nur um den materiellen, sondern auch um den ideellen Ertrag seines Mutes und seiner Mühe prellen wollte, das war zu viel. Denn wenn die Firma Hortalez Charlot anheimgefallen wäre, dann hätte es dieser fertig gebracht, so Eines mit der Firma zu werden, daß schließlich die Waffensendungen und Saratoga und das ganze geschichtliche Verdienst ihm zugeschrieben worden wären.

Der Schlitten glitt dahin, die Schellen klingelten, der Kopfputz der Pferde nickte, Désirée saß in Pelze gehüllt, klein, zierlich, entschlossen und böse. Sie hatte mit Charlot geschlafen, sie hatte seine sonderbaren, zerklüfteten, bösartigen Launen hingenommen. Er war fähig, gefährlich, interessant, er hatte ihr oft gefallen. Es war töricht, mit ihm zu brechen. Trotzdem wird sie es tun. Daß er Pierre aus purem, launischem Haß, weil er auf ihn eifersüchtig war, bestehlen und verderben wollte, das ließ sie ihm nicht durchgehen.

Sie fuhr durch das Portal mit der Aufschrift: Vanitas, vanitatum vanitas. Stand vor Charlot. Er schälte sie aus ihren Pelzen. »Sie haben sich Ihrem Freunde Pierre gegenüber benommen wie ein Schuft, Monsieur«, sagte sie. Lenormant war erblaßt, aber er lächelte. »Ich weiß durchaus nicht, was Sie wollen, meine Freundin«, sagte er. »Ich habe unserm Pierre angeboten, ihn vor dem Bankrott zu retten und ihm eine Million zu schenken.« »Sie wissen auf den I-Punkt genau, was ich meine«, sagte mit ihrer geübten, entschiedenen Stimme Désirée. Lenormants runde, traurige, tiefliegende Augen schleierten sich noch mehr. »Ich weiß, daß ich mißverstanden werde«, sagte er, und sehr leise setzte er hinzu: »Das wurde ich mehrmals in entscheidenden Situationen.«

Diese Worte und wie Charlot sie sagte, rührten Désirée an. Aber gerade weil sie spürte, daß er ehrlich war und daß die Erinnerung an Jeanne ihn nicht los ließ und schuld war an seinem zerspaltenen Wesen, sagte sie: »Wenn Ihnen an mir liegt – und ich glaube in der Tat, daß Sie mich mögen – dann haben Sie allerdings Ursache, diese Situation mit einer gewissen andern zu vergleichen. Es ist nämlich das letzte Mal, daß Sie mich hier sehen.«

Monsieur Lenormant zweifelte nicht, daß es Désirée ernst meinte. Da stand sie, frech, jung und überlegen, hatte ihn in der Hand und wußte es. Zorn und Rachsucht waren in ihm, und es verlangte ihn, dieses kleine, hübsche, unverschämte Reptil zu zertreten. Gleichzeitig aber wurmte in ihm der alte Schmerz, die Erinnerung jener bittern, zermalmenden Minute, da er erfuhr, daß Jeanne ihn verlassen hatte und nach Versailles übersiedelt war. Diese Désirée hatte ihn noch nicht verlassen, da stand sie noch in seiner Atemnähe, aber sie hatte ihm gedroht, daß sie ihn verlassen werde, und sie wird es tun. Jeanne war wenigstens nach Versailles gegangen, zum König, zu einem Lumpen von König, der aber großartig aussah und bereit war, ihr zu geben, was ihr Herz begehrte, Macht, Glanz, Reichtum. Diese Désirée ging zu Pierrot, dem eiteln, lächerlichen Pierrot, der sich vermaß, Dinge anzufangen, die seine Kraft berghoch überstiegen, zu dem Schlucker und Großsprecher. Er hatte sich überwunden und sie geteilt mit dem Schlucker, jetzt wollte sie ihm nicht einmal mehr diesen Teil lassen, jetzt ging sie zu dem Schlucker ganz und für immer. Aber das sollte sie nicht. Er hatte, als Jeanne zu ihm zurück wollte, sie abgewiesen aus Würde. Er wollte kein zweites Mal den großen, ungeheuren Fehler machen, das, woran sein Leben hing, zu opfern für Würde. Was war Würde? Ein Schatten, ein Dreck. Diese Désirée war keine Jeanne, aber auch sie war etwas großartig Lebendiges, Strahlendes. Ein Vers klang in ihm hoch, ein lateinischer Vers: ›Ver vide. Ut tota floret, ut olet, ut nitida nitet. Der Frühling ist sie. Wie sie blüht über und über, wie sie duftet, wie sie glänzend glänzt.‹

»Bleiben Sie bei mir, Désirée«, bat er, heiser. Désirée, sachlich, fragte: »Wollen Sie ihm helfen?« Keinen Augenblick überlegte er. »Nein«, schoß es aus ihm heraus, »niemals.« Und dann, nach noch nicht zwei Sekunden, sagte er: »Aber ich will Sie heiraten.«

Eher hätte sie erwartet, daß er sich auf sie stürzen, auf sie einschlagen werde mit dem nächsten harten Gegenstand. ›Ich will Sie heiraten‹, er bot es ihr an mit den kürzesten Worten. Es wäre Triumph, auf Schloß Etioles einzuziehen als Madame Lenormant d'Etioles, Hof zu halten, die Kollegen auf ihrer Bühne spielen zu lassen zu ihrer und ihrer Gäste Unterhaltung, gleichberechtigt zu sein mit François Vaudreuil. Und

Charlot war kein junger Mann, sie würde nicht lange mit ihm zusammenleben müssen, und wenn er sie erst geheiratet hat, dann wird er sich aufzehren in Genuß, Wut und Trauer. Es war ein blauer Gipfel, der da vor ihr aufragte.

›Ich will es mir überlegen‹, wollte sie sagen. Da sah sie sich selber, wie sie, noch kaum drei Stunden war es her, es für selbstverständlich gehalten hatte, daß ihr Freund Pierre auf Reichtum und Sorglosigkeit verzichte, weil Reichtum und Sorglosigkeit zu bezahlen gewesen wären mit einer großen Demütigung. Sie hätte ihre Herrschaft auf Schloß Etioles bezahlen müssen mit einem kleinen Verrat an Pierre.

Aber Etioles war ein großer Glanz, und was ist schon ein kleiner Verrat? ›Ich will es mir überlegen‹, setzte sie an zu sagen. Da war vor ihr das frische, schlaue, naive, gescheite Gesicht ihres Freundes Pierre, und: »Nein, Charlot«, sagte sie, »Danke, Charlot«, sagte sie und ging.

Als Pierre vor Silas Deane über seine Enttäuschung klagte und über die schweren Nöte, in welche das bösartige Phlegma des Kongresses ihn versetzte, gestand Silas Deane zum ersten Mal offen und kummervoll ein, er könne ihm nicht helfen, er sei machtlos vor den Intrigen Arthur Lee's. Er ereiferte sich über die Undankbarkeit, die auch er vom Kongreß zu erfahren habe. Er schüttete Pierre sein Herz aus. Heiß wünsche er, seinen Namen unter den Vertrag zu setzen, an dessen Zustandekommen er so viel Mühe und Herzensnot gewandt habe. Nun aber müsse er von einem Tag zum andern fürchten, es werde ein neuer Kommissar des Kongresses eintreffen, um ihn abzulösen, und dann sei ihm auch diese Ehre verloren.

So bitter klagte der enttäuschte Mann, daß schließlich Pierre ihn trösten mußte. Der tiefste Punkt sei für sie beide erreicht, erklärte er, dafür habe er ein sicheres Gefühl. Der große Tag des Vertragsabschlusses stehe unmittelbar bevor. Bestimmt werde Silas Deane es sein, dessen Unterschrift das welthistorische Dokument tragen werde. Und dann werde es ihm leicht fallen, vor dem Kongreß die Anklagen seines erbärmlichen Gegners als das zu enthüllen, was sie seien, als giftige Verleumdungen. Schade nur, daß vermutlich auch Arthur Lee den Allianzvertrag unterzeichnen und so die edle Urkunde entstellen werde.

Mitten in seinen beredten Erörterungen unterbrach sich Pierre. Eine Idee war ihm gekommen. Wenn er schon, meinte er, vom Kongreß kein Geld erhalten könne, so habe er doch zumindest Anspruch darauf, dem feierlichen Akt der Unterzeichnung beizuwohnen, zu dessen Gelingen ja auch er einiges beigetragen habe. »Der Bürger Beaumarchais«, schloß er mit Schwung, »wünscht Zeuge zu sein, wenn der Bürger Franklin den Vertrag zwischen Frankreich und Amerika unterzeichnet.«

Silas Deane, durch Pierres Zuspruch erleichtert, erwiderte, was da Pierre wünsche, sei nicht mehr als recht und billig, und er versprach, bei Franklin zur gegebenen Zeit Beaumarchais' Anregung zur Sprache zu bringen.

Übrigens schienen sich Pierres Dinge in der Tat zum Bessern wenden zu wollen. Schon am Tag nach seiner Unterredung mit Deane erhielt er aus Amerika Nachricht, die über Erwarten günstig war. Es habe sich, schrieb Paul, die Aussicht der Firma, Zahlung zu erhalten, durch den Sieg von Saratoga sehr verbessert. Schon mit dem nächsten Schiff werde er imstande sein, Waren im Werte von 180 000 bis 200 000 Livres zu schicken. Vor allem aber habe er erwirkt, daß der Kongreß die Verdienste Monsieur de Beaumarchais' voll anerkenne und damit im Prinzip wohl auch seine Rechnungen; Pierre werde das ersehen aus einem amtlichen Schreiben, das vermutlich schon mit dem gleichen Schiff an ihn abgehe.

Es traf denn auch am nächsten Tag ein Brief ein, der gezeichnet war von John Jay, dem Präsidenten des Kongresses. Er lautete: ›Sehr verehrter Herr, der Kongreß der Vereinigten Staaten von Amerika anerkennt die außerordentlichen Leistungen, die Sie für ihn vollbracht haben, spricht Ihnen Dank aus und versichert Sie seiner höchsten Achtung. Der Kongreß bedauert das Mißgeschick und die Ungelegenheiten, die Ihnen widerfuhren dadurch, daß Sie die Vereinigten Staaten unterstützten. Unglückliche Umstände haben den Kongreß bis jetzt verhindert, seine Verpflichtungen zu erfüllen, doch wird er rascheste Maßnahmen treffen, um die Schulden zu bereinigen, die er bei Ihnen hat auflaufen lassen. Die edeln Gefühle und die großherzigen Anschauungen, die allein einer Haltung wie der Ihrigen zugrunde liegen können, gereichen Ihnen zur höchsten Zierde. Sie haben sich durch Ihre seltenen Talente die

Wertschätzung dieser aufsteigenden Republik erworben und die ungeteilte Anerkennung der Neuen Welt.‹

Hoch schlug Pierres Herz. Er strahlte Triumph, daß er sich nicht von Charlot hatte breitschlagen lassen.

Dann, da kein Sou in seinen Kassen war, machte er sich daran, den Brief des Präsidenten John Jay für seine Finanzen auszuwerten.

Ging zu Vergennes, um ihn mit Hinweis auf den Brief um eine letzte kleine Million zu ersuchen.

Vergennes empfing ihn liebenswürdig. Er hatte in den Unterredungen, in denen er Louis zur Allianz zu bewegen suchte, Argumente verwandt, die aus Pierres Denkschriften zur amerikanischen Frage stammten, und er war dem findigen, schreibgewandten Manne dankbar. Wie also Pierre um ein neues Darlehen bat, antwortete der Minister, nun ja, man werde einen alten Freund nicht sitzen lassen. Pierre überreichte Vergennes das Schreiben John Jay's, um zu beweisen, daß er sehr bald nicht mehr genötigt sein werde, Geld aus den Kassen des Königs zu verlangen. Vergennes las, und Pierre betrachtete stolz und gespannt sein liebenswürdiges, leicht ironisches Gesicht.

Aber mit Überraschung und mit Schreck sah er, wie sich dieses Gesicht verwandelte, je länger Vergennes las. Da war nichts mehr von Liebenswürdigkeit und Ironie, da war nur eisig befremdete Ablehnung.

Bestürzt erkannte Pierre, welch unverzeihlichen Fehler er gemacht hatte. Natürlich hatte Vergennes erwartet, er, der verantwortliche Minister, werde vom Kongreß einen solchen Brief erhalten und nicht sein Agent, sein Handlanger, sein Werkzeug. Wie konnte er, Pierre, der Menschenkenner, die ungeheure Eselei begehen, dem Manne, von dem er abhängig war, zu zeigen, daß die Neue Welt als ihren wertvollsten Helfer in Europa ihn ansah, Pierre, und nicht den Außenminister des Allerchristlichsten Königs.

Vergennes gab ihm den Brief zurück. »Nun ja«, sagte er, »da gratulier ich Ihnen, Monsieur. Da brauchen wir uns ja nicht anzustrengen, Ihnen zu helfen«, und seine Worte und sein Wesen zeigten jene hochmütige Höflichkeit, welche Pierre an den Aristokraten so heiß haßte und bewunderte.

Er suchte in allen Winkeln seines Hirns, wie er den Mißgriff gutmachen könnte. Er habe eine große Bitte, sagte er schließlich, die er dem Minister schon lange habe vortragen wollen; ob er von seinen Schiffen das nächste, das von Stapel laufe, ›Graf Vergennes‹ nennen dürfe. »Ich glaube«, antwortete der Minister, »die Leute, mit denen Sie zu tun haben, werden es besser zu würdigen wissen, wenn Sie dieses Schiff nach sich selber oder nach einem Ihrer Geschäftsfreunde heißen.«

Es blieb Pierre nichts übrig als zu gehen. Schon stehend, kam er auf den Zweck seines Besuches zurück. Wenn er den Grafen recht verstanden habe, sagte er, dann dürfe er für die Übergangszeit, bis die vom Kongreß versprochenen Zahlungen einträfen, auf eine weitere Unterstützung von Seiten der Regierung seiner Majestät rechnen. »Wie hoch haben Sie sich denn die Summe gedacht?« fragte kühl Vergennes. Pierre hatte beabsichtigt, ein oder zwei Millionen zu verlangen. »Vierhunderttausend Livres«, sagte er. »Sie scherzen, Monsieur«, antwortete Vergennes. »Ich werde Ihnen hunderttausend Livres anweisen lassen. Aber ich rechne allen Ernstes damit, daß Sie in Zukunft die geheimen Fonds Seiner Majestät nicht mehr in Anspruch nehmen werden.«

Den schönen, ehrenvollen Brief John Jay's in der Tasche, rotglühenden Ärger gegen die großen Herren im Herzen, fuhr Pierre zurück.

Halben Weges ließ er umdrehen und fuhr nach Passy.

Franklin, als er den Brief las, nickte anerkennend mit dem großen Kopf. »Sieh mal an«, sagte er, »das muß Ihnen aber eine Freude gewesen sein.« Im Stillen dachte er, wenn der Kongreß dem Manne so schöne Worte gab, dann werde er das als eine Art Abschlagzahlung betrachten, und die Aussichten, daß Monsieur Caron in den nächsten Monaten Bargeld werde zu sehen bekommen, schienen ihm trüb.

Pierre kam auf seine Sorgen zu sprechen. Er habe sich, um die Waffen für Saratoga zu liefern, so gut wie ruiniert und brauche Kredit, bis die in dem Briefe des Kongresses angekündigten Gelder einträfen. Ob ihm nicht Franklin auf die vom Kongreß versprochenen Waren und Wechsel eine Anzahlung leisten könne, fragte er. Er trug seine Nöte halb humoristisch vor. Er nahm an, das werde auf den alten Anekdotenerzähler und Spaßmacher am ehesten wirken, und mit gutgespielter Bettlergeste schloß er: »Date obolum Belisario.«

Nun sagte sich Franklin, daß Monsieur Caron nicht ganz zu Unrecht den Anruf: ›Gebt dem Belisar ein Almosen‹, zitierte, daß sich der Mann wie der große Belisar gewissermaßen durch seine Verdienste um den Staat zum Bettler gemacht hatte. Aber das Schauspiel des gut, beinahe stutzerhaft gekleideten Mannes, der auf so würdelose Art um sein Geld bettelte, war dem Doktor widerwärtig. Er hätte es vor dem Kongreß verantworten können, wenn er Pierre eine nicht allzu hohe Anzahlung für den Kongreß geleistet hätte, aber war man nicht selber ständig in Schwierigkeiten? Und es war schließlich nicht seines Amtes, dem Manne zu seinem Geld zu verhelfen.

»Ich habe Verständnis für Ihre Lage, mein verehrter Freund«, sagte er. »Aber sehen Sie, wir Kommissare der Vereinigten Staaten sind nun einmal keine Bankiers. Wir verstießen gegen unsere Instruktionen, wenn wir uns auf solche Funktionen einließen. Und nach dem erfreulichen Briefe des Kongresses haben Sie ja ohnedies begründete Hoffnung, daß Sie in Bälde für alle Ihre Mühen entlohnt werden.« Franklin sprach verbindlich, mitfühlend, doch seine Sätze klangen abschließend. Pierre verabschiedete sich.

In seinem riesigen Hause saß er, in seinem wunderbaren Arbeitszimmer, vor sich den ehrenvollen Brief. »Worte, Worte, Caprice«, sagte er zu der Hündin und sperrte den Brief fort in seine Truhe, zu den Manuskripten, den Quittungen, den Dokumenten, den Liebesbriefen.

Der Bescheid des Hofes von Madrid traf schneller und bündiger ein, als es Louis lieb war. Zwar werde sich Spanien, ließ Karl erklären, vorläufig nicht an einer Allianz mit den englischen Kolonien Amerikas beteiligen; doch sei ihm ein Pakt Frankreichs mit den Amerikanern nicht nur nicht unwillkommen, sondern erwünscht.

Nun war Louis' wichtigster Einwand hinfällig geworden, und Toinette bestürmte ihn, endlich sein Versprechen zu erfüllen. Wiederum mußte er eine Konferenz einberufen und sie teilnehmen lassen.

Es bestehe hohe Gefahr, setzte Maurepas auseinander, daß die Amerikaner, wenn man sie zu lange hinhalte, die englischen Vorschläge schließlich doch annähmen. »Wir sollten«, meinte Vergennes, »von Doktor Franklin sogleich ein bindendes Versprechen verlangen, daß er alle Angebote Englands ablehnen werde, die eine Wiedervereinigung der Kolonien mit dem Mutterlande versehen.« »Warum sollte Monsieur Franquelin uns ein solches Versprechen geben?« fragte mit überlegenem Achselzucken Toinette. »Es wäre da wohl ein Weg«, meinte Maurepas. Und Vergennes erläuterte: »Wenn wir den Amerikanern mitteilen dürften, der König verpflichte sich, die Allianz abzuschließen, dann wird Doktor Franklin sicherlich bereit sein, sich auch seinesteils zu binden.«

Er hatte zu Toinette hinübergesprochen. Die schaute jetzt auf Louis. Alle schwiegen. »Kann man dem Wort eines Rebellen trauen?« fragte schließlich Louis, unbehaglich. »Es ist kein Königswort«, meinte Maurepas, »aber Doktor Franklin gilt der ganzen Welt als zuverlässig.« »Es gibt in der Tat keinen andern Weg«, wiederholte Vergennes. »Sie hören, Sire«, sagte Toinette, und: »Bitte, äußern Sie sich«, drängte sie.

Louis rückte auf seinem Stuhl herum, schnaufte. Mummelte: »Nun schön, nun ja.« Die andern atmeten groß auf.

Er, dies wahrnehmend, setzte eilig hinzu: »Aber ich binde mich an keine Zeit, hören Sie, Messieurs. Es ist ein allgemeines, unbefristetes Versprechen. Und daß Sie mir vorsichtig sind in den Verhandlungen mit den Rebellen. Es darf nichts überstürzt werden. Behalten Sie das immer im Sinn, Messieurs. Es muß Klausel für Klausel reiflich erwogen werden.« »Verlassen Sie sich auf uns, Sire«, besänftigte ihn Maurepas. »Ihre Minister sind nicht die Männer, etwas zu überstürzen.«

Sie machten sich aber, Maurepas und Vergennes, noch am gleichen Tag ans Werk.

Wiederum traf Monsieur Gérard die drei Kommissare verschwörerisch hinter verschlossener Tür. Denn, sich der bösartigen Dringlichkeit erinnernd, mit der Louis ihnen Geheimhaltung der Verhandlungen eingeschärft hatte, befleißigten sich die Minister auch diesmal größter Heimlichkeit. Ja, bevor er die Verhandlungen begann, verlangte Gérard das Ehrenwort der Herren, daß sie tiefste Verschwiegenheit wahren würden über das, was er ihnen zu eröffnen habe. Arthur Lee erwiderte, es sei in Amerika nicht üblich, ein Ehrenwort zu geben, ein Wort genüge. Doktor Franklin aber meinte: »Wenn Ihnen daran liegt, mein Ehrenwort haben Sie.«

Dann erklärte Monsieur Gérard, er habe den Herren drei Fragen zu stellen. Die erste: Was müsse der Hof von Versailles tun, um den Kommissaren seine aufrichtige Ergebenheit für die amerikanische Sache zu beweisen und sie abzuhalten, den Vorschlägen Großbritanniens Gehör zu geben? Die zweite: Was müsse geschehen, um Kongreß und Volk der Vereinigten Staaten von dieser Ergebenheit zu überzeugen und Kongreß und Volk abzuhalten, Vorschläge Großbritanniens anzunehmen? Die dritte: Welche praktische Hilfe erwarteten sich die Vereinigten Staaten von der französischen Regierung?

Franklin lächelte freundlich und schickte sich an, zu erwidern. Doch Arthur Lee erklärte hastig und streng, die Beantwortung so gewichtiger Fragen erfordere reifliche Überlegung. Monsieur de Gérard meinte, eigentlich hätten die Herren ja nun ein volles Jahr Zeit gehabt, die Fragen zu überdenken. »Eine Stunde mehr«, erklärte unerbittlich Arthur Lee, »müssen wir unter allen Umständen verlangen.« Monsieur Gérard erklärte, er werde sich erlauben, sich in einer Stunde Antwort zu holen, und entfernte sich.

Doktor Franklin setzte sich hin und begann, die Antwort auf die drei Fragen niederzuschreiben, während Silas Deane und Arthur Lee in einen heftigen Wortwechsel gerieten. Franklin bat: »Ein wenig leiser, meine Herren«, und schrieb.

Monsieur Gérard kam zurück, und Franklin las ihm die Antworten vor. Zu eins: Die Delegierten hätten seit langem einen Freundschafts- und Handelsvertrag vorgeschlagen. Schnellster Abschluß eines solchen Vertrages würde ihre Ungewißheit beseitigen, ihnen genügendes Vertrauen in die Freundschaft Frankreichs geben und es ihnen ermöglichen, alle Friedensvorschläge Englands abzuweisen, die nicht die vollkommene Freiheit und Unabhängigkeit Amerikas zur Grundlage hätten. Zu zwei: Ein ansehnliches Darlehn würde dem Kongreß und dem Volk der Vereinigten Staaten ein hinreichend kräftiger Beweis sein für die Freundschaft des Hofes von Versailles. Zu drei: Die sofortige Entsendung von acht Kriegsschiffen würde die Vereinigten Staaten instand setzen, ihre Küsten und ihren Handel zu schützen, und die Neigung beseitigen, auf Friedensvorschläge von Seiten Englands zu hören.

Mr. Lee wollte einiges beifügen. Aber Franklin wandte ihm das Gesicht zu und winkte ihm mit der Hand ab, höflich, doch so, daß Lee verstummte.

Monsieur Gérard sagte, er sei von diesen Antworten befriedigt. Dann, ohne Pause, fuhr er fort: »Ich habe die Ehre, meine Herren, Ihnen mitzuteilen, daß meine Regierung willens ist, die gewünschten Verträge mit Ihnen zu schließen.« Er erhob sich, aber er sprach auch das folgende leichthin, als spräche er vom Wetter. »Ich bin bevollmächtigt, Messieurs«, sagte er, »Ihnen das Wort Seiner Majestät zu geben, daß wir diese Verträge abschließen werden, den Freundschafts- und Handelsvertrag sowohl wie den Angriffs- und Verteidigungspakt, der Ihre Unabhängigkeit garantiert. Voraussetzung ist, daß Sie sich Ihresteils verpflichten, keinen Sonderfrieden mit England zu schließen und Ihre Unabhängigkeit nicht selber preiszugeben.«

Es gelang Franklin, seine Erregung zu unterdrücken. Die beiden andern aber waren aufgesprungen. Wieder wollte Arthur Lee sprechen, wieder genügte eine Kopfwendung Franklins, ihn zur Ruhe zu verweisen.

Dann, ohne Eile, erhob sich Franklin, und über den Tisch hin, ruhig, sagte er: »Wir geben Ihnen diese Versicherung, Monsieur.«

»Ich danke Ihnen, Doktor Franklin«, sagte Monsieur Gérard. »Es bleibt mir nur übrig, Ihnen und Ihren Kollegen zu gratulieren, daß nun diese Sache zu einem guten Ende gelangt ist. Ich hoffe, die Verbindung zwischen unsern Ländern wird dauerhaft sein und beiden Parteien zum Segen.« Er verneigte sich tief vor Franklin, weniger tief vor den beiden andern und ging.

Erst jetzt atmete Franklin groß und glücklich auf. Er drückte Silas Deane die Hand, ungewohnt herzlich, und dann, etwas zögernd, auch Arthur Lee. Lee wollte sprechen. Aber: »Schweigen Sie«, sagte Franklin, väterlich, wie zu einem ungebärdigen Kinde.

Es geschah dies am 8. Januar, am 35. Tage nach dem Eintreffen der Nachricht von Saratoga.

Nun es so weit war, gedachte Silas Deane des Monsieur de Beaumarchais und seines Wunsches, der Unterzeichnung des Vertrages beizuwohnen. Er hatte bisher Bedenken getragen, Franklin davon zu berichten. Aber nun der Tag des Abschlusses in solche Nähe gerückt war, mußte er wohl Monsieur de Beaumarchais' Verlangen zur Sprache bringen.

Franklin verfinsterte sich. Eine wesentliche Bedingung des Paktes, erklärte er, sei seine Geheimhaltung. Wenn man Monsieur Caron zulasse, dann könne man den Abschluß der Allianz ebenso gut durch Herolde verkünden. Der eingeschüchterte Silas Deane wagte nicht mehr, auf Pierres Bitte zurückzukommen.

Es brachte aber Pierres freches Ansinnen den Doktor auf eine Idee. Wenn sich unter seinen französischen Freunden einer in Wahrheit Verdienst erworben hatte um das Zustandekommen des Vertrages, dann sein Freund Dubourg. Er war es gewesen, der seine Unterredung mit der Königin angeregt hatte. Wenn man einen Franzosen einlud, dem Akte der Unterzeichnung beizuwohnen, dann Dubourg.

Franklin holte sich die zögernde Einwilligung Gérards und fuhr zu Dubourg. Er hatte den Freund eine ganze Woche lang nicht gesehen. Er fand ihn in vielen Kissen liegend, halb hochgerichtet, abgezehrt und stark schnaufend, schwitzend, die Zipfelhaube überm Schädel, betreut von einem alten Diener und einem Pfleger. Es war ihm sichtlich ein Labsal, daß Franklin kam, er hatte ihn seit langem erwartet. Ungeduldig mit der abgewelkten Hand winkte er seinen Leuten, sie sollten ihn mit dem Freunde allein lassen.

Wie Franklin ihn so liegen sah, erkannte er sogleich, er hatte sich nicht getäuscht, als er damals hippokratische Züge an ihm wahrzunehmen glaubte. Nun mußte ein jeder sehen, daß Dubourg nurmehr kürzeste Zeit zu leben hatte.

»Alles geht großartig, mein Alter«, verkündete er ihm. »Ihre ausgezeichnete Idee hat Erfolg gehabt. Ich bin nicht umsonst mit der Königin zusammengekommen. Jetzt ist es so gut wie gewiß, daß der Vertrag unterzeichnet wird.« Dubourg, sehr erfreut, schnaufte noch stärker, dann röchelte er ein lateinisches Zitat, einen Horaz-Vers: »›Hoc erat in votis, so hab ich mirs gewünscht.‹«

Nun hatte sich Franklin eine Freundlichkeit für Dubourg ausgedacht. Der maßgebliche Text des französisch-amerikanischen Abkommens sollte, wie bei allen Staatsverträgen, der französische sein. Die Kommissare hatten jedes Wort und jede Nuance ihres Französisch sorgfältig überprüft, Doktor Franklin seinesteils hatte seine Vertrauensleute, Madame Brillon und den Abbé Morellet, um die genaue Bedeutung einzelner Wendungen befragt. Doch er wußte, ein wie leidenschaftlicher Übersetzer sein Freund Dubourg war, und so zog er jetzt den Vertragsentwurf heraus und sagte, er müsse Dubourg wieder einmal um einen Dienst bitten, nämlich um seinen sachkundigen Rat über die Fassung verschiedener Artikel in dem Entwurf des Paktes.

Dubourg reagierte, wie sichs Franklin gewünscht hatte; er lebte auf. Franklin begann vorzulesen. Dubourg versuchte, freilich vergeblich, sich noch etwas höher zu richten, röchelte weniger und hörte angespannt zu. Einmal, heftig mit der Hand winkend, unterbrach er Franklin und brachte mühsam hervor: »de quelque nature qu'ils puissent être, et quelque nom qu'ils puissent avoir«, und Franklin notierte gefällig unbeflissen diesen Zusatz, wiewohl er ihn überflüssig fand. »Les Etats du Roi«, unterbrach ein andermal Dubourg, noch ungeduldiger, und Franklin begriff, daß er diese Worte haben wollte anstelle der Worte: ›les dits Etats‹, die ihm offenbar nicht klar genug waren. So machte er noch einige Vorschläge, und alle nahm Franklin zur Kenntnis, und für alle bedankte er sich, und von allen fand er, sie seien unwesentlich, und keinen gedachte er zu berücksichtigen.

Dann machte er sich laute Vorwürfe, daß er den Freund trotz seiner Krankheit so sehr in Anspruch genommen habe. Aber Dubourg habe ja selber den Eindruck, daß es mit ihm wieder schnell bergauf gehe, und so hoffe er, die Mühe habe ihm keinen zu großen Schaden getan. Auf alle Fälle müsse sich Dubourg zusammennehmen; denn der Tag der Unterzeichnung des Vertrages stehe unmittelbar bevor, und selbstverständlich müsse Dubourg zugegen sein, wenn die Allianz, die sein Plan gewesen sei, Wirklichkeit werde.

Franklin hatte erwartet, seine Mitteilung werde entweder den sofortigen freudigen Tod Dubourgs zur Folge haben oder aber eine erhebliche Besserung seines Befindens. Dies zweite traf ein. Dubourg hörte zu röcheln auf, es gelang ihm, sich höher zu richten, er strich sich mit zitternder Hand die Zipfelhaube zurück. »Ist das Ihr Ernst?« fragte er. »Ich alter Botaniker soll dabei sein, wenn Sie und der König von Frankreich –?« »Der wird wahrscheinlich nicht selber kommen«, meinte Franklin, »aber seine Anwesenheit scheint mir nicht so wichtig wie die Ihre.« Dubourg suchte Franklins Hand, er drückte sie, drückte sie mit aller Kraft, aber der Druck blieb schwach.

Als wenige Tage später Franklin zum Frühstück kam, fand er den Tisch geschmückt. Es war sein zweiundsiebzigster Geburtstag. William war doch ein guter Junge und voll von Aufmerksamkeit um den Großvater. Auch ein paar Geschenke hatte er ihm hingestellt, kleine liebevolle Gaben, Schreibpapier, Federkiele, Bleistifte, so, wie sie Franklin liebte und wie sie hiezulande nicht leicht aufzutreiben waren.

Übrigens hätte William auch dieses Jahr den Geburtstag vergessen, wenn ihn nicht Silas Deane darauf hingewiesen hätte. Silas Deanes Verehrung für den größten seiner Landsleute war noch gestiegen, seitdem Franklin vom Hof von Versailles die bindende Zusage erreicht hatte, daß der Vertrag geschlossen werden werde. Außerdem lag Deane daran, in der übeln Sache mit dem Kongreß, in die ihn die Intrigen Arthur Lee's verwickelt hatten, die Unterstützung Franklins zu gewinnen. Es war ihm lieb, daß er, bevor er nach Amerika zurückfuhr, noch eine Gelegenheit hatte, seine Ergebenheit für den Doktor an den Tag zu legen, und er hatte alle mit freundschaftlichem Eifer auf den Geburtstag des großen Mannes aufmerksam gemacht.

Bald nach dem Frühstück – es gab heute Pfannkuchen aus Buchweizenmehl, und Franklin aß mit Vergnügen und ohne Maß – stellte er sich denn auch selber ein, würdig und schalkhaft, und erklärte, in diesem Jahre, da ihr großer Kollege einen so außerordentlichen diplomatischen Erfolg erzielt habe, ließen es sich die Kommissare nicht nehmen, ihm zu seinem Geburtstag ein Geschenk zu überreichen. Und starke Männer schleppten zwei umfangreiche Kisten herein und packten sie aus, und zum Vorschein kamen stattliche, schwarzbraune Lederbände, fünf, zehn, zwanzig, immer mehr, und es war die ›Encyclopédie‹, der ›Dictionnaire Raisonné des Sciences, des Arts et des Métiers‹, alle 28 Bände, dazu die 3 Supplementbände und die 3 Bände mit Kupferstichen. Franklins weites Gesicht beglänzte sich. »Das ist wirklich eine Überraschung und eine Freude«, sagte er und drückte Silas Deanes Hand.

»Die Encyclopédie, ich habe sie mir lange gewünscht, aber ich hätte nicht im Traume gewagt, sie mir anzuschaffen.« Es war aber die Encyclopédie ein sehr kostspieliges Werk; zwar war sie geduldet, doch blieb sie offiziell verboten, und man mußte im Schleichhandel 1200 bis 2000 Livres dafür bezahlen.

Freundlichen Auges, nachdem die andern gegangen waren, betrachtete Franklin die schweren, blockigen Bände. Nachdenklich, beinahe zärtlich, strich er mit der Hand darüber. Manche seiner Freunde besaßen das große Werk, er hatte oftmals darin nachgeschlagen, er war darin zu Hause. Männer, die ihm nahestanden, zählten zu den Mitarbeitern, Helvetius, Turgot, Marmontel, Raynal, Necker, dann andere, von denen er nur die stolzen Namen kannte, Voltaire, Rousseau, Montesquieu, Buffon. Der Geist Frankreichs, Europas, alles, was, seitdem es eine Geschichte des Geistes gab, gedacht und erforscht worden war, lag eingeschlossen zwischen diesen schwarzbraunen Deckeln. Ungeheure Schwierigkeiten hatten die Herausgeber des Werkes, d'Alembert und Diderot, zu überwinden gehabt. Jedem war bekannt, wie seinerzeit der Generaladvokat des Pariser Parlaments alle diejenigen, die sich als Autoren oder als Hersteller an dem Werke beteiligten, Atheisten, Rebellen und Jugendverderber gescholten und mit schwerster Strafe bedroht hatte; wie dann d'Alembert behutsam zurückgetreten war; wie aber Diderot zäh weitergearbeitet und es schließlich erreicht hatte, daß das Werk, von der Regierung stillschweigend geduldet, gedruckt und verbreitet wurde.

Mit einem kleinen Schmunzeln gedachte Franklin der Begegnung, die er vor Jahren mit Diderot gehabt hatte. Er hatte ihm einen Besuch abgestattet. Der große Schriftsteller lebte, verheiratet mit einer lärmenden, vulgären Frau, inmitten wüster Unordnung. Er hatte ihn herzlich begrüßt und ihn Stunden hindurch festgehalten, ihm unermüdlich erzählend von seiner Arbeit. Die Frau hatte ab und zu den Kopf hereingesteckt und gerufen, er möge doch endlich Schluß machen und zum Essen kommen, vorher aber gefälligst seinen Besucher fortschicken. Diderot hatte sich durch das Geschrei der Vettel nicht abhalten lassen, ihm das Manuskript vorzulesen, an dem er gerade schrieb, einem Essai über den Philosophen Seneca. Vier Stunden hindurch hatte Diderot erzählt und vorgelesen, Franklin hatte kaum gesprochen, und als die Frau ein letztes Mal wütend und bedrohlich zum Essen rief, hatte ihn Diderot mit den Worten verabschiedet: »Es war mir ein Vergnügen, Doktor Franklin, Ihre Ansichten kennen zu lernen.«

Franklin hatte damals schon und hatte seither noch besser begriffen, daß Diderot besessen war von seiner Arbeit. Nützlichere und erregendere Arbeit konnte man sich aber auch nicht vorstellen. Diderot war während seiner ganzen Tätigkeit für die Encyclopédie mit einem Fuß in der Bastille gestanden, er hatte seine Sicherheit, sein Behagen, sein Leben daran gesetzt. Er hatte sein Werk erkämpft gegen die Kirche, die Behörden, die Sorbonne, gegen den vereinten Ansturm aller Dunkelmänner, und hier, vor Franklin, lag sie, die Encyclopédie, vollendet, greifbar, das Grundbuch der Zeit, ihre Bibel, die Summe ihres Wissens. Ein Stapelplatz aller kämpferischen, fortschrittlichen Ideen, ein riesiges Arsenal, aus dem sich die Vernunft immer neue Waffen gegen Aberglauben und Vorurteil holen konnte. Diese Bände waren Geschütze, aus denen der Verstand die große Festung der privilegierten Dummheit beschoß, die toten Gedanken und die abgelebten Institutionen der Vergangenheit. Recht gehabt hatte jener Generalstaatsanwalt, der dem Pariser Parlament die Mitarbeiter des Werkes denunziert hatte als Spießgesellen, die sich verschworen hätten, den Materialismus aufzurichten, die Religion zu zerstören, die Sitten zu korrumpieren und überall in der Welt den Geist der Unabhängigkeit zu entfesseln und zu schüren. Die Unabhängigkeit Amerikas hätte nicht erkämpft werden können ohne das Rüstzeug der Ideen, die gesammelt und geordnet waren in dieser Encyclopédie.

Mechanisch glitten Franklins Augen über die schön gedruckten Seiten. Er dachte nicht an das, was er las; ihn bewegte der Gedanke an die Allmacht der Vernunft. Der Schriftsteller Benjamin Franklin fühlte Stolz vor der ungeheuern schriftstellerischen Leistung, die da handgreiflich vor ihm lag und die wirksam eingegriffen hatte in die Geschichte des Erdballs und täglich tiefer darin eingriff. Benjamin Franklin war ein nüchterner Mann; nun aber sang es in ihm: die Vernunft, die Vernunft, die Vernunft. Was da vor ihm lag, war ein Monument der Vernunft, dauernder als Erz.

Seine Augen leiteten französische Worte in sein Hirn, aber seine Gedanken waren englisch. Leicht amüsiert bedachte er, daß die Grundprinzipien des großen Werkes englisch waren. Daß Wissen Macht war, hatten als Erste seine Landsleute ausgesprochen, die Engländer, der Engländer Francis Bacon. In der Luft Englands waren die Ideen von der Nützlichkeit des Wissens entstanden und gewachsen.

Aber was die Franzosen aus den englischen Ideen gemacht hatten, das war bewundernswert. Ihre scharfe, konsequente Logik, ihre Emanzipation von den Autoritäten der Vergangenheit, das blitzend Kämpferische ihrer geistigen Haltung, das gehörte ganz ihnen. ›Einen Voltaire werden wir so bald nicht ans Licht stellen‹, dachte er, ›wir müssen uns schon mit einem Franklin begnügen. Aber dafür sind wir die Ersten, die diese Ideen nicht nur gedacht, sondern sie in Wirklichkeit umgesetzt haben. Wir wissen die rechte Stunde abzuwarten und die rechte Stunde wahrzunehmen.‹ Tiefklingende Verse aus der Bibel tauchten in ihm hoch: ›Ein Jegliches hat seine Zeit, und alles Vorhaben unter dem Himmel hat seine Stunde. Es ist eine Zeit geboren zu werden, und eine Zeit zu sterben, eine Zeit zu säen, und eine Zeit zu roden, eine Zeit zu töten, und eine Zeit zu heilen, eine Zeit zu schweigen, und eine Zeit zu reden, eine Zeit des Krieges und eine Zeit des Friedens.‹ Wie er als Junge die vieldeutigen Verse zum ersten Mal gehört, hatten sie ihn aufgerührt, sie hatten sich eingesenkt in ihn, waren Eines geworden mit seinem Wesen.

Ob englisch oder französisch, ob Theoretiker oder Mann der Aktion, er fühlte sich denen, die dieses Werk geschaffen hatten, verwandt. Sie waren Kosmopoliten allesamt, sie bildeten, durch die Nationen hindurch, die Republik der Gelehrten, und er, mit Stolz und Demut, war ein Bürger dieser Republik.

Die Vernunft, die Vernunft, die Vernunft.

Und verbunden auch fühlte er sich diesen Männern, weil er ein so himmlisches Behagen empfand an ihren stillen, listigen Methoden. Denn viel Geduld und List hatten Diderot und die Seinen aufbringen müssen, um die Zensoren einzuschläfern, damit diese schließlich trotz der wüsten Angriffe des Klerus und trotz des Bannes des Staatsanwalts ein Auge zudrückten und die Encyclopédie erscheinen ließen. Zugeständnisse freilich hatten sie machen müssen. Franklin blätterte in den

Artikeln, in denen die Zensoren sicherlich am eifrigsten nach Anstößi-
gem gesucht hatten, in Artikeln wie ›Christentum‹, ›Seele‹, ›Willens-
freiheit‹. Da war alles so, daß auch der orthodoxeste Theolog kein Ärgernis hätte nehmen können. Dafür wurden an anderen Stellen, unter
harmlosen Stichworten, anstößige Wahrheiten mit triftigen Argumenten bewiesen. Wer hätte unter dem Stichwort ›Juno‹ wissenschaftliche
Einwände gegen die jungfräuliche Empfängnis gesucht? Und wer unter
dem Stichwort ›Kapuze‹ Argumente gegen Mönche und Klöster? Und
wer unter dem Stichwort ›Adler‹ Argumente gegen die geoffenbarten
Religionen?

Irgendwo in den vielen Bänden mußten sich Instruktionen finden, wie
man aus ihrer Lektüre den höchsten Nutzen ziehen könne. Franklin
suchte in seinem großen Gedächtnis. Bestimmt nicht stand diese Ge-
brauchsanweisung in Diderots Vorrede und bestimmt nicht in der Einleitung d'Alemberts. Nun hatte er es: sie war zu finden unter dem Stichwort ›Encyclopédie‹.

Franklin schlug nach. ›Gewiß‹, hieß es da, ›muß in allen Hauptartikeln
achtungsvolle Rücksicht genommen werden auf politische und religi-
öse Vorurteile. Dafür kann dann auf andere Artikel verwiesen werden,
die an weniger sichtbaren Stellen stehen, und in ihnen können gediege-
ne Argumente der Vernunft gegen die Vorurteile beigebracht werden.
Auf solche Art bietet sich Gelegenheit, das Gebäude von Kot einzusto-
ßen und den nichtigen Staub und Plunder zu zerstreuen. Diese Methode, die Menschen über ihre Irrtümer aufzuklären, erregt kein Ärgernis, tut gleichwohl ihre unfehlbare Wirkung auf die Verständigen
und beeinflußt heimlich und unmerklich auch die andern. Wird diese
Methode geschickt und planmäßig angewandt, dann gibt sie einer Encyclopédie die Kraft, die Denkart der Epoche zu verändern.‹

Franklin war sehr einverstanden mit dieser Strategie. Langsam mußte
sich die Vernunft einwurmen in die Gehirne der Intelligenteren, um
von da aus sacht und allmählich um sich zu greifen. Den frommen
Aberglauben der Massen von heut auf morgen zerstören zu wollen,
war sinnlos; es erschütterte höchstens die Grundlagen der Gesellschaft.
Er selber, Franklin, hatte jenem Stürmer, der mit seinem aggressiven
Buch über die Vernunft allen Kirchenglauben von der Erde wegfegen

wollte, mit ganz ähnlichen Motiven abgeraten, wie sie Monsieur Diderot vorbrachte. ›Wenn auch Ihre Argumente‹, hatte er jenem übrigens recht begabten Schriftsteller geschrieben, ›scharf sind und einige Leser beeinflussen mögen, so können sie doch nicht die gemeine Ehrfurcht der Menschheit vor Gott und der Religion verändern. Und wenn Sie Ihr Werk drucken lassen, so werden Sie sich nur ungeheuer verhaßt machen und sich selber den größten Schaden tun, ohne irgendwelchen Gewinn für die andern. Wer gegen den Wind spuckt, spuckt nur sich selber ins Gesicht. Der weitaus größte Teil der Menschen besteht aus Schwächlingen und Dummköpfen, die Massen brauchen Religion, um dem Laster fern und bei der Tugend zu bleiben. Entfesseln Sie also nicht den Tiger, lassen Sie niemand Ihr Manuskript sehen, sondern verbrennen Sie es. Wenn die Menschen schon mit Religion so schlecht sind, wie schlecht erst müßten sie werden ohne Religion.‹

Franklin schmunzelte. Schlau waren die Franzosen, die Voltaire und Diderot. Aber er, der alte Benjamin, war schlauer. Es war nicht leicht gewesen, die Allianz unter Dach zu bringen. Der junge dumpfe König hatte von Anfang an gemerkt, daß es gefährlich für seine Monarchie war, ein Bündnis einzugehen mit den Männern, welche ihren Staat auf den Prinzipien der Encyclopédie gegründet hatten. Die Maurepas und Vergennes sahen nur die Vorteile, welche ihnen die Allianz heute und übers Jahr bringen mochte; nicht aber bei aller Geschmeidigkeit ahnten sie, auf was für ein gefährliches Unternehmen sie sich da eingelassen hatten. Sie hatten in Wahrheit den Tiger entfesselt. Und der alte Doktor spürte ein inniges, roßtäuscherisches Behagen, daß er also mit viel Geduld und List den jungen König dazu vermocht hatte, die Allianz abzuschließen. Jetzt trat, was in diesen gefährlichen Bänden eingeschlossen war, ans Licht. Jetzt wurde es Leben, Politik, Geschichte.

Die Vernunft, die Vernunft, die Vernunft.

Er holte sich her die Bände mit den Illustrationen. Sachverständig und mit Vergnügen beschaute er die neunzehn Kupferstiche, welche die Werkzeuge und die Hantierungen der Buchdruckerkunst wiedergaben. Seiner Kunst. Einer gefährlichen Kunst. Und gute Illustrationen waren es. Und sauber und gründlich stellten sie alles dar.

Dann reihte er die Bände der Encyclopédie unter seine übrigen Bücher ein. Lange und mit Vorbedacht wählte er den Platz, wo sie am handlichsten stünden. Nahm, um Raum frei zu machen, andere Bücher heraus, schleppte, stieg hinauf und hinunter, bückte sich, ordnete ein. So verschaffte ihm die Encyclopédie auch noch eine nützliche Leibesübung. In seinem bequemen Sessel dann saß er, leicht ermüdet, die Augen geschlossen. Manchmal blinzelte er hinüber zu den neu eingestellten Bänden. Das war ein angenehmer Geburtstag. Die Allianz war gesichert und stand vor dem Abschluß, hier auf seinem Büchergestell reihten sich schön, würdig, nützlich die Bände der Encyclopédie, und vor ihm lag ein Geburtstagsmahl bei seiner lieben Freundin Marie-Félicité Helvetius.

Louis, wissend, daß diese Hoffnung unvernünftig war, hoffte gleichwohl in seinem Herzen, es werde noch in letzter Minute ein Ereignis eintreten, das ihn davor rette, die verhaßte Allianz zu unterzeichnen. So versuchte er, den formalen Abschluß so lang hinauszuzögern wie möglich, und versteifte sich darauf, an Quisquilien herumzumäkeln. Er fand in den Vertragsentwürfen immer neue Wendungen, an denen er etwas auszusetzen hatte, und sein böser Wille sah hinter harmlosen Worten tückische Absichten der Vertragspartner.

Ohne es zu wissen, wurde er bei seinen Verzögerungsmanövern unterstützt von einem der amerikanischen Delegierten. Wenn nämlich Louis mäklerisch und argwöhnisch war, so war Arthur Lee noch pedantischer und mißtrauischer. Beide quengelten sie an jedem Wort des Vertrags herum.

Der Vertrag enthielt eine Reihe von Bestimmungen, die das Ausmaß der Hilfeleistungen regelten, welche die französische Regierung den Amerikanern gewähren sollte während der Zeit, da diese den Krieg allein zu führen hätten. Da es, sowie England von der Ratifizierung der Verträge erfuhr, in kürzester Frist zu Feindseligkeiten kommen mußte, waren diese Klauseln im Grunde überflüssig. Aber sie gaben sowohl Louis wie Arthur Lee gute Gelegenheit, ihren Scharfsinn zu üben.

Täglich fuhr Arthur Lee hinaus nach Passy. Jeden zweiten Tag ärgerte er sich, daß Franklin ihn nicht sogleich empfing. Einmal fand er eine Abschrift des Vertrages offen herumliegen in einem Raum, in dem ein französischer Besucher auf Franklin wartete. Empört beklagte er sich über die ungeheure Sorglosigkeit des jungen Sekretärs William Temple. Franklin, einen Augenblick außer Fassung, verteidigte den Enkel. Dann aber, allein mit William, sagte er diesem mit nackten Worten, er sei gewissenlos, ein Nichtsnutz, und verdiene, mit Schande entlassen zu werden. William versuchte, sich auf die gewohnte liebenswürdige Art zu verteidigen. Doch Franklin sagte: »Schweig«, und schaute ihn mit so harten Augen an, daß William erblaßte und mitten im Satz abbrach.

Die endlosen, bösartigen Nörgeleien Arthur Lee's brachten Silas Deane zur Verzweiflung. Mit aller Kraft seines Herzens begehrte er, wenigstens seinen Namen auf das Dokument des Allianz-Vertrages zu setzen, und immer stärker, beinahe krankhaft, peinigte ihn die Angst, sein Nachfolger werde eintreffen, bevor der Vertrag gezeichnet sei und es werde der Name des neuen Mannes auf dem Schriftstück stehen. Mit Wut hörte er an, wie der magere, saure Arthur Lee immer andere läppische Einwände vorbrachte.

Auch Franklin hätte den Vertrag gerne so bald wie möglich unter Dach gesehen. Der Eindruck des Sieges von Saratoga begann zu verblassen, der rasche Abschluß des Paktes war eine politische Notwendigkeit. Mit Spannung und Gier wartete man in Amerika darauf, wann endlich die militärischen und ökonomischen Mittel der großen französischen Nation den Amerikanern zur Verfügung gestellt würden. Franklin redete freundlich auf Arthur Lee ein und bat ihn, doch nicht so viele Punctilios zu machen. Er gebrauchte aber das altmodische Wort ›Punctilio‹, weil es ihm sanfter, höflicher schien. Doch wurde gerade dadurch Arthur Lee noch mehr erbittert. »Wer macht hier Punctilios?« begehrte er auf. »Der Vertrag wäre längst fertig, wenn Sie beide nicht prinzipiell jedem Wort widersprächen, das ich vorzubringen habe.«

Einmal aber riß auch dem ruhigen Franklin die Geduld. Er hatte eine Klausel durchgesetzt, in welcher Frankreich einen klaren Verzicht aussprach auf die Gesamtheit des amerikanischen Kontinents, sowie auf sämtliche Inseln in der Sphäre des Kontinents, welche im Laufe der bewaffneten Auseinandersetzung mit Großbritannien von den Alliierten erobert werden sollten. Genannt waren die Inseln von Neufundland, Cape Breton, Saint John, Anticosti und die Bermudas, ausgenommen waren die Westindischen Inseln. Den Tag darauf hatte Arthur Lee die Fassung nicht deutlich genug gefunden und verlangt, es solle eine genaue Liste aller in Betracht kommenden Inseln aufgestellt werden. Auch das hatte Monsieur Gérard ohne weiteres zugestanden, er hatte indes mit einem Schatten von Ärger gefragt, ob damit der Artikel IX in Ordnung sei, und Franklin hatte sich beeilt zu erwidern: »Ja.« Nun aber, wieder den Tag darauf, erklärte Arthur Lee, die Fassung des Artikels IX sei noch immer nicht befriedigend. Es werde da das Wort ›erobern‹ gebraucht, und das sei der Würde und der Tugend der Vereinigten Staaten abträglich. Es gehe nicht um Eroberungen; vielmehr seien die zu besetzenden Inseln heute schon als potentielle natürliche Bestandteile der Vereinigten Staaten anzusehen. Er schlug also eine neue, sehr komplizierte Fassung des Artikels IX vor.

Aber: »Jetzt wird es zuviel«, wütete Silas Deane. Und diesmal kam ihm der Doktor zu Hilfe. Er erhob sich, riesig und breit stand er vor dem schmächtigen Arthur Lee und sagte: »Was stellen Sie sich eigentlich vor, junger Mann? Vorgestern hat uns Monsieur Gérard eine wichtige Konzession gemacht, zu welcher seine Regierung nach den Vorbesprechungen keineswegs genötigt war. Gestern haben wir eine Erweiterung dieser Konzession verlangt, sie wurde uns zugestanden, und wir haben uns mit eindeutigen Worten zufrieden erklärt. Und heute kommen Sie mit neuen Punctilios. Wollen Sie uns lächerlich machen vor Frankreich mit Ihrem Wankelmut und Ihrer Pedanterie?« »Ich wußte es voraus«, antwortete Arthur Lee, »daß Sie beide wieder gegen mich zusammenstehen würden. Punctilios. Und wenn wir unsere Inseln verlieren durch Ihre Sorglosigkeit?« Die andern schwiegen finster. »Schön, ich füge mich«, sagte schließlich Arthur Lee. »Aber die Verantwortung liegt voll und ganz auf Ihnen.« »Sie liegt«, sagte Franklin.

Vergennes mittlerweile hatte mit Selbstüberwindung allen Einwänden Louis' Rechnung getragen, und nachdem er ihm den Entwurf der Verträge ein siebentes Mal, immer mit vielen Änderungen, vorgelegt hatte, hoffte er, Louis werde in allen Quisquilien zufrieden gestellt sein. Louis aber, als er ihm die Verträge in der letzten Fassung überbrachte, erklärte behaglich: »So, und jetzt will ich mich einmal drei Tage hinsetzen und alles in Ruhe überprüfen.« Und als der erschreckte Minister nach drei

Tagen wiederkam, hatte Louis denn auch säuberlich 23 neue Punkte aufgezeichnet, die er geändert wünschte.

Toinette, gespornt von Maurepas und Vergennes, bestürmt von Vaudreuil, stellte ihn. Verlangte mit Schärfe, er solle die Unterzeichnung der Verträge nicht länger hintertreiben, sondern endlich sein Versprechen erfüllen. Louis schaute sie an, sein junges, feistes Gesicht war böse, schlau und traurig. »Es ist ein Pakt mit dem Teufel, Madame«, sagte er, »den ich da eingehe. Ich hab es Ihnen versprochen, und ich halte mein Wort. Aber ein solches Bündnis ist keine Kleinigkeit, da will jeder I-Punkt und jeder T-Strich überdacht sein, vom politischen, vom juristischen und vom moralischen Standpunkt.« »Sie überdenken jetzt seit Wochen und Wochen, Sire«, eiferte sich Toinette. »Sie machen Ausflüchte. Sie mäkeln herum an jeder Bagatelle. Sie kommen mit immer neuen Futilitäten, Vetillen, Babiolen«, sie warf ihm alle französischen Worte an den Kopf, die sie wußte, um seine Kleinkrämerei anzuklagen.

Er fühlte sich getroffen. »Das verstehen Sie nicht, Madame«, sagte er so streng wie möglich und suchte königlich auszusehen wie auf auf dem Gemälde des Duplessis. »Dieser Ihr Doktor Franklin ist ein ausgekochter Advokat und Betrüger. Er sucht mich mit allen Mitteln hereinzulegen. Wenn es nur um mich ginge, hätte ich längst nachgegeben, zermürbt von seinem Gequengel. Aber es geht um mein Volk. Die Amerikaner haben von meinen Westindischen Inseln eine zu erwähnen vergessen, obgleich sie auf jeder Karte steht. Dafür haben sie unter den Inseln, die sie dem König von England wegnehmen wollen, eine genannt, die ich auf keiner Karte finden kann. Nennen Sie das Futilitäten? Soll ich sowas unterschreiben? Ferner ist in dem Bündnis-Vertrag zweimal die Rede von dem ›ganzen Lauf des Mississippi‹. Der Lauf dieses Flusses soll die Grenze bilden zwischen den Rebellen und Spanien. Dabei hat man die Quelle dieses Mississippi überhaupt nicht entdeckt. Wenn ich sowas durchgehen ließe, dann nähme ich vielleicht mit einem leichtsinnigen Federstrich unserm Vetter in Madrid Länder weg, die so groß sind wie ganz Österreich. Futilitäten, Babiolen. Sie wissen nicht, was Sie sagen, Madame. Nein, sowas unterschreibe ich nicht. Das kann ich vor Gott und meinem Gewissen nicht verantworten.« Sein kleines Doppelkinn zitterte.

Da traf eine Nachricht ein, welche die politische Lage von Grund auf änderte. Der Kurfürst von Bayern war gestorben. Die Frage seiner Nachfolge bewegte Europa.

Der österreichische Botschafter Graf Mercy erschien bei Vergennes. Kaiser Josef besaß Ansprüche auf die größere Hälfte Bayerns. Doch diese Ansprüche waren auf zweifelhafte Art erworben, sie standen auf dem Papier, und jedermann wußte, daß Friedrich von Preußen nicht zusehen werde, wenn sich Habsburg Bayerns bemächtigte. Graf Mercy hatte in Gesprächen mit Vergennes damals betont, daß sein Monarch bei der Durchsetzung seiner Ansprüche auf die Hilfe Frankreichs rechne, doch hatte er bisher lediglich auf die verwandtschaftlichen Beziehungen Schönbrunns mit Versailles hingewiesen und auf den Allianz-Vertrag. Jetzt, da die Frage ernst wurde, ließ der Realist Josef durch Mercy dem König Louis für dessen Hilfe sehr handgreifliche Kompensationen bieten: die Österreichischen Niederlande.

Die flandrischen Provinzen, die gedüngt waren mit französischem Blut, ihrem Reiche zuzufügen, war ein alter Traum der französischen Könige, und Vergennes mußte in seinem Innern dem Habsburger zugestehen, daß sein Angebot geschickt und großzügig war. Aber Josef verlangte dafür einen ungeheuern Einsatz: das Risiko eines höchst unpopulären Krieges mit Preußen. Vergennes war denn auch vom ersten Augenblick an entschlossen, Josefs Angebot abzulehnen. Da man einen Zwei-Fronten Krieg nicht führen konnte, so mußte man, wenn man Josefs Angebot annahm, England durch hohe Konzessionen friedlich halten und alles aufgeben, was man mit so viel Mühe aufgebaut hatte. Man mußte auf die Schwächung Englands und auf die Unterstützung Amerikas verzichten; man mußte es geschehen lassen, daß die amerikanischen Kolonien sich wiederum mit dem Mutterland vereinigten, und daß man einem gestärkten Großbritannien gegenüberstand. Vergennes dachte nicht daran, solche Opfer und solche Gefahren auf sich zu nehmen, und ließ sich durch Mercy's neues Angebot nicht in Versuchung führen.

Wie aber stand es mit Louis? Der hatte bisher der österreichischen Politik seiner Minister von Herzen zugestimmt. Aber wird er jetzt nicht irre werden? Wird er der Verlockung des flandrischen Angebots, wird er dem Drängen Toinettes widerstehen können, die tags und vor allem nachts auf ihn einreden wird?

Maurepas teilte die Zweifel seines Kollegen Vergennes. Vor allem aber fürchteten beide Minister, Louis werde die bayrische Frage zum Vorwand nehmen, die Unterzeichnung des amerikanischen Pakts in eine möglichst ferne Zukunft hinauszurücken. Er werde versuchen, sich vor einer klaren Entscheidung in der Frage der Intervention für Habsburg zu drücken, und werde erklären, so lange er sich darüber nicht schlüssig geworden sei, könne er natürlich auch die Allianz mit den Amerikanern nicht abschließen. Die Herren mußten also aus Louis ein rasches und entschiedenes Nein in der österreichischen Frage herausholen; dann war er von selber gezwungen, zum amerikanischen Pakt Ja zu sagen.

Alles in allem war Maurepas zuversichtlich. Er konnte sich gut in Louis einfühlen. Der Pakt mit den Rebellen war Sünde, aber die Unterstützung des gottlosen Josef in seinem verbrecherischen Krieg gegen Friedrich war auch Sünde. Und Friedrich saß weitab in seinem Potsdam und ließ einen ungeschoren, England aber hockte einem gefährlich gegenüber, bedrohte einen in Indien und auf den Inseln und hatte seinen Kommissar frech in Dünkirchen sitzen. Wenn schon Sünde, dann lieber durch einen Krieg gegen England als durch einen Krieg gegen Preußen. Und überdies hielt Maurepas, wie er dem Kollegen schmunzelnd und geheimnisvoll anvertraute, für Louis noch ein kleines Druckmittel bereit, auf dessen Wirkung er sich verlassen konnte.

Die Minister fanden Louis in trüber Stimmung. Er begann sogleich zu sprechen von den Verpflichtungen, welche ihm sein Vertrag mit Habsburg auferlege, und es war klar, daß er Josef nicht eindeutig Nein sagen, sondern seine Entscheidung hinausziehen wollte.

Vergennes machte geltend, der Bündnisfall sei nicht gegeben, denn es handle sich um keinen Verteidigungskrieg. Wenn Josef seine sehr künstlichen Ansprüche auf Bayern mit Gewalt durchsetzen wollte, so sei das ein Eroberungskrieg, ein verbrecherischer Krieg. Maurepas führte aus, nicht nur vom moralischen, sondern auch vom Standpunkt der Nützlichkeit aus sei ein Krieg gegen Preußen verwerflich. Flandern hin, Flandern her, das Risiko sei zu groß, und überdies sei ein solcher Krieg höchst unpopulär.

Louis erwiderte, im großen Ganzen gebe er den Herren recht, und nichts liege ihm ferner, als sich in einen Krieg gegen Preußen hineinziehen zu lassen. Andernteils wolle er seinem Schwager Josef, der offenbar sein Herz an die Gewinnung Bayerns gehängt habe, nicht sogleich grob und unbrüderlich Nein sagen. Schließlich seien da auch die Verpflichtungen des Habsburgischen Paktes zu erwägen, und es widerstrebe ihm, mit Josef darüber zu feilschen, ob es sich um einen Verteidigungskrieg handle. Man solle also dem Grafen Mercy mit Bedenken kommen und mit immer neuen Bedenken des Bescheid hinzögern.

Die beiden Minister fanden das nicht ratsam. Wenn man nicht jegliche Hilfeleistung an Josef von vornherein und entschieden ablehne, erklärten sie, dann werde dieser sehr energische Fürst Bayern ohne weiteres besetzen, und dann sei der Krieg da. Und dann werde Josef nicht zu Unrecht behaupten, gerade die halben Zusagen Frankreichs hätten ihn zum Einmarsch in Bayern verleitet. »Sagen Sie unzweideutig Nein, Sire«, bat Vergennes. »Geben Sie uns Erlaubnis, die Vorschläge Mercys höflich und unzweideutig abzulehnen.«

Louis schnaufte und druckste herum. Da blinzelte Maurepas seinem Kollegen zu und nahm seine Zuflucht zu jenem kleinen Druckmittel. Die Zögerpolitik, erklärte er, die Louis einschlagen wolle, sei genau das, worauf der erlauchte Herr Schwager rechne. Wer zögere, den könne man gewinnen. Er, Maurepas, habe Grund zu der Annahme, daß Josefs ganze Politik ausgehe von der Überzeugung, Louis sei ein Werkzeug in seiner Hand. Und da Louis erstaunt und stirnrunzelnd hochsah, kramte der Minister aus seiner Aktenmappe die Kopie eines Briefes heraus, und mit einem Lächeln, das teils triumphierend war, teils die Schlechtigkeit der Welt bedauerte, überreichte er sie Louis.

Es war das aber die Kopie jenes Briefes, in welchem seinerzeit Kaiser Josef der Mutter seine Eindrücke vom Wesen Louis' mitgeteilt und welchen die Pariser Polizei aufgefangen hatte. Ja, das war ein guter Einfall gewesen, daß damals Maurepas dieses Schreiben nicht sogleich verwertet, sondern für eine bessere Gelegenheit aufgespart hat. So bekam denn

Louis jetzt erst, im rechten Moment, zu lesen, was sein Schwager Josef über ihn dachte.

›Unser Louis‹, las er, ›ist schlecht erzogen und sieht höchst unvorteilhaft aus. Ich vermag nicht zu erkennen, welchen Nutzen sein totes, aufgespeichertes Wissen ihm bringen könnte. Er leidet an einer bedenklichen Unfähigkeit zu Entschlüssen und ist schwach vor solchen, die ihn einzuschüchtern wissen.‹

Louis las mehrmals, er lächelte bitter und schmerzhaft, doch blieb er bemüht um Sachlichkeit. »Vielleicht hat mein Schwager Josef recht«, sagte er, »und ich bin nicht sehr gescheit. Aber so viel weiß ich, daß ich mich in seinen Eroberungskrieg nicht hineinziehen lassen darf. Und wenn ich unfähig zu Entschlüssen bin, so wird er erleben, daß diesmal weder er, noch irgendjemand, den er vorschickt, mich einzuschüchtern vermag. Verlassen Sie sich darauf, meine Herren.«

Vergennes fragte schnell, ob er also Mercy's Vorschläge ablehnen dürfe. Louis zauderte einen Augenblick, schnaufte, antwortete: »Nun ja, also schön.«

Die Österreicher waren indessen nicht müßig geblieben. Gemeinsam hatten Graf Mercy und der Abbé Vermond bei Toinette vorgesprochen. In Jahrzehnten, vielleicht in Jahrhunderten, mahnten sie, werde sich keine zweite so günstige Gelegenheit bieten, die Macht der katholischen Reiche zu verstärken. Jetzt sei die Stunde da, die langersehnte, da Toinettes Heirat mit Bourbon Früchte tragen müsse. Jetzt müsse Toinette schicksalhaft eingreifen in die Geschichte Europas zur größeren Ehre Gottes, Habsburgs und Bourbons. Und sie sprachen ihr von Josefs großzügigem Angebot, Louis die flandrischen Provinzen zu überlassen.

In Toinette, während die Herren auf sie einredeten, stieg die Erinnerung hoch an jene letzte, bittersüße Unterredung mit dem Bruder, da er ihr von den Pflichten gesprochen hatte, die ihre Geburt ihr auferlege. Damals hatte sie ihn nicht recht verstanden; in der Zwischenzeit war sie gewachsen und hatte Geschmack gefunden an dem berauschenden Spiel der hohen Politik. Und jetzt wird sie ihm zeigen, dem stolzen Herrn Bruder, wer sie ist. Sie hat Amerika durchgesetzt, jetzt wird sie Josef Bayern verschaffen.

Sie ließ sich von den beiden Herren alle Argumente auseinandersetzen, die geeignet sein konnten, Louis zu überreden, und machte sich begeistert ans Werk.

Sie stellte Louis vor, Friedrich von Preußen werde, wenn Frankreich nicht eingreife, Österreich verwehren, von seinem verbrieften Recht Gebrauch zu machen und sein Gebiet abzurunden. Friedrich werde sich als Diktator ganz Deutschlands aufspielen. Seit siebzehn Jahren sei er durch seinen Despotismus und seine gewalttätige Natur das Unglück Europas. Ihn niederzuhalten, sei Sache Louis' nicht weniger als Josefs.

Louis war gereizt von dem Moment an, da Toinette zu sprechen begonnen hatte. Es war ihr gelungen, ihn in der amerikanischen Angelegenheit zu überrumpeln: in dieser österreichischen Sache war er gut vorbereitet, da wird sie kein Glück haben.

Trocken erwiderte er, Friedrich werde wohl in seinem Widerstand nur bestärkt werden, wenn Frankreich Josefs Ansprüche unterstütze. »Im Gegenteil«, eiferte sich Toinette. »Wenn Sie sich jetzt für meinen Bruder erklären, Sire, so ist das das einzige Mittel, Friedrich Angst zu machen und den Krieg zu verhindern. Wenn Sie aber die Hände in den Schoß legen, so fallen Sie uns in den Rücken«, »Uns«, sagte bitter Louis. »Uns, uns«, wiederholte er. »Sie sprechen von Friedrichs Despotismus, Madame, von seinem gewalttätigen Charakter. Uns, uns. Wie steht es denn um euch Wiener? Erst ist Ihre Familie über Polen hergefallen, und jetzt will Ihr Bruder Bayern vergewaltigen. Ich habe es immer gewußt, Madame, und ich sage es Ihnen glatt ins Gesicht: unser Bruder Josef hat die Gelüste eines Machtmenschen und Eroberers. Aber niemals hätte ich vermutet, daß seine gewalttätigen Pläne in der Königin von Frankreich eine Fürsprecherin finden könnten.« Er geriet in Wut. »Schweigen Sie, Madame«, schrie er plötzlich, »widersprechen Sie mir nicht. Diesmal werden Sie mich nicht schwach machen. Diesmal nicht«, schrie er in der Fistel, grimmig, verzweifelt, mehrere Male. Es blieb Toinette nichts übrig, als sich unverrichteter Dinge zu entfernen.

In jener ersten Konferenz über eine Unterstützung der österreichischen Ansprüche hatten Maurepas und Vergennes die amerikanische Allianz wohlweislich nicht erwähnt. Nun indes Louis das Angebot Josefs abgelehnt hatte, hofften die Herren, sie könnten den König gerade durch Hinweis auf die österreichisch-bayrischen Verwicklungen endlich zur Unterzeichnung des amerikanischen Paktes bewegen.

Wiederum erschienen sie gemeinsam zum Vortrag. Vergennes führte aus: daß Louis die Unterzeichnung des amerikanischen Paktes immer von Neuem hinauszögere, müsse den Doktor Franklin auf die Vermutung bringen, Louis erwäge ernstlich eine Intervention zu Gunsten Habsburgs und wünsche also, auf die bewaffnete Auseinandersetzung mit England zu verzichten. Eine solche Annahme aber zwinge Franklin geradezu mit England zum Frieden zu kommen, so lange noch günstige Bedingungen zu haben seien.

Louis schaute die Herren nicht an und erwiderte nichts. Mechanisch streichelte er die Porzellan-Statuetten der großen Schriftsteller, die auf dem Schreibtisch standen zwischen ihm und seinen Ministern.

Maurepas nahm das Wort. Die Zurückweisung der habsburgischen Vorschläge, sagte er, und seine alte Stimme klang dringlicher als sonst, sei doch nun beschlossen. Louis möge somit nicht länger in seinem gefährlichen Zaudern verharren, sondern den Pakt mit den Amerikanern unterzeichnen.

Was ihm seine Herren da vorstellten, hatte Louis längst selber bedacht. Aber nun er endgültig Ja sagen sollte zu dem Pakt mit den Rebellen, waren ihm Herz und Zunge wie gelähmt. Er stand auf, und sogleich, ehrerbietig, erhoben sich auch die Minister. »Bleiben Sie doch sitzen, meine Herren«, bat Louis. Er selber aber ging hin und her. Machte schließlich halt vor dem Kamin, streichelte mit merkwürdig zarter Bewegung der fetten, ungeschlachten Hand das kunstvoll feine Eisenwerk des Mantels. »Wollten Sie noch etwas sagen, meine Herren?« fragte er die hinter ihm Sitzenden.

Die beiden Minister zählten zum hundertsten Male die Gründe her, welche die schleunige Unterzeichnung des Abkommens notwendig machten. Er ließ sie reden und hörte nur mit halbem Ohr hin. Dann aber kehrte er zurück an den Tisch, setzte sich, räusperte sich. Er wollte jetzt sprechen, er wollte seine Bedenken in Worte fassen, seine Ängste und Hemmungen. Wenn das amerikanische Abenteuer schlecht ausging – und er war sicher, daß es zuletzt schlecht ausgehen werde – dann wollte er wenigstens vor Gott und vor sich selber behaupten können, er habe zur rechten Zeit geredet und gewarnt.

Zögernd erst, doch allmählich immer fließender, sprach er. Zunächst, guter Hausvater, der er war, führte er an die enormen Kosten, die ein Krieg mit England bringen müsse. Er hatte Monsieur Necker beauftragt, ihm eine Schätzung dieser Kosten vorzulegen, und da lag sie, und es waren beinahe tausend Millionen. »Tausend Millionen«, sagte er mit schwerer Zunge. Wieder erhob er sich; beinahe heftig winkte er den Herren, sitzen zu bleiben. Vor den Globus trat er, langsam rollten ihm die Worte von den dicken Lippen: »Stellen Sie sich das vor, meine Herren: tausend Millionen. Welch ein Strom von Gold. Ich habe versucht, zu errechnen, wie lang sich eine Linie hinziehen würde, gebildet aus den Sous solcher tausend Millionen. Sie würde zwölf ein halb Mal um den Äquator führen. Stellen Sie sich das vor, meine Herren. Und all das Geld soll ich aus meinem Lande herausziehen, für die Rebellen. Stellen Sie sich vor, wieviel Hunger und Entbehrung das bedeutet für meine Untertanen, für meine Söhne. Und wenn sie darüber murren, wenn sie mich verwünschen, was kann ich ihnen erwidern? Tausend Millionen für den Doktor Franklin.«

Die Herren glitten sänftigend über diese schwarzseherischen Worte hinweg. Erklärten, Monsieur Necker sei ein übervorsichtiger Herr, und das gehöre sich auch für sein Amt. Aber die Summe sei wahrscheinlich übertrieben, die Kriegsdauer vermutlich überschätzt, und im übrigen werde ja England alles bezahlen. Nicht nur werde Frankreich ökonomisch ungeschwächt aus diesem Krieg hervorgehen, es werde sogar aufblühen aus dem Ertrag der neuen Märkte, welche das große Unternehmen erschließe.

Louis ging darauf nicht ein. Er kehrte zurück an den Tisch, setzte sich plump auf seinen Sessel und, sich überwindend, begann er zu reden von seinen inneren Hemmungen. Sich rötend, die Herren nicht anschauend, sprach er sie aus, seine ständige, heimliche Furcht, es könne das Bündnis mit den Rebellen Rebellion in Frankreich selber herbeiführen. Die Offiziere und Soldaten, wenn sie für die Sache der sogenannten Freiheit gekämpft hätten, könnten mit vergifteten Herzen zurückkommen und die Seuche der Meuterei auch in Frankreich verbreiten. Es kam ihn hart an, so kleinmütige Gedanken laut werden zu lassen. Ihm war, als entblöße er sich vor diesen Herren am hellen Mittag.

Die Herren, nachdem er geendet hatte, schwiegen betreten. Schließlich nahm Vergennes das Wort und setzte mit umständlichen juristischen Argumenten auseinander, die Anerkennung der Vereinigten Staaten bedeute keineswegs die Anerkennung der in der Unabhängigkeits-Erklärung niedergelegten Prinzipien. Maurepas ging so weit, mit gewandten Worten zu versichern, nicht nur werde der Krieg mit England die rebellische Gesinnung in Frankreich nicht schüren, es sei vielmehr solch ein populärer Krieg das beste Mittel, das Volk von aufsässigen Gedanken abzubringen.

Louis hockte trübe da. Es war alles gesagt, was für die Allianz zu sagen war, es war oft und abermals gesagt und zerkäut, und es waren gute Argumente. Aber er wußte, daß diese Argumente nicht stimmten und daß dieses Bündnis ein Fluch war, und nun hatte er es vor diesen Herren aus sich herausgepreßt, warum. Aber sie wollten nicht hören, seine Herren, sie zerrten an ihm und zerrten und schleiften ihn, ›wie einer ein Kalb zur Schlachtbank schleift‹, dachte es in ihm, und sie schleiften und zerrten, und er mußte nachgeben. Dabei wußte er, daß er nicht nachgeben durfte, daß er von Anfang an diesen Franklin nicht hätte in sein Land hereinlassen dürfen. Und Gott schickte ihm Zeichen und Züchtigungen, weil er so schwach war. Es war wegen dieser seiner Schwäche, die Sünde war, daß Toinette nicht schwanger wurde, und wahrscheinlich war es ihm wegen seiner Sünde bestimmt, der letzte der Bourbonen zu sein. Aber wenn er sich jetzt stark machte und Nein sagte, dann stand am andern Ende der Habsburger und zog ihn hinein in seinen verbrecherischen Krieg. Josef schrieb und Toinette redete und sie zogen ihn hinein. Und da kein Ausweg war, und da er dazu verdammt war, selber am Sturz der Bourbonen mitzuwirken, und da diese Herren hier vor ihm saßen und hungrig auf sein Ja warteten, so wird er also jetzt gleich nachgeben und Ja sagen zu diesem Pakt mit den Rebellen, obgleich er es doch besser weiß. Vorläufig zögerte er noch und brachte das

Ja nicht aus der Brust. Er hockte da, und es war ein langes, schweres Schweigen.

»Es ist jetzt beinahe einen Monat her, Sire«, sagte bittend und verbindlich Maurepas, »daß Sie dem Doktor Franklin Ihr Wort gegeben haben, den Vertrag zu unterzeichnen.«

»Ich glaube«, antwortete Louis, »wir handeln übereilt. Aber da Sie beide und da die Königin und da meine Stadt Paris solche Hast befürwortet, verzichte ich auf die Richtigstellung jener fünfzehn Punkte, die noch immer nicht in Ordnung sind.« »Ich darf also den amerikanischen Delegierten mitteilen, Sire«, legte Vergennes ihn fest, »daß die Verträge unterzeichnet werden können in der Form, in welcher sie jetzt vorliegen?«

»Nun ja, nun schön«, sagte Louis.

Doch schnell fügte er hinzu: »Ich will aber die Originaldokumente sehen, bevor Sie unterzeichnen. Überhaupt«, entschied er, »unterzeichnen nicht Sie, Graf Vergennes, sonden Monsieur de Gérard. Wir wollen der Sache nicht den Anschein zu großer Wichtigkeit geben. Und schärfen Sie den amerikanischen Herren ein: Nichts darf verlauten von der Allianz, kein Hauch, bevor die Verträge von dem sogenannten Kongreß der Rebellen ratifiziert und zurückgeschickt sind.«

»Wie Sie befehlen, Sire«, sagte Vergennes.

Noch am gleichen Tag kündigte Monsieur Gérard den Emissären im Auftrag Seiner Majestät an, daß die Verträge in der jetzt vorliegenden Form unterzeichnet werden könnten. Er habe den Text bereits Monsieur Paillasson, dem Kalligraphen Seiner Majestät, übergeben, damit dieser die beiden Dokumente in je zwei Exemplaren ausfertige. Graf Vergennes werde sie dem König ein letztes Mal vorlegen, und dann – er nehme an, übermorgen – könne die Signierung stattfinden. »Ausgezeichnet«, sagte Franklin, und Silas Deane atmete tief und hörbar auf. Sogleich aber griff Arthur Lee ein. Es müsse da ein Mißverständnis sein, erklärte er finster. Er erinnere sich nicht, daß sie, die Delegierten, den letzten Entwurf gebilligt hätten. Er jedenfalls habe seine Zustimmung nicht erteilt. Peinlich überrascht antwortete Monsieur Gérard, wenn er Doktor Franklin recht verstanden habe, dann hätten doch die Herren ihr Einverständnis mit der letzten Fassung erklärt. Dann müsse Doktor Franklin ihn mißhört haben, entgegnete Arthur Lee. Silas Deane schnaufte empört. Das sei bedauerlich, meinte Monsieur Gérard und verhehlte nicht seinen Unmut. Seine Majestät zur Annahme der Verträge in der vorliegenden Fassung zu bewegen, sei nicht leicht gewesen. Er fürchte, wenn man dem König in so später Stunde mit neuen Änderungsvorschlägen komme, so bedeute das eine Gefährdung des ganzen Paktes. »Es ist nicht meine Schuld«, sagte in eine unbehagliche Stille hinein Arthur Lee. »Bitte, äußern Sie Ihre neuen Wünsche und Einwände, Herr Kollege«, sagte trocken Doktor Franklin.

Während die drei andern verdrossen zuhörten, legte Arthur Lee in längerer Rede dar, wenn man die Artikel XII und XIII des Handelsvertrages genau studiere, dann entsprächen sie nicht den Grundsätzen absoluter Reziprozität, auf welchen die Verträge nach dem ursprünglichen Übereinkommen aufgebaut sein sollten. Die Artikel legten den Vereinigten Staaten die Verpflichtung auf, keinen Ausfuhrzoll zu erheben auf irgendein Produkt, das aus ihren Häfen nach Westindien gehe. Frankreich indes verpflichte sich lediglich, keinen Ausfuhrzoll zu erheben auf Melasse; es war aber und ist dies jenes süße, zähflüssige Produkt, welches bei der Herstellung des Zuckers entsteht. »Wo bleibt da die Reziprozität?« fragte Arthur Lee.

»Wir selber«, erklärte Franklin, »haben diese Fassung der beiden Artikel vorgeschlagen. Ich wüßte kein anderes wesentliches Ausfuhrprodukt, das Westindien nach Amerika liefern könnte.« »Das mag heute so sein«, erwiderte Arthur Lee, »aber niemand kann garantieren, daß das auf ewig so bleiben wird. Und ich denke, der Vertrag soll Dauer haben.«

Der gelassene, diplomatisch höfliche Gérard wurde böse. »Ich mache Sie nochmals darauf aufmerksam, Monsieur«, sagte er, »daß die Änderungswünsche, die Sie in so später Stunde vorbringen, den Vertrag gefährden. Es ist keineswegs ausgeschlossen, daß Seine Majestät der ganzen Sache überdrüssig wird, wenn Sie auf einmal wieder neue Zusätze zu der Melasse-Klausel haben wollen, und ich muß Ihnen ehrlich sagen, auch die Grafen Vergennes und Maurepas haben das ganze klebrige Gefeilsche gründlich satt.« Arthur Lee stand da, die Arme übereinandergeschlagen, das Kinn zur Brust gepreßt, die Stirn vorgestoßen. »Es geht nicht um die neuen Zusätze zu der Melasse-Klausel«, sagte er, »es geht um das Prinzip der Reziprozität, es geht um die Souveränität der Vereinigten Staaten.« »Entschuldigen Sie, Monsieur«, entgegnete Gérard, »ich glaube, der König von Frankreich hat genug getan, indem er sich bereit erklärt hat, die Souveränität der Vereinigten Staaten mit seiner Armee und seiner Flotte zu verteidigen. Ich kann Ihnen versichern, der König hat nicht die Absicht gehabt, die Souveränität Amerikas in Frage zu stellen durch die Klausel über die Gegenleistung für die Ausfuhr der Melasse.«

Franklin, mit außerordentlicher Selbstüberwindung, sagte: »Es ist meine Schuld, Monsieur Gérard. Ich hätte Mr. Lee Gelegenheit geben sollen, seinen Einwand vorher mit uns zu erörtern. Der Einwand wäre dann vermutlich nicht gemacht worden.« »Da irren Sie, Doktor Franklin«, bestand Mr. Lee. »Aber sei dem wie immer«, fuhr er fort, »niemals werde ich die Verträge in dieser Form unterzeichnen. So, wie die Klausel mit der Melasse jetzt lautet, ist sie – und ich spreche für den Kongreß der Vereinigten Staaten – unannehmbar.«

Monsieur Gérard schaute auf Franklin voll Bedauern und Respekt. Keinesfalls wollte er den Pakt, das Ergebnis von so viel Mühe, Geduld und List, scheitern lassen an der Unvernunft dieses hysterischen Menschen, mit dem der offenbar nicht sehr staatsmännische Kongreß den ehrwürdigen Doktor Franklin zusammengespannt hatte. »Mir fällt ein Ausweg ein«, verkündete er. »Sie befürchten«, wandte er sich an Arthur Lee, »der Kongreß könnte Anstoß nehmen an der Klausel über die Melasse?« »Allerdings, Monsieur«, sagte streitbar Mr. Lee. »Würde es Ihnen genügen«, fragte Monsieur Gérard, »wenn ich Ihnen in einem den Vertrag ergänzenden Brief im Namen des Grafen Vergennes mitteilte, daß, falls der Kongreß die Klausel wegen der Melasse nicht ratifizieren sollte, die andern Klauseln der Verträge gleichwohl in Geltung bleiben sollen?« »Sie wären dann bereit«, fragte Arthur Lee, »über die Melasse einen Sondervertrag zu schließen?« »Das wären wir«, antwortete Monsieur Gérard. »Sie übernehmen dafür die Verantwortung?« fragte dringlich Arthur Lee. »Ich übernehme sie«, antwortete Gérard. »Und Sie erklären in Ihrem Brief«, fragte Arthur Lee, »daß der Brief ein integrierender Bestandteil der Verträge sein soll?« »Ich erkläre«, sagte

Gérard. »Ich verstehe Sie recht, Monsieur?« faßte Arthur Lee zusammen. »Auch wenn der Kongreß, wie ich befürchte, sich weigern sollte, für Ihren Verzicht auf den Ausfuhrzoll auf die Melasse seinerseits die Ausfuhrzölle auf alle unsere Produkte preiszugeben, so sollen die übrigen Klauseln des Handelsvertrages davon nicht berührt werden, ganz zu schweigen von dem Vertrag über das Offensiv- und Defensiv-Bündnis, der dann trotz des Wegfalls der Artikel XII und XIII des Handelsvertrages, eben der Melasse-Klauseln, in Geltung bleiben soll, wie er ist? Das meinen Sie doch, Monsieur?« »Genau das, Monsieur«, antwortete Gérard, und ein klein wenig ungeduldig setzte er hinzu: »Gebilligt, einverstanden, genehmigt.« »Das genügt mir«, sagte Arthur Lee und entfaltete die Arme. »Damit wäre auch dieser Punctilio erledigt«, sagte Franklin.

Monsieur Gérard versprach nochmals, er werde es die Herren wissen lassen, sowie die Dokumente unterschriftsfertig vorlägen, und bat sie, sich für übermorgen bereitzuhalten. Dann verabschiedete er sich.

»Sie sehen, meine Herren«, sagte, als sie allein waren, Arthur Lee, »man kann auch über die größten Schwierigkeiten wegkommen mit etwas Geduld und Ausdauer.«

Zwei Tage später, am 5. Februar, holte Franklin seinen schweren, blauen Anzug aus Manchestersamt hervor. Das war der Rock, den er damals, vor nunmehr vier Jahren, im Geheimen Kronrat getragen hatte, als der Kronanwalt Wedderburn ihn so wüst beschimpfte und keiner von den fünfunddreißig Herren des Kronrats ihn verteidigte.

In diesem Rocke fuhr er, begleitet von William, nach Paris, zunächst zu Dubourg. Er hatte gestern William geschickt, um Erkundigungen einzuziehen, ob der Kranke in der Tat werde imstande sein, aufzustehen und ins Ministerium zu fahren. Der Arzt hatte ein bedenkliches Gesicht gemacht, doch Dubourg hatte herrisch auf seinem Vorhaben bestanden. Und da saß er jetzt wirklich, umgeben von Arzt, Pfleger und Diener, jämmerlich verfallen zwar, doch den wackeligen Körper in Galakleider gehüllt.

Der Anblick des blauen, feierlichen Franklin erregte ihn, er fragte, und Franklin erzählte. »Man muß sich bemühen«, setzte er auf seine behagliche Art auseinander, »für Gelegenheit und Umgebung den jeweils rechten Rock zu wählen. Das habe ich von Karl dem Großen gelernt. Als der nach Rom ging zu seiner Krönung, verwandelte er sich aus einem simpeln Franken in einen römischen Patrizier.« Und dann berichtete er die Geschichte seines blauen Rockes, und, freundlich über den schwergesteppten Samt streichend, sagte er: »Sie sehen, mein Freund, ich war dem Rock eine Genugtuung schuldig.« Dubourg lächelte, nickte eifrig mit dem Kopf und verfiel in einen Hustenanfall, der ihn sehr schwächte.

Nochmals warnte der Arzt, Dubourg solle nicht in den bösen Wintertag hinausfahren. Doch Dubourg winkte nur ärgerlich ab, und man schickte sich an, das Haus zu verlassen.

Da aber kam, abgehetzt, ein Bote Monsieur Gérards. Der Bote war hinaus nach Passy gefahren und dann eiligst hieher. Monsieur Gérard ließ Franklin mitteilen, die Unterzeichnung müsse auf den nächsten Tag verschoben werden aus Gründen, die der Doktor in dem mitgesandten Schreiben finde. Man zog den enttäuschten Dubourg wieder aus, brachte ihn zu Bett, und Franklin versprach, ihn am nächsten Tag abzuholen. Doch war allen klar, daß Dubourg nach der Anstrengung von heute am nächsten Tage unmöglich werde aufstehen und mitkommen können.

Daß aber die Unterzeichnung hatte verschoben werden müssen, war durch folgendes verursacht. Monsieur Paillasson hatte die beiden Dokumente in je zwei Exemplaren ausgefertigt. Er hatte das edle Pergament verwendet, auf das Staatsverträge geschrieben zu werden pflegten, und die Schriftstücke mit der Sorgfalt hergestellt, für die er geschätzt war. Als indes Louis die Dokumente aufmerksam durchlas, hatte er gefunden, daß in dem Handels- und Freundschaftsvertrag auf Seite 3, Zeile 17 ein Punkt so ausgefallen war, daß er für ein Komma hätte angesehen werden können. Louis verlangte, daß die Seite nochmals geschrieben und ihm dann die Dokumente nochmals vorgelegt würden. Auf diese Art gewann er einen Tag, und er hoffte wohl, es könne sich im Laufe dieses Tages etwas ereignen, was ihn der endgültigen Unterzeichnung doch noch überhöbe.

Es ereignete sich nichts. Vielmehr schrieb Monsieur Paillasson geduldig seine Seite nochmals und so, daß auch das kritischste Auge den Punkt auf Zeile 17 für einen Punkt ansehen mußte und für nichts sonst. Und geduldig mit den beiden Dokumenten und mit den zu unterzeichnenden Vollmachten erschien noch einmal Monsieur de Vergennes vor Louis. Dieser seufzte, sagte: »Nun ja, nun schön«, und unterschrieb. Und eilig übergab Vergennes alle Schriftstücke Monsieur Gérard und dazu eine Vollmacht, in seinem und somit in des Königs Namen die Staatsverträge 1778/32 und 1778/33 zu unterzeichnen und zu siegeln.

Am 6. Februar, pünktlich um 5 Uhr nachmittags, fanden sich dann die drei Kommissare in Begleitung William Temples im Hotel Lautrec ein, im Arbeitszimmer Monsieur Gérards. Doktor Franklin trug auch heute seinen blauen Rock; Doktor Dubourg aber hatte nicht mehr mitkommen können.

Die Verträge lagen vorbereitet auf dem Tisch, daneben lag das Siegel des Königs. An einem zweiten, kleineren Tisch wartete Monsieur Gérards Sekretär. »Ja, Doktor Franklin«, sagte Monsieur Gérard und schien sehr guter Laune, »nun ist es so weit. Und wenn es Ihnen recht ist, schreiten wir sogleich zur Unterzeichnung.«

Doch Arthur Lee hielt ihn mit starker Handbewegung auf. Er schaute auf Franklin, und da dieser schwieg, sagte er: »Ich denke doch wohl, wir sollten vorher unsere Vollmachten und Beglaubigungen austauschen, unsere Kreditive.« »Haben wir Kreditive?« fragte halblaut Franklin, und William Temple begann zu suchen. Monsieur Gérard, sehr kühl, sagte zu dem Sekretär: »Zeigen Sie dem Herrn meine Bevollmächtigungen, Pêcheur.« Arthur Lee las die Vollmachten sorgfältig durch. Dann überreichte er ihm seine Beglaubigungen. »Danke«, sagte, ohne hinzuschauen, Monsieur Gérard. Arthur Lee aber, ziemlich streng, erklärte: »Ich gestatte mir, darauf hinzuweisen, Herr Staatssekretär, daß ich im Besitz zweier Vollmachten bin. Ich bin hier sowohl in meiner Eigenschaft als bevollmächtigter Gesandter des Kongresses beim Hofe von Versailles, wie in meiner Eigenschaft als bevollmächtigter Gesandter beim Hofe von Madrid. Halten Sie es für richtiger, Monsieur, daß ich meine Unterschrift, nachdem ich die Verträge als Ganzes unterzeichnet habe, neben die Geheimklausel über den allenfallsigen Eintritt Spaniens in das Bündnis setze, oder daß ich mich begnüge, die Verträge zu unterzeichnen und meiner Unterschrift auf dem Bündnisvertrag meinen zwiefachen Charakter beizufügen?« »Fügen Sie den zwiefachen Charakter bei«, riet freundlich Franklin. »Tun Sie das«, meinte Gérard. »Das wäre also geregelt«, sagte Arthur Lee. »Aber nun erhebt sich die Frage, wie ich meinen Titel ›Vollgraduierter Rechtsrat‹ am besten ins Französische übersetze. Ich finde, ein schlichtes ›Conseiller des Droits‹ dürfte der Bedeutung des Englischen am Nächsten kommen.« »Erlauben Sie mir, Ihnen zu versichern, Monsieur«, antwortete Gérard, »daß die Allerchristlichste Majestät den Vertrag nicht anstreiten wird, wie immer Sie unterzeichnen.« »Danke«, sagte Arthur Lee. »Es bliebe dann nur noch ein letztes Präliminarium zu erledigen. Ich bitte, jenes Schreiben vorzuweisen, das gemäß unsern Vereinbarungen die Verträge als integrierender Bestandteil ergänzt, ich meine das Schreiben bezüglich der allenfalls herzustellenden Reziprozität in der Regelung der Zölle auf die Ausfuhr der Melasse und so weiter.« »Bitte, weisen Sie vor, Pêcheur«, sagte Monsieur Gérard.

Während Arthur Lee das Schreiben studierte, sagte Monsieur Gérard zu den beiden andern Herren: »Ich muß die Herren im Auftrag des Grafen Vergennes nochmals dringlich ersuchen, nichts von dem Abschluß des Paktes verlauten zu lassen, bevor er vom Kongreß ratifiziert ist. Wir zögern dadurch den Krieg um einige Wochen hinaus, die uns für die Vollendung unserer Rüstung unbedingt notwendig sind. Ich darf nochmals wiederholen, daß die Zusicherung Ihres Stillschweigens Voraussetzung des Vertrages war und ist. Graf Vergennes verlangt nichts Schriftliches. Ihm genügt Ihr Wort, Doktor Franklin.« Franklin machte eine kleine Neigung mit dem Kopf. Arthur Lee sagte nichts, trat an den Kamin, schlug die Arme übereinander.

»Wenn es Ihnen also jetzt genehm ist, Messieurs«, sagte Monsieur Gérard, »dann unterzeichnen wir.« Es war ein nicht großer Tisch, auf dem die Dokumente lagen. Monsieur Gérard setzte sich in den kleinen Sessel an der Schmalseite, Doktor Franklin stand ihm gegenüber, beide Hände auf den Tisch gestützt, Arthur Lee stand am Kamin, Silas Deane neben ihm. William Temple hielt sich bescheiden neben dem Sekretär Pêcheur. Der wärmte das Siegellack und ließ es auf das erste Dokument träufeln. Monsieur Gérard drückte sein Siegel auf und unterschrieb die erste Kopie.

Franklin sah nach der Uhr auf der Wandkonsole. Sie zeigte 5 Uhr 22 Minuten.

Er stand an der einen Schmalseite des Tisches, die großen, roten Hände leicht aufgestützt, das schüttere Haar fiel auf den kostbaren blauen Rock, und er schaute auf die Hand Monsieur de Gérards, eine weiße, gepflegte Hand, wie sie vier Mal siegelte und vier Mal unterschrieb. Eine große Freude schwellte Franklins Herz. Diese, genau die war die Minute, auf die er so lange gewartet hatte. 6. Februar 5 Uhr 22. Draußen war ein Gemisch von Regen und Schnee, hier innen brannte ein gutes Feuer im Kamin, freundliche Kerzen leuchteten, der Sekretär Pêcheur wärmte das Siegellack, und Monsieur Gérard siegelte und schrieb. Um dieser Minute willen hatte er, Franklin, die schwierige Reise über See gemacht, um dieser Minute willen hatte er vierzehn Monate hindurch die Komödie des bäuerlichen Philosophen aus dem Wilden Westen gespielt, mit Pelz und braunem Rock, hatte geduldig tausend alberne Fragen beantwortet, hatte in Gennevilliers mit der hübschen, törichten Frau in der blauen Maske eine schlau und törichte Unterredung geführt. Und jetzt also unterschrieb dieser Mann, und dann wird er, Franklin, unterschreiben, und dann werden viele französische Schiffe in See stechen mit vielen Kanonen und vielen Menschen, und viele Franzosen werden sterben, damit England die Unabhängigkeit Amerikas anerkenne. Der König, in dessen Auftrag dieser elegante französische Herr die Verträge unterschrieb, war nicht sehr gescheit, aber er hatte eingesehen, daß es gefährlich war, den Pakt zu unterzeichnen mit der jungen Republik, welche die Feindin war aller despotischen Autorität. Und er hatte sich, dieser dicke, junge Louis, mit Händen und Füßen dagegen gesträubt, das Abkommen zu unterzeichnen, er wollte nicht die Unabhängigkeit der Dreizehn Staaten anerkennen, ihre Bewohner galten ihm als Rebellen, er hatte Nein gesagt und immer wieder Nein. Er war ein absoluter Monarch, der König von Frankreich, keinem Parlament verantwortlich, er konnte tun, was er wollte. Aber offenbar konnte er doch nicht tun, was er wollte, und mußte tun, was er nicht wollte. Das, was man gemeinhin Weltgeschichte nannte, war stärker als er und zwang ihn. Und es stak also Sinn in der Weltgeschichte und trieb die Menschen, sich in einer bestimmten Richtung zu bewegen, ob sie wollten oder nicht. Und der alte Doktor schaute zu, wie die weiße Hand Monsieur Gérards schrieb und siegelte und schrieb und siegelte, und er war sehr glücklich. Und wußte in all seinem Glück, daß es Unsinn war, wenn ein Mann glaubte, er mache Geschichte, und daß einem jeden seine Funktion vorgeschrieben war. Und daß zuletzt ein großer Mann das Gleiche tun mußte wie ein kleiner, nur vielleicht schneller oder langsamer, und ein unwilliger das Gleiche wie ein williger.

Monsieur Gérard war zu Ende mit seiner Arbeit. Er sagte höflich: »Bitte, Doktor Franklin«, und wies auf den großen Sessel an der Breitseite des Tisches. Doch Franklin setzte sich in den kleinen Sessel, in welchem Monsieur Gérard gesessen hatte. Monsieur Pêcheur wärmte das Siegellack und schickte sich an, es auf das Dokument zu träufeln. Aber da drängte sich eifrig der junge William Temple hinzu, er wollte bei der Unterzeichnung helfen, wofür wäre er sonst mitgekommen? Und Franklin siegelte und schrieb. Er schrieb säuberlich: B Franklin, und aus dem B ging er kunstvoll über in das F, und er schrieb mit vielen Schnörkeln, und er siegelte mit seinem Ring; es war ein zierliches Siegel mit Ähren und zwei Löwen und zwei Vögeln und einem Fabeltier. Ihm gegenüber stand Monsieur Gérard und schaute zu, und am Kamin standen die Herren Deane und Arthur Lee und schauten zu.

Dann unterzeichnete Silas Deane. Behaglich und eilig ging er zu dem Tisch und ließ sich nieder in den Sessel. Der junge Temple ging ihm beflissen zur Hand, wärmte ihm den Lack, reichte ihm den Federkiel. Und Silas Deane sagte: »Danke«, herzlich und immer wieder. Er siegelte, und er setzte dick und deutlich seinen Namen neben das Siegel: Silas Deane, und er beschaute verliebt und selig das Dokument und seine Unterschrift. Er hatte viel Bitteres hinunterschlucken müssen in dieser letzten Zeit, aber es wurde ihm reichlich vergolten durch die Süßigkeit dieser Minute. Der böse Mensch dort drüben, der ihm so finster auf die Finger sah, hatte ihn gehetzt wie zehn Teufel und ihn mit giftiger Tinte verleumdet; aber er hatte doch nicht verhindern können, daß er nun hier saß als Vertragspartner der Allerchristlichsten Majestät und sein Siegel und seine Unterschrift hinsetzte unter diesen wichtigsten Vertrag

seines Landes und seines Jahrhunderts. Und er schrieb und siegelte, und
da stand es, und jeder konnte es lesen: Silas Deane.

Nun aber, gemessenen Schrittes, begab sich Arthur Lee zum Tisch. Düsteren, entschlossenen Gesichtes nahm er Platz, starr aufrecht. William
Temple wollte ihm helfen, doch Lee sagte streng: »Danke, Herr Franklin, ich mache das schon selber.« Es dauerte eine ganze Weile, bis er sein
Siegel, seinen Namen, seinen Titel, seinen zwiefachen Charakter auf
den vier Schriftstücken niedergelegt hatte. Er tat es mit Sorgfalt, die
Franzosen waren schlüpfrige Bundesgenossen, er traute ihnen nicht
über den Weg, und er wenigstens wollte das Seine getan haben, ihnen
Ausflüchte aus dem Vertrag zu verlegen. Die andern, seine Amtsgenossen, statt dem Akte der Unterzeichnung zuzuschauen, wie es ihre
Pflicht gewesen wäre, schwatzten mit dem Franzosen, und der einzige,
der sich für seine Tätigkeit zu interessieren schien, war der wichtigmacherische Bengel William. Nicht nur schauten sie nicht her, die andern,
sie störten ihn bei der Unterzeichnung durch ihr müßiges, halblautes
Gerede.

Gegen seinen Willen mußte er hinhören. »Sie haben einen langen Weg
hinter sich, Doktor Franklin«, sagte Monsieur Gérard, »einen harten
Weg, Sie und Ihre Amerikaner, und ich freue mich, daß Sie Ihr Ziel erreicht haben und daß dieses Dokument gezeichnet und gesiegelt ist.«
Franklin aber erwiderte: »Nicht ich habe das Dokument zustande gebracht, Monsieur, sondern der Sieg von Saratoga.« Arthur Lee, während
er hinschrieb: Conseiller des Droits, verbiß die Lippen voll Verachtung
für so viel falsche Bescheidenheit. Monsieur Gérard mittlerweile erklärte: »Nein, nein, Doktor Franklin, ohne Ihre kluge Zurückhaltung
und ohne das außerordentliche taktische Geschick, mit welchem Sie
das Gespräch mit der Königin führten, wäre es uns nie geglückt, unsern
Monarchen zur Zustimmung zu bewegen.« Arthur Lee schrieb den
T-Strich härter und schärfer. Immer setzten diese Franzosen Amerika
gleich mit Franklin. Als ob dieser alte Wüstling die junge, tugendhafte
Republik repräsentierte. Wenn Ein Amerikaner für das ganze Land stehen sollte, wer anders dann als Richard Henry, sein Bruder Richard
Henry Lee, der den Antrag auf die Unabhängigkeits-Erklärung eingebracht hatte? So aber wurde ihm, Arthur Lee, auch dieser Augenblick,

da er für sein Land den glücklichen Vertrag unterzeichnen sollte, vergällt durch die Anmaßung des Doctors h. c. und das Mißurteil der Franzosen.

Man war zu Ende. Schweigend schauten alle zu, wie Monsieur Pêcheur umständlich und gewissenhaft den Dokumenten das große Siegel des Königs anheftete.

Gérard überreichte Franklin die beiden für den Kongreß bestimmten Kopien, Franklin gab sie achtlos an William Temple weiter. Arthur Lee hätte die über alle Vorstellung hinaus kostbaren Urkunden lieber in eigene Verwahrung genommen, aber er mußte sie wohl dem leichtsinnigen Jungen überlassen. »Das Schreiben«, mahnte er mit heiserer Stimme. Und da ihn die andern verständnislos ansahen, erläuterte er: »Das Schreiben über die Artikel XII und XIII.« Ohne seine Mahnung hätten sie wahrhaftig den wichtigen Brief vergessen.

Dann verabschiedete man sich von Monsieur Gérard.

Es waren viele Leute auf den Korridoren des Hotels Lautrec; doch ohne Rücksicht auf das Aufsehen, das er erregte, nahm Silas Deane, kaum hatte man das Zimmer Monsieur Gérards verlassen, Franklins Hand und schüttelte sie lange. »Ein großer Tag, ein weltgeschichtlicher Tag«, sagte er, und: »Ich danke Ihnen, Doktor Franklin, ganz Amerika ist Ihnen unendlich verpflichtet«, er war sichtlich bewegt, er hatte Tränen in den Augen. Arthur Lee, angewidert von der falschen Sentimentalität des Mannes, brachte es nicht über sich, länger mit den andern zusammenzusein. Er lehnte Franklins Angebot, seinen Wagen zu benutzen, ab und zog es vor, zu Fuß zu gehen.

Franklin brachte zunächst Silas Deane nach Hause. Dann aber fuhr er nicht zurück nach Passy, sondern zu Doktor Dubourg. Er ließ sich von William die Verträge geben und hieß ihn warten.

Es hatte sich aber Dubourg seit dem gestrigen Tage erschütternd verändert. Augenscheinlich hatten Anstrengung und Erregung seine letzte Kraft erschöpft. Er konnte kaum mehr reden, es kostete ihn Mühe, den Kopf mit den matten Augen dem Freunde zuzuwenden.

Franklin trat sacht an das Bett heran. »Wir haben es geschafft, mein Alter«, sagte er und reichte ihm die Dokumente. Dubourg streckte eine wächserne, behaarte Hand aus, aber er konnte die Papiere nicht halten, sie fielen auf die Decke. Franklin brachte ihm den Bündnisvertrag nahe vor die Augen. Dubourg griff danach, lesen konnte er wohl nicht mehr, doch betastete er das große Siegel des Königs.

Franklin mußte so gut wie allein reden. Er rühmte den Freund; dessen Werk vornehmlich sei diese segensreiche Allianz. Mit seiner leisen Stimme sprach er, sehr deutlich, nahe am Ohr Dubourgs, und damit dieser besser verstehe, sprach er französisch. Aber: »Sprechen Sie englisch«, befahl mühsam Dubourg.

Dann, da er sah, wie sehr sein Besuch an Dubourgs letzten Kräften zehrte, nahm Franklin die Verträge, um sie wegzustecken und zu gehen und den Freund in Ruhe eindämmern zu lassen. Dubourg aber, mit ungeduldiger Gebärde, hielt ihn zurück. Nochmals betastete er die Verträge, und: »Quod felix faustumque sit, was Glück und Segen bringen möge«, sagte er mit schauriger Eindringlichkeit.

Dann noch immer nicht ließ er Franklin gehen. Offenbar hatte er ihm noch etwas zu sagen. »Eulogium Linnaei«, stammelte er. Franklin verstand. Dubourg, dessen Lieblingsbeschäftigung von je die Botanik gewesen war, hatte ihm davon gesprochen, daß er an einem Aufsatz über den vor kurzem verstorbenen Linné arbeite, den größten Botaniker der Epoche. »Soll ich den Aufsatz an mich nehmen? Soll ich ihn übersetzen?« fragte Franklin. Dubourg brachte etwas wie ein Nicken zustande. »Das mache ich gerne«, sagte Franklin. Der Freund hatte viel von ihm und mit Beflissenheit übersetzt, Franklin freute sich, es ihm vergelten zu können. »Sowie es Ihnen besser geht«, sagte er, »geben Sie mir den Aufsatz. Dann sprechen wir ihn durch, Wort für Wort, und übersetzen ihn.« Er war gewiß, daß es dazu nicht kommen werde, aber er nahm sich vor, unter allen Umständen den Aufsatz englisch zu veröffentlichen.

Doch Doktor Dubourg wußte in seinem Innern, daß er Franklin zum letzten Male sah, und wollte sicher gehen. Wieder mit Gebärden hielt er Franklin zurück, und dieser, der Diener und der Pfleger mußten sich daran machen, das Manuskript zu suchen. Erst als er das ›Eulogium‹ in der Hand Franklins wußte, beruhigte sich Dubourg.

Franklin blätterte in dem Manuskript. »Es ist sehr deutlich geschrieben«, versicherte er, und er sprach: »Ich werde dieses ›Eulogium‹ selber drucken, englisch und französisch.« Da ging ein Leuchten über das gelbe, verfallene Gesicht, von dem Franklin wußte, er werde es nicht mehr sehen.

Die beiden Verträge und die Lobrede auf Linné in seinem blauen, gesteppten Rock, fuhr Franklin zurück nach Passy.